让法律被信仰

破产法精义

王卫国 著

（第三版）

法律出版社
LAW PRESS·CHINA
北京

图书在版编目(CIP)数据

破产法精义 / 王卫国著. -- 3 版. -- 北京 : 法律出版社, 2023
ISBN 978-7-5197-7711-1

Ⅰ. ①破… Ⅱ. ①王… Ⅲ. ①破产法-研究-中国 Ⅳ. ①D922.291.924

中国国家版本馆 CIP 数据核字(2023)第 058069 号

破产法精义(第三版)
POCHANFA JINGYI (DI-SAN BAN)

王卫国 著

策划编辑 沈小英
责任编辑 毛镜澄
装帧设计 李 瞻

出版发行 法律出版社
编辑统筹 法治与经济出版分社
责任校对 王晓萍 王语童
责任印制 吕亚莉
经 销 新华书店

开本 710 毫米×1000 毫米 1/16
印张 32.75 **字数** 549 千
版本 2023 年 6 月第 3 版
印次 2023 年 6 月第 1 次印刷
印刷 固安华明印业有限公司

地址:北京市丰台区莲花池西里 7 号(100073)
网址:www.lawpress.com.cn
投稿邮箱:info@lawpress.com.cn
举报盗版邮箱:jbwq@lawpress.com.cn
销售电话:010-83938349
客服电话:010-83938350
咨询电话:010-63939796

书号:ISBN 978-7-5197-7711-1
定价:109.00 元
凡购买本社图书,如有印装错误,我社负责退换。电话:010-83938349

第三版前言

本书第二版出版以后，我国迎来了《民法典》的公布和施行。《民法典》整合了新中国成立70多年来长期实践形成的民事法律规范，是调整民商事法律关系的基础性立法。对于破产法实施来说，《民法典》是重要的法律渊源。随着《民法典》的施行，我国破产法的理论和实践进入了《民法典》引领的新时期。对于破产从业者和破产法研究者来说，掌握和运用《民法典》的原则、制度和规则，是正确界定和处理破产案件涉及的各种产权关系、交易关系和法律责任的必要条件，也是不断改进和完善破产法律制度和探索解决破产问题中国方案的必然要求。在此基础上，正确把握破产法作为特别法与《民法典》作为普通法之间的关系，厘清破产法在特殊问题上的特别规定，也是办理破产案件时需要加以注意的。本次新版结合《企业破产法》的适用，对一些《民法典》条文进行了解读，并针对司法实践中提出的新问题，对条文解释的知识点进行了扩充。

本次新版还吸收了近年来我国破产制度建设的一些新成果。在国际比较方面，增加了世界银行《有效破产与债权人/债务人制度的原则》(2015年修订)作为引证文献。

为更加方便读者查阅，本次新版在卷尾新增关键词索引。

感谢广大读者和业界学界友人一直以来的关爱和鼓励。

衷心感谢法律出版社法治与经济分社分社长沈小英及其工作团队对本次出版的鼎力支持。

2022年12月30日

第二版前言

我国《企业破产法》实施12年来，取得了很大的成绩，积累了宝贵的经验。本书吸收了迄今为止我国关于企业破产的司法解释以及相关立法的新成果，面对实践中提出的问题，并参考国际上的见解，进行了大幅充实和进一步的探究。

新版正文中对重复引用的规范性文件使用了简称，故增加了司法、行政文件简称表。新版还新设了《详细目录》，将条文注释的一级标题列出，方便读者查阅。

希望新版后的本书，能给从事破产事务的法官、律师、企业高管和其他从业人员提供增强实务操作能力的知识储备和破解企业困境难题的实践智慧。

也希望新版后的本书，能给致力于中国破产法改革的学者和立法工作者带来总结评论的研究素材和继往开来的理论思考。

更希望新版后的本书，能展现我国破产法不断完善进程中锐意进取的理性潜力和攻坚克难的制度自信。

本书自第一版面世以来，得到广大读者的青睐和鼓励，在此深表谢忱。

衷心感谢法律出版社法治与经济分社分社长沈小英及其工作团队对本次出版给予的鼎力支持。

2019年12月31日

第一版前言

2006年8月27日第十届全国人民代表大会常务委员会第二十三次会议通过了《企业破产法》。这是继1986年《企业破产法(试行)》以后,我国的第二部破产立法。本次破产法起草工作始于1994年,其草案第一稿完成于1995年。这部立法从草案成稿到颁布历时11年,经过三届全国人民代表大会的不懈努力,其间多次征求国内外的意见,并经历了人们始料未及的种种曲折。由此折射出中国为建立社会主义市场经济法律体系所付出的艰辛,也表现出中国人为创建新时期社会主义法制文明而具有的毅力和智慧。

自1994年起,我就一直担任全国人民代表大会财政经济委员会《破产法》起草工作小组成员,直到2004年6月草案被提交全国人民代表大会常务委员会审议。此后,我又应全国人民代表大会常委会法制工作委员会之邀协助草案的修改工作。对于这部法律,我所倾注的不仅是心力,还有感情。12年间,我见证了我国经济改革克服重重困难而步入坦途的历程,也见证了我国民商立法在不断探索中走向成熟的过程。当然,这12年也给了我面向中国实际学习和研究破产法的机会。12年间,我有幸与一大批投身中国改革开放和法治建设事业的政治家和法学家共事,并与他们结下了深厚情谊。12年间,我也参加了许多国际会议并结识了许多国际上著名的破产法专家,由此开阔了自己的视野。这是我一生中弥足珍贵的经历。

我国《企业破产法》颁布后,一些同行纷纷出版解读这部法律的著作。我相信他们的工作对于这部法律的普及和适用是大有裨益的。受他们的鼓舞，也受朋友的鼓励，我愿不揣冒昧，将自己对这部法律的理解和见解发表出来，以求为法律实施和法学研究提供一点资料。

为兼顾法律适用和学术研究的需要，本书对《企业破产法》条文的释义，采用了法条解析与学理阐述相结合的方式。其中，为便于读者理解，本书还插入了一些自编的示例。在国际比较方面，为节省篇幅，本书一般不作国别介绍，主要以基于各国经验的 2006 年联合国国际贸易法委员会《破产立法指南》为引证文献。为帮助读者了解条文背景，有的地方还介绍了我了解的立法细节。本书不设附录，相关法律法规和司法解释可由读者经其他渠道查阅。

赵罡、苏蓓、徐颖、余源志参加了本书的前期撰写工作。

我相信，我国《企业破产法》实施后，会有更多的问题需要解答，相关的司法解释将会陆续出台，理论探讨和实务研究也会进一步深入。随着实践经验的丰富和学术研究的繁荣，本书将在适当的时候进行修订。对于本书中可能存在的不当之处，还望读者不吝赐教。

2007 年 6 月 1 日写于新《企业破产法》生效之际

司法、行政文件简称表

文件全称	文件简称	发文机关	发布时间
《关于适用〈中华人民共和国企业破产法〉若干问题的规定(一)》	《破产法解释(一)》	最高人民法院	2011 年 9 月 9 日
《全国法院破产审判工作会议纪要》	《破审会议纪要》	最高人民法院	2018 年 3 月 4 日
第 29 批指导性案例	指导案例	最高人民法院	2021 年 9 月 4 日
《关于推进破产案件依法高效审理的意见》	《高效审理意见》	最高人民法院	2020 年 4 月 15 日
《关于审理企业破产案件若干问题的规定》	《破产审理规定》	最高人民法院	2002 年 7 月 30 日
《关于适用〈中华人民共和国民事诉讼法〉的解释》	《民诉法解释》	最高人民法院	2015 年 1 月 30 日
《关于执行案件移送破产审查若干问题的指导意见》	《执转破意见》	最高人民法院	2017 年 1 月 20 日
《关于开展认可和协助香港特别行政区破产程序试点工作的意见》	《涉港协助意见》	最高人民法院	2021 年 5 月 11 日

续表

文件全称	文件简称	发文机关	发布时间
《关于正确审理企业破产案件为维护市场经济秩序提供司法保障若干问题的意见》	《司法保障意见》	最高人民法院	2009 年 6 月 12 日
《关于适用〈中华人民共和国企业破产法〉若干问题的规定(二)》	《破产法解释(二)》	最高人民法院	2013 年 9 月 5 日
《加快完善市场主体退出制度改革方案》	《退出制度改革方案》	国家发展和改革委员会、最高人民法院、工业和信息化部、民政部、司法部、财政部、人力资源和社会保障部、中国人民银行、国务院国有资产监督管理委员会、国家税务总局、国家市场监督管理总局、中国银行保险监督管理委员会、中国证券监督管理委员会	2019 年 6 月 22 日
《关于适用〈中华人民共和国公司法〉若干问题的规定(二)》	《公司法解释(二)》	最高人民法院	2008 年 5 月 12 日
《全国法院民商事审判工作会议纪要》	《九民会议纪要》	最高人民法院	2019 年 11 月 8 日
《关于审理上市公司破产重整案件工作座谈会纪要》	《上市公司重整纪要》	最高人民法院	2012 年 10 月 29 日
《关于破产案件立案受理有关问题的通知》	《立案问题通知》	最高人民法院	2016 年 7 月 28 日
《关于企业破产案件信息公开的规定(试行)》	《信息公开规定》	最高人民法院	2016 年 7 月 26 日
《关于在民事诉讼中防范与惩治虚假诉讼工作指引(一)》	《防范虚假诉讼指引》	最高人民法院	2021 年 11 月 11 日

续表

文件全称	文件简称	发文机关	发布时间
《关于审理企业破产案件指定管理人的规定》	《指定管理人规定》	最高人民法院	2007年4月4日
《关于审理企业破产案件确定管理人报酬的规定》	《管理人报酬规定》	最高人民法院	2007年4月12日
《关于推动和保障管理人在破产程序中依法履职进一步优化营商环境的意见》	《管理人履职保障意见》	国家发展和改革委员会、最高人民法院、财政部、人力资源和社会保障部、自然资源部、住房和城乡建设部、中国人民银行、国务院国有资产监督管理委员会、海关总署、国家税务总局、国家市场监督管理总局、中国银行保险监督管理委员会、中国证券监督管理委员	2021年2月25日
《关于适用〈中华人民共和国民法典〉有关担保制度的解释》	《民法典担保解释》	最高人民法院	2020年12月31日
《关于适用〈中华人民共和国企业破产法〉若干问题的规定（三）》	《破产法解释（三）》	最高人民法院	2019年3月27日
《关于办理虚假诉讼刑事案件适用法律若干问题的解释》	《虚假诉讼解释》	最高人民法院、最高人民检察院	2018年9月26日
《关于做好银行业金融机构债权人委员会有关工作的通知》	《金融债委会通知》	中国银监会办公厅	2016年7月6日
《金融机构债权人委员会工作规程》	《金融债委会规程》	中国银行保险监督管理委员会、国家发展和改革委员会、中国人民银行、中国证券监督管理委员会	2020年12月28日
《关于审理公司强制清算案件工作座谈会纪要》	《强制清算纪要》	最高人民法院	2009年11月4日

续表

文件全称	文件简称	发文机关	发布时间
《关于债权人对人员下落不明或者财产状况不清的债务人申请破产清算案件如何处理的批复》	《"两不"案件批复》	最高人民法院	2008 年 8 月 7 日
《关于建设工程价款优先受偿权问题的批复》(已失效)	《工程款优先权批复》	最高人民法院	2002 年 6 月 20 日

总目录

第一章　总则…… 001

第二章　申请和受理…… 033

　第一节　申请…… 033

　第二节　受理…… 047

第三章　管理人…… 097

第四章　债务人财产…… 132

第五章　破产费用和共益债务…… 182

第六章　债权申报…… 192

第七章　债权人会议…… 234

　第一节　一般规定…… 234

　第二节　债权人委员会…… 254

第八章　重整…… 266

　第一节　重整申请和重整期间…… 266

　第二节　重整计划的制定和批准…… 313

　第三节　重整计划的执行…… 340

第九章　和解…… 358

第十章　破产清算…… 382

　第一节　破产宣告…… 382

　第二节　变价和分配…… 403

第三节　破产程序的终结…………………………………………………… 427
第十一章　法律责任…………………………………………………………… 440
第十二章　附则………………………………………………………………… 466
索引……………………………………………………………………………… 483

详细目录

第一章
总则

第一条　【立法宗旨】／001

规范企业破产程序　公平清理债权债务　保护债权人和债务人的合法权益　维护社会主义市场经济秩序

第二条　【适用范围、破产原因及重整原因】／004

本法的适用对象　破产原因　重整原因　单独清理原则(以及关联企业破产)　一体清理原则

第三条　【破产案件的管辖】／016

破产案件的地域管辖　破产案件的级别管辖　破产案件的集中管辖　破产案件的管辖转移　破产案件的管辖异议问题

第四条　【民事诉讼法的适用】／021

第五条　【跨境破产】／023

跨境破产的基本原则　国内破产程序的域外效力　国外破产程序的域内效力　我国内地与香港特别行政区跨境破产协助安排

第六条　【职工权益和经营者责任】／028

对破产企业职工权益的保护　对企业破产管理层的责任追究

第二章
申请和受理

第一节　申请／033

第七条　【申请的主体和适用程序】／033

破产申请的意义　本法各程序之间的关系　破产申请的接收　债务人申请　债权人申请　清算责任人申请　执行转破产:破产申请的特殊方式

第八条　【申请文件】/043

破产申请须提交的法定文件　破产申请书及有关证据　破产申请书的内容　债务人提出破产申请时须特别提交的文件

第九条　【申请的撤回】/045

申请人的撤回权　人民法院对申请撤回的许可

第二节　受理/047

第十条　【受理破产申请的期限】/047

破产受理的意义　破产受理的司法政策　破产受理的立案工作流程　破产受理的时限　破产申请的审查　受理裁定、程序裁定及过渡期　破产受理与诉讼时效中断　简单案件快速审理机制

第十一条　【受理裁定的送达】/056

受理裁定的送达时限和送达对象　债务人在送达后的提交义务

第十二条　【不受理和受理后的驳回】/057

裁定不受理破产申请　受理后驳回破产申请　申请人上诉的审理　上级人民法院对下级人民法院的纠正

第十三条　【指定管理人】/060

管理人的概念　管理人的指定机构　管理人的指定时间

第十四条　【受理通知和公告】/062

通知和公告的对象　通知和公告的时间　通知和公告的方式　通知和公告的内容

第十五条　【债务人有关人员的义务】/066

债务人有关人员的义务概述　债务人有关人员的义务范围　“有关人员”的定义

第十六条 【个别清偿无效】/070

集体清偿原则　本条规定的个别清偿　个别清偿的无效　个别清偿无效的时间起算　担保权个别实现的规则　期货和衍生品结算、交割的破产豁免

第十七条 【对管理人为给付】/075

债务人的给付义务人应当向管理人为给付　给付义务人错误给付的法律效果　给付义务的时间起算　管理人追收职权和债权人追收诉权

第十八条 【待履行合同的处理】/078

待履行合同的意义　待履行合同的范围　管理人选择权　合同相对方的催告权和担保要求权　给付义务的时间起算　所有权保留买卖合同的处理规则

第十九条 【保全解除和执行中止】/088

破产程序对民事保全和民事执行程序的优先地位　保全措施的解除　执行程序的中止　给付义务的时间起算

第二十条 【民事诉讼和仲裁的中止】/092

民事诉讼和仲裁的一般处理原则　已有民事诉讼和仲裁的处理方式

第二十一条 【破产程序开始后的民事诉讼】/094

新提起民事诉讼的区别对待　新提起民事诉讼的管辖规则　与破产有关的民事诉讼案由

第三章 管理人

第二十二条 【管理人的指定、更换和报酬】/097

管理人的指定　管理人的更换　管理人的报酬权　管理人的指定办法和报酬办法由司法解释规定　管理人制度的完善

第二十三条 【管理人的报告义务】/104

管理人职责法定　管理人向人民法院报告工作的义务

管理人接受债权人会议和债权人委员会监督的义务
管理人列席债权人会议并报告情况的义务

第二十四条 【管理人的任职资格】/105

管理人资格规定的意义 管理人的积极资格 管理人的消极资格 管理人的执业责任保险

第二十五条 【管理人的法定职责】/110

管理人职责的一般规定 管理职责的特别规定 管理人职责的专属性 管理人履职保障的制度建设

第二十六条 【管理人决定权的限制】/119

管理人决定权的限制期间 管理人决定权限制的范围

第二十七条 【管理人的勤勉义务和忠实义务】/120

管理人的勤勉义务 管理人的忠实义务 管理人的保密义务 违反义务的责任

第二十八条 【工作人员聘用和管理人报酬】/122

管理人对必要工作人员的聘用 管理人报酬确定的基本制度 管理人报酬确定的具体办法

第二十九条 【管理人辞职的限制】/129

管理人不辞任原则 管理人辞任许可制度

第四章 债务人财产

第三十条 【债务人财产的范围】/132

债务人财产的概念 债务人财产的范围 不属于债务人财产的情形

第三十一条 【可撤销的欺诈破产行为】/136

撤销权的意义 撤销权的追诉对象 可撤销的欺诈破产行为 可撤销行为的时间界限 撤销权与给付请求权 撤销权的行使方式

第三十二条 【个别清偿行为】/146

对个别清偿撤销的必要性 个别清偿撤销的条件 个别清偿撤销规则的例外 受理前抵销行为的处理规则

第三十三条 【无效的欺诈破产行为】/150
无效的欺诈破产行为的特点 无效的欺诈破产行为的样态 无效的欺诈破产行为的处理
第三十四条 【管理人的追回权】/153
破产追回权的意义 破产追回权的行使 管理人追回职责及债权人追回诉权
第三十五条 【出资人补缴出资】/155
出资人的补缴出资义务 管理人追索欠缴出资的职责 管理人追索出资不受原出资期限的限制
第三十六条 【对企业管理层的特别追回权】/157
对企业管理层的特别追回权的意义 特别追回权的适用范围
第三十七条 【质物、留置物的取回】/159
质物、留置物取回的意义 质物或留置物的取回方式 即时清偿或替代担保的金额限制
第三十八条 【一般取回权】/162
取回权的概念 取回权的种类 取回权的行使
第三十九条 【出卖人取回权】/168
出卖人取回权的条件 出卖人取回权的行使 出卖人取回权的限制——管理人的交付请求权
第四十条 【破产抵销权】/170
破产抵销权的意义 破产抵销权的特点 破产抵销权的行使 不适用破产抵销的情形 关于银行划扣债务人存款的抵销效力

第五章 破产费用和共益债务

第四十一条 【破产费用】/182
破产费用的概念和特征 破产费用的种类 参照适用本条规定的其他费用

第四十二条 【共益债务】/184
共益债务的概念 共益债务和破产费用的区别 共益债务的种类
第四十三条 【破产费用和共益债务的清偿】/188
破产费用和共益债务的清偿原则 “无产可破”时的程序终结

第六章
债权申报

第四十四条 【可申报的债权】/192
债权申报的意义 可申报的债权的条件 集体受偿程序的优越地位 不可申报的债权 保证人破产时的债权申报
第四十五条 【债权申报期限】/195
确定债权申报期限的意义 债权申报期限的确定 债权申报期限的延长 网上债权申报
第四十六条 【未到期、附利息债权】/197
对未到期债权、附利息债权的特殊处理 特殊处理的意义 破产止息规则对担保人的效力
第四十七条 【待确定的债权】/199
待确定债权的类型 允许待确定债权申报的意义
第四十八条 【债权申报的方式】/201
债权申报方式的一般规定 关于职工债权的特别规定
第四十九条 【债权申报的形式】/207
书面申报原则 债权申报的必要事项 申报人的举证责任 代理申报 虚假申报的法律后果
第五十条 【连带债权的申报】/210
连带债权的特性 连带债权的申报方式 连带债权人在破产程序中行使权利的方式
第五十一条 【连带债务人求偿权的申报】/211
连带债务的内部效力 连带债务人求偿权的条件和范

围　连带债务人求偿权的申报　一般保证人的先诉抗辩权不得行使　保证期间受制于破产法　债权人的请求权受制于破产法　关于破产程序中担保人责任的司法解释

第五十二条　【连带债务人破产时的债权人申报】/219

连带债务的外部效力与债权人请求权　数个连带债务人破产时的债权人申报　债权人的受偿限度　超份额偿付时的连带债务人求偿权　债务人和保证人均破产时的债权申报

第五十三条　【因待履行合同解除的赔偿请求权申报】/222

待履行合同解除产生的赔偿请求　待履行合同继续履行后的解除所致的赔偿问题

第五十四条　【善意受托人请求权的申报】/223

破产法对善意受托人的保护政策　委托人的请求权属于普通债权

第五十五条　【票据付款人请求权的申报】/224

票据债权的特殊性　允许付款人申报债权的意义

第五十六条　【迟延申报债权和未申报债权】/225

未如期申报的法律效果　补充申报债权的最后时限　补充申报债权的受偿限制和费用承担　未申报债权的后果　怠于申报行为可触发债权人代位权

第五十七条　【申报登记和债权表】/228

登记造册　审查　编制债权表　债权申报文件的保管　债权申报文件的查阅

第五十八条　【债权表的核查和确认】/230

债权人会议的核查　法院对债权的确认　有异议债权的处理　关于已生效法律文书确定的债权

第七章 债权人会议

第一节 一般规定 / 234
第五十九条 【债权人会议成员】 / 234
债权人会议的法律地位 债权人会议的组成 债权人会议决议的表决方式 债权未确定的债权人的表决权行使 有担保债权人的表决权 表决代理 债务人职工和工会代表参加会议
第六十条 【债权人会议主席】 / 239
债权人会议主席的任命 债权人会议主席的职权
第六十一条 【债权人会议的职权】 / 240
债权人会议的各项职权 债权人会议行使职权的书面记载
第六十二条 【债权人会议的召集和召开】 / 244
债权人会议的召集人 债权人会议的召开 提升债权人会议召开和表决效率
第六十三条 【召开债权人会议的通知】 / 246
通知主体 通知期限 通知对象 通知内容
第六十四条 【债权人会议的决议】 / 247
债权人会议的表决规则 决议的撤销 决议的效力
第六十五条 【表决未通过时的裁定】 / 252
特定情形下司法干预的必要性 适用裁定的事项 裁定的公布方式
第六十六条 【不服裁定时的复议申请】 / 253
复议申请的意义 复议申请的条件 复议申请的效果
第二节 债权人委员会 / 254
第六十七条 【债权人委员会的组成】 / 254
债权人委员会的性质 债权人委员会的设立 债权人委员会的成员 法院认可
第六十八条 【债权人委员会的职权】 / 256
债权人委员会的职权 债权人委员会的工作方式 债权人委员会的知情权 监督争议的解决 债权人委

员会的民事责任
第六十九条 【特别报告事项】/260
特别报告事项的范围 报告义务人 报告对象 对报告事项的异议权 对管理人财产处分行为的监督措施

第八章 重整

第一节 重整申请和重整期间/266
第七十条 【重整申请】/266
重整申请的分类 初始重整申请 后续重整申请 庭外重组与庭内重整的衔接
第七十一条 【重整裁定】/280
人民法院对重整申请的审查 重整裁定
第七十二条 【重整期间】/283
重整期间的意义 重整期间的开始 重整期间的结束
第七十三条 【管理人监督下的债务人自行管理】/285
重整营业授权 继续营业的机构 债务人自行管理的概念 债务人自行管理的申请和批准 债务人自行管理的职权和义务 管理人的移交 管理人的监督 债权人委员会的监督 违反自行管理义务的法律责任
第七十四条 【管理人负责管理及其聘任权】/291
管理人为继续营业机构的特点 管理人对经营管理人员的聘任权
第七十五条 【担保物权冻结和新担保借款】/294
重整期间对担保物权行使的限制 重整期间担保物权的恢复行使 重整期间的新借款及担保
第七十六条 【取回权行使的限制】/302
本条的适用范围:债务人合法占有的他人财产 取回权限制的依据:事先约定的条件 事先约定条件为待履

行合同义务时的特殊处理
第七十七条 【股权分配和转让的限制】/ 304
对出资人收益分配权的限制　对管理层股权转让的限制
第七十八条 【重整程序的请求终止】/ 307
重整程序与破产清算程序的关系　重整程序的终止方式　请求终止重整程序的事由　依本条裁定终止重整程序的必要事项
第二节 重整计划的制定和批准/ 313
第七十九条 【重整计划草案的提交期限】/ 313
重整计划草案提交期限的起算时间　提交重整计划草案的期限规定　未按期提出重整计划草案的法律后果　提交后的修改
第八十条 【重整计划的制备】/ 315
重整计划的意义　重整计划制备人　人民法院在重整计划制备中的能动作用
第八十一条 【重整计划的内容】/ 317
重整计划内容的法定与意定　重整计划的法定内容
第八十二条 【重整计划表决分组】/ 322
重整计划草案的表决实行分组表决制　组别划分　债权人无须参加表决的情形
第八十三条 【重整计划中的社会保险费用】/ 325
社会保险费用在重整计划中的特殊地位　本条规定的社会保险费用的债权人　本条规定的参照适用
第八十四条 【重整计划的表决程序】/ 327
债权人会议的召集　重整计划的表决规则　草案制备人的说明和解答义务
第八十五条 【出资人列席及其表决权】/ 329
债务人的出资人在重整程序中为利害关系人　出资人代表的列席权　出资人的表决权　出资人无须参加

表决的情形
第八十六条 【重整计划的通过和批准】/330
重整计划通过和批准的制度框架 重整计划的通过 重整计划通过后的审查批准 人民法院裁定批准重整计划的法律效果
第八十七条 【再表决和强制批准】/333
重整计划草案的再表决程序 强制批准制度 适用强制批准的司法政策
第八十八条 【重整计划未获批准的效果】/339
重整计划未获批准的具体情形 重整计划未获批准的法律效果 重整计划通过后的欺诈异议处理
第三节 重整计划的执行/340
第八十九条 【重整计划执行人】/340
重整计划的执行体制 债务人为重整计划的执行人 重整执行期间的民事诉讼 管理人的移交义务 重整计划的执行保障
第九十条 【管理人对计划执行的监督】/344
管理人对重整计划执行的监督权 监督期间的管理人报酬 监督期间债务人对管理人的报告义务
第九十一条 【管理人的报告义务和监督期延长】/346
管理人提交监督报告的义务 利害关系人对监督报告的查阅权 监督期限的延长
第九十二条 【重整计划的效力】/346
重整计划的普遍约束力 未依法申报债权的权利行使限制 重整计划不影响对连带债务人的权利 连带债务人的求偿权及责任限额 重整计划执行中的变更
第九十三条 【重整计划执行终止及程序转换】/352
重整计划执行终止的法定原因 重整计划执行终止与程序转换 重整计划执行终止和程序转换的法律效

果　重整程序与破产清算程序的衔接
第九十四条　【重整计划执行完毕后的债务免除】/355
重整计划执行完毕的认定标准　重整计划执行完毕的免责效力　重整计划执行完毕的程序效果

第九章
和解

第九十五条　【和解申请】/358
和解制度的一般特征　我国和解程序的特点　和解申请的程序规则
第九十六条　【裁定和解与担保物权的行使】/362
和解裁定　债权人会议的召集　担保物权的行使
第九十七条　【和解协议的成立】/363
和解协议的表决规则　和解协议经表决通过而成立
第九十八条　【和解协议的生效】/365
和解协议的裁定认可　和解程序终止的效力　和解协议生效后的管理人职务终止
第九十九条　【和解协议的未成立和未生效】/366
和解协议未成立或未生效的法定情形　和解协议未成立或未生效时的司法处置
第一百条　【和解协议的效力】/367
和解协议的约束力　和解债权人　未依法申报的和解债权人的清偿时间
第一百零一条　【和解不影响连带债务】/370
和解协议中的债权让步不惠及连带债务人　和解债权人对连带债务人的请求权不受和解协议影响
第一百零二条　【和解协议的执行】/371
第一百零三条　【和解协议的无效】/372
和解协议无效的原因　和解协议无效的法律后果
第一百零四条　【和解协议的执行不能】/375
和解协议执行不能的样态　和解协议执行不能的法律

后果
第一百零五条 【法庭外和解】/378
庭外和解的意义　破产审理期间庭外和解的特点　破产审理期间庭外和解的条件和范围　庭外和解协议的法律效力　多元化纠纷解决机制在和解程序中的应用
第一百零六条 【和解协议执行完毕】/381
和解协议执行完毕的意义　和解减免债务的清偿免责

第十章 破产清算

第一节　破产宣告/382
第一百零七条 【破产宣告的裁定】/382
破产宣告与破产清算　破产宣告的依据　破产宣告的裁定　破产宣告的效果　破产清算优先于强制清算　人员下落不明或财产状况不清的清算案件的处理
第一百零八条 【破产原因的消除】/392
破产原因消除的时间界限　破产原因消除的法定事由　本条规定的适用限制
第一百零九条 【别除权的行使】/395
别除权的概念　别除权行使的条件　别除权行使的时间　别除权行使的方法　与别除权相关的争议
清偿余额的处理　加入破产财产整体变价　特定财产上法定优先权与别除权的关系
第一百一十条 【未能依别除权受偿的债权】/402
别除权行使后的债权余额成为普通债权　别除权放弃后的债权为普通债权
第二节　变价和分配/403
第一百一十一条 【破产财产变价方案】/403
管理人在破产清算中的作用　破产财产变价的原则
破产财产的估价　破产变价方案　破产财产的适时

出售　破产财产变价的监督
第一百一十二条　【破产财产的变价方式】/ 407
变价的方式　变价的方法　对变价的限制
第一百一十三条　【破产分配的顺序】/ 410
破产分配的概念　破产分配的基本规则——按顺序清偿　破产分配的法定顺序　破产企业对高级管理层所欠工资的分配限制　法定顺序以外债权的清偿原则
第一百一十四条　【破产分配的方式】/ 416
货币分配原则　货币分配的例外——现物分配
第一百一十五条　【破产分配方案】/ 418
破产分配方案的制备　破产分配方案的内容　破产分配方案的生效
第一百一十六条　【破产财产的分配】/ 421
分配执行人　破产分配公告
第一百一十七条　【附条件债权的分配办法】/ 422
附条件债权的分配原则　多次分配情况下附条件债权的处理　附期限债权的分配　提存机构的确定和提存费用的负担
第一百一十八条　【未受领分配额的处理】/ 425
未受领分配额的提存　逾期不领取提存分配额的处理　提存机构、提存费用和期间计算
第一百一十九条　【诉讼、仲裁未决债权的处理】/ 426
诉讼、仲裁未决债权的提存　提存分配额的处理　提存机构、提存费用和期间计算
第三节　破产程序的终结 / 427
第一百二十条　【终结裁定】/ 427
破产程序终结概述　无财产可供分配时的程序终结　最后分配完结时的程序终结　破产程序终结的裁定　破产程序终结的法律效果

第一百二十一条 【注销登记】/430

破产程序终结后的注销登记　管理人不提请裁定终结的处理　破产注销行政程序的简易化

第一百二十二条 【管理人的职务终止】/432

管理人职务终止的一般规定　管理人职务终止的例外规定　管理人职务终止后的移交义务

第一百二十三条 【追加分配】/434

追加分配的概念　追加分配的财产范围　追加分配的除斥期间　追加分配的通知和公告　追加分配的方案　小额财产的处理

第一百二十四条 【连带债务人的继续清偿责任】/436

破产程序不惠及连带债务人　继续清偿责任的范围　保证人追偿权的行使　保证期间对保证人的保护

第十一章 法律责任

第一百二十五条 【企业管理层的破产责任】/440

破产法与公司治理　债务人管理层的破产责任

第一百二十六条 【违反信息披露义务的法律责任】/445

债务人有关人员对债权人的信息披露义务　违反信息披露义务的法律责任　对妨害破产程序的强制措施

第一百二十七条 【违反提交、移交义务的法律责任】/447

违反提交义务的法律责任　违反移交义务的法律责任

第一百二十八条 【欺诈破产行为的法律责任】/449

责任主体　违法行为　责任形式　管理人的追责起诉权　联合国《商业欺诈的指标》中的滥用破产行为

第一百二十九条 【擅离住所地的法律责任】/458

责任主体和违法行为　法律责任

第一百三十条 【管理人违反义务的法律责任】/459

管理人的勤勉义务和忠实义务　责任主体　责任形式　管理人职务行为的责任界限　诉讼管辖

第一百三十一条 【破产犯罪】/ 463
破产犯罪的概念　防范和惩治虚假诉讼

第十二章
附则

第一百三十二条 【职工债权的特别清偿安排】/ 466
本条规定的由来　本法公布前的职工债权的清偿待遇　本法公布前的职工债权与本法公布后的职工债权并存时的处理
第一百三十三条 【国有企业破产的特殊规定】/ 470
国有企业"政策性破产"的基本情况　我国《企业破产法》对国有企业破产特殊问题的立法情况　本法对国有企业破产的适用效力
第一百三十四条 【金融机构破产的特殊规定】/ 473
金融机构破产的立法体制　金融机构和金融监督管理机构的范围　金融机构破产的适用程序和申请主体　接管、托管金融机构时相关程序的中止　授权国务院制定金融机构破产的实施办法　本法颁布以来金融机构破产立法的进展情况
第一百三十五条 【非企业法人破产清算的法律适用】/ 479
非营利法人破产　特别法人破产　非法人组织破产　依据本条可适用的程序
第一百三十六条 【本法的施行及旧法废止】/ 482
本法的施行日期　相关法律的废止　本法施行时尚未审结案件的法律适用问题

索　引 | 483

第一章
总　　则

第一条　【立法宗旨】为规范企业破产程序，公平清理债权债务，保护债权人和债务人的合法权益，维护社会主义市场经济秩序，制定本法。

【注释】

企业破产是企业因不能清偿到期债务，通过重整、和解或清算等法定程序，实现债务公平清偿以及在可能情况下实现企业拯救的法律制度。企业破产法是规范企业破产程序，公正审理破产案件，保护各方当事人合法权益，维护社会主义市场经济秩序的法律。2006 年 8 月 27 日颁布的我国《企业破产法》（以下简称本法）是我国完善社会主义市场经济法律体系进程中的一部重要立法。本条开宗明义地规定了这部立法的目标和指导思想。

根据本条的规定，本法的立法宗旨包括以下几点：

一、规范企业破产程序

我国在 1986 年制定了适用于全民所有制企业的《企业破产法（试行）》。1991 年又以修订后的我国《民事诉讼法》第十九章专门规定了适用于国有企业以外的所有企业法人的“企业法人破产还债程序”。这些法律规范初步建立了我国的破产法律制度，促进了我国市场经济体制的形成。但是，随着社会主义市场经济体制的不断完善和国有企业改革的不断深入，对破产法律制度的要求也不断变化。20 世纪 90 年代至 21 世纪初，国家针对企业破产问题发布了为数较多的行政决定、部门规章和司法解释，在破产法领域出现了法律规定较繁杂，行政决定、部门规章与法律相冲突的现象,造成了破产程序在一定程度上的无序或失效状态。

为了适应经济发展的需要,完善破产领域的法律规范,本法总结国内外的经验,为陷入困境的企业提供了以变价分配为目标的清算程序和以企业再建为目标的重整程序、和解程序,使企业破产实现程序有法可依、操作公正有序。由此可见,本法所称的"企业破产",并非简单地等同于企业"倒闭清算""淘汰出局"的处理结局,而应该被理解为企业在无力清偿债务的困境下公平清理债务的处置过程。在这个过程中,困境企业既可能通过重整、和解"起死回生",也可能通过清算"寿终正寝"。结合本条中"公平清理债权债务"和下一条中"依照本法规定清理债务"的表述,读者可以对本法的"破产程序"有一个全面的理解。

二、公平清理债权债务

公平是破产法的第一理念,其意义在于当债务人没有足够的财产可供分配时,法律提供一个债权债务清理程序来解决多数债权人在债务人有限的财产上发生的清偿冲突问题。本法将公平清理债务列为立法宗旨之一,具有深刻含义。首先,它意味着本法被首先定位为债务清理法,改变了以往将《企业破产法(试行)》看作企业法的认识。其次,它意味着对于债权人的权利,要根据法律政策的考量,依照各类债权的不同性质作出清偿位阶上的安排。一般而言,破产债权原则上是平等的。但是,从各个债权的性质以及相互关系上考察,仍然存在一定的顺序差别。本法规定无担保债权的清偿顺序,一为破产企业所欠职工的工资和医疗、伤残补助、抚恤费用,所欠的应当划入职工个人账户的基本养老保险、基本医疗保险费用,以及法律、行政法规规定应当支付给职工的补偿金;二为破产企业欠缴的在第一顺位以外的社会保险费用和破产企业所欠的税款;三为普通破产债权。再次,它意味着所有债权在破产程序开始时,无论是否到期均视为已经到期。最后,它意味着对所有债权都应该按法定顺序进行分配,只有前一顺序的债权获得足额清偿后,后一顺序的债权才能就剩余的破产财产获得清偿。原则上,对实体法上具有同一性质的债权平等对待;当破产财产对同一顺序的债权不足清偿时,按比例清偿。

在现代市场经济中,债是交易的基本形式,也是财产的重要形态。债法是社会信用体系的基石。在进一步深化改革的今天,实现公平清理债务的立法目标,对于保护产权、维护金融安全、改善营商环境和建设诚信社会,具有十分重要的意义。同时也要认识到,无论是基于交易的属性,还是基于财产的性质,债权债务都可以通过当事人平等自愿的法律行为加以变动,以求得各方利益的相对平衡和相对优化。因此,在企业困境的特殊背景下公平清理债权债务的过程中,存在当事人以理性精神和友善态度寻求利益与共、互利共赢的协同空间,也存在各方主体以灵活的安排化危为机、共创未来的合作前景。即使在破产清算的情形下,公平清理债权债务也有利于将困境企业的闲置资产通过市场化处置投入有效利用,同时使债权人及时剔除不良资产、改善财务结构和强化风险管理,从而提高自身经营能力。

三、保护债权人和债务人的合法权益

企业在破产过程中主要涉及债权人和债务人两类主体。在破产法律关系中,这两类主体分别享有不同的权利、承担不同的义务。为了保证破产程序顺利进行,就必须保护相关各主体的合法权益。在企业的破产实践中,既有债务人"恶意破产"以逃避债务的情况,也有部分债权人只顾自己的眼前利益,将一些有挽救希望的企业推入破产清算的情形。为了保护的债权人合法权益,破产法将债务人在破产状态下使破产财产不当减少,导致债权人的一般清偿利益受到损害的行为确定为破产无效行为,并设立了破产管理人、破产撤销权、破产抵销权、别除权等具体制度,对债权人的权益加以保护。对于债务人的合法权益,破产法引入了重整程序,给予债务人在破产或濒临破产的情况下实现再生的机会,使债务人的营业得到最大限度的维持和保护。这不仅有利于债务人,也符合债权人和职工的利益。

破产法保护债权人、债务人和其他利益相关者的合法权益。这些权益源于各种各样的法律关系。因此,人民法院在审理破产案件中,既要坚持民法基本原则,也要重视商事交易和其他经济事务中的特殊制度;不仅要掌握物权法、合同法等基本民事法律,而且要适用公司法、金融法、土地法、劳动法、税法等法律法规。此外,对于保护当事人的合法权益来说,秉持正当程序理念,严格遵循破产法和民事诉讼法的程序规则,同样是十分重要的。

四、维护社会主义市场经济秩序

维护社会主义市场经济的良好秩序,保障国民经济各部门、各单位和公民的正常经济活动,是社会经济发展的基本条件。债务清偿秩序是社会主义市场经济秩序的重要组成部分,维护公平清偿的秩序是破产法的宗旨之一。建立有效的破产法秩序,使司法实践中以往存在的债权保护过分依靠个别民事执行、难以实现公平清偿的状况得到改变,是我国民事纠纷治理能力的历史性提升。通过有序和有效的破产程序,可以使债务人、债权人和其他市场参与者对企业不能清偿到期债务的法律后果有明确的预期,并依据这种预期决定自己的交易行为。例如,债务人预见到破产的法律后果,就会倾向谨慎借贷、积极还债和保持财务流动性。债务人企业的管理层预见到企业破产后自己可能面临的责任追究,也不敢轻易在企业困境期间进行欺诈性资产处分或者不公平个别清偿。债权人也可以依据破产预期制定自己的贷款策略和采取必要的债权保护措施。这样,就有助于规范市场主体的交易行为,提高市场的诚信度和安全度。

通过有序和有效的破产秩序,可以使民商法的一系列法律制度,特别是合同法秩序、物权法秩序、企业法秩序、金融法秩序、劳动法秩序、税收法秩序等,得到维护和落实。在实践中,破产企业的各种法律关系往往处于紧张状态,如果任由当事人为了自己的利益不择手段地"各显其能""捷足先登",则难免形成大量讼争和"执行难"困局,给当事人和社会经济运行造成拖累。在破产法的集体清偿原则下,通过一系列旨在维护公平清偿的程序制度,可以大大降低权利行使和争议解决的成本,避免多数人因个别人的不公平清偿行为而受损失的风险。应当看到,这些成本和风险对市场经济法律秩序的公信力具有销蚀作用。而制度公信力的销蚀,对于市场的产权预期、风险防控和营商环境来说,都是十分有害的因素。

维护社会主义市场经济秩序是全社会的责任。实现有序和有效的破产秩序是维护权利、处置纠纷、化解矛盾、扶危济困和制裁违法的综合性社会工程。在此过程中,人民法院承担司法范围的裁判职能和执行职能,各级政府承担行政范围的管理和服务职责。同时,债权人、债务人、管理人和其他参与人也都有依法行使权利、尊重他人权利和服从程序规则的义务。只有树立牢固的秩序意识和正确的秩序观,才可能形成"人人各尽其责,人人各得其所"的公正、和谐的治理格局。

第二条 【适用范围、破产原因及重整原因】企业法人不能清偿到期债务,并且资产不足以清偿全部债务或者明显缺乏清偿能力的,依照本法规定清理债务。

企业法人有前款规定情形,或者有明显丧失清偿能力可能的,可以依照本法规定进行重整。

【注释】

本条规定了破产程序启动的基础性规范,涉及程序的适用对象、程序启动的条件以及程序启动的基本方式等问题。

按照国际上的共识,“启动破产程序时需达到的标准是破产程序设计上的中心环节。这一标准作为启动破产程序的依据,有利于确定哪些债务人可归入破产法的保护和规制的范围并确定由谁来提出启动申请,债务人、债权人,还是其他当事人”。“作为一般原则,可取的做法是,启动标准应当具有透明度和确定性,能够促进方便快捷、费用低廉地利用破产程序,以便鼓励陷入财务困境或资不抵债的企业自愿启动程序”。[①]

根据本条的规定,在破产程序启动问题上,应首先把握以下几点:

一、本法的适用对象

本法的适用对象为企业法人,其中不仅包括国有企业法人,同时包括出资人承担有限责任的其他企业法人。现行法律规定,不具有法人资格的合伙企业、个人独资企业的合伙人、出资人应对企业债务承担无限责任,这些企业破产,必然会连带牵涉企业合伙人、出资人的个人破产问题,而我国目前尚未出台有关个人破产的程序规定。所以,本法第135条规定:“其他法律规定企业法人以外的组织的清算,属于破产清算的,参照适用本法规定的程序。”这意味着,合伙企业、个人独资企业的破产对本法规定的适用,除需要有关法律规定外,还需要适用一些特别的规则。1986年颁布的我国《企业破产法(试行)》将其适用的主体范围限制在具有法人资格的全民所有制企业。本法将适用主体范围扩大到所有具有法人资格的企业,不再区分是否为全民所有制企业,其中包括有限责任公司、股份有限公司和具有法人资格的集体企业、民营企业和外商投资企业等。一般而言,商业银行、证券公司、保险公司等金融机构应该适用本法所规定的程序。但由于这类金融机构的种种特殊性,它们的破产应当优先适用本法第134条和其他相关法律、行政法规(如《商业银行法》《证券法》《保险法》《证券投资基金法》《证券公司风险处置条例》)的相关规定,并遵循最高人民法院司法文件的相关规定和指导意见(如2009年5月26日最高人民法院《关于依法审理和执行被风险处置证券公司相关案件的通知》)。

---

① 联合国国际贸易法委员会:《破产立法指南》(中文版),2006年纽约,第42页。

需要说明的是,《民法典》第一编第三章“法人”中,采用了营利法人、非营利法人和特别法人的分类。但是,我国《民法典》并没有放弃企业法人的概念,其第76条规定:“以取得利润并分配给股东等出资人为目的成立的法人,为营利法人。营利法人包括有限责任公司、股份有限公司和其他企业法人等。”因此,本法作为民事特别法,继续使用企业法人的概念,与民事基本法并无抵触。

二、破产原因

破产原因,又称破产界限,是指企业适用破产程序的必要条件。破产原因是法律规定的特别法律事实,是法院受理破产申请和实施破产宣告的根据。对破产原因规定的宽严度直接关系破产程序启动的难易度。同时,科学合理地规定破产原因也会起到有效清理债权债务和防止破产欺诈的作用。本条第1款规定了以下两种情况,具备其中任何一种情况的企业法人都可以适用破产程序。

(一)企业法人不能清偿到期债务,并且资产不足以清偿全部债务

“不能清偿到期债务”,即无力偿债,国际上称作“非流动性”,也称作“现金流标准”,其含义是:“债务人已全面停止偿付到期债务,而且没有充足的现金流量偿付正常营业过程中到期的现有债务。”[①]“债务人全面停止付款的标志可以包括债务人未能支付租金、税款、薪金、员工福利、贸易应付款和其他主要业务费用。借助这一标准,是为了在债务人财务困难期间尽早启动破产程序,以尽量减少资产的散失并避免债权人争夺资产,造成债务人的资产被瓜分,反而对全体债权人不利。等到债务人能证明资产负债表破产才允许启动程序,可能只会延迟必然要发生的事情,减少可收回的资产。”[②]无力偿债的认定,不以债权人提出请求为必要条件,更不能要求将穷尽诉讼、执行等其他救济方式作为债权人申请债务人破产的前提。根据2011年9月9日最高人民法院《破产法解释(一)》第2条的规定,只要同时存在下列情形,即可认定债务人不能清偿到期债务:(1)债权债务关系依法成立;(2)债务履行期限已经届满;(3)债务人未完全清偿债务。

“资产不足以清偿全部债务”,又称作“资不抵债”,国际上也称作“资产负债表标准”,主要是指企业法人的资产负债表上,全部资产之和小于其对外的全部债务。这

① 联合国国际贸易法委员会:《破产立法指南》(中文版),2006年纽约,第43页。

② 同上。

一标准的依据是:资不抵债即表明遇到财务困难。但是,“由于这一标准依赖受债务人控制的资料,因此,资产负债表标准有其实际局限性:债务人的财务状况究竟如何,在水落石出、成为不可改变的事实之前,其他当事人几乎无从得知,因此,债权人恐怕不易以此为根据提出申请。此外,采用这一标准可能发出关于债务人财务状况的令人误解的信号,因为这一标准的重点实际上是一个如何对资产进行评估的会计问题(如与一个营运资产的价值相对比的清算价值),而且还提出了债务人的资产负债表是否可靠和是否真实地反映了债务人的支付能力的问题,这在会计标准和估值方法会产生一些并非反映债务人资产的公平市场价值结果或是因为市场尚未充分发展或市场的稳定度不足以确立这种价值的情况下,尤其如此。服务性企业的情形可能尤其如此,按照这一标准,即使企业基本上是健全的,但从技术上来说,由于缺乏资产,可能已经破产。或者,在没有维持企业所需的现金流量的情况下,企业也可能有显示正值的资产负债表”。① 世界银行也认为:“启动破产程序的首选检验标准应该是债务人不能清偿到期债务,尽管在资不抵债的情形下也存在破产,但其资产和负债的评估须以公平市场价值为依据。”②

关于我国破产审判中对债务人资不抵债的认定,《破产法解释(一)》第 3 条规定:“债务人的资产负债表,或者审计报告、资产评估报告等显示其全部资产不足以偿付全部负债的,人民法院应当认定债务人资产不足以清偿全部债务,但有相反证据足以证明债务人资产能够偿付全部负债的除外。”

在能够证明企业同时存在“不能清偿到期债务”和“资产不足以清偿全部债务”的情况时,企业有充分理由适用破产程序。此时,如果企业管理层既不申请破产,又不采取积极措施对企业实施拯救,造成企业财产流失,甚至实施导致企业责任财产减少的资产处分或个别清偿的行为,致使债权人权益受损,相关责任人员应当依照本法第 125 条、第 128 条的规定承担法律责任。

(二)企业法人不能清偿到期债务,并且明显缺乏清偿能力

以“明显缺乏清偿能力”替代“资不抵债”作为与“不能清偿到期债务”并列的条

---

① 联合国国际贸易法委员会:《破产立法指南》(中文版),2006 年纽约,第 43 ~ 44 页。

② 世界银行集团:《有效破产与债权人/债务人制度的原则》(*Principles for Effective Insolvency and Creditor/Debtor Regimes*)(英文版)C4.2,2016 年华盛顿,第 21 页。

件,是对后者的一个限定。根据这一限定,一时不能支付但仍有偿付能力的企业不适用破产程序,因为"债务人无力清偿到期债务,可能只表明现金流量或清偿能力暂时出现问题,而企业在其他方面则是健全的。当今市场竞争激烈,竞争可能迫使市场的参与者为保持竞争力和维持或取得市场份额而暂时接受更低的利润,甚至承担损失。虽然在每个案件中都会成为一个事实问题,但可取的做法是,破产法对法院判断是否已达到启动标准规定指导原则,以避免过早裁定破产"。①

在判断企业法人是否明显缺乏清偿能力时,应当以该企业的财务状况为准;其关联企业或者连带债务人的财务状况,不能作为判断依据。《破产法解释(一)》第1条第2款规定:"相关当事人以对债务人的债务负有连带责任的人未丧失清偿能力为由,主张债务人不具备破产原因的,人民法院应不予支持。"

在资产负债表显示企业的财务状况正常或良好的情况下,不妨成立无力偿债的破产原因。《破产法解释(一)》第4条规定:"债务人账面资产虽大于负债,但存在下列情形之一的,人民法院应当认定其明显缺乏清偿能力:(一)因资金严重不足或者财产不能变现等原因,无法清偿债务;(二)法定代表人下落不明且无其他人员负责管理财产,无法清偿债务;(三)经人民法院强制执行,无法清偿债务;(四)长期亏损且经营扭亏困难,无法清偿债务;(五)导致债务人丧失清偿能力的其他情形。"

本项标准代表了本法起草的一个指导思想,即鼓励适用破产程序,特别是再建型的破产程序(重整、和解),以积极清理债务,避免社会中大量的债务积淀和资产闲置,并减少企业长期困境下的道德风险以及由此造成的经济损失。

【示例】

1. A为有限责任公司,对外负债300万元,其中,欠B银行150万元、欠C公司100万元、欠D公司50万元。现A公司尚存流动资金70万元,固定资产折价200万元(已全部抵押给B银行),即全部资产270万元小于全部债务300万元,属于资不抵债。但其是否具备破产原因,还需要区别不同情况具体分析:

(1)如果对D公司的债务已到期,而对B银行和C公司的债务尚未到期,此时虽然A公司已资不抵债,但是仍然能够以其流动资金清偿对D公司的债务,A公司不

① 联合国国际贸易法委员会:《破产立法指南》(中文版),2006年纽约,第43页。

具备破产原因。

(2)如果对C、D两家公司的债务均已到期,但对B银行的债务尚未到期,此时,A公司的流动资金不足以对C、D两家公司进行清偿,而固定资产不能用于清偿对C、D两家公司的到期债务,A公司具备破产原因。

(3)如果所有债务均已到期,B银行和C公司没有对A公司提起追债诉讼,但C公司已向人民法院申请民事执行,此时A公司具备破产原因,并且为了公平清偿,D公司或者A公司均有及时向人民法院申请A公司破产的需要。

(4)其他情况同以上(2),但A公司的母公司E集团以其充足资产就A公司对C公司的全部债务提供了连带保证,此时A公司仍具备破产原因,除非E集团在提供担保时与C公司达成了债务延期的协议。

(5)在以上(3)的情况下,E集团在D公司向法院申请A公司破产前履行了对C公司的连带清偿义务,则E集团代位取得C公司对A公司的到期债权,此时A公司仍具备破产原因,除非E集团以延期、免除等合法方式使该债权变更或消灭。

2. A公司对外负有到期债务400万元,其中,欠B银行到期贷款300万元,欠C、D、E三家公司到期欠款合计100万元。A公司现有流动资金200万元,固定资产50万元,另有对F公司的债权200万元。F公司长期亏损,已经停产,其固定资产已对外抵押,并已被人民法院列入失信被执行人名单。此时,A公司资产负债表上的总资产高于总负债。但是,A公司的可执行财产即250万元的流动资金和固定资产已无法清偿已经到期的400万元债务,明显缺乏清偿能力。A公司具备破产原因。

3. A公司因不能清偿到期债务被债权人申请破产,A公司以其母公司财务状况良好并愿意为其债务提供担保为由,主张其不具备破产原因。A公司的主张不能成立。但是,如果其母公司已经为其全部债务提供了充分、可靠的担保,则A公司的主张成立。

4. A公司因不能清偿到期债务被债权人申请破产,债权人同时申请A公司的全资子公司B破产。B公司主张并证明其自己保持了法人的独立性并具有良好的偿债能力。对于针对B公司的破产申请,人民法院应予驳回。

三、重整原因

重整,是指在企业无力偿债的情况下,依照法律规定的程序,保护企业继续营业,实现债务调整和企业整理,使之摆脱困境,走向复兴的再建型债务清理制度。重整程序是对濒临破产企业的拯救措施,对于其启动条件即重整原因,本法作出了较为宽松的规定。首先,当企业法人满足了本条第1款的破产原因的情况下,即可提出进行重整。其次,虽然企业还不具备破产原因,如果企业明显具有了丧失清偿能力的可能性,企业也可以进行重整。所谓"有明显丧失清偿能力可能",是指债务人虽然尚未具备破产原因,但是根据其经营状况和财务信息,可以明确地预知不能清偿到期债务的事态将会在未来一定时候发生。此时,允许债务人及时启动重整程序,有利于实现早期拯救,提高企业困境的"治愈率"。重整程序发动的具体程序规则,参见本法第7条和第70条。

【示例】

5. A公司向B银行贷款人民币1000万元,约定当年12月31日偿还。当年6月1日A公司的一项对外贸易合同发生纠纷,对方拒付一笔250万美元的货款。对此,A公司提起国际仲裁,并确信年底以前不可能结案。在这种情况下,A公司根据其未来的现金收支情况,预计年底无法偿付对B银行的贷款,请求B银行延展偿债期,遭到拒绝。同时,A公司的其他债权人得知A公司面临的困境,纷纷提起追债诉讼。如果A公司的所有流动资金被冻结和执行,它将无法支付国际仲裁的费用。此时,A公司虽不具备破产原因,仍不妨以具备重整原因为由,向人民法院申请重整。

四、单独清理原则(以及关联企业破产)

(一)单独清理原则

本条所称"企业法人"应被理解为单数,即指单个的企业法人。按照有限责任原则,企业法人有破产原因的,以本企业的财产承担债务清理责任。此可谓"一法人、一破产"规则。因此,集团企业或者其他形式的关联企业的若干成员同时具有破产原因的,应当分别以各自的财产承担债务清理责任,而不能以关联企业中一个成员的破产原因作为另一个成员的破产原因,也不能以一个或数个关联企业成员破产为由,将其他没有破产原因的成员拖入破产程序,更不能将数个具有破产原因的关联企业成员并入一个破产程序,搞"一锅烩"式的财产接管和"大锅饭"式的债务清偿。这样做的后果,正如联合国国际贸易法委员会指出的,"不将集团内的公司作为独立的法人实体处理可能会损害企业、投资者和债权人对风险分别进行分析和作出选择的能力(当集团内有金融机构等公司对于风险管理有特别要求的,则可能特别重要)。这样做还可能引起显著的不确定性,影响信贷的成本,当破产后要由法院决定谁对集团债务负责时尤其如此;而且还可能在如何处理集团内的负债方面造成会计上的复杂性”。①

(二)企业集团破产制度的国际经验

在国际上,自21世纪以来,特别是2008年国际金融危机以来,企业集团破产成为破产立法的一个热点。2015年世界银行集团修订《有效破产与债权人/债务人制度的原则》(以下简称《世行破产原则》)专设C16节和C17节,对国内和国际的企业集团破产作了分别规定。2019年联合国国际贸易法委员会通过了《企业集团破产示范法》。企业集团破产的特殊制度引起了各国的重视。

关于国内企业集团破产,《世行破产原则》C16节提出了如下主张:②

C16.1　程序协调。破产法应规定,可为程序目的协调两个或两个以上企业集团成员的破产程序的管理。程序协调的范围和范围应由法院具体规定。

C16.2　程序启动后的融资。破产法应允许进入破产程序的企业集团成员向集团内同样进入破产程序的其他企业提供或便利其获得程序启动后的融资或其他形式的财务援助。破产法应规定程序启动后融资的优先权。

C16.3　实质合并。破产法应尊重企业集团每个成员的独立法律身份。在考虑实质合并时,应限于下列情况:

• 企业集团成员的资产或者负债的混同达到如此程度,以致无法在不花费不成比例的费用或者拖延的情况下确定资产归属和负债责任;或者

• 企业集团成员从事没有合法商业目的的欺诈性计划或活动。

法院应能够将特定的债权和资产排除在合并裁定之外。

破产法应考虑在发生实质合并的情况下对担保交易、优先权、债权人会议和可撤销行为进行适当处理。破产法应规定实质合并的裁定将导致被合并企业的资产和负

① 联合国国际贸易法委员会:《破产立法指南》(中文版),2006年纽约,第247页。

② 世界银行集团:《有效破产与债权人/债务人制度的原则》(*Principles for Effective Insolvency and Creditor/Debtor Regimes*)(英文版),2016年华盛顿,第27页。

债被视为单一破产财团的一部分;有关企业之间的债务和债权归于消灭;并使针对相关企业的债权被视为针对单一破产财团的债权。

C16.4 可撤销行为。破产法应授权法院斟酌交易的具体情况,考虑是否撤销发生在企业集团成员之间,或他们中的任何人与有关人员之间的交易。

C16.5 破产代表人。破产法应允许对两个或两个以上的企业集团成员任命一个或相同的破产代表人,并明确利益冲突情况的处理规则。如果不同的企业集团成员有不同的破产代表,破产法应允许破产代表直接沟通和最大限度地合作。

C16.6 重整计划。破产法应允许在两个或两个以上的企业集团成员的破产程序中就提出的重组计划进行协调。破产法应允许未进入破产程序的企业集团成员自愿加入已进入破产程序的其他集团成员的重整计划。

(三)关联企业破产的实质合并审理

企业集团破产,在我国的司法实践中称为关联企业破产。在我国,关联企业破产包括母公司和单个子公司的破产,也包括母公司与多个子公司乃至多层级子公司的破产,甚至包括若干相关联的集团公司的破产。我国现行立法没有规定关联企业破产合并审理的制度,人民法院目前审理关联企业合并破产的具体规则,是在现行法律的基本原则和制度框架下以司法文件制定的。

1. 实质合并审理的性质

在我国司法实践中,在关联企业成员之间存在高度人格混同情形下采取实质合并审理的做法,是单独清理原则下的特殊处理方式。这种处理方式相当于将若干有法人之名而无法人之实的关联企业成员视作同一法人的组成部分,本质上仍为"一法人,一破产"。2018 年 3 月 4 日最高人民法院《破审会议纪要》第 32 条指出:"人民法院在审理企业破产案件时,应当尊重企业法人人格的独立性,以对关联企业成员的破产原因进行单独判断并适用单个破产程序为基本原则。当关联企业成员之间存在法人人格高度混同、区分各关联企业成员财产的成本过高、严重损害债权人公平清偿利益时,可例外适用关联企业实质合并破产方式进行审理。"

2. 实质合并审理的规则

《破审会议纪要》对实质合并的申请审查、权利救济、案件管辖、法律后果以及企业成员存续等问题作了以下规定:

(1)申请审查。第 33 条规定,人民法院收到实质合并申请后,应当及时通知相关利害关系人并组织听证,听证时间不计入审查时间。人民法院在审查实质合并申请过程中,可以综合考虑关联企业之间资产的混同程度及其持续时间、各企业之间的利益关系、债权人整体清偿利益、增加企业重整的可能性等因素,在收到申请之日起30日内作出是否实质合并审理的裁定。

(2)权利救济。第34条规定,相关利害关系人对受理法院作出的实质合并审理裁定不服的,可以自裁定书送达之日起15日内向受理法院的上一级人民法院申请复议。

(3)案件管辖。第35条规定,采用实质合并方式审理关联企业破产案件的,应由关联企业中的核心控制企业住所地人民法院管辖。核心控制企业不明确的,由关联企业主要财产所在地人民法院管辖。多家法院之间对管辖权发生争议的,应当报请共同的上级人民法院指定管辖。

(4)法律后果。第36条规定,人民法院裁定采用实质合并方式审理破产案件的,各关联企业成员之间的债权债务归于消灭,各成员的财产作为合并后统一的破产财产,由各成员的债权人在同一程序中按照法定顺序公平受偿。采用实质合并方式进行重整的,重整计划草案中应当制定统一的债权分类、债权调整和债权受偿方案。

(5)企业成员存续。第37条规定,适用实质合并规则进行破产清算的,破产程序终结后各关联企业成员均应予以注销。适用实质合并规则进行和解或重整的,各关联企业原则上应当合并为一家企业。根据和解协议或重整计划,确有需要保持个别企业独立的,应当依照企业分立的有关规则单独处理。

3. 实质合并破产的指导性案例

2021年10月9日最高人民法院发布指导案例,均为企业实质合并破产案例,供各级人民法院审判类似案件时参照。其中:

指导案例163号"江苏省纺织工业(集团)进出口有限公司及其五家子公司实质合并破产重整案",明确了在关联企业成员之间出现法人人格高度混同、区分各关联企业成员财产成本过高、严重损害债权人公平清偿利益等情况下,人民法院可依申请适用关联企业实质合并破产方式进行审理。采用实质合并破产方式的,各关联企业成员之间的债权债务归于消灭,各成员的财产作为合并后统一的破产财产,由各成员的债权人作为一个整体在同一程序中按照法定清偿顺位公平受偿。该案对明确关联企业实质合并破产重整的条件及人民法院裁定企业实质合并破产重整后对各关联企业债权债务的处理等法律适用具有积极意义。

指导案例164号“江苏苏醇酒业有限公司及关联公司实质合并破产重整案”,明确了在破产重整过程中,破产企业面临核心优质资产灭失、机器设备闲置贬损等风险,管理人申请由投资人先行投入部分资金进行试生产,有利于保障各方当事人利益的,人民法院可以准许。该案创设了人民法院在审理破产重整案时,允许投资人对具备条件的企业试生产的规则及标准,符合破产保护理念,对保护各方当事人权益等具有积极意义。

指导案例165号“重庆金江印染有限公司、重庆川江针纺有限公司破产管理人申请实质合并破产清算案”,明确人民法院审理关联企业破产清算案件,发现关联企业之间存在法人人格高度混同、区分各关联企业财产的成本过高、严重损害债权人公平清偿利益时,可依申请举行听证后对已进入破产程序的关联企业进行实质合并破产清算。该案为正确适用法律、依法保护清算各方合法权益、确定实质合并破产清算进一步明确了基本规则。

以上3个案例中,第163号和第165号主要涉及实质合并的规则问题,包括适用实质合并的条件、程序和债务清理方式。第163号主要涉及重整计划批准前法院准许投资人以“试生产”方式参与继续营业的问题,对实质合并和非实质合并的案件均有指导意义,故本书将该案放在第八十条注释之“人民法院在重整计划制备中的能动作用”题目下讨论。

(四)关联企业破产案件的非实质合并审理

单独清理原则并不排除在有利于债务人财产价值和债权人清偿利益最大化的情况下,对关联企业成员的破产案件采取非实质合并的协调审理或集中管辖审理的做法。最高人民法院对此有以下规定:

1. 协调审理与集中管辖

《破审会议纪要》第38条规定了关联企业破产案件的协调审理与管辖原则:多个关联企业成员均存在破产原因但不符合实质合并条件的,受理这些企业破产案件的人民法院可根据相关主体的申请,对多个破产程序进行协调审理,并可根据程序协调的需要,综合考虑破产案件审理的效率、破产申请的先后顺序、成员负债规模大小、核心控制企业住所地等因素,由共同的上级法院确定一家法院集中管辖。由此可见,在关联企业破产案件不符合实质合并审理条件的情况下,可以进行协调审理。协调审理可以是同一家法院内的协调审理,也可以是不同法院之间的协调审理。为了提高审理效率,在符合该条规定条件的情况下,也可以通过集中管辖,对多个关联企业的破产案件进行非实质合并的审理。

关于非实质合并破产案件的集中管辖,2020 年 4 月 15 日《高效审理意见》第 4 条作出了细化规定:根据《破审会议纪要》第 38 条的规定,需要由一家人民法院集中管辖多个关联企业非实质合并破产案件,相关人民法院之间就管辖发生争议的,应当协商解决。协商不成的,由双方逐级报请上级人民法院协调处理,必要时报请共同的上级人民法院。请求上级人民法院协调处理的,应当提交已经进行协商的有关说明及材料。经过协商、协调,发生争议的人民法院达成一致意见的,应当形成书面纪要,双方遵照执行。其中,有关事项依法需报请共同的上级人民法院作出裁定或者批准的,按照有关规定办理。

2. 分别清偿及劣后清偿

《破审会议纪要》第 39 条规定,协调审理不消灭关联企业成员之间的债权债务关系,不对关联企业成员的财产进行合并,各关联企业成员的债权人仍以该企业成员财产为限依法获得清偿。但关联企业成员之间不当利用关联关系形成的债权,应当劣后于其他普通债权顺序清偿,且该劣后债权人不得就其他关联企业成员提供的特定财产优先受偿。

【示例】

6. A 集团公司旗下有两家子公司 B 和 C。A 公司和 B 公司均不能清偿到期债务。A 公司、B 公司同时分别向 S 市人民法院申请破产清算和破产重整。经审理,该院宣告 A 公司破产。经清算拍卖,A 公司持有的 B 公司和 C 公司的股权被 D 公司收购。D 公司按照重整计划清偿了 B 公司的债务。在破产案件审理期间,C 公司保持正常经营。

7. 在 J 省 F 公司及其 5 家子公司实质合并破产重整案中,法院经审理认定:案涉 6 家公司存在人格高度混同情形,主要表现在:人员任职高度交叉,未形成完整独立的组织架构;共用财务及审批人员,缺乏独立的财务核算体系;业务高度交叉混同,形成高度混同的经营体,客观上导致 6 家公司收益难以正当区分;6 家公司之间存在大量关联债务及担保,导致各公司的资产不能完全相互独立,债权债务清理极为困难。在此情形下,对人格高度混同的关联企业进行合并重整,纠正关联企业之间不当利益输送、相互控制等违法违规行为,保障各关联企业的债权人公平实现债权,符合法律规定。法院认为,进行合并后的整体重整,部分账面资产占优势的关联企业债权人的债权清偿率,虽然可能较分别重整有所降低,使其利益表面上受损,但此种差异的根源在于各关联企业之间先前的不当关联关系,合并重整进行债务清偿正是企业破产法公平清理债权债务的体现。①

8. C 市 J 区法院先后受理 A、B 两家公司的破产清算申请。在分别宣告破产后,两家公司管理人以两家公司属同一实际控制人,其生产经营场所、人员、主营业务和资产负债均高度混同为由,书面申请对其进行实质合并清算。法院组织申请人、被申请人、债权人委员会成员等利害关系人进行听证,查明两家公司法人人格高度混同、相互经营中两家公司债权债务无从分离且分别清算将严重损害债权人公平清偿利益,故裁定对两家公司进行实质合并破产清算。②

五、一体清理原则

按照本条规定的精神,企业破产的债务只能在同一程序中统一清理。也就是说,一个企业法人破产,无论其财产和债务为何种类型、发生于何时和位于何地,都只能由同一法院的同一法庭以同一案号进行审理,不允许两家或数家法院对同一企业法人实施破产案件管辖,也不能在同一法院内分为不同程序审理。如果不同法院对同一企业法人的破产案件发生管辖争议,应当按照我国《民事诉讼法》第 38 条第 2 款的规定,通过协商或者指定,确定一个唯一的管辖法院。

破产案件的管辖规则,参见本法第 3 条的规定。

第三条 【破产案件的管辖】破产案件由债务人住所地人民法院管辖。

---

① 案情摘编自最高人民法院指导案例第 163 号。

② 案情摘编自最高人民法院指导案例第 165 号。

【注释】

人民法院受理破产案件首先需要解决管辖权问题。关于破产案件的管辖,本法仅对地域管辖作了规定。企业破产案件所涉及的债务关系大多是跨地域的,在案件管辖问题上,围绕地域管辖的利益冲突最常见和突出,因而需要由本法作出专门规定。至于地域管辖以外的管辖问题,一般可以适用民事诉讼法的规定,或者由最高人民法院根据破产案件审理的实际情况,遵循本法的宗旨和基本原则,依据或参照民事诉讼法的规定,以司法解释或者司法政策加以规范。

一、破产案件的地域管辖

按照本条规定,破产案件由债务人住所地人民法院管辖。这属于地域管辖规定。理解本条的重点是"债务人住所地"的含义。1992 年 7 月 14 日最高人民法院《关于适用〈中华人民共和国民事诉讼法〉若干问题的意见》第 4 条规定:"……法人的住所地是指法人的主要营业地或者主要办事机构所在地。"①而 2002 年 7 月 30 日最高人民法院《破产审理规定》第 1 条将"债务人住所地"限定为债务人的"主要办事机构所在地",没有提及"主要营业地"。其主要原因在于,在实践中对主要营业地的判断存在一定的困难,如果一家公司在多个地方设有分公司,当该公司破产时,究竟何为主要营业地,往往会发生争议;而主要办事机构所在地一般是指企业的法人机关所在地,比较容易判断。2015 年 1 月 30 日最高人民法院《民诉法解释》第 3 条规定:"公民的住所地是指公民的户籍所在地,法人或者其他组织的住所地是指法人或者其他组织的主要办事机构所在地。法人或者其他组织的主要办事机构所在地不能确定的,法人或者其他组织的注册地或者登记地为住所地。"因此,本条所称的"债务人住所地",应为债务人的主要办事机构所在地;主要办事机构所在地不能确定的,则为注册地。

在债务人有多个办事机构且难以区分主次的情况下,有可能发生同一债务人在两家或多家法院被申请破产,从而导致不同法院之间的管辖权争议。此时,应适用我国《民事诉讼法》第 38 条第 2 款"人民法院之间因管辖权发生争议,由争议双方协商解决;协商解决不了的,报请它们的共同上级人民法院指定管辖"的规定以及相关司

---

① 该意见已于 2015 年 1 月 30 日废止。

法解释的规定。①

二、破产案件的级别管辖

本法1995年草案第一稿中曾有级别管辖的规定,即“破产案件由中级人民法院管辖,债务人的财产数额较小的破产案件由基层人民法院管辖,债务人的财产数额巨大的破产案件由高级人民法院管辖”。这与我国《民事诉讼法》按照案件影响大小划分管辖级别的立法精神是一致的。② 然而,尽管根据债务人财产数额可以在一定程度上区分破产案件的社会影响,但由于缺乏具体的量化标准,在实践中难以把握,故后来的草案中删去了级别管辖规定。《破产审理规定》第2条规定:“基层人民法院一般管辖县、县级市或者区的工商行政管理机关核准登记企业的破产案件;中级人民法院一般管辖地区、地级市(含本级)以上的工商行政管理机关核准登记企业的破产案件;纳入国家计划调整的企业破产案件,由中级人民法院管辖。”这个规定与当时企业注册登记按注册资金规模划分登记级别的背景相适应,在实践中易于操作。目前,人民法院在确定破产案件级别管辖时仍适用这个规定。

但是,当前我国的公司资本制度和企业登记制度已经发生了显著变化,登记机关的级别很难反映企业的实际经营规模,而企业破产案件的社会影响更是取决于诸多因素。因此,这个规定中的“一般”二字在当下尤显重要。这意味着,在一些特殊情况下,可以采用企业登记以外的因素来确定级别管辖。例如,2012年10月29日《上

① 现行《民诉法解释》第40条规定:“依照民事诉讼法第三十八条第二款规定,发生管辖权争议的两个人民法院因协商不成报请它们的共同上级人民法院指定管辖时,双方为同属一个地、市辖区的基层人民法院的,由该地、市的中级人民法院及时指定管辖;同属一个省、自治区、直辖市的两个人民法院的,由该省、自治区、直辖市的高级人民法院及时指定管辖;双方为跨省、自治区、直辖市的人民法院,高级人民法院协商不成的,由最高人民法院及时指定管辖。依照前款规定报请上级人民法院指定管辖时,应当逐级进行。”第41条规定:“人民法院依照民事诉讼法第三十八条第二款规定指定管辖的,应当作出裁定。对报请上级人民法院指定管辖的案件,下级人民法院应当中止审理。指定管辖裁定作出前,下级人民法院对案件作出判决、裁定的,上级人民法院应当在裁定指定管辖的同时,一并撤销下级人民法院的判决、裁定。”

② 1991年《民事诉讼法》第18条规定:“基层人民法院管辖第一审民事案件,但本法另有规定的除外。”第19条规定:“中级人民法院管辖下列第一审民事案件:(一)重大涉外案件;(二)在本辖区有重大影响的案件;(三)最高人民法院确定由中级人民法院管辖的案件。”第20条规定:“高级人民法院管辖在本辖区有重大影响的第一审民事案件。”第21条规定:“最高人民法院管辖下列第一审民事案件:(一)在全国有重大影响的案件;(二)认为应当由本院审理的案件。”我国现行《民事诉讼法》的规定与此一致。

市公司重整纪要》规定:“由于上市公司破产重整案件涉及法律关系复杂,影响面广,对专业知识和综合能力要求较高,人力物力投入较多,上市公司破产重整案件一般应由中级人民法院管辖。”2017 年 1 月 20 日《执转破意见》第 3 条规定:“执行案件移送破产审查,由被执行人住所地人民法院管辖。在级别管辖上,为适应破产审判专业化建设的要求,合理分配审判任务,实行以中级人民法院管辖为原则、基层人民法院管辖为例外的管辖制度。中级人民法院经高级人民法院批准,也可以将案件交由具备审理条件的基层人民法院审理。”这条规定与本法 1995 年草案中以中级人民法院管辖为主,基层人民法院和高级人民法院管辖为辅的方案颇为契合。在这些规定中,案件的社会影响和复杂程度与法院专业能力合理匹配是主要的关注点。这些规定也反映了我国破产审判专业化建设与破产案件类型化处理的发展趋势。

【示例】

1. A 公司是在 B 市登记注册的企业,其总部设在 C 市 D 区,另有两个分公司分别在 E 市和 F 市。现 A 公司不能清偿到期债务并且明显缺乏清偿能力,向人民法院提出破产申请。在这种情况下,对 A 公司破产案具有管辖权的法院应该是 C 市的中级人民法院。原因在于,第一,A 公司的总部设在 C 市 D 区,依据地域管辖的法律规定,应由其住所地 C 市的人民法院管辖。第二,A 公司属于地市级工商局注册的企业,根据级别管辖的司法解释,其破产案件应该由中级人民法院管辖。

2. A 公司在 B 市登记注册,在北方 C 市和南方 D 市从事经营活动并在两地设有管理中心。现 A 公司因无力偿债被两地的债权人在当地中级人民法院提出破产申请并被受理。C 市和 D 市的中级人民法院就解决管辖权争议进行了协商,但未能达成一致,遂上报各自的上级人民法院。两省的高级人民法院经过协商,决定由破产审判经验较丰富的 D 市中级人民法院审理 A 公司破产案。

三、破产案件的集中管辖

破产案件集中管辖是我国司法机关推进破产审判机构专业化建设的一项举措。2016 年 6 月 21 日最高人民法院发布《关于在中级人民法院设立清算与破产审判庭的工作方案》,将中级人民法院作为破产审判机构专业化建设的重点层级。《破审会议纪要》进一步提出:“要根据破产案件数量、案件难易程度、审判力量等情况,合理分配各级法院的审判任务。对于债权债务关系复杂、审理难度大的破产案件,高级人民法院可以探索实行中级人民法院集中管辖为原则、基层人民法院管辖为例外的管辖制度;对于债权债务关系简单、审理难度不大的破产案件,可以主要由基层人民法院管辖,通过快速审理程序高效审结。”

2018 年 8 月 7 日最高人民法院发布《关于上海金融法院案件管辖的规定》,规定上海市辖区内应由中级人民法院受理的以金融机构为债务人的破产案件由上海金融法院集中管辖。2018 年 12 月至 2019 年 1 月最高人民法院先后批复同意深圳市中级人民法院、北京市第一中级人民法院和上海市第三中级人民法院内设专门审判机构,集中管辖各市辖区内市级或区级以上(含本级)工商行政管理机关核准登记公司(企业)的强制清算和破产案件(上海金融法院及上海铁路运输法院管辖的破产案件除外)及衍生诉讼案件,以及跨境破产案件等。这些新举措是我国推进破产审判专业化、独立化进程的标志性成果。

四、破产案件的管辖转移

关于破产案件的管辖转移,《破产审理规定》第 3 条规定:“上级人民法院审理下级人民法院管辖的企业破产案件,或者将本院管辖的企业破产案件移交下级人民法院审理,以及下级人民法院需要将自己管辖的企业破产案件交由上级人民法院审理的,依照民事诉讼法第三十九条的规定办理;省、自治区、直辖市范围内因特殊情况需对个别企业破产案件的地域管辖作调整的,须经共同上级人民法院批准。”此条规定实际上包含了两个方面的内容:一是级别管辖规则的例外;二是地域管辖规则的例外。

关于级别管辖的例外,2012 年修改《民事诉讼法》时,将第 39 条改为第 38 条,并将第 1 款“上级人民法院有权审理下级人民法院管辖的第一审民事案件,也可以把本院管辖的第一审民事案件交下级人民法院审理”修改为“上级人民法院有权审理下级人民法院管辖的第一审民事案件;确有必要将本院管辖的第一审民事案件交下级人民法院审理的,应当报请其上级人民法院批准”,严格限制上级法院管辖的案件向下级法院转移。因此,属于本级人民法院管辖的破产案件,除“确有必要”并报请上级人民法院批准外,不得移交下级人民法院审理。

关于地域管辖的例外,上述规定设有 3 个限制条件:一是仅限于省、自治区、直辖市范围内的调整,不得跨省调整。例如,属于河北省保定市的人民法院管辖的破产案件,不能调整给北京市的人民法院审理。二是存在需要采取异地管辖的“特殊情况”,这种特殊情况主要包括社会影响、案件复杂性和管辖法院的专业能力等因素。三是须经管辖转出地法院和转入地法院的共同上级法院批准,不能直接由两地法院自行协商决定。

五、破产案件的管辖异议问题

本法并未规定破产案件参与主体的管辖异议权。我国《民事诉讼法》第130条规定的管辖异议权是发生在案件受理之后。破产案件受理后,按照集体清偿原则,个别债权人只能通过债权人会议行使权利,不允许有个别的管辖异议权。债务人在破产案件受理后负有服从和配合破产程序的义务,不允许有影响程序进程的行为。虽然本法第10条规定,债务人在债权人提出破产申请后、法院作出是否受理的裁定前可以提出异议,但这种异议仅针对债权人的申请行为,而管辖异议针对的是法院受理案件的司法决定。当然,债务人可以在针对债权人申请的异议中就受案法院是否有管辖权发表意见,法院也可以加以考虑,但这毕竟不属于程序法意义上的管辖异议,法院无须就此作出单独裁定或者在受理裁定中作出单独回应。

【示例】

3. A公司在B市登记注册,其总部亦设在B市。A公司在本省多地投资房地产项目,因资金链断裂,面临大量债务诉讼。其中,A公司在C市的债权人向C市中级人民法院申请A公司破产清算。A公司收到法院通知后,在异议期间对管辖权问题提出质疑。异议期满后,该法院裁定受理。随后,A公司向B市中级人民法院申请重整,该法院裁定受理。B市和C市的两家中级人民法院就管辖权争议协商不成,报请省高级人民法院指定管辖。省高级人民法院应指定B市中级人民法院管辖A公司破产案件。

第四条 【民事诉讼法的适用】破产案件审理程序,本法没有规定的,适用民事诉讼法的有关规定。

【注释】

破产法是实体法与程序法的结合。从程序法的意义上讲,破产法与民事诉讼法都是规定法院、当事人和其他诉讼参与人进行民事诉讼活动的法律,二者的关系是特别法与普通法的关系。民事诉讼法是基本法律,它的一般规定适用于破产案件,而破产法的特别规定则是对破产案件的特殊程序事项的特别规定。因此,根据特别法优先于普通法的原则,在法律适用上,对于破产案件中的程序事项,本法有规定的应依照其规定;没有规定的,则适用民事诉讼法的有关规定。具体而言,主要有民事诉讼法的基本原则,关于级别管辖等案件管辖问题的规定,关于回避的规定,关于当事人委托代理人的规定,关于证据的规定,关于期间、送达的规定,关于妨害民事诉讼的强制措施的规定,关于诉讼费用的规定等。

本条所遵循的特别法优先于普通法的原则,也适用于《企业破产法》与《民法典》的关系。从实体法角度讲,《企业破产法》关于民事权利和民事行为的特殊规定,适用上应当优先于《民法典》的一般规定;《企业破产法》对民事权利和民事行为无规定的,适用《民法典》的规定;《民法典》规定与《企业破产法》不一致的,应当适用《企业破产法》规定;适用《民法典》规定与《企业破产法》的法律政策或规范目的相冲突的,应当以符合《企业破产法》的法律政策或规范目的为准则。例如,《民法典》第 541 条关于撤销权起算时间和除斥期间的规定,不适用于破产撤销权;又如,依据《企业破产法》第 31 条对无偿转让财产行为的撤销,不受《民法典》第 658 条第 2 款规定的限制。

【示例】

1. 人民法院裁定不受理 A 公司的破产申请。裁定书于 4 月 1 日送达 A 公司。A 公司不服裁定,于 4 月 11 日提出上诉。受理上诉的法院对 A 公司是否已过上诉期,即是否符合本法第 12 条“自裁定送达之日起十日内向上一级人民法院提起上诉”的规定有疑问。鉴于本法对期间的计算没有特别规定,根据《民事诉讼法》第 85 条“期间开始的时和日,不计算在期间内”的规定,应认为 A 公司的上诉没有超过上诉期。

2. A 公司破产案件审理期间,该公司总经理拒不出席债权人会议。根据本法第 126 条的规定,有义务列席债权人会议的债务人的有关人员,经人民法院传唤,无正当理由拒不列席债权人会议的,人民法院可以拘传。但是,对于在实施拘传之前应经过几次传唤的问题,受理该破产案件的法院存有疑问。根据《民事诉讼法》第 112 条“人民法院对必须到庭的被告,经两次传票传唤,无正当理由拒不到庭的,可以拘传”

的规定,本案中对A公司总经理实施拘传前,应经过两次传唤。

第五条 【跨境破产】依照本法开始的破产程序,对债务人在中华人民共和国领域外的财产发生效力。

对外国法院作出的发生法律效力的破产案件的判决、裁定,涉及债务人在中华人民共和国领域内的财产,申请或者请求人民法院承认和执行的,人民法院依照中华人民共和国缔结或者参加的国际条约,或者按照互惠原则进行审查,认为不违反中华人民共和国法律的基本原则,不损害国家主权、安全和社会公共利益,不损害中华人民共和国领域内债权人的合法权益的,裁定承认和执行。

【注释】

一、跨境破产的基本原则

在经济全球化的背景下,跨国投资大量发生。当一个国家的企业破产时,如果这个企业有位于别国的财产和债权债务关系,就会出现所谓"跨境破产"的问题,即破产程序的域外效力问题。

关于破产程序域外效力的立法原则,存在两种主张:一种是属地主义,另一种是普及主义。属地主义主张,域内的破产程序不对债务人位于域外的财产直接发生效力;同样,域外的破产程序也不对债务人位于域内的财产直接发生效力。普及主义主张,承认域内破产程序的域外效力和域外破产程序的域内效力,以便使债权人得到更加公平和充分的保护。因此,在普及主义的立法原则下,需要建立本国法院与外国法院之间跨境破产的承认和协助机制。1997年5月联合国国际贸易法委员会第30届会议通过的《跨国界破产示范法》,提出了建立这种机制的基本立法框架。中国作为该委员会的36个成员之一,派代表出席了这次会议。《跨国界破产示范法》的序言指出:"本法之目的在于为处理跨国界破产案件提供有效机制,以促进达到下述目标:(a)本国法院及其他主管机构与外国法院及其他主管机构之间涉及跨国界破产案件的合作;(b)加强贸易和投资方面的法律确定性;(c)公平而有效率地实施跨国界破产管理,保护所有债权人和其他有关当事人的利益,包括债务人的利益;(d)保护并尽量增大债务人资产的价值;和(e)便于挽救陷入经济困境的企业,从而保护投资和维持就业。"该示范法于2013年修订,修订后全名为《跨境破产示范法与颁布及解释指南》。修订后的第一部分为《跨国界破产示范法》共五章32条,其主要内容是:序言;第一章,总则(第1条至第8条);第二章,外国破产管理人和外国债权人对本国法院的进入(第9条至第14条);第三章,对外国程序的承认和救济(第15条至第24条);第四章,与外国法院和外国代表的合作(第25条至第27条);第五章,同时进行的程序(第28条至第32条);第二部分为《跨境破产示范法颁布及解释指南》,其内容包括:《示范法》的目的和起源,《跨境破产示范法颁布及解释指南》的目的,示范法作为协调各国法律的一个工具,《示范法》的主要特点,逐条评注,贸易法委员会秘书处提供的协助。进而,2018年7月2日联合国国际贸易法委员会第1080次会议通过了《关于承认和执行与破产有关判决的示范法附颁布指南》。2019年7月15日联合国国际贸易法委员会第1099次会议通过了《企业集团破产示范法》。此外,贸易法委员会还配合示范法编辑出版了一些指导性文件,如2010年《跨国界破产合作实务指南》、2011年《跨国界破产示范法:司法角度的审视》、2021年《〈跨国界破产示范法〉判例法摘要集》。这些文件进一步丰富了《跨国界破产示范法》的制度框架,对完善跨境破产的国际合作将起到积极的推动作用。在上述背景下,本法顺应国际潮流,以本条确立了我国处理跨国破产的基本原则。

在本法起草期间,联合国国际贸易法委员会秘书长曾到访北京,与全国人民代表大会财政经济委员会破产法起草工作小组会面交流。在讨论过程中,双方就中国《企业破产法》采用"有限的普及主义"原则达成共识。由于跨境破产未列入起草工作的预定范围,再加上本次破产立法需要讨论的问题较多、争论较大,为了如期完成立法任务,没有在草案中增设跨境破产程序的具体规定。

毋庸讳言,仅凭现有的本法第5条和我国《民事诉讼法》第四编的条文,不能满足我国法院处理跨境破产的规范需求。随着我国不断深化对外开放,无论是"引进来"还是"走出去",都会遇到债务人的资产和负债分布于多国的情况。一旦这些债务人进入破产程序,在资产和事务的管理、债权人权益的保障和公平清偿的实现等诸方面,都亟须跨法域的合作与协同。因此,建立有效的跨境破产协调与合作的法律框架,将有助于维护公平合理和互利共赢的国际经济秩序。

二、国内破产程序的域外效力

根据本条第 1 款的规定,在我国开始的破产程序对于债务人在外国的财产发生效力。这意味着,我国的破产管理人可以持我国法院的裁定到境外追索债务人位于境外的财产。自本法实施以来,已经有一些国家的法院作出了承认我国境内破产程序的裁决。

三、国外破产程序的域内效力

根据本条第 2 款的规定,对于法院的破产判决、裁定,中国法院可以裁定承认和执行。但是,这种承认与执行应具备一定的条件。首先,该判决、裁定必须是外国法院已经发生法律效力的确定裁判。其次,该判决或裁定必须是涉及债务人位于我国境内、需要由我国法院执行的财产。最后,有关承认和执行该判决、裁定的申请或请求必须依据其所在国与我国之间的双边条约或者是该国与我国共同参加的多边国际条约,或者在无条约的情况下符合互惠原则。此 3 项为必要条件,缺一不可。

具备以上 3 项条件的境外破产判决、裁定,我国法院可以承认和执行,但是有 3 项保留条件:第一,不得违反我国法律,也就是说,违反我国法律基本原则的破产判决、裁定,不予承认和执行。第二,不得损害我国国家主权、安全和社会公共利益,也就是说,如果外国的破产判决、裁定有损我国的国家主权、安全和社会公共利益,我国法院不予承认和执行。第三,不得损害我国境内债权人的合法权益,也就是说,外国破产人在我国境内有债权人的,其境外破产程序须对我国债权人提供公平的保护,或者不妨碍我国债权人通过境内外的其他程序获得公平保护,使其债权能够以适当方式在境外或境内获得公平清偿,否则我国法院不予承认和执行。为此,该外国法院可以向我国法院寻求司法协助,就该破产程序在我国境内的财产保全、债务追索、债权申报、债权人表决和破产分配等事项作出必要的辅助性安排。

自本法实施以来,我国法院在处理越来越多的来自境外的跨境破产协调与合作需求时,由于缺乏可适用的国际条约,主要是以互惠原则为法律依据。因此,最高人民法院《破审会议纪要》第 49 条规定:"人民法院在处理跨境破产案件时,要妥善解决跨境破产中的法律冲突与矛盾,合理确定跨境破产案件中的管辖权。在坚持同类债权平等保护的原则下,协调好外国债权人利益与我国债权人利益的平衡,合理保护我国境内职工债权、税收债权等优先权的清偿利益。积极参与、推动跨境破产国际条约的协商与签订,探索互惠原则适用的新方式,加强我国法院和管理人在跨境破产领域的合作,推进国际投资健康有序发展。"《破审会议纪要》第 50 条还就"跨境破产案件中的权利保护与利益平衡"问题作出规定:"依照企业破产法第五条的规定,开展跨境破产协作。人民法院认可外国法院作出的破产案件的判决、裁定后,债务人在中华人民共和国境内的财产在全额清偿境内的担保权人、职工债权和社会保险费用、所欠税款等优先权后,剩余财产可以按照该外国法院的规定进行分配。"

【示例】

因 M 国 A 公司拖欠对中国 B 公司的债务,经 B 公司申请,中国法院查封了 A 公司位于中国境内的不动产。随后,A 公司在 M 国启动了重整程序。在依该程序确定的重整计划中,含有 A 公司将其在中国境内的财产全部用于对 M 国债权人清偿的条款。A 公司破产管理人持 M 国法院批准重整计划的裁判文书向中国法院申请解除对该不动产的查封。由于该重整计划损害中国境内债权人的合法权益,中国法院有权裁定不予承认和执行。

四、我国内地与香港特别行政区跨境破产协助安排

我国内地和香港特别行政区之间的破产司法协助,属于跨境破产的性质。跨境破产所用的"跨境"一词,基本含义是"跨国境",但可以扩展到"跨区境"。一国内不同司法管辖区之间的跨境破产问题,法理上属于"准国际私法"范畴。2012 年 12 月 10 日最高人民法院《关于适用〈中华人民共和国涉外民事关系法律适用法〉若干问题的解释(一)》第 19 条规定:"涉及香港特别行政区、澳门特别行政区的民事关系的法律适用问题,参照适用本规定。"因此,处理我国内地与香港特别行政区之间跨境破产问题,应参照适用本条规定。

2021 年 5 月 14 日,最高人民法院与香港特别行政区政府签署《关于内地与香港特别行政区法院相互认可和协助破产程序的会谈纪要》;同日,最高人民法院发布《涉港协助意见》。这两份文件以"一国两制"方针为基础,开启了建立两地共同探索跨境破产协助机制的先河。其中,该会谈纪要确定了内地与香港特别行政区间跨境破产司法协助的基调,《涉港协助意见》则对内地的具体适用问题作出了细化规定。

该会谈纪要的主要内容:第一,最高人民法院指定若干试点地区有关中级人民法院与香港特别行政区法院依法开展相互认可和协助破产程序工作。第二,香港特别行

政区破产程序的清盘人或者临时清盘人可以向内地试点地区的有关中级人民法院申请认可依据香港特区法律进行的公司强制清盘、公司债权人自动清盘以及由清盘人或者临时清盘人提出并经香港特别行政区法院批准的公司债务重组程序,申请认可其清盘人或者临时清盘人身份,以及申请提供履职协助。第三,内地破产程序的管理人可以向香港特别行政区高等法院申请认可依据《企业破产法》进行的破产清算、重整以及和解程序,申请认可其管理人身份,以及申请提供履职协助。第四,申请认可和协助的程序、方式等,应当依据被请求方的规定。第五,最高人民法院和香港特别行政区政府分别就两地开展相互认可和协助破产程序工作发布指导意见和实用指南。双方就相互认可和协助破产程序的司法实践保持沟通,协商解决有关问题,持续完善有关机制,逐步扩大试点范围。

《涉港协助意见》就内地人民法院落实上述第二条,规定要点如下:

1. 试点法院。指定上海市、福建省厦门市、广东省深圳市的中级人民法院开展认可和协助香港特别行政区破产程序的试点工作。香港特别行政区破产程序的债务人在内地的主要财产位于试点地区、在试点地区存在营业地或者在试点地区设有代表机构的,香港特别行政区管理人可以依据本意见申请认可和协助香港特别行政区破产程序。试点法院在审理跨境破产协助案件过程中,应当及时向最高人民法院报告、请示重大事项。

2. 适用对象。《涉港协助意见》适用于香港特别行政区系债务人主要利益中心所在地的香港破产程序。《涉港协助意见》所称"主要利益中心",一般是指债务人的注册地。同时,人民法院应当综合考虑债务人主要办事机构所在地、主要营业地、主要财产所在地等因素认定。《涉港协助意见》所称"香港特别行政区破产程序",是指依据香港特别行政区《公司(清盘及杂项条文)条例》《公司条例》进行的集体清偿程序,包括公司强制清盘、公司债权人自动清盘以及由清盘人或者临时清盘人提出并经香港特别行政区高等法院依据香港特别行政区《公司条例》第673条批准的公司债务重组程序。

3. 负面清单。利害关系人提供证据证明有下列情形之一的,人民法院审查核实后,应当裁定不予认可或者协助香港特别行政区破产程序:(1)债务人主要利益中心不在香港特别行政区或者在香港特别行政区连续存在未满6个月的;(2)不符合《企业破产法》第2条规定的;(3)对内地债权人不公平对待的;(4)存在欺诈的;(5)人民法院认为应当不予认可或者协助的其他情形。人民法院认为,认可或者协助香港特别行政区破产程序违反内地法律的基本原则或者违背公序良俗的,应当不予认可或者协助。

4. 申请程序。申请认可和协助香港特别行政区破产程序的,香港特别行政区管理人应当(根据《涉港协助意见》第6条、第7条规定)提交材料。人民法院应当自收到认可和协助申请后,应当(根据《涉港协助意见》第8条、第9条、第10条规定)进行通知、公告、听证、保全和作出认可裁定。认可香港特别行政区破产程序的,(根据《涉港协助意见》第11条、第12条、第13条规定)产生以下法律效果:债务人对个别债权人的清偿无效;有关债务人的民事诉讼或者仲裁应当中止;有关债务人财产的保全措施应当解除,执行程序应当中止。

5. 香港特别行政区管理人职责。人民法院认可香港特别行政区破产程序后,可以依申请裁定允许香港特别行政区管理人在内地履行下列职责:(1)接管债务人的财产、印章和账簿、文书等资料;(2)调查债务人财产状况,制作财产状况报告;(3)决定债务人的内部管理事务;(4)决定债务人的日常开支和其他必要开支;(5)在第一次债权人会议召开之前,决定继续或者停止债务人的营业;(6)管理和处分债务人的财产;(7)代表债务人参加诉讼、仲裁或者其他法律程序;(8)接受内地债权人的债权申报并进行审核;(9)人民法院认为可以允许香港特别行政区管理人履行的其他职责。香港特别行政区管理人履行以上职责时,如涉及放弃财产权益、设定财产担保、借款、将财产转移出内地以及实施其他对债权人利益有重大影响的财产处分行为,需经人民法院另行批准。香港特别行政区管理人履行职责,不得超出《企业破产法》规定的范围,也不得超出香港特别行政区法律规定的范围。《涉港协助意见》所称香港特别行政区管理人,包括香港特别行政区破产程序中的清盘人和临时清盘人。

6. 清偿顺序。人民法院认可和协助香港特别行政区破产程序的,债务人在内地的破产财产清偿其在内地依据内地法律规定应当优先清偿的债务后,剩余财产在相同类别债权人受到平等对待的前提下,按照香港特别行政区破产程序分配和清偿。

7. 两地合作。试点法院应当与香港特别行政区法院积极沟通和开展合作。香港特别行政区和内地就同一债务人或者具有关联关系的债务人分别进行破产程序的,两地管理人应当加强沟通与合作。

第六条　【职工权益和经营者责任】人民法院审理破产案件,应当依法保障企业职工的合法权益,依法追究破产企业经营管理人员的法律责任。

【注释】

一、对破产企业职工权益的保护

职工是企业破产案件的直接利害关系人。在实践中,一些企业在破产案件中存在损害职工权益的行为,既违反公平正义,也危害社会稳定。破产法要解决这些问题,就要切实保护职工合法利益。保护职工权益是我国破产法的一贯政策。在1986年我国《企业破产法(试行)》第4条中就有“国家通过各种途径妥善安排破产企业职工重新就业,并保障他们重新就业前的基本生活需要”的规定。在破产立法中保护职工权益也是国际上的共识。1992年6月国际劳工组织大会通过的《雇主破产情况下保护工人债权公约》就是一例。

本法对保护职工权益给予高度关注。从1994年起草工作开始时起,职工保护特别是国有企业职工的安置问题就是起草工作研究的重点之一。从第八届到第十届全国人民代表大会,历次组织的破产法起草工作都十分重视职工权益保护。本法中涉及职工权益保护的规定,除本条外,主要还有以下规定:(1)破产申请受理时债务人有义务提交职工安置预案以及职工工资的支付和社会保险费用的缴纳情况(本法第8条、第11条);(2)职工债权的范围、简易申报方法和职工在申报中的异议权(本法第48条);(3)职工和工会的代表参加债权人会议并对有关事项发表意见的权利(本法第59条);(4)职工和工会的代表参加债权人委员会的权利(本法第67条);(5)职工债权在重整计划中的表决权和基本保护(本法第82条、第87条);(6)职工在破产分配中的优先清偿地位(本法第113条);(7)本法公布前的职工债权的特殊待遇(本法第132条);(8)国有企业破产的特殊规定(主要为职工安置的规定)(本法第133条)。

我国法院在审理破产案件时,历来十分重视职工权益保护。2009年6月12日最高人民法院《司法保障意见》强调“依法优先保护劳动者权益,是破产法律制度的重要价值取向”,规定:“人民法院在审理企业破产案件中,要切实维护职工的合法权益,严格依法保护职工利益。召开债权人会议要有债务人的职工和工会代表参加,保障职工对破产程序的参与权。职工对管理人确认的工资等债权有异议的,管理人要认真审查核对,发现错误要及时纠正;因管理人未予纠正,职工据此提起诉讼的,人民法院要严格依法审理,及时作出判决。”“表决重整计划草案时,要充分尊重职工的意愿,并就债务人所欠职工工资等债权设定专门表决组进行表决;职工债权人表决组未通过重整计划草案的,人民法院强制批准必须以应当优先清偿的职工债权全额清偿为前提。企业继续保持原经营范围的,人民法院要引导债务人或管理人在制作企业重整计划草案时,尽可能保证企业原有职工的工作岗位。”同时指出:“保障职工合法权益需要社会各方面的共同努力。人民法院要加强与国家社会保障部门、劳动部门、工商行政管理部门、组织人事等部门的沟通和协调,积极提出司法建议,推动适合中国特色的社会保障体制的建立和完善。”《破审会议纪要》第27条规定:“破产程序中要依法妥善处理劳动关系,推动完善职工欠薪保障机制,依法保护职工生存权。由第三方垫付的职工债权,原则上按照垫付的职工债权性质进行清偿;由欠薪保障基金垫付的,应按照企业破产法第一百一十三条第一款第二项的顺序清偿。债务人欠缴的住房公积金,按照债务人拖欠的职工工资性质清偿。”

二、对企业破产管理层的责任追究

在现实情况中,有些企业之所以陷入困境甚至倒闭清算,与企业管理层疏于管理,未尽忠实、勤勉义务有直接关系。这些有重大过失的企业决策人本应受到追究和惩处,结果却“一破了之”,其责任得不到追究。针对在实践中反映较强烈的一些情况,本法对企业管理层的责任追究作出了若干规定,司法解释也有相关规定。

(一)违反服从破产程序义务的责任

本法第15条规定了企业的法定代表人和其他经营管理人员的一系列义务:妥善保管其占有和管理的财产、印章和账簿、文书等资料;根据人民法院、管理人的要求进行工作,并如实回答询问;列席债权人会议并如实回答债权人的询问;未经人民法院许可,不得离开住所地;不得新任其他企业的董事、监事、高级管理人员。本法第126条、第127条和第129条规定了违反这些义务的法律责任。《破产法解释(一)》第6条第2款规定:“受理破产申请后,人民法院应当责令债务人依法提交其财产状况说明、债务清册、债权清册、财务会计报告等有关材料,债务人拒不提交的,人民法院可以对债务人的直接责任人员采取罚款等强制措施。”《司法保障意见》第16条规定:“人民法院在审理债务人人员下落不明或财产状况不清的破产案件时,要从充分保障债权人合法利益的角度出发,在对债务人的法定代表人、财务管理人员、其他经营管理人员,以及出资人等进行释明,或者采取相应罚款、训诫、拘留等强制措施后,债务人仍不向人民法院提交有关材料或者不提交全部材料,影响清算顺利进行的,人民法院就现有财产对已知债权进行公平清偿并裁定终结清算程序后,应当告知债权人可以另行提起诉讼要求有责任的有限责任公司股东、股份有限公司董事、控股股东,以及实际控制人等清算义务人对债务人的债务承担清偿责任。”

（二）破产欺诈行为的责任

本法第31条至第33条规定了破产申请受理前债务人的种种欺诈性交易和恶意个别清偿的行为，第128条规定债务人的法定代表人和其他直接责任人员因这些行为而应承担赔偿责任。《破产法解释（二）》第18条规定：“管理人代表债务人依据企业破产法第一百二十八条的规定，以债务人的法定代表人和其他直接责任人员对所涉债务人财产的相关行为存在故意或者重大过失，造成债务人财产损失为由提起诉讼，主张上述责任人员承担相应赔偿责任的，人民法院应予支持。”

（三）渎职责任

1. 对企业破产的责任。本法第125条规定，企业董事、监事或者高级管理人员违反忠实义务、勤勉义务，致使所在企业破产的，应依法承担民事责任；该类人员自破产程序终结之日起3年内不得担任任何企业的董事、监事、高级管理人员。《破产审理规定》第103条规定：“人民法院可以建议有关部门对破产企业的主要责任人员限制其再行开办企业，在法定期限内禁止其担任公司的董事、监事、经理。”

2. 对企业出资不实的责任。《破产法解释（二）》第20条第2款规定：“管理人依据公司法的相关规定代表债务人提起诉讼，主张公司的发起人和负有监督股东履行出资义务的董事、高级管理人员，或者协助抽逃出资的其他股东、董事、高级管理人员、实际控制人等，对股东违反出资义务或者抽逃出资承担相应责任，并将财产归入债务人财产的，人民法院应予支持。”

（四）不当所得的追回

本法第36条规定，债务人的董事、监事和高级管理人员利用职权从企业获取的非正常收入和侵占的企业财产，管理人应当追回。《破产法解释（二）》第24条规定：“债务人有企业破产法第二条第一款规定的情形时，债务人的董事、监事和高级管理人员利用职权获取的以下收入，人民法院应当认定为企业破产法第三十六条规定的非正常收入：（一）绩效奖金；（二）普遍拖欠职工工资情况下获取的工资性收入；（三）其他非正常收入。债务人的董事、监事和高级管理人员拒不向管理人返还上述债务人财产，管理人主张上述人员予以返还的，人民法院应予支持……”

(五)刑事责任的追究

本法第 131 条进一步规定,违反本法规定构成犯罪的,依法追究刑事责任。其中包括了破产企业的管理层在上述前三类情形下可能被追究的刑事责任。

第二章
申请和受理

第一节　申　　请

第七条　【申请的主体和适用程序】债务人有本法第二条规定的情形，可以向人民法院提出重整、和解或者破产清算申请。

债务人不能清偿到期债务，债权人可以向人民法院提出对债务人进行重整或者破产清算的申请。

企业法人已解散但未清算或者未清算完毕，资产不足以清偿债务的，依法负有清算责任的人应当向人民法院申请破产清算。

【注释】

一、破产申请的意义

破产申请是破产申请人请求人民法院受理破产案件的意思表示，是启动破产程序的初始步骤。我国破产法实行受理开始主义，即破产程序只能在依法具有破产申请资格的当事人提出申请后，经人民法院受理而开始；人民法院不得依职权主动开始破产程序。这意味着，在我国，破产申请是破产程序开始的必要条件。本法为无力偿债的企业提供了重整、和解和破产清算 3 种程序制度，并规定了债务人或债权人从不同程序中选择一种提出破产申请的权利，以及在企业处于解散或清算状态时清算责任人申请破产清算的义务。此外，本法第 134 条规定，国务院金融监督管理机构有权向人民法院提出对金融机构进行重整或者破产清算的申请。

二、本法各程序之间的关系

按照本法的程序设计,无力偿债的企业可以适用的债务清理程序包括重整、和解和破产清算 3 种。在债务人申请或者债权人申请的情况下,申请人必须从中选择一种程序提出申请。按破产清算提出申请的案件,在人民法院受理申请后、破产宣告前,可以经有申请权的当事人申请,人民法院裁定,进入重整程序或者和解程序。进入重整程序或者和解程序的案件,在具备法定原因时,可以经人民法院裁定终止程序并宣告破产,转为破产清算程序。

【示例】

1. A 公司不能清偿对 B 公司的到期债务。B 公司向人民法院提出 A 公司破产清算的申请。人民法院受理后,A 公司持有 1/10 股权的股东认为企业有拯救价值,遂提出对 A 公司重整的申请。人民法院经审查,裁定 A 公司重整。

2. A 公司被债权人申请破产清算。人民法院受理后,A 公司的大股东 B 公司将股权转让给意欲收购 A 公司资产的 C 公司。C 公司以出资人身份提出对 A 公司重整的申请。人民法院经审查,裁定 A 公司重整。

3. A 公司向人民法院申请破产清算。人民法院受理后,债权人 B、C、D 与 A 公司协商,表示愿意以"债转股"方式对 A 公司进行拯救。双方拟定了和解协议草案。A 公司向人民法院提出和解申请并提交了和解协议草案。人民法院经审查,裁定 A 公司和解。

三、破产申请的接收

本条规定了破产申请的 3 种主体:债务人、债权人和清算责任人。无论其申请事由是属于行使权利还是履行义务,其申请行为都是基于破产法赋予的程序权利。对于申请人提出的申请,人民法院既有接收的义务,也有决定是否受理的权力。申请有主体不合格、理由不正当、依据不充分或者其他依法不应受理的情形的,人民法院有权决定不予受理,但无权拒绝接收申请。《破产法解释(一)》第 7 条规定:"人民法院收到破产申请时,应当向申请人出具收到申请及所附证据的书面凭证。人民法院收到破产申请后应当及时对申请人的主体资格、债务人的主体资格和破产原因,以及有关材料和证据等进行审查,并依据企业破产法第十条的规定作出是否受理的裁定……"这意味着,破产案件的"入门"不设"门槛",实行"有申请必接收,有接收必审查,有审查必裁定"。针对"有申请不接收"或者"接收而不审查不裁定"的情形,《破产法解释(一)》第9条规定,申请人向人民法院提出破产申请,人民法院未接收其申请,或者未按本规定第7条执行的,申请人可以向上一级人民法院提出破产申请。上一级人民法院接到破产申请后,应当责令下级法院依法审查并及时作出是否受理的裁定;下级法院仍不作出是否受理裁定的,上一级人民法院可以径行作出裁定。上一级人民法院裁定受理破产申请的,可以同时指令下级人民法院审理该案件。

四、债务人申请

在具备破产原因的情况下,债务人可以向人民法院提出重整、和解或者破产清算的申请。破产法赋予债务人破产申请权,允许债务人通过破产方式清理债务,有利于避免在企业困境下因债权人"勤勉竞赛"造成的不公平清偿,更有利于企业资产及时获得法律保护以便寻求通过重整或者和解获得拯救机会。一般而言,债务人最了解自己的经营和财务状况,相对于债权人具有明显的信息优势,能够对自身是否具备破产原因作出比较准确的判断,也能够对自身能否通过司法程序获得拯救作出理性抉择。而债权人通常处于信息不充分的地位,难以全面掌握债务人的财务和营业状况,而且债权人通常更倾向个别追债而不是集体清偿。此外,特别是在我国,企业破产涉及职工权利保护以及职工安置等问题,相对于债权人来说,债务人更具有与职工协商的条件和能力。尤其考虑到本法的再建主义立法政策,将债务人申请作为破产程序启动最常用的方式,赋予债务人在选择和启用破产程序中的主动地位,不仅是必要的,而且是可行的。

在市场经济条件下,破产法本质上属于债务清偿法。债务人在无力偿债的情况下提出破产申请,是一种以集中化方式对债权人履行债务的行为。因此,有资格对外代表企业为法律行为的法人机关,以及以合法方式取得对外代表资格的自然人,有权代表债务人企业提出破产申请。这是国际上普遍承认的规则。例如,德国《破产法》(Insolvenzrecht)第15条规定,法人或非法人企业的代表机关(董事会、业务执行人)的每一名成员均有权提出开始破产程序的申请。

2019年6月22日国家发展改革委、最高人民法院等13个部门联合发布《退出制度改革方案》,明确了新时期我国破产法改革的指导思想和工作部署。《退出制度改革方案》提出了“研究规定企业和企业高级管理人员等相关责任主体在企业陷入财务困境时负有及时申请破产清算或重整义务的必要性和可行性”和“建立清算义务人怠于履行清算义务时的法律责任追究机制”的要求。由此可见,我国的破产立法和实践都应当将“企业管理层负有破产申请的义务”作为破产申请制度的一个基本观念。

根据本法第 8 条的规定,股东会同意申请破产的决议不是公司向人民法院申请破产的必备文件。如果法人代表机关向人民法院提出破产申请时存在违反对股东会报告义务或者违反股东会决议的情形,则该法人可以采取措施撤回申请。如果法人代表机关以虚构债务等方式捏造破产原因申请破产,股东及其他利害关系人还可以依据本法第 12 条第 2 款的规定,在破产申请受理后至破产宣告前请求人民法院驳回破产申请。

反之,如果在企业具有破产原因或重整原因的情况下,法人代表机关怠于甚至拒绝提起破产申请(含重整申请),根据本法的立法精神,并参照《公司法》第 180 条的规定,应承认股东会有权以决议方式决定向人民法院提出公司破产的申请。在股东会作出决议的情况下,公司法人代表机关拒绝执行的,可以类推适用《公司法》第 182 条的规定,允许持有公司全部股东表决权 10% 以上的股东向人民法院申请公司破产(尤其是申请公司重整)。这一点,需要司法解释加以明确。经验证明,公司董事会由于担心失去职位或者畏惧责任追究,往往缺乏申请破产的动机,造成贻误公司拯救和有序清理的时机。对此,需要赋予股东代表公司提出破产申请的权利来加以制约和督促。

【示例】

4. A 公司执行董事某甲与他人合谋从事与公司相竞争的营业,采取增加公司负债、怠于追收欠款等手段使企业陷于财务困境。甲未经股东会同意擅自向人民法院提出破产申请。在申请的审查期间,A 公司新任执行董事某乙向人民法院提出撤回破产申请的请求,并证明:A 公司股东会鉴于甲损害公司利益的行为,已决议罢免甲的职务并任命乙接任其职务。法院应根据《企业破产法》第 9 条的规定,批准这一请求。

五、债权人申请

债务人不能清偿到期债务,债权人可以向人民法院提出对债务人进行重整或者破产清算的申请,但不可以提出和解申请。破产法的立法宗旨之一就是保护债权人的合法权益。当债务人无力偿债时,如果存在多个债权人,就存在通过集体清偿程序实现众多债权人之间的公平清偿的需求。对个别债权人来说,尽管在通常情况下个别追索债务是较可取的选择,但有些情况下(例如,债务人的财产已经被其他债权人率先扣押,债务人已经或者将会对其关联企业优先清偿,债务人的资产难以变现,债权人实现抵押权遭到债务人抵制等),启动破产程序就成为债权人利益保护的一个优先考虑的选择。法律赋予债权人提出破产申请的权利,也有利于遏制和追查债务人隐匿资产、不当转让财产等恶意损害债权人利益的行为。

值得注意的是,关于提出破产申请的条件,本法对债权人申请与债务人申请有不同规定。债权人申请的条件仅为证明债务人不能清偿到期债务,而无须证明债务人资不抵债或者明显缺乏清偿能力。其理由在于,债权人通常无法掌握债务人的财务状况,要求债权人证明债务人资不抵债或者明显缺乏清偿能力是不合理的。

还需注意的是,根据本条第2款的规定,债权人提出重整申请,只能以债务人不能清偿到期债务为根据,而不能以债务人"有明显丧失清偿能力可能"为根据。其理由在于:第一,在不具备破产原因的情况下申请进入破产程序,属于债务人专属的权利;第二,对债务人未来清偿能力的预测,属于债务人内部信息,债权人一般无从知晓,或者即使知晓也负有保守客户商业秘密的义务。

债权人不能提出和解申请的原因在于,和解制度是按照合同法上"要约—承诺"的模式设计的。其中,债务人为要约方,债权人集体(通过债权人会议)为承诺方。同时,和解程序又是一种简便的程序,它以和解协议草案的提出为程序启动的条件。而这种草案作为要约只能由债务人提出。所以,个别债权人既不能代表全体债权人提出和解协议草案,也不能代表债务人提出和解协议草案。但是,债权人认为需要与债务人和解的,可以通过法庭外协商,在双方达成和解意向的情况下,由债务人在破产程序启动前或者启动后提出和解申请并提交和解协议草案。

对于债权人申请,本法没有设定人数限制。因此,允许单个债权人申请,也允许两个以上的债权人共同申请。共同申请的债权人应当对各自债权的情况及其到期未清偿的事实作出证明。共同申请的撤销,须申请人共同请求。

根据《破产法解释(一)》第5条的规定,企业法人已解散但未清算或者未在合理期限内清算完毕,债权人申请债务人破产清算的,除债务人在法定异议期限内举证证明其未出现破产原因外,人民法院应当受理。

【示例】

5. A公司不能清偿对B、C、D等多家债权人的到期债务。B和C提起追债诉讼,法院冻结了A公司的银行账户。当D得知A公司被诉的消息时,B和C已经取得胜诉判决。D相信,一旦该判决被执行,A公司将无剩余的可执行财产。为获得公平清偿,D向人民法院提出A公司破产清算的申请。对这一申请,人民法院应予受理。

六、清算责任人申请

企业法人已解散但未清算或者未清算完毕的,属于清算法人,即为清算目的而存续的法人。企业法人解散是指企业因发生章程规定或者法律规定的除破产外的事由而停止业务活动,进入待清算状态或者清算实施过程。在清算期间,其法人人格在法律上视为存续,但其营业资格已经丧失。所以,《民法典》第72条第1款规定:"清算期间法人存续,但是不得从事与清算无关的活动。"此时,如果企业存在资不抵债的事实,则依法负有清算责任的人应当依照本条第3款的规定,向人民法院申请破产清算。

本款规定的"依法负有清算责任的人",应依照相关的法律确定。例如,在公司清算的场合,根据《公司法》第183条的规定,包括有限责任公司的股东、股份有限公司的董事或者股东大会确定的人员以及在特定情形下人民法院指定有关人员组成的清算组。在合伙企业的场合,根据《合伙企业法》第86条的规定,包括全体合伙人、经全体合伙人过半数同意指定的一个或者数个合伙人以及在特定情形下人民法院指定的清算人。

本条第3款规定的破产申请,是清算责任人在破产法上承担的一项特别义务。其特点是:第一,清算责任人无权选择不提出破产申请,也不得拖延时间迟迟不提出破产申请。第二,在提出破产申请时,破产清算程序是其唯一选择,故其不得选择重整或和解的程序。第三,清算责任人提出破产申请后,人民法院应当受理并于受理时宣告债务人破产。

清算责任人违反本款的规定，不履行及时申请义务，导致债务人财产减少，给债权人造成损失的，应当承担赔偿责任。

需要指出的是，本条第 3 款所称清算义务人，不包括在强制清算情形下人民法院指定的清算组。《公司法》第 182 条规定，公司经营管理发生严重困难，继续存续会使股东利益受到重大损失，通过其他途径不能解决的，持有公司全部股东表决权 10% 以上的股东，可以请求人民法院解散公司。该法第 183 条规定，公司应当在解散事由出现之日起 15 日内成立清算组，开始清算。逾期不成立清算组进行清算的，债权人可以申请人民法院指定有关人员组成清算组进行清算。对此申请，人民法院应当受理并及时组织清算组进行清算。于 2008 年 5 月 5 日公布、2014 年 2 月 17 日修正的《公司法解释（二）》第 17 条规定，人民法院指定的清算组在清理公司财产、编制资产负债表和财产清单时，发现公司财产不足清偿债务的，可以与债权人协商制作有关债务清偿方案。债务清偿方案经全体债权人确认且不损害其他利害关系人利益的，人民法院可依清算组的申请裁定予以认可。清算组依据该清偿方案清偿债务后，应当向人民法院申请裁定终结清算程序。债权人对债务清偿方案不予确认或者人民法院不予认可的，清算组应当依法向人民法院申请宣告破产。由此可见，在强制清算的情况下，清算组提出债务清偿方案，得到全体债权人同意和人民法院认可的，可以不必申请公司破产。

【示例】

6. A 公司不能清偿到期债务，导致信用丧失，长期停业，因出租营业执照情节严重，被依法吊销营业执照。A 公司股东商讨清算事宜时，发现公司已资不抵债。公司股东应当及时向人民法院申请破产清算。

7. A 公司股东会决议解散，为此成立了清算组。清算组在清理公司财产、编制资产负债表和财产清单后，发现公司已资不抵债。清算组应当立即向人民法院申请破产清算。①

① 《公司法》第 187 条第 1 款规定："清算组在清理公司财产、编制资产负债表和财产清单后，发现公司财产不足清偿债务的，应当依法向人民法院申请宣告破产。"

七、执行转破产:破产申请的特殊方式

由于本法的程序启动制度实行申请主义,而申请破产原则上属于债务人和债权人的权利,人民法院没有在民事诉讼或民事执行案件中依职权启动债务人破产程序的权力。为了充分发挥破产程序的制度价值,全面推进破产审判工作和破解"执行难",最高人民法院于2015年《民诉法解释》中正式推出了符合破产条件的执行案件(含执行不能案件)进入破产程序的制度(以下简称"执转破")。2017年《执转破意见》细化了执行案件移送破产审查的工作流程。2018年《破审会议纪要》对"执转破"的若干问题作了进一步规定。这些规定可概括为以下要点:

(一)移送征询

执行法院发现作为被执行人的企业法人符合本法第2条规定的,应当及时询问申请执行人之一或者被执行人是否同意将案件移送破产审查并释明法律后果。经当事人同意的,应当裁定中止对该被执行人的执行,将执行案件相关材料移送被执行人住所地人民法院。

(二)移送决定

1. 移送条件。执行案件移送破产审查应同时符合下列条件:被执行人为企业法人;被执行人或者有关被执行人的任何一个执行案件的申请执行人书面同意将执行案件移送破产审查;被执行人具有破产原因。

2. 移送办理。承办人认为执行案件符合上述条件的,应提出审查意见,经合议庭评议同意后,由执行法院院长签署移送决定。基层人民法院拟将执行案件移送异地中级人民法院进行破产审查的,在作出移送决定前,应先报请其所在地中级人民法院执行部门审核同意。

3. 移送异议。执行法院作出移送决定后,应当于5日内送达申请执行人和被执行人。申请执行人或被执行人对决定有异议的,可以在受移送法院破产审查期间提出,由受移送法院一并处理。执行法院作出移送决定后,应当书面通知所有已知执行法院,执行法院均应中止对被执行人的执行程序。

4. 保全维持。执行法院决定移送后、受移送法院裁定受理破产案件之前,对被执行人的查封、扣押、冻结措施不解除。查封、扣押、冻结期限在破产审查期间届满的,申请执行人可以向执行法院申请延长期限,由执行法院负责办理。

5. 终本裁定。案件符合终结本次执行程序条件的,执行法院可以同时裁定终结

本次执行程序。

（三）移送审查

1. 管辖规则。执行案件移送破产审查，由被执行人住所地人民法院管辖。在级别管辖上实行以中级人民法院管辖为原则、基层人民法院管辖为例外的制度。中级人民法院经高级人民法院批准，也可以将案件交由具备审理条件的基层人民法院审理。受移送法院在审查中发现本院对案件不具有管辖权的，应当按照我国《民事诉讼法》第 37 条的规定处理。①

2. 材料移送。执行法院应当向受移送法院移送下列材料：执行案件移送破产审查决定书；申请执行人或被执行人同意移送的书面材料；执行法院采取财产调查措施查明的被执行人的财产状况，已查封、扣押、冻结财产清单及相关材料；执行法院已分配财产清单及相关材料；被执行人债务清单；其他应当移送的材料。移送的材料不完备或内容错误，影响受移送法院认定破产原因是否具备的，受移送法院可以要求执行法院补齐、补正，执行法院应于 10 日内补齐、补正。

3. 接收义务。移送材料由受移送法院立案部门负责接收。执行法院移送案件时，应当确保材料完备，内容、形式符合规定。受移送法院应当认真审核并及时反馈意见，不得以材料不完备等为由拒绝接收，不得无故不予接收或暂缓立案。

4. 审核立案。立案部门经审核认为移送材料完备的，应以"破申"作为案件类型代字编制案号登记立案，并及时将案件移送破产审判部门进行破产审查。

（四）受理裁定

1. 受理裁定。受移送法院的破产审判部门应当自收到移送的材料之日起 30 日内作出是否受理的裁定。受移送法院作出受理裁定后，应当在 5 日内送达申请执行人、被执行人，并送交执行法院。

2. 申请主体。申请执行人申请或同意移送破产审查的，裁定书中以该申请执行人为申请人，被执行人为被申请人；被执行人申请或同意移送破产审查的，裁定书中以该被执行人为申请人；申请执行人、被执行人均同意移送破产审查的，双方均为申

① 《民事诉讼法》第 37 条规定："人民法院发现受理的案件不属于本院管辖的，应当移送有管辖权的人民法院，受移送的人民法院应当受理。受移送的人民法院认为受移送的案件依照规定不属于本院管辖的，应当报请上级人民法院指定管辖，不得再自行移送。"

请人。

3. 费用支付。受移送法院裁定受理破产案件的,在此前的执行程序中产生的评估费、公告费、保管费等执行费用,可以参照破产费用的规定,从债务人财产中随时清偿。

4. 财产移交。执行法院收到受移送法院受理裁定后,应当于 7 日内将已经扣划到账的银行存款、实际扣押的动产、有价证券等被执行人财产移交受理破产案件的法院或管理人。执行法院收到受移送法院受理裁定时,已通过拍卖程序处置且成交裁定已送达买受人的拍卖财产,通过以物抵债偿还债务且抵债裁定已送达债权人的抵债财产,已完成转账、汇款、现金交付的执行款,因财产所有权已经发生变动,不属于被执行人的财产,不再移交。

5. 保全解除。执行法院收到破产受理裁定后,执行法院应当解除对债务人财产的查封、扣押、冻结等保全措施;或者根据破产受理法院的要求,出具函件将查封、扣押、冻结财产的处置权交破产受理法院。受移送法院可以持执行法院的移送处置函件进行续行查封、扣押、冻结,解除查封、扣押、冻结,或者予以处置。受移送法院裁定宣告被执行人破产的,执行法院应当裁定终结对该被执行人的执行。

6. 信息共享。受移送法院可以利用执行查控系统查控债务人财产,提高破产审判工作效率,执行部门应予以配合。

7. 案件退回。受移送法院不受理破产案件的,应当将相关案件材料退回执行法院。

(五)移送监督

1. 接收监督。受移送法院拒绝接收移送的材料,或者收到移送的材料后不按规定的期限作出是否受理裁定的,执行法院可函请受移送法院的上一级法院进行监督。上一级法院收到函件后应当指令受移送法院在 10 日内接收材料或作出是否受理的裁定。受移送法院收到上级法院的通知后,10 日内仍不接收材料或不作出是否受理裁定的,上一级法院可以径行对移送破产审查的案件行使管辖权。上一级法院裁定受理破产案件的,可以指令受移送法院审理。

2. 解封监督。执行法院收到破产受理裁定后拒不解除查封、扣押、冻结措施的,破产受理法院可以请求执行法院的上级法院依法予以纠正。

3. 考核机制。各级法院建立执行转破产工作考核机制,移送法院对应当征询当事人意见而不征询、应当提交移送审查而不提交，或者受移送法院违反相关规定拒不接收执行转破产材料、拒绝立案的，除纳入绩效考核和业绩考评体系外，还应当公开通报和严肃追究相关人员的责任。

(六)执行恢复

当事人不同意移送破产或者被移送法院不受理破产案件的，执行法院应当恢复执行。执行变价所得财产，在扣除执行费用及清偿优先受偿的债权后，对于普通债权，按照财产保全和执行中查封、扣押、冻结财产的先后顺序清偿。企业法人的其他已经取得执行依据的债权人申请参与分配的，人民法院不予支持。

上述规则，原则上也适用于执行程序与破产程序在同一法院内部执行部门、立案部门、破产审判部门之间的转换衔接。

第八条 【申请文件】向人民法院提出破产申请，应当提交破产申请书和有关证据。

破产申请书应当载明下列事项：

(一)申请人、被申请人的基本情况；

(二)申请目的；

(三)申请的事实和理由；

(四)人民法院认为应当载明的其他事项。

债务人提出申请的，还应当向人民法院提交财产状况说明、债务清册、债权清册、有关财务会计报告、职工安置预案以及职工工资的支付和社会保险费用的缴纳情况。

【注释】

一、破产申请须提交的法定文件

无论是债权人还是债务人，在提出破产申请的时候都要提交法律规定的必要文件。破产申请的法定文件，包括破产申请书和相关证据。此外，债务人在此基础上还要向人民法院提交财产状况说明、债务清册、债权清册、有关财务会计报告、职工安置预案，以及职工工资的支付和社会保险费用的缴纳情况。

二、破产申请书及有关证据

破产申请采用书面形式,可以抑制破产申请的随意性,也便于人民法院在决定是否受理时进行审查。按照本条第1款的规定,提出破产申请应当采用书面形式,即提交破产申请书和有关证据。所谓“有关证据”,是指破产申请书所列事项的真实性证明,例如,用于证明申请人身份真实性的文件(如企业法人的营业执照、公民的身份证或护照等),用于证明申请事实和理由的文件(如债权人用以证明债权有效存在和债务人到期不履行的合同、借据、催款通知书等)。

三、破产申请书的内容

破产申请书是申请人请求人民法院受理破产案件的意思表达和有关基本情况的陈述。其内容主要有:(1)申请人与被申请人的基本情况。这主要是指申请人与被申请人的名称(姓名)、地址(住址)、企业法人的法定代表人的姓名、职务等内容。其中,被申请人只能是债务人。(2)申请目的。破产法提供了重整、和解以及破产清算3种程序。这里的“申请目的”是指申请人意欲申请适用的具体程序。根据本法规定,在破产案件受理前,无论是债权人还是债务人都可以申请重整或者破产清算,此外债务人还可以申请和解。但是,对于本法第7条第3款规定的清算法人,清算责任人只能申请破产清算。(3)申请的事实和理由。这是人民法院在受理破产申请时确定实质要件是否具备所要审查的主要内容。申请人应当清晰、准确地写明提出申请的事实与理由,做到陈述充分、证据可靠。例如,债务人提出破产重整的申请时,应当说明自己具备本法第2条规定的破产原因或者重整原因的事实。债权人提出对债务人进行破产清算的申请时,应当说明债务人具备本法第2条规定的破产原因的事实。(4)人民法院认为应当载明的其他事项。人民法院为了及时、有效地审查破产申请,可以根据实际需要,要求申请人在申请书中对相关情况进行说明。例如,债务人有多处营业地的,要求债务人在说明其各处营业地的同时,载明主要办事机构所在地并提供相关证明。又如,债权人委托代理人办理申请的,要求载明代理人姓名并提供代理证书。

四、债务人提出破产申请时须特别提交的文件

债务人提出申请的,除提交上述文件外,还应当向人民法院提交财产状况说明、债务清册、债权清册、有关财务会计报告、职工安置预案以及职工工资的支付和社会保险费用的缴纳情况。债务人申请对自己提请开始破产程序,其对自身的情况比较

了解，并有条件提交更详细的材料，这对于人民法院审查其是否符合法律规定的条件，及时决定是否受理，防止恶意逃废债务，保护债权人合法权益十分重要。同时，为了使人民法院在审理破产案件时全面了解企业职工的状况，更好地维护职工的合法权益，减少对社会的不良影响，债务人除提交有关其财产状况的证明文件外，还应当提交关于企业职工安置预案以及职工工资支付情况和社会保险费用缴纳情况。需要注意的是，这里要求提交的职工安置预案并不以职工代表大会已经通过为必要。

债务人提交上述文件，必须做到真实、充分。如果债务人违反破产法的规定，提交不真实的财产状况说明、债务清册、债权清册、有关财务会计报告以及职工工资的支付情况和社会保险费用的缴纳情况的，人民法院可以依照本法第127条的规定，对直接责任人员处以罚款。

第九条 【申请的撤回】人民法院受理破产申请前，申请人可以请求撤回申请。

【注释】

一、申请人的撤回权

破产申请人提出破产申请后，是否能够撤回，学说上意见不一，主要的观点有：(1)法院许可主义，即申请人提出申请后，在人民法院受理破产案件前，申请人可以请求撤回申请，但是否准许由法院决定；(2)任意撤回主义，即在法院受理破产案件前，申请人可以任意撤回申请；(3)有限制的任意撤回主义，即在一般情况下，申请人可以自由撤回破产申请，但在有法律规定的特别情形下，未经法院许可不得撤回；(4)区别主义，即区分申请人是由债务人还是由债权人而有所不同(如债务人为任意撤回，债权人为许可撤回)。

我国破产法采取的是受理前的法院许可主义。本条规定，人民法院受理破产申请前，申请人可以请求撤回申请。由此可见，对申请人的撤回，首先是时间上的限制。由于我国破产程序的启动实行受理开始主义，在人民法院受理破产申请前，程序尚未开始，除清算责任人外，申请人有权向人民法院提出撤回破产申请的请求。但是，一旦法院受理了破产申请，则不得撤回申请。因为在破产申请被受理后，将确定发生对债务人、债权人和其他利害关系人的权利有重大影响的情况，例如，管理人接管债务人的财产、停止所有债权人的个别追债、停止债务人的一切个别清偿、中止有关债务人财产的民事诉讼和民事执行等。此时,如果任由申请人撤回申请,破产程序开始的法律效果就会缺乏确定性,而这些法律效果的不确定性势必对当事人的利益预期和行为抉择产生消极影响。

因此,《九民会议纪要》第108条规定:"……人民法院裁定受理破产申请系对债务人具有破产原因的初步认可,破产申请受理后,申请人请求撤回破产申请的,人民法院不予准许。除非存在《企业破产法》第12条第2款规定的情形,人民法院不得裁定驳回破产申请。"这表明,人民法院受理破产申请后,申请人就不再享有申请撤回权。

二、人民法院对申请撤回的许可

根据本条的文义,对于申请人在人民法院受理前提出的撤回请求,人民法院有权决定是否准许。另外,本法施行前的司法实践也是实行法院许可主义。《破产审理规定》第11条第1款规定:"在人民法院决定受理企业破产案件前,破产申请人可以请求撤回破产申请。"

准许申请人撤回破产申请,是人民法院的权力而不是义务。如同在普通民事诉讼中原告撤诉一样,由于破产事件已经进入司法权的控制范围,当事人处分自己的权利要受制于司法机关的决定。因此,人民法院对于申请人提出的撤回申请的请求,有权审查其处分权利的正当性,如考虑其撤回行为是否存在恶意的权利滥用,是否有害于其他当事人的合法权益等,并最终以裁定的形式决定是否准许其撤诉。

根据《破产审理规定》第11条第2款的规定,人民法院准许申请人撤回破产申请的,在撤回破产申请之前已经发生的程序费用应当由申请人承担。

根据2019年11月8日最高人民法院发布的《九民会议纪要》第108条的规定,人民法院裁定受理破产申请前,提出破产申请的债权人的债权因清偿或者其他原因消灭的,因申请人不再具备申请资格,人民法院应当裁定不予受理。但该裁定不影响其他符合条件的主体再次提出破产申请。破产申请受理后,管理人依据本法第31条、第32条的规定请求撤销上述清偿的,人民法院查实后应当予以支持。

【示例】

A公司因资金紧张,拖欠多家厂商的货款。其中,债权人B公司多次催讨未果,向人民法院申请A公司破产清算。A公司闻讯后与B公司达成了以物抵债的协议。协议履行后,B公司以债务已消灭为由向人民法院请求撤回该破产申请,获裁定准许。3个月后,另一债权人C公司向人民法院申请A公司破产清算,法院裁定受理。随后,管理人依据本法第32条的规定提起诉讼,请求撤销A、B之间的以物抵债协议并追回B公司的清偿所得。对于管理人请求,人民法院应予支持。

第二节　受　　理

第十条　【受理破产申请的期限】债权人提出破产申请的,人民法院应当自收到申请之日起五日内通知债务人。债务人对申请有异议的,应当自收到人民法院的通知之日起七日内向人民法院提出。人民法院应当自异议期满之日起十日内裁定是否受理。

除前款规定的情形外,人民法院应当自收到破产申请之日起十五日内裁定是否受理。

有特殊情况需要延长前两款规定的裁定受理期限的,经上一级人民法院批准,可以延长十五日。

【注释】

一、破产受理的意义

破产案件的受理,是指人民法院在收到破产案件申请后,认为申请符合法定条件而予以接受,并由此开始破产程序的司法行为。法院裁定受理破产申请,是破产程序开始的标志。由于破产程序开始具有一系列的法律效果,有关破产案件受理的规则在破产法上具有重要意义。当债权人或者债务人向人民法院提出债务人破产的申请时,破产程序并未开始。人民法院收到破产申请后,应当在法定时限内对破产申请进行审查,包括形式审查和实质审查。法院经审查认为破产申请符合法定条件的,应当裁定受理破产申请;法院认为破产申请不符合法定条件或者申请理由不成立的,则应当裁定驳回破产申请。

二、破产受理的司法政策

我国破产立法对破产申请受理的条件和审查时限均实行法定主义。因此,在受理破产申请时任意附加条件和突破时限的做法都是错误的。2016 年 7 月 28 日《立案问题通知》明确规定:“破产案件的立案受理事关当事人破产申请权保障,决定破产程序能否顺利启动,是审理破产案件的基础性工作,各级法院要充分认识其重要意义,依照本通知要求,切实做好相关工作,不得在法定条件之外设置附加条件,限制剥夺当事人的破产申请权,阻止破产案件立案受理,影响破产程序正常启动。”《九民会议纪要》第 107 条进一步规定:“……当事人提出破产申请的,人民法院不得以非法定理由拒绝接收破产申请材料。如果可能影响社会稳定的,要加强府院协调,制定相应预案,但不应当以‘影响社会稳定’之名,行消极不作为之实。破产申请材料不完备的,立案部门应当告知当事人在指定期限内补充材料,待材料齐备后以‘破申’作为案件类型代字编制案号登记立案,并及时将案件移送破产审判部门进行破产审查……”

根据上述规定,对于以往的司法文件对破产受理设立的非法定条件,例如,2002 年《破产审理规定》第 6 条关于债务人申请破产须提供企业开办人或者股东会议决定企业破产的文件的规定,2012 年《上市公司重整纪要》第 3 条关于上市公司破产重整申请须提交重整可行性报告、上市公司住所地省级人民政府向证券监督管理部门的通报情况材料以及证券监督管理部门的意见、上市公司住所地人民政府出具的维稳预案的规定,都需要加以清理。

三、破产受理的立案工作流程

(一)普通立案和受理流程

根据《立案问题通知》的规定,人民法院受理破产申请的工作流程可大体分为立案登记和受理裁定两个阶段。其中,立案登记阶段包括以下要点:

1. 接收。对于债权人、债务人提出的破产申请材料,法院立案部门应一律接收并出具书面凭证,然后根据本法第 8 条的规定进行审查。

2. 登记。经审查认为申请人提交材料符合法律规定的,应以“破申”作为案件类型代字编制案号,当场登记立案。

3. 补正。不符合法律规定的,应予释明,并以书面形式一次性告知应当补充、补正的材料(补充、补正期间不计入审查期限)。申请人按要求补充、补正的,应当登记立案。

4. 移送。立案部门登记立案后,应及时将案件移送负责审理破产案件的审判业务部门。

5. 通知。审判业务部门应当在 5 日内将立案及合议庭组成情况通知债务人及提出申请的债权人。

6. 释明。对于债权人提出破产申请的,应在通知中向债务人释明,如对破产申请有异议,应当自收到通知之日起 7 日内向法院提出。

在受理裁定阶段,审判业务部门应当在本法规定的受理时限内完成对破产申请的审查并作出裁定。

(二) 网上预约立案及受理流程

根据 2016 年 7 月 26 日最高人民法院《信息公开规定》第 9 条的规定,破产案件的申请人可以在全国破产重整案件信息网实名注册后申请预约立案并提交有关材料的电子文档。人民法院审查通过后,应当通知申请人到人民法院立案窗口办理立案登记。

四、破产受理的时限

(一) 对债权人提出破产申请的受理时限以及债务人的异议期限

本条第 1 款针对的是债权人提出破产申请的情形。该款规定,债权人提出破产申请后,人民法院应当自收到破产申请之日起 5 日内通知债务人。这是因为,破产对债务人来说可谓"生死攸关",故债务人有权及时知道自己被申请破产,而且有权就自己是否具备破产原因或者是否有不适用破产程序的其他事由提出意见。正如联合国国际贸易法委员会指出的:"在债权人申请启动破产程序的情形下,人们越来越认识到,债务人应享有立即接到通知的基本权利,并应当有机会就其财务状况陈述意见和对申请人的债权提出质疑。"①在实践中,由于债权人不能够详尽地了解债务人的财务状况,可能会在债务人不具备破产原因的情况下提出申请;有的债权人可能为了达到不正当目的,企图借助破产程序来损毁债务人的商誉或者阻止债务人的某项交易,甚至以此对债务人进行敲诈或胁迫。因此,本法规定,债务人对债权人的申请有异议的,可以自收到人民法院的通知之日起 7 日内向人民法院提出。从债务人接到人民法院所送达的破产申请通知之日起 7 日内为债务人对破产申请的异议期。债务人有异议的,必须在异议期内提出;超过期限提出异议的,法院可不予理会。

① 联合国国际贸易法委员会:《破产立法指南》(中文版),2006 年纽约,第 55 页。

异议期满后,无论债务人是否已提出异议,人民法院有不超过10日的审理期。也就是说,人民法院将在异议期满后10日内作出受理或者不受理破产申请的裁定。

债务人提出不具备破产原因的异议,人民法院认为异议成立的,应当驳回申请。如果债务人对提出破产申请的债权人所持有的债权提出异议,人民法院认为异议成立的,应当告知债权人先行提起民事诉讼,破产申请不予受理。①

(二)债务人或清算责任人提出破产申请的受理时限

本条第2款针对的是债务人或者清算责任人提出破产申请的情形。在这种情形下,不存在债务人提出异议的问题。因此,人民法院应当自收到破产申请之日起15日内裁定是否受理。

(三)在特殊情况下人民法院受理破产申请期限的规定

本条前两款是对一般情况下人民法院受理破产申请的规定。但是,当出现一些比较特殊的情况时,如债权人人数众多、债权债务关系复杂、资产状况混乱等,人民法院可能难以在短时间内完成对破产申请的审查。此时,为了保证受理裁定的正确性,保护当事人的合法权益,可以经批准后适当延长受理审查期限。具体来说,有特殊情况需要延长裁定受理期限的,经上一级人民法院批准可以延长15日。

由此可见,在特殊情况下,从法院收到破产申请到法院作出受理裁定的最长时间,债权人提出申请的案件为37日,债务人或清算责任人提出申请的案件为30日。

五、破产申请的审查

本条规定的受理裁定时间,实际上就是人民法院在受理前的审查期间。

我国的破产程序开始制度,实行的是对破产申请审查受理制而不是当然受理制。因此,对破产申请的审查是案件受理程序的必要环节。对破产申请的审查包括形式审查和实质审查两个方面;此外,人民法院应着重控制恶意申请。

(一)形式审查

形式审查是旨在判定破产申请是否具备法律规定的申请形式,其内容主要是:(1)申请人是否具备破产申请资格(是否为本法第7条规定的债权人、债务人或者清算责任人);(2)债务人是否为依法可适用企业破产程序的主体(是否为本法第2条规定的企业法人或者本法第135条规定的其他组织);(3)受案法院对本案是否有管

① 参见《破产审理规定》第9条。

辖权(依据本法第3条及相关司法解释予以确定);(4)申请文件是否符合本法第8条的要求,即申请书内容完整、相关证据齐备、法定文件齐全。

在司法实践中,上述前3项的审查应当在受理裁定阶段由审判业务部门进行。审查中认定其中任何一项不符合法律规定的,应当裁定不予受理。上述第(4)项尽管在立案登记阶段由立案部门进行了审查,在受理裁定阶段仍需审判业务部门审查。审查中发现有可补正的缺漏或缺陷的,应在本条规定的时限内书面告知申请人补充、补正。逾期未满足受理要求的,应裁定不予受理。

(二)实质审查

实质审查是旨在判定破产申请是否具法律规定的破产申请实质条件,即债务人是否存在破产原因。破产原因的存在是一个事实问题。对这种事实的确定通常需要一个调查和证明的过程,而这个过程只能在破产程序开始以后才能进行。所以,在破产案件受理阶段的实质审查是一种对表面事实的审查,即依据申请人提交的材料,对债务人是否具有本法第2条或者(在债权人申请的情况下)第7条第2款规定的事由。

受理破产案件的实质审查实行表面事实审查制,有利于及时启动破产程序,以保全债务人财产和保护债权人的合法权益,也有利于企业的及时拯救。当然,在实践中,不排除案件受理时的表面事实与真实情况不符,或者案件受理后因情况变化而致原有破产原因消除的可能性。在这样的情况下,可以适用本法第12条第2款的规定,驳回破产申请并终结破产案件,或者适用本法第108条的规定,裁定终结破产程序。

(三)对恶意申请的控制

根据《破产审理规定》第12条的规定,人民法院经审查发现有下列情况的,破产申请不予受理:(1)债务人有隐匿、转移财产等行为,为了逃避债务而申请破产的;(2)债权人借破产申请毁损债务人商业信誉,意图损害公平竞争的。

根据2021年11月11日《防范虚假诉讼指引》的要求,人民法院在审理企业破产纠纷案件时,应当重点甄别可能存在的虚假诉讼。其中,破产申请审查是防范虚假诉讼的第一个环节。例如,为防范申请人以诋毁竞争对手为目的,虚构债权对他人提出破产申请,法院在依据本条第1款通知债务人时,应告知申请人申请事由的详情,特别是其债权主张的相关证据。债务人提出异议的,或者有其他情况指向申请人涉嫌虚假诉讼的,法院应按照《防范虚假诉讼指引》的规定采取必要防范措施。

【示例】

1. A公司提出破产申请。法院立案后,审判业务部门在审查材料时发现财务会计报告有重大缺漏,书面告知其限期补交。A公司未在指定期限内补交。法院于法定期限届满时,裁定不受理破产申请。

2. 在前例中,如果A公司在指定期限内补交了相关财务文件,法院经审查发现A公司未丧失清偿能力,则应裁定不受理破产申请。

3. 债权人以拖欠到期货款为由申请A公司破产。法院在审理时发现,A公司是B公司的分公司,而B公司并未丧失清偿能力。法院裁定不受理破产申请。

4. A公司被债权人申请破产。A公司在收到法院通知后未提出异议。法院裁定受理后,A公司以其法人机关已迁往外地为由,提出管辖异议。此异议不影响受理裁定的效力,但受理法院应对该管辖异议进行审查,并本着有利于破产案件审理和维护当事人权益的原则,根据相关规定确定是否移送管辖。

六、受理裁定、程序裁定及过渡期

破产申请受理裁定是本节和第三章至第七章的一系列规定适用的起点。而第八章至第十章规定的重整程序、和解程序和破产清算程序的适用起点分别是本法第71条、第96条和第107条规定的程序裁定,即重整裁定、和解裁定和破产宣告裁定。所以,受理破产申请的裁定与这些程序开始的裁定是不同的。换言之,启动具体的适用程序不是受理裁定的法定事项。当然,法院可以同时作出这两种裁定,即在裁定受理破产申请的同时裁定开始重整、和解或破产清算的程序。裁定受理的同时宣告破产的情形通常发生在债务人自愿申请清算且明显无拯救可能的场合,以及清算责任人申请和"执转破"的场合。按照本法的再建主义意旨,在多数案件中,人民法院都可以在受理裁定与程序裁定之间留出一定的过渡期,以便给程序启动或者程序转换提供必要的观察和准备时间。在过渡期间,破产程序处于进行状态,其主要任务是:冻结债权人为个别清偿发起的诉内外追索行动,保全债务人的资产和营业,查明和评估债务人的财务状况及营业前景,规范债权人以及其他利害关系人行使权利的方式。

其间,还可以为启动重整或和解程序做一些前期工作,包括拟订方案、与主要债权人及投资人沟通、争取融资来源等。类似的期间,国际上有称为暂停期、冻结期或者观察期的,其主要目标是维护集体清偿秩序和资产价值最大化。①

关于暂停期的时限,各国规定不一,短至6个月,长至18个月,也有不设上限的。本法没有规定受理裁定至程序裁定之间过渡期的最长期限,也不要求事先以裁定方式确定过渡期时限。在实践中,人民法院可以根据个案实际情况,在避免不正当拖延、确保程序高效的前提下,立足于最有利于实现拯救企业和公平清偿的目标,结合第一次债权人会议的法定召开时间等制约因素,②酌情掌握程序裁定的时机。

【示例】

5. 2016年6月,B市C区人民法院受理H公司破产清算申请。同年12月召开第一次债权人会议。法院在全面分析企业情况并与管理人、债权人和职工充分沟通的基础上,决定引导当事人积极争取企业拯救。2018年5月法院裁定H公司进入重整程序。2018年9月公开招募引进投资方。2018年11月召开第二次债权人会议通过重整计划。2018年12月法院裁定批准重整计划。③

七、破产受理与诉讼时效中断

破产案件中的诉讼时效问题主要涉及两类债权:一是债权人对债务人享有的债权;二是债务人对他人享有的债权。关于破产申请受理对这两类债权的诉讼时效的中断效力,由于本法没有规定,应适用我国《民法典》的相关规定。

首先,破产案件中债权人对债务人享有的债权,其诉讼时效中断适用我国《民法

① 参见世界银行:《有效破产和债权制度的原则和指南》(*Principles and Guidelines for Effective Insolvency and Creditor Rights Systems*)(英文版),原则10"破产开始:暂停期和程序中止"(Commencement: Moratoriums and Suspension of Proceedings),2001年4月,第37页。

② 根据本法第45条和第62条的规定,第一次债权人会议最迟应在破产受理公告之日起满3个半月时召开。最高人民法院《破审会议纪要》第23条规定,人民法院受理破产清算申请后,第一次债权人会议上无人提出重整或和解申请的,管理人应当在做好必要准备之后及时提出宣告破产的申请。所以,粗略计算,在由破产清算申请启动的案件中,从受理裁定到重整裁定的过渡期最长约为5个月(依重整裁定前的审查时间而定)。

③ 案情摘编自"北京华都肉鸡公司重整案",所述时间与原案一致。

典》第195条的规定。① 破产申请受理属于该条第4项规定的“与提起诉讼或者申请仲裁具有同等效力的其他情形”。由于破产程序的集体清偿性质,人民法院受理破产申请时对债务人享有的所有债权,均自动发生诉讼时效中断。从破产程序终结时起,诉讼时效重新计算。这意味着,在破产程序期间(包括重整计划执行期间),凡是在破产申请受理前未超过诉讼时效期间的债权,权利人均得依本法规定的程序行使权利而不受诉讼时效期间的约束。在破产程序终结以后,债务人继续存续的,或者其债务有第三人担保、有其他连带债务人或者依合法原因为第三人继受(如企业资产概括受让)的,权利人可以就其依法可行使的未清偿债权寻求诉讼救济,但要受诉讼时效期间的约束。

其次,破产案件中债务人对外享有的债权,其诉讼时效也适用我国《民法典》第195条的规定。《破产法解释(二)》第19条第1款规定:“债务人对外享有债权的诉讼时效,自人民法院受理破产申请之日起中断。”此处的中断效力,自动及于人民法院受理破产申请时债务人对他人(包括第三人和债权人)享有的所有债权。从破产程序终结时起,诉讼时效重新计算。该条第2款规定:“债务人无正当理由未对其到期债权及时行使权利,导致其对外债权在破产申请受理前一年内超过诉讼时效期间的,人民法院受理破产申请之日起重新计算上述债权的诉讼时效期间。”此规定所针对的怠于行使债权导致超过诉讼时效的行为,性质上属于本法第31条第5项规定的“放弃债权”。在实践中,除我国《民法典》第194条规定的导致诉讼时效中止的若干情形外,②债务人怠于行使债权的“正当理由”极为罕见。所以在通常情况下,在破产程序终结的整个期间,凡是在破产申请受理前一年的初始日诉讼时效未届满的债权,管理人均得寻求诉讼救济,而不受诉讼时效抗辩的阻却。在破产程序终结以后,存续的债务人或者继受取得此等债权的第三人,均得援引《破产法解释(二)》第19条第2

① 《民法典》第195条规定:“有下列情形之一的,诉讼时效中断,从中断、有关程序终结时起,诉讼时效期间重新计算:(一)权利人向义务人提出履行请求;(二)义务人同意履行义务;(三)权利人提起诉讼或者申请仲裁;(四)与提起诉讼或者申请仲裁具有同等效力的其他情形。”

② 《民法典》第194条规定:“在诉讼时效期间的最后六个月内,因下列障碍,不能行使请求权的,诉讼时效中止:(一)不可抗力;(二)无民事行为能力人或者限制民事行为能力人没有法定代理人,或者法定代理人死亡、丧失民事行为能力、丧失代理权;(三)继承开始后未确定继承人或者遗产管理人;(四)权利人被义务人或者其他人控制;(五)其他导致权利人不能行使请求权的障碍。自中止时效的原因消除之日起满六个月,诉讼时效期间届满。”

款规定的保护，就此等债权继续寻求诉讼救济。

八、简单案件快速审理机制

为推进破产案件依法高效审理，最高人民法院《高效审理意见》首次就“构建简单案件快速审理机制”作出规定。其要点如下：

1. 适用对象。对于债权债务关系明确、债务人财产状况清楚、案情简单的破产清算、和解案件，人民法院可以适用快速审理方式。但是，破产案件具有下列情形之一的，不适用快速审理方式：(1)债务人存在未结诉讼、仲裁等情形，债权债务关系复杂的；(2)管理、变价、分配债务人财产可能期限较长或者存在较大困难等情形，债务人财产状况复杂的；(3)债务人系上市公司、金融机构，或者存在关联企业合并破产、跨境破产等情形的；(4)其他不宜适用快速审理方式的。

2. 告知和公告。人民法院在受理破产申请的同时决定适用快速审理方式的，应当在指定管理人决定书中予以告知，并与本法第 14 条规定的事项一并予以公告。

3. 债权人会议。(1)管理人应当根据本法第 63 条的规定，提前 15 日通知已知债权人参加债权人会议，并将需审议、表决事项的具体内容提前 3 日告知已知债权人。但全体已知债权人同意缩短上述时间的除外。(2)在第一次债权人会议上，管理人可以将债务人财产变价方案、分配方案以及破产程序终结后可能追加分配的方案一并提交表决。(3)债务人财产实际变价后，管理人可以根据债权人会议决议通过的分配规则计算具体分配数额，向债权人告知后进行分配，无须再行表决。

4. 审理进度。适用快速审理方式的破产案件，下列事项按照如下期限办理：(1)人民法院应当自裁定受理破产申请之日起 1 日内自行或者由管理人协助通知已知债权人；(2)管理人一般应当自接受指定之日起 30 日内完成对债务人财产状况的调查，并向人民法院提交财产状况报告；(3)破产人有财产可供分配的，管理人一般应当在破产财产最后分配完结后 10 日内向人民法院提交破产财产分配报告，并提请裁定终结破产程序；(4)案件符合终结破产程序条件的，人民法院应当自收到管理人相关申请之日起 10 日内作出裁定。

5. 审结与转换。对于适用快速审理方式的破产案件，受理法院应当在裁定受理之日起 6 个月内审结。无法在此规定期限内审结的，或者破产案件在审理过程中发生不宜适用快速审理方式的情形的，案件应当转换为普通方式审理，原已进行的破产程序继续有效。破产案件受理法院应当将转换审理方式决定书送达管理人，并予以公告。管理人应当将上述事项通知已知债权人、债务人。

第十一条 【受理裁定的送达】人民法院受理破产申请的,应当自裁定作出之日起五日内送达申请人。

债权人提出申请的,人民法院应当自裁定作出之日起五日内送达债务人。债务人应当自裁定送达之日起十五日内,向人民法院提交财产状况说明、债务清册、债权清册、有关财务会计报告以及职工工资的支付和社会保险费用的缴纳情况。

【注释】

一、受理裁定的送达时限和送达对象

人民法院受理破产申请的,应当自裁定作出之日起5日内送达受理破产申请的裁定书。送达的对象,在债务人申请或者清算责任人申请的情况下为申请人,在债权人申请的情况下为申请人和债务人。受理裁定的送达,应直接送交受送达人。直接送达有困难的,可以根据实际情况,采用民事诉讼法规定的其他方式送达。

最高人民法院《高效审理意见》第3条规定,管理人在接管债务人财产、接受债权申报等执行职务过程中,应当要求债务人、债权人及其他利害关系人书面确认送达地址、电子送达方式及法律后果。有关送达规则,参照适用最高人民法院《关于进一步加强民事送达工作的若干意见》的规定。

二、债务人在送达后的提交义务

无论破产申请由谁提出,受理破产申请的裁定都应当及时送达债务人,以便债务人能够就履行本法第15条规定的义务做好相应准备。在债权人提起破产申请的情况下,申请人不能提供关于债务人的财产、债权债务、财务会计和职工债权等与企业破产案件关系极为密切的情况的,为了使人民法院能够及时、公正和有效地审理破产案件,保护债权人和债务人的合法权益,法律规定债务人负有在收到受理破产申请裁定后的15日内,向人民法院提交财产状况说明、债务清册、债权清册、有关财务会计报告以及职工工资的支付和社会保险费用的缴纳情况的义务。违反此项义务的,依照本法第127条的规定追究法律责任。

第十二条 【不受理和受理后的驳回】人民法院裁定不受理破产申请的，应当自裁定作出之日起五日内送达申请人并说明理由。申请人对裁定不服的，可以自裁定送达之日起十日内向上一级人民法院提起上诉。

人民法院受理破产申请后至破产宣告前，经审查发现债务人不符合本法第二条规定情形的，可以裁定驳回申请。申请人对裁定不服的，可以自裁定送达之日起十日内向上一级人民法院提起上诉。

【注释】

一、裁定不受理破产申请

人民法院在收到破产申请书以及相关的证据材料后，通过形式审查和实质审查，认为不符合破产条件的，应该依法作出不受理的裁定。制定本条规定，可以防止债权人滥用破产申请损害债务人的商业信誉等合法权益，也可以防止债务人假借破产之名逃废债务，损害债权人的合法权益。根据本条规定，不受理破产申请的裁定应当自作出之日起5日内送达申请人，并说明不受理的理由。说明理由的形式，一般为裁定书中的理由陈述，但不妨辅以其他文件（如债务人异议书、财务报告等）。申请人接到裁定后，如果对裁定不服，可以自裁定送达之日起10日内向上一级人民法院提起上诉。

申请人因相关证据不足被裁定不受理的，可以在补足证据后重新提出破产申请。

【示例】

1. A公司被债权人B公司申请人民法院民事执行。在执行期间，债权人C公司提出A公司破产的申请。该法院以C公司意图妨碍正在进行的执行程序为由，裁定不受理破产申请。此裁定理由不符合法律规定，C公司有权提出上诉。

2. A公司提出破产申请。人民法院以提交的财务文件不足以表明其具备破产原因为由，裁定不予受理。事后，A公司准备了充分的财务文件和相关材料，再次提出破产申请。对此，该法院应将其作为新的破产申请，依法决定是否受理。

二、受理后驳回破产申请

由于破产案件受理时的实质审查是对表面事实的审查，在实践中可能存在债务人实际上不存在破产原因的情形。因此,人民法院在受理以后,有机会通过进一步审查证据和了解情况,确定表面事实的真实性。一般而言,这种表面事实背离真实的概率较低。因为,债务人在正常情形下不会选择申请破产清算这种"自杀"行为,而在债权人申请时,债务人享有受理前的异议权。但是,在实践中可能有债务人通过自己申请或者串通他人申请,滥用破产清算以逃避债务的情形;也可能有当事人因疏忽或者情况不明而误认为企业具备破产原因的情形。因此,本条第 2 款的规定,具有防止滥用或误用破产申请,保护当事人合法权益的作用。

根据本条第 2 款的规定,在受理破产申请后,裁定破产宣告前,人民法院发现债务人不具备本法第 2 条或者(债权人申请时)第 7 条第 2 款规定的破产原因时,可以驳回该申请,终结破产程序。申请人对裁定不服的,可以自裁定送达之日起 10 日内向上一级人民法院提起上诉。

需要注意的是,适用本条所依据的事实,必须是破产案件受理时的情况。也就是说,只有在破产案件受理时债务人事实上不具备破产原因的,才能适用驳回申请的裁定。如果债务人在破产申请受理时具备破产原因,在受理后由于主观或客观的原因,其财务情况发生变化,从而恢复债务清偿能力,则根据相关程序规则予以处理,而不能适用本条规定。

【示例】

3. A 公司以无力清偿到期债务为由提出破产申请,人民法院经审理后裁定受理。破产宣告前,管理人发现 A 公司的控制股东 B 公司曾经从 A 公司调走大笔资金。经追索,B 公司返还了这笔资金。此时,鉴于 A 公司已有足够资金偿还债务,法院可以驳回破产申请,终结破产程序,并以民事执行的方式将追回的资金用于偿还已经申报或者有其他执行依据的到期债务。

4. A 公司申请破产,所提交证据显示该公司无力清偿到期债务,法院裁定受理。案件受理后,B 公司收购了 A 公司的主要债权人持有的 A 公司债权,并表示愿意通过免除债务和注入资金换取 A 公司股东出让的股份。A 公司以大部分债务将被免除并有新的资金来源为由,主张破产原因不复存在,请求法院裁定终结破产程序。此时,鉴于破产原因之消除尚属未来事实,除非 B 公司依据本法第 108 条的规定即时为 A 公司提供足额担保或者为 A 公司清偿全部到期债务,法院应驳回 A 公司的此项请求。但是,在破产宣告前,A 公司可以申请重整或者和解。

5. A 公司有甲、乙、丙股东 3 人,甲为执行董事。甲为了独享公司投资开发的某项技术成果,与其亲属控制的 B 公司合谋,虚构 A 公司对 B 公司的大量负债,由 B 公司向人民法院提出破产申请。人民法院受理破产申请后,A 公司提出和解申请并提交以技术成果抵偿债务的和解协议草案。经乙、丙 2 人质疑和管理人调查,发现甲虚构债务的事实。法院审查后,裁定驳回破产申请。

6. A 公司的破产申请被受理后,重整程序期间,在招募投资者的竞争中落选的 B 公司表示:愿意为 A 公司清偿全部债务,并以此为条件请求驳回破产申请。B 公司的请求不能成立。

7. A 公司进入破产程序后,在破产宣告前,公司在境外的一笔被诈骗巨款被成功追回,足以清偿其全部债务。A 公司不能适用本条规定请求驳回重整申请,但可以请求人民法院依据本法第 108 条的规定裁定终结破产程序。

8. 在前例中,如果追回巨款的时间是在破产宣告以后,则破产清算应继续进行,以 A 公司恢复清偿能力为由请求依据本条规定驳回破产申请或者依据本法第 108 条规定终止破产程序的主张,均不能成立。

三、申请人上诉的审理

本条规定中对不受理裁定和驳回申请裁定的上诉问题,在《破产审理规定》第 13 条第 2 款、第 14 条第 3 款中有相同规定。2002 年 12 月最高人民法院《关于人民法院在审理企业破产案件中适用最高人民法院〈关于审理企业破产案件若干问题的规定〉的通知》第 3 条规定,企业破产申请人根据此两款规定向上一级人民法院提起上诉的,由上级人民法院审理企业破产案件的审判庭审理。此规定符合破产审判专业化的要求,应继续有效。

四、上级人民法院对下级人民法院的纠正

本条是本法仅有的规定上诉权的条文。本法对破产程序中的当事人上诉权进行严格限制的目的是减少因上诉造成的程序拖延和费用增加。在实践中,当事人认为人民法院在破产程序中作出的裁定有错误的,可以向上级人民法院提出申诉。对于此等申诉,上级人民法院没有启动审理程序的法定义务,但有权依据《人民法院组织法》第 10 条第 2 款、第 33 条第 2 款规定的监督职能以及司法解释的相关规定采取适

当措施。《破产审理规定》第104条规定:"最高人民法院发现各级人民法院,或者上级人民法院发现下级人民法院在破产程序中作出的裁定确有错误的,应当通知其纠正;不予纠正的,可以裁定指令下级人民法院重新作出裁定。"因此,当事人提出申诉的事项,上级人民法院在审查或审理后认为下级人民法院裁定错误的,有权运用其监督机制和监督手段加以纠正。

需要指出的是,本法对异议救济适用审理程序予以严格限制的立法政策,在司法实践中不可被轻易突破。《破产审理规定》第38条规定:"破产宣告后,债权人或者债务人对破产宣告有异议的,可以在人民法院宣告企业破产之日起十日内,向上一级人民法院申诉。上一级人民法院应当组成合议庭进行审理,并在三十日内作出裁定。"《破产审理规定》第44条规定:"清算组财产分配方案经债权人会议两次讨论未获通过的,由人民法院依法裁定。对前款裁定,占无财产担保债权总额半数以上债权的债权人有异议的,可以在人民法院作出裁定之日起十日内向上一级人民法院申诉。上一级人民法院应当组成合议庭进行审理,并在三十日内作出裁定。"这些条文将上级法院启动异议再审确定为法定程序,与本法第65条、第66条、第107条的规定存在抵触,应予废止。当然,在确有必要的情况下,最高人民法院或者上级人民法院可以依据我国《民事诉讼法》第205条的规定,就破产程序中的异议事项作出再审或提审的决定。

第十三条 【指定管理人】人民法院裁定受理破产申请的,应当同时指定管理人。

【注释】

一、管理人的概念

破产程序开始后,无论是进行重整、清算还是和解,都需要对企业法人进行持续的管理,其中包括必要的财产清理、营业维持、权利行使和财产处分。由于在破产清算的预期下,债务人及其管理层存在较高的道德风险,各种当事人之间也存在一定的利益冲突,有必要设立中立的专门机构来执行破产程序管理特别是破产财产和事务的管理。这种专门机构就是许多国家的破产法所设立的破产管理人。

各国破产法使用不同的称呼来指代负责破产管理的人,其中包括"管理人""受托人”“清算人”“监督人”“接管人”“破产代表”等。无论采用何种称呼，以何种方式任命，“破产管理人均在有效和高效地执行破产法中起关键作用，对债务人及其资产享有某些权力，有义务对这些资产及其价值以及债权人和雇员的权益提供保护，并确保有效、公正地适用法律。因此，关键是破产管理人要称职，拥有必要的知识、经验和个人素质，使之不但能确保程序的有效和高效率进行，而且能使人们对破产制度抱有信心”。①

在本法的立法过程中，管理人制度是一个广受关注的亮点。在 1986 年我国《企业破产法（试行）》中，破产程序中的管理职能由“清算组”担任。这种“清算组”的制度设计有 3 个特点：第一，清算组成立于破产宣告之后。从破产案件受理到破产宣告的这段时间往往是比较长的，企业的财产和事务仍由企业管理层继续控制，并且无任何法定监督，这就使资产流失的风险增大。第二，清算组的成员主要来自地方的政府部门，缺乏中立性和专业性，其具体的操作也缺乏透明度。第三，对于清算组的行为，缺乏必要的监督机制、罢免机制和责任追究机制。早在 1994 年，本法的起草工作组就意识到现行破产法的上述弊端。在最初的草稿中，设计了“临时管理人”，以填补破产宣告前的管理空白。随后，确立了自案件受理时起由管理人接管的制度，并将管理人定位于社会中介机构。之后，将管理人与清算人、重整人合为破产程序从始至终的唯一职能机构，统称为“管理人”。

二、管理人的指定机构

关于管理人的性质，学理上存在不同学说，如“债权人代表说”“债务人代表说”“财团代表说”“受托人说”“法定机构说”。“债权人代表说”和“债务人代表说”不符合破产管理人的中立性原则。“财团代表说”和“受托人说”分别以破产财团概念和信托概念为基础，而我国破产法未采用这些概念。所以，在我国《企业破产法》起草过程中，主导性意见是“法定机构说”，即管理人被认为是法律为实现破产程序的目的而设定的履行法定职能的机构。在讨论中，曾有人主张“债权人代表说”，并建议由债权人会议任命管理人。但多数人同意这样的分析：尽管维护债权人利益是破产程序的主要目的之一，但管理人应该保持独立和中立，并且可以为保护破产财产和维护全体债权人以及债务人、职工等其他利害关系人的利益而与个别债权人进行诉讼。

① 联合国国际贸易法委员会：《破产立法指南》（中文版），2006 年纽约，第 156 页。

为此,本法第22条规定,管理人由人民法院指定。同时,为了实现债权人集体对管理人的监督,该条还规定了债权人会议请求人民法院对不称职的管理人予以更换的权利。

《破审会议纪要》第8条提出了"合理划分法院和管理人的职能范围"的要求,规定:"人民法院应当支持和保障管理人依法履行职责,不得代替管理人作出本应由管理人自己作出的决定。"

三、管理人的指定时间

本条规定,管理人应当在人民法院裁定受理破产申请时同时指定。这对于实现债务人财产的及时保全是十分必要的。在1986年我国《企业破产法(试行)》中,清算组的任命是在法院作出破产宣告之后。在实践中,从案件受理到破产宣告往往需要经过一定的审理期间。在此期间,由于破产企业的财产和事务仍被企业经营者掌控,他们有大量的机会转移、私分或者浪费企业财产,以及隐匿、销毁或篡改企业账目以掩盖罪行。本条规定的"同时指定",正是在吸取这一教训之后,为保护债权人合法权益和保障破产程序的公正有效而采取的有力措施。

关于管理人指定的具体办法,由最高人民法院规定(参见本书第二十二条注释)。

第十四条 【受理通知和公告】人民法院应当自裁定受理破产申请之日起二十五日内通知已知债权人,并予以公告。

通知和公告应当载明下列事项:

(一)申请人、被申请人的名称或者姓名;

(二)人民法院受理破产申请的时间;

(三)申报债权的期限、地点和注意事项;

(四)管理人的名称或者姓名及其处理事务的地址;

(五)债务人的债务人或者财产持有人应当向管理人清偿债务或者交付财产的要求;

(六)第一次债权人会议召开的时间和地点;

(七)人民法院认为应当通知和公告的其他事项。

【注释】

一、通知和公告的对象

人民法院受理破产申请,破产程序即为启动。为了使破产企业的各种利害关系人能够及时参加破产程序行使权利或者按照破产程序的要求履行义务,人民法院应该自受理破产申请的裁定作出后尽快通知债权人并以公告周知所有的利害关系人。

通知采用书面形式,以所有的已知债权人为对象。通知内容已经在受理裁定中载明的,对于债务人和作为申请人的债权人,由于已经依本法第 11 条的规定送达了受理裁定,无须另行通知。对已知债权人进行通知的意义在于,将破产程序已经开始的事实和有关注意事项予以告知,使他们做好申报债权和参加债权人会议的准备,并停止对债务人的一切个别追债行动。有关通知对象的姓名(名称)、地址等信息,主要源于(但不限于)债务人依照本法第 8 条第 3 款、第 11 条第 2 款规定提交的债务清册。

公告以不特定主体为对象。对利害关系人来说,凡属已公告的事项,均视为其已知。

二、通知和公告的时间

受理通知和公告的时间,为人民法院裁定受理破产申请之日起 25 日内。公告的意义在于,使未知的债权人和其他利害关系人能够尽可能地得知破产申请受理的事实及相关事项,并使破产程序对他们与债务人之间的法律关系自动地发生约束力。这里所说的“其他利害关系人”,包括作为被申请破产的债务人企业的债务人,该企业财产的持有人,该企业的出资人、职工和待履行合同的相对人,对该企业占有的财产享有取回权的人以及其他对该企业享有权利或者负有义务的人。

【示例】

1. 人民法院受理 A 公司的破产申请后,对所有的已知债权人都发出了通知。通知发出后,因原定债权人会议地点发生火灾事故,会议场地已不可使用。法院应另行确定会议地点,并就此发出补充通知和公告。

2. 人民法院受理 A 公司破产重整的申请后,对所有的已知债权人都发出了通知,同时发布了公告。其中,法院根据债务清册记载的地址对债权人 B 公司发出了通知。但是,B 公司事前已经迁址但未将迁址事实告知 A 公司。直到人民法院批准重整计划以后,B公司才得知A公司破产重整的消息。B公司对此不得主张任何补救,而且,根据本法第92条第2款的规定,B公司在重整计划执行期间不得行使权利;在重整计划执行完毕后,可以按照重整计划规定的同类债权的清偿条件行使权利。

三、通知和公告的方式

根据我国《民事诉讼法》《民诉法解释》,以及2003年9月10日最高人民法院《关于适用简易程序审理民事案件的若干规定》和2017年7月19日最高人民法院《关于进一步加强民事送达工作的若干意见》的规定,通知送达的方式包括直接送达、留置送达、委托送达、邮寄送达、转交送达、公告送达、口信通达、电话送达、传真送达、电子邮件送达、短信送达、微信送达、平台送达和专号送达。

根据最高人民法院自1992年以来发布的规定(其中包括2005年1月21日《关于进一步规范法院公告发布工作的通知》的规定),各级法院的公告一律在《人民法院报》统一刊登。此外,《信息公开规定》第1条规定:"最高人民法院设立全国企业破产重整案件信息网(以下简称破产重整案件信息网),破产案件(包括破产重整、破产清算、破产和解案件)审判流程信息以及公告、法律文书、债务人信息等与破产程序有关的信息统一在破产重整案件信息网公布。人民法院以及人民法院指定的破产管理人应当使用破产重整案件信息网及时披露破产程序有关信息。"《信息公开规定》第7条规定:"人民法院、破产管理人可以在破产重整案件信息网发布破产程序有关公告。人民法院、破产管理人在其他媒体发布公告的,同时要在破产重整案件信息网发布公告。人民法院、破产管理人在破产重整案件信息网发布的公告具有法律效力。"因此,各级人民法院及其指定的破产管理人的破产案件公告,在破产重整案件信息网上发布的,均为有效发布。

为了优化破产案件审理流程,最高人民法院《高效审理意见》第1条、第2条对公告和通知的方式进一步规定如下:

1. 公告方式。对于本法及相关司法解释规定需要公告的事项,人民法院、管理人应当在全国企业破产重整案件信息网发布,同时还可以通过在破产案件受理法院公告栏张贴、法院官网发布、报纸刊登或者在债务人住所地张贴等方式进行公告。

2. 一般通知方式。对于需要通知或者告知的事项,人民法院、管理人可以采用电话、短信、传真、电子邮件、即时通信、通信群组等能够确认其收悉的简便方式通知或者告知债权人、债务人及其他利害关系人。

3. 特殊通知方式。债权人提出破产申请,人民法院经采用以上一般通知方式无法通知债务人的,应当到其住所地进行通知。仍无法通知的,人民法院应当按照以上公告方式进行通知。自公告发布之日起 7 日内债务人未向人民法院提出异议的,视为债务人经通知对破产申请无异议。

四、通知和公告的内容

本条第 2 款对通知和公告的内容作出了以下具体规定:

1. 申请人、被申请人的名称或者姓名。债权人申请债务人破产的,申请人为提出申请的债权人,被申请人为债务人;两个以上债权人共同申请的,应当分别列明。债务人提出破产申请的,申请人和被申请人均为该债务人。

2. 人民法院受理破产申请的时间。人民法院一旦受理破产申请,就意味着破产程序开始。自破产程序开始时起,债务人的财产进入被保全状态,债权人的权利行使受到约束。因此,受理破产申请的时间点十分重要,必须在通知和公告中载明。受理破产申请的时间应为人民法院裁定受理破产申请的日期。

3. 申报债权的期限、地点和注意事项。本法明确规定了债权申报期间最短不得少于 30 日,最长不得超过 3 个月,具体期间由人民法院根据实际情况予以确定。申报债权的地点应位于受理破产案件的人民法院所在的区域,具体地点可以在法院办公场所内,也可以在法院办公场所外。其他注意事项主要是指需要提请债权人在履行申报时加以注意的事项,如申报时应提交相关证据材料、申报人的差旅费自理等。

4. 管理人的名称或者姓名及其处理事务的地址。破产管理在破产程序中占据重要地位。破产程序中的各种利害关系人都可能与管理人发生交往,例如,债权人向管理人登记债权,破产债务人的债务人向管理人交还财产、取回权人向管理人主张财产取回等,所以在通知与公告中需要明确告知管理人的名称(姓名)以及处理事务的地址。具备条件的,还应该在公布管理人地址的同时,公布便于与之联系的其他信息,如电话、传真、电子邮箱等。

5. 债务人的债务人或者财产持有人应当向管理人清偿债务或者交付财产。从受理公告开始,对破产债务人负有债务或者财产返还义务的人,应当以管理人为对象履行债务清偿或者财产交付。为此,必须以通知和公告加以周知。有关的法律规定,参见本法第17条的规定。

6. 第一次债权人会议召开的时间和地点。第一次债权人会议是破产法上的法定程序,需要在通知和公告中将会议召开的时间和地点予以明确。依据本法的规定,人民法院召集第一次债权人会议是在债权申报期限届满后15日内召开。因此,法院在确定本项时间时,应注意与以上第2项中债权的申报时间相衔接。

7. 人民法院认为应当通知和公告的其他事项。由于破产案件中的法律关系纷繁复杂,适用不同程序时也有不同需求,故个别案件中可能存在为案件顺利进行或者为保护利害关系人的权益而需要予以周知的特殊事项。为此,特设立本项,供人民法院在审理破产案件时掌握应用。

第十五条 【债务人有关人员的义务】自人民法院受理破产申请的裁定送达债务人之日起至破产程序终结之日,债务人的有关人员承担下列义务:

(一)妥善保管其占有和管理的财产、印章和账簿、文书等资料;

(二)根据人民法院、管理人的要求进行工作,并如实回答询问;

(三)列席债权人会议并如实回答债权人的询问;

(四)未经人民法院许可,不得离开住所地;

(五)不得新任其他企业的董事、监事、高级管理人员。

前款所称有关人员,是指企业的法定代表人;经人民法院决定,可以包括企业的财务管理人员和其他经营管理人员。

【注释】

一、债务人有关人员的义务概述

本条第1款规定,自人民法院受理破产案件之日起,债务人的有关人员承担的5项义务。按照国际上使用的术语,其中包括了3类义务:“合作与协助义务”“信息提供义务”“附属义务”。

关于合作与协助义务,联合国国际贸易法委员会《破产立法指南》指出:“为确保破产程序可以有效和高效率地进行,一些就一定程度内替换或监督债务人作出规定的破产法,对债务人规定了与破产管理人合作和协助破产管理人履行其职责的一项一般性义务,而有些法律则规定债务人不得作出可能有害于程序进行的行为。合作义务的一个重要部分将是交出资产控制权以及业务记录和账册,从而使破产管理人能够对破产财产实行有效的控制。"①

关于信息提供义务,该文件指出:"为便于透彻、独立地评估债务人的经营活动,包括其立即需要的流动资金和程序启动后获得融资的可取性、企业长期生存的前景以及管理部门是否有资格继续领导企业,一般将需要有关于债务人、其资产和负债、财务状况和业务的资料。为了能够进行这种评估,在清算和重整这两种程序中,特别是在重整程序和将企业作为营运资产出售的清算程序中,可取的做法是由债务人承担持续的义务,在相当长一段时期内,而不仅仅是在程序启动后的一段短时期内,披露关于其业务和财务的详细资料。这种详细资料可包括关于资产和负债的资料;收入和支出;客户名单;对盈利和亏损的预测;现金流量的详细资料;市场营销信息;行业趋势、被认为造成债务人财务状况的缘由或原因的资料;披露涉及债务人或债务人资产的以往交易情况,包括那些根据破产法而可能撤销的以往交易;以及关于尚未了结的合同、涉及有关人员的交易和针对债务人或牵连到债务人的正在进行的法院、仲裁或行政程序的资料。""因此,除了债务人提供信息的义务之外,破产法似有必要为破产管理人以及债权人或债权人委员会提供相应的权利,使其能够要求债务人提供信息,同时对不提供所要求的信息的情形规定适当的制裁。债务人的义务可以用其他措施来补充,其中包括指定独立人审查债务人的财务,或要求债务人本人(如果债务人是自然人)或其一名或多名董事派代表出席或亲自出席债权人的会议解答问题(除非因地点原因,不能实际出席)。"②

关于附属义务,该文件指出:"一些破产法在债务人的合作与协助义务之外,还规定了一些附属义务。例如,这些义务(适用于自然人债务人,或法人债务人的管理人员和董事)可能包括(未经法院或破产管理人许可)不得离开其惯常居住地,债务人提出离开或被迫离开其居住地须通知法院或破产管理人,必须向破产管理人或法院披露所有往来通信,以及其他一些涉及个人自由的限制。对于法人债务人,还可对法人总部的搬迁实行限制,而破产法可以要求取得法院或破产管理人的同意。这些

---

① 联合国国际贸易法委员会:《破产立法指南》(中文版),2006 年纽约,第 150 ~ 151 页。

② 同上书,第 151 ~ 152 页。

限制可能极为重要,有助于避免因在破产程序启动后债务人离开营业地和董事及管理人员辞职这种通常做法而造成破产程序的中断。这些附属义务如果列入破产法,应当与其基本宗旨和给予合作的一般义务这一种宗旨相应;这些义务也可能受到上述有关人权公约和协定的限制。"①

二、债务人有关人员的义务范围

(一)合作与协助义务

本条第1款第1项规定了债务人的有关人员妥善保管其占有和管理的财产、印章和账簿、文书等资料的义务。设立本项义务的意义,与债务人切实履行与本法第25条第1款第1项规定的管理人职责相对应的移交义务有密切的关联。因此,本项义务也具有财产保全的性质。有关人员如果违反这些义务,拒不向管理人移交财产、印章和账簿、文书等资料,或者伪造、销毁有关财产证据材料而使财产状况不明,将被依照本法第127条第2款以及第131条的规定追究法律责任。

本款第2项规定了债务人的有关人员根据人民法院、管理人的要求进行工作的义务。这里所称的"工作",不仅包括企业的生产经营和管理事务,也可以包括程序进行中的具体工作,如受管理人指派外出调查或追债,按法院或管理人的要求查阅资料、制作文书等。规定这项义务,对人民法院审理破产案件和管理人接管和管理债务人财产以及债务人的继续营业和企业拯救有重要意义。债务人的有关人员不仅掌握着破产企业的重要信息,而且具有在企业工作的经验和能力。尤其是在需要维持企业继续营业的情况下,有关工作人员仍对企业负有忠实服务的义务。因此,有关人员违反此项义务的,将有可能妨碍破产案件的审理,或者损害债务人财产以及各利害相关者的合法权益,从而承担相应的法律责任。

(二)信息提供义务

本条第1款第2项和第3项规定了企业有关人员对两类特别对象的信息披露义务。

第一,对人民法院和管理人的信息披露义务,即如实回答人民法院和管理人的询问的义务。债务人的有关人员掌握着破产企业的经营状况、财产状况、对外交往关系等重要信息,这些信息对于人民法院审理破产案件和破产管理人履行管理职责都极

---

① 联合国国际贸易法委员会:《破产立法指南》(中文版),2006年纽约,第152页。

为重要。

第二,对债权人的信息披露义务。本款第 3 项规定了债务人的有关人员列席债权人会议并如实回答债权人的询问的义务。对债权人的信息披露义务包括两个层次。首先,列席债权人会议。这是对债权人履行如实回答义务的前提。因此,有义务列席债权人会议的债务人的有关人员,经人民法院传唤,无正当理由拒不列席债权人会议的,人民法院可以依照本法第 126 条的规定,予以拘传,并依法处以罚款。其次,在债权人会议上如实回答询问。在债权人会议上,凡是与债权人利益相关、有关人员知道或者有理由认为其知道的问题,债权人都可以要求其陈述或回答。对此,有关人员必须如实地陈述、回答。有关人员违反本项规定,拒不陈述、回答,或者作虚假陈述、回答的,人民法院可以依照本法第 126 条的规定,依法处以罚款。

(三)附属义务

本条第 1 款第 4 项和第 5 项分别规定了债务人有关人员承担的与履行上述义务相联系的两项附属义务:不擅离义务、不新任义务。

1. 不擅离义务

债务人有关人员未经人民法院许可,不得离开其住所地。按照前 3 项义务的要求,破产企业的有关人员有义务妥善保管企业的财产和有关资料,有义务根据人民法院、管理人的要求进行工作,有义务随时回答管理人或者人民法院的询问,以及列席债权人会议并回答债权人询问。此外,有关人员还可能因为涉嫌有本法第 125 条、第 128 条规定的情形或其他违法行为而随时接受调查。为此,本款第 4 项规定,有关人员未经人民法院许可不得离开其住所地。违反本项义务,擅自离开住所地的,人民法院可以依照本法第 129 条的规定,予以训诫、拘留,并可以依法处以罚款。

2. 不新任义务

基于上述理由,尤其是考虑到债务人的董事、监事或者高级管理人员有可能依照本法第 125 条的规定对企业破产承担包括资格取消在内的法律责任,本款第 5 项规定,在破产程序进行期间,债务人的有关人员不得新任其他企业的董事、监事、高级管理人员。

三、"有关人员"的定义

根据本条第 2 款的定义,本条第 1 款所称"有关人员"包括两类人员:一是由法律直接规定的人员,即企业的法定代表人;二是由人民法院确定的人员,其范围包括企业的财务管理人员和其他经营管理人员,如企业的董事、监事、经理、财务总监等人员。

【示例】

1. 人民法院受理A公司的破产申请后,A公司迟迟不向管理人办理移交。人民法院通知该公司董事长、总经理和财务总监限期履行移交义务。

2. A公司的破产管理人在接管财产后发现,该公司法定代表人长期在外地,公司事务实际上由副董事长和总经理负责,遂向人民法院报告。人民法院决定并通知该公司副董事长和总经理承担本法第15条规定的义务。

3. 受理A公司破产的人民法院接到管理人报告:该公司的一个投资项目严重亏损,部分资金去向不明。主管该项目的是董事钱某和副总经理黎某。人民法院决定并通知,钱某和黎某承担本法第15条规定的义务。

第十六条　【个别清偿无效】人民法院受理破产申请后,债务人对个别债权人的债务清偿无效。

【注释】

一、集体清偿原则

破产法以债务清偿为首要任务。从债务清偿的角度来讲,破产程序属于执行程序的范畴。执行程序有一般执行程序与个别执行程序之分。前者以破产程序为代表,为全体债权人集体受偿的程序。后者以民事诉讼法上的强制执行程序为代表,为单个债权人个别受偿的程序。

集体受偿是破产程序的一个显著特征,也是破产法的一项基本原则。英国著名破产法学者弗莱切指出:“发达的破产法的一个最重要特点就是集体受偿原则……集体受偿原则的根本信条就是,在管理债务人资产和处理债权人请求时,不必考虑资产取得和债务发生的时间顺序。破产法运行的进一步特点则是它旨在体现道德正当性的独特理念,这种道德正当性贯穿在债权人与他们的无力偿债的债务人的关系中,也贯穿在作为一个群体的债权人当中。”①

为了贯彻集体受偿原则，破产法禁止个别清偿。即使是各种优先权，也不过是集体清偿中的顺序安排而已。按照本法的规定，破产案件受理后，一切债权均受到破产程序的拘束；即使担保财产也属于破产法上的“债务人财产”，处于管理人接管和管理的范围内。只有到了破产宣告以后，有财产担保的债权人才可以就担保物优先受偿。而其他无财产担保的债权，则最终必须通过集体的清算分配获得清偿，或者按照集体达成的重整计划或和解协议获得清偿；而且，同一顺序的债权人在接受清偿时完全平等，即一律按债权数额的比例分配。所以，在破产程序开始后，如果允许债务人对个别债权人单独清偿，势必造成得到清偿的债权人与其他债权人实际受偿的不平等，从而使集体清偿流为空谈。为了贯彻集体清偿原则，破产法禁止个别清偿。为此，本法制定了两个禁止个别清偿的条款：一是本条，二是第 32 条。二者分别针对破产申请受理后和受理前的个别清偿。它们共同的本质特征是导致债务人责任财产的减少，损害其他债权人的利益；区别在于，前者仅导致行为无效和恢复原状的后果，而后者不仅归于无效并恢复原状，而且将导致追究债务人的法定代表人和其他直接责任人员的法律责任。

二、本条规定的个别清偿

本条规定的个别清偿，须具备以下要件：(1)须为债务人实施的清偿；(2)须为债务人对实际存在的债务实施的清偿，至于所清偿的债务是以自己为主债务人的债务，还是为他人担保的债务，在所不论；(3)须为债务人在破产申请受理后实施的清偿。

以下情形，不属于本条规定的个别清偿：(1)债务人的担保人或者其他连带债务人实施的清偿(此为合法清偿)；(2)债务人对虚假债务实施的清偿(此为本法第 33 条规定的行为，依照本法第 34 条和第 128 条的规定处理)；(3)债务人在破产申请受理前 6 个月内实施的清偿(此为本法第 32 条规定的行为，依照本法第 34 条和第 128 条的规定处理)。

三、个别清偿的无效

本条规定，在人民法院受理破产申请后，债务人对个别债权人的债务清偿无效。

---

① [英]艾恩·F. 弗莱切(Ian F. Fletcher)：《破产法》(*The Law of Insolvency*)(第 2 版)，伦敦斯威特和马克斯韦尔公司(Sweet & Maxwell，London)1996 年版，第 2 页。

这里所称的无效,为绝对无效,即任何人皆得主张的无效。这种情况不同于本法第32条规定的破产申请受理以前6个月内的个别清偿。后者属于可撤销的行为,而且只有管理人可以请求撤销。

按照民法规定的行为无效的法律后果,在个别清偿无效的情况下,接受清偿的债权人负有恢复原状即返还因个别清偿所得财产利益的义务。

四、个别清偿无效的时间起算

根据裁判文书对相对人发生效力的时间以送达为准的民事诉讼法规则,本条中的"人民法院受理破产申请后",以受理破产申请的裁定依照本法第11条的规定送达债务人之日的次日为起点。

五、担保权个别实现的规则

本条规定的效力及于人民法院受理破产申请前成立的所有债权,包括无担保的债权和有担保的债权。也就是说,在破产申请受理后和破产宣告前,债权人实现担保权获得个别清偿,必须符合本法的规定,否则也构成本条规定的个别清偿。关于担保权在破产申请受理后实现的时间和方式,本法根据债务清理适用程序的不同分别作了规定。

1. 在适用重整程序的情况下,依照本法第75条第1款的规定,担保权在重整期间原则上不得行使(该条但书规定的情形除外),其个别实现的时间和方式要由重整计划的清偿方案予以确定。

2. 在适用和解程序的情况下,依照本法第96条第2款的规定,担保权可以在人民法院裁定和解之日起个别实现。

3. 在适用破产清算程序的情况下,依照本法第109条的规定,担保权作为别除权自破产宣告之日起个别实现。

因此,在受理裁定后至程序裁定前的"过渡期间",担保权处于冻结状态,只能依照本法第49条的规定进行申报,并依照本法第59条第3款的规定参加债权人会议和行使表决权,而不能个别实现。

【示例】

1. 人民法院受理A公司的破产申请后,该公司经理以偿还债务的名义向其关联公司B支付一笔金钱。管理人接管财产后,发现了这笔支付,经核查确定为破产案件受理后的个别清偿。管理人以其为个别清偿无效为由,向人民法院提起诉讼,要求B公司返还所收取的款项。此项请求应得到支持。

2. 人民法院受理A公司的破产申请后,管理人得知债权人B公司持有向A公司租赁的一套价值20万元的设备,遂与之交涉。B公司经理向管理人提议,用这套设备冲抵其对A公司享有的20万元债权。鉴于此时的以物抵债具有个别清偿性质,违反了破产法规定,B公司应向管理人交还这套设备,同时可通过申报债权参加集体清偿程序。

3. A公司被有抵押权的债权人B申请破产清算。人民法院裁定受理破产申请后,尚未裁定破产宣告。此时,B主张立即就抵押财产获得个别清偿。人民法院应当驳回B的请求,并告知其依企业破产法的规定申报债权和参加债权人会议。

六、期货和衍生品结算、交割的破产豁免

2022年8月1日,我国《期货和衍生品法》正式施行。该法对期货交易和衍生品交易的结算、交割,提供了一系列的破产豁免保护。

该法第35条规定:"依法采用主协议方式从事衍生品交易的,发生约定的情形时,可以依照协议约定终止交易,并按净额对协议项下的全部交易盈亏进行结算。依照前款规定进行的净额结算,不因交易任何一方依法进入破产程序而中止、无效或者撤销。"

该法第37条规定:"衍生品交易,由国务院授权的部门或者国务院期货监督管理机构批准的结算机构作为中央对手方进行集中结算的,可以依法进行终止净额结算;结算财产应当优先用于结算和交割,不得被查封、冻结、扣押或者强制执行;在结算和交割完成前,任何人不得动用。依法进行的集中结算,不因参与结算的任何一方依法进入破产程序而中止、无效或者撤销。"

该法第43条规定:"期货结算机构依照其业务规则收取和提取的保证金、权利金、结算担保金、风险准备金等资产,应当优先用于结算和交割,不得被查封、冻结、扣押或者强制执行。在结算和交割完成之前,任何人不得动用用于担保履约和交割的保证金、进入交割环节的交割财产。依法进行的结算和交割,不因参与结算的任何一方依法进入破产程序而中止、无效或者撤销。"

根据以上规定,在破产程序中,期货交易和衍生品交易的结算、交割享有以下几

方面的豁免:

1. 禁止个别清偿的豁免。破产案件受理后,债务人作为结算参与人实施的支付行为不适用本条的清偿无效规定。

2. 向管理人清偿债务或者交付财产义务的豁免。破产案件受理后,债务人参与结算、交割的给付义务应当对交易相对人履行;在结算、交割完成前,期货结算机构应当继续持有结算参与人缴纳的保证金,不受本法第 17 条规定的向管理人清偿债务或者交付财产的义务约束。结算、交割以后,归属于债务人的支付净额或者保证金余额,应当交付于管理人。

3. 受制于管理人选择权的豁免。本法第 18 条规定的管理人对待履行合同的解除或继续履行的选择权,不适用于期货交易和衍生品交易的合约。

4. 破产撤销的豁免。人民法院受理破产申请前 6 个月内,债务人为期货交易或衍生品交易的结算、交割实施的个别清偿,不适用本法第 32 条关于撤销的规定。

5. 抵销限制的豁免。期货交易和衍生品交易结算中的净额清算具有抵销的属性。净额清算以破产程序开始后的市场价格为计算依据的,不受本法第 40 条关于抵销和被抵销债务须存在于破产申请受理前的规定的限制。

期货交易和衍生品交易属于金融合同的范畴。这些合同"有助于增加信贷可获量,是为应付汇率、利率和其他市场波动而进行套期保值的一种重要手段"。在破产程序启动时进行"终止式净额结算"是一项重要因素,有助于减轻可能威胁金融市场稳定的系统风险。一个重要的市场参与人破产,会造成交易中发生一系列违约,从而可能使其他市场参与人陷于债务困境,最坏的情况是,可能导致其他相对方(包括受管制的金融机构)发生财务崩溃。这种"多米诺"效应常被称为系统风险,并被援引为允许参与者以通常不会被破产法许可的方式终止、净额结算和抵销债务的重大政策理由。在许多国家,一般破产规则的适用将允许在破产程序启动后根据金融合同条款履行金融合同,一方面使破产引发的合同终止条款生效,另一方面允许抵销债务。① 可以说,对某些金融合同给予一定破产豁免的意义在于"通过就金融合同一方当事人因破产而未能履约时该合同各当事人的权利提供确定性,来减少会威胁金融市场稳定的潜在系统风险"。《世行破产原则》也主张:"在破产程序中,合同处理一

---

① 联合国国际贸易法委员会:《破产立法指南》(中文版),2006 年纽约,第 140 ~ 142 页。

般规则的例外应是受限制的、清晰界定的和只能基于令人信服的商业利益、公共利益或社会利益的，例如在下列情形下……维持明确规定类型的金融合同的终止、净额结算和平仓不受破产程序期间可能的短时停止的影响，以避免此类行动的不当拖延因合同相对方或交易的特殊类型而对金融市场稳定造成风险。”①

第十七条　【对管理人为给付】人民法院受理破产申请后，债务人的债务人或者财产持有人应当向管理人清偿债务或者交付财产。

债务人的债务人或者财产持有人故意违反前款规定向债务人清偿债务或者交付财产，使债权人受到损失的，不免除其清偿债务或者交付财产的义务。

【注释】

一、债务人的给付义务人应当向管理人为给付

本条第1款规定了对债务人财产负有给付义务的人正确履行义务的标准。

在企业破产的情况下，债务人的财产处于保全状态，所有应当对债务人履行的给付，无论是基于债权关系的给付，还是基于物权关系的给付，都是债务人财产的所得，均属于财产保全的范围。根据本法的规定，人民法院在裁定受理破产申请时应指定管理人，由其负责接管和管理债务人的财产。为了保证对债务人的各种给付能够顺利加入受保全的债务人财产，破产法规定了债务人的债务人或者财产持有人应当向管理人清偿债务或者交付财产。这是一种强制性规定。这意味着，向管理人清偿债务和交付财产是义务人正确履行义务的行为准则。原则上，义务人的给付只有符合这一准则才能为法律所承认。

在实践中，破产的企业法人通常都对外享有一定数量的债权（它们在财务报表上通常被称作“应收账款”）。所谓“债务人的债务人”，就是与这些债权相对应的给付义务人，例如，对破产企业欠付货款、工程款的人，因侵权行为对破产企业负有赔偿责任的人。“债务人的财产持有人”，是指基于一定原因而占有破产企业的财产，依

① 世界银行集团：《有效破产与债权人/债务人制度的原则》（*Principles for Effective Insolvency and Creditor/Debtor Regimes*）（英文版）C10.4，2016年华盛顿，第24页。

法负有返还义务的人,如企业财产的运输人、保管人、承揽人、借用人、承租人,以及因侵权行为、无因管理或不当得利等非合同原因而占有企业财产的人。当债务人被裁定进入破产程序时,债务人的债务人应当向破产企业的管理人履行清偿义务,债务人的财产持有人应当向管理人履行返还义务。

作为例外,根据《期货和衍生品法》的规定,破产案件受理后,债务人参与结算、交割的给付义务应当对交易相对人履行,因而在结算、交割完成前,期货结算机构继续持有结算参与人缴纳的保证金,不适用本条规定(参见本书第十六条注释)。

二、给付义务人错误给付的法律效果

本条第2款规定了违反前款规定的法律后果,即“债务人的债务人或者财产持有人故意违反前款规定向债务人清偿债务或者交付财产,使债权人受到损失的,不免除其清偿债务或者交付财产的义务”。这里需要掌握以下3点:

第一,行为的界定。本款所称“违反前款规定”,是指违反向管理人履行给付的义务。所谓“故意”,是指明知人民法院受理破产申请的事实。按照“公告之事实,利害关系人视为已知”的法理(参见本书第十四条注释),应当认定,在法院受理公告以后实施的向债务人清偿债务或者交付财产的行为,为故意行为;行为人不得以不知该公告为抗辩。

第二,行为后果的认定。所谓“使债权人受到损失”,个别清偿的直接结果是债务人责任财产的减少,由此造成的损失,可以是债权人集体的一般清偿利益的损失,也可以是部分或个别债权人的特殊清偿利益(如担保权益)的损失。

第三,行为的法律效果。如果债务人的给付义务人故意违反本条第1款的规定向债务人清偿债务或者交付财产,使债权人受到损失,不免除其给付义务。但是,管理人仍不妨依据不当得利的法理,请求实际受领人返还其受领的财产;受领返还后,对给付义务人的请求权归于消灭。

给付义务人向管理人以外的人履行给付义务,其行为不发生义务消灭的效力,故管理人有权请求义务人履行义务。给付义务人在向管理人履行义务后,有权向实际受领人追偿。追偿不能的风险由该给付义务人自行承担。

三、给付义务的时间起算

根据裁判文书对相对人发生效力的时间以送达为准的民事诉讼法规则,本条中的“人民法院受理破产申请后”,以受理破产申请的裁定依照本法第14条规定的公告之日的次日为起点。

【示例】

1. A 公司提出的破产申请被人民法院裁定受理。在破产申请受理前，A 公司曾指示其债务人 B 公司将一笔货款汇至 A 公司的关联企业 C 公司的银行账户。法院受理公告后，B 公司未与 A 公司的破产管理人联系，径直将该笔货款汇入 C 公司账户。此时 B 公司的付款不构成有效清偿，其应当按照破产管理人的要求履行付款义务，同时有权请求 C 公司返还不当得利。

2. A 公司破产申请被人民法院受理并公告后，A 公司的债务人 B 公司应 A 公司董事长的要求，将所欠款项汇入其指定的 C 公司的银行账户。事后，管理人向 B 公司提起追债诉讼，人民法院判决 B 公司履行给付义务。B 公司被强制执行后，向 C 公司追索。此时，C 公司也进入破产程序，B 公司只能以其返还请求权向 C 公司的破产管理人申报债权。

四、管理人追收职权和债权人追收诉权

与本条规定的给付义务相对应的是管理人的追收权，以及在管理人怠于行使追收权时债权人的追收诉权。

管理人追收权属于本法第 25 条规定的管理人职责。破产申请受理后，除接管债务人占有下的全部财产外，对于债务人以外的民事主体持有的属于债务人的财产，无论是资金、实物还是债权和其他权益，管理人都有依法追收的权利和义务（职权和职责）。其中，对于次债务人（债务人的债务人）和债务人的出资人占有的债务人财产，无论其占有原因为违法或合法，只要依法应予收回的，管理人都应积极追收。管理人怠于行使追收权的，即为怠于履行追收职责。针对此种情况，《破产法解释（二）》第 23 条第 2 款规定，债权人通过债权人会议或者债权人委员会，要求管理人依法向次债务人、债务人的出资人等追收债务人财产，管理人无正当理由拒绝追收，债权人会议依据本法第 22 条的规定申请人民法院更换管理人的，人民法院应予支持。该条第 3 款还规定，管理人不予追收，个别债权人代表全体债权人提起相关诉讼，主张次债务人或者债务人的出资人等向债务人清偿或者返还债务人财产，或者依法申请合并破产的，人民法院应予受理。

第十八条 【待履行合同的处理】人民法院受理破产申请后，管理人对破产申请受理前成立而债务人和对方当事人均未履行完毕的合同有权决定解除或者继续履行，并通知对方当事人。管理人自破产申请受理之日起二个月内未通知对方当事人，或者自收到对方当事人催告之日起三十日内未答复的，视为解除合同。

管理人决定继续履行合同的，对方当事人应当履行；但是，对方当事人有权要求管理人提供担保。管理人不提供担保的，视为解除合同。

【注释】

一、待履行合同的意义

"随着经济发展，经济财富可能越来越多地包含在合同中或为合同所控制。因此，合同的处理在破产中具有压倒一切的重要性。"①程序开始前成立的尚未履行或者尚未履行完毕的商事合同，在企业进入破产程序后是否继续履行，既关系债务人的继续营业，也关系债务人的资产价值。一方面，某些合同的履行对于营业继续或者资产保值可能是必要甚至是至关重要的。例如，原材料和能源的供应合同和产品销售合同，可能是维持现有生产所必不可少的；设备或房产的维修合同，可能为保全财产的价值所必要；办公场地的租赁合同，可能为企业日常经营管理所必需。在这种情况下，如果允许合同的另一方当事人以债务人已经发生或预期将会发生的违约为理由拒绝履行合同，债务人的营业便可能难以为继，甚至会遭受严重的财产损失。另一方面，鉴于债务人的目前经济状况，有些合同的履行可能成为债务人沉重的负担；有时候为了调整营业计划或者缩小营业规模，也需要解除一些合同。例如，取消对客户的供货、退出合作投资项目等。在这种情况下，如果允许合同的另一方当事人主张合同实际履行，债务人就可能不堪重负并造成无谓的财产减少。

破产法上的待履行合同，是指债务人与相对人均未履行或者均未履行完毕的双务合同。"在破产程序启动时，债务人几乎必然至少是一项合同的当事方，除支付已交付的货物的货款之外，债务人和对方当事人都仍未充分履行其各自的义务。对于

---

① 联合国国际贸易法委员会：《破产立法指南》(中文版)，2006 年纽约，第 109 页。

只有一方未充分履行义务的情形,无须制订特别规则。如果未充分履约的是债务人,另一方对履约或赔偿有请求权,可以在破产中提出。如果未充分履行义务的是对方,破产管理人可以要求该当事方履约或给予赔偿。但是,对于双方均未充分履行义务的情形,许多破产法都有一个共同特点,即在情况确定时,可以对合同适用中止,以防对方当事人行使终止权,或允许继续履约或否决该合同(也可转让这种合同,不过一般不允许这样做)。一般由破产管理人负责对合同处理方法作出此种估价。"①

在破产情况下,对于待履行合同如何处理,实际上是一个不同政策目标之间的权衡问题。"如何决定破产情况下合同的处理方法,首先涉及这样一个问题:一方面是在破产情况下坚持一般合同法,另一方面是某些因素表明有必要干预那些既定的合同原则。对于这两者,应如何权衡其彼此的相对重要性。有些相竞利益可能需要加以权衡,以确保在一般公共政策目标、破产目标和商业关系具有可预测性的必要性之间保持适当平衡。"②对于这个问题,我国《企业破产法》的政策是将公共政策目标和破产目标置于优先地位。为此,本条规定了破产申请受理后管理人对合同继续履行或者解除的权利,同时也规定了相对人的催告权和无担保情况下的解除权。

《世行破产原则》在关于"合同之债的处理"的 C10 条中主张:"为实现破产程序的目标,破产法应当允许在双方尚未完全履行其义务的情况下对合同履行进行干预。干预方式可以包括继续履行、拒绝履行和合同转让。为获得有履行价值的合同利益,破产管理人应享有继续履行和承担合同义务的选择权。除特殊情形外,合同约定在破产申请或破产程序开始时合同终止的,应没有强制执行力。当合同成为破产财产的净负担时,破产管理人应当有权拒绝履行或者解除合同,但应承担因拒绝履行而产生的后果。"③这些观点与本法的规定是基本一致的。

二、待履行合同的范围

本条规定的待履行合同应为商事合同,不包括劳动合同和消费合同。

企业破产时的劳动合同处理,应适用本法第 6 条和《劳动合同法》的规定。在重整情况下,企业需要裁员的,应按照《劳动合同法》第 41 条、第 42 条的规定,听取工会

---

① 联合国国际贸易法委员会:《破产立法指南》(中文版),2006 年纽约,第 110 页。

② 同上书,第 109~110 页。

③ 世界银行集团:《有效破产与债权人/债务人制度的原则》(*Principles for Effective Insolvency and Creditor/Debtor Regimes*)(英文版)C10.1、C10.2、C10.3,2016 年华盛顿,第 24 页。

或者职工的意见,遵守有关人数限定、优先留用人员和不得裁减的人员的规定,并应按照第46条和第47条的规定支付经济补偿。在破产清算情况下,应按照《劳动合同法》第44条的规定终止劳动合同,并按照第46条和第47条的规定支付经济补偿。

企业破产时与消费者之间的消费合同,根据《民法典》第128条的规定,[①]应当适用《消费者权益保护法》的规定。根据该法关于保护消费者自主选择权的要求,[②]在破产程序中,管理人对于待履行的消费合同的解除或继续履行没有单方优先选择的地位。在实践中,破产企业依照合同对消费者负有的交付商品或提供服务、提供售后服务以及其他义务尚未履行或尚未履行完毕,其有能力履行并且消费者愿意接受履行的,管理人应当继续履行;履行不能的,其民事赔偿义务作为破产程序中应继续履行的合同所产生的债务,依照本法第42条第1项和第43条的规定,作为共益债务随时优先清偿。

另外,根据《期货和衍生品法》的规定,本条规定的管理人选择权,不适用于期货交易和衍生品交易的合约(参见本书第十六条注释)。

【示例】

1. A公司进入重整程序后,管理人决定裁减部分职工。其中,与公司订有无固定期限劳动合同的刘某和正在哺乳期的陈某提出了异议。根据《劳动合同法》的规定,他们的异议应得到支持。

2. 张先生是A健身俱乐部公司的会员,预交了一年的费用。A公司进入破产重整程序后,关闭了部分效益差的门店。张先生因住所附近的A公司门店被关闭,被管理人通知选择剩余门店继续消费。张先生认为剩余门店离家较远,要求解除合同。张先生的主张应得到支持。

---

① 《民法典》第128条规定:"法律对未成年人、老年人、残疾人、妇女、消费者等的民事权利保护有特别规定的,依照其规定。"

② 《消费者权益保护法》第9条规定:"消费者享有自主选择商品或者服务的权利。消费者有权自主选择提供商品或者服务的经营者,自主选择商品品种或者服务方式,自主决定购买或者不购买任何一种商品、接受或者不接受任何一项服务。消费者在自主选择商品或者服务时,有权进行比较、鉴别和挑选。"

三、管理人选择权

（一）管理人选择权的性质

破产程序中待履行合同的管理人选择权，是指人民法院受理破产申请后，管理人以单方意思表示决定合同解除或者继续履行的权利。该选择权的行使无须相对方同意，只要管理人的意思通知到达于相对人，即可产生合同解除或者确定继续履行的效果。

本条规定的选择权是一项法定权利，其目的是实现公共政策和破产目标，以及优先保护多数债权人的利益。因此，当事人不得事先以约定条款加以排除或限制。

本条规定的选择权，属于《民法典》第563条第1款规定的5项解除事由中的第5项"法律规定的其他情形"，其本质上为法定解除权。但是，为平衡相关方利益和防止权利滥用，本条对解除权规定了两方面的限制：一是除斥期间限制；二是相对人催告权限制。其中，除斥期间限制，是指选择权人应当在破产申请受理之日起2个月内通知相对方，或者在收到相对人催告之日起30日内作出答复，否则视为解除合同。

（二）管理人选择权的范围

根据本条规定，破产程序开始后，管理人对于符合下列条件的合同有决定继续履行或者解除的权利：(1)为双务合同；(2)为破产申请受理前成立的合同；(3)为双方尚未履行或者尚未履行完毕的合同。原则上，合同一方已经履行完毕，而另一方尚未履行或者尚未履行完毕的，不适用本条规定。此时，如享有请求权的是破产债务人，管理人可以依合同请求相对人履行债务；如享有请求权的是相对人，则其只能按破产程序申报债权。

（三）管理人选择权的例外

管理人行使本条规定的权利，只能决定合同继续履行或者解除。下列行为不属于管理人选择权的范围：(1)附条件或附期限的继续履行或者解除；(2)在决定继续履行时修改或增加合同条款；(3)延长选择权的行使时间或者指定选择权的行使条件；(4)在决定继续履行时剥夺相对人依照本条第2款享有的请求担保的权利以及与此相关的解除权；(5)在解除合同时免除债务人的违约责任。管理人的此类行为，未经相对人同意，不发生行使选择权的效力。此时管理人被视为未行使选择权，相对人有权行使本条第1款规定的催告及主张解除的权利。但是，根据合同自由原则，管理人在选择继续履行时与相对人就合同条款的变更达成补充协议的，不影响合同的继续履行。

(四)选择权的行使

1. 选择权行使的期限

根据本条第1款的规定,管理人自破产申请受理之日起2个月内享有选择权。这一规定,是考虑到管理人在接管财产后需要有一段了解情况以作出决定的时间。在这2个月期间,在管理人未行使选择权的情况下,相对人有催告权。相对人催告后,管理人有30日的答复期间。2个月内未行使选择权或者在收到相对方催告后30日内未答复的,其不作为的行为依据本条规定发生解除合同的效果。

2. 选择权行使的方式

选择权行使的方式是意思通知,即管理人将合同解除或者继续履行的决定告知相对人。在一般情况下,通知应采用书面形式。

3. 选择权行使的效果

管理人行使选择权决定继续履行合同的,相对人应当履行。同时,管理人也应当依照合同的规定履行义务。此时,管理人因履行合同所发生的给付义务,应当按照本法第42条第1项的规定,作为共益债务由债务人财产随时清偿。这里所说的给付义务,不仅包括已经约定的合同义务,也包括继续履行期间发生的违约责任。

管理人行使或者怠于行使选择权导致合同解除的,尚未履行的合同义务不再履行。此等合同解除具有溯及效力,应适用《民法典》第566条第1款"合同解除后,尚未履行的,终止履行;已经履行的,根据履行情况和合同性质,当事人可以请求恢复原状或者采取其他补救措施,并有权请求赔偿损失"的规定。对于因合同解除产生的赔偿请求权,相对方可进行债权申报;在未设定担保的情况下,此债权为普通债权。

【示例】

3. A公司破产前,与B公司签订一份设计合同。合同约定,A公司在收取B公司预付款后,应于3个月内完成设计;设计交付验收后,B公司支付余款。A公司破产申请受理时,该项设计正在进行。管理人有权决定继续履行合同。

4. A公司破产前,与B公司签订一份原材料供应合同。合同约定,A公司支付全部价款后,B公司于7日内交货。A公司破产程序开始时,尚未支付价款,而其所购的原材料为完成一项订单所需。管理人有权决定继续履行合同。

5. 在前例中，如果破产案件受理后，A公司在破产前已经支付大部分价款，而B公司只交付了小部分货物，则管理人可以根据营业情况要求对方继续交货，或者解除合同并要求对方退还未交货物的价款。在管理人解除合同的情况下，相对人可以就合同解除所致的损失，以赔偿请求权申报债权。

6. A公司破产前，与B公司签订一份购货合同。合同约定，A公司应于B公司交付货物的同时向对方支付价款。由于该货物的市场价格上涨，管理人希望接收货物并转卖，并以转卖所得的一部分支付货款，故通知B公司：决定履行该合同，但付款时间变更为交货后30日内。在此情况下，B公司如果不同意变更付款期，则有权向管理人发出是否按约定履行该合同的催告；管理人自催告之日起30日内未答复的，或者虽有答复但仍坚持延后付款的，视为解除合同。

7. 在前例中，如果B公司同意变更付款期，但要求管理人为到期付款的承诺提供担保，双方就此达成一致并签订补充协议，则该协议为有效。

8. A公司向B公司租赁写字楼房间。合同约定，如果承租人破产，出租人有权立即收回房屋。A公司破产后，管理人决定继续履行合同。B公司无权以租赁合同的约定对抗管理人的决定。

9. A公司与B公司签订一份合作投资协议，约定各方承担如期支付项目投资款的义务，并约定任何一方退出项目时，对其投资权益另一方有权优先受让。A公司进入破产重整程序后，管理人根据债权人的财务情况，决定停止对该项目投资，并拟将基于前期投资所享有的投资权益转让给第三方。B公司无权以合同约定对抗管理人解除合同的决定，但有权主张优先受让权。

10. A公司承揽B公司的设备安装工程，到期未完成。A公司进入破产程序后，管理人决定解除合同。B公司在债权申报时有权将破产程序开始前和开始后的工程延误损失额列入赔偿请求中。同时，管理人有权就该工程的已完成部分，请求B公司支付工程款。

11. 在前例中，如果管理人决定解除合同后，B公司将工程的剩余部分发包给了C公司，C公司在施工时发现A公司已完成部分存在重大缺陷，要求B公司为此额外支付一笔工程款，则B公司有权就这笔工程款向管理人追加申报债权。

四、合同相对方的催告权和担保要求权

(一)相对人的催告权

自破产申请受理之日起2个月内,只要管理人还没有行使选择权,相对人都有权催告。所谓催告,就是要求管理人尽快作出其解除或者继续履行合同的决定。管理人答复催告的最长期限是30日,超过这一期限,视为解除合同。

(二)相对人的担保要求权

管理人依照本条第1款的规定,决定继续履行合同的,相对人无权反对,但有权要求就自己应得的对待给付要求对方提供担保。如果管理人不提供担保,则依照本条第2款的规定,视为解除合同。

一般而言,管理人选择继续履行的合同,都是能够使债务人财产受益,从而使全体债权人受益的合同。因此,依照合同应当履行的对待给付义务,属于共益债务,即根据本法第42条第1项和第43条的规定应当由债务人财产随时清偿的债务。但是,由于债务人处于破产状态,其是否有足够的资金来清偿此项债务,不免存在疑问。如果管理人不能在相对人实施给付之前或者同时履行其对待给付义务,相对人就有事后得不到清偿的风险。因此,法律赋予相对人要求对方提供担保的权利。这种权利本质上属于不安抗辩权。由于债务人的破产状态已经构成了合同法上的不安抗辩事由,在享有不安抗辩权的一方在对方未恢复履行能力又不能提供履行担保的情况下,享有合同解除权。① 此时,破产法为了减少法律关系的不确定状态和提高程序效率,没有设定相对人的解除权,而是直接规定了“视为解除合同”的法律后果。

管理人就合同履行对相对人提供的担保,以足以保障相对人的债权为条件,但无须取得相对人的认可。相对人对管理人提供的担保有异议时,由受理破产案件的人民法院作出确认判决。

---

① 《民法典》第527条规定:“应当先履行债务的当事人,有确切证据证明对方有下列情形之一的,可以中止履行:(一)经营状况严重恶化;(二)转移财产、抽逃资金,以逃避债务;(三)丧失商业信誉;(四)有丧失或者可能丧失履行债务能力的其他情形。当事人没有确切证据中止履行的,应当承担违约责任。”第528条规定:“当事人依据前条规定中止履行的,应当及时通知对方。对方提供适当担保的,应当恢复履行。中止履行后,对方在合理期限内未恢复履行能力且未提供适当担保的,视为以自己的行为表明不履行合同主要义务,中止履行的一方可以解除合同并可以请求对方承担违约责任。”

【示例】

12. A公司与B公司签订一份原材料买卖合同。合同约定,A公司于B公司交货后7日内支付全部价款。A公司进入破产程序后,管理人决定继续履行合同。B公司要求就如期支付货款提供抵押担保。因债务人已无可用于抵押的财产,管理人以一笔已经取得生效判决并有充分执行条件的债权作为质押担保。此项担保为有效,买卖合同应当履行。

五、给付义务的时间起算

根据裁判文书对相对人发生效力的时间以送达为准的民事诉讼法规则,本条中的"人民法院受理破产申请后",以受理破产申请的裁定依照本法第14条的规定公告之日的次日为起点。

六、所有权保留买卖合同的处理规则

《民法典》第641条第1款规定:"当事人可以在买卖合同中约定买受人未履行支付价款或者其他义务的,标的物的所有权属于出卖人。"所有权保留条款时常被用于当事人之间存在较长付款期或执行分期付款的买卖合同中,其目的是保护出卖人在未收回价款时能够行使标的物所有权追回标的物以维护自身合法权益,属于"标的物所有权于交付时转移"的一般买卖规则的例外。关于所有权保留买卖合同,最高人民法院《关于审理买卖合同纠纷案件适用法律问题的解释》第34条至第37条有具体规定。

《民法典》第642条第1款规定了所有权保留中出卖人取回权:"当事人约定出卖人保留合同标的物的所有权,在标的物所有权转移前,买受人有下列情形之一,造成出卖人损害的,除当事人另有约定外,出卖人有权取回标的物:(一)未按照约定支付价款,经催告后在合理期限内仍未支付;(二)未按照约定完成特定条件;(三)将标的物出卖、出质或者作出其他不当处分。"在买受人进入破产程序时,出卖人是否有权取回标的物,主要取决于是否存在该款第1项规定的情形。而这种情形之存在与否,首先要看管理人是否决定合同继续履行,其次要看在合同继续履行情况下管理人是否实际履行。如果合同因管理人的决定或其他导致合同解除的行为而解除,则《民法典》第642条第1款的出卖人取回权可以在破产宣告前的任何时候行使。在破产宣告以后,出卖人取回权应为无条件行使。

关于所有权保留买卖合同在破产程序中的处理,《破产法解释(二)》有以下规定。

(一)所有权保留买卖合同属于待履行合同

《破产法解释(二)》第34条规定:"买卖合同双方当事人在合同中约定标的物所有权保留,在标的物所有权未依法转移给买受人前,一方当事人破产的,该买卖合同属于双方均未履行完毕的合同,管理人有权依据企业破产法第十八条的规定决定解除或者继续履行合同。"由此明确了所有权保留买卖合同应适用本条规定。进而,《破产法解释(二)》区分出卖人破产和买受人破产的不同场景,就"管理人决定继续履行"和"管理人决定解除合同"情形下出卖人取回权的行使做了如下的分别规定:

(二)出卖人破产时的处理

1. 管理人决定继续履行的。《破产法解释(二)》第35条规定:"出卖人破产,其管理人决定继续履行所有权保留买卖合同的,买受人应当按照原买卖合同的约定支付价款或者履行其他义务。买受人未依约支付价款或者履行完毕其他义务,或者将标的物出卖、出质或者作出其他不当处分,给出卖人造成损害,出卖人管理人依法主张取回标的物的,人民法院应予支持。但是,买受人已经支付标的物总价款百分之七十五以上或者第三人善意取得标的物所有权或者其他物权的除外。因本条第二款规定未能取回标的物,出卖人管理人依法主张买受人继续支付价款、履行完毕其他义务,以及承担相应赔偿责任的,人民法院应予支持。"

2. 管理人决定解除合同的。《破产法解释(二)》第36条规定:"出卖人破产,其管理人决定解除所有权保留买卖合同,并依据企业破产法第十七条的规定要求买受人向其交付买卖标的物的,人民法院应予支持。买受人以其不存在未依约支付价款或者履行完毕其他义务,或者将标的物出卖、出质或者作出其他不当处分情形抗辩的,人民法院不予支持。买受人依法履行合同义务并依据本条第一款将买卖标的物交付出卖人管理人后,买受人已支付价款损失形成的债权作为共益债务清偿。但是,买受人违反合同约定,出卖人管理人主张上述债权作为普通破产债权清偿的,人民法院应予支持。"

(三)买受人破产时的处理

1. 管理人决定继续履行的。根据《破产法解释(二)》第37条的规定,买受人破产,其管理人决定继续履行所有权保留买卖合同的,原买卖合同中约定的买受人支付价款或者履行其他义务的期限在破产申请受理时视为到期,买受人管理人应当及时向出卖人支付价款或者履行其他义务。买受人管理人无正当理由未及时支付价款或者履行完毕其他义务,或者将标的物出卖、出质或者作出其他不当处分,给出卖人造成损害,出卖人依据《民法典》第641条等规定主张取回标的物的,①人民法院应予支持。但是,买受人已支付标的物总价款75%以上或者第三人善意取得标的物所有权或者其他物权的除外。因该条第2款规定未能取回标的物,出卖人依法主张买受人继续支付价款、履行完毕其他义务,以及承担相应赔偿责任的,人民法院应予支持。对因买受人未支付价款或者未履行完毕其他义务,以及买受人管理人将标的物出卖、出质或者作出其他不当处分导致出卖人损害产生的债务,出卖人主张作为共益债务清偿的,人民法院应予支持。

2. 管理人决定解除合同的。《破产法解释(二)》第38条规定:"买受人破产,其管理人决定解除所有权保留买卖合同,出卖人依据企业破产法第三十八条的规定主张取回买卖标的物的,人民法院应予支持。出卖人取回买卖标的物,买受人管理人主张出卖人返还已支付价款的,人民法院应予支持。取回的标的物价值明显减少给出卖人造成损失的,出卖人可从买受人已支付价款中优先予以抵扣后,将剩余部分返还给买受人;对买受人已支付价款不足以弥补出卖人标的物价值减损损失形成的债权,出卖人主张作为共益债务清偿的,人民法院应予支持。"

(四)管理人选择权与破产取回权的关系

《破产法解释(二)》的以上规定实际上回答了一个问题:如何理解本条规定的管理人选择权与本法第38条规定的取回权的关系?易言之,债务人依待履行合同占有的财产,其权利人行使取回权是否受制于管理人的选择权?答案是肯定的。本法第38条规定,"该财产的权利人可以通过管理人取回",意味着破产取回权的行使须在破产管理的法律框架下进行,管理人有权依据法定职权管理和处置债务人依据待履行合同占有的财产。根据《民法典》第157条"民事法律行为无效、被撤销或者确定不发生效力后,行为人因该行为取得的财产,应当予以返还"的规定,待履行合同项下已交付财产的返还须以合同解除为前提。这一规则不仅适用于所有权保留买卖合

① 《民法典》第641条规定:"当事人可以在买卖合同中约定买受人未履行支付价款或者其他义务的,标的物的所有权属于出卖人。出卖人对标的物保留的所有权,未经登记,不得对抗善意第三人。"

同,也可适用于作为取回权发生原因的其他类型合同,如租赁合同、融资租赁合同、承揽合同、运输合同、保管合同、仓储合同、借用合同等。

【示例】

13. A 运输公司与 B 融资租赁公司签订一份融资租赁合同。合同约定,B 公司根据 A 公司的选择向第三方购买一批重型货车供 A 公司租用。A 公司进入破产程序后,管理人决定继续履行合同。B 公司要求就如期支付租金提供担保。管理人未提供担保,仍继续使用这批货车开展运输业务,并不顾 B 公司催告长时间拖欠租金。在此情况下,B 公司有权依据《民法典》第 752 条和本法第 38 条的规定,收回这批货车。

第十九条 【保全解除和执行中止】人民法院受理破产申请后,有关债务人财产的保全措施应当解除,执行程序应当中止。

【注释】

一、破产程序对民事保全和民事执行程序的优先地位

破产制度的目标就是通过集体程序实现全体债权人之间的公平清偿。因此,在破产程序开始后,不允许个别债权人通过个别清偿获得满足而使其他债权人的清偿利益受损。破产案件受理之前已经发生的基于个别追债诉讼的财产保全措施和诉讼终结后的执行程序,都是以实现个别债权为目的。破产程序代表的是全体债权的集体清偿利益,在法律政策上,对这种集体利益的保护要求相对于对个别债权人利益的保护要求来说,处于优先地位。因此,破产程序开始后,针对债务人财产的保全措施应当解除,执行程序应当中止,以便使债务人的财产和债权人的权利行使都纳入统一的集体程序之中。正如联合国国际贸易法委员会指出的:"关于债权人,破产法的基本原则之一是,破产程序是一种集体程序,要求保护所有债权人的权益不因其中任何一方的单独行动而受影响。许多破产法都要求提供一种机制,不仅防止债权人在清算或重组程序的部分过程或全过程中通过法律救济手段强制执行其权利,而且中止已在进行中的针对债务人的行动和防止启动新的行动。这种机制有各种名称,如延缓、暂停或中止,视机制的效力而定。""作为一般原则,清算的重点是全部或部分出售资产,从而能够尽快使用变现资产所得清偿债权人的债权。首要目标是实现最大价值。实施中止可以确保对程序进行公平和有序的管理,为破产代表提供足够的时间,以免强行拍卖,无法实现清算资产的最大价值,同时又可在资产总体价值可能大于以零敲碎打的方式出售的价值时提供作为经营中企业将其出售的机会。中止还使破产代表能够评价债务人的情形,包括已在进行中的诉讼,为充分考虑所有诉讼提供了时间,从而更加有可能实现不会危及到债务人和债权人权益的结果。”“在重整程序中,适用中止有助于企业的继续经营,使债务人获得整顿业务的喘息空间,有时间制订和批准重整计划,并能采取其他步骤,例如取消不盈利的活动和摆脱负担过重的合同,视情况而定。同清算一样,中止还提供了考虑将对债务人采取的行动的机会。考虑到重整的目标,中止对其的影响要比对清算程序的影响更大,因此起着更为关键的作用,而且能为鼓励债务人发起重整程序提供重要的动力。”①

二、保全措施的解除

财产的保全措施,主要是指当涉讼财产或虽未涉讼但已处于争议状态的财产受到某些因素的影响,有可能使将来的判决难以执行时或者不能执行时,法院根据当事人或利害关系人的申请,对财产采取查封、扣押、冻结或者法律规定的其他方法进行控制。当债务人进入破产程序后,本着集体清偿和公平受偿的原则,债权人尚未实现的债权只能通过破产程序来实现。因此,服务于个别追债诉讼的保全措施因已无继续保持的必要而应当被解除。解除保全后的财产,应当归入管理人管理下的债务人财产,依照破产程序统一管理和处分。

本条规定的保全措施解除,在法律性质上属于法定解除而非裁判解除。因此,破产申请审理公告后,对债务人财产已经采取的保全措施,其效力自动解除。实施保全措施的司法机关、行政机关和配合实施保全措施的机构(如不动产登记部门、商业银行等),均有义务配合破产程序对债务人财产的管理和处分。《破产法解释(二)》第7条规定:“对债务人财产已采取保全措施的相关单位,在知悉人民法院已裁定受理有关债务人的破产申请后,应当依照企业破产法第十九条的规定及时解除对债务人财产的保全措施。”

针对在实践中存在的破产申请受理后债务人财产保全措施“解除难”的问题,

---

① 联合国国际贸易法委员会:《破产立法指南》(中文版),2006年纽约,第76~77页。

《九民会议纪要》第109条规定:"要切实落实破产案件受理后相关保全措施应予解除、相关执行措施应当中止、债务人财产应当及时交付管理人等规定,充分运用信息化技术手段,通过信息共享与整合,维护债务人财产的完整性。相关人民法院拒不解除保全措施或者拒不中止执行的,破产受理人民法院可以请求该法院的上级人民法院依法予以纠正。对债务人财产采取保全措施或者执行措施的人民法院未依法及时解除保全措施、移交处置权,或者中止执行程序并移交有关财产的,上级人民法院应当依法予以纠正。相关人员违反上述规定造成严重后果的,破产受理人民法院可以向人民法院纪检监察部门移送其违法审判责任线索。人民法院审理企业破产案件时,有关债务人财产被其他具有强制执行权力的国家行政机关,包括税务机关、公安机关、海关等采取保全措施或者执行程序的,人民法院应当积极与上述机关进行协调和沟通,取得有关机关的配合,参照上述具体操作规程,解除有关保全措施,中止有关执行程序,以便保障破产程序顺利进行。"

破产申请受理后,如果破产程序因法定的特殊原因而提前终结,已解除的先前保全措施可以恢复。《破产法解释(二)》第8条规定:"人民法院受理破产申请后至破产宣告前裁定驳回破产申请,或者依据企业破产法第一百零八条的规定裁定终结破产程序的,应当及时通知原已采取保全措施并已依法解除保全措施的单位按照原保全顺位恢复相关保全措施。在已依法解除保全的单位恢复保全措施或者表示不再恢复之前,受理破产申请的人民法院不得解除对债务人财产的保全措施。"

三、执行程序的中止

这里所说的"执行程序",是指对非依破产程序所产生的法律文书的个别执行程序,包括以下文书:(1)未执行或者未执行完毕的已生效民事判决;(2)未执行或者未执行完毕的已生效民事裁定,如先予执行裁定;(3)未执行或者未执行完毕的已生效刑事判决、裁定的财产部分;(4)已向人民法院提出执行申请但尚未执行或者未执行完毕的仲裁裁决;(5)已向人民法院提出执行申请但尚未执行或者未执行完毕的公证机关依法赋予强制执行效力的债权文书。人民法院受理破产申请后,对债务人的执行程序尚未完结的,应当无条件中止。执行程序是否完结的判断,以被执行的财产是否交付或支付于被执行人为准。执行程序中止后,请求执行的债权人可以凭生效的法律文书向破产案件的管理人申报债权。

与保全措施解除一样,破产申请受理后,已经开始的执行程序的中止属于法定中止，停止采取对债务人财产的执行措施是执行机关的法定义务。《破产法解释（二）》第5条规定："破产申请受理后，有关债务人财产的执行程序未依照企业破产法第十九条的规定中止的，采取执行措施的相关单位应当依法予以纠正。依法执行回转的财产，人民法院应当认定为债务人财产。"2017年12月12日最高人民法院在《关于破产申请受理前已经划扣到执行法院账户尚未支付给申请执行人的款项是否属于债务人财产即执行法院收到破产管理人中止执行告知函后应否中止执行问题的答复》中规定，执行法院收到破产管理人发送的中止执行告知函后仍继续执行的，应当根据《破产法解释（二）》第5条依法予以纠正。

需要注意的是，本条使用的概念是"中止"而不是"终止"。"中止"意味着暂时停止而有重新开始的可能，而"终止"则意味着彻底终结而没有重新开始的可能。破产申请被受理后，被中止执行程序的债权人可以凭生效的法律文书向管理人申报债权。如果出现本法第12条第2款或者第108条规定的情况，即在破产宣告前，经审查发现债务人不具备破产原因或者破产原因被消除，人民法院裁定驳回申请或者终结破产程序，则此时破产法对债务人财产和债权人权利行使的约束均告解除，处于中止状态的民事执行程序可以继续进行。

《破产法解释（二）》第22条规定，破产申请受理前，债权人就债务人财产向人民法院提起本规定第21条第1款所列诉讼，①人民法院已经作出生效民事判决书或者调解书但尚未执行完毕的，破产申请受理后，相关执行行为应当依据本法第19条的规定中止，债权人应当依法向管理人申报相关债权。

四、给付义务的时间起算

参照裁判文书对相对人发生效力的时间以送达为准的民事诉讼法规则，本条中的"人民法院受理破产申请后"，以受理破产申请的裁定依照本法第14条的规定公告之日的次日为起算点。但是，受理申请的裁定在公告前已经以通知送达正在实施诉讼保全措施或者执行程序的人民法院的，以通知送达之日的次日为起算点。如果受理破产申请的法院和实施诉讼保全措施或者执行程序的法院为同一人民法院，则以受理裁定作出之日的次日为起算点。

---

① 参见本书第二十条注释。

【示例】

1. A公司欠B公司的债务到期后,B公司多次追讨未果,准备提起诉讼。B公司在准备起诉时发现,在此之前A公司因拖欠C公司的债务,其主要财产已经在C公司提起的诉讼程序中被查封。B公司遂申请A公司破产。该破产申请被人民法院受理后,管理人向审理C公司诉A公司案件的人民法院提出解除对A公司财产保全的请求。管理人的这一请求应予准许。

2. 在前例中,如果人民法院裁定受理破产申请后,B公司提起的诉讼已经进入执行程序,而且被查封的财产已经完成拍卖,但买受人尚未支付价款,或者拍卖价款已经汇入法院执行款专用账户但尚未付给执行申请人,则应认为执行程序未完结,拍卖所得的款项应当归入破产程序中的债务人财产。

第二十条 【民事诉讼和仲裁的中止】人民法院受理破产申请后,已经开始而尚未终结的有关债务人的民事诉讼或者仲裁应当中止;在管理人接管债务人的财产后,该诉讼或者仲裁继续进行。

【注释】

一、民事诉讼和仲裁的一般处理原则

民事诉讼或仲裁是解决有关债务人财产或法律关系争议的程序制度。破产程序开始后,不同类型的诉讼或仲裁,对破产程序的影响不同。一般而言,与破产程序相冲突的诉讼和仲裁程序,如以追索债务为目的的给付之诉,按照集体程序优先的原则应当被搁置,直到集体程序因破产原因被确定为不存在或者已消除而归于终结;与集体清偿程序不相冲突的诉讼或仲裁案件,例如,债务人对外追索财产或债务的诉讼,或者有关债权效力或物权归属的确认之诉,则可以在管理人接管债务人财产之后继续进行。

二、已有民事诉讼和仲裁的处理方式

(一)管理人接管后继续审理的诉讼

根据本条规定,破产申请受理后,在此之前已经开始而尚未终结的有关债务人的民事诉讼(或者仲裁,下同)应当中止。这种中止的目的是要将诉讼事务的处理职权向管理人移交。因此,在本条规定,管理人接管债务人财产后,这些诉讼应当继续进行。

《九民会议纪要》第110条第1款、第2款规定:“人民法院受理破产申请后,已经开始而尚未终结的有关债务人的民事诉讼,在管理人接管债务人财产和诉讼事务后继续进行。债权人已经对债务人提起的给付之诉,破产申请受理后,人民法院应当继续审理,但是在判定相关当事人实体权利义务时,应当注意与企业破产法及其司法解释的规定相协调。上述裁判作出并生效前,债权人可以同时向管理人申报债权,但其作为债权尚未确定的债权人,原则上不得行使表决权,除非人民法院临时确定其债权额。上述裁判生效后,债权人应当根据裁判认定的债权数额在破产程序中依法统一受偿,其对债务人享有的债权利息应当按照《企业破产法》第46条第2款的规定停止计算。”这两款规定的基本精神:一是破产受理前的诉讼,在管理人接管后,原则上应当继续进行;二是继续诉讼中以债权清偿为目的的给付之诉,受制于本法及其司法解释的规定。

关于第二点,制约继续诉讼的法律规定主要指本法第44条“人民法院受理破产申请时对债务人享有债权的债权人,依照本法规定的程序行使权利”的规定、第47条关于仲裁未决的债权可以申报的规定和第59条第2款“债权尚未确定的债权人,除人民法院能够为其行使表决权而临时确定债权额的外,不得行使表决权”的规定。

其中,根据本法第44条的规定,继续审理后确认债权请求的判决,不得支持债权人在破产程序内个别清偿的主张,仅得承认其享有依法申报债权和参加集体清偿的权利。根据第47条和第59条第2款的规定,债权申报可以与继续诉讼并行,但在取得胜诉判决前,其表决权受到限制。

(二)管理人接管后保持中止的诉讼

根据《破产法解释(二)》第21条的规定,某些有违集体清偿原则的诉讼,例如,代位权诉讼以及以债务人其他特定财产或财产权益为清偿的给付之诉,在管理人接管财务人财产之后,仍须保持中止至破产宣告。该条第1款的规定,破产申请受理前,债权人就债务人财产提起下列诉讼,破产申请受理时案件尚未审结的,人民法院应当中止审理:(1)主张次债务人代替债务人直接向其偿还债务的;(2)主张债务人的出资人、发起人和负有监督股东履行出资义务的董事、高级管理人员,或者协助抽逃出资的其他股东、董事、高级管理人员、实际控制人等直接向其承担出资不实或者抽逃出资责任的;(3)以债务人的股东与债务人法人人格严重混同为由,主张债务人的股东直接向其偿还债务人对其所负债务的;(4)其他就债务人财产提起的个别清偿诉讼。

这些诉讼的一个共同特点,是将清偿标的直接指向债务人的特定财产,例如,债务人对次债务人、出资人等第三人享有的给付请求权,而这些权利在破产清算中应当纳入破产财产用于集体清偿。因此,该条第2款规定,债务人破产宣告后,人民法院应当判决驳回债权人的诉讼请求。但是,债权人一审中变更其诉讼请求为追收已被归入债务人财产的相关财产的除外(例如,所有权保留合同的出卖人将诉讼请求由追索价款变更为行使取回权)。

根据该条第3款规定,上述中止审理的案件,只有在债务人破产宣告前,人民法院依据本法第12条或者第108条的规定裁定驳回破产申请或者终结破产程序的情况下,才能恢复审理。这意味着,如果破产案件以重整或者和解方式终结,这些诉讼将因请求标的已被处分而无法恢复审理。

《破产法解释(二)》对于第21条第1款规定类型的诉讼,还有以下两条限制性规定:

一是对判决执行的限制。第22条规定,破产申请受理前,债权人就此类诉讼已经获得人民法院作出的生效民事判决书或者调解书但尚未执行完毕的,破产申请受理后,相关执行行为应当依据本法第19条的规定中止,债权人应当依法向管理人申报相关债权。

二是对新提起诉讼的限制。第23条第1款规定,破产申请受理后,债权人就债务人财产向人民法院提起上列诉讼的,人民法院不予受理。

第二十一条 【破产程序开始后的民事诉讼】人民法院受理破产申请后,有关债务人的民事诉讼,只能向受理破产申请的人民法院提起。

【注释】

一、新提起民事诉讼的区别对待

破产程序开始后,债权人和其他利害关系人可能对债务人的财产提出各种请求。从保护民事权益的基本立场出发,破产法一般不排斥利害关系人为维护自身合法权益提起的民事诉讼,只是对违反集体清偿原则、谋求个别清偿的诉讼加以限制。所以,《九民会议纪要》第110条规定,人民法院受理破产申请后,债权人新提起的要求债务人清偿的民事诉讼,人民法院不予受理,同时告知债权人应当向管理人申报债权。但是,债权人申报债权后,对管理人编制的债权表记载有异议的,可以根据本法第 58 条的规定提起债权确认之诉。

至于个别追索债务以外的民事诉讼,如被占有财产的返还之诉、关于财产归属或者债权效力的确认之诉,仍可以提起。另外,在破产程序中新发生的财产争议,如破产追回权争议、关于破产费用或者共益债务的争议、因待履行合同的继续履行或解除而发生的争议以及重整过程中因继续营业发生的纠纷,也可能引发诉讼。

二、新提起民事诉讼的管辖规则

对于破产程序开始后允许提起的民事诉讼来说,存在一个诉讼管辖问题。根据民事诉讼法关于诉讼管辖的一般规定,对法人提起的民事诉讼由被告住所地人民法院管辖。但是,针对不同案件,还可以由合同履行地、保险标的物所在地、票据支付地、侵权行为地、不动产所在地、港口所在地的人民法院管辖。也就是说,如果按照民事诉讼法的管辖规则,破产案件中对债务人提起的诉讼可能会在受理破产申请的法院以外的其他法院进行。因此,势必加大管理人应诉的成本,增加债务人财产的负担,从而给债权人的清偿利益和债务人企业的拯救努力带来消极影响。鉴于此,本条规定人民法院受理破产申请后,有关债务人的民事诉讼只能向受理破产申请的人民法院提起。这里所说的"有关债务人的民事诉讼",包括对债务人提起的民事诉讼和为债务人提起的民事诉讼。也就是说,在破产程序中,破产案件受理法院成为债务人财产和法律关系的处理中心,所有与之相关的民事诉讼都应当汇聚于此。如此一来,才有利于最大限度地节省破产费用,提高程序透明度和程序效率。此时,民事诉讼法等其他法律关于民事诉讼管辖权的规定,凡是与本条规定不一致的,诉讼管辖都必须以本条的规定为准。

《破产法解释(二)》第 47 条第 1 款规定:"人民法院受理破产申请后,当事人提起的有关债务人的民事诉讼案件,应当依据企业破产法第二十一条的规定,由受理破产申请的人民法院管辖。"在此基础上,该条作了两款特殊规定:(1)"受理破产申请的人民法院管辖的有关债务人的第一审民事案件,可以依据民事诉讼法第三十八条的规定,由上级人民法院提审,或者报请上级人民法院批准后交下级人民法院审理。"(2)"受理破产申请的人民法院,如对有关债务人的海事纠纷、专利纠纷、证券市场因虚假陈述引发的民事赔偿纠纷等案件不能行使管辖权的,可以依据民事诉讼法

第三十七条的规定,由上级人民法院指定管辖。”这两款规定有利于减轻重大、复杂和专业性强的诉讼案件给破产案件受理法院带来的办案压力,也有利于提高这些诉讼案件的办案质量。需要注意的是,尽管有特殊的管辖规定,这些诉讼案件的起诉和立案仍须在受理破产申请的人民法院办理。

三、与破产有关的民事诉讼案由

为贯彻实施《民法典》,最高人民法院于 2020 年 12 月 29 日印发修改后的《民事案件案由规定》,自 2021 年 1 月 1 日起施行。

《民事案件案由规定》编列了 54 类 472 种案由。其中,第 23 类“与破产有关的纠纷”包括以下 13 种案由:“289. 请求撤销个别清偿行为纠纷;290. 请求确认债务人行为无效纠纷;291. 对外追收债权纠纷;292. 追收未缴出资纠纷;293. 追收抽逃出资纠纷;294. 追收非正常收入纠纷;295. 破产债权确认纠纷(含职工破产债权确认纠纷、普通破产债权确认纠纷);296. 取回权纠纷(含一般取回权纠纷、出卖人取回权纠纷);297. 破产抵销权纠纷;298. 别除权纠纷;299. 破产撤销权纠纷;300. 损害债务人利益赔偿纠纷;301. 管理人责任纠纷。”这些案由按诉讼目的可分为 3 类:(1)保护债务人财产、维护债权人整体利益提起的诉讼,包括第 289 ~ 294 号、第 299 号、第 300 号案由。这类诉讼由管理人提起,在管理人怠于行使权利时也可以由债权人提起。(2)维护个别债权人和其他权利人利益的诉讼,包括第 295 ~ 299 号案由。这类纠纷由破产程序中享有民事权利的债权人、取回权人、抵销权人、担保权人和其他权利人(如待履行合同相对人)提起,一般以管理人为被告,亦可以其他人为被告(如担保权受偿顺序争议)。(3)管理人责任纠纷,即第 301 号案由,其范围除本法第 130 条规定的赔偿责任外,还包括《民法典》第 178 条规定的连带责任和第 179 条规定的赔偿损失以外的民事责任方式(如停止侵害、返还财产、继续履行等)。

需要注意的是,2021 年 1 月 1 日最高人民法院《关于印发修改后的〈民事案件案由规定〉的通知》指出:“案由体系的编排制定是人民法院进行民事审判管理的手段。各级人民法院应当依法保障当事人依照法律规定享有的起诉权利,不得将修改后的《民事案件案由规定》等同于民事诉讼法第一百一十九条规定的起诉条件,不得以当事人的诉请在修改后的《民事案件案由规定》中没有相应案由可以适用为由,裁定不予受理或者驳回起诉,损害当事人的诉讼权利。”可以相信,随着破产司法实践的进一步发展,未来还会有新的案由增列其中。

第三章
管　理　人

第二十二条　【管理人的指定、更换和报酬】管理人由人民法院指定。

债权人会议认为管理人不能依法、公正执行职务或者有其他不能胜任职务情形的，可以申请人民法院予以更换。

指定管理人和确定管理人报酬的办法，由最高人民法院规定。

【注释】

一、管理人的指定

本法对管理人法律性质的认识，采用的是“法定机构说”，即认为管理人是法律为实现破产程序的目的而设定的履行法定职能的机构(参见本书第十三条注释)。因此，管理人的产生方式不是由债权人决定的，而是由法律授权的公权机关决定的。本条规定管理人由人民法院指定的好处是，一方面，债务人进入破产程序后，及时由管理人接管财产，有利于防止债务人财产被不当转移；另一方面，发挥人民法院在程序中的主导作用，使管理人处于对法院负责的地位，有利于促使其依法公正地履行职责。

在国际上，关于破产管理人的甄选和指定，主要有两种体制：一是由法院甄选和指定；二是由独立的指定机构甄选和指定。目前，多数国家采用的是前一种体制。联合国国际贸易法委员会认为：“在许多法域中是由法院挑选、指定和监督破产管理人的。可由法院从具备适当资格的专业人员名单中斟酌作出挑选，也可从名册中或按轮换制或以其他方式(如由债权人或债务人推荐)作出挑选。虽然名册制可确保案件得到公平和公正的分配,但这一制度可能存在一个缺陷,即可能无法确保指定一名最有资格处理某一案件的人。当然,这可能取决于如何编制名册以及破产专业人员列入名册所需具备的资格。"[①]国际货币基金组织也认为:"清算人和管理人都应当由法院任命。普遍的主张是,这种任命应来自有资格的候选人名单,这种名单可以由一个自律性组织提供,如果它存在的话。为了防止被任命者与当事人串通,在能够证明其与债务人、债权人或者法庭成员事先存在的关系所产生的利益冲突的情况下,这一任命应当被阻止。"[②]2007 年 4 月 4 日最高人民法院《指定管理人规定》采用的就是这种编制管理人名册基础上的法院指定制。其第 1 条明确规定:"除企业破产法和本规定另有规定外,管理人应当从管理人名册中指定。"该文件包括三部分:管理人名册的编制、管理人的指定和管理人的更换。

关于管理人名册的编制,《指定管理人规定》对管理人名册的制备、可入选机构和人员的范围和条件、遴选申请方式和评审程序以及名册建档等问题作了具体规定。其中,评审程序采用了打分加公示的制度,其办法为:人民法院根据辖区内中介机构或机构中的个人的执业业绩、能力、专业水准、中介机构规模、办理企业破产案件的经验等因素制定评定标准,由评审委员会根据申报人的具体情况评定其综合分数,形成管理人初审名册;初审名册公布后 10 日公示期满,未受异议或者异议未成立的申报人进入审定名册,予以公布并逐级报最高人民法院备案。

关于管理人的指定,《指定管理人规定》包括以下三方面的规则:

1. 指定范围

(1)本地名册与外地名册。受理企业破产案件的人民法院指定管理人,一般应从本地管理人名册中指定。对于商业银行、证券公司、保险公司等金融机构以及在全国范围内有重大影响、法律关系复杂、债务人财产分散的企业破产案件,可以从所在地区高级人民法院编制的管理人名册列明的其他地区管理人或者异地人民法院编制的管理人名册中指定管理人。

---

① 联合国国际贸易法委员会:《破产立法指南》(中文版),2006 年纽约,第 159 页。

② 国际货币基金组织法律部(IMF Legal Department):《有序和有效的破产程序:关键问题》(*Orderly and Effective Insolvency Procedures:Key Issues*)(英文版),国际货币基金组织 1999 年 5 月,第 63 页。

(2)机构与个人。一般应指定管理人名册中的社会中介机构担任管理人。对于事实清楚、债权债务关系简单、债务人财产相对集中的企业破产案件,人民法院可以指定管理人名册中的个人为管理人。在特殊情况下,也可以指定清算组为管理人。

(3)任职资格。被指定为管理人的,应当符合本法第24条以及《指定管理人规定》规定的任职资格或条件(参见本书第二十四条注释)。

2. 指定方式

(1)随机方式。人民法院一般应按管理人名册采取轮候、抽签、摇号等随机方式公开指定管理人。

(2)竞争方式。对于商业银行、证券公司、保险公司等金融机构或者在全国范围有重大影响、法律关系复杂、债务人财产分散的企业破产案件,人民法院可以采取公告方式邀请编入各地管理人名册中的不少于3家社会中介机构参与竞争;人民法院应当组成专门的评审委员会,结合案件的特点,综合考量参与机构的专业水准、经验、机构规模、初步报价等因素,从中择优指定管理人;被指定的机构应经评审委员会成员1/2以上通过;此外还应确定1～2名备选机构,以应更换管理人时的接替之需。

(3)清算组方式。有以下特殊情形的案件,人民法院可以指定清算组为管理人(参见本书第二十四条注释):①破产申请受理前根据有关规定已经成立清算组的;②审理本法第133条规定的案件;③有关法律规定企业破产时成立清算组的;④人民法院认为可以指定清算组为管理人的其他情形。以清算组为管理人时,人民法院可以从政府有关部门、编入管理人名册的中介机构、金融资产管理公司中指定清算组成员,人民银行及金融监督管理机构可以按照有关法律和行政法规的规定派人参加清算组。

(4)推荐方式。对于经过行政清理、清算的商业银行、证券公司、保险公司等金融机构的破产案件,人民法院除可以按照清算组方式指定管理人外,也可以在金融监督管理机构推荐的已编入管理人名册的社会中介机构中指定管理人。

3. 指定效果

(1)决定书和公告。人民法院指定管理人应当制作决定书,并向被指定为管理人的社会中介机构或者个人、破产申请人、债务人、债务人的企业登记机关送达。决定书应与受理破产申请的民事裁定书一并公告。

(2)约束力。管理人无正当理由,不得拒绝人民法院的指定。管理人一经指定,不得以任何形式将管理人应当履行的职责全部或者部分转给其他社会中介机构或者个人。

(3)管理人印章。管理人凭指定管理人决定书按照国家有关规定刻制管理人印章,并交人民法院封样备案后启用。管理人印章只能用于所涉破产事务。管理人根据本法第122条的规定终止执行职务后,应当将管理人印章交公安机关销毁,并将销毁的证明送交人民法院。

(4)卷宗保存。受理破产案件的人民法院应当将指定管理人过程中形成的材料存入企业破产案件卷宗,债权人会议或者债权人委员会有权查阅。

为了进一步完善管理人的选任制度,《破审会议纪要》第5条提出了探索管理人跨区域执业和联合管理的要求,即"除从本地名册选择管理人外,各地法院还可以探索从外省、市管理人名册中选任管理人,确保重大破产案件能够遴选出最佳管理人。两家以上具备资质的中介机构请求联合担任同一破产案件管理人的,人民法院经审查符合自愿协商、优势互补、权责一致要求且确有必要的,可以准许"。《破审会议纪要》第6条提出了实行管理人分级管理的要求,即"高级人民法院或者自行编制管理人名册的中级人民法院可以综合考虑管理人的专业水准、工作经验、执业操守、工作绩效、勤勉程度等因素,合理确定管理人等级,对管理人实行分级管理、定期考评。对债务人财产数量不多、债权债务关系简单的破产案件,可以在相应等级的管理人中采取轮候、抽签、摇号等随机方式指定管理人"。《破审会议纪要》第7条提出了建立竞争选定管理人工作机制的要求,即"破产案件中可以引入竞争机制选任管理人,提升破产管理质量。上市公司破产案件、在本地有重大影响的破产案件或者债权债务关系复杂,涉及债权人、职工以及利害关系人人数较多的破产案件,在指定管理人时,一般应当通过竞争方式依法选定"。

为了提高破产审判效率,最高人民法院《高效审理意见》第5条规定,人民法院根据案件具体情况,可以在破产申请受理审查阶段同步开展指定管理人的准备工作。

二、管理人的更换

在国际上,"另有一种做法允许债权人发挥某种作用,如推荐和选择所需指定的破产管理人,条件是此人符合处理特定案件工作的资格。依靠独立指定机构和债权人委员会的做法可能有助于防止偏见观念,并减轻法院的监督负担”。① 本法在起草中,也考虑过如何发挥债权人在甄选和指定管理人中的作用。由于本法采用了受理时即时指定管理人的做法,不可能在程序启动时召集债权人会议,因而以本条第2款的规定,赋予债权人会议以事后请求更换管理人的权利。

债权人会议是代表全体债权人共同意志,并恰当满足各债权人独立利益要求的组织形式。为了实现债权人对管理人的集体监督,本法规定,在一定情况下,债权人会议可以申请人民法院对已经指定的管理人予以更换,即解除现任管理人的职务并另行指定管理人。但是,债权人会议申请更换管理人必须具备法律规定的事由,即出现管理人不能依法、公正执行职务或者有其他不能胜任职务的情形。当然,对于债权人会议提出的更换管理人的申请,人民法院有决定是否采纳的权力。根据《指定管理人规定》第32条的规定,人民法院认为申请更换管理人的理由成立的,应当自收到管理人书面说明之日起10日内作出更换管理人的决定。

本法对管理人的任职实行法院任命制。人民法院既然有任命管理人的权力,就有解除管理人职务的权力。在具备法律规定的事由时,这种权力可以依债权人会议的申请行使,也可以依职权行使。

根据《指定管理人规定》的规定,在司法实践中,更换管理人应当遵循以下规则:

(一)申请更换的流程

债权人会议根据本条第2款的规定申请更换管理人的,应由作出决议并向人民法院提出书面申请。人民法院在收到申请后,应当通知管理人在2日内作出书面说明。人民法院应当自收到管理人书面说明之日起10日内作出决定,其中,认为申请理由成立的,作出更换管理人的决定;认为申请不成立的,予以驳回。

(二)更换事由

1.机构管理人被更换的事由。社会中介机构管理人有下列情形之一的,人民法院可以根据债权人会议的申请或者依职权径行决定更换管理人:(1)执业许可证或者营业执照被吊销或者注销;(2)出现解散、破产事由或者丧失承担执业责任风险的能力;(3)与本案有利害关系;(4)履行职务时,因故意或者重大过失导致债权人利益

---

① 联合国国际贸易法委员会:《破产立法指南》(中文版),2006年纽约,第159页。

受到损害;(5)有本规定第26条规定的情形。[1] 清算组成员参照适用本规定。

2. 个人管理人被更换的事由。个人管理人有下列情形之一的,人民法院可以根据债权人会议的申请或者依职权径行决定更换管理人:(1)执业资格被取消、吊销;(2)与本案有利害关系;(3)履行职务时,因故意或者重大过失导致债权人利益受到损害;(4)失踪、死亡或者丧失民事行为能力;(5)因健康原因无法履行职务;(6)执业责任保险失效;(7)有本规定第26条规定的情形。清算组成员的派出人员、社会中介机构的派出人员参照适用本规定。

(三)管理人辞任时的更换

关于管理人辞任,应适用本法第29条的规定(参见本书第二十九条注释)。除具备上述更换事由的情形外,在管理人请辞未获许可仍坚持辞任并不再履行管理人职责的情况下,人民法院应当决定更换管理人。

(四)更换决定的效果

1. 送达和公告。人民法院决定更换管理人的,应将决定书送达原管理人、新任管理人、破产申请人、债务人以及债务人的企业登记机关,并予公告。

2. 事务移交。人民法院决定更换管理人的,原管理人应当自收到决定书之次日起,在人民法院监督下向新任管理人移交全部资料、财产、营业事务及管理人印章,并及时向新任管理人书面说明工作进展情况。原管理人不能履行上述职责的,新任管理人可以直接接管相关事务。

3. 原管理人的说明义务。在破产程序终结前,原管理人应当随时接受新任管理人、债权人会议、人民法院关于其履行管理人职责情况的询问。

三、管理人的报酬权

管理人执行职务有权获得报酬,这是国际通行的做法。"除了对破产财产管理过程中发生的适当支出给予补偿外,破产管理人还将有权就其提供的服务得到报酬。这种报酬应与破产管理人的资格和所要求履行的任务相适应,并在风险与奖励之间取得平衡,以便适当吸引符合资格的专业人员。"[2]应当认识到,一方面,管理人的报

---

① 《指定管理人规定》第26条规定:"社会中介机构或者个人有重大债务纠纷或者因涉嫌违法行为正被相关部门调查的,人民法院不应指定该社会中介机构或者个人为本案管理人。"

② 联合国国际贸易法委员会:《破产立法指南》(中文版),2006年纽约,第162页。

酬是由债务人财产优先支付的,其报酬多少直接关系债权人的清偿分配;另一方面,债权人的利益最大化在很大程度上寄托于债务人财产的价值最大化,而良好的专业化管理是实现财产价值最大化的必要条件。目前,将实现债务人财产价值最大化作为破产程序的优先目标,已经成为国际破产从业界的普遍共识。因此,以公平的报酬吸引优秀专业人士参与破产管理,以实现债务人财产价值和债权人利益的最大化,是本法规定管理人报酬权的立法意旨所在。

根据本条和本法第28条的规定,管理人报酬由人民法院依据司法解释规定的计算方法和程序加以确定(参见本书第二十八条注释)。

四、管理人的指定办法和报酬办法由司法解释规定

管理人的指定和报酬的决定,有较强的技术性,需要细致规定。为此,本条第3款授权最高人民法院规定审理企业破产案件中指定管理人和确定管理人报酬的办法。最高人民法院先后发布了《指定管理人规定》(共40条)和2007年4月12日《管理人报酬规定》。

五、管理人制度的完善

《世行破产原则》将破产管理人的能力和操守看作破产法实施制度框架的一个组成部分,提出了破产管理人制度的4项基本准则:破产管理人的选任标准应当客观、明确和公开;破产管理人应具有胜任工作和行使职权的能力;破产管理人应当正直、公正和独立地行事;破产管理人在管理企业时应承担董事和高级职员的责任,并可因不称职、疏忽、欺诈或其他不当行为而被免职。①

根据本条的立法精神,人民法院在破产管理人的制度建设和职业发展中发挥着引领作用。《破审会议纪要》指出:"管理人是破产程序的主要推动者和破产事务的具体执行者。管理人的能力和素质不仅影响破产审判工作的质量,还关系到破产企业的命运与未来发展。要加快完善管理人制度,大力提升管理人职业素养和执业能力,强化对管理人的履职保障和有效监督,为改善企业经营、优化产业结构提供有力制度保障。"为此,《破审会议纪要》就管理人制度的完善,从完善管理人队伍结构、探索管理人跨区域执业、实行管理人分级管理、建立竞争选定管理人工作机制、合理划

① 世界银行集团:《有效破产与债权人/债务人制度的原则》(*Principles for Effective Insolvency and Creditor/Debtor Regimes*)(英文版)D8,2016年华盛顿,第30页。

分法院和管理人的职能范围、进一步落实管理人职责、发挥管理人报酬的激励和约束作用、管理人聘用其他人员费用负担的规制、推动建立破产费用的综合保障制度、支持和引导成立管理人协会十个方面提出了一系列的措施和要求。落实这些措施和要求对于本法的实施具有“强基固本”的重要意义。

第二十三条 【管理人的报告义务】管理人依照本法规定执行职务,向人民法院报告工作,并接受债权人会议和债权人委员会的监督。

管理人应当列席债权人会议,向债权人会议报告职务执行情况,并回答询问。

【注释】

一、管理人职责法定

管理人作为法律为实现破产程序的目的而设定的履行法定职能的机构,独立并中立于债务人和债权人,负有本法第 25 条规定的一系列职责。

破产法实行管理人职责法定。根据这一原则,任何人不能超出法律规定增设、限缩或剥夺管理人职责。同时,管理人必须依照破产法的规定执行职务,不得超越破产法的职责规定执行职务,也不得怠于履行破产法规定的职责。

二、管理人向人民法院报告工作的义务

管理人是破产案件中债务人财产和营业事务的法定管理机构,不是人民法院审理破产案件的辅助机构。管理人在被指定后,应当独立履行职责并对自己的履职行为承担责任。对于管理人在管理财产和处理事务中与债权人、债务人、取回权人及其他民事主体之间的争议,人民法院应当公正裁判。管理人的行为违反法律,侵犯有关当事人的合法权益的,人民法院应当予以纠正;情节严重的,应当依法追究其法律责任。

整个破产程序都在人民法院的主导下进行。管理人既然由人民法院指定,当然应接受人民法院的监督。同时,由于债务人财产和事务的管理对有序和有效的破产程序关系重大,人民法院应当予以密切关注,以保证破产秩序的合法和公正,维护各方当事人的合法权益。为此,本条规定了管理人向人民法院报告工作的义务。

关于管理人对人民法院报告义务的范围,破产法没有作具体规定,原则上应包括管理人所从事的与破产管理有关的所有事项。在实践中,管理人应当按照本法第27条规定的勤勉尽责、忠实执行职务的要求,根据实际情况及时报告和如实报告。人民法院也可以对管理人提出履行报告义务的具体要求。报告的方式通常为事后报告,也可以事前报告,一般应采用书面形式。

三、管理人接受债权人会议和债权人委员会监督的义务

债权人会议是破产程序中全体债权人的意思机构。债权人通过集体决议的方式,决定破产程序中的重大事项和监督破产程序,以维护自身利益。债权人会议在破产程序中具有相对独立的自治地位。为解决债权人会议不能经常召开,难以对破产管理进行经常性监督的问题,本法创立了债权人委员会制度。债权人委员会的作用是代表债权人会议对管理人进行经常性监督。为此,本法第61条和第69条分别规定了债权人会议和债权人委员会对管理人的监督权。与此相适应,本条第1款规定了管理人接受债权人会议和债权人委员会监督的义务。根据这一义务,管理人应当随时回答债权人会议和债权人委员会提出的询问和提供相关的数据和资料,并就本法第69条规定的事项,及时向债权人委员会报告。

四、管理人列席债权人会议并报告情况的义务

债权人会议是债权人集体行使权利的最重要的场合。本条第2款特别规定了管理人应当列席债权人会议,向债权人会议报告职务执行情况并回答询问的义务。本款规定的管理人义务,实际上包括了两项义务:一是列席义务,二是报告义务。其中,报告义务还附随了回答询问的义务。本法规定这些义务的意义在于,首先是保证债权人行使监督权和促使管理人履行接受监督的义务,其次是保证债权人集体能够充分掌握有关信息以便作出关系自己切身利益的各种决议。管理人未切实履行本条规定的义务,给债权人造成损失的,应当依照本法第130条的规定承担赔偿责任。

第二十四条　【管理人的任职资格】管理人可以由有关部门、机构的人员组成的清算组或者依法设立的律师事务所、会计师事务所、破产清算事务所等社会中介机构担任。

人民法院根据债务人的实际情况,可以在征询有关社会中介机构的意见后,指定该机构具备相关专业知识并取得执业资格的人员担任管理人。

有下列情形之一的,不得担任管理人:

(一)因故意犯罪受过刑事处罚;

(二)曾被吊销相关专业执业证书;

(三)与本案有利害关系;

(四)人民法院认为不宜担任管理人的其他情形。

个人担任管理人的,应当参加执业责任保险。

【注释】

一、管理人资格规定的意义

由于管理人的业务素质和品行状况是破产程序得以顺利进行的重要条件,许多国家的立法都规定只有具备专门知识与技能的人或组织才能担任。从各国立法实践来看,大部分破产管理人由会计师或者律师担任。正如国际货币基金组织指出的:"对清算人与管理人的资格要求应当有多大的不同?在一定程度上,他们的作用有所差别:清算人管理、控制和分配破产财产,这需要有会计师的背景,而管理人主管营业的运作、对企业复兴的可能性作出说明,以及在可能的情况下制订重整计划,这需要有经营管理的背景。但是,在实践中,对他们的资格要求实质上是一样的:懂法律、公平无私和对商务和财务问题有充足经验。在需要对特定营业管理的特别知识的情况下,管理人总是可以聘请专家。为了保证他们的专业能力和公正无私,可以考虑设立以自律型执业证书制度为基础的资格规定。"①

本条对管理人的任职资格,从积极和消极两个方面作出了规定。

二、管理人的积极资格

(一)由机构担任管理人

规模较大的企业法人进入破产程序后,无论是开展重整、和解、破产清算中的何种程序,都会面临债权债务关系复杂、清产核资事务繁重、企业职工安置困难等一系列问题。在这种情况下,个人担任管理人往往难以胜任。对此,本条第1款规定,管理人可以由有关部门、机构的人员组成的清算组或者依法设立的律师事务所、会计师事务所、清算事务所等社会中介机构担任。

① 国际货币基金组织法律部(IMF Legal Department):《有序和有效的破产程序:关键问题》(*Orderly and Effective Insolvency Procedures*:*Key Issues*)(英文版),国际货币基金组织1999年5月,第62~63页。

1. 中介机构担任管理人。人民法院受理申请案件时，一般应在管理人名册中的社会中介机构范围内指定管理人。这里的“社会中介机构”，主要是指律师事务所、会计师事务所和清算事务所。被指定为管理人的社会中介机构，应当具备相关司法解释所规定的条件。其成员应当具有法律和财务知识，以及企业管理、金融、贸易等方面的相关专业知识。

2. 清算组担任管理人。根据《指定管理人规定》的规定，在以下4种情形中，人民法院可以指定清算组为管理人：(1)破产申请受理前，根据有关规定已经成立清算组，人民法院认为符合《指定管理人规定》第19条规定的。① 例如，我国《公司法》第187条规定，公司清算时，清算组发现公司财产不足清偿债务，应当向人民法院申请宣告破产，并于破产宣告后将清算事务移交给人民法院。在这种情况下，人民法院认为符合《指定管理人规定》第19条规定的，可以指定该清算组为管理人，不符合该条规定的，可以经调整后指定其为管理人，也可以从已编入管理人名册的社会中介机构中指定管理人。(2)审理本法第133条规定的案件，即依照国务院有关的国有企业破产的特殊规定实施破产（参见本书第一百三十三条注释），成立清算组的。(3)有关法律规定企业破产时成立清算组的。例如，我国《商业银行法》第71条规定，商业银行被宣告破产时，由人民法院组织国务院银行业监督管理机构等有关部门和有关人员成立清算组进行清算。(4)人民法院认为可以指定清算组为管理人的其他情形。

（二）由个人担任管理人

当一些企业规模较小，其债权债务关系比较清楚时，为节省费用，可以考虑由具有专门知识的个人来担任管理人。对此，本条第2款规定，人民法院根据债务人的实际情况，可以在征询有关社会中介机构的意见后，指定该机构具备相关专业知识并取得执业资格的人员担任管理人。这里的社会机构主要是指律师事务所、会计师事务所和清算事务所。取得执业资格主要是指取得了律师执业资格、会计师执业资格等。

三、管理人的消极资格

管理人的权力范围广泛、职责关系重大，破产法对担任管理人的人员的人格品行

---

① 《指定管理人规定》第19条规定：“清算组为管理人的，人民法院可以从政府有关部门、编入管理人名册的社会中介机构、金融资产管理公司中指定清算组成员，人民银行及金融监督管理机构可以按照有关法律和行政法规的规定派人参加清算组。”

提出了一定要求。本条第3款规定,有以下情形的不得担任管理人:

1. 因故意犯罪受过刑事处罚

犯罪有故意犯罪与过失犯罪之分,构成故意犯罪的亦有免予刑事处罚的情况,这主要考虑了犯罪嫌疑人的主观恶性程度和犯罪情节的严重程度,只有构成了故意犯罪又实际受到了刑事处罚的人才不得担任管理人。

2. 曾被吊销相关专业执业证书

作为专业人员的律师、会计师等人员必须要有国家有关部门颁发的专业执业证书。如果被吊销了执业证书,就说明该人员违反了国家有关法律法规的规定,其职业操守存在严重问题。尽管被吊销的执照可以在满足一定条件时重新取得,但是破产法对于管理人的任职资格有比一般从业资格更严格的要求,因而只要被吊销过执业资格证书,就不得担任管理人。

3. 与本案有利害关系

本项规定与民事诉讼法中关于法定回避情形的规定相同。主要是指拟担任管理人的机构或人员,如果本身是破产案件的当事人(如债权人)或者当事人的近亲属,或者案件的处理结果事实上直接关系该机构或人员的利益(如其某种利益可能受到损害或者可能得到某种好处)。在这种情况下,该机构或人员不得担任管理人。

《指定管理人规定》对本项规定的利害关系作了如下具体规定。

《指定管理人规定》第23条规定,机构或人员有下列情形之一,可能影响其忠实履行管理人职责的,可以认定为本项规定的利害关系:(1)与债务人、债权人有未了结的债权债务关系;(2)在人民法院受理破产申请前3年内,曾为债务人提供相对固定的中介服务;(3)现在是或者在人民法院受理破产申请前3年内曾经是债务人、债权人的控股股东或者实际控制人;(4)现在担任或者在人民法院受理破产申请前3年内曾经担任债务人、债权人的财务顾问、法律顾问;(5)人民法院认为可能影响其忠实履行管理人职责的其他情形。

《指定管理人规定》第24条规定,清算组成员的派出人员、社会中介机构的派出人员、个人管理人有下列情形之一,可能影响其忠实履行管理人职责的,可以认定为本项规定的利害关系:(1)具有《指定管理人规定》第23条规定的情形;(2)现在担任或者在人民法院受理破产申请前3年内曾经担任债务人、债权人的董事、监事、高级管理人员;(3)与债权人或者债务人的控股股东、董事、监事、高级管理人员存在夫妻、直系血亲、三代以内旁系血亲或者近姻亲关系;(4)人民法院认为可能影响其公正履行管理人职责的其他情形。

进入指定管理人的程序后,社会中介机构或者个人发现与本案有利害关系的,应主动申请回避并向人民法院书面说明情况。人民法院认为社会中介机构或者个人与本案有利害关系的,不应指定其为本案管理人。

4. 人民法院认为不宜担任管理人的其他情形

根据《指定管理人规定》第 9 条的规定,社会中介机构及个人具有下列情形之一的,人民法院可以适用本项规定:(1)因执业、经营中故意或者重大过失行为,受到行政机关、监管机构或者行业自律组织行政处罚或者纪律处分之日起未逾 3 年;(2)因涉嫌违法行为正被相关部门调查;(3)因不适当履行职务或者拒绝接受人民法院指定等原因,被人民法院从管理人名册除名之日起未逾 3 年;(4)缺乏担任管理人所应具备的专业能力;(5)缺乏承担民事责任的能力;(6)人民法院认为可能影响履行管理人职责的其他情形。此外,人民法院还可以在个案中,根据实际情况确定不宜担任管理人的情形。例如,人民法院可以认定,个人因执业中故意或者重大过失行为受到行政机关或行业自律组织处罚,或者因不正当执业被人民法院解除破产管理人职务,自受处罚或者解除职务之日起未逾一定年限的,以及个人所负数额较大的债务到期未清偿的,不得担任管理人。此外,《指定管理人规定》第 26 条规定,社会中介机构或者个人有重大债务纠纷或者因涉嫌违法行为正被相关部门调查的,不应被指定为本案管理人。

四、管理人的执业责任保险

本法第 130 条规定,管理人未依照本法规定勤勉尽责,忠实执行职务,给债权人、债务人或者第三人造成损失的,依法承担赔偿责任。由此可见,管理人存在因执业过错而承担赔偿责任的风险。为了避免个人担任管理人时因自有财产不足而无力支付赔偿的情形,本条第 4 款规定,个人担任管理人的应当参加执业责任保险。原因在于,一方面,可以通过赔偿来源的社会化,为受害人提供可靠的赔偿来源,从而保护债权人、债务人或第三人的利益;另一方面,可以通过执业风险的社会化,减轻管理人的财产风险和精神负担,有利于破产管理事业的发展。

【示例】

1. A公司破产,法院拟指定B律师事务所担任管理人。B律师事务所发现,其担任常年法律顾问的C公司是A公司的主要债权人之一。B律师事务所应当主动回避并向人民法院说明这一情况。

2. 张某和李某两年前成立一家合伙制会计师事务所。事务所成立1年后,双方因内部分配问题发生争执,引发诉讼,导致事务所解散。事后,张某加入了另一家会计师事务所,李某受聘担任了A公司的董事兼总经理。现A公司申请破产被人民法院受理。张某在该法院的个人管理人名册内。鉴于张某与李某之间的个人纠纷有可能影响其公正履行管理人职责,该法院不宜指定张某为本案的管理人。

第二十五条　【管理人的法定职责】管理人履行下列职责:

(一)接管债务人的财产、印章和账簿、文书等资料;

(二)调查债务人财产状况,制作财产状况报告;

(三)决定债务人的内部管理事务;

(四)决定债务人的日常开支和其他必要开支;

(五)在第一次债权人会议召开之前,决定继续或者停止债务人的营业;

(六)管理和处分债务人的财产;

(七)代表债务人参加诉讼、仲裁或者其他法律程序;

(八)提议召开债权人会议;

(九)人民法院认为管理人应当履行的其他职责。

本法对管理人的职责另有规定的,适用其规定。

【注释】

一、管理人职责的一般规定

破产管理人作为法律为实现破产程序的目的而设定的履行法定职能的机构,独立于债务人和债权人,负责经营管理进入破产程序的债务人企业,实施对债务人财产的管理、处分、整理、变价和分配等工作。管理人的职权范围广泛,对于当事人的利益关系重大。为便于其明确职责、有效工作,同时方便债权人、债务人等利害关系人进行监督，本法对管理人职责作出了明确的规定。本条第 1 款规定了管理人的一般职责，主要有以下 9 项：

1. 接管债务人的财产、印章和账簿、文书等资料

管理人接受人民法院指定后的首要职责就是接管债务人的财产、印章和账簿、文书等资料。债务人一旦进入破产程序，其财产进入保全状态，管理人要组织力量查明债务人实有财产总额，调查包括不动产、动产、债权（包括银行账户、应收账款等）、股权（及其他投资权益）以及知识产权在内的各种财产的状况，做好接收工作。债务人的各种印章，包括行政章、合同章、财务章、人事章、报关章等，以及各种账簿文书，包括企业营业执照、房地产证、各种合同等相关的资料，都要由债务人转移给管理人。管理人全面接管债务人的资料、财产，是下一步开展破产管理工作的必要条件。

接管债务人财产是破产管理的首要职责。为了提高破产审判效率，最高人民法院《高效审理意见》第 8 条规定，管理人应当及时接管债务人的财产、印章和账簿、文书等资料。债务人拒不移交的，人民法院可以根据管理人的申请或者依职权对直接责任人员处以罚款，并可以就债务人应当移交的内容和期限作出裁定。债务人不履行裁定确定的义务的，人民法院可以依照民事诉讼法执行程序的有关规定采取搜查、强制交付等必要措施予以强制执行。

2. 调查债务人财产状况，制作财产状况报告

在破产程序中，查明债务人财产状况应是管理人接受人民法院指定后的重要工作之一。债权人会议在作出一些决议时需要以管理人提交的财产状况报告为依据，人民法院在审理破产案件时对一些重大事项的判断也需要以财产状况报告为依据。为此，管理人应当对实际接管的财产进行准确统计，以查明债务人的财务状况，保证破产程序的有序进行和债务人财产价值的最大化。对于管理人的这项工作，人民法院可以用自己的信息资源提供必要的支持。最高人民法院《高效审理意见》第 7 条规定，管理人应当及时全面调查债务人财产状况。破产案件受理法院可以根据管理人的申请或者依职权，及时向管理人提供通过该院网络执行查控系统查询到的债务人财产信息。

3. 决定债务人的内部管理事务

债务人的内部管理，主要包括三个方面：一是财务管理，如控制银行账户、追索应

收账款和开展财务审计;二是资产管理,如固定资产管理、流动资产管理、无形资产管理、投资资产管理和在建工程管理;三是人员管理,如留守人员的管理、人事档案的管理和下岗职工的帮扶。

4. 决定债务人的日常开支和其他必要开支

无论债务人在破产程序后是否继续营业,债务人都会有一定的日常开支,如场所租金、办公费用支出等。如果债务人继续营业,日常维持生产经营的水电费用、通信费用和人工费用等都需要继续支出,此类费用的支出与否和支出数额,均由管理人决定。

5. 第一次债权人会议召开之前,决定继续或者停止债务人的营业

第一次债权人会议应当决定债务人是否继续维持经营状态,这属于债权人实现自身利益实现最大化的手段之一。但是,在破产申请受理后到第一次债权人会议召开之前,债务人是否继续经营对债务人财产的增减也很关键。此时,债务人的财产和事务处于管理人的管理之下,对于这段时期是否继续经营,要由管理人根据是否有利于增加债务人资产和提高清偿率来决定。

6. 管理和处分债务人的财产

管理人接管债务人财产后,就要对债务人的财产实施全面管理,一方面要避免不当的损失,另一方面要设法增加债务人财产的价值。具体的管理包括对债务人进行财务管理、开展财务审计、接管银行账户等;对资产进行管理,包括对固定资产、流动资产、无形资产、投资资产、在建工程的管理;对于财产和权利的处分;决定债务人未履行的合同的解除或继续履行;向取回权人交还财产;向别除权人交付担保物;承认抵销权人的抵销主张;支付破产费用和共益债务;等等。

管理人在财产管理过程中,有一些事务需要委托专业的中介机构来完成。这不仅可以提高管理工作的效率和质量,而且往往是保证管理行为的公正性和合法性所必需。为此,应当赋予管理人对外进行事务委托的权利,并规范事务委托的流程。为此,最高人民法院《高效审理意见》第 9 条规定,管理人需要委托中介机构对债务人财产进行评估、鉴定、审计的,应当与有关中介机构签订委托协议。委托协议应当包括完成相应工作的时限以及违约责任。违约责任可以包括中介机构无正当理由未按期完成的,管理人有权另行委托,原中介机构已收取的费用予以退还或者未收取的费用不再收取等内容。

7. 代表债务人参加诉讼、仲裁或者其他法律程序

破产程序开始后，管理人成为债务人的实际管理者，全权负责债务人的对外事务。在实践中，既可能出现其他人发动的针对债务人的诉讼、仲裁、民事执行等法律程序，也可能有债务人需要对其他民事主体提起诉讼、仲裁以保护自己权利的情况。在这两类诉讼与仲裁中，均由管理人代表债务人参加。

在实践中，繁杂的诉讼事务往往使管理人耗费大量时间和精力，从而影响办理破产案件的效率。对此，破产案件受理法院不应一味袖手旁观，而应在保持裁判中立的前提下，为管理人履行职责提供工作条件上的必要支持。最高人民法院《高效审理意见》第 6 条规定，管理人应当及时全面调查债务人涉及的诉讼和执行案件情况。破产案件受理法院可以根据管理人的申请或者依职权，及时向管理人提供通过该院案件管理系统查询到的有关债务人诉讼和执行案件的基本信息。债务人存在未结诉讼或者未执行完毕案件的，管理人应当及时将债务人进入破产程序的情况报告相关人民法院。

8. 提议召开债权人会议

管理人除一般情况下应当对债务人委员会履行报告义务外，重大问题要向债权人会议报告，以便债权人会议作出决定。此时，管理人有权提议召开债权人会议。

9. 人民法院认为管理人应当履行的其他职责

管理人履行法定职责实际上发挥协助人民法院办理破产案件的作用，管理人需要对人民法院负责。法律不可能穷尽管理人的具体职责，所以本法规定，人民法院在认为有必要时，有权要求管理人履行以上八项以外的其他职责。

二、管理职责的特别规定

本条第 2 款指出，本法对管理人的职责另有规定的，适用其规定。本法在本章“管理人”以外，还在其他章节中规定一些特别职责。其中主要有：(1)决定待履行合同的解除或继续履行(本法第 18 条)；(2)撤销债务人在破产程序前的不正当财产处分行为和追回被处分财产(本法第 32 条、第 34 条)；(3)要求债务人的出资人补缴出资(本法第 35 条)；(4)追回债务人管理层的不当收入和侵占的企业财产(本法第 36 条)；(5)取回质物、留置物(本法第 37 条)；(6)受理取回权人的取回请求(本法第 38 条、第 39 条)；(7)接受债权申报、调查职工债权和编制债权表(本法第 48 条、第 57 条)；(8)重整期间主持债务人营业或者对债务人自行管理进行监督(本法第 73 条、

第74条);(9)制作、提交重整计划草案(本法第79条、第80条);(10)申请人民法院批准重整计划草案(本法第86条);(11)同未通过重整计划的表决组协商(本法第87条);(12)监督重整计划的执行(本法第90条);(13)请求宣告债务人破产(本法第78条、第93条);(14)在破产宣告后,拟定破产变价方案(本法第111条);(15)拟定和执行破产分配方案(本法第115条至第119条);(16)请求人民法院终结破产程序(本法第120条);(17)破产程序终结时,办理破产人的注销登记(本法第121条)。

三、管理人职责的专属性

管理人的职责具有专属性,人民法院不代替管理人作决定,管理人也不得推卸职责或者将职责让与他人。《破审会议纪要》第8条规定:"人民法院应当支持和保障管理人依法履行职责,不得代替管理人作出本应由管理人自己作出的决定。管理人应当依法管理和处分债务人财产,审慎决定债务人内部管理事务,不得将自己的职责全部或者部分转让给他人。"管理人可以委托他人办理管理工作中的具体事务,但应当对受委托人的选用和监督尽到应有的注意义务,并对受委托人的行为过错承担连带责任。管理人擅自将职责转让给他人的,其转让行为无效。人民法院应当对此加以纠正,必要时可以更换管理人。管理人因转让职责给债务人、债权人和其他利害关系人造成损害的,管理人及受让人应当承担相应的民事责任。

四、管理人履职保障的制度建设

本法实施以来,在过去一段时间里,存在政府各部门及银行等机构在与破产法相关的管理制度建设方面相对滞后,管理人到市场监督、税务、房屋、土地、车辆、人民银行、劳动和社会保障等行政机关开展尽职调查工作和办理破产相关事务往往困难重重的现象。这不利于破产法实施和宏观经济政策落实,也不符合优化营商环境的要求。为推动和保障管理人依法履职,提高破产效率,充分发挥破产制度作用,解决企业退出难问题,优化要素配置,加快打造市场化、法治化、国际化营商环境,经国务院同意,国家发展改革委、最高人民法院、财政部、人力资源和社会保障部、自然资源部、住房和城乡建设部、人民银行、国资委、海关总署、税务总局、市场监管总局、银保监会、证监会13部门于2021年2月25日共同发布了《管理人履职保障意见》,提出了管理人履职保障制度建设的总体要求、基本原则和制度性措施。

根据总体要求,《管理人履职保障意见》的目标是:完善破产制度配套政策,更好地发挥政府在企业破产程序中的作用,推动和保障管理人依法履职,降低破产制度运行成本,加快“僵尸企业”出清。

《管理人履职保障意见》提出的基本原则是:(1)坚持依法保障。相关部门、金融机构应当按照法律规定积极支持和配合管理人依法履行接管、调查、管理、处分破产企业财产等职责。管理人履职涉及相关部门权限的,依法接受相关部门管理和监督。(2)坚持有效监督。管理人应当勤勉尽责,忠实履职,切实维护职工、债权人、投资者、破产企业及相关利益主体合法权益,切实维护社会公共利益,依法依规向人民法院报告工作,接受债权人会议和债权人委员会等相关方面的监督。(3)坚持公开透明。管理人应当依法保障债权人、投资者及相关利益主体的知情权,提高破产事务处理的透明度。加大各方信息共享力度,为管理人处理破产事务的信息化、公开化提供便利。

《管理人履职保障意见》提出了以下五个方面的20条制度性措施。

(一)优化破产企业注销和状态变更登记制度

1.建立企业破产和退出状态公示制度。破产申请受理后,通过全国企业破产重整案件信息网向国家企业信用信息公示系统推送有关企业破产程序启动、程序种类、程序切换、程序终止、管理人联系方式等信息,实现企业破产状态及时公示。在破产清算程序终结以及重整或和解程序终止前,非经破产案件审理法院同意或管理人申请,市场监管等部门不得办理企业登记事项变更手续。

2.进一步落实破产企业简易注销制度。管理人可以凭企业注销登记申请书、人民法院终结破产程序裁定书申请办理破产企业注销,市场监管部门不额外设置简易注销条件。申请简易注销的破产企业营业执照遗失的,通过国家企业信用信息公示系统免费发布营业执照作废声明或在报纸刊登遗失公告后,破产企业或管理人可不再补领营业执照。

3.建立破产企业相关人员任职限制登记制度。企业董事、监事或高级管理人员违反忠实勤勉义务,未履职尽责,致使所在企业破产,被人民法院判令承担相应责任的,管理人可以凭生效法律文书,通过全国企业破产重整案件信息网向市场监管、金融管理等部门申请对相关人员的任职资格限制进行登记。

(二)加强金融机构对破产程序的参与和支持

1.强化金融服务支持。金融机构应当支持管理人依法履行接管破产企业财产等法定职责,建立和完善与破产程序相衔接的金融服务工作机制,加强对企业重整、和解的支持。对于商业银行、证券公司、保险公司等金融机构或在本地有重大影响的企业破产案件，清算组作为管理人的，人民法院可以依法指定金融资产管理公司作为清算组成员参与破产案件。

2. 便利管理人账户开立和展期。管理人可以凭人民法院破产申请受理裁定书、指定管理人决定书及管理人负责人身份证明材料，向银行申请开立管理人账户。银行应当针对管理人账户的开立确定统一规程，在充分履行客户身份识别义务、确保风险可控的前提下，缩短账户开立周期，提升管理人账户权限，便利管理人操作使用。鼓励适当减免管理人账户开立使用的相关费用，优化账户展期手续办理流程，并在账户有效期届满前及时通知管理人。管理人应当在终止执行职务后，及时办理管理人账户注销手续。

3. 支持管理人依法接管破产企业账户。管理人可以凭人民法院破产申请受理裁定书、指定管理人决定书接管破产企业账户，依法办理破产企业账户资金划转，非正常户激活或注销，司法冻结状态等账户信息、交易明细、征信信息查询等业务，金融机构应当予以配合并及时办理。

4. 协助配合推进破产程序。充分发挥金融机构债权人委员会、债券持有人会议等集体协商机制在企业破产中的协调、协商作用。鼓励金融机构进一步完善、明确内部管理流程，合理下放表决权行使权限，促进金融机构在破产程序中尤其是重整程序中积极高效行使表决权。金融机构破产的，管理人应当与金融管理部门加强协调沟通，维护金融稳定。

5. 加强重整企业融资支持。银行业金融机构应当按照市场化、法治化原则，对有重整价值和可能性、符合国家产业政策方向的重整企业提供信贷支持。鼓励符合条件的金融机构依法设立不良资产处置基金，参与企业重整。支持私募股权投资基金、产业投资基金、不良资产处置基金等各类基金在破产程序中按照市场化、法治化原则向符合国家产业政策方向的重整企业提供融资支持。

6. 支持重整企业金融信用修复。人民法院裁定批准重整计划或重整计划执行完毕后，重整企业或管理人可以凭人民法院出具的相应裁定书，申请在金融信用信息基础数据库中添加相关信息，及时反映企业重整情况。鼓励金融机构对重整后企业的合理融资需求参照正常企业依法依规予以审批，进一步做好重整企业的信用修复。

7. 切实保护职工和债权人投资者合法权益。发挥管理人在防范“逃废债”等违法行为中的积极作用。管理人要加强对破产企业财产的追查和管理,有效保护职工劳动报酬、社会保险合法权益,及时向金融机构债权人委员会、债权人会议通报有关情况,破产企业的有关人员可能涉嫌犯罪的,管理人应当及时将犯罪线索报送司法或检察机关。金融机构依法积极支持管理人追查破产企业财产,鼓励将发现的恶意转移破产企业财产的情况通报管理人,有效保护债权人投资者合法权益。

(三)便利破产企业涉税事务处理

1. 保障破产企业必要发票供应。破产程序中的企业应当接受税务机关的税务管理,管理人负责管理企业财产和营业事务的,由管理人代表破产企业履行法律规定的相关纳税义务。破产企业因履行合同、处置财产或继续营业等原因在破产程序中确需使用发票的,管理人可以以纳税人名义到税务部门申领、开具发票。税务部门在督促纳税人就新产生的纳税义务足额纳税的同时,按照有关规定满足其合理发票领用需要,不得以破产企业存在欠税情形为由拒绝。

2. 依法核销破产企业欠缴税款。税务、海关等部门在破产清算程序中依法受偿破产企业欠缴的税款本金、滞纳金、罚款后,应当按照人民法院裁定认可的财产分配方案中确定的受偿比例,办理欠缴税款本金、滞纳金、罚款的入库,并依法核销未受偿的税款本金、滞纳金、罚款。

3. 便利税务注销。经人民法院裁定宣告破产的企业,管理人持人民法院终结破产清算程序裁定书申请税务注销的,税务部门即时出具清税文书,按照有关规定核销“死欠”,不得违反规定要求额外提供证明文件,或以税款未获全部清偿为由拒绝办理。

4. 支持企业纳税信用修复。重整或和解程序中,税务机关依法受偿后,管理人或破产企业可以向税务机关提出纳税信用修复申请,税务机关根据人民法院出具的批准重整计划或认可和解协议的裁定书评价其纳税信用级别。已被公布重大税收违法失信案件信息的上述破产企业,经税务机关确认后,停止公布并从公告栏中撤出,并将相关情况及时通知实施联合惩戒和管理的部门。有关部门应当依据各自法定职责,按照法律法规和有关规定解除惩戒,保障企业正常经营和后续发展。

5. 落实重整与和解中的所得税税前扣除政策。对于破产企业根据资产处置结果,人民法院裁定批准或认可的重整计划、和解协议确定或形成的资产损失,依照税法规定进行资产损失扣除。税务机关对破产企业提交的与此有关的申请材料应快捷审查,便利办理。

(四)完善资产处置配套机制

1.有效盘活土地资产。允许对破产企业具备独立分宗条件的土地、房产分割转让,市级或县级自然资源等相关主管部门审批时,对于符合条件的应及时批准。对因相关规划调整等因素确需为不动产处置设置附加条件的,应当及时向管理人告知具体明晰的标准及其依据。破产企业以划拨方式取得土地使用权的,转让房地产时,应当依法报有批准权的人民政府审批。

2.妥善认定资产权属。依法积极推动存在未办理验收等瑕疵的不动产完善有关手续,明确权属,为破产企业不动产及时办理权属登记手续,支持管理人加快破产企业财产处置。有效利用各类资产的多元化专业交易流转平台,充分发挥交易市场的价格发现、价值实现功能,提升管理人的资产处置效率。

3.依法解除破产企业财产保全措施。人民法院裁定受理企业破产案件后,管理人持受理破产申请裁定书和指定管理人决定书,依法向有关部门、金融机构申请解除对破产企业财产的查封、扣押、冻结等保全措施的,相关部门和单位应当根据企业破产法规定予以支持配合。保全措施解除后,管理人应当及时通知原采取保全措施的相关部门和单位。管理人申请接管、处置海关监管货物的,应当先行办结海关手续,海关应当对管理人办理相关手续提供便利并予以指导。

(五)加强组织和信息保障

1.建立常态化协调机制。各地区、各部门要积极支持人民法院破产审判工作,推动和保障管理人依法履职,更好发挥政府在企业破产程序中的作用,避免对破产司法和管理人工作的不当干预。鼓励地方人民政府与人民法院建立常态化协调机制,并吸纳涉及社会稳定、职工权益、经费保障、信用修复、企业注销、企业税收等相关主管部门参加。① 人民法院、有关部门要严厉打击企业破产涉及的各类违法违规行为,管理人要依法公正履职,积极配合。管理人未勤勉尽责、忠实履职的,要依法追究相应责任。

2.强化信息共享和沟通。加强全国企业破产重整案件信息网、全国信用信息共

---

① 2020年1月1日起施行的《优化营商环境条例》第33条第2款规定:"县级以上地方人民政府应当根据需要建立企业破产工作协调机制,协调解决企业破产过程中涉及的有关问题。"

享平台、国家企业信用信息公示系统和金融信用信息基础数据库等信息共享，加强相关部门、金融机构与人民法院、管理人的信息沟通，推动破产程序中的数据共享、业务协同，提高各相关利益主体信息知晓便利度，便利管理人依法履职。

可以相信，随着上述措施的落实，我国破产管理人的履职环境将会大大改善，“办理破产”的国际影响力也会不断提升。

第二十六条 【管理人决定权的限制】在第一次债权人会议召开之前，管理人决定继续或者停止债务人的营业或者有本法第六十九条规定行为之一的，应当经人民法院许可。

【注释】

一、管理人决定权的限制期间

从人民法院受理破产申请之日起到第一次债权人会议召开，债务人在这段时期内的一切事务均由管理人处理。管理人除日常的事务外，必须及时处理一些涉及财产处分的重大事项。其中，有的事项处理结果直接关系债务人的财产保全和债权人的未来清偿利益。此时，由于债权人会议尚未召开，债权人委员会没有成立，债权人无法对债务人的管理、处分行为进行监督。为了保证管理人能够公正、合理地处理有关重大事项，本条规定管理人在第一次债权人会议召开之前的若干行为应当经人民法院许可。

二、管理人决定权限制的范围

根据本条的规定。在上述规定期间，管理人决定或实施以下事项，应当获得人民法院的许可：

1. 决定债务人是否继续营业

破产程序开始后，债务人财产虽然进入了保全状态，但在有利于企业拯救和债务人财产价值最大化的前提下，仍然可以继续营业。但是，继续营业有可能给债权人的清偿利益带来风险。在债权人会议尚未召开，因而不能直接或者通过债权人委员会行使监督权的情况下，管理人作出的是否继续营业的决定，有必要经过人民法院的审查许可。

2. 实施重大的财产处分行为

本法第69条规定的10种财产处分行为,对于债权人和债务人的利益有重大的影响,因而也必须经过人民法院的许可。其中,包括涉及土地、房屋等不动产权益的转让;探矿权、采矿权、知识产权等财产权的转让;全部库存或者营业的转让;借款;设定财产担保;债权和有价证券的转让;履行债务人和对方当事人均未履行完毕的合同;放弃权利;取回担保物;对债权人利益有重大影响的其他财产处分行为。

第二十七条 【管理人的勤勉义务和忠实义务】管理人应当勤勉尽责,忠实执行职务。

【注释】

本法在明确管理人职责的基础上,以本条规定明确了管理人在履行职务应当遵守的基本行为准则,即管理人应当勤勉尽责,忠实执行职务。归纳起来,本条的规定包括两项义务:勤勉义务和忠实义务。

一、管理人的勤勉义务

勤勉义务,又称善管义务,是指管理人在履行职务的过程中,应当以善良管理人的注意,认真、谨慎、合理、高效地处理事务,做到不疏忽、不懈怠。根据勤勉义务,管理人在接受人民法院的指定后,无论是进行财产管理、营业维持还是对债务人的监督,都应当认真、细致地处理问题,谨慎地防止各种损失风险。本条在表述勤勉义务时,采用"勤勉尽责"的提法,旨在强调勤勉义务与管理职责之间的紧密联系,即勤勉的程度要以符合职责要求为尺度。如果管理人作出的决定或者采取的措施不足以满足履行职责的要求,则可认为其未达到足够的勤勉。反之,如果管理人已经达到了职责要求的勤勉程度,则即使有意外的损失发生,也不应由其承担责任。

二、管理人的忠实义务

忠实义务,又称诚信义务、忠诚义务,是指管理人在执行职务时,应当最大限度地维护债务人财产和全体债权人的利益,做到不欺瞒、不谋私。根据忠实义务,管理人应当按照其管理职责的要求,最大限度地保护债权人、债务人的合法权益,并尽可能地实现债务人财产价值的最大化。

三、管理人的保密义务

管理人在管理债务人财产和事务的过程中，必然会接触企业的商业秘密和技术秘密。破产法为了保护利益相关者特别是债权人的利益，要求债务人将企业的信息对管理人充分披露，同时也要求管理人切实履行保密义务。正如联合国国际贸易法委员会的文件指出的："破产法还宜规定破产管理人也负有保密的职责，因为将获得的有关债务人事务的许多资料都具有商业敏感性、机密性或受对其他人的义务的限制（如商业秘密、研究与发展资料以及客户资料），这些资料不应披露给可能会对其作不当利用的第三方。如果向债权人披露信息，这些债权人应负有与破产管理人同样的保密义务。在破产管理人有权在审查债务人过程中强迫披露资料和文件的情况下，遵守保密规定就可能特别重要。其中有些资料可能来自第三方当事人，须受到隐私权保护规定和保密规定（如那些适用于银行的规定）的保护。最好是仅允许破产管理人为了破产程序之目的在被允许进行审查时使用那些资料，但法院另有决定的除外。这一点也可适用于在针对债务人的刑事诉讼程序中提供和取得资料的情形。类似的保密义务应适用于破产管理人的代理人和雇员和法院指定的其他当事人。"① 本法虽然没有直接规定管理人的保密义务，但按照立法本意，它是包含在勤勉义务和忠实义务之中的。企业的机密信息属于企业的重要利益，忠实而谨慎地保守这些秘密是维护债务人合法权益的必然要求。因此，管理人违反保密义务，损害债务人的利益时，应当承担相应的法律责任。

四、违反义务的责任

根据本法第130条的规定，管理人在执行职务的过程中，未依照本法规定勤勉尽责，忠实执行职务的，人民法院可以依法处以罚款；给债权人、债务人或者第三人造成损失的，依法承担赔偿责任。

【示例】

1. 律师甲在担任A公司破产案件的个人管理人期间，将一宗追索巨额债务的诉讼委托给当地一家不知名的律师事务所，而其提供的报酬足以请到当地的知名律师事务所。经了解，该律师事务所的合伙人乙是甲的弟弟。甲的这一行为，有谋取私利

---

① 联合国国际贸易法委员会：《破产立法指南》（中文版），2006年纽约，第161～162页。

之嫌,并且不利于最大限度地追回欠款,还使债务人财产支付了不公平的代价,违反了忠实义务。

2. 律师甲在担任A公司破产案件的管理人后,片面听取个别人意见,在未与公司多数职工沟通,也未经法院同意的情况下,决定聘用该公司1年前因经济问题备受质疑而被迫离任的总经理乙主持企业的营业。该决定引起公司职工的强烈不满,导致数十名高级职员愤然离岗,数百名职工到市政府请愿,公司营业和破产管理工作陷入瘫痪。甲的行为违反了勤勉义务。

第二十八条 【工作人员聘用和管理人报酬】管理人经人民法院许可,可以聘用必要的工作人员。

管理人的报酬由人民法院确定。债权人会议对管理人的报酬有异议的,有权向人民法院提出。

【注释】

一、管理人对必要工作人员的聘用

一般而言,破产程序都较复杂,可能会涉及法律、会计、金融等多方面专业知识。面对这些较专业的复杂问题,管理人仅凭一己之力,往往难以应对。为此,本法规定管理人经过人民法院许可,可以聘用必要的工作人员。这里需要注意的问题有两点:第一,管理人作为人民法院所指派负责企业法人破产工作,可以聘用相关的工作人员,但必须经过人民法院的许可;第二,管理人所聘用的工作人员,只能是破产工作所必需的,否则将会增加破产费用,导致债权人的损失。

关于破产案件中聘请审计、评估等中介机构的职权及责任,根据《九民会议纪要》第116条的规定,首先,要合理区分人民法院和管理人在委托审计、评估等财产管理工作中的职责。其次,破产程序中确实需要聘请中介机构对债务人财产进行审计、评估的,管理人可以根据本条规定,经人民法院许可后,自行公开聘请,但是应当对其聘请的中介机构的相关行为进行监督。最后,上述中介机构因不当履行职责给债务人、债权人或者第三人造成损害的,应当承担赔偿责任。管理人在聘用过程中存在过错的,应当在其过错范围内承担相应的补充赔偿责任。

二、管理人报酬确定的基本制度

在国际上,管理人报酬存在不同的确定方法。概言之,“报酬数额可通过下列方法确定:参照政府机构或专业协会确定的经核准的佣金表;由全体债权人、法院或特定案件中的一些其他行政机关或法庭确定;根据破产管理人(和有可能进行破产管理方面工作的、从办公室人员到主要任用人员的各类人员)在管理破产财产方面适当花去的时间或者可根据已变现或已分配或两者兼有的破产财产中资产数额的百分比(在程序结束,资产已被出售及价值已经确定时计算出来的)。它可以是一个固定的百分比,并可能包括视特定案件而予以增减的规定”。[①] 在我国,依据本条和司法解释建立的管理人报酬确定制度,采用的是以人民法院确定为主,债权人会议异议和管理人—债权人协商为辅的多方参与方案。其要点如下所示。

1. 人民法院对管理人报酬的确定权

在我国,破产管理人属于法定机构,中立于人民法院、债权人和债务人。我国的破产管理人正沿着专业化方向发展,成为一个新兴职业。国外立法大都规定破产管理人享有取得报酬的权利。我国的破产管理人在实际工作中也要付出时间、精力以及专业知识。为了保证管理人的工作积极性,促进破产管理人职业的健康发展,本法规定,管理人的报酬由人民法院确定。为此,《管理人报酬规定》就管理人报酬的计算标准、收取方式以及债权人会议的相关权利等事项作了具体的规定。

值得一提的是,根据本法第 41 条的规定,管理人的报酬属于破产费用。这就使管理人的报酬处于优先支付的地位。这样规定有利于鼓励更多的专业人士加入破产管理人的行列,从而使我国的破产管理水平不断提高。

2. 债权人会议对管理人报酬的异议权

为了充分保护债权人的合法权益,本法赋予债权人会议对管理人报酬的异议权。在实践中,尽管有关司法解释对管理人报酬的确定有比较详细的规定,人民法院在确定管理人报酬时毕竟享有一定的裁量权。鉴于管理人的报酬是由债务人财产优先支付的,管理人报酬的高低也会影响债权人的清偿利益,法律应当给予债权人以集体方式对管理人报酬表达不同意见的机会。赋予债权人会议这一权利,也有利于促使管理人更加尽职尽责地履行管理职责和最大限度地维护债权人的合法权益。关于异议

---

① 联合国国际贸易法委员会:《破产立法指南》(中文版),2006 年纽约,第 162 页。

权的行使,《管理人报酬规定》第 17 条规定,债权人会议对管理人报酬有异议的,应当向人民法院书面提出具体的请求和理由;异议书应当附有相应的债权人会议决议。

3. 管理人与债权人会议的协商机制

为了促使管理人与债权人保持和谐的关系,《管理人报酬规定》第 7 条规定:管理人、债权人会议对管理人报酬方案有意见的,可以进行协商;双方就调整管理人报酬方案内容协商一致的,管理人应向人民法院书面提出具体的请求和理由,并附相应的债权人会议决议;人民法院经审查认为上述请求和理由不违反法律和行政法规强制性规定,且不损害他人合法权益的,应当按照双方协商的结果调整管理人报酬方案。

三、管理人报酬确定的具体办法

根据《管理人报酬规定》,人民法院确定管理人报酬,应当遵循以下规定。

(一)报酬计算的基本方法

在国际上,管理人报酬的计算方法分为两类:(1)按时间计酬法。这种方法的一个优点是,由于"往往在一开始时对于某一特定管理工作的复杂性和资源密集性存在着高度不确定性,这种不确定性至少会一直延续到开展了某些初步工作时为止",按时间计酬比固定报酬更有利于鼓励全面细致的管理。但是,它"也可能会在某些情形下作为一种刺激因素发生作用,导致尽量增加花在管理上的时间,而不一定能使破产财产获得相称的价值回报"。(2)按佣金计酬法。这种方法的一个优点是,由于破产管理所收回的资产中至少有一些将会分配给他们,按业绩计酬有利于鼓励管理人努力争取破产财产价值的最大化。"但从破产管理人的观点看,这可能是一种没有确定性的计算方法,因为管理工作所涉的工作量不一定与可供分配的资产的价值相称。这种方法还可能会鼓励采取一种'以最小成本取得最大回报'办法,而对履行与增加债权人的回报无直接关系的职能几乎没有什么刺激作用,这些职能包括负有向法院和债权人报告的义务以及协助监管机构调查债务人事务和可能的不当行为。在大案中,此种计算法可能导致从破产财产中支付大笔费用,结果令债权人和债务人望而却步,不愿提出申请。"①

目前,我国司法解释采用的是按佣金计酬法。其基本计算方法是以债务人最终

① 联合国国际贸易法委员会:《破产立法指南》(中文版),2006 年纽约,第 162~163 页。

清偿的财产价值总额为基数,按价值总额各区段的不同百分比,分段计算后相加。这里的“最终清偿的财产价值”,是指经人民法院裁定批准、认可的重整计划、和解协议或者清算分配方案所记载的用于清偿债务的非担保物财产的价值(担保权人优先受偿的担保物价值不计入),而不是事后在执行这些计划、协议或方案时再行计算的债务人财产价值。在实践中,特别是在重整、和解的情况下,债务人的事后财产可能发生增加或者减少的变化。在事后财产增加的情况下,管理人无权主张增加报酬;在事后财产减少的情况下,债务人也无权主张减少管理人报酬。

确切地说,我国的管理人报酬计算方法是一种有所修正的按佣金计酬法。也就是说,上述基本计算方法的应用,存在若干修正因素。首先,人民法院可以根据《管理人报酬规定》的规定,在初步确定管理人报酬方案时将债务人可供清偿的财产价值和管理人的工作量一并预测(该规定第 4 条),也可以在确定管理人报酬方案后,根据破产案件和管理人履行职责的实际情况进行调整(该规定第 8 条),还可以在确定或者调整管理人报酬方案时,根据其第 9 条规定的 6 种考虑因素对报酬方案进行调整。其次,通过其第 5 条和第 7 条规定的债权人会议异议和管理人—债权人协商的机制,可以导致对报酬方案的调整。再次,在部分案件中采用竞争性报价方式,这一般会导致对债务人财产更优惠的报酬方案。最后,管理人可以就其为管理担保物所付出的工作另行向担保权人收取报酬(该规定第 13 条)。此外,《九民会议纪要》第 113 条规定,在确定和调整重整程序中的管理人报酬方案时,应当根据重整期间和重整计划监督期间管理人工作量的不同予以区别对待。其中,重整期间的管理人报酬应当根据管理人对重整发挥的实际作用等因素予以确定。可以说,这在一定程度上吸收了按时间计酬法的因素。从当前的实践情况来看,修正措施的运用较多地表现为抑制性偏好,即倾向调减管理人报酬。而如何发挥修正措施的激励性作用,尤其是更大限度地调动管理人在追收债务人财产和调查违法行为等方面的积极性,值得进一步研究。

（二）报酬的计算标准

根据《管理人报酬规定》第 2 条的规定,管理人报酬的计算方法是:以债务人最终清偿的财产价值总额为基数,将此财产价值总额按照规定的不同区段加以分解,以各区段的财产价值额乘以同区段报酬比例,得出各区段报酬金额,最后将它们相加,所得之和即为计算结果。

分区段计算的标准如下:(1)不超过100万元(含本数,下同)的部分,在12%以下确定;(2)超过100万元至500万元的部分,在10%以下确定;(3)超过500万元至1000万元的部分,在8%以下确定;(4)超过1000万元至5000万元的部分,在6%以下确定;(5)超过5000万元至1亿元的部分,在3%以下确定;(6)超过1亿元至5亿元的部分,在1%以下确定;(7)超过5亿元的部分,在0.5%以下确定。担保权人优先受偿的担保物价值,不计入上述财产价值总额。

在实践中,各区段的报酬比例由人民法院在规定上限(含上限)的范围内确定。

鉴于我国地区之间经济发展水平的差异,高级人民法院如果认为有必要,可以参照上述比例,在30%的浮动范围内制定符合当地实际情况的管理人报酬比例限制范围。

为了提高破产审判效率,2020年最高人民法院《高效审理意见》第5条规定,管理人对于提高破产案件效率、降低破产程序成本作出实际贡献的,人民法院应当作为确定或者调整管理人报酬方案的考虑因素。

(三)报酬收取方式

人民法院可以根据破产案件的实际情况,确定管理人分期或者最后一次性收取报酬。《破审会议纪要》第10条规定:"人民法院可以根据破产案件的不同情况确定管理人报酬的支付方式,发挥管理人报酬在激励、约束管理人勤勉履职方面的积极作用。管理人报酬原则上应当根据破产案件审理进度和管理人履职情况分期支付。案情简单、耗时较短的破产案件,可以在破产程序终结后一次性向管理人支付报酬。"根据本法第41条、第43条的规定,这里所说的分期支付应以破产程序终结为支付完成时点。

(四)报酬方案的确定

1. 初步确定报酬方案。人民法院受理企业破产申请后,应当对债务人可供清偿的财产价值和管理人的工作量作出预测,初步确定管理人报酬方案。管理人报酬方案应当包括管理人的报酬比例和收取时间。

2. 竞争性报价。人民法院采取公开竞争方式指定管理人的,可以根据社会中介机构提出的报价确定管理人报酬方案,但报酬比例不得超出上述基本标准的限制范围。人民法院根据竞争性报价确定的报酬方案一般不予调整,但债权人会议异议成立的除外。

3. 协商和调整。人民法院应当自确定管理人报酬方案之日起3日内书面通知管理人。管理人应当在第一次债权人会议上报告该报酬方案的内容。管理人、债权人会议对管理人报酬方案有意见的,可以进行协商。双方就调整该报酬方案内容协商一致的,管理人应向人民法院书面提出具体的请求和理由,并附相应的债权人会议决议。人民法院经审查认为该请求和理由不违反法律和行政法规强制性规定,且不损害他人合法权益的,应当按照双方协商的结果调整管理人报酬方案。

4. 后续调整。人民法院确定管理人报酬方案后,可以根据破产案件和管理人履行职责的实际情况进行调整。人民法院应当自调整该报酬方案之日起 3 日内,书面通知管理人。管理人应当自收到通知之日起 3 日内,向债权人委员会或者债权人会议主席报告管理人报酬方案的调整内容。

5. 考虑因素。人民法院确定或者调整管理人报酬方案时,应当考虑以下因素:(1)破产案件的复杂性;(2)管理人的勤勉程度;(3)管理人为重整、和解工作作出的实际贡献;(4)管理人承担的风险和责任;(5)债务人住所地居民可支配收入及物价水平;(6)其他影响管理人报酬的情况。

6. 最终确定。在和解、重整程序中,管理人报酬方案内容应列入和解协议草案或重整计划草案。在破产清算程序中,最终确定的管理人报酬及收取情况,应列入破产财产分配方案。

(五)报酬支付

1. 收取申请。管理人收取报酬,应当向人民法院提出书面申请。申请书应当包括以下内容:(1)可供支付报酬的债务人财产情况;(2)申请收取报酬的时间和数额;(3)管理人履行职责的情况。人民法院应当自收到申请书之日起 10 日内,确定报酬支付数额。管理人报酬从债务人财产中优先支付。

2. 支付不能。债务人财产不足以支付管理人报酬和管理人执行职务费用的,管理人应当提请人民法院终结破产程序。但债权人、管理人、债务人的出资人或者其他利害关系人愿意垫付上述报酬和费用的,破产程序可以继续进行。上述垫付款项作为破产费用从债务人财产中向垫付人随时清偿。

(六)管理担保物的报酬

管理人对担保物的维护、变现、交付等管理工作付出合理劳动的,有权向担保权人收取适当的报酬。管理人与担保权人就上述报酬数额不能协商一致的,人民法院应当参照基本标准确定,但报酬比例不得超出基本标准限制范围的 10%。

(七)其他相关规定

1. 外聘费用。律师事务所、会计师事务所通过聘请本专业的其他社会中介机构或者人员协助履行管理人职责的,所需费用从其报酬中支付。破产清算事务所通过聘请其他社会中介机构或者人员协助履行管理人职责的,所需费用从其报酬中支付。但是,《破审会议纪要》第 11 条规定,管理人经人民法院许可聘用企业经营管理人员,或者管理人确有必要聘请其他社会中介机构或人员处理重大诉讼、仲裁、执行或审计等专业性较强工作,所需费用需要列入破产费用的,应当经债权人会议同意。

2. 政府人员。清算组中有关政府部门派出的工作人员参与工作的,不收取报酬。其他机构或人员的报酬根据其履行职责的情况予以确定。

3. 管理人更换。管理人发生更换的,人民法院应当分别确定更换前后的管理人报酬。其报酬比例总和不得超出本规定第 2 条的限制范围。

4. 报酬异议。债权人会议对管理人报酬有异议的,应当向人民法院书面提出具体的请求和理由。异议书应当附有相应的债权人会议决议。人民法院应当自收到债权人会议异议书之日起 3 日内通知管理人。管理人应当自收到通知之日起 3 日内作出书面说明。人民法院认为有必要的,可以举行听证会听取当事人意见。人民法院应当自收到债权人会议异议书之日起 10 日内,就是否调整管理人报酬问题书面通知管理人、债权人委员会或者债权人会议主席。

5. 提取保障基金。《破审会议纪要》第 12 条规定,各地法院要积极争取财政部门支持,或采取从其他破产案件管理人报酬中提取一定比例等方式,推动设立破产费用保障资金,建立破产费用保障长效机制,解决因债务人财产不足以支付破产费用而影响破产程序启动的问题。

【示例】

1. A 公司破产清算,经债权人会议确认的最终清偿的财产价值总额为 10 亿元。根据《管理人报酬规定》第 2 条的规定,按各区段比例上限计算,该案管理人报酬额如下表所示:

序号	区段	财产价值额	报酬比例	报酬金额
1	不超过100万元的部分	100万元	12%	12万元
2	超过100万元至500万元的部分	400万元	10%	40万元
3	超过500万元至1000万元的部分	500万元	8%	40万元
4	超过1000万元至5000万元的部分	4000万元	6%	240万元
5	超过5000万元至1亿元的部分	5000万元	3%	150万元
6	超过1亿元至5亿元的部分	4亿元	1%	400万元
7	超过5亿元的部分	5亿元	0.5%	250万元
合计		10亿元	—	1132万元

2. A公司破产案的管理人报酬方案经债权人会议同意后列入重整计划草案。H市人民法院批准重整计划后，迟迟不向管理人支付报酬。管理人提出支付申请后，该法院表示拒绝，理由是：管理人报酬应当在重整计划执行完毕时支付；如果A公司将来因不能执行重整计划而被宣告破产，管理人报酬要按照A公司在清算时的财产价值重新计算。根据本法关于管理人报酬作为破产费用应随时清偿和重整程序于重整计划批准时终止的规定，此意见是错误的。

3. 在前例中，如果在管理人提出支付申请后，该法院同意支付报酬，但决定将报酬方案调整为按原报酬方案所确定金额的70%支付，则根据《管理人报酬规定》，人民法院仅有权在管理人报酬方案最终确定前进行调整，在重整计划批准后调整管理人报酬的做法是错误的。

第二十九条　【管理人辞职的限制】管理人没有正当理由不得辞去职务。管理人辞去职务应当经人民法院许可。

【注释】

一、管理人不辞任原则

管理人作为中立的管理者，在破产程序中职责重大，具有不可替代的作用。破产程序本身也是一个复杂、连续的过程。如果在破产程序中途轻易更换管理人，将会使破产管理工作中断或停滞。同时,由于管理人负责清理债权债务、处分债务人财产,不当的更换可能会直接导致财产上的损失。为此,本法规定管理人没有正当理由不得辞去职务。此处所谓“正当理由”,包括在任管理人出现本法第24条第3款以及《指定管理人规定》第23条、第24条规定的不得担任管理人的事由(参见本书第二十四条注释),以及《指定管理人规定》第33条、第34条规定的可以更换管理人的事由(参见本书第二十二条注释)。

管理人因破产案件的规模和复杂程度超出了自己的专业知识和从业经验范围而确实无法胜任的情形,也可以成为管理人辞去职务的理由。但是,如果这种情形归因于管理人在获取指定过程中的过错(如在参与竞争中虚报浮夸、弄虚作假),人民法院应当追究其相应的法律责任。

二、管理人辞任许可制度

为了保证破产程序的连续稳定运行,管理人提出辞职后,须经人民法院的许可。人民法院将对管理人辞职的原因进行审查,认为确实有正当理由的,法院予以许可。否则不予准许。管理人辞去职务未获法院许可的,应当继续履行职责。管理人未经法院许可仍坚持辞任并拒不履行或不认真履行管理人职责的,人民法院应当决定更换;在此期间因擅自离任给债务人财产造成损失的,由人民法院依照本法第130条及相关司法解释的规定追究法律责任。

《指定管理人规定》第39条、第40条规定,管理人申请辞去职务未获人民法院许可,但仍坚持辞职并不再履行管理人职责,或者人民法院决定更换管理人后,原管理人拒不向新任管理人移交相关事务的,人民法院可以根据我国《企业破产法》第130条的规定和具体情况,决定对管理人罚款。对社会中介机构为管理人的罚款5万~20万元人民币,对个人为管理人的罚款1万~5万元人民币。管理人有上述行为或者无正当理由拒绝人民法院指定的,编制管理人名册的人民法院可以决定停止其担任管理人1~3年,或者将其从管理人名册中除名。管理人不服罚款决定的,可以向上一级人民法院申请复议,上级人民法院应当在收到复议申请后5日内作出决定,并将复议结果通知下级人民法院和当事人。

【示例】

律师某甲在担任A公司破产案件的个人管理人后,接到一宗收入颇丰的诉讼业务，因难以两案兼顾，请求辞去管理人职务。对此，人民法院不予准许。在此情况下，甲仍坚持辞任，并放下破产管理工作忙于诉讼，使破产事务陷入停滞。人民法院决定解除甲的管理人职务，另行指定管理人，同时决定对甲罚款5万元，并停止其担任管理人3年。

第四章
债务人财产

第三十条 【债务人财产的范围】破产申请受理时属于债务人的全部财产,以及破产申请受理后至破产程序终结前债务人取得的财产,为债务人财产。

【注释】

一、债务人财产的概念

债务人财产,是指在破产程序中被纳入破产管理的为债务人所拥有的财产。破产法上的债务人财产,具有以下特征:(1)属于债务人所有;(2)受破产程序的规制;(3)受管理人控制。债务人财产,国际上也称为"破产财产"(insolvency estate)。"破产程序的关键是,确定、集中、保持和处分属于债务人的资产。许多破产制度将此类资产置于某种特别的制度之下,有时称为破产财产,在不违反某些除外规定的情况下,破产管理人对破产财产拥有特定的权力。"①

需要注意的是,本法中的"债务人财产"概念与1986年我国《企业破产法(试行)》中"破产财产"概念有显著的不同,后者是指在破产过程中扣押的,由清算人依照破产程序分配给债权人的全部财产。"破产财产"是清算主义立法的概念,"债务

① 联合国国际贸易法委员会:《破产立法指南》(中文版),2006年纽约,第69页。需要注意的是,该指南采用的"破产财产"(insolvency estate)概念,与本法第十章采用的"破产财产"(英文译名为"bankruptcy property")有所不同。

人财产”是再建主义立法的概念。按照再建主义的立法理念，破产法对债务人的财产实行全程化的统一管理，并尽可能地提供企业拯救的机会。即使是被申请破产清算的案件，在受理后也存在转为重整或和解的可能性。因此，在破产宣告以前，债务人的财产管理都服从于债务清理和企业拯救这两个目的。只有在破产宣告以后，债务人财产才成为仅以清算分配为目的的破产财产。

二、债务人财产的范围

在国际上，一般对债务人财产（通常称为破产财产）的范围采取比较宽泛的规定。“破产财产可能应包括债务人的所有资产，其中包括债务人对不论何处的资产拥有的权益，不论是在法院地国还是在外国，也不论在程序启动时是否为债务人所占有，以及还包括一切有形资产（动产或不动产）和无形资产。破产财产还将包括债务人在抵押资产以及在第三方拥有的资产上的担保权益（破产财产继续动用此类资产可能必须遵守破产法的其他规定）。一般而言，债务人或破产管理人在破产程序启动后取得的资产以及通过撤销诉讼或其他行动而追回的资产也将包括在内。有些资产可以在破产程序中自由出售或交换，而另有一些资产可能必须受合同或其他法律所产生的限制（例如，不得转让的政府许可证或必须遵守隐私限制的客户名单）的约束，也可能涉及这些资产的其他权利的相互调和问题。尽管有种种限制，但仍应将此类资产归入破产财产中。”①《世行破产原则》也主张：“破产财产应包括债务人的全部财产，包括有担保权负担的财产和破产案件开始后获得的财产。法律应当严格限制并清晰界定排除在破产财产范围外的财产。”②

本条所称“全部财产”的范围，可以从两个维度来观察：一是财产形态；二是财产取得时间。

从财产形态的维度，本法未设任何限制。凡是具有经济效用、可用货币估值并可以一定形式享有和让渡的有体物或无体物（有形财产或无形财产），均可纳入本法所称债务人财产的范围。在司法实践中，按照《破产法解释（二）》第 1 条的规定，除债务人所有的货币、实物外，债务人依法享有的可以用货币估价并可以依法转让的债

① 联合国国际贸易法委员会：《破产立法指南》（中文版），2006 年纽约，第 69 ~ 70 页。

② 世界银行集团：《有效破产与债权人/债务人制度的原则》（*Principles for Effective Insolvency and Creditor/Debtor Regimes*）（英文版）C8.1，2016 年华盛顿，第 23 页。

权、股权、知识产权、用益物权等财产和财产权益,人民法院均应认定为债务人财产。

在企业破产的实务中,常见的财产主要有以下几种类型:(1)有形财产、无形财产、货币和有价证券、投资权益和债权。其中,有形财产包括厂房、机器设备、运输工具、原材料、产品(或商品)、办公用具等;无形财产包括土地使用权、知识产权、专有技术、特许经营权等;投资权益包括在其他公司中享有的股权或者在其他类型企业中享有的出资份额。(2)未成为担保物的财产和已成为担保物的财产(这与我国《企业破产法(试行)》中"已作为担保物的财产不属于破产财产"的规定是不同的)。(3)位于中华人民共和国境内的财产和位于中华人民共和国境外的财产。

从财产取得时间的维度,本法将债务人财产分为以下两个部分:

1. 破产申请受理时属于债务人的财产

在破产申请受理时,下列情形的财产,应当认定为债务人财产:(1)债务人已依法设定担保物权的特定财产;(2)债务人对按份享有所有权的共有财产的相关份额,或者共同享有所有权的共有财产的相应财产权利,以及依法分割共有财产所得部分(包括实物分割后属于债务人的部分和在不能实物分割时变卖所得中属于债务人的部分);①(3)债务人在破产前受让取得的财产,虽未付清价款,但已经交付或者已经办理产权转移登记的;(4)债务人的财产被采取民事执行措施,在破产案件受理时尚未执行或者未执行完毕的部分,或者因错误执行应当执行回转的财产;(5)债务人依照法律规定取得代位求偿权,依据该求偿权享有的债权;(6)债务人设立的分支机构和其他无法人资格的全资机构的财产。

按照本法的再建主义立法宗旨,已设置担保物权的财产也属于债务人财产。在破产宣告前,这些财产不能被债权人处分。其中尚未转移占有的财产如抵押财产,还可以被用于继续营业。"许多国家的法律规定,抵押资产应包括在破产财产之中,程序的启动产生不同的效力,例如,通过适用中止规定限制强制执行担保权利。将抵押资产归入破产财产,以此在程序启动时限制担保债权人行使权利,不仅有助于确保一

---

① 关于共有财产分割,根据《破产法解释(二)》第 4 条第 2 款的规定,人民法院宣告债务人破产清算,属于共有财产分割的法定事由。人民法院裁定债务人重整或者和解的,共有财产的分割应当依据《民法典》第 303 条的规定进行;基于重整或者和解的需要必须分割共有财产,管理人请求分割的,人民法院应予准许。因分割共有财产导致其他共有人损害产生的债务,其他共有人请求作为共益债务清偿的,人民法院应予支持。

视同仁的对待所有债权人,而且可能是破产程序的基本条件,因为抵押资产是企业继续经营的关键。举例来说,如果生产设备或租赁的厂房是债务人企业经营的关键,那么不在重整程序中保留这些设备和厂房,企业的重整或作为营运资产出售可能无法进行。无论是在重整中,还是在清算过程中将企业作为营运资产出售,从程序启动时起就将债务人的所有资产交给破产财产支配,是特别有益的。"①

2. 破产申请受理后至破产程序终结前债务人取得的财产

在破产申请受理后,下列情形的财产,应当认定为债务人财产:(1)债务人财产的增值,包括孳息、经营收益和其他所得。例如,租金、利息、销售利润、股票红利、不动产升值、新投资、退税等。(2)依法收回的财产,如追收的债款、追回的被侵占财产、接受返还的财产、因错误执行而获得执行回转的财产等。(3)债务人的出资人在尚未完全履行出资义务的情况下缴纳的出资。

三、不属于债务人财产的情形

在国际上,这类财产称作"被排除在破产财产范围之外的资产"。在我国,《破产法解释(二)》第2条规定了4种不应认定为债务人财产的情形:(1)债务人基于仓储、保管、承揽、代销、借用、寄存、租赁等合同或者其他法律关系占有、使用的他人财产;(2)债务人在所有权保留买卖中尚未取得所有权的财产;(3)所有权专属于国家且不得转让的财产;(4)其他依照法律、行政法规不属于债务人的财产。

在《破产审理规定》第71条中,列举了9种不属于破产财产的情形:(1)债务人基于仓储、保管、加工承揽、委托交易、代销、借用、寄存、租赁等法律关系占有、使用的他人财产;(2)抵押物、留置物、出质物,但权利人放弃优先受偿权的或者优先偿付被担保债权剩余的部分除外;(3)担保物灭失后产生的保险金、补偿金、赔偿金等代位物;(4)依照法律规定存在优先权的财产,但权利人放弃优先受偿权或者优先偿付特定债权剩余的部分除外;(5)在特定物买卖中,尚未转移占有但相对人已完全支付对价的特定物;(6)尚未办理产权证或者产权过户手续但已向买方交付的财产;(7)债务人在所有权保留买卖中尚未取得所有权的财产;(8)所有权专属于国家且不得转让的财产;(9)破产企业工会所有的财产。根据本法的规定,这9项中的第(2)项至第(4)项和第(9)项,在破产宣告前,仍属于债务人财产,但在破产宣告后不列入破产

① 联合国国际贸易法委员会:《破产立法指南》(中文版),2006年纽约,第70~71页。

财产。其余各项不属于债务人财产,但在破产宣告前,除权利人已经行使权利或者已经交付的外,债务人可以合法占有。

债务人投资的全资子公司和控股、参股公司的财产,不属于债务人财产。但是,债务人在这些公司中享有的股权属于债务人财产。

第三十一条 【可撤销的欺诈破产行为】人民法院受理破产申请前一年内,涉及债务人财产的下列行为,管理人有权请求人民法院予以撤销:

(一)无偿转让财产的;

(二)以明显不合理的价格进行交易的;

(三)对没有财产担保的债务提供财产担保的;

(四)对未到期的债务提前清偿的;

(五)放弃债权的。

【注释】

一、撤销权的意义

在债务人无力偿债或者即将陷于无力偿债的情况下,利益相关者对于债务人的财产存在公平清偿和企业维持的合理预期。由此产生法律对债务人财产加以保全和防止个别人抢先受偿的秩序要求。破产法针对程序开始前的交易活动设立的撤销权以及追回权,就是适应这种秩序要求而建立的。

根据国际上的经验,“破产程序(清算和重整)可能在债务人首次意识到此种后果不可避免后,经过很长时间才开始。在此间隔期内,债务人可以有许多机会设法背着债权人隐匿资产,产生人为的债务,向亲友作出捐赠或送礼,或向某些债权人付款而将其他债权人排除在外。债权人也有一些机会主动采取战略行动以使自己处于优势地位。从最终的破产程序的角度看,此类活动的结果一般不利于无担保债权人,他们不是此类行动的当事方而且得不到担保权的保护”。①

债务人在处于破产状态或者预期将处于破产状态的情况下从事的使债务人财产

① 联合国国际贸易法委员会:《破产立法指南》(中文版),2006年纽约,第122页。

不当减少或者不公平清偿的交易，具有恶化债务人的资产和信用，损害多数债权人和其他利益相关者的作用，历来为各国破产法所严加规制。"许多破产法都载有从某一特定日期（例如，破产程序申请或启动之日）开始在一规定期限（通常称为嫌疑期）内具有追溯效力的规定，其目的在于推翻破产债务人过去作为当事一方参加的交易或涉及在债务人的财产中具有某种效力的以往交易。这些效力包括减少了债务人净值（例如，通过赠与其资产或以低于公平商业价值的价格转让或出售资产），扰乱了同等级债权人之间平等分配的原则（例如，通过向无担保的债权人偿付债务，或向当其他无担保的债权人尚未得到偿付和担保时本来也属无担保的债权人给予担保）。许多破产法以外的法律也论及这些对破产范围之外的债权人有害的交易。在某些情况下，破产管理人除了适用破产法的规定之外还能适用这些破产法以外的法律。"①

实现集体清偿和债务人财产价值最大化是当代破产法的基本目标。而实现这些目标的重要途径之一，就是最大限度地追回破产前不当流失的财产，并通过对行为人的制裁来遏制企业管理者导致破产前财产不当流失的行为。"破产法的一项公认原则是，集体行动在最大限度扩大债权人可获得的资产方面比允许债权人自行谋求个别救济的制度更有效率，而且，集体行动要求所有类似债权人得到类似待遇。关于撤销权的规定旨在支持这些集体目标，确保债权人按照既定的偿付优先顺序获得破产债务人资产的公正分配，以及维护破产财产的完整。撤销规定也可具有威慑效果，可防止债权人在即将破产期间谋求个别救济，因为他们知道在程序启动时这些救济可能会被撤销或失去效力。出于这些理由，在破产时交易一般可予撤销，以防止欺诈（例如，为了债务人今后的利益而隐匿资产或为了使债务人实体的高级职员、所有人或董事获益而进行的交易）；坚持全面执行债权人的权利；防止偏袒，即防止债务人希望使某些债权人得利而牺牲其他债权人的利益，以确保所有债权人得到公平待遇；防止赶在实行破产程序监督之前造成企业实体的价值突然损失；以及在某些国家建立一个鼓励庭外解决的框架——债权人将会知道资产在最后时刻的交易或扣押可被宣告无效，因此将更可能与债务人合作，以便在法院不介入的情况下达成可行的解决方案。""撤销规定可能对破产法至关重要，不仅是因为其所依据的政策是妥当的，还因为这些规定的结果可一般为债权人追回资产或其价值，并且因为这种性质的规定

① 联合国国际贸易法委员会：《破产立法指南》（中文版），2006 年纽约，第 122 ~ 123 页。

有助于建立一套公正的商业行为守则,成为治理商业实体的适当标准的一部分。”①

二、撤销权的追诉对象

撤销权的追诉对象包括本法第 31 条至第 33 条规定的 3 类破产前交易,其中,本法第 31 条规定的属于可撤销的欺诈破产行为,第 32 条规定的属于可撤销的个别清偿行为,第 33 条规定的属于绝对无效的欺诈破产行为。

三、可撤销的欺诈破产行为

本条规定的是债务人在法院受理破产申请前 1 年内实施的 5 种欺诈破产行为。这些行为都是由债务人实施的,其中,既有双方法律行为,如债务人将财产转让给债权人之外的第三人;又有单方法律行为,如债务人对自有债权的放弃。这些行为的共同特点是,在正常情况下它们是法律许可的财产处分行为,而在企业困境的情况下,实施这些行为具有恶意减少债务人财产从而损害债权人利益的性质。因此,破产法将它们列为可撤销的行为,由管理人在破产程序期间进行追索。在我国 1986 年《企业破产法(试行)》中,这类行为的追溯期是破产案件受理前 6 个月。我国《企业破产法》将这一期限增加到 1 年。其原因在于,根据实践经验,企业从陷入财务困境到启动破产程序,往往要经过很长的时间,6 个月的追溯期显然不足以遏制这类行为。

1. 无偿转让财产

无偿转让财产,是指以无代价或者实质上无代价的方式将债务人财产让渡予他人的行为,例如,直接将某项财产赠与他人,在交易过程中让渡某项财产利益而不取回报(变相赠与)。

在多数情况下,债务人进入破产程序前已经处于困境或者有困境预期的状态,此时的赠与行为导致牺牲债权人清偿利益的后果。破产撤销的目的在于保护多数债权人利益,不许债务人滥用处分自由。因此,本法对债务人在破产受理前 1 年内的赠与行为,没有采用原《合同法》第 186 条(现《民法典》第 658 条)的例外规定。② 在实践中,对于已经履行的救灾、扶贫、助残、助学等社会公益性捐赠,如果不存在恶意“逃

---

① 联合国国际贸易法委员会:《破产立法指南》(中文版),2006 年纽约,第 123 页。

② 原《合同法》第 186 条规定:“赠与人在赠与财产的权利转移之前可以撤销赠与。具有救灾、扶贫等社会公益、道德义务性质的赠与合同或者经过公证的赠与合同,不适用前款规定。”《民法典》第 658 条规定:“赠与人在赠与财产的权利转移之前可以撤销赠与。经过公证的赠与合同或者依法不得撤销的具有救灾、扶贫、助残等公益、道德义务性质的赠与合同,不适用前款规定。”

废债”的情形,管理人可以在征得债权人同意的情况下放弃撤销权。

2. 以明显不合理的价格进行交易

这里所说的“明显不合理价格”,是指债务人与他人交易时严重背离当时的市场正常价格、取得显然对自己不利的对待给付的情形。这不仅包括“贱卖”,即非正常压价出售财产或者提供服务的情形,而且包括“贵买”,即以非正常高价买入财产或者接受服务的情形。无论何种情形,本质上都是不正当地放弃债务人的利益,从而使其可执行财产减少的行为。在认定这种行为时,关键是确定该财产或服务在当时的正常价格。对此,应主要考虑两个因素:第一,相同或同种类的财产或服务在当时的市场价格边界(高限和低限);第二,相同或同种类的财产或服务在当时的市场供求和竞争状况(销售难易度)。以出售财产为例,在市场价格边界内销售难度高的,可售价格应偏向价格边界的低限;易于销售的,则可售价格应偏向高限。在确定是否“明显不合理”时,要适当考虑财产的性质和债务人出售该财产的合理性。同样以出售财产为例,如果销售的财产是债务人业务范围内经营的物品(如工厂出售其产品),应较充分地考虑市场供求和竞争因素对降价幅度的影响;如果销售的财产不是债务人业务范围经营的物品(如工厂出售房屋),则应当结合销售收入的使用去向,对降低价格的合理幅度作较严格的解释。同理,在债务人购入财产的情况下,要考虑债务人购买财产的理由和市场供求情况和价格变化的情况,同时要考虑债务人当时的财务流动性情况。此外,还要考虑购入财产的价值变化趋势。如果不是为企业正常生产经营购入财产,特别是购入不动产和风险性资产(如股票),或者是存在明显贬值预期的财产,而当时企业已经存在一定程度的财务困境或困境预期,则可以认定为欺诈破产行为。例如,债务人购入他人的滞销产品,成交价格在当时尚属合理,但事后该产品在市场上急剧贬值。

本项规定的交易被撤销时的法律后果,一般应遵循恢复原状原则。但在破产程序中,相对人的返还请求权要受到集体清偿程序的约束。鉴于此时的撤销具有使债务人财产受益的性质,可以参照本法关于共益债务的规定精神,给予相对人优先清偿的保护。《破产法解释(二)》第 11 条规定:“人民法院根据管理人的请求撤销涉及债务人财产的以明显不合理价格进行的交易的,买卖双方应当依法返还从对方获取的财产或者价款。因撤销该交易,对于债务人应返还受让人已支付价款所产生的债务,受让人请求作为共益债务清偿的,人民法院应予支持。”

3. 对没有财产担保的债务提供财产担保

由于破产法的别除权制度使有财产担保的债权人能够由担保物优先受偿,债务人在无力偿债的情况下对原来没有财产担保的债务提供财产担保,便意味着本应用于集体清偿的财产被用于个别人的优先受偿,从而使其他债权人通过集体程序获得的清偿数额减少。这是违反破产法的公平清偿原则的。因此,法律禁止债务人在破产案件受理前的1年内以自己的财产为以往的债务设置新的担保。需要说明的是,在此期间对新债务设置担保是允许的,因为伴随新担保的设置,债务人财产获得相应的增加(如以不动产抵押取得新的贷款),这并不损害债权人的利益。但是,在实践中有所谓"以担保借新贷,用新贷还旧贷"的做法,实质上是以变通方式使债权人在实际上没有作出新的给付的情况下为自己原来的无担保债权取得了财产担保。如果该行为没有给债务人带来显著的信用利益(如避免信用降级以保持融资能力),则应成为撤销权追诉的对象。

4. 对未到期的债务提前清偿

在正常情况下,法律不禁止提前清偿。但是,在企业无力偿债的情况下,其债权人应当按照公平清偿和集体受偿的原则获得清偿。此时若有未到期债务提前获得清偿,则无异于不正当的"捷足先登",抢夺了其他债权人按公平程序本应获得的清偿。因此,为了保护多数债权人的清偿利益,本法将此种清偿行为列入可撤销行为。

本项规定中的"未到期",是指截至破产申请受理时尚未届至清偿期。如果是破产申请受理前已到期的债务,即使发生过提前清偿,也不构成本项规定的行为。当然,这种清偿行为仍然要受到本法第32条的规制。根据我国《破产法解释(二)》第12条的规定,破产申请受理前1年内债务人提前清偿的未到期债务,在破产申请受理前已经到期,管理人请求撤销该清偿行为的,人民法院不予支持。但是,该清偿行为发生在破产申请受理前6个月内且债务人有本法第2条第1款规定情形的除外。

5. 放弃债权

在无力偿债的情况下,债务人在放弃自己的债权时,实质上放弃的是债权人的清偿利益。在实践中,债务人放弃债权的动机是多样的:有的是出于对债权人利益的漠不关心,有的是为了施惠于关联企业或"关系户",有的则是基于某种私下交易以其他方式获取利益。无论动机如何,这种行为都应当被认定为恶意。

对于债务人放弃债权的行为,属于积极行为的(如债务免除通知),管理人可主张其行为无效;属于消极行为的,管理人可直接行使债权,并且在相对人以该消极行为的后果为抗辩时主张其抗辩无效。例如,债务人无正当理由怠于行使债权导致超过诉讼时效期间的行为,性质上属于放弃债权。对此,管理人可援引本条规定和《破产法解释(二)》第19条第2款"债务人无正当理由未对其到期债权及时行使权利,导致其对外债权在破产申请受理前一年内超过诉讼时效期间的,人民法院受理破产申请之日起重新计算上述债权的诉讼时效期间"的规定,向相对人行使债权。

以上5种行为,前3种在未履行(无偿转让的财产尚未转移、不合理交易尚未对相对人履行、新设担保尚未实现)的情况下,均可适用本法第18条的规定,由管理人直接行使解除权;但是,如果存在因解除而被诉赔偿的可能,则应选择行使撤销权。第四种行为如果有约定而未履行,则自动受本法第16条禁止个别清偿规则的约束。在实践中,管理人对这4种行为行使撤销权往往发生在接受债权申报的时候。但这并不意味着在相对人未申报债权的情况下可以不行使撤销权。原因在于,根据本法第56条的规定,债权人逾期申报或者不申报并不导致其权利消灭。如果管理人不及时行使撤销权,难免给将来的破产分配或者企业存续带来不利后果。

四、可撤销行为的时间界限

本条规定的可撤销行为的时间计算,应当是从破产申请受理裁定日回溯1年。根据《民法典》第201条"按照年、月、日计算期间的,开始的当日不计入,自下一日开始计算"的规定,从受理裁定前一日开始计算。例如,破产受理裁定日为2019年12月10日,则自2018年12月8日至12月9日这一期间发生的本条规定的行为,均可被请求撤销。这里所说的"发生",如果交易行为在时间上有持续性,则以行为结束时为准。

可撤销行为的时间起算点即破产申请受理裁定日,是破产程序对债务人的约束效力开始之日。但是,在有行政清理或者强制清算为前置程序的破产案件中,对债务人的约束效力自公权机关的强制措施介入之时即已发生。因此,《破产法解释(二)》第10条规定:"债务人经过行政清理程序转入破产程序的,企业破产法第三十一条和第三十二条规定的可撤销行为的起算点,为行政监管机构作出撤销决定之日。债务人经过强制清算程序转入破产程序的,企业破产法第三十一条和第三十二条规定的可撤销行为的起算点,为人民法院裁定受理强制清算申请之日。"这一规定,实际上将本条规定的可撤销行为的时限区间作了向前延伸,有利于保护多数债权人的清偿利益。

鉴于破产法的特别法性质,依据特别法优先于普通法的原则,破产程序中可撤销行为的时间界限不适用《民法典》第541条关于撤销权行使期限的规定。①

【示例】

1. A公司的破产申请受理裁定日为2019年12月1日。管理人发现债务人与相对人有一笔价格明显不合理的交易,合同签订时间是2018年11月15日,交货时间是2018年11月25日,付款时间是2018年12月3日。本案可撤销行为的时间界限是2018年11月30日至2019年12月1日。该笔交易的结束时间在可撤销区间。管理人有权主张撤销该笔交易。

2. 某证券公司因存在破产原因,中国证监会于2018年8月31日决定予以撤销,经行政清理,于2019年9月1日向人民法院申请其破产清算。人民法院于2019年9月10日裁定受理。该公司的先前行为可以被主张撤销的,应为2017年8月30日至2018年8月31日发生的行为。

3. A公司在2010年6月以明显不合理的高价受让了B公司名下的一宗建设用地。2011年5月10日,A公司的破产申请被法院受理。2011年8月,A公司重整程序启动,B公司成为重整投资人。2012年5月,A公司重整计划被法院批准。重整计划执行期6年。2016年5月,A公司因不能执行重整计划,经债权人请求,被法院宣告破产。在破产清算期间,债权人发现了6年前A公司在与B公司地产交易中的利益输送行为,请求法院予以撤销。在本案中,可撤销行为的时间界限应从破产申请受理日起算,为2010年5月9日至2011年5月10日。债务人的撤销主张应该得到法院支持。

五、撤销权与给付请求权

在民法上,撤销权属于形成权。撤销权的作用是使被撤销的行为自始无效。破产撤销权对于债务人财产和债权人利益来说,通常只是权利救济手段的一部分。最

---

① 《民法典》第541条规定:"撤销权自债权人知道或者应当知道撤销事由之日起一年内行使。自债务人的行为发生之日起五年内没有行使撤销权的,该撤销权消灭。"

终的救济实现，往往还需要在确认被诉行为无效的基础上行使返还财产、赔偿损失和履行债务等给付请求权。在本条规定的5种欺诈破产行为中的“无偿转让财产”“以明显不合理的价格进行交易”“对未到期的债务提前清偿”“对没有财产担保的债务提供财产担保”的情形下，凡是已经实施给付或实现担保的，都需要行使返还请求权，即本法第34条规定的追回权。其中，财产不能返还或不宜返还的，转变为赔偿请求权。至于“放弃债权”以及前面4种行为有约定但尚未实际履行或实现的，则只需确认撤销。在实务中，主张撤销的确认之诉和相应的给付之诉需要在同一诉讼中一并提起。

根据本法第123条的规定，自破产程序依照本法第43条第4款或者第120条的规定终结之日起2年内，发现有依照本法第31条、第32条、第33条、第36条规定应当追回的财产的，债权人可以请求人民法院按照破产财产分配方案进行追加分配。其中依照第31条、第32条规定请求追回的，须主张撤销权。

六、撤销权的行使方式

撤销权的行使，可以由撤销权人向相对方主张；但相对人无明确表示接受撤销的，撤销权人应请求人民法院予以撤销。提起破产撤销诉讼的可以是管理人，也可以是债权人。

（一）管理人提起的撤销诉讼

对管理人来说，行使撤销权不仅是权利，而且是职责。在实践中，欺诈破产行为属于恶意“逃废债”行为，不仅侵害债权人权益，而且危害经济秩序。因此，最高人民法院《高效审理意见》第22条强调：“人民法院要准确把握违法行为入刑标准，严厉打击恶意逃废债行为。因企业经营不规范导致债务人财产被不当转移或者处置的，管理人应当通过行使撤销权、依法追回财产、主张损害赔偿等途径维护债权人合法权益，追究相关人员的民事责任。企业法定代表人、出资人、实际控制人等有恶意侵占、挪用、隐匿企业财产，或者隐匿、故意销毁依法应当保存的会计凭证、会计账簿、财务会计报告等违法行为，涉嫌犯罪的，人民法院应当根据管理人的提请或者依职权及时移送有关机关依法处理。”

撤销权的行使，应以向人民法院请求的方式进行。本条规定的管理人对债务人个别清偿行为的撤销权行使，与本法第32条规定的撤销权一样，都必须向人民法院提出请求,而不能直接以单方通知的方式为之。这一规定,符合多数国家的做法。①

我国破产法规定了对债务人破产前交易的撤销诉讼,目的在于维护集体清偿秩序和债权人整体利益。因此,本条规定将提起这种撤销诉讼的权利赋予管理人。在实践中,管理人在履行调查债务人财产状况的职责中一旦发现本条规定的可撤销行为,应当及时提起撤销诉讼。债权人对债务人的某项破产前交易持有异议的,也可以要求管理人进行追查起诉,或者向债权人委员会提议,由后者向管理人提出追查起诉的要求。如果管理人在发现可撤销行为或者接到债权人要求后不履行职责,给债权人造成损失,可以按照本法第130条的规定追究其责任。《破产法解释(二)》第9条规定:"管理人依据企业破产法第三十一条和第三十二条的规定提起诉讼,请求撤销涉及债务人财产的相关行为并由相对人返还债务人财产的,人民法院应予支持。管理人因过错未依法行使撤销权导致债务人财产不当减损,债权人提起诉讼主张管理人对其损失承担相应赔偿责任的,人民法院应予支持。"

重整程序中依据本法第73条规定自行管理的债务人提起的撤销诉讼,视同为管理人提起的撤销诉讼。

(二)债权人提起的撤销诉讼

破产法上的撤销权,其本意在于保护多数债权人利益。其法理依据与我国《民法典》第535条、第538条、第539条所包含的债务人不得在与第三人的交易中损害

① "要撤销某一特定交易,一般要求向法院提出申请,请求法院宣布该交易无效,并由破产法对可能启动这种程序的当事人采取各种做法。许多破产法承认破产管理人在破产财产管理方面发挥中心作用,规定应由破产管理人进行所规定交易的撤销程序,不过也有一些破产法的确要求破产管理人在任何程序启动之前先取得若干债权人或大多数债权人的同意。也有一些法律允许由债权人(以及在某些情况下还有债权人委员会)启动撤销程序,其中有些法律将启动权局限于其债务发生于受质疑的交易之前的那些债权人。一些允许债权人启动此类程序的法律要求征得破产管理人的同意。如果将允许债权人采取此类行动视为可取的,那么,要求取得破产管理人的同意可确保破产管理人对债权人的建议知情并使破产管理人有机会拒绝批准,从而避免此类撤销程序对破产财产管理产生任何消极影响。"参见联合国国际贸易法委员会:《破产立法指南》(中文版),2006年纽约,第133页。

债权人利益的诚信义务相贯通。[①] 因此，本条规定的撤销权，本质上属于我国《民法典》第538条、第539条规定的债权人撤销权在特别法上的延伸。在破产程序中，根据集体清偿原则，撤销权不能由各债权人单独行使，只能由管理人代表全体债权人行使。但是，在管理人怠于行使撤销权的情况下，法院应允许个别债权人以类似公司法上股东代表诉讼的方式，为维护全体债权人的清偿利益提起撤销诉讼。此时，提起诉讼的债权人所主张的不是自己的个别权利，而是全体债权人的集体权利，故相对人不得以该债权人的权利主张超出其申报债权的范围作为抗辩。所以，根据《破产法解释(二)》第13条的规定，破产申请受理后，管理人未依据本法第31条的规定请求撤销债务人无偿转让财产、以明显不合理价格交易、放弃债权等行为的，债权人依据《民法典》第538条、第539条等规定提起诉讼，请求撤销债务人上述行为并将因此追回的财产归入债务人财产的，人民法院应予受理。相对人以债权人行使撤销权的范围超出债权人的债权为抗辩的，人民法院不予支持。

需要注意的是，上述债权人对债务人行为的撤销权与《民法典》总则编第147条至第151条规定的行为人对自己因意思不自由实施的民事法律行为的撤销权是不同的，[②]故债权人提起破产撤销诉讼时，相对人不能以《民法典》第152条规定的撤销权消灭事由作为抗辩。[③]

---

① 《民法典》第535条规定："因债务人怠于行使其债权或者与该债权有关的从权利，影响债权人的到期债权实现的，债权人可以向人民法院请求以自己的名义代位行使债务人对相对人的权利，但是该权利专属于债务人自身的除外。代位权的行使范围以债权人的到期债权为限。债权人行使代位权的必要费用，由债务人负担。相对人对债务人的抗辩，可以向债权人主张。"第538条规定："债务人以放弃其债权、放弃债权担保、无偿转让财产等方式无偿处分财产权益，或者恶意延长其到期债权的履行期限，影响债权人的债权实现的，债权人可以请求人民法院撤销债务人的行为。"第539条规定："债务人以明显不合理的低价转让财产、以明显不合理的高价受让他人财产或者为他人的债务提供担保，影响债权人的债权实现，债务人的相对人知道或者应当知道该情形的，债权人可以请求人民法院撤销债务人的行为。"

② 《民法典》总则编第147条至第151条规定的撤销事由分别是：重大误解、受相对方欺诈、受第三人欺诈、受胁迫，被乘人之危导致显失公平。

③ 《民法典》第152条规定："有下列情形之一的，撤销权消灭：（一）当事人自知道或者应当知道撤销事由之日起一年内、重大误解的当事人自知道或者应当知道撤销事由之日起九十日内没有行使撤销权；（二）当事人受胁迫，自胁迫行为终止之日起一年内没有行使撤销权；（三）当事人知道撤销事由后明确表示或者以自己的行为表明放弃撤销权。当事人自民事法律行为发生之日起五年内没有行使撤销权的，撤销权消灭。"

在程序上,债权人提起的撤销诉讼属于《民事案件案由规定》中的第299号案由(破产撤销权纠纷),适用本法第21条的管辖规则和《民事诉讼法》第56条关于代表人诉讼的规定。在实践中,诉讼代表人的推选也可以由债权人会议或者债权人委员会决定。

【示例】

4. A公司申请破产于2007年8月1日被受理。此前,A公司曾于2006年9月2日购进其关联企业B公司的一批电脑。该型号电脑在市场上属于淘汰机型。尽管该批电脑的价格符合当时市场的正常报价,但在此交易后,该型号电脑的市场价格大幅下降。对于A公司和B公司的此项交易,管理人有权请求人民法院予以撤销。

5. A公司在人民法院受理其破产申请前的12个月内,先后进行了以下交易:(1)将一个评估价格为2亿元的连同土地使用权的在建工程项目以1.5亿元转让给B公司;(2)同意将转让价款中的5000万元,以B公司的名义捐赠给市政府用于办公楼扩建;(3)用转让价款中的1亿元提前偿还A公司所欠C银行的一笔尚未到期的贷款。以上3项交易,均构成欺诈破产行为。

6. A公司拥有对B公司的一笔债权。A公司在申请破产前一年内与B公司达成协议:B公司将其对C公司的一笔债权转让给A公司,用以清偿其对A公司的上述债务。实际上,C公司当时已经处于无力清偿债务的状态,A公司不可能不知道。A公司接受债务人以不良债权为替代清偿,构成放弃债权,应认定为欺诈破产行为。

第三十二条 【个别清偿行为】人民法院受理破产申请前六个月内,债务人有本法第二条第一款规定的情形,仍对个别债权人进行清偿的,管理人有权请求人民法院予以撤销。但是,个别清偿使债务人财产受益的除外。

【注释】

一、对个别清偿撤销的必要性

破产还债有别于一般债务清偿的最主要特点在于,前者的目的是通过集体程序公平清偿全体债权人的债权。因此,破产法禁止债务人在具备破产原因的情况下对个别债权人单独清偿。为此,本条将破产案件受理前6个月内的个别清偿行为确定为可撤销的行为,并赋予管理人请求法院予以撤销以及追回财产的权利。

债务人在已经具备或者接近具备破产原因的情况下,实施对个别债权人的清偿,显然违反公平清偿的原则,并刺激债权人竞相争夺债务人的财产,从而断送困境企业的拯救前景。因此,公平有序的清偿秩序,在破产程序启动前即具有加以维护的必要。

二、个别清偿撤销的条件

管理人依照本条的规定行使撤销权,须符合两个基本条件:(1)个别清偿发生的时间,应当在法院受理破产申请前的6个月内;超出这一时间范围的,不得主张撤销,但符合本法其他条文规定的可撤销条件的,可依据相关规定主张撤销。(2)个别清偿所涉及的债务,是清偿时已到清偿期的债务;如果债务清偿时尚未届清偿期,则属于"对未到期的债务提前清偿的"行为,应适用本法第31条第4项的规定。

关于本条规定行为的时间界限和撤销权行使方式,参见本书第三十一条注释。

三、个别清偿撤销规则的例外

债务人在破产程序开始前,尚处于自主经营状态,即使陷于财务困境,仍不免与他人交易而发生债务清偿。因此,本条以但书规定,使债务人财产受益的个别清偿仍受到法律保护。所谓"使债务人财产受益",是指在此期间给债务人财产带来的利益保护和利益增加。例如,为维持企业经营而支付的电费、通信费,为购买维持生产所需的原材料而支付的货款,为对外追索债务而支付的律师费等,都属于本条规定的例外情形。一般而言,基于人民法院受理破产申请前6个月内发生的交易,债务人在正常营业情况下实施并获得公平对待给付的清偿行为,在不能证明对债务人财产造成实质性损害的情况下,可以认定为本条规定的例外情形。司法实践中,对"债务人财产受益"的判断,不是简单取决于单笔交易的利益衡量,也不是单纯关注于债务人当时的财产得失,而是要依据客观事实,采用结果判断法,立足本条的立法本意即保护一般债权人的清偿利益,着眼交易行为对债务人的经营状况和财务状况的影响,对交易行为的合理性进行综合判断。

《破产法解释(二)》第16条规定,债务人对债权人进行的以下个别清偿,管理人依据本法第32条规定请求撤销的,人民法院不予支持:(1)债务人为维系基本生产需要而支付水费、电费等的;(2)债务人支付劳动报酬、人身损害赔偿金的;(3)使债务人财产受益的其他个别清偿。此条规定包含了3种标准:一是债务人生存利益优先,二是法律强化保护的利益优先,三是债务人财产价值最大化。在第一种标准下,不考虑增量利益;在第二种标准下,不考虑当下得失;在第三种标准下,要以避免利益减损为底线,合理考虑增量利益。其中,第一种和第三种标准属于本条规定的“使债务人财产受益”的范畴。

《破产法解释(二)》还规定了两种作为本条规定例外的特殊情形:

首先,《破产法解释(二)》第14条规定,债务人对以自有财产设定担保物权的债权进行的个别清偿,管理人依据本法第32条的规定请求撤销的,人民法院不予支持,但是债务清偿时担保财产的价值低于债权额的除外。这是因为,有担保的债权人享有就担保物优先受偿的权利。债务人清偿债务后,原来的担保财产解除担保负担,可用于对多数债权人的清偿。如果担保财产的价值大于或等于个别清偿的数额,则不损害其他债权人的清偿利益;反之,如果担保财产的价值小于个别清偿的数额,则意味着超过担保物价值的那部分清偿是动用了本可用于清偿其他债权的财产,损害了多数债权人的利益。依据这一规范目的,可以认为,如果担保物存在重复抵押,则债务人对前序抵押权人的个别清偿,除使后序抵押权人受益外,并不能给其他债权人带来清偿来源的增加;如果对各顺序的抵押权人都进行个别清偿,虽然能解除财产上的抵押负担,但清偿付出的成本与抵押物收回的价值相比,可能是得不偿失。所以,除非个别财产的抵押解除对实现企业拯救或者整体财产变现有显著的积极意义,司法解释的这一条规定不宜适用于重复抵押的情形。其次,《破产法解释(二)》第15条规定,债务人经诉讼、仲裁、执行程序对债权人进行的个别清偿,管理人依据本法第32条的规定请求撤销的,人民法院不予支持,但是债务人与债权人恶意串通损害其他债权人利益的除外。这一规定虽有利于保护当事人对裁判和执行程序的信赖利益,却不免有当事人滥用裁判和执行程序之忧。在实务中如何识别当事人的恶意串通,是一个有待破解的难题。

此外,根据《期货和衍生品法》的规定,人民法院受理破产申请前6个月内,债务人为期货交易或衍生品交易的结算、交割实施的个别清偿,不适用本条规定(参见本书第十六条注释)。

【示例】

1. A公司在其破产程序开始前6个月内,向B公司偿还了一笔货款,同时以货到付款方式从B公司获得了一批新货。至破产程序开始时,这批货物已经全部售出,公司获得了一笔利润。此交易维持了公司正常经营并给公司财务带来了积极效果，应认定为符合本条规定的除外情形。

2.在前例中，如果在破产程序开始时，这批货品大部分未售出，账面无利润，鉴于此交易给公司财务造成的结果是负面的，应认定为不符合本条规定的除外情形。

3.在示例1中，如果A公司为获取B公司新的供货而支付货款后，一度销售困难，造成流动性紧张，以致无法偿还一笔到期债务，导致债权人提起诉讼，由此引发其他债权人的多起追债诉讼，致使公司陷入破产困境，则此交易属于财务上缺乏统筹审慎安排，给公司造成严重后果的情形，应认定为不符合本条规定的除外情形。

4.A公司在其破产程序开始前6个月内，向B银行偿还一笔到期贷款，同时获得该行发放的一笔等额新贷款。此交易没有损害A公司的财务流动性，并且维持了A公司的信用，应认定为符合本条规定的除外情形。

5.A公司在破产程序开始前6个月内，为采购生产急需的原料，从B银行获得一笔为期30天的短期贷款。1个月后，A公司完成订单，随即偿还了贷款本息。此交易具有纾困性质，有利于维持企业生存，应被认定为符合本条规定的除外情形。

四、受理前抵销行为的处理规则

本条所称的对个别债权人进行清偿，通常是指债务人以给付方式使个别债权人的利益得到满足，从而使本可用于其他债权人公平清偿的财产减少的偏颇性清偿行为。抵销与清偿在民法上都属于债的消灭方式。与清偿不同的是，抵销的法律效果既是债务人与个别债权人之间互相承担的债务的对等消灭，也是双方债权的对等满足。因此，本法第40条对于破产程序开始后的抵销，除但书规定的恶意抵销行为外，原则上不加禁止。在司法实践中，这一规则也适用于破产程序开始前6个月内的抵销行为。《破产法解释(二)》第44条规定："破产申请受理前六个月内，债务人有企业破产法第二条第一款规定的情形，债务人与个别债权人以抵销方式对个别债权人清偿，其抵销的债权债务属于企业破产法第四十条第(二)、(三)项规定的情形之一，管理人在破产申请受理之日起三个月内向人民法院提起诉讼，主张该抵销无效的，人民法院应予支持。"对这一规定，最高人民法院民二庭的解释是："根据《企业破产法》第32条的规定，在人民法院受理破产申请前6个月内，债务人出现破产原因的情况下，债务人对个别债权人进行清偿的行为，管理人有权请求人民法院予以撤销。该规定的目的在于保障全体债权人的公平受偿。债务人在上述情况下,利用民法上的抵销制度,通过双方互负债务抵销的方式实现对个别债权人的优先清偿的,如果该抵销本身符合破产抵销条件的,对全体债权人的公平受偿不产生影响;但如果该抵销不符合破产抵销权行使条件的,即属于我国《企业破产法》第40条第2项、第3项规定的禁止抵销情形的,该抵销行为实质上构成破产法上禁止的个别清偿行为,将侵害全体债权人的公平清偿。"①显然,按照这一规定,如果不存在本法第40条但书规定的情形,破产申请受理前的抵销是有效的。

此外,《破产法解释(二)》第45条还为其第44条的规定设置了一个例外,即"企业破产法第四十条所列不得抵销情形的债权人,主张以其对债务人特定财产享有优先受偿权的债权,与债务人对其不享有优先受偿权的债权抵销,债务人管理人以抵销存在企业破产法第四十条规定的情形提出异议的,人民法院不予支持。但是,用以抵销的债权大于债权人享有优先受偿权财产价值的除外"。也就是说,如果债权人用以抵销的债权是有财产担保的债权,并且担保物价值能够覆盖该债权,即使存在本法第40条但书规定的情形,仍然可以抵销。

第三十三条 【无效的欺诈破产行为】涉及债务人财产的下列行为无效:
(一)为逃避债务而隐匿、转移财产的;
(二)虚构债务或者承认不真实的债务的。

【注释】

一、无效的欺诈破产行为的特点

本法对于欺诈破产行为,除第31条规定的可撤销的5种情形外,还有本条规定的绝对无效的两种情形。本条规定的这两种行为的特点是,具有明显的欺诈恶意,无论企业是否具备破产原因,均为法律所禁止。因此,作为无效行为,它们具有两个特点:一是无论其何时发生,均为无效;二是任何人均可主张其无效。在1986年《企业破产法(试行)》中,没有这样的无限期追诉规定。本法设立绝对无效的欺诈破产行

① 最高人民法院民二庭编著:《最高人民法院关于企业破产法司法解释与适用——破产法解释(一)、破产法解释(二)》,人民法院出版社2017年版,第465~466页。

为的规定，有利于强化对欺诈破产行为的制裁，遏制债务人财产的流失。

二、无效的欺诈破产行为的样态

(一)为逃避债务而隐匿、转移财产

这里的隐匿、转移行为必须具备逃避债务的主观故意。在以下情况中，可以认定债务人有隐匿、转移财产的故意：(1)债务人明知其负债或将要负债；(2)债务人明知该财产在被隐匿、转移后将会导致其不能清偿债务或者降低其债务清偿能力。在隐匿财产的情况下，或者在转移财产而未如实向债权人披露的情况下，应推定债务人有逃避债务的故意；除非债务人能够证明其隐匿、转移财产不具有逃避债务的故意，应认定本项欺诈破产行为成立。

所谓“隐匿”，是将债务人财产隐瞒、藏匿的行为。隐瞒是指对有关债务人财产的信息不予披露的消极行为，例如，不在财务报表上记载或者不真实记载，对财产去向隐情不报，在接受有关财产情况的询问时不如实回答。藏匿是指将财产（货币、实物）或者财产权凭证置于未予公开的处所，使之不能依破产程序被有效地接管和处分，例如，将资金转移到关联公司的账户，将营销收入存入以私人名义开设的银行账户。

所谓转移，是指改变财产的处所，使之脱离债务人的控制。在实践中较常见的现象有：(1)通过企业之间的银行账户往来（无论支付原因真实与否），将资金从债务人账户转出，进而通过关联交易或多次转账造成资金失去控制甚至去向不明；(2)以企业分立或者投资的名义将资金和其他资产转入其他企业；(3)通过委托、保管、赊销等方式将企业财产交付于他人，再利用违约、制造“意外事件”等手段造成财产无法收回的事实。

(二)虚构债务或者承认不真实的债务

所谓虚构债务，是指债务人故意向他人提供内容虚假的债务证据，如合同、收款凭证、欠款证明、还款协议等，从而使自己负担不应有债务的行为。虚构债务有时可以成为转移财产的手段，即捏造的债务作为表面合法依据对外支付款项或者交付财物，从而使债务人的财产减少。虚构债务也可以成为债务人在存在破产原因或者将要出现破产原因的情况下间接逃债的一种手段。其常见的表现是，向自己的关联企业或者与自己达成私下交易的企业提供虚假的债务证据，作为后者申报债权参加破产分配的凭据，从而导致破产案件中真实债权人的分配减少。

所谓承认不真实的债务，是指债务人明知或者应当知道他人提出的债权请求为不真实而予以承认,从而使自己负担不应有债务的行为。例如,承认他人捏造的债务,承认内容与真实债务不相符的债务凭据(如篡改合同的签订时间或地点、生效条件、标的物、数额、履行时间、履行条件等),承认虚构的违约事实,就已过诉讼时效的债务承认虚构的时效中断事由等。这类行为,一般都存在债务人与他人的恶意通谋,实际上属于我国《民法典》第 154 条规定的"行为人与相对人恶意串通,损害他人合法权益"的情形。如果债务人因受欺诈、胁迫而承认了他人提出的不真实债权请求,则不属于债务人的欺诈破产行为,而属于债务人权利受侵害的情形。在破产程序开始时。如果该债务已经履行,则管理人应当对该他人进行追索;不能追索的,追究有过失的相关人员的赔偿责任;如果该债务尚未履行,管理人有权对该他人提出的给付请求予以拒绝。

【示例】

H 市百货采购供应站在负债累累的情况下,抽出其绝大部分注册资金开办 H 市康安批发市场,而后申请破产。法院认为,此做法严重侵害了债权人的利益,应当追回百货供应站开办康安批发市场投入的全部资产及该批发市场所得的盈利,作为破产财产统一分配。其具体处理,可采取以下方式中的一种:(1)整体转让该批发市场;(2)以债权人的债权作为股份,依照我国公司法的规定,组成规范化的公司;(3)将批发市场的现有全部财产及其债务纳入百货供应站破产清偿范围之内。①

三、无效的欺诈破产行为的处理

无效的欺诈破产行为的处理,适用我国《民法典》第 157 条"民事法律行为无效、被撤销或者确定不发生效力后,行为人因该行为取得的财产,应当予以返还;不能返还或者没有必要返还的,应当折价补偿"的规定。在破产程序中,应当由管理人以诉讼方式行使追回权。《破产法解释(二)》第 17 条规定:"管理人依据企业破产法第三十三条的规定提起诉讼,主张被隐匿、转移财产的实际占有人返还债务人财产,或者主张债务人虚构债务或者承认不真实债务的行为无效并返还债务人财产的,人民法院应予支持。"其中,被隐匿、转移的财产的返还义务人应为财产被隐匿、转移的过程

① 参见最高人民法院《关于哈尔滨百货采购供应站申请破产一案的复函》(1995 年 5 月 4 日)。

完成时取得财产占有的人。如果参与此过程的为数人,则最后取得占有者为第一返还义务人,其他参与者承担连带责任。如果债务人财产因毁损灭失、被善意第三人有偿受让等原因不能返还,则实际占有人和其他参与者应就该财产的返还不能承担连带赔偿责任。至于虚构债务或者承认不真实的债务的返还义务人,则为该无效给付的受领人。受领人为数人且相互间有意思联络的,承担连带责任。

第三十四条　【管理人的追回权】因本法第三十一条、第三十二条或者第三十三条规定的行为而取得的债务人的财产,管理人有权追回。

【注释】

一、破产追回权的意义

本条是为配合本法第 31 条、第 32 条和第 33 条的规定而设立的。在破产案件中,只要存在这 3 条中规定的情形之一,管理人就应当行使撤销权或者主张无效。而这些破产前交易无论是被撤销还是被认定为无效,其行为无效的效力都应当追溯至行为发生时。在因此类行为发生的财产给付已经履行的情况下,法律补救的基本原则是恢复原状,即受领给付的当事人应当返还所取得的财产。一般而言,债务人是这些行为的受害人,其所受的损害大体上有 3 种情形:一是向他人给付财产,二是放弃对他人的权利,三是负担对他人的义务。对于后两种情形,通过管理人予以撤销或主张无效便可消除,而对于第一种情形,则需要收回财产才能使债务人的权利恢复原状。因此,本条特别规定了管理人的追回权。

二、破产追回权的行使

需要注意的是,本条规定的追回权,性质上属于救济权。民法上的救济权属于实体权利,原则上可以单独启动诉讼程序寻求保护。但是,在本法第 31 条和第 32 条规定的情形下,追回权的行使是以撤销权的行使为条件的,而撤销权的行使需要由管理人向人民法院提出请求,所以与之相关的追回权应该在撤销诉讼中同时主张。在这种情况下,人民法院在作出撤销判决的同时,应当就相关行为撤销和财产追回一并作出判决。在此之后,管理人可以持判决书直接向给付义务人追讨,也可以向人民法院申请执行。至于本法第 33 条规定的情形,由于主张无效不以司法裁判为条件,管理人可以径行向因无效行为取得财产的第三人行使追回权,也可以直接提起诉讼,或者在直接追索不能的情况下提起诉讼。

【示例】

A公司接受其债务人B公司以其名下的一处房产清偿债务。随后,A公司与其债权人C公司达成协议,以该房产清偿其对C公司的债务。事后,A、B、C三家公司共同持上述协议书到房地产登记机关办理了产权过户手续,该房产被登记在C公司名下。5个月后,A公司申请破产被受理。经管理人查明,A公司当初与C公司签订的以房抵债协议所依据的债务凭证纯属捏造。又得知,C公司现已进入破产重整程序。A公司的破产管理人有权向C公司的破产管理人追回此房屋的产权。

三、管理人追回职责及债权人追回诉权

本条赋予管理人的破产追回权,相对于相关的行为人和义务人来说是法定权利,相对于债务人财产、债权人利益和破产程序的秩序来说则是义务。管理人怠于行使这些权利即构成违反义务。

从破产管理的角度看,破产追回权的行使属于管理人财产追收职责的组成部分。最高人民法院《高效审理意见》第21条要求:"债务人财产去向不明,或者债权人、出资人等利害关系人提供了债务人相关财产可能存在被非法侵占、挪用、隐匿等情形初步证据或者明确线索的,管理人应当及时对有关财产的去向情况进行调查。有证据证明债务人及其有关人员存在企业破产法第三十一条、第三十二条、第三十三条、第三十六条等规定的行为的,管理人应当依法追回相关财产。"管理人怠于行使追回权和履行追收职责的,债权人有权依据《破产法解释(二)》第23条的规定,通过债权人会议或者债权人委员会要求管理人依法追回财产;管理人不予追回的,个别债权人有权代表全体债权人提起相关诉讼,主张相关义务人返还债务人财产(参见本书第十七条注释)。

根据本法第123条的规定,自破产程序依照本法第43条第4款或者第120条的规定终结之日起2年内,发现有依照本法第31条、第32条、第33条、第36条规定应当追回的财产的,债权人可以行使追回诉权请求人民法院按照破产财产分配方案进行追加分配。

第三十五条　【出资人补缴出资】人民法院受理破产申请后，债务人的出资人尚未完全履行出资义务的，管理人应当要求该出资人缴纳所认缴的出资，而不受出资期限的限制。

【注释】

出资人的出资属于债务人应当获得的财产，包含在本法第 30 条规定的债务人财产范围内，应当由管理人统一管理。

一、出资人的补缴出资义务

出资人拖延缴付应予缴清的出资，或者在出资以后又以种种方式抽回出资的情况，在实践中时有发生。出资人的出资是企业法人对外信用的主要财产基础。法律要求将出资人对企业承担有限责任的范围，确定在其认缴的出资范围内。由于我国公司法未实行授权资本制，因而所有的注册资本都属于出资人已经认缴。如果公司的实缴资本低于注册资本，则出资人应当在债权人追索债务或者企业破产时就差额部分承担补交义务。早在 1993 年，最高人民法院就在《全国经济审判工作座谈会纪要》（已失效）中规定："企业法人注册登记时，投资方出资不足的，人民法院在审理案件时，如果发现该企业财产不足清偿债务，应判令投资方补足其投资用以清偿债务；注册资金不实的，由开办单位在注册资金不实的范围内承担责任；核准登记后，开办单位、投资人或其他人抽逃资金、隐匿财产，逃避债务的，应依法追回。"由此可见，追索欠缴出资的规则在我国审判实践中由来已久。本法早在 1995 年版草案中就设立了本条规定。我国 2005 年修订《公司法》，在其第 28 条和第 94 条中规定了股东补缴出资义务。①

在企业股份制改造或者产权交易中，投资者根据虚假的财务报表或评估报告，以非正常的低价收购企业股份的，在破产案件中，应当适用本条规定。具体做法是，根据交易时的企业资产情况，合理评估股份的实际交易价，依照"按质论价"的商业惯例，由投资者补交购股款。

出资人补缴出资的义务是出资人依据有限责任原则承担的在出资范围内对外承担公司债务的义务，而不是单纯的出资人与公司之间的内部债务。所以，此种义务不

---

① 参见《公司法》（2018 年修正）第 28 条、第 93 条。

得在出资人与公司的交往关系中以抵销、免除的方式消灭。

【示例】

1. A公司系由B公司和C公司合资成立。A公司成立一年后,B公司和C公司决定将A公司的注册资金由原来的1000万元增加到1800万元。其中,B公司认缴的400万元出资一直没有缴付。现A公司进入破产程序,管理人要求B公司补缴出资。B公司主张自己对A公司享有380万元债权,与出资义务抵销后,只需补缴20万元。B公司的主张不能成立,应当补缴400万元出资。①

2. A公司的出资人B公司按章程规定应缴纳出资2000万元,但迄至A公司破产时,A公司只缴纳出资1500万元。当破产管理人要求B公司补缴500万元出资时,B公司出具了A公司董事会1年前作出的一份免除B公司补缴出资义务的决议。该决议无效,B公司应当补缴500万元出资。

3. A公司原为国有企业,在5年前进行股份制改造时,企业管理层通过虚增企业负债和压低企业资产价值,缩小企业净资产,从而以低价购得企业的大部分股份。现A公司破产。管理人应当依据本条规定,要求这些人员按照审计报告评定的资产价值补交购股款。

二、管理人追索欠缴出资的职责

管理人接管公司财产后,只要发现有欠缴的出资,包括出资中应缴而未缴的部分、非货币出资作价高于实际价值的部分和出资后以种种方式抽回的部分,就应当要求承担该项出资义务的出资人补缴。此种补缴主张应直接向出资人提出;如出资人不履行,则可以提起诉讼。公司其他人员对造成违反出资义务或者抽逃出资的原因有过错的,管理人有权同时或单独请求相关责任人承担相应责任。《破产法解释(二)》第20条第2款规定:"管理人依据公司法的相关规定代表债务人提起诉讼,主张公司的发起人和负有监督股东履行出资义务的董事、高级管理人员,或者协助抽逃出资的其他股东、董事、高级管理人员、实际控制人等,对股东违反出资义务或者抽逃

① 参见最高人民法院《关于破产债权能否与未到位的注册资金抵销问题的复函》(1995年4月10日)。

出资承担相应责任，并将财产归入债务人财产的，人民法院应予支持。”

三、管理人追索出资不受原出资期限的限制

在公司章程或认缴出资的协议中规定了出资期限，而破产程序开始时该期限尚未届满的情况下，管理人有权不受此期限的限制而要求出资人立即履行补缴出资的义务。对这一要求，出资人不得拒绝。《破产法解释（二）》第 20 条第 1 款规定：“管理人代表债务人提起诉讼，主张出资人向债务人依法缴付未履行的出资或者返还抽逃的出资本息，出资人以认缴出资尚未届至公司章程规定的缴纳期限或者违反出资义务已经超过诉讼时效为由抗辩的，人民法院不予支持。”

第三十六条　【对企业管理层的特别追回权】债务人的董事、监事和高级管理人员利用职权从企业获取的非正常收入和侵占的企业财产，管理人应当追回。

【注释】

一、对企业管理层的特别追回权的意义

董事、监事和高级管理人员在公司中处于特殊地位，能够参与公司的经营管理，因而就有机会利用职权从公司中获取不正当的收入或者侵占公司财产，损害公司债权人利益。长期以来，企业（特别是国有企业）存在一种被称作“穷庙富方丈”的现象，即企业连年亏损，而高层管理人员却财源滚滚。企业实际上成了这些人在牺牲投资者、债权人和职工利益的基础上发财致富的工具。有的企业在陷入困境的情况下，其高层管理人员不是积极设法拯救企业，而是千方百计攫取企业财产，享受“最后的晚宴”。在本法起草过程中，要求制止这一现象的呼声十分强烈。为了保护企业财产，维护投资者、债权人和职工的利益，以及实现公平有序的破产程序，本法设立本条，赋予管理人以针对企业高层人员的特别追回权，以追回被他们巧取豪夺的企业财产，以便在维护债权人利益的同时，遏制企业高层管理人员的不正当自利行为，维护企业利益和改善法人治理。

本条规定的特别追回权，是破产法为保护多方当事人权益和维护破产法秩序而设立的具有社会性的财产追索权。行使这一权利追回企业财产，是管理人的职责。

二、特别追回权的适用范围

(一)主体范围

本条规定为“董事、监事和高级管理人员”。其中,“董事”是指董事会的所有成员,不仅包括董事会的普通成员,而且包括在董事会中担任一定职位(如董事长、副董事长、执行董事)的成员。“监事”也是如此,即包括一般监事和监事会主席、副主席。“高级管理人员”在公司制企业中,包括总经理(或其他类似职务,如首席执行官即CEO、总裁、经理等)、副总经理(或其他类似职务)、财务主管(或其他类似职务,如首席财务官即CFO、财务总监、财务经理等),以及公司章程规定的其他高级管理人员(如上市公司董事会秘书)。此外,虽然没有担任高级职务,但在公司中实际担负重要职权的人,经人民法院认定,可以成为本条的适用对象。非公司制企业的管理层人员,依照相关的法律、行政法规或者企业章程以及企业登记,由人民法院确定。

(二)标的范围

本条规定为“利用职权从企业获取的非正常收入和侵占的企业财产”。其中包括两类情况:一是非正常收入,二是侵占的财产。所谓“非正常收入”,是指依照法律、法规和企业正常的报酬制度、分配制度,不应当获取的金钱、有价证券、股份或股份期权以及其他财产权益。例如,在企业亏损的情况下,领取年薪、奖金等以经营业绩为条件的奖励性收入;通过制定不合理的奖励标准,或者虚报或夸大经营业绩,获取不合常规的奖励或报酬;未履行职务而领取工资;以不正当的名目支取津贴;利用擅自制定的经营收益提成规则获取分配;私自收取商业回扣;设立“特别活动经费”,用于个人消费或者据为个人所有;设立“小金库”,用于个人消费或者少数人私下分配。此外,以贪污、挪用、受贿等犯罪手段从企业获取的钱财,当然也属于本条规定的非正常收入。以上收入,包括以本人名义、亲属名义或者其代理人的名义领取的收入。所谓“侵占的财产”,是指以所有或用益的方式占有的不动产或动产,如住房、商铺、车辆等。而这两类情况有两个共同的特点:第一,行为人获取这些收入或财产均利用了其职务所带来的地位、权力或其他便利条件;第二,行为人获取的这些收入或财产均属于或原本属于其所在的企业。

《破产法解释(二)》第24条规定,债务人有本法第2条第1款规定的情形时,债务人的董事、监事和高级管理人员利用职权获取的以下收入,人民法院应当认定为本条规定的非正常收入:(1)绩效奖金;(2)普遍拖欠职工工资情况下获取的工资性收入;(3)其他非正常收入。债务人的董事、监事和高级管理人员拒不向管理人返还上述债务人财产,管理人主张上述人员予以返还的,人民法院应予支持。但是,该条第3款规定,债务人的董事、监事和高级管理人员因返还上述第(1)项、第(3)项非正常收入形成的债权,可以作为普通破产债权清偿。因返还上述第(2)项非正常收入形成的债权,依据本法第113条第3款的规定,按照该企业职工平均工资计算的部分作为拖欠职工工资清偿;高出该企业职工平均工资计算的部分,可以作为普通破产债权清偿。此款规定,实际上是将这3类非正常收入做了"追回后可适当返还"的"宽大"处理。这样规定与本法的精神不尽一致。鉴于其采用了"可以作为普通破产债权清偿"的表述,在实践中需要考虑相关收入包含的合理成分以及相关人员对债务人的营业和财产作出的实际贡献等因素,予以从严掌握。

(三)时间范围

对于上述非正常收入和被侵占财产的追回,本法没有规定行为追诉的时间限制。因此,无论是发生在破产前或是破产过程中,也无论是在破产前的多长时间内,管理人都有权追索。由于破产追回权不同于一般的民事请求权,管理人依据本条规定提起的财产追索诉讼,不利于破产开始前经过的诉讼时效。

【示例】

1. A公司的破产管理人发现,该公司在破产前长期亏损,而公司董事长、总经理等高级职员却长期领取高额年薪。此高额年薪属于非正常收入,管理人应予追回。

2. A公司的管理层在过去的5年里以虚报企业盈利的方式分得高额红利。现A公司进入破产程序。管理人应当依据本条规定,要求其退还所分得的红利。

3. A公司在进入破产程序的3年前,以技术改造项目取得一笔银行贷款,用其中一部分为公司高层管理人员修建了一批高档住宅。2年前,公司又以"房改"名义,以极低的价格将住宅产权转让给这些人员。此种行为构成侵占企业财产,管理人应当收回房屋产权(同时返还已交购房款),或者要求购房户按市场价格补交差价款。

第三十七条　【质物、留置物的取回】人民法院受理破产申请后,管理人可以通过清偿债务或者提供为债权人接受的担保,取回质物、留置物。

前款规定的债务清偿或者替代担保,在质物或者留置物的价值低于被担

保的债权额时,以该质物或者留置物当时的市场价值为限。

【注释】

一、质物、留置物取回的意义

动产质权和留置权都属于在设定时转移占有的担保物权。债务人作为所有权人,并不实际占有质物或留置物。在权利质押的情况下,基金份额、股权、知识产权等出质权利的转让等交易也受到限制。在破产案件中,特别是在企业拯救的情况下,为了继续营业、整体处置资产或者通过产权交易的融资,有时需要将处于质押、留置状态的财产或财产权利收回,以用于企业的继续营业。因此,破产法需要给予管理人在必要时取回质物或留置物的权利。此外,保护债权人的担保权益也是破产法的重要任务,因而要求管理人在取回质物或留置物时,给予担保权人以即时清偿或替代担保的保护。

二、质物或留置物的取回方式

1. 即时清偿

质权和留置权都是担保物权,目的是实现担保债权。如果债务人清偿了债务,债的关系归于消灭,则担保物权也随之消灭,管理人当然可以回收质物或留置物。

2. 提供债权人所能接受的替代担保

替代担保的方式,可以是以其他财产设置的抵押或质押,也可以是由第三人提供的保证。如果债权人接受替代担保,则可以消灭原来的担保权,从而收回质物或留置物。

在破产重整的情况下,根据本法第75条的规定,担保物权暂停行使。此时,担保权人虽占有财产,但不能处分变现,当然比较愿意接受即时清偿。但在重整期间,企业对资金的需求也十分迫切。如果被担保的债权金额较大,赎回担保物可能给企业的流动性带来不利影响。因此,以未设置担保的闲置财产作为替代担保物,以置换继续营业所需的被质押或留置的财产,或者重整计划所涉及的产权交易所需的被质押股票,是比较有利的选择。但是,说服担保权人接受替代担保是一件比较困难的事情。在被担保的债务金额较大的情况下,可以考虑的一个折中办法,即部分即时清偿、部分替代担保。

3. 管理人的报告义务

管理人行使本条规定的取回权，无论采用上述何种方式，都涉及对担保物、替代担保物的价值评估等影响债权人清偿利益的问题。根据本法第69条第9项的规定，管理人取回担保物时，应当履行及时报告的义务。《破产法解释（二）》第25条规定，管理人拟通过清偿债务或者提供担保取回质物、留置物，或者与质权人、留置权人协议以质物、留置物折价清偿债务等方式，进行对债权人利益有重大影响的财产处分行为的，应当及时报告债权人委员会。未设立债权人委员会的，管理人应当及时报告人民法院。依此类推，该条还规定，管理人与质权人、留置权人协议以质物、留置物折价清偿债务等方式，进行对债权人利益有重大影响的财产处分行为的，也应当履行这样的报告义务。

三、即时清偿或替代担保的金额限制

按照民法典的规定，担保物权在实现时，其债权的回收数额取决于担保物在当时的市场价格。[①] 因此，如果被担保的债权的金额高于质物或留置物在即时清偿或替代担保时的市场价格，则此时享受即时清偿或者替代担保的债权额，应当以当时能够由担保物变现清偿的数额为限。至于高出的部分，则只能作为一般债权，通过债权申报，加入破产法的集体清偿程序。当然，如果质物或留置物的市场价值高于或等于被担保的债权数额，则即时清偿或替代担保应当以被担保债权的全额为准。

【示例】

1. A公司破产时，因缺乏流动资金支付对外债务，其一辆已交付修理的载重汽车被B汽车修理公司留置。现A公司正在进行重整，急需这辆汽车用于营业。管理人与B公司商定，以A公司的一台生产设备作为抵押，收回这辆汽车。管理人与B公司的此项交易，符合本条规定。

2. A公司曾以其持有的一批B公司股票设定质押向C银行贷款一笔。现A公司被法院批准破产重整。重整期间，管理人与D公司达成协议：将A公司持有的B公司股票转让给D公司，D公司付给一笔相当于这批股票市值的款项，以此为条件，D公司向A公司注入一笔资金，取得A公司的一部分股份。为此，管理人以现金向C银行赎回这批股票，从而确定了重整计划的偿债方案。管理人与C银行的此项交

① 参见《民法典》第410条、第436条、第453条。

易符合本条规定。

第三十八条 【一般取回权】人民法院受理破产申请后,债务人占有的不属于债务人的财产,该财产的权利人可以通过管理人取回。但是,本法另有规定的除外。

【注释】

一、取回权的概念

取回权,是指从管理人接管的财产中取回不属于债务人的财产的请求权。取回权有以下法律特征:

1. 取回权是对特定物的返还请求权。这种返还请求权应具备以下三项条件:(1)以被请求人占有请求人财产的事实为前提。(2)以特定物或者特定化的种类物为请求标的。(3)以该物的原物返还为请求内容。缺乏这3项条件之一的,不构成取回权。无论被请求人占有财产的原因如何,均可成立取回权。

2. 取回权是以物权为基础的请求权。也就是说,取回权的发生依据不是债的关系而是物权关系。取回权人是以物的所有人的身份提出权利请求的。若无物的所有权(或者由所有权派生的其他物权,如土地使用权)作为权利基础,则不得主张取回权。

3. 取回权是在破产程序中行使的特别请求权。其特殊性表现为,不参加债权申报和债权人会议,而由权利人个别行使权利。

4. 取回权标的物在被取回以前,视为债务人财产,由管理人管理和支配。该财产若受到不法侵犯,管理人得请求法律保护。

【示例】

董某等50家商户在五彩购物广场租赁商铺从事零售经营的过程中,委托五彩购物广场的业主Y公司代为收取销售货款。Y公司破产后,董某等50家商户要求对Y公司账户上的代收货款行使取回权。法院认定:"现有证据不能证明五彩购物广场对所收取的货款开立专门账户加以管理,即五彩购物广场代收的货款没有特定化。由于货币作为动产的特殊属性,董某等50家商户对没有特定化的货款不具有所有权关系，在企业破产程序中不能行使取回权，可以以普通债权人的身份参与破产财产的分配。”①

二、取回权的种类

（一）一般取回权与特殊取回权

适用破产法概括性规定的取回权为一般取回权。适用破产法特别规定的取回权为特殊取回权。本条是关于一般取回权的规定。

本条所称的“不属于债务人的财产”，在实践中可分为以下两种情况：

1. 债务人合法占有的他人财产。即债务人有合法根据而占有的属于他人的财产，主要有：共有财产；委托管理财产；租赁财产；借用财产；保管财产；仓储财产；加工承揽财产；委托财产；寄存财产；寄售（代销）财产；托管财产；依据所有权保留买卖取得占有但尚未取得所有权的财产；无因管理的财产；依据其他法律关系占有但未取得所有权的财产。

2. 债务人不法占有的他人财产。即债务人无合法根据而占有的属于他人的财产。例如，非法侵占的财产；受领他人错误给付而取得的财产；债务人据为己有的他人遗失财产。

特殊取回权又称途中取回权，是指向债务人交付但于破产程序开始时尚在途中的财产，尚未取得价款的发运方有主张取回的权利。设立此权利的目的在于减少未收取价款而发运货物的一方当事人的风险，以维护交易公平、促进商业流转。在国外破产法上，特殊取回权主要有出卖人取回权和行纪人取回权两种形式。出卖人取回权是指在异地交易中，出卖人发运买卖标的物以后，买受人没有付清价款，而于收到标的物以前开始破产的，出卖人有权解除合同并取回该项财产。行纪取回权是指行纪人按委托人的委托购入物品并交付给委托人，在货物发运后，委托人尚未收到货物又未付清价款而开始破产的，行纪人对于已发运的财产拥有取回权。本法仅以第39条规定了出卖人取回权，而未规定行纪人取回权。其原因在于，行纪人取回权的情况在我国极少发生。在实践中，如这种情况发生，可参照本法第39条的规定处理。

---

①　参见最高人民法院《关于河南省高级人民法院就郑州亚细亚五彩购物广场有限公司破产一案中董某某等50家商户能否行使取回权问题请示的答复》（2003年6月9日）。

由于在途货物的所有权尚未转移,货物毁损灭失或者贬值的风险,除损失是由买受人的过错所致或者当事人之间另有约定的外,原则上应由出卖人负担。

(二)原物取回权与赔偿取回权

原物取回权是根据原物返还的民法原理而取得的权利。例如,依据租赁合同、保管合同而由债务人占有的财产,其所有权人有权请求返还原物。赔偿取回权是根据损害赔偿的民法原理取得的权利,它是指在依法律关系移交破产债务人占有的财产已不能原物返还的情况下以金钱赔偿方式满足的取回权。例如,在破产程序期间标的物毁损灭失、取回权人提出取回请求前管理人已经将标的物处分、共有物无法分割等情况下的赔偿取回权。显然,赔偿取回权是在无法通过原物取回权实现权利的情况下采用的一种替代补救。所以,在原物存在的情况下,所有权人只能请求返还。

关于赔偿取回权的满足,可分为两类情况:一是原物在破产申请受理前被处分或者因债务人的责任毁损灭失的,权利人以直接损失额申报债权;二是原物在破产申请受理后被处分或者因管理人的责任毁损灭失的,权利人按共益债务获得赔偿。此外,在取回权标的物为共有物或者为企业整体财产的组成部分,如原物取回将会对债务人财产价值造成显著不利影响的情况下,也可以按共益债务对权利人支付赔偿。

三、取回权的行使

(一)取回权行使的开始时间

本条将取回权的行使时间确定为"人民法院受理破产申请后",这意味着,破产案件一经受理,取回权人即可通过管理人取回财产。最高人民法院《高效审理意见》第 8 条规定,在管理人接管过程中,对于债务人占有的不属于债务人的财产,权利人可以依据《企业破产法》第 38 条的规定向管理人主张取回。管理人不予认可的,权利人可以向破产案件受理法院提起诉讼请求行使取回权。诉讼期间不停止管理人的接管。

显然,权利人的取回主张只要有充分根据,管理人是不能拒绝的。但这并不意味着管理人对权利人的取回人请求必须一概立即满足。在破产宣告前,管理人对取回权请求的处理应该在尊重权利人财产权利与尽可能稳定现有财产关系以利于企业拯救之间求得平衡。对于债务人依据合同占有并且对继续营业和企业拯救有重要意义的财产,管理人可以援用本法第 18 条规定的选择权,作出继续履行的决定,或者尽快启动重整程序,以便适用本法第 76 条"债务人合法占有的他人财产,该财产的权利人在重整期间要求取回的,应当符合事先约定的条件"的规定,以避免企业拯救的努力因权利人提前收回财产而受挫。当然,在继续占有的情况下,管理人应充分尊重权利人的合法权益,妥善保护权利人的财产,并依约履行对待给付义务。

(二)取回权的行使方式

根据本条的规定,破产申请受理后,破产程序终结前,取回权人可以随时向管理人请求取回财产。管理人收到取回权人的请求后,经证明属实的,应予返还。

取回权标的物应当原物返还(原物取回权)。取回权标的物因已经处分或者毁损灭失而不能原物返还的,应当折价返还(赔偿取回权)。

管理人在处理以取回权为由提出的给付请求时,如果认为请求人缺乏权利根据,可以拒绝给付。由此发生争议的,请求人可以向受理破产案件的人民法院提起诉讼。

依据合同由债务人占有的财产,其合同为本法第 18 条规定的待履行合同的,权利人行使取回权应遵守该条的规定。

在重整程序中,取回权的行使应遵守本法第 76 条的规定。

(三)取回权行使时的费用结算

债务人合法占有财产为有偿行为的,在权利人行使取回权时,应当就相关费用进行结算。取回权人预交的费用如租金、保管费等,因标的物提前取回应予退还的,应作为普通债权申报。取回权人欠交的费用如加工费、仓储费等,管理人应当在返还标的物时收取。债务人占有期间发生的货损,在确定为债务人责任的情况下,取回权人可以就赔偿金申报债权。权利人行使途中取回权的,如果买受人事先预付了部分价款,管理人有权请求返还。在破产程序期间为管理和保护取回权标的物支付的费用,管理人也有权向取回权人请求支付。

(四)关于取回权行使的司法解释规定

1. 关于权利行使迟延,《破产法解释(二)》第 26 条规定,权利人依据本法第 38 条的规定行使取回权,应当在破产财产变价方案或者和解协议、重整计划草案提交债权人会议表决前向管理人提出。权利人在上述期限后主张取回相关财产的,应当承担延迟行使取回权增加的相关费用。此规定的合理性在于,这些延迟行使取回权的情形可能导致债务人财产数额的变化和清偿方案的更改,从而造成额外的费用。

2. 关于取回权争议,《破产法解释(二)》第 27 条规定,权利人依据本法第 38 条的规定向管理人主张取回相关财产,管理人不予认可,权利人以债务人为被告向人民法院提起诉讼请求行使取回权的,人民法院应予受理。权利人依据人民法院或者仲裁机关的相关生效法律文书向管理人主张取回争议所涉财产,管理人以生效法律文书错误为由拒绝其行使取回权的,人民法院不予支持。

3. 关于费用结算争议,《破产法解释(二)》第28条规定,权利人行使取回权时未依法向管理人支付相关的加工费、保管费、托运费、委托费、代销费等费用,管理人拒绝其取回相关财产的,人民法院应予支持。

4. 关于变价止损所得的取回,《破产法解释(二)》第29条规定,对债务人占有的权属不清的鲜活易腐等不易保管的财产或者不及时变现价值将严重贬损的财产,管理人及时变价并提存变价款后,有关权利人就该变价款行使取回权的,人民法院应予支持。

5. 关于被违法转让财产的取回,分为两种情形。首先是不能取回的情形。根据《破产法解释(二)》第30条的规定,债务人占有的他人财产被违法转让给第三人,依据我国《民法典》第311条的规定,[①]第三人已善意取得财产所有权,原权利人无法取回该财产的,人民法院应当按照以下规定处理:(1)转让行为发生在破产申请受理前的,原权利人因财产损失形成的债权,作为普通破产债权清偿;(2)转让行为发生在破产申请受理后的,因管理人或者相关人员执行职务导致原权利人损害所产生的债务,作为共益债务清偿。其次是能够取回的情形。《破产法解释(二)》第31条规定,债务人占有的他人财产被违法转让给第三人,第三人已向债务人支付了转让价款,但依据《民法典》第311条的规定未取得财产所有权,原权利人依法追回转让财产的,对因第三人已支付对价而产生的债务,人民法院应当按照以下规定处理:(1)转让行为发生在破产申请受理前的,作为普通破产债权清偿;(2)转让行为发生在破产申请受理后的,作为共益债务清偿。

关于以上情况下违法转让行为的责任问题,《破产法解释(二)》第33条规定,管理人或者相关人员在执行职务过程中,因故意或者重大过失不当转让他人财产或者

---

① 《民法典》第311条规定:"无处分权人将不动产或者动产转让给受让人的,所有权人有权追回;除法律另有规定外,符合下列情形的,受让人取得该不动产或者动产的所有权:(一)受让人受让该不动产或者动产时是善意的;(二)以合理的价格转让;(三)转让的不动产或者动产依照法律规定应当登记的已经登记,不需要登记的已经交付给受让人。受让人依据前款规定取得不动产或者动产的所有权的,原所有权人有权向无处分权人请求损害赔偿。当事人善意取得其他物权的,参照适用前两款规定。"

造成他人财产毁损、灭失,导致他人损害产生的债务作为共益债务,由债务人财产随时清偿不足弥补损失,权利人向管理人或者相关人员主张承担补充赔偿责任的,人民法院应予支持。上述债务作为共益债务由债务人财产随时清偿后,债权人以管理人或者相关人员执行职务不当导致债务人财产减少给其造成损失为由提起诉讼,主张管理人或者相关人员承担相应赔偿责任的,人民法院应予支持。

6. 关于原物毁损灭失情况下的代偿取回。《破产法解释(二)》第32条规定,债务人占有的他人财产毁损、灭失,因此获得的保险金、赔偿金、代偿物尚未交付给债务人,或者代偿物虽已交付给债务人但能与债务人财产予以区分的,权利人主张取回就此获得的保险金、赔偿金、代偿物的,人民法院应予支持。保险金、赔偿金已经交付给债务人,或者代偿物已经交付给债务人且不能与债务人财产予以区分的,人民法院应当按照以下规定处理:(1)财产毁损、灭失发生在破产申请受理前的,权利人因财产损失形成的债权,作为普通破产债权清偿;(2)财产毁损、灭失发生在破产申请受理后的,因管理人或者相关人员执行职务导致权利人损害产生的债务,作为共益债务清偿。债务人占有的他人财产毁损、灭失,没有获得相应的保险金、赔偿金、代偿物,或者保险金、赔偿物、代偿物不足以弥补其损失的部分,人民法院应当按照上述规定处理。

7. 关于待履行合同所涉财产的取回,《破产法解释(二)》第35条、第37条、第38条区分出卖人破产和买受人破产的不同场景,就"管理人决定继续履行"和"管理人决定解除合同"情形下所有权保留买卖合同出卖人的取回权行使作了分别规定(参见本书第十八条注释)。

(五)融资租赁出租人取回权的限制

在融资租赁合同中,出租人根据承租人对出卖人、租赁物的选择订立的买卖合同,出卖人按照约定向承租人交付标的物,承租人享有与受领标的物有关的买受人的权利。[①] 在实践中,租赁物还可能发生与他物相附合、混合的情形。[②] 因此,承租人在交易过程中往往具有标的物所有权人的表征。当租赁物被承租人为第三人设立抵押、质押或者被第三人留置时,就可能发生出租人取回权与第三人担保物权之间的权

① 参见《民法典》第739条。
② 参见《民法典》第758条第2款。

利冲突。

遇到这种情况,在《民法典》颁布前,出租人可以援引原《合同法》第242条"(融资租赁)承租人破产的,租赁物不属于破产财产"的规定,享有相对于担保物权的优越地位。在融资租赁交易未经公示的情况下,出租人的这种过于强势地位对于善意的担保权人来说是不公平的,这种"隐形担保"现象的存在对于维护金融市场秩序也是不利的。所以,《民法典》删除了原《合同法》第242条的上述规定,代之以第745条的规定,即"出租人对租赁物享有的所有权,未经登记,不得对抗善意第三人"。

目前,我国已经建立了融资租赁的登记公示系统。2020年12月22日,国务院发布《关于实施动产和权利担保统一登记的决定》,规定从2021年1月1日起,在全国范围内实施动产和权利担保统一登记,由当事人通过中国人民银行征信中心(以下简称征信中心)动产融资统一登记公示系统自主办理登记。纳入统一登记范围的担保类型包括了融资租赁。

在破产程序中,对于债务人依据融资租赁合同占有的租赁物,债务人已经设定了担保物权的,应当适用《破产法解释(二)》第3条第1款"债务人已依法设定担保物权的特定财产,人民法院应当认定为债务人财产"的规定。对此,出租人要求取回的,应当证明出租人对租赁物享有的所有权经过登记。如果未经登记,且担保权人能够证明其交易时已尽到必要的注意义务仍不知道该担保物为租赁物的,则出租人的取回权主张不能对抗担保权人的权利主张。

随着原《合同法》第242条"租赁物不属于破产财产"的规定被《民法典》删除,融资租赁的租赁物在破产程序开始时应作为债务人财产纳入管理人管理。除《民法典》第745条规定的情形外,出租人可以通过管理人取回租赁物,但其取回请求受制于本法第18条规定的管理选择权。当然,出租人可以主动选择继续履行合同。在继续履行合同的情况下,出租人可以依本法第42条的规定获得租金等的优先支付。出租人主动选择继续履行合同的,视为放弃取回权。取回权一经放弃即告消灭。

第三十九条 【出卖人取回权】人民法院受理破产申请时,出卖人已将买卖标的物向作为买受人的债务人发运,债务人尚未收到且未付清全部价款的,出卖人可以取回在运途中的标的物。但是,管理人可以支付全部价款,请求出卖人交付标的物。

【注释】

一、出卖人取回权的条件

出卖人取回权的概念如前条注释所述。但须注意的是,在我国,出卖人取回权行使的开始时间与一般取回权一样,是以人民法院受理破产申请时为准。行使出卖人取回权,应当符合以下条件:

1. 取回权的标的是人民法院受理破产申请时出卖人已经发运并在运途中的买卖标的物。这里的"受理破产申请时",应该是指受理裁定公告的日期。在此日期之前债务人已经收到标的物的,出卖人不得取回,仅可就债务人未付清的价款,在破产程序中申报债权。这里的"在运途中",包括从交付运输后到买受人领取前的连续计算的期间。至于破产受理时标的物尚未发运的情形,不属于本条规定的范围,可适用本法第 18 条关于待履行合同的规定。

2. 取回权的条件是债务人未付清全部价款。取回权的目的在于保护出卖人的利益。如果债务人已经把所有价款付清,则出卖人不存在任何损失,不需要通过取回权来保护自己的利益。

二、出卖人取回权的行使

出卖人行使取回权的,以通知管理人为必要。根据《破产法解释(二)》第 39 条第 1 款的规定,出卖人依据本法第 39 条的规定,通过通知承运人或者实际占有人中止运输、返还货物、变更到达地,或者将货物交给其他收货人等方式,对在运途中标的物主张了取回权但未能实现,或者在货物未达管理人前已向管理人主张取回在运途中标的物,在买卖标的物到达管理人后,出卖人向管理人主张取回的,管理人应予准许。出卖人对在运途中标的物未及时行使取回权,在买卖标的物到达管理人后向管理人行使在运途中标的物取回权的,管理人不应准许。

三、出卖人取回权的限制——管理人的交付请求权

出卖人取回权,是在卖方因买方破产而不能获得全部价款的情况下得到的一种法律保护。如果买方能够支付全部价款,则卖方就没有获得这种保护的需要。因此,本条但书规定,管理人可以就出卖人享有取回权的标的物,在支付全部价款的条件下请求出卖人交付。对这一请求,出卖人不得拒绝。在实践中,破产案件受理时在运途中的货物如果为债务人继续营业或者资产保值所需,管理人可以在付清价款的情况下向出卖人主张取得货物所有权。

需要注意的是,管理人有权以支付全部价款收取的货物,必须是破产案件受理时尚在运途中的货物。如果货物在破产案件受理前收到但货款尚未付清,则管理人不得支付余款;如果货物在破产案件受理时尚未发运且货款尚未付清,则应按照本法第18条的规定处理。此外,对于出卖人享有取回权的标的物,管理人应当根据债务人的营业和资产情况,本着最有利于保护债务人财产价值和债权人清偿利益的原则,慎重考虑是否支付全款收取货物。如果收取的货物对营业和资产保值并无实益,则支付全款势必加剧债务人的财务困难,不利于企业拯救,而一旦进入破产清算,则当初以支付全款取得的货物难免于变价时跌价出售,进而造成债权人的损失。

【示例】

1. 人民法院于9月1日发出受理A公司的破产申请的公告。当日,B公司向A公司发运的一批货物到达A公司所在地的港口。次日,A公司接到港口发出的到货通知。按照买卖合同,这批货物的70%价款于货到验收合格后支付。鉴于在破产案件受理公告时A公司尚未收到这批货物,B公司有权取回,但须退还预收的30%价款。

2. 在前例中,如果A公司于货物到港当天即接到港口通知并立即派人前往办理了收货手续,鉴于A公司是在破产案件受理公告的当天收到这批货物,则B公司无权取回。

3. A公司向B公司购买设备一套。合同约定,买方于7月20日自行运送设备到买方处,货到后付款。7月23日A公司的重整申请被人民法院受理。7月25日B公司运送的设备到达A公司。考虑到这套设备为企业继续营业和生产线保值所急需,管理人决定付清货款、收取货物。在此情况下,B公司无权将设备运回。

4. A公司向B公司购买货物一批,条件为货到付款。B公司于8月1日将货物发运,A公司于8月5日收到。8月10日A公司的破产申请被人民法院受理。随后,B公司请求支付货款。管理人应当拒绝B公司的请求,并告知其依照企业破产法的规定申报债权。

第四十条　【破产抵销权】债权人在破产申请受理前对债务人负有债务的,可以向管理人主张抵销。但是,有下列情形之一的,不得抵销:

（一）债务人的债务人在破产申请受理后取得他人对债务人的债权的；

（二）债权人已知债务人有不能清偿到期债务或者破产申请的事实，对债务人负担债务的；但是，债权人因为法律规定或者有破产申请一年前所发生的原因而负担债务的除外；

（三）债务人的债务人已知债务人有不能清偿到期债务或者破产申请的事实，对债务人取得债权的；但是，债务人的债务人因为法律规定或者有破产申请一年前所发生的原因而取得债权的除外。

【注释】

一、破产抵销权的意义

破产抵销权，是指破产债权人在破产宣告前对破产人负有债务的，无论债的种类和到期时间，得于清算分配前以破产债权抵销其所负债务的权利。

在通常情况下，抵销免除双方的债务，双方是同等受益的。也就是说，以抵销的方法实现清偿的结果，与双方分别向对方履行给付的结果是一致的。但是在破产情况下，破产债权与破产财产由抵销所受的利益是不均等的，因为债权人通过破产清算获得的清偿是不足额的，而债务人财产向它的有清偿能力的债务人获得的清偿则是足额的。所以，破产抵销所实现的清偿结果与各方分别清偿的结果并不一致，前者有利于主张抵销的债权人而不利于债务人财产，因而不利于全体破产债权人的一般清偿利益。这种情况导致少数国家的破产立法不允许破产抵销。

在金融市场上，一般认为抵销具有担保债权回收的作用。例如，银行在对存款客户贷款时可以预见到，如客户到期不能还贷，则银行可以用客户的存款抵还贷款，即通过抵销而免除对客户的存款返还义务，从而使自己的贷款请求权得以满足。这就是所谓"抵销的担保机能"。日本学者认为："对一般担保权，只要它被承认为正当的权利，破产法就以别除权的形式予以保护，对抵销也尊重其担保机能，允许对破产人负有债务的破产债权人以行使抵销权的形式，不依破产程序行使权利。"①联合国国际贸易法委员会认为："根据破产法对债务人的启动前交易或活动引起的互负债务

① ［日］伊藤真：《破产法》，刘荣军等译，中国社会科学出版社1995年版，第206页。

执行抵销权,不仅对商业预测和信贷提供很重要,而且有助于避免在策略上误用破产程序。鉴于这些理由,由破产法为这种抵销权提供保护是十分可取的。”①我国破产法基于保护金融交易的需求,承认破产抵销权。本条即是关于破产抵销权的规定。

二、破产抵销权的特点

《民法典》第568条规定:“当事人互负债务,该债务的标的物种类、品质相同的,任何一方可以将自己的债务与对方的到期债务抵销;但是,根据债务性质、按照当事人约定或者依照法律规定不得抵销的除外。当事人主张抵销的,应当通知对方。通知自到达对方时生效。抵销不得附条件或者附期限。”根据这一规定,法定抵销的构成要件为:(1)当事人互负债务;(2)抵销债务的标的物种类、品质相同;(3)被抵销的债务已到期。

与民法上的抵销权相比,破产抵销权有以下几个主要特点:

1. 享有破产抵销权的人,须为破产程序中的债权人。在民法上,互负债务的双方当事人都有主张抵销的权利。但在破产法上,只有债权人才有抵销权,而与之相对的管理人则无此权利。也就是说,在债权人对债务人财产负有债务的情况下,根据最有利于债务人财产的原则,管理人只能要求相对人清偿债务,而不能主动以债务人拥有的对债权人的债权去抵销其对该债权人的债务。

2. 债权人用于抵销的债务,须为其于破产申请受理前对破产债务人所负的债务。民法对可抵销债务的形成时间并无限制。而在破产法上,可用于破产抵销的债务被明确地限定为破产债权人于破产申请受理前对破产人所负的债务。这意味着,破产申请受理以后,破产债权人对破产财产所负的债务必须全部履行,而不得与破产债权相抵销。例如,在破产变价过程中,破产债权人购买属于破产财产的财物的,应当实际履行支付价金的义务。在这种情况下,如果允许买受人以价金支付义务与其破产债权相抵销,则无异于允许个别破产债权人由破产财产优先获得全额清偿,这有悖于破产法的公平清偿原则。

3. 该债权和债务的抵销,不受债的标的物种类、品质的限制。民法上的抵销,以债务的标的物种类、品质相同为条件。标的物种类、品质不相同的,除经协商一致的

---

① 联合国国际贸易法委员会:《破产立法指南》(中文版),2006年纽约,第139页。

外,不得抵销。[①] 但是,在破产申请受理后,所有债务都转换为金钱债务。由此推论,则破产申请受理后,非金钱之债与金钱之债之间,以及不同标的物的非金钱之债之间,都可以按货币计价进行抵销。

4. 该债权和债务的抵销,不受履行期限的限制。民法上的抵销,以对方债务已到期为条件。因此,对方的未到期债务不得抵销。但是,根据本法第46条"未到期的债权,在破产申请受理时视为到期"的规定,在破产程序开始后,债务人所负的债务,无论是否已届清偿期,均视为已到期。

需要注意的是,《民法典》第568条第1款"但书",即法定抵销的除外情形的规定,适用于破产抵销。也就是说,根据债务性质、按照当事人约定或者依照法律规定不得抵销的,在破产程序中不得主张抵销。其中,包括但不限于本条但书规定的情形。

【示例】

1. 张某是A公司的技术人员。A公司进入破产程序后,张某主张以其对公司承担的保密义务和竞业禁止义务与公司的欠薪抵销。鉴于被抵销债务的人身性质,该抵销主张不能成立。

2. A公司的一个新产品开发项目得到了B公司投资参与。双方约定,各方投资义务的履行不受相互间债务关系的影响,并约定了迟延出资的违约金。A公司进入破产程序后,该项目继续运行。B公司主张,以其对A公司的货款债权与其拖欠的该项目出资相抵销。根据当事人约定,该抵销主张不能成立。

3. A公司对B公司享有债权,同时对B公司作为受托人管理下的信托财产C负有债务。A公司进入破产程序后,B公司主张上述两项债务抵销。该抵销主张违反《信托法》第18条"受托人管理运用、处分信托财产所产生的债权,不得与其固有财产产生的债务相抵销"的规定,侵犯了C财产受益人的合法权益,不能成立。

三、破产抵销权的行使

破产抵销权的行使,不仅关系破产抵销权人的利益,而且关系破产财产及全体破

---

① 参见《民法典》第569条。

产债权人的利益,因此,应当遵守一定的规则。

1. 债权人行使破产抵销权,应向管理人提出抵销主张

破产抵销权的行使,应由债权人向管理人提出抵销主张。《破产法解释(二)》第41条第1款规定:"债权人依据企业破产法第四十条的规定行使抵销权,应当向管理人提出抵销主张。"这种抵销主张必须以通知方式而为之,并且必须送达于管理人。《破产法解释(二)》第42条第1款规定:"管理人收到债权人提出的主张债务抵销的通知后,经审查无异议的,抵销自管理人收到通知之日起生效。"由此可见。我国的破产抵销权实行的是附异议权的通知生效制。而异议权的行使,必须遵守一定的规则。

根据《破产法解释(二)》第42条第2款的规定,如果管理人对抵销主张有异议,应当在约定的异议期限内或者自收到主张债务抵销的通知之日起3个月内向人民法院提起诉讼。无正当理由逾期提起的,人民法院不予支持。该条第3款规定,人民法院判决驳回管理人提起的抵销无效诉讼请求的,该抵销自管理人收到主张债务抵销的通知之日起生效。

《破产法解释(二)》第43条是对管理人异议权的限制。根据该条规定,债权人主张抵销,管理人以下列理由提出异议的,人民法院不予支持:(1)破产申请受理时,债务人对债权人负有的债务尚未到期;(2)破产申请受理时,债权人对债务人负有的债务尚未到期;(3)双方互负债务标的物种类、品质不同。

2. 管理人原则上不得主张抵销

《破产法解释(二)》第41条第2款规定:"管理人不得主动抵销债务人与债权人的互负债务,但抵销使债务人财产受益的除外。"

3. 附条件破产债权的抵销,应受到相应条件的制约

债权附条件的,依条件的性质不同,按以下两类情况区别处理:

(1)附停止条件的债权。附停止条件的债权,在条件未成就时,不得主张抵销。在条件未成就期间,管理人向该债权人要求清偿其对破产财产的债务时,应予履行。同时,该债权人有权要求管理人将相当于应抵销债权额的金额提存。在破产财产的最终分配前,如果条件成就,则将提存金额支付给该债权人;如果条件未成就,则按破产分配方案规定的比例,付给其作为普通债权人所应分得的金额。

(2)附解除条件的债权。附解除条件的债权,在条件未成就时,有权主张抵销。

但在破产程序终结前,如果条件成就,则应予解除抵销。由于在破产程序进行期间主张抵销能够使债权人免于向债务人财产履行债务,为保证日后抵销解除时债务人财产能够及时地收回债权,债权人在解除条件成就前主张抵销的,必须按抵销债务额提供相应的担保,或者提供相当于抵销额的货币交管理人提存。在最终分配前,如果解除条件成就,则处分担保物所得或者提存金额纳入破产财产供清算分配,该破产债权人按照破产分配方案领取其分配额;如果解除条件未成就,则抵销确定有效,管理人应将担保物或者提存金额退还该破产债权人。

4. 抵销后的差额处理

被主张抵销的双方债务的数额,通常并不相等,因而在抵销后难免有差额发生。对此差额部分,应按以下两种不同情况区别处理:(1)债权人的债权大于其所欠债务的,在抵销以后,债权超过被抵销债务的部分,可以参加破产程序的清偿。(2)债权人的债权小于其所欠债务的,在抵销以后,债务超过债权的部分仍属债务人的财产。管理人有权就这一部分债务请求该债权人清偿,后者应当履行相应的给付义务。

四、不适用破产抵销的情形

由于破产抵销权具有优先权的性质,能够使债权人得到优于清算分配的清偿结果,如果不加限制,则可能被滥用,从而损害破产秩序和多数债权人的正当权益。鉴于此,本条但书规定了不适用破产抵销的以下 3 种情形。

1. 债务人的债务人在破产申请受理后取得的他人对债务人的债权,不得用于抵销。由于债权可自由转让,以十分低廉的价格购买对破产债务人的债权是很容易的。因此,存在这样一种可能性:对债务人财产负有债务的人低价收购债权,随后通过破产抵销来不正当地免除其对债务人的债务。鉴于此,为了杜绝债务人的债务人通过廉价收购对债务人的债权而由破产抵销免除债务的情况发生,凡承认破产抵销的国家都规定,债务人的债务人在破产申请受理后受让取得的他人对债务人的债权,不得用于抵销。

2. 债权人已知债务人有不能清偿到期债务或者破产申请的事实,而对债务人负担的债务,不得抵销。但债权人因为法律规定或者在破产申请 1 年前发生的原因而负担债务的除外。

债权人在得知其债务人出现破产原因甚至已经提出破产申请的情况后,通常的反应就是设法抢先获得个别清偿。但在多数国家,这时的个别清偿是受禁止的。在这种情况下,如果法律对破产抵销没有限制,则债权人可以通过对债务人负债的方式取得债务人的财产。例如,按照市价赊购债务人的财产,从而形成对破产财产的债务,然后通过破产抵销,免除这笔债务。这实际上是以实物形式使自己的破产债权抢先得到满足,从而逃避破产程序。为了杜绝这种情况的发生,法律必须将这种债务排除于破产抵销的范围之外。因此,凡是已知债务人有不能清偿到期债务或者破产申请的事实,而对破产人负担债务的,必须如数清偿,不得以其债权加以抵销。但是,如果能够证明债权人对债务人负担债务是基于法律的规定或者破产申请1年前发生的原因,则可以认为该债权人负担此债务时没有通过破产抵销获得抢先满足的恶意,因而不在法律禁止之列。

3.债务人的债务人已知债务人有不能清偿到期债务或者破产申请的事实,而对债务人取得的债权,不得抵销。但是,债务人的债务人因为法律规定或者有破产申请1年前所发生的原因而取得债权的除外。

债务人的债务人以取得(通常为受让取得)对债务人的债权来使自己免除对破产财产的给付义务,其行为性质与上述情形相同,故不得用于抵销。但是,取得债权有法律规定的正当原因的不在此限,其理由也与上述相同。

至于债务人的债务人已知债务人有不能清偿到期债务或者破产申请的事实,直接与债务人交易而取得的债权,如果该交易有恶意串通、显失公平等无效或可撤销事由,则除不得适用破产抵销外,该债权还可适用无效或可撤销的规定,丧失破产债权的地位。

关于本条第1款"但书"的适用,司法解释有以下规定:

第一,关于管理人对滥用抵销行为的撤销主张,根据《破产法解释(二)》第44条的规定,破产申请受理前6个月内,债务人有破产原因,债务人与个别债权人以抵销方式对个别债权人清偿,其抵销的债权债务属于本法第40条第2项、第3项规定的情形之一,管理人在破产申请受理之日起3个月内向人民法院提起诉讼,主张该抵销无效的,人民法院应予支持。

第二,关于管理人对债权人抵销主张的异议,根据《破产法解释(二)》第45条的规定,本法第40条所列不得抵销情形的债权人,主张以其对债务人特定财产享有优先受偿权的债权,与债务人对其不享有优先受偿权的债权相抵销,债务人管理人以抵销存在本法第40条规定的情形提出异议的,人民法院不予支持。但是,用以抵销的债权大于债权人享有优先受偿权财产价值的除外。

第三,关于管理人对股东抵销主张的异议,《破产法解释(二)》第46条规定,债务人的股东主张以下列债务与债务人对其负有的债务抵销,债务人管理人提出异议的,人民法院应予支持:(1)债务人股东因欠缴债务人的出资或者抽逃出资对债务人所负的债务;(2)债务人股东滥用股东权利或者关联关系损害公司利益对债务人所负的债务。此外,根据司法解释,债务人的出资人未履行的出资义务,也不得与其对债务人享有的债权相抵销。①

另外,根据《期货和衍生品法》的规定,期货交易和衍生品交易结算中的净额清算以破产程序开始后的市场价格为计算依据的,不受本条关于抵销和被抵销债务须存在于破产申请受理前的规定限制。

【示例】

4. A公司对B公司享有债权,C公司对A公司享有债权。A公司的破产申请被受理后,B公司低价收购了C公司对A公司的债权。随后,B公司以该项收购所得的债权向A公司主张抵销。B公司的行为,实际上是要以较小的支出消灭其应当全额清偿的债务,其结果是债务人财产的收入减少,多数债权人的清偿利益受到损害。根据本法的规定,B公司的抵销主张不得成立。

5. A公司对B公司有一笔尚未到期的债务。在清偿期到来之前,B公司发现A公司已经缺乏偿债能力,遂向A公司赊购一批货物。2个月后,A公司进入破产程序。B公司主张以其对A公司的债权抵销其欠A公司的货款。B公司的行为实际上是提前获得债务人以货抵款的全额清偿,本质上属于本法第31条第4项规定的欺诈破产行为。B公司的抵销主张不得成立。

6. A公司对B公司享有一笔尚未到期的债权。在清偿期到来之前,B公司得知A公司准备申请破产,遂向A公司赊销一批库存产品。1个月后,A公司进入破产程序。B公司主张以其对A公司的货款请求权抵销其欠A公司的债务。B公司的行为实际上是提前以A公司库存产品抵偿其未到期的金钱债务,有损债务人财产和债

① 参见最高人民法院《关于破产债权能否与未到位的注册资金抵销问题的复函》(法函〔1995〕32号)。

权人的利益。B 公司的抵销主张不得成立。

7. A 公司与 B 公司合资成立的 W 货柜有限公司，于 1989 年 3 月 7 ~8 日曾召开董事会议，决定将注册资金由原来的 110 万美元增加到 180 万美元。1993 年 1 月 4 日又以董事会决议认可合资双方将注册资金增加到 240 万美元的协议。事后，W 公司依规定向有关审批机构和工商行政管理部门办理了批准、变更手续。W 公司的注册资金已变更为 240 万美元后，尚未到位的资金应由出资人予以补足。W 公司被申请破产后，A 公司作为 W 公司的债权人，主张以其债权与其未履行的出资义务相抵销。为保护其他债权人的合法权益，法律不允许 A 公司对 W 公司享有的破产债权与该公司对 W 公司尚未履行的出资义务相抵销。①

五、关于银行划扣债务人存款的抵销效力

在银行的借款合同中，借款人破产常常被规定为合同终止的事由。一旦借款合同终止，银行债权人往往会通过划扣债务人在本银行账户上的资金来偿还应被追收的贷款。从法律关系上来讲，存款人对其银行账户资金享有的是债权而不是物权；银行在借款合同中的债权与债务人在存款合同中的债权属于同种类债权，在借款合同的还款义务按约定到期时，银行可以采用从债务人账户划扣资金的方式实现抵销。

国际上，鉴于金融合同的特殊性，许多国家对破产情况下的金融合同终止权和抵销权都有特殊规定。联合国国际贸易法委员会《破产立法指南》认为："破产法应确认与金融合同相关的由合同规定的终止权，这种权利允许在破产程序启动后迅速终止这些合同，并对这些合同范围内的未偿债务进行抵销和净额结算。如果破产法暂停终止合同或在破产程序启动时限制自动终止条款的可执行性，金融合同应排除在此种限制之外。""债务人的金融合同一旦被相对方终止，破产法应允许该相对方净额结算或抵销这些已终止金融合同所涉及的债务，以确定相对于债务人的风险暴露净额头寸。应允许作此种终止和抵销以确定风险暴露净额，而不管这些合同的终止是发生在破产程序启动之前还是之后。如果破产法限制或终止在破产程序启动时行

---

① 参见最高人民法院《关于破产债权能否与未到位的注册资金抵销问题的复函》(法函〔1995〕32 号)。

使抵销权,金融合同的抵销和净额结算应排除在此种限制范围之外。"①

在我国的司法实践中,存在这样的情况:破产申请受理前,借款合同中约定的债务人信用危机等提前终止事由发生,债权银行提前终止合同并自行扣划债务人的银行存款以抵销债务人对其负有的债务,管理人依据本法第 32 条的规定向人民法院请求撤销该抵扣行为。应该认为,即使是破产程序开始前的抵销,仍可受到本条规定的保护。因为,一旦人民法院支持管理人的主张,撤销了破产程序开始前的划扣行为,则双方的债权关系便恢复到抵销前的互负债务状态,由于这种状态符合本条规定的抵销条件,银行仍有权主张抵销。

关于银行在债务人破产前实施的划扣行为是否属于本法第 32 条规定的可撤销行为,首先,可以明确的是,该条规定所禁止的是债务人在法定期间内实施的个别清偿行为,而银行划扣是债权人实施的抵销行为。不允许债务人对个别债权人进行清偿,并不等于不允许个别债权人对债务人进行清偿。其次,根据《民法典》第 568 条的规定,抵销行为属于单方行为,由一方主张抵销并通知另一方而发生效力,无须借助另一方的给付行为。尽管债权人的抵销主张导致的是双方互为清偿的结果,但这毕竟不是基于债务人意思的行为。因此,应认定本法第 32 条的规定不适用于破产前债权人的抵销行为。

有人认为,在债务人破产情况下,实施抵销给个别债权人带来了优于其他债权人的清偿利益,有违破产法的公平清偿原则。但是,如上所述,即使在破产程序开始后,按照本条的规定,这种情况也是破产法秩序所接受的。因此,即使是债务人在本法第 32 条规定的时间内实施的抵销行为,《破产法解释(二)》第 44 条的规定也并非一般地予以否定,而是仅仅在有恶意抵销情形时才认定其无效。该条规定:"破产申请受理前六个月内,债务人有企业破产法第二条第一款规定的情形,债务人与个别债权人以抵销方式对个别债权人清偿,其抵销的债权债务属于企业破产法第四十条第(二)、(三)项规定的情形之一,管理人在破产申请受理之日起三个月内向人民法院提起诉讼,主张该抵销无效的,人民法院应予支持。"

由于在实践中债务人银行与债务人企业之间往往频繁地发生存贷款交易和其他账户往来,其行为是否属于本法第 32 条但书第 2 项、第 3 项规定的情形很难认定。

---

① 联合国国际贸易法委员会:《破产立法指南》(中文版),2006 年纽约,第 142 页。

《破产法解释(二)》第45条将债权人以有财产担保的债权与债务人抵销的情形,排除于该但书的适用范围之外。该条规定:“企业破产法第四十条所列不得抵销情形的债权人,主张以其对债务人特定财产享有优先受偿权的债权,与债务人对其不享有优先受偿权的债权抵销,债务人管理人以抵销存在企业破产法第四十条规定的情形提出异议的,人民法院不予支持。但是,用以抵销的债权大于债权人享有优先受偿权财产价值的除外。”这意味着,如果银行划扣时用以抵销的债权是有财产担保的贷款债权,并且担保物价值能够覆盖该债权,即使存在本法第40条但书规定的情形,仍然可以抵销。其理由是,抵押权等担保物权在破产程序中享有优先受偿的权利,其债权与其无担保的债务抵销,既不影响其他债权人的利益,也不会导致破产财产的减损,不构成破产法上的偏颇性清偿行为。① 在实践中,由于大多数银行贷款都设定了较充足的财产担保,只要银行债权人在主张抵销时明确说明了用于抵销的债权的合同依据和担保物的情况,则可以依据该条规定主张抵销有效。

至于银行在债务人破产前实施的划扣行为是否属于本法第31条第4项规定的“对未到期的债务提前清偿的”情形,要区分其主张抵销所依据的债务人的债务到期是否具有合法依据。如果借款合同没有加速到期的约定,或者银行主张加速到期所依据的事实不符合合同约定的加速到期事由,或者银行存在本法第40条但书第2项、第3项所规定的不得抵销事由而且不具备《破产法解释(二)》第45条规定的豁免条件,管理人可以主张该抵销行为因一方债务未到期或者存在法定阻却事由而不产生效力。

由此可见,目前我国破产法对银行债权的保护政策和措施与国际惯例是基本接轨的。至于银行在债务人破产前实施的划扣行为是否属于本法第31条第4项规定的“对未到期的债务提前清偿的”情形,要区分其主张抵销所依据的债务人的债务到期是否具有合法依据,以及其是否存在本法第40条但书第2项、第3项所规定的不得抵销事由和是否对债务人特定财产后有优先受偿权。如果借款合同没有加速到期的约定,或者银行主张加速到期所依据的事实不符合合同约定的加速到期事由,则管理人可以主张该抵销因一方债务未到期而不生效力,也可以依据本条规定主张撤销

---

① 参见最高人民法院民二庭编著:《最高人民法院关于企业破产法司法解释理解与适用——破产法解释(一)、破产法解释(二)》,人民法院出版社2017年版,第483页。

(如果时间范围符合规定的话)。

【示例】

8. A银行将2.26亿元资金付给B证券公司以进行委托理财、购买国债。2年后,A银行发现社会媒体公开报道B公司总裁黄某涉嫌刑事犯罪,担心B公司存在经营风险,无法偿还委托理财资金,便划扣了B公司的银行存款4252万元。随后,B公司进入破产程序,管理人要求归还这笔划扣款,A银行主张破产抵销权。[①] 鉴于委托理财不属于借贷合同,不存在加速到期还贷的约定条款,除非委托理财有提前解除合同和归还委托财产的条款且黄某涉嫌犯罪事件符合该条款规定的条件,否则A银行的抵销主张不能成立。

9. 在A银行破产清算案件中,债权人B资产管理公司因将其对A公司享有的100万元债权、连同A公司为担保该债权在自己名下的房产上设立的抵押权转让给了对A公司负有100万元债务的C公司。管理人向C公司发出偿债通知书后,C公司向管理人主张抵销。管理人认为,C公司的抵销属于我国《企业破产法》第40条但书规定的情形,不认可C公司的抵销主张。C公司向法院提起诉讼。法院经审理后认为,管理人的异议不成立,判决支持C公司的抵销主张。[②]

---

① 本案例节选自最高人民法院民二庭编著:《最高人民法院关于企业破产法司法解释理解与适用——破产法解释(一)、破产法解释(二)》,人民法院出版社2017年版,第457页。

② 同上书,第483页。

第五章
破产费用和共益债务

第四十一条　【破产费用】人民法院受理破产申请后发生的下列费用，为破产费用：

（一）破产案件的诉讼费用；

（二）管理、变价和分配债务人财产的费用；

（三）管理人执行职务的费用、报酬和聘用工作人员的费用。

【注释】

一、破产费用的概念和特征

破产费用，是指破产程序开始后，为破产程序的进行以及为全体债权人的共同利益而从债务人财产中优先支付的费用。其特征如下：

1. 破产费用是发生在破产程序中的给付义务。我国的破产程序实行受理开始主义。因此，人民法院受理破产申请为发生破产费用的起点，破产程序的终结为其终点。

2. 破产费用是为破产债权人的共同利益而负担的给付义务。破产程序是一种集体清偿程序，破产费用是旨在保护全体破产债权人的利益的成本性费用，具有类似性质的是本法第42条规定的共益债务。

3. 破产费用是以债务人财产负担的给付义务。破产费用是为破产债权人的共同利益支出的，按照“谁受益，谁付费”原则，这些费用理应由他们共同承担；从破产清算的角度来说，债务人财产是旨在用于破产分配的财产，在此意义上可以理解为将会归属于全体破产债权人的财产；以归属于全体债权人的财产负担使全体债权受益的破产程序费用，公平合理、简便易行。

4. 破产费用是优先清偿和随时清偿的给付义务。对此，本法第 43 条作出了明确规定。

二、破产费用的种类

根据本条的规定，破产费用包括以下 3 种：

1. 破产案件的诉讼费用

这是指人民法院在审理破产案件时收取的费用。具体包括以下两种：

(1)破产案件的受理费用。即人民法院在受理破产案件时依照最高人民法院规定的标准收取的案件受理费。

(2)破产案件的审理费用。即人民法院在审理破产案件时支出的必要费用，如公告费、通知费、鉴定费、调查费、送达费、财产保全费、证据保全费、证人差旅费和破产企业注销登记费等。

2. 管理、变价和分配债务人财产的费用

这是指管理人对债务人财产实施管理、变价和分配所支出的必要费用。具体包括以下几种：

(1)债务人财产管理费用。是指管理人为接管、清理和保护债务人财产以及继续营业所必需支出的费用。包括对债务人财产进行仓储、运输、维修保养、保险等产生的费用；水电费、通信费、办公费、文书制作费等。

(2)债务人财产的变价费用。是指管理人为了将非货币形态的债务人财产变现而支出的必要费用，如财产估价费、鉴定费、公证费、登记费、公告费等。变现将有利于及时、准确地将债务人财产在债权人之间予以分配，通常是破产清算的必经步骤。

(3)债务人财产的分配费用。是指管理人为了将债务人财产分配给破产债权人而支出的必要费用，包括文件制作费、公告费、通知费等。关于变价和分配的操作性问题在本法第十章“破产清算”的第二节“变价和分配”中有详细规定。

3. 管理人的费用和报酬

如聘用律师、会计师等专业人员的服务费用。

三、参照适用本条规定的其他费用

《破产法解释(三)》第1条规定,人民法院裁定受理破产申请的,此前债务人尚未支付的公司强制清算费用、未终结的执行程序中产生的评估费、公告费、保管费等执行费用,可以参照本法关于破产费用的规定,由债务人财产随时清偿。此前债务人尚未支付的案件受理费、执行申请费,可以作为破产债权清偿。

【示例】

1. 在A公司破产案件中,管理人在接管财产后对该公司的库存产品进行了拍卖。在拍卖过程中,向拍卖人支付了产品估价费、拍卖公告费及部分佣金。之后,在对破产财产进行分配时,管理人为制作相关文件、发布公告、通知有关债权人又支付了一笔费用。上述清理库存产品的费用、拍卖产品的估价费、拍卖公告费、拍卖佣金、文件制作费、公告费、通知费等费用均属于破产费用,应从债务人财产中优先支付。

2. 在B公司破产案件中,管理人聘请B公司所在地的C会计师事务所审查该公司的财务资料并制作财务审计报告。C会计师事务所的会计师D先生在工作期间为多次前往B公司垫付了若干交通费。C会计师事务所的服务费和D先生垫付的交通费属于破产费用,应从债务人财产中优先清偿。

第四十二条 【共益债务】人民法院受理破产申请后发生的下列债务,为共益债务:

(一)因管理人或者债务人请求对方当事人履行双方均未履行完毕的合同所产生的债务;

(二)债务人财产受无因管理所产生的债务;

(三)因债务人不当得利所产生的债务;

(四)为债务人继续营业而应支付的劳动报酬和社会保险费用以及由此产生的其他债务;

(五)管理人或者相关人员执行职务致人损害所产生的债务;

(六)债务人财产致人损害所产生的债务。

【注释】

一、共益债务的概念

共益债务，又称财团债务，是指破产程序中为全体债权人的共同利益而管理、变价和分配财产所负担的债务。与之对应的权利为共益债权。共益债务具有以下特征：

1. 共益债务是在法院受理破产申请之后发生的债务。因此，破产受理前发生的债务不属于共益债务。

2. 共益债务是破产法列举规定的债务。因此，超出本条规定范围的债务不属于共益债务。

3. 共益债务的负债主体是债务人财产。因此，共益债务的债权人，应当向负责管理债务人财产的管理人或者自行重整的债务人提出请求。

二、共益债务和破产费用的区别

破产费用是我国《企业破产法》采用的概念。在 1986 年《企业破产法（试行）》中，未区分破产费用和共益债务，仅在破产费用中列入"为债权人的共同利益而在破产程序中支付的其他费用"。这样规定的弊端有二：一是尽管承认了共益债务，但未具体列明，在实践中难以掌握，难免引发争议；二是在清偿顺序上与破产费用并行，不能在资金短缺的情况下优先保证破产费用的支付。

共益债务与破产费用都发生在破产程序中，都是为了保障破产程序的顺利进行以及全体破产债权人的利益而需要随时清偿、优先清偿的。两者的区别主要有二：第一，内容不同。破产费用是为破产程序的顺利进行，为管理、变卖和分配债务人财产而必须付出的成本性费用，其发生具有必然性；共益债务是因破产程序中发生的各种行为如合同、侵权、不当得利等而负担的债务，其发生具有或然性。第二，目的不同，破产费用的意义在于保证破产程序的进行，即为了实现全体债权人的公平清偿以及企业拯救；共益债务的意义在于保护债务人财产的民事相对人的利益，即实现债务人财产对外民事关系中的利益平衡。比较而言，破产费用在地位上相对优越于共益债务，反映在清偿顺序中，破产费用的受偿相对优先于共益债务。

三、共益债务的种类

根据本条的规定，破产程序中的共益债务包括以下 6 种：

1. 履行双务合同所生的债务

破产程序开始后,很可能存在破产人在此前订立但尚未履行或未履行完毕的双务合同。本法第 18 条规定,管理人对该种合同有决定继续履行或者予以解除的选择权。若合同的履行有利于债务人财产,管理人可以决定履行,从而最大限度地保护债权人的利益。

2. 债务人财产受无因管理所产生的债务

《民法典》第 121 条规定:"没有法定的或者约定的义务,为避免他人利益受损失而进行管理的人,有权请求受益人偿还由此支出的必要费用。"简言之,无因管理是在没有法定或约定义务的情况下为他人的利益而管理他人事务的事实状态。在此状态下,管理人负有妥善管理事务和对受益人通知、报告和交还管理收益的义务,同时也有权利请求受益人偿还其管理事务所支付的费用和补偿其因管理事务所受的损失。在破产案件中,债务人财产因他人无因管理而受益的,无因管理人的费用偿还请求权和损失补偿请求权应为共益债务。但是,违背受益人的明示或可推知的真实意思的无因管理,不成立共益债务,除非能证明受益人的真实意思违反法律或者违背公序良俗。①

3. 因债务人不当得利所产生的债务

《民法典》第 122 条规定:"因他人没有法律根据,取得不当利益,受损失的人有权请求其返还不当利益。"简言之,不当得利是指没有法律根据而获益并使他人受损的行为。在企业间财务往来中,一方基于错误而向另一方支付无支付义务的款项、重复支付款项或者多支付款项,或者在对账结算时发生计算错误的,根据不当得利规则,接受支付的一方有义务返还其不应收取的款项。在破产程序中,债务人无法律根据获得利益而使他人受损失的,应承担返还不当利益的义务。此返还义务应为共益债务。

4. 为债务人继续营业而应支付的劳动报酬和社会保险费用以及由此产生的其他债务

进入破产程序后,为使债务人财产保值增值,第一次债权人会议召开之前,管理

① 《民法典》第 979 条规定:"管理人没有法定的或者约定的义务,为避免他人利益受损失而管理他人事务的,可以请求受益人偿还因管理事务而支出的必要费用;管理人因管理事务受到损失的,可以请求受益人给予适当补偿。管理事务不符合受益人真实意思的,管理人不享有前款规定的权利;但是,受益人的真实意思违反法律或者违背公序良俗的除外。"

人可以决定债务人是否继续营业；其后，由债权人会议决定企业是否继续营业。同时，本破产法的重要革新就是引入了重整制度，实行债务调整和企业整理，保护企业继续营业，使之摆脱困境走向复兴。将债务人继续营业期间负担的劳动报酬和社会保险以及其他费用作为共益债务优先清偿，有利于企业的继续营业，有利于债务人财产保值增值，有利于重整的进行，也有利于企业的重建复兴。

《破产法解释（三）》第 2 条第 1 款规定："破产申请受理后，经债权人会议决议通过，或者第一次债权人会议召开前经人民法院许可，管理人或者自行管理的债务人可以为债务人继续营业而借款。提供借款的债权人主张参照企业破产法第四十二条第四项的规定优先于普通破产债权清偿的，人民法院应予支持，但其主张优先于此前已就债务人特定财产享有担保的债权清偿的，人民法院不予支持。"按照这一规定，为债务人继续营业的借款属于本条第 4 项规定的"其他债务"。

5. 管理人或者相关人员执行职务致人损害所产生的债务

企业法人的法定代表人和工作人员执行职务时致人损害的，适用《民法典》第 62 条、第 1191 条的规定以及《民法典》侵权责任编其他有关规定，①以债务人财产承担民事责任。

6. 债务人财产致人损害所产生的债务

财产致人损害适用侵权责任法上的物件致损责任。例如，债务人所有或者管理下的产品、建筑物、动物、高度危险来源等致人损害的，由债务人财产承担赔偿责任。

【示例】

1. A 公司与 B 公司于 2022 年年初签订合同，约定 B 公司于同年 8 月底向 A 公司交付其大型设备维修所需配件，前期支付 30% 货款，交货时付清余款。6 月 5 日 A 公司被债权人申请破产。法院受理后，管理人经评估认为，A 公司的这套大型设备可以用于继续生产或整体拍卖，欠缺向 B 公司供应的这批配件将会降低 A 公司的生产

---

① 《民法典》第 62 条规定："法定代表人因执行职务造成他人损害的，由法人承担民事责任。法人承担民事责任后，依照法律或者法人章程的规定，可以向有过错的法定代表人追偿。"第 1191 条规定："用人单位的工作人员因执行工作任务造成他人损害的，由用人单位承担侵权责任。用人单位承担侵权责任后，可以向有故意或者重大过失的工作人员追偿。劳务派遣期间，被派遣的工作人员因执行工作任务造成他人损害的，由接受劳务派遣的用工单位承担侵权责任；劳务派遣单位有过错的，承担相应的责任。"

能力并使该设备严重贬值,遂决定继续履行与B公司的合同。B公司依合同应得的价款应当作为共益债权,在破产程序中随时受偿。

2. A公司破产程序期间,管理人为继续营业从外地购进一批原料。A公司的汽车在运货途中因机械故障坠崖。事发当地政府为抢救伤员和转移储存货物花费了医疗费、劳务费和仓储费。这些费用应当作为基于无因管理的共益债务,由管理人即时清偿。

3. A公司破产程序进行期间,管理人收到B公司的一笔付款。经查,B公司的这笔欠款在10日前已经由B公司的保证人C公司清偿。受领同一债务的重复清偿构成不当得利。管理人应当将此款退还B公司。

4. A公司的破产申请被法院受理后,管理人通过对A公司的财务状况、产品销售途径及市场需求进行分析,认为A公司产品的盈利能力和市场前景较好,如果继续营业可以使A公司现有的设备、技术、销售渠道等资源继续发挥作用,从而增加其资产价值。为此,在A公司继续营业期间需要支付职工的劳动报酬和社会保险金,应作为共益债务随时清偿。

5. A公司进入破产程序后,管理人为维持生产,安排电工B对厂区供电系统进行调试。B在作业时将电线垂悬于厂区院墙外,收工时忘记清除,致使路人C女士触电重伤。对于A公司工作人员执行职务中因疏忽给C女士造成的人身损害,A公司应作为共益债务给予及时赔偿。

6. A公司破产期间,一夜刮起大风,公司大门一侧的广告牌坠落,将停在路边停车位内的一辆私家轿车的挡风玻璃砸碎。由此造成的财产损失,应作为共益债务即时赔偿。

第四十三条　【破产费用和共益债务的清偿】破产费用和共益债务由债务人财产随时清偿。

债务人财产不足以清偿所有破产费用和共益债务的,先行清偿破产费用。

债务人财产不足以清偿所有破产费用或者共益债务的,按照比例清偿。

债务人财产不足以清偿破产费用的,管理人应当提请人民法院终结破产程序。人民法院应当自收到请求之日起十五日内裁定终结破产程序,并予以公告。不用再等产生共益债务。

【注释】

一、破产费用和共益债务的清偿原则

根据本条前3款的规定,破产费用和共益债务的清偿应当遵循以下3个原则。

(一)随时清偿原则

本条第1款规定了破产费用和共益债务偿付的随时清偿原则,即"随时发生,随时清偿"的原则。故这些费用和债务的清偿既无须债权申报,也无须等待清算分配的到来。这表明,破产费用和共益债务的清偿在顺序上和时间上都优先于其他破产债权。这种制度安排有利于保障破产程序的顺利进行和实现全体债权人的利益最大化。需要注意的是,本款规定的"由债务人财产随时清偿",是指用债务人的无担保财产进行清偿;担保财产以及债务人无处分权的其他财产,不得用于本条规定的清偿。

(二)顺序清偿原则

本条第2款规定了在一定情况下破产费用与共益债务之间的受偿顺序。在债务人财产足够清偿破产费用和共益债务时,不分先后随时清偿。但如果出现债务人财产不足以清偿所有破产费用和共益债务的情形,则二者之间必须按照本款规定的顺序,即破产费用优先受偿。需要注意的是,本款规定的先后顺序,是仅就债务人财产出现不足的情形下尚待清偿的破产费用和共益债务而言的;在此之前已经随时清偿的不受此限。在实践中,管理人应随时掌握债务人的财产数额和破产费用、共益债务的数额,一旦发现债务人财产不足以清偿破产费用和共益债务,就应当首先安排破产费用的清偿。

在实践中,债务人财产不足清偿破产费用和共益债务的情形,有时可能是暂时性的。但在任何时候,只要同时存在应予偿付的破产费用和共益债务并超过了债务人财产的现有偿付能力,都应当进行顺序清偿。

(三)比例清偿原则

本条第3款所称的"按照比例清偿",包括两种情况:(1)债务人财产不足以清偿所有破产费用的,对未清偿的破产费用按比例清偿;(2)债务人财产可以偿付破产费用,但清偿破产费用以后的余额,不足以清偿所有的共益债务的,对未清偿的共益债务按比例清偿。

同样需要注意的是,本款规定的比例清偿,仅针对债务人财产不足时尚待清偿的破产费用和共益债务而言;在此之前已经清偿的不受影响。

【示例】

1. A公司破产程序期间,为履行一份待履行合同,应支付货款25万元。随后,管理人为会计师事务所完成的审计报告和律师代理追债诉讼支付费用40万元。此外,还需要支付破产管理的日常开支和工作人员工资。这时,债务人可动用的流动资金仅有45元。根据本条规定,管理人可以暂缓支付该笔货款。

2. A公司破产程序期间,支付诉讼费用10万元,管理人管理费用10万元,管理人甲律师事务所和乙会计师事务所的报酬各为30万元,管理人决定履行与B公司的待履行合同而产生的债务为30万元,C公司对A公司财产进行无因管理发生的费用为10万元,A公司执行重整计划应支付的劳动报酬为50万元,管理人执行职务造成自然人D人身损害应赔偿10万元。因此,破产费用总额是80万元,包括诉讼费用10万元、管理债务人财产费用10万元、管理人甲报酬30万元、管理人乙报酬30万元。共益债务总额为100万元,包括对B公司的债务30万元、对C公司的债务10万元、继续营业劳动报酬50万元和对D的损害赔偿10万元。此时:

(1)如果A公司的财产总价值为40万元,则不足以支付破产费用80万元,因而按各种破产费用的比例清偿。其中,诉讼费用,管理债务人财产费用,甲、乙各自受偿额分别为5万元、5万元、15万元和15万元。

(2)如果A公司财产总价值为120万元,则破产费用全额受偿后,剩余的40万元不足以支付全部共益债务,只能按照40%的比例受偿,即B公司债权12万元、C公司债权4万元、继续营业劳动报酬20万元、自然人D损害赔偿4万元。

二、"无产可破"时的程序终结

本条第4款规定了当债务人财产不足以偿付破产费用时,破产程序终结。因为债务人财产若不能偿付破产费用,势必形成"无产可破"的局面。此时,债务人已经没有财产可用于清算分配,继续破产程序已失去意义。人民法院在收到终结破产案件的申请后,经核对有关证据,确认债务人已经无法偿付破产费用的,应当及时作出终结破产程序的裁定。

本款有4点值得注意:(1)此处所称的不足以清偿破产费用的财产,是指未设定担保的债务人财产。(2)破产程序因此原因而终止的,在程序终止后,若发现应纳入追加分配的财产,要首先用于偿付未受偿的破产费用。具体规定参见本法第123条。(3)提请人民法院终结破产程序的主体为管理人。此项管理人职责,属于本法第25条第9项"人民法院认为管理人应当履行的其他职责"。(4)人民法院应于15日内作出相关裁定。

【示例】

3. A公司破产申请被受理后,B作为管理人聘请专业机构对A公司的财产进行了评估,A公司现有财产总值账面价值约为10万元,案件诉讼费用共计约3510元,管理人报酬及其履行职务、聘请工作人员的费用共计5万元,管理、变价、分配A公司的财产初步估算需要5万元。A公司现有资产尚不足以清偿这些破产费用,故B直接向法院申请终结破产程序。法院在收到B的申请后15日内以裁定终结了破产程序,并进行了公告。

第六章
债 权 申 报

第四十四条 【可申报的债权】人民法院受理破产申请时对债务人享有债权的债权人,依照本法规定的程序行使权利。

【注释】

一、债权申报的意义

债权申报是债权人在破产案件受理后依照法定程序主张并证明其债权,以便参加破产程序的法律行为。债权申报具有以下特征:(1)债权申报是债权人的单方意思表示。根据意思自治原则,债权人享有申报和不申报的自由。(2)债权申报以主张并证明债权为内容。申报人主张债权以外的其他权利(如财产取回权)的,或者不能提出债权证据的,不予接受。(3)债权申报是债权人参加破产程序的必要条件。债权人申报债权并经确定后,即具有参加债权人会议的资格,并依法享有相应的程序权利。未申报的债权人,不得参加破产程序。(4)申报债权,必须符合本法规定的程序规则。

债权申报在破产法上具有重要意义。它是债权人集结一处,依照法律规定实现集体公平受偿的必经程序。债权人也只能经过债权申报才能参与到破产程序中,出席债权人会议、行使表决权,对债务人、管理人实施的影响破产债权人利益的行为提出异议,对债权人会议决议提出异议,并最终实现其破产债权。

二、可申报的债权的条件

可申报的债权,应当满足以下几点要求:

1. 须为以财产给付为内容的请求权。给付标的为劳务或者不作为的请求权不能申报,但因它们的不履行或者不适当履行而产生的赔偿请求权为可申报的债权。

2. 须为以债务人财产为受偿基础的请求权。此处的债务人财产是指受破产程序拘束的财产。故信托财产或者根据法律规定不受破产程序拘束的财产,不是此处所称的债务人财产;以这些财产为特定受偿基础的请求权,不得申报。至于请求权所指向的财产是债务人的一般财产还是特定财产,不影响申报的资格。因此,有财产担保的债权和无财产担保的债权均在申报之列。

3. 须为法院受理破产申请前成立的对债务人享有的债权。至于债权的到期时间,不影响申报资格。根据本法第 46 条的规定,未到期的债权,在破产案件受理时视为已到期。

4. 须为平等民事主体之间的请求权。因此,对债务人的罚款等财产性行政处罚不得申报。在企业破产清算的情况下,债务人财产最终将归属于债权人;此时若执行对债务人的财产性行政处罚,事实上,受处罚的是债权人,这样既不能达到行政处罚的目的,又损害了债权人的合法权益。但在破产程序终结后,如果债务人因重整或和解而继续存续,处罚机关可以根据情况决定是否执行原来的处罚决定。

5. 须为合法有效的债权。因此,以下债权不得申报:(1)存在《民法典》或者其他法律规定的无效原因的债权;(2)诉讼时效已经届满的债权;(3)无证据或者证据为虚假的债权,或者有相反证据证明为虚假的债权(申报人提供的证据材料不足以证明其真实性和有效性的债权,在补足证据前推定为不得申报)。

不具备上述条件的债权被申报的,管理人有权提出异议。申报人坚持申报的,管理人可以在债权表中另页记载,并载明所发现的问题,以供债权人会议作出决定。必要时,管理人可以请求人民法院裁定不予确认。

【示例】

1. A 公司申请破产被受理后,管理人在债权申报期间收到以下债权申报:(1)B 先生请求 A 公司继续支付专利使用费,经查,B 的专利保护期已于两年前届满;(2)C 公司请求 A 公司支付在 4 年前到期应付而迄至申报时双方从未提起过的一笔中介费;(3)D 公司请求 A 公司支付 20 万元货款,经查,其提交的合同文本上的盖章和签名均系伪造;(4)E 公司请求 A 公司支付过去 1 年的写字楼租金,但管理人从 A 公司财务室查出E公司出具的已收到该年度租金的收据。管理人认为,以上申报中,B的专利权已经失去法律保护,故无权请求支付专利使用费;C的债权因超过诉讼时效,不得在破产程序中受偿;D的债权是虚构的,不予承认;E的请求有证据证明其债权已因清偿而消灭,亦不得申报。

三、集体受偿程序的优越地位

集体受偿是破产程序的一个显著特征,也是破产法的一项基本原则。既然破产程序是集体受偿程序,债权人就只能依照破产法规定的程序行使权利。债权人以集体程序行使权利的机构是债权人会议。债权人会议以合法程序作出的决定,只要未被法院撤销,对全体债权人均有约束力。而未申报债权或者未出席债权人会议行使权利的债权人,不得在程序之外行使权利(如个别讨债),而且,这些人同样要受到债权人会议的相关决议(如通过和解协议的决议)的约束。

【示例】

2. A公司破产宣告后,债权人会议通过了管理人提交的破产分配方案。债权人B在破产财产分配前一直未进行债权申报。此时,因为破产财产分配方案已依法定程序获得通过,对于B来说,该债权人会议决议虽未经其参与表决和同意,但仍对其有约束力。

四、不可申报的债权

《破产法解释(三)》第3条规定:“破产申请受理后,债务人欠缴款项产生的滞纳金,包括债务人未履行生效法律文书应当加倍支付的迟延利息和劳动保险金的滞纳金,债权人作为破产债权申报的,人民法院不予确认。”这是因为,破产申请受理后,财产和事务均被依法接管,且个别清偿被法律禁止,债务人不能自主履行债务的状态不具有违法性,对此科处财产责任缺乏正当性。而且,此时追加财产责任将导致一般债权人的清偿利益减损,也有悖于破产法公平清偿的宗旨。

五、保证人破产时的债权申报

在实践中,进入破产程序的债务人可能在破产程序开始前对他人的债务已承担保证担保。在这种情况下,无论是一般保证担保还是连带保证担保,被保证的债权都可以申报。对此,《破产法解释(三)》第4条作了如下规定。

首先,关于申报权,该条第1款规定:“保证人被裁定进入破产程序的,债权人有权申报其对保证人的保证债权。”至于主债务人是否进入破产程序,在所不论。但是,在债权人已进入破产程序的情况下,应由其管理人在该保证人的破产程序中申报债权。

其次,关于保证债权的待遇,该条第2款规定,主债务未到期的,保证债权在保证人破产申请受理时视为到期。这意味着,虽然该保证人不是被申报债权的主债务人,该债权仍应受到与其他被申报债权同等的待遇。

再次,关于先诉抗辩权,该条第2款还规定,一般保证的保证人主张行使先诉抗辩权的,人民法院不予支持,但债权人在一般保证人破产程序中的分配额应予提存,待一般保证人应承担的保证责任确定后再按照破产清偿比例予以分配。

最后,关于代位求偿权,该条第3款规定:“保证人被确定应当承担保证责任的,保证人的管理人可以就保证人实际承担的清偿额向主债务人或其他债务人行使求偿权。”

第四十五条　【债权申报期限】人民法院受理破产申请后,应当确定债权人申报债权的期限。债权申报期限自人民法院发布受理破产申请公告之日起计算,最短不得少于三十日,最长不得超过三个月。

【注释】

一、确定债权申报期限的意义

债权申报期限是允许债权人向人民法院申报其债权的固定期间。由于只有在债权人人数和债权数额业已确定的情况下,才能召开债权人会议和进行和解、重整、清算分配等程序,而只有在债权申报期限届满之日,才可根据收到的有效申报来确定债权人名单和债权数额。所以,限定债权申报期间对于破产程序的及时、顺利进行是十分重要的。

二、债权申报期限的确定

根据本条规定,债权申报期限“自人民法院发布受理破产申请公告之日起计算”。人民法院确定发布受理破产申请公告的时间适用本法第14条的规定。需要注意的是,根据《民法典》第201条、第202条的规定,申报期限按日计算的,自发布公告之日的下一日开始计算公告规定的债权申报期限;按月计算的,到期月的对应日(没有对应日的为月末日)为申报期限的最后一日。

债权申报期限由受理破产申请的人民法院根据案件情况,本着既要给债权人比较充分的申报时间,又要避免无谓的时间拖延的原则,在本条规定的最短期限以上和最长期限以下酌情决定。根据本条规定,债权的申报期限最短不得少于30日(含30日),最长不得超过3个月(含)。人民法院在酌定当下案件的债权申报期限时,主要应考虑涉案债务的规模、债权人分布的地域、债务人财产状况。一般而言,涉案债务人较多、债务数额较大、债权人分布地域较广、债务人财产价值较高的案件,债权申报的时间较长,反之则较短。此外,还要考虑案件的其他相关因素,如债务人企业的行业类型和经营规模、已有的和潜在的争议、职工人数、企业分支机构等情况。这些因素主要关系管理人接管和清理财产所需要的时间。因为,按照本法第62条的规定,债权申报期届满之日起15日内应当召开第一次债权人会议。管理人除提交债权表外,还要列席会议报告执行职务的情况,包括财产接管和清理情况。此外,债权申报期间有春节、“五一”或“十一”长假的,可予以适当考虑,但不得以此为理由超出3个月的法定最长期限。

【示例】

1. 某市人民法院决定受理A公司的破产申请,并决定于6月3日发布受理破产申请的公告。此时,该法院应根据案情,在当年7月3日至9月3日确定一个日期为债权申报期限的最后一日。

三、债权申报期限的延长

本法未规定的债权申报期限的延长,但根据本法第4条规定的精神,可以参照适用民事诉讼法关于期限延长的规定。我国《民事诉讼法》第86条规定:“当事人因不可抗拒的事由或者其他正当理由耽误期限的,在障碍消除后的十日内,可以申请顺延期限,是否准许,由人民法院决定。”由于破产是集体程序,在破产案件中,个别当事人遭遇不可抗力等障碍,不足以构成债权申报期延长的理由。如果因为不可抗力等障碍导致多数债权人不能按时申报,或者管理人因外来原因或主观原因在一定时间内不能正常受理债权申报，则受理破产案件的人民法院可以经当事人申请或者依职权决定延长债权申报期限，并予以公告。

【示例】

2. 某市人民法院在受理 A 公司破产申请的公告中，确定债权申报期限为同年 7 月 15 日至 8 月 31 日。同年 8 月 1 日当地突发特大洪水。该市对外交通中断，全市各机关和企事业单位均全力投入抗洪抢险，历时 20 日。洪灾后，该法院决定，将本案的债权申报期限延长至同年 9 月 30 日，并予以公告。此决定符合本法规定的精神。

四、网上债权申报

根据《最高人民法院信息公开规定》第 10 条的规定，债权人可以在全国破产重整案件信息网实名注册后申报债权并提交有关证据的电子文档，网上申报债权与其他方式申报债权具有同等法律效力。债权人向破产管理人书面申报债权的，破产管理人应当将债权申报书及有关证据的电子文档上传破产重整案件信息网。

第四十六条　【未到期、附利息债权】未到期的债权，在破产申请受理时视为到期。

附利息的债权自破产申请受理时起停止计息。

【注释】

一、对未到期债权、附利息债权的特殊处理

未到期的债权，是指未届清偿期的债权。债权的清偿期通常由当事人约定；当事人未约定的，债权人得随时主张债权，债务人亦得随时向债权人清偿，但应当给对方合理的期限。对于未到期的债权，依据民法的规定，债权人得拒绝受领清偿。但在破产法上，未届清偿期的债权，在人民法院受理破产申请时视为到期。本条第 1 款明确了这一规则。这意味着，债权人要从破产申请受理时起行使权利，其方式是通过申报债权由集体程序获得清偿。

附利息的债权，是指债权人不仅得主张收回债权本金，还可以主张获取法定利息或约定利息的债权。本条第 2 款规定，附利息的债权自破产申请受理时起停止计息。

二、特殊处理的意义

之所以作出上述规定,是因为破产程序是一种概括性的集体清偿程序,其目的在于公平地清偿所有的债权。未到期债权如果在破产程序开始后时仍处于未到期状态,就无法参加破产程序,并可能出现在破产程序进行过程中随时有到期债权加入的情况,甚至导致一些最终将参加清算分配的债权不能参加前期的债权人会议行使表决权的局面。附利息的债权如果在破产程序开始后仍处于计息状态,则它们的数额在程序期间处于变动状态,而且它们同那些不计息的到期债权相比,实际上享受了一种优待。原因在于,破产程序使所有的债权都处在一种被冻结状态,不附息债权在被冻结期间也存在财务成本。而且在这些情况下,不同债权人的预期利益将随着破产程序持续时间的长短而有所不同:破产程序持续时间越短,能够参加破产程序行使权利的未到期债权就越少,则已到期债权享受的分配就越多;破产程序持续时间越长,附利息债权获得的相对分配就越多,而不附息债权获得的相对分配就越少。如此一来,不同的利益预期将导致债权人在债权人会议的决策上和对管理人行为的评价上产生分歧,从而导致程序成本和管理成本的无谓增加。因此,有必要在破产程序开始后使所有的债权在待遇上平等、在内容上确定。只有适用本条的规则,在程序开始时锁定所有的债权,才能保证破产程序的顺利进行和实现全体债权人的公平清偿。

【示例】

1. A公司于2017年3月5日与B银行签订为期2年的抵押贷款合同。2017年6月5日A公司的破产重整申请被人民法院受理。在重整计划中,有担保债权的让步条件是延期1年后,在3年内分期偿还。在B银行的偿付延展期应从何时开始计算的问题上,有两种不同意见:一种意见认为,应从贷款合同规定的到期日(2019年3月5日)起计算;另一种意见认为,应与所有的已到期债权同时(2017年6月5日)开始计算。根据本条规定,后一种意见为正确的。

2. A公司于2017年3月1日向当地工商银行借款50万元,借款期限1年,利息按相关规定计算。虽然在人民法院于2017年8月1日受理破产申请时,该附利息的借款合同计息期间尚未届满,但该利息于2017年8月1日停止计算。因此,A企业在本案中的可申报债权为50万元本金和2017年3月1日至7月31日的利息。

三、破产止息规则对担保人的效力

根据本条第2款的规定,自法院受理破产申请之日起,债权人对债务人享有的附利息债权不再计算利息。但是,对于有担保的债权来说,担保人所承担的担保之债是否一并停止计息?学界和实务界向来有不同观点。“继续计息说”认为,破产申请受理后,债务人的担保人所承担的担保之债并不停止计息。“停止计息说”则认为,担保人所承担的担保之债应一并停止计息。《民法典担保解释》第22条规定:“人民法院受理债务人破产案件后,债权人请求担保人承担担保责任,担保人主张担保债务自人民法院受理破产申请之日起停止计息的,人民法院对担保人的主张应予支持。”可见,司法实践采用的是“停止计息说”。其法理依据在于,根据担保之债的从属性原理,担保人的责任范围以主债务人承担的债务为限。正如《九民会议纪要》第55条所指出的,“担保人承担的担保责任范围不应当大于主债务,是担保从属性的必然要求”。

第四十七条　【待确定的债权】附条件、附期限的债权和诉讼、仲裁未决的债权,债权人可以申报。

【注释】

一、待确定债权的类型

(一)附条件、附期限的债权

在民法上,民事法律行为可以附条件或附期限。由此产生附条件或者附期限的民事权利和民事义务。附条件的法律行为是指以某种将来可能发生的客观事实的实际发生与否为条件决定其效力发生或不发生的法律行为。我国《民法典》第158条规定:“民事法律行为可以附条件,但是根据其性质不得附条件的除外。附生效条件的民事法律行为,自条件成就时生效。附解除条件的民事法律行为,自条件成就时失效。”第160条规定:“民事法律行为可以附期限,但是根据其性质不得附期限的除外。附生效期限的民事法律行为,自期限届至时生效。附终止期限的民事法律行为,自期限届满时失效。”条件和期限的主要区别在于,条件的将来发生为不确定的事实,而期限的到来则是必定发生的事实。

条件有停止条件和解除条件之分,附停止条件的债权,是指于条件成就时发生效力、条件确定不成就时不发生效力的债权;附解除条件的债权,是指于条件成就时消灭、条件未成就时存续的债权。期限有开始期和终止期之分,附开始期的债权于期限到来时发生效力;附终止期的债权于期限到来时消灭。在破产法上,附条件债权的清偿分配与附期限债权的清偿分配适用同一规则:按最后分配公告日的权利状态决定债权人是否享受分配。

(二)诉讼、仲裁未决的债权

这是指有关债权的争议处于诉讼或仲裁程序中而尚未获得生效判决或仲裁裁决的情形。这里所说的生效判决,包括当事人在上诉期内未提出上诉的一审判决和二审判决。判决生效后,当事人提出申诉而人民法院未启动再审程序或者经再审予以维持的,为诉讼已决。根据仲裁法的一裁终局制度,仲裁庭一旦作出裁决,即为仲裁已决。

《九民会议纪要》第 110 条规定,人民法院受理破产申请后,已经开始而尚未终结的有关债务人的民事诉讼,在管理人接管债务人财产和诉讼事务后继续进行的,在裁判作出并生效前,债权人可以同时向管理人申报债权,但其作为债权尚未确定的债权人,原则上不得行使表决权,除非人民法院临时确定其债权额。上述裁判生效后,债权人应当根据裁判认定的债权数额在破产程序中依法统一受偿,其对债务人享有的债权利息应当按照本法第 46 条第 2 款的规定停止计算。

(三)待确定债权的特殊性

以上债权的特殊性在于:附条件债权的条件在破产程序期间可能发生,也可能不发生。附期限债权的期限依破产案件审理时间的长短,在破产程序期间可能到来也可能未到来。诉讼、仲裁未决的债权主张可能被确认成立,也可能被确认不成立。附条件、附期限的债权能否满足,取决于破产清算的最后分配公告日其条件成就与否、期限届至与否的事实(参见本法第 117 条)。而对于诉讼、仲裁未决的债权,本法第 119 条也有特别的处理规则。

二、允许待确定债权申报的意义

债权申报是债权人集结一处,依照法律规定实现集体公平受偿的必经程序。债权有待确定的债权人也应通过债权申报参与到破产程序中;如果不允许这些债权人申报债权,就等于剥夺了他们实现债权的机会,这是不公平的。同时,债权申报也并非必然导致债权的实现。破产债权在申报后,必须经过调查和确认;只有得到确认的债权人才能参加到破产程序中，享受出席债权人会议和参与表决等权利。至于债权清偿，则要到依照清算分配方案或者重整计划、和解协议进行清偿分配的时候才能进行。如果到清偿分配时，由于条件或期限的缘故，致使债权不能发生效力或者失去效力，则债权人不能参加此时的清偿分配。因此，本法允许以上几种特殊的债权人申报债权，不会给其他债权人的利益带来不公平的影响。

【示例】

1. A公司与B女士于2007年8月约定，B在2008年其儿子考上大学以后租用A公司的一间商铺从事经营；B女士预交1年房租；如果届时她的儿子未能考上大学，则解除租约并退回11个月租金；如果她的儿子考上大学而因A公司的原因不能交房，则公司返还13个月租金。2007年12月人民法院受理了A公司的破产申请，此时B女士的儿子尚未参加高考，但她仍可以按13个月租金进行债权申报。如果破产案件审理期间B女士的儿子考上大学，则按房屋租赁合同交付房屋，反之则解除合同并按11个月租金参加清偿分配。如果在2008年高考发榜之前，或者在B女士的儿子考上大学的情况下，管理人为了A公司财产变现的价值最大化而决定解除租赁合同，则B女士可依其申报债权接受清算分配。

2. 在前例破产案件中，A公司还与C公司因建筑涂料买卖合同存在争议。A公司认为，C公司交付的涂料存在严重质量问题，主张解除合同。C公司则主张其提供的涂料完全合格，要求A公司支付货款10万元，并按合同约定支付违约金。C公司于11月向人民法院提起诉讼。2007年12月A公司的破产申请被受理时，该诉讼纠纷尚未获得判决。此时，C公司有权进行债权申报。至于以后的清偿分配，依本法第119条的规定处理。

第四十八条　【债权申报的方式】债权人应当在人民法院确定的债权申报期限内向管理人申报债权。

债务人所欠职工的工资和医疗、伤残补助、抚恤费用，所欠的应当划入职工个人账户的基本养老保险、基本医疗保险费用，以及法律、行政法规规定应当支付给职工的补偿金，不必申报，由管理人调查后列出清单并予以公示。职工对清单记载有异议的，可以要求管理人更正；管理人不予更正的，职工可以向人民法院提起诉讼。

【注释】

一、债权申报方式的一般规定

本条第1款是关于债权申报的一般规定。首先,债权申报要在人民法院确定的债权申报期间内进行。超出规定期限申报的,适用本法第56条的规定。其次,债权申报要向管理人进行。

根据本法第14条的规定,债权申报的期限、地点和注意事项,管理人的名称或者姓名及其处理事务的地址,由人民法院在关于受理破产申请的公告中载明。

二、关于职工债权的特别规定

(一)职工债权的概念

职工债权是基于特定身份(职工)和特定法律关系(劳动关系)而享有的债权。其权利依据不仅来自劳动合同,而且来自法律和行政法规。在2004年提交全国人大常委会审议的本法草案中,采用的是“劳动债权”的提法。这个提法更多地体现为基于劳动合同的债权,即主要为工资请求权。在全国人大常委会审议的过程中,将本条文中的劳动债权规定由过去的概括式改为了列举式,并扩大了范围,特别是增加了社会保障方面的权利。因此,将这些请求权概称为“职工债权”,更能涵盖基于职工身份而依法享有的各种请求权,包括劳动法上的请求权和社会保障法上的请求权;同时,也反映了我国在劳动合同之外,通过设立法定请求权加强职工保护的现实。

关于破产法对职工债权的保护,国际劳工组织大会曾于1992年6月通过《雇主破产情况下保护工人债权公约》。① 该公约第5条规定:“在雇主破产情况下,应以优先权保护工人因其就业而产生的债权,以使工人能在非优先债权人获得其份额之前,从破产雇主的资产中获得偿付。”该公约第6条规定:“优先权应至少包括:(a)工人对一段时间内的工资所拥有的债权,这段规定时间不得少于破产前或终止雇用前的三个月;(b)工人根据其在雇主破产或终止雇用的当年以及前一年所从事的工作而在假日报酬方面拥有的债权;(c)工人对一段规定时间内的其他形式的有酬缺勤报

---

① 《雇主破产情况下保护工人债权公约》的官方中文译本,刊登于《中华人民共和国国务院公报》1994年第26号。文本中的“工人债权”一词,英文原文为“Workers' Claims”,也可译作“职工债权”。

酬所拥有的债权,这段规定时间不得少于破产前或终止雇用前的三个月;和(d)工人因其终止雇用而应该得到的离职金。"该公约第8条第1款规定:"国家法律或条例给予工人债权的优先权的等级应高于其他绝大部分优先债权,特别是国家和社会保障制度拥有的优先债权。"在本条中,职工债权包括债务人所欠职工的工资和医疗、伤残补助、抚恤费用,所欠的应当划入职工个人账户的基本养老保险、基本医疗保险费用,以及法律、行政法规规定应当支付给职工的补偿金。在本法第113条中,职工债权的清偿顺位先于税收债权和普通债权。由此可见,本法对职工债权的保护,达到了公约要求的保护水平。

(二)职工债权的范围

本法规定的职工债权,包括职工的工资,医疗补助,伤残补助,抚恤费用,所欠的应当划入职工个人账户的基本养老保险,所欠的应当划入职工个人账户的基本医疗保险费用,法律、行政法规规定应当支付给职工的补偿金等。

1. 工资。是指用人单位依据国家有关规定和集体合同、劳动合同约定的标准,根据劳动者提供劳动的数量和质量,以货币形式支付给劳动者的劳动报酬。我国的工资形式主要有计时工资、计件工资、奖金、津贴、补贴以及特殊情况下的工资。[①] 用人单位破产时,劳动者有权获得其应得的工资。法律对工资债权的保护不因劳动者身份而有不同。无论是正式职工还是非正式职工,都应依本法规定享有在破产债权中优先受偿的权利。所谓正式职工,是指与企业签订了书面劳动合同的职工;对这些职工,企业应当承担他们的基本养老保险、基本医疗保险和失业保险。非正式职工,是指未与企业签订书面劳动合同,但存在事实劳动关系的职工,包括临时工和其他短期

① 计时工资按单位时间工资标准和劳动者实际工作时间计付,包括月工资、日工资、小时工资。计件工资按照劳动者生产合格产品的数量或作业量以及预先规定的计件单价支付,提成工资也是计件工资形式。奖金是给予劳动者的超额劳动报酬和增收节支的奖励,主要有月奖、季度奖和年度奖,经常性奖金和一次性奖金,综合奖和单项奖等。津贴是对劳动者在特殊条件下的额外劳动消耗或额外费用支出给予的补偿,主要有岗位津贴、保健性津贴、技术性津贴等。补贴是为保障劳动者的生活水平不受特殊因素的影响而支付,与劳动者的劳动没有直接联系,其发放根据主要是国家有关政策规定,如物价补贴、边远地区生活补贴等。在特殊情况下的工资,是对非正常工作情况下的劳动者依法支付的工资,主要有加班加点工资,事假、病假、婚假、探亲假等工资以及履行国家和社会义务期间的工资等。

用工,如建筑施工企业短期雇用的农民工。[①] “职工”也包括破产企业的董事、监事和高级管理人员。因此,破产企业所欠的职工工资,包括欠董事、监事和高级管理人员的工资和年薪等其他形式的报酬。但是,根据本法第 113 条第 2 款的规定,在破产清算时,破产企业的董事、监事和高级管理人员的工资应当按照该企业职工的平均工资计算。

2. 医疗、伤残补助。2010 年 10 月 28 日颁布的《社会保险法》设立了工伤保险专章,对工伤保险费、工伤事故、工伤保险待遇等问题作了原则性的规定。根据国务院 2003 年 4 月 27 日颁布、2010 年 12 月 20 日修订的《工伤保险条例》规定,职工因工作遭受事故伤害或者患职业病进行治疗,享受工伤医疗待遇。其中,该条例第 30 条、第 32 条至第 34 条规定,职工工伤治疗期间,从工伤保险基金支付治疗费、康复性治疗的费用、安装假肢等辅助器具的费用,由所在单位发给住院伙食补助费、生活护理费、异地就医的交通、食宿费以及停工留薪期内的原工资福利待遇。该条例第 35 条至第 37 条规定,被鉴定为一级至十级伤残的职工,享受伤残补助费用。伤残补助费用包括从工伤保险基金按伤残等级支付的一次性伤残补助金和按月支付的伤残津贴、用人单位以伤残津贴为基数缴纳的基本医疗保险费、用人单位对保留劳动关系但难以安排工作的伤残职工按月发给的伤残津贴,以及用人单位在工伤职工本人自愿终止劳动关系时支付的一次性工伤医疗补助金和伤残就业补助金。用人单位应当按时缴纳工伤保险费。职工个人不缴纳工伤保险费。用人单位依照该条例规定应当参加工伤保险而未参加的,未参加工伤保险期间用人单位职工如果发生工伤,由该用人单位按照本条例规定的工伤保险待遇项目和标准支付费用。因此,企业欠职工的医疗、伤残补助费用,包括两部分:第一,本应由企业支付给职工的医疗补助费用;第二,用人单位依照该条例规定应当参加工伤保险而未参加的,未参加工伤保险期间用人单位职工如果发生工伤,由该用人单位按照该条例规定的工伤保险待遇项目和标准支付费用。

3. 抚恤费用。抚恤费用是指职工因工死亡时,按其供养的直系亲属人数,每月付

---

① 关于农民工工资在破产法上的地位问题,《破产审理规定》第 57 条规定:“债务人所欠非正式职工(含短期劳动工)的劳动报酬,参照企业破产法第三十七条第二款第(一)项规定的顺序清偿。”根据 2006 年 3 月 27 日国务院《关于解决农民工问题的若干意见》规定的政策精神,应当认为,农民工的工资应当直接依照我国《企业破产法》第 113 条第 1 款第 1 项规定的顺序清偿。

给供养直系亲属抚恤费，直到受供养人失去受供养的规定条件为止。《工伤保险条例》第37条规定，职工因工死亡，其直系亲属按照规定从工伤保险基金领取丧葬补助金、供养亲属抚恤金和一次性工亡补助金。企业拖欠的这部分费用，应当计入职工债权。《社会保险法》第11条、第12条规定，基本养老金实行社会统筹与个人账户相结合；用人单位缴纳的基本养老保险费记入统筹基金，职工基本养老费记入个人账户。

4. 应当划入职工个人账户的基本养老保险费用。根据《社会保险法》第26条的规定，职工基本医疗保险按国家规定执行。根据国务院1997年7月16日颁布的《关于建立统一的企业职工基本养老保险制度的决定》的规定，城镇所有企业及其职工都应当纳入基本养老保险的覆盖范围。企业缴纳基本养老保险费的比例，一般不得超过企业工资总额的20%（包括划入个人账户的部分）。个人缴纳基本养老保险费的比例，1997年不得低于本人缴费工资的4%，1998年起每两年提高1个百分点，最终达到本人缴费工资的8%。职工基本养老保险个人账户的总额为其本人缴费工资11%，个人缴费全部记入个人账户，其余部分从企业缴费中划入。随着个人缴费比例的提高，企业划入的部分要逐步降至3%并保持不变。个人账户储存额，每年参考银行同期存款利率计算利息。个人账户储存额只用于职工养老，不得提前支取。职工调动时，个人账户全部随同转移。职工或退休人员死亡，个人账户中的个人缴费部分可以继承。但是，根据国务院2005年12月颁布的《关于完善企业职工基本养老保险制度的决定》，从2006年1月1日起，个人账户的规模统一由本人缴费工资的11%调整为8%，全部由个人缴费形成，单位缴费不再划入个人账户。因此，2006年以后，不会再有企业拖欠应当划入职工个人账户的基本养老保险费的情况发生。

5. 应当划入职工个人账户的基本医疗保险费用。国务院1998年12月14日颁布并实施的《关于建立城镇职工基本医疗保险制度的决定》规定，建立基本医疗保险统筹基金和个人账户。城镇所有用人企业（包括国有企业、集体企业、外商投资企业、私营企业等）及其职工，都要参加基本医疗保险。基本医疗保险费由用人单位和职工共同缴纳。用人单位缴费率应控制在职工工资总额的6%左右，职工缴费率一般为本人工资收入的2%。基本医疗保险基金由统筹基金和个人账户构成。职工个人缴纳的基本医疗保险费，全部计入个人账户。用人单位缴纳的基本医疗保险费分为两部分：一部分用于建立统筹基金，另一部分划入个人账户。划入个人账户的比例一般为用人单位缴费的30%左右，具体比例由统筹地区根据个人账户的支付范围和职工年龄等因素确定。企业所欠的应当划入职工个人账户的30%左右的基本医疗保险费,应当计入职工债权。

6. 法律、行政法规规定应当支付给职工的补偿金。需要注意的是,这里只包括法律和行政法规规定的补偿金,国务院各部委、各级地方政府以及地方政府各部门制定的行政规章或发布的行政命令中规定的补偿金,均不在本项规定的范围内。而本项所称的补偿金,目前主要有:(1)根据我国《劳动法》第28条和有关行政法规的规定,企业在解除劳动合同时应支付的经济补偿;(2)根据我国《劳动法》第91条的规定,企业在违反劳动合同时应当向职工支付的赔偿金;(3)根据国务院的有关规定,在国有企业职工因企业改制、关闭、破产而下岗分流或解除国企职工身份时应支付的补偿金。之后,如果法律、行政法规对企业应向职工支付的补偿金有新的规定,则新规定的补偿金被企业拖欠的,也应当计入职工债权。

(三)职工债权的申报办法

一般债权人应当在人民法院确定的债权申报期限内向管理人申报债权,但职工债权不必个别申报。职工债权具有债权人人数较多、单个债权人的债权数额较小的特点,而且在多数情况下,企业对拖欠职工债权的情况都有集中统一的记载。因此,本法对这类债权的申报,采用管理人集中公示、个人有权异议的办法。这样规定的好处在于,一是方便职工,二是简化程序,节省时间和费用。

管理人接管债务人财产后,应当对企业记载的职工债权情况进行整理核实,列出清单并公示。在实践中,为防止债务人因故意或过失造成的职工债权记载不实的情况,管理人在制作清单时可以听取工会或职工代表的意见,也可以请工会协助调查有关情况。为了保护职工权益和及时化解矛盾,本条规定了职工个人对清单提出异议并要求更正的权利。异议人的异议,可以针对自己的债权在清单上记载不实(如漏计、少计)的情况,也可以针对他人的债权记载不实(如企业管理层虚报、多计)的情况。管理人在收到异议后,应当认真听取异议人的意见,并进行必要的调查。管理人认为异议成立的,应当予以更正并公示。管理人认为异议不成立的,应当向异议人说明情况,必要时可以请工会协助做好与异议人的沟通工作。异议未被接受的职工如果不服,可以依照本法第21条的规定,以管理人为被告,向受理破产申请的人民法院提起确认债权的诉讼。

【示例】

A公司破产申请被受理后，在债权申报期间，管理人查明，至破产受理前，该公司拖欠职工工资以及应当划入职工个人账户的基本医疗保险费用共计12万元人民币。管理人将职工债权列出清单并进行了公示。

该公司职工甲在公司破产前，曾在工作时间因操作机器失误导致工伤并造成二级伤残。甲认为公司除已支付医疗费外，还应付给伤残补助，而管理人公布的清单中并未包括此项债权。甲提出异议，要求管理人确认其伤残补助请求权并列入清单。管理人以甲对事故发生有过失责任为由，予以拒绝。甲向法院提起诉讼。法院认定，甲受到的伤害构成工伤，其就医疗和伤残补助等费用对公司享有债权，管理人应当予以登记。

第四十九条　【债权申报的形式】债权人申报债权时，应当书面说明债权的数额和有无财产担保，并提交有关证据。申报的债权是连带债权的，应当说明。

【注释】

一、书面申报原则

债权申报须为书面形式。对于书面申报的格式，法律没有统一要求。在实践中，人民法院可以制作格式化的债权申报表，供申报的债权人索取和填写。异地债权人可以采用邮寄、特快专递等方式传送书面申请。有条件的人民法院可以建立互联网信息平台，供债权人以电子邮件、移动通信等电子数据传输手段进行申报。债权人未采用统一格式进行申报的，只要其内容符合法律的规定，仍为有效。

债权申报文书是债权人参加破产程序行使权利的重要文件，应当有个人申报人的签名或者单位申报人的公章和负责人签名。

为便于债权人日后参加破产程序，申报文件还应当载明申报人的姓名或名称、住所、代表人（代理人）、通信联络方式等信息。

二、债权申报的必要事项

申报人在债权申报书中应当说明债权的数额、有无财产担保。如果是连带债权，也应当加以说明。

债权数额是债权申报最基本的信息。债权数额的统计结果,将成为人民法院正确判断破产原因之存在是否,以及管理人和其他当事人考虑债务人拯救可能性的重要依据。这些数据也是债权人会议计算表决权和确定表决结果的重要依据,同时也是制定重整计划和破产分配方案的依据。为便于日后审查债权,申报人应当在申请书中或者以附件的形式,对债权产生的原因、债权到期时间、已发生的诉讼时效中断等情况加以说明。

财产担保的情况也必须说明。有担保的债权人,在参加债权人会议表决事项的范围上不同于无担保的债权人,在破产清算和和解程序中行使权利的方式以及在重整计划中的清偿序列也都不同于无担保的债权人。所以,如果是有财产担保的债权,应当加以声明,并说明担保的类型(如抵押、质押、保证等)、设置担保的时间以及担保物(或保证人)的基本情况。如果是无财产担保的债权,也应当加以声明;未加声明的,如果未能主张并证明为有担保债权,视为无担保债权。

连带债权的情况,仅在存在该事实的情况下说明。因此,不是连带债权的,无须说明。根据本法第 50 条的规定,连带债权仅可由一个债权人代表全体申报或者共同申报,而不允许多人分别申报,以避免重复计算。连带债权在申报时,应当说明其他连带债权人的姓名或名称,以及连带债权产生的原因(如因共有财产受损害而产生的赔偿请求权)。

申报债权的每一个债权人都应该意识到,自己在申报时提供的相关信息日后将要接受权人会议的审查,管理人也有义务向债权人会议报告每一个被认为不真实或者有疑点的债权。因此,清晰地陈述所申报债权的重要情况并提供充分有效的证据,符合申报人自己的利益。

三、申报人的举证责任

申报债权实质上是一种在诉讼程序中主张权利的行为。按照“谁主张,谁举证”的原则,债权申报人应当提供以下两方面的证明:

一是债权证明。申报人应提供能证明其债权的真实性和有效性、债权数额、享有的财产担保等情况的相关证据。如合同、付款(交货)凭证或者收款(收货)凭证、催款回执、欠条、还款保证书(协议书)、诉讼判决、仲裁裁决、执行文书等。

二是身份证明。真实的权利必须由真实合格的主体来行使。因此,申报人必须证明自己就是所申报债权的权利人。债权人为自然人的,应当提交身份证件;债权人为法人或其他组织的，应当提交营业执照或其他证明文件，以及法定代表人的身份证明。

债权人申报时未提供或者未充分提供相关证明材料的，管理人可以告知其限期补正。逾期未补正的，应当在债权表中注明，并由债权人自行承担举证不当的不利后果。

四、代理申报

如同诉讼可以由代理人代理一样，债权申报也可以代理。在代理申报债权的情况下，除应提交上述文件和证据外，代理人还应当提交有效的身份证明和授权委托书。

五、虚假申报的法律后果

最高人民法院、最高人民检察院《虚假诉讼解释》第1条规定，"在破产案件审理过程中申报捏造的债权的"，应当认定为《刑法》第307条之一第1款规定的"以捏造的事实提起民事诉讼"的犯罪行为。关于此种犯罪的行刑事责任，该条规定："以捏造的事实提起民事诉讼，妨害司法秩序或者严重侵害他人合法权益的，处三年以下有期徒刑、拘役或者管制，并处或者单处罚金；情节严重的，处三年以上七年以下有期徒刑，并处罚金。单位犯前款罪的，对单位判处罚金，并对其直接负责的主管人员和其他直接责任人员，依照前款的规定处罚。有第一款行为，非法占有他人财产或者逃避合法债务，又构成其他犯罪的，依照处罚较重的规定定罪从重处罚。司法工作人员利用职权，与他人共同实施前三款行为的，从重处罚；同时构成其他犯罪的，依照处罚较重的规定定罪从重处罚。"

《虚假诉讼解释》第2条规定，有下列情形之一的，应当认定为《刑法》第307条之一第1款规定的"妨害司法秩序或者严重侵害他人合法权益"：致使人民法院基于捏造的事实采取财产保全或者行为保全措施的；致使人民法院开庭审理，干扰正常司法活动的；致使人民法院基于捏造的事实作出裁判文书、制作财产分配方案，或者立案执行基于捏造的事实作出的仲裁裁决、公证债权文书的；多次以捏造的事实提起民事诉讼的；曾因以捏造的事实提起民事诉讼被采取民事诉讼强制措施或者受过刑事追究的；其他妨害司法秩序或者严重侵害他人合法权益的情形。

根据《虚假诉讼解释》第3条的规定，虚假申报行为有以下情形之一的，应当认定为《刑法》第307条之一第1款规定的"情节严重"：与他人恶意串通，捏造债权债务关系和以物抵债协议的;与公司、企业的法定代表人、董事、监事、经理或者其他管理人员恶意串通,捏造公司、企业债务或者担保义务的;捏造知识产权侵权关系或者不正当竞争关系的;使他人债权无法实现,数额达到 100 万元以上的;非法占有他人财产,数额达到 10 万元以上的。

《虚假诉讼解释》第 4 条规定,实施《刑法》第 307 条之一第 1 款行为,非法占有他人财产或者逃避合法债务,又构成诈骗罪,职务侵占罪,拒不执行判决、裁定罪,贪污罪等犯罪的,依照处罚较重的规定定罪从重处罚。

《虚假诉讼解释》第 5 条规定,司法工作人员利用职权,与他人共同实施刑法第 307 条之一前 3 款行为的,从重处罚;同时构成滥用职权罪,民事枉法裁判罪,执行判决、裁定滥用职权罪等犯罪的,依照处罚较重的规定定罪从重处罚。

《虚假诉讼解释》第 6 条规定,诉讼代理人、证人、鉴定人等诉讼参与人与他人通谋,代理提起虚假民事诉讼、故意作虚假证言或者出具虚假鉴定意见,共同实施《刑法》第 307 条之一前 3 款行为的,依照共同犯罪的规定定罪处罚;同时构成妨害作证罪,帮助毁灭、伪造证据罪等犯罪的,依照处罚较重的规定定罪从重处罚。

另外,最高人民法院《关于在民事诉讼中防范与惩治虚假诉讼工作指引(一)》第 6 条将"在破产案件审理过程中申报捏造的财产权利,或者主张捏造的优先受偿权"列为单方欺骗型虚假诉讼的主要情形之一。

第五十条 【连带债权的申报】连带债权人可以由其中一人代表全体连带债权人申报债权,也可以共同申报债权。

【注释】

一、连带债权的特性

《民法典》第 518 条规定,债权人为二人以上,部分或者全部债权人均可以请求债务人履行债务的,为连带债权。连带债权具有不同于普通债权的内部效力和外部效力。对内,各债权人按约定或法定的份额享有债权;对外,各连带债权人均有权单独地要求债务人履行全部债务和接受债务人履行债务的全部给付。任何一个连带债权人接受债务人的全部给付后,债的关系即归于消灭。

二、连带债权的申报方式

根据本条规定,在破产程序中,连带债权应当采用以下方式之一进行申报:

1. 代表申报

连带债权人可以由其中一名债权人代表其全体申报债权。该代表在申报债权时须向管理人说明债权连带的情况并提供相关证明材料。该代表在破产程序中的行为对全体连带债权人均发生效力。申报代表可以由全体连带债权人共同推选。在没有共同推选的情况下,连带债权人中的任何一人均有权代表申报。在有多人分别代表申报的情况下,管理人只接受其中第一人的申报;对其他人的申报,管理人应在拒绝的同时告知其债权已经申报的事实。

2. 共同申报

如果连带债权人愿意以共同申报的方式行使权利,可以采用在债权申报书上联署的方式共同申报债权。共同申报不以全体签署为必要。只要连带债权人中有二人以上署名申报,即为共同申报。

三、连带债权人在破产程序中行使权利的方式

连带债权人参加债权人会议时,可以有数人出席,但只能享有一个表决席位,故原则上只能有一人代表全体债权人发表意见和投票。在代表申报的情况下,推定申报人为代表人;在共同申报的情况下,以共同申报人推选的一人为代表人。

破产分配时,管理人得向连带债权人中的任何一人为清偿支付。受领该清偿的债权人应当依照全体债权人内部约定、法律规定或者裁判确定的比例,将受偿额在全体连带债权人中间进行分配。

【示例】

A先生和B女士为兄妹,共同继承了一栋楼房的产权。C公司向他们租用该楼房作为办公场所。C公司进入破产程序后,A、B在法院确定的债权申报期限内,共同向管理人就C公司拖欠的10万元房租提出申报,并提供了相关证据。之后,A、B在破产清算程序中按比例获得4万元清偿。2人经协商,按每人2万元自行分配。

第五十一条 【连带债务人求偿权的申报】债务人的保证人或者其他连带债务人已经代替债务人清偿债务的,以其对债务人的求偿权申报债权。

债务人的保证人或者其他连带债务人尚未代替债务人清偿债务的,以其对债务人的将来求偿权申报债权。但是,债权人已经向管理人申报全部债权的除外。

【注释】

一、连带债务的内部效力

《民法典》第518条规定,债务人为二人以上,债权人可以请求部分或者全部债务人履行全部债务的,为连带债务。连带债务的各债务人均负有全部给付的债务,且全部债务因一次全部给付而归于消灭。

连带债务的发生有两种情况:一是基于法律的规定而发生连带债务;二是基于法律行为而发生连带债务。前者如根据法律有关法人分立、法人设立而未成立、合伙、无效代理、共同侵权行为的规定而产生的连带债务。后者如保证合同约定的保证人与主债务人之间的连带债务。

连带债务的内部效力,是指在连带债务中各债务人之间的求偿关系。

连带债务的各债务人所负担的给付义务,从债务人方面观察,各债务人所应承担的债务通常是有确定份额的,且这种份额一般在连带债务成立时就已确定。当连带债务人中的一人或数人清偿了全部债务时,其他债务人的债务也随之消灭。因此,该债务人可就超过自己应承担部分的给付,向其他债务人请求偿还。《民法典》第519条规定:“连带债务人之间的份额难以确定的,视为份额相同。实际承担债务超过自己份额的连带债务人,有权就超出部分在其他连带债务人未履行的份额范围内向其追偿,并相应地享有债权人的权利,但是不得损害债权人的利益。其他连带债务人对债权人的抗辩,可以向该债务人主张。被追偿的连带债务人不能履行其应分担份额的,其他连带债务人应当在相应范围内按比例分担。”

二、连带债务人求偿权的条件和范围

连带债务人求偿权发生的条件如下:第一,该债务人以清偿或其他方法履行了债务。其他方法如提存、混同、抵销等。其他方法须为财产上的给付,无财产给付的债务了结如无偿免除、已逾诉讼时效等,不发生求偿权。求偿权的目的在于由其他债务人弥补求偿权人因履行债务超过其应分担份额所受到的损失;没有损失的,自不发生求偿权。第二,须其他债务人共同免责。免责包括免去全部给付责任和免去一部分给付责任,即消灭或减轻其他债务人的债务。共同免责须及于全体其他债务人。第三,该债务人的履行数额须超过其应分担的份额。各债务人应分担的债务份额,有约定时从其约定,无约定时在法律上推定为平均分担。

求偿权的范围主要为超出履行债务的债务人应分担份额的部分,也包括履行连带债务所必要的费用,以及非可由求偿权人单独负责的事由所致之损害,如共同被诉的诉讼费用。如果为金钱给付,其他债务人自共同免责时开始计算的利息也应包括在内。在代物清偿时,如果债务人用于清偿的财产的实际价值与债务额不一致,在该财产实际价值高于债务额时,损失由求偿权人自负。如该财产实际价值低于债务额,所得利益由全体债务人分享。

三、连带债务人求偿权的申报

根据本条规定,连带债务人求偿权的申报,分为已经代替清偿和尚未代替清偿两种情况。

1. 已经代替清偿者的求偿权申报

根据本条第 1 款的规定,保证人或者其他连带债务人已经代替债务人清偿本应由债务人清偿的债务的,依法取得债权人对债务人的求偿权。该代位求偿权为一般债权,该保证人或其他连带债务人得依一般债权的申报要求进行申报。此时,已经实施代替清偿者是唯一的债权申报人。

2. 尚未代替清偿者的申报权

在保证人或者其他连带债务人尚未代替债务人进行清偿的情况下,由于债权人有权在破产程序进行期间或者程序终结以后的任何时候向保证人或其他连带债务人主张全部债权,该连带债务人的代位求偿权处于尚未发生但将来可能发生的状态,因而其求偿权亦处在将来可能发生的状态。此时,倘若债权人未在破产程序中申报债权(在实践中,债权人往往因享有连带债务的保护而怠于债权申报),则该保证人或者其他连带债务人就可能在将来履行连带清偿责任后失去在破产程序中行使求偿权的机会。所以,本条第 2 款规定,债务人的保证人或者其他连带债务人尚未代替债务人清偿债务的,以其对债务人的将来求偿权申报债权。

本条第 2 款但书又规定,债权人已经向管理人申报全部债权的除外。这说明,尚未代替清偿的保证人或者其他连带债务人的申报权,是以债权人未申报为条件的。也就是说,相对于未履行清偿义务的保证人或者其他连带债务人,债权人的申报权处于优先地位;为避免重复申报,债权人已申报的债权,保证人或者其他连带债务人不必申报。如果在债权人申报后,该保证人或者其他连带债务人履行了连带清偿责任,则自动代位取得债权人已经申报的债权,此时只需要出示相关证据,请求管理人在债权表上作相应变更即可。需要注意的是,这里强调的是"全部债权"。这意味着,如果债权人仅申报了部分债权,则该保证人或者其他连带债务人仍不妨以债权人尚未申报的部分向管理人申报。

保证人或者其他连带债务人已经代替清偿了部分债务的,除有权就其已经清偿的部分依照本条第1款的规定进行申报外,还有权就尚未代替清偿的部分依照本条第2款的规定进行申报。

【示例】

1. A公司与B公司签订建筑工程承揽合同,C公司作为A公司的保证人在合同上签署。之后A公司申请破产被受理。B公司要求C公司给付A公司所欠工程款及违约金。C公司按照约定向B公司支付了相关款项。C公司即可就其代替清偿向破产管理人进行债权申报。

2. 在前例中,如果破产受理后,B公司未向C公司主张给付相关款项,也未进行债权申报,则C公司可以就其将来对B公司承担连带清偿相关款项而对债务人享有的求偿权,向破产管理人申报债权。

3. A公司欠B银行贷款本息230万元。A公司进入破产程序前,B银行向A公司的保证人C集团公司请求履行连带清偿责任。C公司因资金困难,仅支付了80万元。A公司破产申请被受理后,B银行未申报债权,而是对C公司提起了追债诉讼。此时,C公司虽然尚未代替A公司清偿剩余债务,仍有权就其已经代替清偿的80万元和尚未清偿的150万元向管理人申报债权。

四、一般保证人的先诉抗辩权不得行使

《民法典》第687条第2款"一般保证的保证人在就债务人的财产依法强制执行仍不能履行债务前,有权拒绝承担保证责任"的规定,即所谓一般保证人的先诉抗辩权,其前提是债权人能够依据个别追索程序获得清偿。如果这种个别追索遭遇法律障碍,则保证人失去先诉抗辩权。由于破产程序开始后禁止债权人个别追索债务,且破产开始时对债务人的所有债权请求无论是否申报均受破产程序约束，该款“但书”将“人民法院受理债务人破产案件”列为先诉抗辩权的除外情形之一。也就是说，破产程序开始后，进入集体清偿程序，无论债权人是否已经进入诉讼或者执行程序，作为先诉抗辩权存在前提的债权人由个别追索获得全部清偿的条件已不存在，故破产程序不保护一般保证人的先诉抗辩权。在此情况下，尚未履行清偿义务的保证人享有本条第 2 款规定的单独申报的权利。因此，本条以及本法中涉及保证人责任的其他条款，均对民法上的一般保证与连带责任保证等量齐观，不加区分。

但是，破产程序并不改变一般担保的固有性质。如果发生本法第 12 条第 2 款规定的驳回破产申请或者第 108 条规定的终结破产程序的情形，一般保证人仍可行使先诉抗辩权。

五、保证期间受制于破产法

担保期间的计算也受制于破产法。《民法典担保解释》第 34 条规定：“人民法院在审理保证合同纠纷案件时，应当将保证期间是否届满、债权人是否在保证期间内依法行使权利等事实作为案件基本事实予以查明。”同时规定：“债权人在保证期间内未依法行使权利的，保证责任消灭。”在破产程序中，债权人请求担保人承担担保责任，须遵守这一规定。

关于保证期间的计算，由于本法无特别规定，应适用《民法典》第 692 条的规定。① 根据该条规定，保证期间可分为约定保证期间和法定保证期间。法定保证期间是在没有约定或者约定不明情况下适用的固定期间。无论是约定的还是法定的，保证期间的起算都是以主债务履行期限届满为依据（一般为届满之日，也可约定为届满后的日期或经过时间）。所谓主债务履行期限，是指债务人依照合同约定或者法律规定应当履行给付义务的时间。合同之债的履行期限，有约定的依约定，合同约定不明确的适用《民法典》第 511 条第 4 项的规定。保证期间的时间长度，有约定的依约定，无约定或者约定不明的依法定（主债务履行期限届满之日起 6 个月）。保证

---

① 《民法典》第 692 条规定：“保证期间是保证人承担保证责任的期间，不发生中止、中断和延长。债权人与保证人可以约定保证期间，但是约定的保证期间早于主债务履行期限或者与主债务履行期限同时届满的，视为没有约定；没有约定或者约定不明确的，保证期间为主债务履行期限届满之日起六个月。债权人与债务人对主债务履行期限没有约定或者约定不明确的，保证期间自债权人请求债务人履行债务的宽限期届满之日起计算。”

期间的时间长度通常以期间表示。① 期间计算应遵守《民法典》第一编第十章的规定。

破产程序可能影响保证期间的起算时间。在破产程序开始时,主债务履行期限尚未届满的,根据本法第 46 条"未到期的债权,在破产申请受理时视为到期"的规定,应当加速到期,故其保证期间的起算时间应当以破产申请受理裁定之日为依据,其中,以主债务履行期限届满之日为起算点的,应以破产申请受理之日为准;约定为债务履行期限届满以后的时间为起算点的,应以破产申请受理后的约定时间为起算点。保证期间加速到期的效果是债权人可以自加速到期时起向保证人主张承担保证责任。但是,根据《民法典》第 692 条的规定,保证期间不发生中止、中断和延长,保证期间的时间长度不受加速到期影响,故按期间计算的保证期间应于期间届满时结束。如果当事人约定保证期间于特定日期或按特定条件终止,则依据《民法典》第 5 条规定的意思自治原则,当事人的约定应受到尊重。至于在破产程序开始前已经到期的债权,其保证期间则应自实际到期日起连续计算。

如上所述,根据《民法典》第 687 条的规定,一般保证的保证人在破产程序开始后不得行使先诉抗辩权。故无论是一般保证还是连带保证,在破产程序开始后均处于保证期间。在破产程序开始后,债权人对保证人行使权利的方式是以催告或者提起诉讼或仲裁请求保证人承担保证责任。如果保证期间是在人民法院受理破产申请后开始,或者虽然是在此之前开始但债权人未曾行使权利,则保证期间届满后,根据《民法典》第 693 条的规定,保证人不再承担保证责任。这是在债权人怠于行使担保权情况下对保证人的一种保护。此外,破产程序开始后,在债权人怠于申报债权的情况下,保证人还可以依据本法第 51 条第 2 款的规定,以其对债务人的将来求偿权申报债权,以便获得在清偿分配中的预留份额。这也是对保证人的保护。

【示例】

4. A 公司向 B 银行借款,C 公司提供保证担保。借款合同约定还款期为 2022 年 4 月 1 日。保证合同约定保证期 1 年,自还款期到期之日起算。2022 年 3 月 1 日,A

---

① 《民法典担保解释》第 32 条规定:"保证合同约定保证人承担保证责任直至主债务本息还清时为止等类似内容的,视为约定不明,保证期间为主债务履行期限届满之日起六个月。"

公司的破产申请被人民法院受理。C公司的保证期间为2022年3月2日至2023年3月1日。

5.在前例中,如果保证合同约定保证期间自还款期到期满1个月时起算,则C公司在A公司破产申请受理后的保证期为2022年4月2日至2023年4月3日(因法定休假日顺延)。

6.在示例4中,如果A公司的破产申请受理时间是2022年6月1日,则C公司在A公司破产申请受理后的保证期间为2022年4月2日至2023年4月1日。但是,如果C公司提供的是一般保证担保,且B公司在破产程序开始前尚未对A公司提起诉讼或者诉讼未决,则C公司的保证期间为2022年6月2日至2023年6月1日。

7.A公司拖欠B公司工程款,双方签订延期3个月的还款协议,并由A公司股东C提供保证担保,约定保证责任自延展期满时起至欠款本息还清时为止。协议签订后A公司仍未履行债务。延展期满前,A公司申请破产被法院受理。根据司法解释,当事人约定的保证期间应视为约定不明,故C的保证期间应为破产申请受理之日起6个月。

六、债权人的请求权受制于破产法

本条所包含的法理,就是在破产申请受理后,债权人无论是在破产程序内行使权利,还是在破产程序外行使权利,均受制于破产法。本法第46条第2款规定,附利息的债权自破产申请受理时起停止计息。因此,保证人或者其他连带债务人在破产程序中申报的债权,不能计算破产申请受理后的利息。在这种情况下,债权人在破产程序以外请求保证人或其他连带债务人履行义务,也不能包括破产受理后的利息。因为,此时如果允许债权人在破产程序外请求保证人或者其他连带债务人支付破产申请受理后的利息,势必会造成保证人或者其他连带债务人在享受权利和承担义务之间的不对等,同时也会造成债权人与保证人或者其他连带债务人之间的权利不平等。也就是说,破产法对主债权请求范围的约束,担保人或者其他连带债务人可以援引。反之,破产法对主债权提供的便利,债权人也可以援引。例如,债权人可以援引本法第46条第1款关于未到期债权在破产申请受理时视为到期的规定,在破产受理后,要求担保人或者其他连带债务人提前履行义务。

七、关于破产程序中担保人责任的司法解释

《民法典担保解释》就破产程序中的担保人责任问题作出了以下规定：

1. 债权申报与担保诉讼。第23条第1款规定："人民法院受理债务人破产案件，债权人在破产程序中申报债权后又向人民法院提起诉讼，请求担保人承担担保责任的，人民法院依法予以支持。"这意味着，债权人以申报债权方式对债务人行使权利的，可以同时以诉讼方式对担保人行使权利，担保人不得援引先诉抗辩权。

2. 担保人代位求偿权的行使条件。第23条第2款规定："担保人清偿债权人的全部债权后，可以代替债权人在破产程序中受偿；在债权人的债权未获全部清偿前，担保人不得代替债权人在破产程序中受偿，但是有权就债权人通过破产分配和实现担保债权等方式获得清偿总额中超出债权的部分，在其承担担保责任的范围内请求债权人返还。"这意味着，担保人在破产程序中行使代位求偿权须以其清偿全部被担保债务为条件。当然，这里的"全部债务"不包括在破产程序开始后停止计算的利息(参见本书第四十六条注释)。在部分清偿的情况下，如果债权人由破产分配和担保人偿付获得的清偿额超过了其债权总额，担保人就此超出部分，在其已承担清偿义务的范围内请求债权人返还。

3. 破产程序终结后的担保清偿与追偿。第23条第3款规定："债权人在债务人破产程序中未获全部清偿，请求担保人继续承担担保责任的，人民法院应予支持；担保人承担担保责任后，向和解协议或者重整计划执行完毕后的债务人追偿的，人民法院不予支持。"首先，根据本法第92条第3款"债权人对债务人的保证人和其他连带债务人所享有的权利，不受重整计划的影响"、第101条"和解债权人对债务人的保证人和其他连带债务人所享有的权利，不受和解协议的影响"和第124条"破产人的保证人和其他连带债务人，在破产程序终结后，对债权人依照破产清算程序未受清偿的债权，依法继续承担清偿责任"的规定，破产程序的终结不免除担保人的担保责任。其次，债务人依重整计划或者和解协议获得的债权让步是债权人集体为拯救企业作出的贡献，不可由单个债权人通过"担保人清偿+追偿"的方式加以"蚕食"或"鲸吞"。所以，破产程序终结后继续承担责任的担保人，对和解协议或者重整计划执行完毕后的债务人没有追偿权。但是，在存在多个连带债务人的情况下，该担保人不妨就其他连带债务人应当分担的部分请求其补偿。

4. 基于债权人过错的担保责任免除。第24条规定："债权人知道或者应当知道

债务人破产，既未申报债权也未通知担保人，致使担保人不能预先行使追偿权的，担保人就该债权在破产程序中可能受偿的范围内免除担保责任，但是担保人因自身过错未行使追偿权的除外。”债权人违反诚实信用原则，因故意或疏忽怠于行使权利且无视担保人权利，致使担保人在无过错情况下蒙受追偿利益丧失的，担保人在可得利益损失的范围内免除对债权人的清偿义务。

第五十二条　【连带债务人破产时的债权人申报】连带债务人数人被裁定适用本法规定的程序的，其债权人有权就全部债权分别在各破产案件中申报债权。

【注释】

一、连带债务的外部效力与债权人请求权

连带债务的概念如前条注释所述。在连带债务的情况下，每一个债务人均负有履行全部债务的义务。债权人有权向全体连带债务人请求给付，也有权向其中的一人或数人请求给付。被请求的债务人不得以尚有其他债务人为由而互相推诿，也不得为分担之抗辩，即不得以给付请求超过自己应分担的份额而拒绝给付。连带债务因债务人中之一人、数人或全体的全部给付而消灭。连带债务全部履行前，全体债务人对未履行部分仍负连带清偿责任。债权人有权以连带债务人中之一人、数人或全体为被告提起给付之诉。以一人或数人为被告起诉而获得胜诉判决后，若被告人不履行债务，债权人得以胜诉判决对其他债务人请求履行或申请执行。

二、数个连带债务人破产时的债权人申报

当连带债务人中仅 1 人破产时，债权人通常会遵循“大钱袋”策略，向具有偿付能力的其他债务人追索。因此，在这种情况下需要关注的主要是被追索的连带债务人的求偿权在破产程序中的申报问题。然而，当连带债务人的数人甚至全体破产时，其债权人只能通过各个债务人的破产程序获得清偿。这时，债权人应当如何行使申报权，是以全部债权在各破产程序中分别申报，还是将其债权分为若干部分在各破产程序中分别申报，是一个需要在法律上加以明确的问题。为此，本条规定，数个连带债务人被裁定适用本法规定的程序的，其债权人有权就全部债权分别在各破产案件中申报债权。这意味着，债权人对个别连带债权人的全额清偿请求权在破产法上仍然受到承认和保护。本条所称的“本法规定的程序”,即广义的破产程序,包括和解、重整和破产清算程序。无论各连带债务人的破产案件适用哪一种程序,债权人均可依照本条规定向各个破产案件的管理人分别申报债权。

本条所称的“全部债权”,是指破产申报时债权人实际享有的债权总额。如果数个连带债务人先后破产,而后一破产程序开始时,债权人已经由前一破产程序获得部分清偿,则债权人在后一破产程序中申报的债权应为扣除已清偿部分以后的债权总额。

需要指出的是,就全部债权分别在各破产案件中申报债权是债权人的权利而非义务。债权人可以在数个连带债务人破产程序中选择一个或者几个申报债权,也可以选择在不同程序中以部分债权进行申报。

三、债权人的受偿限度

债权人在以债权全额在数个破产程序中申报后,由数个程序所能得到的清偿总额,不得超过其债权总额。超出部分构成不当得利,债权人负有返还义务。

四、超份额偿付时的连带债务人求偿权

如果某一债务人在破产程序中对债权人给付的清偿超出了该债务人应当承担的份额,该破产案件的管理人有权向其他连带债务人的破产管理人主张求偿权,后者应当予以补偿,但其补偿额不应超出其对债权人已给付的清偿额减去其应承担份额后的余额。

【示例】

1. A 公司以 B 公司为连带保证人向 C 银行贷款。A 公司进入破产程序时,A 公司欠 C 银行本息 200 万元。C 银行以 200 万元申报债权。随后,B 公司进入破产重整程序。C 银行有权在 B 公司的破产案件中申报债权 200 万元。

2. 在前例中,如果在 B 公司的破产案件受理时,A 公司的破产清算程序已经终结,C 银行获得清偿分配 50 万元,则 C 银行对 A 公司的债权额应减去已获清偿的 50 万元。因此,C 银行在 B 公司的破产程序中只能按照 150 万元的债权总额进行申报。之后,如果 B 公司重整失败转入破产清算,C 银行只能按此申报金额参加破产分配。

3. A 公司和 B 公司为 C 合伙企业的合伙人。依照合伙协议,A、B 承担合伙企业亏损的分配比例为 3:7。现 C 合伙企业破产。合伙财产清偿债务后,尚余 100 万元债务。随后,A、B公司均进入破产程序。在A公司的破产程序中,C合伙企业的债权人获得清偿40万元;按照合伙协议,A公司在该100万元债务中承担的部分应为30万元,故其付出的40万元中,有10万元应当由B公司分担。在B公司的破产程序中,C合伙企业的债权人获得清偿50万元;按照合伙协议,B公司在该100万元债务中承担的部分应为70万元,其尚未偿付的份额为20万元。A公司有权向B公司的破产管理人请求补偿10万元。

4. 在例3中,假如C合伙企业的债权人在A公司的破产程序中获得的清偿额为55万元,在B公司的破产程序中获得清偿50万元,则A公司超出自己份额所付出的25万元中,仅可向B公司的破产管理人请求偿付20万元,其余5万元可以依照不当得利的法理,请求C合伙企业的债权人返还。

五、债务人和保证人均破产时的债权申报

《破产法解释(三)》第5条第1款规定:“债务人、保证人均被裁定进入破产程序的,债权人有权向债务人、保证人分别申报债权。”在实践中,保证人的责任可以是连带担保,也可能是一般担保,而本条规定仅针对连带债务关系。二者虽有差别,但在采用“同一债权在两个程序中分别全额申报,在总额范围内受偿”的基本规则上是一致的。但在一般保证的情况下,要适用《破产法解释(三)》第4条第2款“……债权人在一般保证人破产程序中的分配额应予提存,待一般保证人应承担的保证责任确定后再按照破产清偿比例予以分配”的规定。

关于同一笔债权在不同破产程序中的清偿问题,《破产法解释(三)》第5条第2款规定:“债权人向债务人、保证人均申报全部债权的,从一方破产程序中获得清偿后,其对另一方的债权额不作调整,但债权人的受偿额不得超出其债权总额。保证人履行保证责任后不再享有求偿权。”

【示例】

5. A公司以自有财产提供质押,向B公司借款1000万元人民币。同时,C公司为这笔借款提供了一般保证担保。A公司和C公司均进入破产程序后,B公司在两个破产程序中各申报了1000万元债权。A公司破产清算时,B公司由质押物受偿600万元,剩余债权按30%的清偿率获得120万元的清偿。随后,在C公司的破产清

算中,B 公司按 40%的清偿率应分配 400 万元。鉴于其已经由 A 公司破产程序获得 720 万元的清偿,B 公司只能在 C 公司的破产程序中获得 280 万元的清偿。

6. 在前例中,如果 C 公司先于 A 公司进行清算分配,C 公司的管理人将 B 公司的 400 万元分配额进行了提存,则 B 公司在 A 公司清算分配后可由 C 公司破产程序实得 280 万元清偿。

第五十三条 【因待履行合同解除的赔偿请求权申报】管理人或者债务人依照本法规定解除合同的,对方当事人以因合同解除所产生的损害赔偿请求权申报债权。

【注释】

一、待履行合同解除产生的赔偿请求

本法第 18 条规定,管理人对破产申请受理前成立而未履行完毕的合同有权决定解除或者继续履行。同时,规定了管理人逾期未通知或者经相对人催告而未答复时,以及在管理人决定继续履行但未按相对人要求提供担保时,“视为解除合同”的情形。另外,本法第 73 条规定了重整期间债务人自行管理财产和事务时行使本法规定的管理人职权,其中也包括本法第 18 条规定的合同解除权。无论合同是由管理人或债务人决定解除,还是因具备法定原因而视为解除,均可能发生依照民法规定或者合同约定而应对合同相对人承担损害赔偿责任的情况。

根据本条规定,因管理人或债务人解除该合同时所产生的损害赔偿请求权,属于普通债权。这与待履行合同继续履行时向相对人支付的对价属于共益债务的情形(本法第 42 条第 1 项)有所不同。待履行合同的相对人因合同解除而享有的损害赔偿请求权,应作为普通债权,通过债权申报参加破产程序的集体清偿。

二、待履行合同继续履行后的解除所致的赔偿问题

待履行合同依据本法第 18 条的规定确定继续履行后,因当事人违约或者不可抗力导致合同解除的,其损失赔偿问题不适用本条规定。如果合同解除是由可归责于管理人的原因所致,相对人的损害赔偿请求权应适用本法第 42 条第 1 项的规定,按共益债务处理。如果合同解除是由可归责于相对人的原因所致,则管理人有权向相对人请求赔偿。如果合同解除归因于不可抗力,除一方对全部或部分损失的发生有相应的过错的外，由双方各自承担自己的损失。

第五十四条　【善意受托人请求权的申报】债务人是委托合同的委托人，被裁定适用本法规定的程序，受托人不知该事实，继续处理委托事务的，受托人以由此产生的请求权申报债权。

【注释】

一、破产法对善意受托人的保护政策

《民法典》第919条规定："委托合同是委托人和受托人约定，由受托人处理委托人事务的合同。"其中，委托他方处理事务的人为委托人，接受他方委托并处理其事务的人为受托人。

根据本法第7条的规定，债务人、债权人、清算责任人均有权提出破产申请。债务人的受托人由于不是破产申请受理通知的送达对象，在破产程序开始时未必知道委托人破产的状况。如果其善意地相信委托合同继续有效，依照约定处理委托事务，将受到法律的保护。此为"公告事项视为已知"原则的例外，其目的是减少受托人面对的不确定性，有利于委托事务的进行和债务人财产的保值增值。

二、委托人的请求权属于普通债权

因继续处理委托事务而对委托人产生的请求权，虽然实际上发生于破产申请受理之后，但它既不是无因管理之债（办理委托事务属于有因行为），也不是管理人为继续营业而承担的债务，因而不属于本法第42条规定的共益债务。因此，本法对善意受托人的保护，仅限于允许其以办理委托事务的费用和劳务所产生的请求权，向管理人申报债权并通过破产程序受偿。

【示例】

天津的A公司于2月委托广州的B公司为其积压的产品寻找销路。B公司签订合同后即开始与多家公司联系。同年6月A公司申请破产被法院受理。B公司不知此情况，继续与这些公司谈判，并最终获得C公司和D公司的订单。此间，B公司共花去交通、食宿、通信等费用2万余元。B公司有权以这笔费用以及合同约定的报酬，向A公司的破产管理人申报债权。

第五十五条 【票据付款人请求权的申报】债务人是票据的出票人，被裁定适用本法规定的程序，该票据的付款人继续付款或者承兑的，付款人以由此产生的请求权申报债权。

【注释】

一、票据债权的特殊性

票据是出票人依据票据法发行的、无条件支付一定金额或委托他人无条件支付一定金额给收款人或持票人的一种文书凭证。我国《票据法》将票据分为汇票、本票和支票3种。出票人是指签发票据的人。付款人为出票人自己或接受出票人委托而无条件支付票据金额的人。在付款人非为出票人自己时，出票人与付款人之间成立委托付款或代理付款的关系，付款人所付金额及费用应由出票人负担。此时，即产生票据付款人或承兑人对出票人的请求权。

二、允许付款人申报债权的意义

无因性是票据行为的重要特征，这有利于保障票据的流通性，实现票据这一流通工具的创设初衷。因此，当出票人被裁定适用本法规定的程序时，付款人仍然应依票据行为的无因性而承兑或继续付款。由此产生的付款人请求权，可以向出票人的破产管理人申报债权，通过破产程序受偿。

根据本法第44条的规定，原则上只有人民法院受理破产申请时对债务人享有债权的债权人，才有资格申报债权。而破产案件受理后对债务人取得债权的行为，由于已影响已有债权人的清偿利益，除破产费用和共益债务外，应当由管理人本着有利于债务人财产的原则严加控制。而本条规定是本法第44条规定的例外，其理由在于，破产案件受理后的票据付款和承兑对维护票据流通的信用具有积极意义，应当得到法律的承认和保护。

需要指出的是，最高人民法院1991年颁布的《关于贯彻执行〈中华人民共和国企业破产法(试行)〉若干问题的意见》第62条规定："票据(汇票、本票、支票)发票人或背书人被宣告破产，而付款人或承兑人不知其事实而付款或承兑，因此所产生的债权为破产债权，付款人或承兑人为债权人。"该规定的基本精神与本条一致，但对付款人或承兑人参加破产程序设定了"不知其事实"(不知破产宣告的事实)的条件。本条的规定没有这一条件，其理由在于，在有些情况下，付款人即使知道出票人破产的事实，仍应当履行无条件付款义务；而且，对于付款人“知其事实”而自愿付款的行为，破产法亦无须禁止。

当然，并非所有的票据付款都是无条件的。票据付款人应当根据具体情况，依法决定其付款或承兑行为。根据本条规定，票据付款人在付款或承兑以后对债务人的债权，仅可作为普通债权申报，而普通债权在破产程序中一般不能获得全额清偿。因此，本条规定对于票据付款人无节制地付款或承兑，从而有损其自身利益和出票人利益的行为，并没有鼓励作用。

第五十六条　【迟延申报债权和未申报债权】在人民法院确定的债权申报期限内，债权人未申报债权的，可以在破产财产最后分配前补充申报；但是，此前已进行的分配，不再对其补充分配。为审查和确认补充申报债权的费用，由补充申报人承担。

债权人未依照本法规定申报债权的，不得依照本法规定的程序行使权利。

【注释】

一、未如期申报的法律效果

1986 年《企业破产法（试行）》第 9 条规定，逾期未申报债权的，视为自动放弃债权。这一规定过于强硬，对于因不可归责于自身的原因而未于规定期限内申报债权的债权人很不利，对境外债权人尤其不利。本法按照“程序不消灭实体权利”的原则，对未在法院确定的债权申报期限内申报债权的债权人提供了补充申报的补救措施。

二、补充申报债权的最后时限

破产程序的有序和高效进行有赖于债权人的积极参与。如果允许债权人无视法院规定的债权申报期，任意选择时间申报债权，势必妨碍债权人会议的及时性和公正性，进而影响破产程序的正常进行。故本条规定，未如期申报的债权人补充申报的最后时限是破产财产最后分配前。“破产财产最后分配前”的时间界点为依照本法第 116 条第 2 款的规定作出公告的日期。

三、补充申报债权的受偿限制和费用承担

破产法对债权人补充申报的权利设有一定的限制,其基本理由是,个别债权人的补充申报不得影响已经进行的集体程序的确定性,不得动摇已经完成的分配结果的既定力,不得损害已经接受破产财产分配的其他债权人的既得利益。所以本条对债权人延期申报的权利作出如下限制。

1. 受偿限制

补充申报无溯及力,故此前已进行的分配不再对其补充分配。这意味着,债权人迟延申报将承担清偿利益部分丧失的风险。

2. 费用负担

为审查和确认补充申报债权的费用,应当由迟延申报人自行承担。为了对补报债权进行审查和确认,管理人可能要进行必要的调查,并通过一定方式获取债权人会议或者经债权人会议授权的债权人委员会的确认。为此支付的有关费用,应当由补报人承担。

【示例】

1. A 公司破产清算期间,根据破产财产变价的情况,确定进行两次分配。第一次清算分配时,每 100 元普通债权可以领取 10 元的分配。第二次分配时,每 100 元普通债权可以领取 5 元的分配。B 公司对 A 公司享有 100 万元的债权,但在破产程序开始后一直未申报,直到第一次清算分配结束后才补充申报债权。B 公司仅能够参加第二次分配。由于 B 公司的补报,第二次分配的普通债权分配比例调整为每 100 元分配 4 元。其结果是,本案中其他普通债权人获得的清偿比例为 14%,而 B 公司获得的清偿比例为 4%。此外,B 公司还承担了审查和确认补充申报债权的费用 1200 元。

四、未申报债权的后果

除迟延申报的情形外,本条第 2 款还对未在破产程序期间内申报债权的情形作了规定。未依照本法规定申报债权的债权人不得依照本法规定的程序行使权利,即未申报债权的债权人不享有参加债权人会议并就其议决事项参加表决、提出异议、进行诉讼以及依破产程序获得清偿分配等权利。

但应当注意的是,不申报的结果仅仅是“不得依照本法规定的程序行使权利”,而非在任何情形下都不能行使权利,更非直接消灭债权本身。未申报的债权人在以下 3 种情况下,可以行使权利:

1. 债务人通过本法规定的重整程序或者和解程序免于破产清算的,债权人即使未申报债权,仍然可以依照本法第 92 条第 2 款的规定,在重整计划执行完毕后,按照重整计划规定的同类债权的清偿条件行使权利,或者依照本法第 100 条第 3 款的规定,在和解协议执行完毕后,按照和解协议规定的清偿条件行使权利。

2. 人民法院受理破产申请后,依照本法第 12 条第 2 款的规定裁定驳回破产申请的,或者依照本法第 108 条的规定裁定终结破产程序的,未申报的债务人可以通过个别追索或者通过民事诉讼或民事执行程序行使权利。

3. 债务人有保证人或者其他连带债务人的,未申报的债权人亦得在破产程序期间或者破产程序终结后,依法向债务人的保证人或者其他连带债务人主张权利,但其利息请求权应受到本法第 46 条规定的破产止息规则的约束。

五、怠于申报行为可触发债权人代位权

在破产程序中申报债权是债权人的权利。但是,如果怠于申报者的债权人因此受到不利影响,则法律将赋予后者必要救济权。

首先是代位权。根据《民法典》第 535 条“因债务人怠于行使其债权以及与该债权有关的从权利,影响债权人的到期债权实现的,债权人可以向人民法院请求以自己的名义代位行使债务人对相对人的权利”的规定,怠于申报者的债权人可以直接以自己名义向管理人申报债权,从而通过参与破产分配使自己的债权获得清偿。

其次是代位保存权。在怠于申报者的债权人的债权尚未到期的情况下,根据《民法典》第 536 条的规定,在破产程序中,债权人因怠于申报债权而影响其债权人实现债权的,受其影响的债权人即使债权尚未到期,仍可以向破产管理人代位申报,以避免其债务人的债权因未及时申报而错过破产分配,从而使自己的债权利益蒙受损失。需注意的是,实施保存行为的债权人应及时依《民法典》第 535 条的规定,向人民法院提起代位权诉讼,在取得认定代位权成立的判决后,才能向管理人请求清偿分配。在最后分配公告前未提起诉讼或者经诉讼其代位权未获得生效判决认定的,其分配资格取消;分配资格取消后,该分配额加入集体分配。被保存的代位权在最后分配公告前诉讼未决的,依本法第 119 条的规定将其分配额提存。

关于代位权行使的法律效果,《民法典》第537条规定:“人民法院认定代位权成立的,由债务人的相对人向债权人履行义务,债权人接受履行后,债权人与债务人、债务人与相对人之间相应的权利义务终止。债务人对相对人的权利被采取保全、执行措施,或者债务人破产的,依照相关法律的规定处理。”这意味着,怠于申报者的债权,在代位权人接受破产分配的范围内归于消灭。

【示例】

2. A公司进入破产程序后,其债权人B公司迟迟不申报债权。B公司的债权人C公司持有到期债权。C公司以自己名义向破产管理人申报了债权。在破产分配时,C公司按B公司的债权额直接参加破产分配,获得了清偿。

3. A公司进入破产程序后,其债权人B公司迟迟不申报债权。此时,C公司对B公司的债权尚未到期。C公司向破产管理人申报了B公司债权并主张了代位保存权。破产分配时,C公司的债权到期,C公司向人民法院请求以自己名义代位行使B公司对A公司的债权。获准后,C公司凭判决的管理人提出分配请求,管理人按B公司债权的分配额给予了破产分配。

第五十七条 【申报登记和债权表】管理人收到债权申报材料后,应当登记造册,对申报的债权进行审查,并编制债权表。

债权表和债权申报材料由管理人保存,供利害关系人查阅。

【注释】

依照本条规定,管理人在债权申报过程中的职责主要有以下4项:(1)将收到的债权申报材料登记造册;(2)对申报的债权进行审查;(3)根据审查结果编制债权表;(4)保存债权表和债权申报材料以便利害关系人查阅。

一、登记造册

《破产法解释(三)》第6条第1款规定:“管理人应当依照企业破产法第五十七条的规定对所申报的债权进行登记造册,详尽记载申报人的姓名、单位、代理人、申报债权额、担保情况、证据、联系方式等事项,形成债权申报登记册。”《破产审理规定》第22条规定,登记申报债权时应当记明的事项有:债权人姓名或名称、住所、开户银行、申报债权数额、申报债权时的证据、财产担保情况、申报时间、联系方式以及其他必要的情况。这里所说的“其他必要情况”,是指与债权的效力或者权利行使相关联的情况,例如,债权取得的原因或依据,附条件、附期限的情况,连带债权人或连带债务人的情况,利息或违约金的计算依据及计算期间,请求权发生以来的诉讼时效中断等。

二、审查

《破产法解释(三)》第6条第2款规定:“管理人应当依照企业破产法第五十七条的规定对债权的性质、数额、担保财产、是否超过诉讼时效期间、是否超过强制执行期间等情况进行审查、编制债权表并提交债权人会议核查。”应当注意的是,破产管理人对申报债权的审查属于初步审查,主要针对债权的真实性、有效性以及证据的充分性。管理人认为被申报的债权欠缺真实性、有效性的,或者申报的债权超出本法第44条规定的范围或者不符合本法第六章其他相关规定的,可以向申报人指出,也可以要求申报人作出解释。管理人认为申报证据不足的,可以要求申报人补充证据,但是管理人无权对申报债权作出是否确认的决定。

对申报的债权,管理人经审查认为不合格的(如虚假、无效、证据不足、已过诉讼时效等)或者尚存在疑点的,仍应在债权申报登记册中予以记载,同时注明不合格的原因或者疑点,以便债权人会议核查。

三、编制债权表

债权表是第一次债权人会议的核查基础(参见本法第58条);经核查后的债权人,将成为债权人会议确定表决权的依据(参见本法第59条)、召集通知的依据(参见本法第63条)和确定表决结果有效性的依据(参见本法第64条),并将成为重整计划、和解协议和清算分配方案的债权清偿依据。债权表可以采用人民法院统一制定的标准表格。

管理人对申报的债权进行审查后,应当根据审查结果编制债权表。

四、债权申报文件的保管

《破产法解释(三)》第6条第3款规定:“债权表、债权申报登记册及债权申报材料在破产期间由管理人保管,债权人、债务人、债务人职工及其他利害关系人有权查阅。”本条第2款规定了管理人保存债权表和债权申报材料的职责和利害关系人的查阅权。明确管理人的这一保存职责,主要是为了便于利害关系人行使查阅权。此处的“利害关系人”,包括已经申报的债权人,尚未申报的债权人,已申报或未申报的债权人的次债权人或连带债权人,已申报或未申报的债权人的继承人或遗产管理人,债务人的出资人、管理层和职工,债务人的保证人或其他连带债务人,债务人的上级主管部门等。

五、债权申报文件的查阅

债权申报文件查阅权的基础是破产案件中的利害关系人知情权。破产法保护利害关系人知情权是为了保证破产程序的公开性和公正性。利害关系人知情权也是对虚假申报、不实申报行为的制约,因而也是破产程序实现公平清偿的保障。

除债权申报的相关表册和材料外,债权人对破产程序中的其他与其利益相关的文件也享有查阅权。《破产法解释(三)》第10条规定:“单个债权人有权查阅债务人财产状况报告、债权人会议决议、债权人委员会决议、管理人监督报告等参与破产程序所必需的债务人财务和经营信息资料。管理人无正当理由不予提供的,债权人可以请求人民法院作出决定;人民法院应当在五日内作出决定。上述信息资料涉及商业秘密的,债权人应当依法承担保密义务或者签署保密协议;涉及国家秘密的应当依照相关法律规定处理。”

第五十八条 【债权表的核查和确认】依照本法第五十七条规定编制的债权表,应当提交第一次债权人会议核查。

债务人、债权人对债权表记载的债权无异议的,由人民法院裁定确认。

债务人、债权人对债权表记载的债权有异议的,可以向受理破产申请的人民法院提起诉讼。

【注释】

一、债权人会议的核查

已申报的债权,只有经过债权人会议核查、人民法院确认,才能享受在破产程序中的表决权和受偿权。因此,对于管理人编制的债权表,应当提交第一次债权人会议核查。在核查过程中,允许债务人、债权人提出异议。

根据本法第62条的规定,第一次债权人会议由人民法院召集,自债权申报期限届满之日起15日内召开。第一次债权人会议召开的时间,就是已申报债权接受核查和确认的开始时间。

管理人依据本法第57条规定编制的债权表，是对已申报债权进行核查和确认的依据。

二、法院对债权的确认

债务人、债权人对债权表记载的债权无异议的，由人民法院裁定确认。也就是说，人民法院对债权人会议核查无异议的债权，应当予以确认，而无须实质审查。而且，人民法院只对核查无异议的债权作出确认的裁定，而无须对有异议的债权作出不确认的裁定。

三、有异议债权的处理

（一）异议权的主体

有权对债权表记载的债权提出异议的主体，大体有以下3种情况：

1. 债务人的异议。这种异议可以由债务人的法定代表人或者持有代表授权的其他人员提出，也可以由代表债务人财产的管理人提出。债务人、管理人在债权人会议上没有表决权，其对个别债权有异议的，除由管理人记载于债权表以及在列席债权人会议时作出的陈述外，可以在债权人会议之外通过诉讼方式提出。此外，管理人在管理期间的任何时候，发现已申报债权中有虚假或无效者，可以随时代表债务人财产对申报人提起诉讼。允许债务人提出异议的理由在于：首先，在破产程序期间，债务人的法律人格没有消灭，其法人机关仍有意思能力；其次，债务人了解其以往的经营情况，有助于剔除虚假或无效的债权；最后，剔除虚假或无效的债权有利于债务人的拯救，也有利于保护一般债权人的利益。

2. 其他债权人的异议。这种异议通常是在债权人会议上提出的。其他债权人的异议在债权人会议表决中未被采纳的，可以在事后对被异议的债权人提起诉讼。未出席债权人会议或者在债权人会议上未曾提出异议的其他债权人，也可以在债权人会议以后通过诉讼提出异议。

3. 申报人的异议。申报的债权被债权人会议列为有异议债权的，申报人可以提起诉讼，请求人民法院对其债权作出确认。由于债权人会议没有诉讼主体地位，此种诉讼应当以债务人为被告，由管理人代表债务人参加诉讼。

（二）异议权的行使

《破产法解释（三）》第8条规定，债务人、债权人对债权表记载的债权有异议的，应当说明理由和法律依据。经管理人解释或调整后,异议人仍然不服的,或者管理人不予解释或调整的,异议人应当在债权人会议核查结束后15日内向人民法院提起债权确认之诉。当事人之间在破产申请受理前订立有仲裁条款或仲裁协议的,应当向选定的仲裁机构申请确认债权债务关系。

(三)异议诉讼

《破产法解释(三)》第9条规定,债务人对债权表记载的债权有异议向人民法院提起诉讼的,应将被异议债权人列为被告。债权人对债权表记载的他人债权有异议的,应将被异议债权人列为被告;债权人对债权表记载的本人债权有异议的,应将债务人列为被告。对同一笔债权存在多个异议人,其他异议人申请参加诉讼的,应当列为共同原告。

在存在异议诉讼的情况下,管理人应当尽可能地继续推进破产工作。个别异议诉讼尚未审结的事实,原则上不能成为影响管理人处理破产事务和阻止人民法院召集债权人会议的理由。正如《世行破产原则》指出的:"通知债权人和允许他们申报债权的程序应具有成本效益、高效和及时性。尽管必须有一个严格的审查债权的制度以确保其有效性和解决争议,但不应允许解决有争议债权所固有的迟滞来拖延破产程序。"①

四、关于已生效法律文书确定的债权

以已经生效的诉讼判决、仲裁裁决、公证书等法律文书为依据的申报债权,原则上应予确定。《破产法解释(三)》第7条第1款规定:"已经生效法律文书确定的债权,管理人应当予以确认。"

鉴于在实践中确实存在虚假诉讼、虚假仲裁和虚假公证的情况,为了保护债权人和债务人的合法权益,《破产法解释(三)》第7条第2款规定:"管理人认为债权人据以申报债权的生效法律文书确定的债权错误,或者有证据证明债权人与债务人恶意通过诉讼、仲裁或者公证机关赋予强制执行力公证文书的形式虚构债权债务的,应当依法通过审判监督程序向作出该判决、裁定、调解书的人民法院或者上一级人民法院申请撤销生效法律文书,或者向受理破产申请的人民法院申请撤销或者不予执行仲

① 世界银行集团:《有效破产与债权人/债务人制度的原则》(*Principles for Effective Insolvency and Creditor/Debtor Regimes*)(英文版)C13,2016年华盛顿,第25页。

裁裁决、不予执行公证债权文书后,重新确定债权。”

【示例】

1. A 公司破产案件被受理后,在第一次债权人会议上,多位债权人对 A 公司的主要股东 B 公司申报的 300 万元借款债权提出异议。经过质询和辩驳,多数债权人认为此款项应属出资款,经表决,对此项债权不予确认。

2. 在前例中,B 公司对债权人会议的决议不服,向受理破产申请的人民法院提起诉讼。管理人出庭应诉,提供了相关证据,证明 B 公司对 A 公司负有 300 万元的出资义务,且 A 公司财务报表上对这笔付款的记载也是出资款。B 公司在诉讼中未能出具借款合同,也不能证明其另有履行出资义务的给付行为。法院裁定,B 公司对 A 公司的这笔付款属于履行出资义务的行为,其申报的债权不成立。

第七章
债权人会议

第一节　一般规定

第五十九条　【债权人会议成员】依法申报债权的债权人为债权人会议的成员，有权参加债权人会议，享有表决权。

债权尚未确定的债权人，除人民法院能够为其行使表决权而临时确定债权额的外，不得行使表决权。

对债务人的特定财产享有担保权的债权人，未放弃优先受偿权利的，对于本法第六十一条第一款第七项、第十项规定的事项不享有表决权。

债权人可以委托代理人出席债权人会议，行使表决权。代理人出席债权人会议，应当向人民法院或者债权人会议主席提交债权人的授权委托书。

债权人会议应当有债务人的职工和工会的代表参加，对有关事项发表意见。

【注释】

一、债权人会议的法律地位

（一）债权人会议的性质

债权人会议是全体债权人参加破产程序并集体行使权利的决议机构。有时候，“债权人会议”一词也被用于表示这个决议机构的集会活动。但从性质上来说，债权人会议是债权人团体在破产程序中的意思发表机关。也就是说，债权人会议的职能是要使全体债权人能够作为一个整体，就他们的权利行使和权利处分作出共同的意思表示，并为维护他们的共同利益而采取必要行动。所以，债权人会议本质上是一个组织体，而不是临时的集会活动。

（二）债权人自治原则

债权人自治，是指全体债权人通过债权人会议，对破产程序进行中涉及债权人利益的各重大事项作出决定并监督破产财产管理和分配的一系列权利，以及保障这些权利实现的有关程序制度。实行债权人自治是破产法的一项重要原则。

债权人自治原则是确定债权人会议地位的基本依据。根据这一原则，有关债权人权利行使和权利处分的一切事项，均应由债权人会议独立地作出决议。债权人在债权人会议上应享有充分的自由表达和自主表决的权利。债权人会议作出的关于债权确认、与债务人和解、破产财产变价和分配等重大事项的决议，是破产程序进行的重要根据。债权人会议还应享有监督破产财产管理和处分的权利。

在我国，人民法院在破产程序中扮演着重要角色，其履行职责的宗旨之一是维护债权人的合法权益，实现债务的公平清偿。在此过程中，人民法院要遵循债权人自治原则，在债权人之间存在不同利益要求的情况下保持中立，只承担保障程序进行和最终裁判的职责。只有在法律授权的情况下，人民法院才能够代替债权人会议，就债权人会议职权范围内的事项作出决定（参见本法第 65 条）。

（三）债权人会议与人民法院的关系

在破产案件中，人民法院处于主导地位，对破产程序的进行负有全面责任，并直接领导管理人对破产财产的管理工作。人民法院承担这些职责的一个基本宗旨，就是维护债权人的合法权益和实现债务的公平清理。遵循债权人自治原则，发挥债权人会议的作用，是人民法院正确履行职责，实现破产法宗旨的重要条件。此外，对于债权人之间存在的不同利益要求，法院应当保持中立、依法秉公处理。根据债权人自治原则，债权人之间的意见分歧一般应通过协商和表决程序自行解决，而法院只承担保障程序进行和最终裁判的职责。这是一种明智的制度安排，有利于充分发挥当事人意思自治的作用和最大限度地节省司法资源。所以，人民法院在破产程序中，应当充分尊重债权人会议的自治权利，依法维护债权人会议的程序公正，而不是充当债权人会议的领导者或指挥者，从而将自己置于介入利益纷争或者与债权人相对立的地位。

二、债权人会议的组成

(一)债权人会议成员

本条第1款规定,依法申报债权的债权人为债权人会议的成员,有权参加债权人会议,享有表决权。这意味着,债权人依法申报债权后,即成为债权人会议的成员;凡是债权人会议的成员,都享有出席会议的权利。

债权人会议成员在申报债权后有以下情形的,不得再出席债权人会议:(1)已经由担保财产优先受偿并获得足额清偿的;(2)已经由债务人的保证人或者其他连带债务人获得足额清偿的;(3)债权人的债权因抵销、免除等原因而消灭的;(4)债权附有解除条件或者终止期限的,其解除条件已成就,或者终止期限已到来。

(二)债权人会议成员的表决权

债权人会议成员分为有表决权的债权人和无表决权的债权人两种。

1. 有表决权的债权人。这是指有权出席债权人会议和发表意见,并有权对债权人会议决议事项投票表达个人意志的债权人。凡是依法申报债权的债权人,除存在法律规定无表决权的情形者外,都享有表决权。有表决权的债权人又分为两种情况:一是对所有的表决事项都有表决权的债权人;二是对部分表决事项有表决权的债权人。后者是指有财产担保而未放弃优先受偿权利的债权人,对于通过和解协议的决议和通过破产分配方案的决议不享有表决权。

2. 无表决权的债权人。这是指有权出席债权人会议和发表意见,但无权对债权人会议决议事项投票表达个人意志的债权人。主要有:(1)债权尚未确定,而人民法院未能为其行使表决权而临时确定债权额的;(2)债权附有停止条件,其条件尚待成就的,或者债权附有开始期限,其期限尚未到来的;(3)尚未代替债务人清偿债务的保证人或者其他连带债务人。

三、债权人会议决议的表决方式

债权人会议表决的传统方式是现场表决,即债权人聚集于同一场所,以当场投票的方式对议决事项表达意愿和作出决定。随着电子通信和互联网技术在司法实践中的应用,非现场表决方式正在日益推广。这种方式大大提高了破产案件的审理效率,节省了时间和成本。为此,《破产法解释(三)》第11条第1款规定:“债权人会议的决议除现场表决外,可以由管理人事先将相关决议事项告知债权人,采取通信、网络投票等非现场方式进行表决。采取非现场方式进行表决的,管理人应当在债权人会议召开后的三日内,以信函、电子邮件、公告等方式将表决结果告知参与表决的债权人。”

《信息公开规定》第 11 条规定了网上召开债权人会议的有关规则:“人民法院、破产管理人可以在破产重整案件信息网召集债权人会议并表决有关事项。网上投票形成的表决结果与现场投票形成的表决结果具有同等法律效力。债权人可以选择现场投票或者网上投票,但选择后不能再采用其他方式进行投票,采用其他方式进行投票的,此次投票无效。”

四、债权未确定的债权人的表决权行使

根据本条第 1 款的规定,只有依照本法第六章的相关规定申报了债权的债权人才能作为债权人会议的成员,出席债权人会议并行使相应的表决权。破产法关于债权人会议制度的立法政策是鼓励债权人参与集体决策。在不影响程序公正和防止欺诈行为的前提下,对于债权暂时未能确定的债权人,应当为他们提供参与的机会。因此,本条第 2 款的规定包含了这样的精神:在可能的情况下,法院可以为债权尚未确定的债权人临时确定债权额,以便其有机会行使表决权。

本条第 2 款中的“债权尚未确定”,包括债权是否有效存在尚未确定、债权的数额尚未确定、债权的担保尚未确定等情况。由于债权经确定是债权人行使表决权的前提,为了实现破产程序的效率,使权利明确的债权人尽早得到清偿,也为了尽可能保护因特殊原因而一时无法立即确定债权的债权人的合法权益,对于债权尚未确定的债权人,如果人民法院能够临时为其确定债权额,该债权人可依据此债权额行使相应的表决权。但是,人民法院能够临时确定债权额的债权,应该是债权的真实性、有效性没有争议,但债权数额、担保等尚有争议或疑义的债权。在为这些债权确定临时债权额时,宜采用合理和相对保守的标准。例如,对债权数额存在不同数额的计算标准时,可采用较低标准;对债权的担保有争议时,可允许其按照本条第 3 款规定的范围行使表决权。

需要注意的是,对于真实性、有效性存在异议的债权,除非人民法院有充分根据认定异议不成立,一般不得为其参加表决临时确定债权额。反之,已经被认定或者有充分根据能够被认定为不能确定的债权,人民法院应拒绝为其参加表决临时确定债权额。

【示例】

1. A 公司进入破产程序后，B 公司申报债权 150 万元，其中，包括拖欠货款 120 万元和约定违约金 30 万元。管理人认为，该违约金过分高于 A 公司违约造成的损失，应予减少。因此，在第一次债权人会议上，B 公司的债权暂时未获确认。人民法院为 B 公司在债权人会议的其他决议中行使表决权，临时确定其债权额为 120 万元。

2. A 公司破产后，B 公司和 C 公司在债权申报时都主张对 A 公司的机器设备享有抵押权。在第一次债权人会议上，B 公司和 C 公司相互提出异议，故其抵押权未获确认。但是，对它们的主债权不存在异议。法院决定，B 公司和 C 公司各以其主债权额参加表决，但在该抵押权归属未确定之前，不得参加本法第 61 条第 1 款第 7 项和第 10 项规定事项的表决。

五、有担保债权人的表决权

如果债权人对债务人的特定财产享有担保权，该债权人又不放弃其优先受偿权利，则该债权人的相关利益可以通过行使优先权得到保障，本法第 61 条第 1 款第 7 项“通过和解协议”、第 10 项“通过破产财产的分配方案”与有财产担保的债权人没有利害关系，故本条第 3 款排除了上述债权人对该两项决议的表决权。相应地，本法第 96 条第 2 款和第 109 条明确规定，在破产宣告以后或者和解程序开始后，有担保的债权人可以行使由担保物优先受偿的权利。

六、表决代理

依照本条第 4 款的规定，对于出席债权人会议及对相关事项的表决的权利，债权人可以亲自行使也可以委托代理人进行。代理人出席债权人会议的，应向人民法院或者债权人会议主席提交债权人的授权委托书。同时，依照民事诉讼法的相关规定，代理人行使债权人对通过和解协议、破产财产分配方案的表决权，还应当有债权人的特别授权。至于债权人能否委托其他债权人作为自己的代理人的问题，这属于权利人自主决定的范围，本着尊重当事人意思自治的原则，本法不加以禁止。

七、债务人职工和工会代表参加会议

本条第 5 款规定了职工代表和工会代表参加债权人会议，对相关事项发表意见的权利。根据本条第 1 款的规定，只有依法申报债权的债权人才能成为债权人会议的成员。职工债权不参加债权申报，亦不作为债权人会议成员。本款所称“相关事

项”,是指关系职工利益的事项,例如,涉及职工债权的清偿分配方案,涉及职工聘用、工资和生活保障等利益的继续营业决议。需要注意的是,除本法第 82 条规定的特殊情况外,职工债权不参加债权人会议的表决,故职工和工会的代表列席会议时不能行使表决权。

第六十条　【债权人会议主席】债权人会议设主席一人,由人民法院从有表决权的债权人中指定。

债权人会议主席主持债权人会议。

【注释】

一、债权人会议主席的任命

债权人会议的主席如何产生?是由债权人会议选举,还是由法院指定?从理论上讲,债权人会议选举主席更符合债权人自治原则。在本法起草过程中,在 2000 年的草案中采用了“由债权人会议从有表决权的债权人中选举产生”的规定。但是,经验证明,债权人会议的成员之间是存在一定利益冲突的,尤其在人数较少的大债权人与人数众多的小债权人之间,常常存在很大的意见分歧。因此,债权人会议选举主席在实际操作中存在一定难度。如果出现债权人会议无法选出主席的局面,则债权人会议将难以进行。经过慎重研究,立法者采用了本条第 1 款规定的由人民法院指定债权人会议主席的方案。这样规定的好处是,可以顺利启动债权人会议,也可以保持债权人会议主席任职的稳定性。

关于债权人会议主席的任职资格,本法仅规定了有表决权这一条件。也就是说,只要是有表决权的债权人,都可以被指定为债权人会议主席。这里所说的“有表决权的债权人”,可以是对所有表决事项都有表决权的债权人(普通债权人),也可以是对部分表决事项有表决权的债权人(享有担保权的债权人)。

债权人会议主席应当为自然人。出任债权人会议主席的人,可以是作为债权人的自然人,也可以是作为债权人的法人或其他组织指派的人员。

二、债权人会议主席的职权

本条第 2 款规定了债权人会议主席的唯一职责——主持债权人会议。债权人会议主席主持债权人会议的具体工作包括:宣布会议开始,说明会议议程和注意事项;

就有关程序事项提出表决动议并主持表决;领导会议各项议题的审议和表决进程,维护会议秩序,如安排发言顺序,控制发言时间;就会议决议事项宣布表决规则,主持表决进程,公布表决结果;决定会议休会;宣布会议闭会;审阅会议记录。

第六十一条　【债权人会议的职权】债权人会议行使下列职权:

(一)核查债权;

(二)申请人民法院更换管理人,审查管理人的费用和报酬;

(三)监督管理人;

(四)选任和更换债权人委员会成员;

(五)决定继续或者停止债务人的营业;

(六)通过重整计划;

(七)通过和解协议;

(八)通过债务人财产的管理方案;

(九)通过破产财产的变价方案;

(十)通过破产财产的分配方案;

(十一)人民法院认为应当由债权人会议行使的其他职权。

债权人会议应当对所议事项的决议作成会议记录。

【注释】

一、债权人会议的各项职权

本条规定,债权人会议行使以下职权:

1. 核查债权

核查债权是为了尽早确定被申报的债权是否真实有效、其数额大小以及有无担保等相关情况,以便使债权人在权利确定的基础上参加债权人会议和行使权利,从而维护债权人、债务人等相关利益主体的合法权益。在债权人会议上,全体债权人将依据本法第58条的规定,通过对债权表以及申报债权人提供的相关证明材料的查阅、对申报人询问和相互间辩论来核查债权的上述基本情况。当债权人、债务人对债权表登记的债权存在异议时,可以向受理破产申请的人民法院提起诉讼。

2. 申请人民法院更换管理人,审查管理人的费用和报酬

管理人是否忠实、勤勉地履行职责,直接影响债务人财产的保全和债权人权益的保护,所以债权人会议理应有权对其进行监督。对管理人的解任申请权,是债权人会议对不称职的管理人进行制约的重要手段。根据本法第 22 条第 2 款的规定,债权人会议认为管理人不能依法、公正履行职务或者有其他不能胜任职务情形的,可以请求人民法院予以解任,另行指定。

审查管理人的费用和报酬也是债权人会议的职权。根据本法第 41 条和第 43 条的规定,管理人的费用和报酬作为破产费用,以债务人的财产随时优先予以清偿。因此,管理人的费用和报酬的支付情况,关系债权人的清偿利益。为了促使管理人合理地开支费用和领取报酬,法律赋予债权人会议对管理人费用和报酬的审查权。本法第 28 条规定,债权人会议对管理人的报酬有异议的,有权向人民法院提出。

3. 监督管理人

本项是关于债权人会议对管理人的一般监督权的规定。根据本法第 23 条的规定,管理人应当向人民法院报告工作,并接受债权人会议和债权人委员会的监督。债权人会议对管理人的一般监督权,主要表现为知情权和异议权。知情权的行使方式,包括听取管理人关于执行职务情况的报告并加以询问,以及主动要求管理人对其职责范围内的事务予以说明或提供相关文件。异议权的范围,可以涉及管理人的管理行为,也可以涉及管理人的费用和报酬,还可以涉及管理人的任职资格、执业能力和职业操守。本条前项的规定就包括了针对后两种情况的异议权。

4. 选任和更换债权人委员会成员

为了更好地保护债权人的合法权益,本法特别设立了债权人会议的常设机构——债权人委员会,由其在债权人会议闭会期间代表全体债权人行使债权人会议享有的相关权利。因此,债权人会议对选任和更换这一机构的成员享有决定权。关于债权人委员会的具体规定见本章第二节。值得注意的是,根据本法第 67 条第 2 款的规定,债权人委员会成员的任命和更换应当经人民法院书面决定认可。

5. 决定继续或者停止债务人的营业

营业,是指以营利为目的的持续性经济活动。正常运营的企业进行营业是其存在的应有之义,但当企业进入破产程序后,该企业的财产处于为债权人利益而被保全的状态。因此,继续营业对债权人来说,既包含实现债务人财产价值最大化的机遇,

也包含债务人财产因无谓消耗而减少的风险。所以,关于债务人继续营业的决定应当受到债权人会议的制约。

一般而言,在破产程序开始后,债权人会议召开之前,应由管理人决定债务人的继续营业。所以,本法第 25 条第 1 款第 5 项规定,管理人在第一次债权人会议召开之前,决定继续或者停止债务人的营业。本项规定则是指在债权人会议召开后,有权依据具体情况决定企业的经营是继续进行还是予以停止。这里包括两种情况:一是在会议之前管理人已经决定继续营业的,债权人会议有权决定进行中的营业是否继续;二是在会议之前管理人未决定继续营业的,债权人会议有权决定是否开展继续营业。

6. 通过重整计划

重整是在企业无力偿债但存在挽救可能的情况下,在保护企业继续营业的同时,由债务人、债权人以及其他利害关系人达成有关债务清偿和企业振兴的计划并加以执行,从而使企业摆脱困境并使企业债务得到公平清偿的制度。但进行重整的企业也有可能因种种原因陷入更艰难的境况,从而使债权人的受偿率更低。所以,债权人有权对重整计划进行审查,并通过表决的方式形成对重整计划的集体意愿。本法第八章第二节对重整计划的通过程序作了具体的规定。

7. 通过和解协议

债权人会议对债务人提交的和解协议草案,有权进行讨论和作出是否予以接受的决议。和解通常是以债权人让步为基础的。债权人让步(如免除利息、免除部分本金、延长偿还期限、将债权转换为股权等)属于权利处分行为,必须由权利人自主决定。破产程序是集体清偿程序,债权人的权利处分也必须通过集体行为来实施。所以,和解协议只有经债权人会议作出同意的决议方能生效。对于和解协议草案,不得以债权人的私下意思表示或者法院的决定代替债权人会议的决议。

8. 通过债务人财产管理方案

债务人财产,是指破产案件受理时属于债务人的财产,及破产案件受理后破产程序终结前债务人取得的财产。这是债权人债权得到清偿的物质基础,与债权人的利益息息相关。在破产程序中,债务人财产由管理人管理。为了保护债权人的利益,本条规定,管理人对债务人财产进行管理的方案应经债权人会议讨论通过。

9. 通过破产财产变价方案

变价，是指在破产清算程序中，通过拍卖等方式将债务人拥有的机器、设备、库存产品等有形财产和知识产权等无形财产转换为货币，以便对债权人进行清偿。破产财产的变价方案，直接关系债权人清偿利益的实现，故应赋予债权人以充分的自由表达和自主决定的权利。按照我国的破产程序，破产财产的处理和分配，应由管理人就破产财产变价的财产范围、变价方式等事项制定方案，交由债权人会议表决通过。

10. 通过破产财产分配方案

分配破产财产是破产清算程序中实现债权清偿的最后环节。破产财产分配关系有资格参加分配的全体债权人的权益。管理人提交的破产财产分配方案必须经债权人会议讨论通过。破产财产分配方案一般包括拟分配财产的范围，待清偿债权的种类和数额，分配的顺序、比例、时间、地点等内容。

11. 人民法院认为应当由债权人会议行使的其他职权

这里的"人民法院认为"，可以是司法解释的规定，也可以是审理个案的人民法院的决定。其中，司法解释的规定适用于所有的企业破产案件。例如，根据《破产法解释(三)》第 2 条第 1 款的规定，管理人或者自行管理的债务人为债务人继续营业而借款的，除第一次债权人会议召开前须经人民法院许可外，均应当经债权人会议决议通过。

本项属于通常所说的"兜底条款"。由于在实践中不同案件的差别较大，关系债权人利益而需要由债权人会议决定的事项，有时可能不限于以上 10 项。为了保持法律规定的适度弹性，本法以本项规定授权人民法院根据案件的实际情况扩大债权人会议的职权范围。

需要注意的是，以上事项并非完全取决于债权人会议的表决结果。有时候，由于债权人会议内部存在严重的分歧，可能出现议决事项无法得到符合法定条件的通过票数的情形，而因为债权人会议无法达成一致而造成破产程序的拖延，不符合债权人的整体利益。因此，根据本法第 65 条的规定，上述第 8 项、第 9 项，经债权人会议表决未通过的，由人民法院裁定；上述第 10 项，经债权人会议两次表决仍未通过的，由人民法院裁定。

二、债权人会议行使职权的书面记载

债权人会议行使职权的方式是通过相关决议，而其决议的内容都是事关债权人利益和破产程序公正的重要事项。由于参加债权人会议的债权人存在一定的利益冲突,个别债权人对债权人会议决议持有异议的情况也在所难免。因此,忠实地记录债权人会议的决议并加以妥善保存,有助于日后对这些纠纷的处理。另外,债权人会议的有些决议需要由人民法院审查批准,相关的书面记录即成为人民法院进行审查的依据。所以,本条第 2 款规定,债权人会议应当对所议事项的决议作成会议记录。

第六十二条 【债权人会议的召集和召开】第一次债权人会议由人民法院召集,自债权申报期限届满之日起十五日内召开。

以后的债权人会议,在人民法院认为必要时,或者管理人、债权人委员会、占债权总额四分之一以上的债权人向债权人会议主席提议时召开。

【注释】

一、债权人会议的召集人

召集,即会议的通知聚集。召集人,即出面通知与会者前往出席会议的人。根据本条规定,第一次债权人会议由人民法院召集,以后的债权人会议由债权人会议主席召集。也就是说,第一次债权人会议的召集通知,以人民法院的名义发出,以后的债权人会议的召集通知以债权人会议主席的名义发出。按照常理而言,一个组织的会议,应该由该组织的负责人召集。例如,公司董事会的召集人为董事长。但根据本法的规定,债权人会议主席要在第一次债权人会议召开时,由人民法院当众宣布任命,而后就职。因此,在债权人会议主席就职以前,债权人会议的召集人只能由人民法院担任。

二、债权人会议的召开

召开,是指会议的举行。债权人会议的召开,分为以下两种情况:

(一)第一次债权人会议的召开

第一次债权人会议的召开属于法定召开,为破产程序中不可缺少的环节。根据本条规定,第一次债权人会议应当自债权申报期限届满之日起 15 日内召开。

(二)以后债权人会议的召开

第一次债权人会议结束后,可以基于以下两种情况召开以后的债权人会议:

1. 人民法院认为必要时召开。人民法院是破产案件的审理机构,在破产程序中处于主导地位，当人民法院认为有特定事项需要提交全体债权人讨论表决时，应当召开。在实践中，人民法院可以作出召开债权人会议的决定，通知债权人会议主席和管理人实施召集。

2. 管理人、债权人委员会或者占债权总额1/4以上的债权人向债权人会议主席提议时召开。首先，管理人在破产程序中负责债务人财产的管理、变价、分配等工作，其职权的行使直接关系债权人的清偿利益，在重整程序中还担任着债务人自行营业情况的监督工作，当其认为有需要债权人会议讨论决定的事项时，可提请债权人会议主席召开债权人会议。其次，债权人委员会对破产程序进行日常监督，对债权人会议负责，因此，当债权人委员会认为有涉及全体债权人的重大利益，需要债权人会议讨论决定的事项时，可以提请债权人会议主席召开债权人会议。最后，占债权总额1/4以上的债权人，对于关系债权人利益的事项，认为需要提请债权人会议讨论决定时，也可提请债权人会议主席召开债权人会议。对于管理人、债权人委员会和占债权总额1/4以上的债权人提出的召开债权人会议的提议，债权人会议主席若无正当理由不得拒绝召开。由于召开债权人会议总会产生一定的成本，如果债权人会议主席认为所提议事项不属于债权人会议的职权范围，或者所提议事项无须通过召开会议解决，也可以在向提议人作出解释后不召开会议。召开会议的提议未被采纳的，提议人可以向人民法院反映情况；人民法院根据所反映的情况，认为有必要召开债权人会议的，可以决定召开。

【示例】

在A公司破产案的第一次债权人会议以后，持有债权人债权总额1/4的B银行发现A公司的关联公司C公司申报的债权存在虚报嫌疑，遂要求债权人会议主席召集债权人会议重新核查C公司的债权。债权人会议主席认为，债权人会议没有重新核查债权的权限，此事可以依照本法第58条的规定，直接向人民法院提起债权异议的诉讼，也可以根据本法第33条的规定提起追究破产欺诈行为的诉讼。经债权人会议主席协调，管理人对B银行提出的证据进行了核实，然后直接与C公司交涉，并做好了起诉准备。C公司最后作出放弃参加破产分配的表示。

三、提升债权人会议召开和表决效率

随着破产审理信息化程度的提高,为了进一步提高破产审判效率,降低破产程序成本,最高人民法院《高效审理意见》第10条、第11条就债权人会议召开和表决的方式作出如下规定:

(一)债权人会议的召开方式

第一次债权人会议可以采用现场方式或者网络在线视频方式召开。人民法院应当根据本法第14条的规定,在通知和公告中注明第一次债权人会议的召开方式。经第一次债权人会议决议通过,以后的债权人会议还可以采用网络会议、通信群组等非现场方式召开。债权人会议以非现场方式召开的,管理人应当核实参会人员身份,记录(录制)并保存会议过程。

(二)债权人会议的表决方式

债权人会议除现场表决外,可以采用书面、传真、短信、电子邮件、即时通信、通信群组等非现场方式进行表决。管理人应当通过打印、拍照等方式及时提取记载表决内容的电子数据,并盖章或者签字确认。管理人为中介机构或者清算组的,应当由管理人的两名工作人员签字确认。管理人应当在债权人会议召开后或者表决期届满后3日内,将表决结果告知参与表决的债权人。

第六十三条　【召开债权人会议的通知】召开债权人会议,管理人应当提前十五日通知已知的债权人。

【注释】

一、通知主体

根据本条规定,召开债权人会议的通知工作要由管理人进行。由于管理人直接掌握着已知债权人的名单,而通知召集债权人会议的费用应该从债务人财产中开支,因此,由管理人负责向已知的债权人发出召开债权人会议的通知,比较适宜。

二、通知期限

本条规定,召开债权人会议需要提前15日通知债权人。这是因为,在债权人会议上往往会对事关债权人利益的重要事项进行商议,各债权人需要作出时间上的安排并为出席会议做好相应的准备工作。这对于保证债权人会议的顺利进行是有必

要的。

三、通知对象

通知的对象是“已知的债权人”，即记载于债权表上的债权人。

四、通知内容

通知的内容一般包括会议时间、地点、主要议题、出席人员、列席人员和注意事项。

【示例】

A公司破产程序期间，人民法院决定于8月20日召开第一次债权人会议。管理人在8月5日以前，根据债权表的记载，向所有已知的债权人发出了书面通知。寄发通知的邮费从管理人费用中列支。

第六十四条　【债权人会议的决议】债权人会议的决议，由出席会议的有表决权的债权人过半数通过，并且其所代表的债权额占无财产担保债权总额的二分之一以上。但是，本法另有规定的除外。

债权人认为债权人会议的决议违反法律规定，损害其利益的，可以自债权人会议作出决议之日起十五日内，请求人民法院裁定撤销该决议，责令债权人会议依法重新作出决议。

债权人会议的决议，对于全体债权人均有约束力。

【注释】

一、债权人会议的表决规则

本条第1款规定，债权人会议的决议，由出席会议的有表决权的债权人的过半数通过，并且其所代表的债权额必须占无财产担保债权总额的1/2以上。由此可见，债权人会议决议的通过，应当同时具备两个条件：第一，按人数计算，出席会议的有表决权的债权人过半数赞成；第二，按金额计算，在一般情况下，赞成票所代表的债权额占无财产担保债权总额的1/2以上。这里所说的“过半数”不包括本数，“二分之一以上”包括本数。这里所说的“债权额”，是指经过债权人会议确认的金额。这里所说的"无财产担保债权总额",以债权人会议所确认的全部无担保债权总额为准(无论其债权人是否出席会议)。在理解本条第1款规定的表决规则时,应注意以下关系。

(一)人数标准与债权额标准的关系

债权人会议的表决通过,按照人数和债权额两个标准分别计算,此即所谓"双重表决标准"。这种双重表决标准中的人数标准,赋予债权人中的多数人对表决结果的控制权,而债权额标准则保证占债权额多数的债权人表决结果的控制权。由此形成了多数中小债权人与少数大债权人之间的相互制衡局面。

经验表明,在人数众多的破产案件中,往往存在人数很少的大额债权人(通常为银行等金融机构)和人数众多的小额债权人之间的利益冲突。双重表决标准中的人数标准可以使债权人无论所持债权多少均享有影响表决结果的机会,以避免少数大债权人"以大欺小",控制表决结果的局面;而债权额标准可以使债权额占多数的债权人对表决结果有单独的影响力,从而避免多数小债权人"以多欺少",排挤大债权人的局面。采用双重标准,将人数标准和债权额标准相结合,尽管增加了形成决议的难度,但有利于平衡不同债权人群体的利益诉求,实现破产程序公平清偿的制度目标。

(二)出席会议的债权人与未出席会议的债权人的关系

关于人数标准和债权额标准的计算基数,破产法采用了兼顾出席会议者与未出席会议者的办法。一般而言,以出席会议者为基数计算,可以使会议表决不受出席人数的制约而顺利召开和通过决议,有利于提高破产程序的效率。但是,由此产生的后果是,那些未出席者被忽视,甚至出现少数出席者代表全体债权人意志的情况,这与破产法公平保护的目标存在一定冲突。反过来说,以全体债权人为基数计算,则可能出现会议因出席人数不够法定人数而召集无效,以至于拖延程序进度、增加程序成本。在实践中,小债权人对自己的利益的关心度相对较低,加上出席会议的费用自理,常常有许多小债权人不出席会议。如果因为他们的不出席而导致重整计划的表决受阻,则不利于破产程序的效率和企业的拯救。因此,在人数标准的计算上,可以对这部分人忽略不计。反之,对于大债权人来说,他们对自己利益的关心度较高,不存在出席会议的主观障碍,如未能出席则往往是因为召集人的疏忽而未及时通知。因此,以申报额作为债权额标准的计算基数,有利于保证大债权人出席,维护程序公正。近年来,随着网络会议、在线投票方式等技术手段的应用,大大提高了债权人的参会率,这种做法值得提倡。联合国国际贸易法委员会也认为:“允许在建立适当安全的措施的情况下利用电子邮件和互联网等电子手段进行表决,这种做法将越来越可取。”①

在国际上,“有些法律将投弃权票的人或未参加表决者视为投票不接受计划。这种做法的后果可能是对未参加表决批准计划的债权人剥夺其表决权,并可能在实际上使计划极难获得批准。作为另一种办法,许多国家则采取按实际参加表决的人数计算支持率的做法,其依据是缺席者和弃权者可被视为无意参与程序。这种做法可能导致潜在少数而又不具代表性的债权人群体影响重整的进程,鉴于债权人普遍漠不关心,情况尤其如此。需要采取一种平衡兼顾的做法,便利计划获得批准,确保取得债权人足够程度的支持以便计划得以执行,并避免发生滥用情况”。② 我国采用的人数计算以实际出席为准,数额计算以债权申报为准的方案,就是一种平衡兼顾的做法。根据一般规律,持有债权额越高的债权人,参加会议的概率也越高。因此,本法在计算基数上采用了一种出席者与不出席者兼顾的方案,即人数标准的计票基数以出席人数为准,债权额标准的计算基数以包括未出席者所持债权在内的全部债权的数额为准。其结果是对人数标准的优势方和债权额标准的弱势方均有所增益。因为在部分小额债权人不出席的情况下,在人数方面按出席人数计算,可以使大债权人的劣势相对缓解;在债权额方面按债权总额计算,则可以使小债权人的劣势有所填补。

（三）有担保债权人与无担保债权人的关系

本条第1款规定的债权数额标准,是以无担保债权额为基数。在实践中,银行等金融机构债权人往往持有的债权数额巨大且有财产担保。一方面,它们的债权额不计入表决基数;另一方面,又将未出席会议的小债权人的债权额计入表决基数,这样就大大降低了大债权人在表决中的影响力。有意见认为,这实际上不完全符合“双重表决标准”的设计初衷。③ 根据本法第59条第3款的规定,有担保债权人在债权人会议的决议事项中,仅在通过和解协议和通过破产财产的分配方案时受限,而在其

① 联合国国际贸易法委员会:《破产立法指南》(中文版),2006年纽约,第176页。

② 同上书,第195页。

③ 对此,已有学者提出了质疑。参见邹海林:《破产法——程序理念与结构解析》,中国社会科学出版社2016年版,第226页;王欣新:《破产法》(第2版),中国人民大学出版社2007年版,第310页。

他事项特别是在监督管理人方面,往往有较强烈的利益关切。而削弱大债权人的决议影响力,有可能导致管理人为了迎合多数人而不正当地损害大债权人的权益。对此,作为一种平衡办法,发挥大债权人特别是金融债权人在债权人委员会中的作用就显得更加重要。在实践中,多数人民法院在较大规模的破产案件中都很重视这一点。发挥大债权人的能力和资源优势,强化债权人委员会的监督能力,也有利于中小债权人的利益保护。

需要说明的是,本款但书中的"本法另有规定",是指本法第84条关于通过重整计划的规定和第97条关于通过和解协议的规定。这两条规定的决议方式与上述规定基本一致,主要的不同之处在于:同意者所代表的债权额在规定的债权总额中所占的比例必须达到2/3以上。

二、决议的撤销

(一)撤销事由

本条第2款规定,债权人认为债权人会议的决议违反法律规定,损害其利益的,可以自债权人会议作出决议之日起15日内,请求人民法院裁定撤销该决议,责令债权人会议依法重新作出决议。这里所说的"违反法律规定",在解释上应包括实体法和程序法。

根据《破产法解释(三)》第12条第1款的规定,债权人会议的决议具有以下情形之一,损害债权人利益,债权人申请撤销的,人民法院应予支持:

1. 债权人会议的召开违反法定程序。例如,第一次债权人会议召开前,仅对部分已知债权人发出通知,又没有发出公告,致使一部分债权人未能出席会议。又如,会议因部分债权人要求而召开,而提议人所持的债权额未达到债权总额的1/4。

2. 债权人会议的表决违反法定程序。例如,支持决议的表决权所代表的债权额占无财产担保债权总额的比例未达到法律要求。又如,表决过程中非法剥夺了个别已到会并有表决权的债权人的表决权利。再如,参加表决的个别债权人无表决权。

3. 债权人会议的决议内容违法。例如,有关破产财产变价方案的决议处分了别除权的标的物,从而侵犯了有财产担保的债权人的合法权益。又如,有关破产财产分配方案的决议违反了法定清偿顺序,将普通破产债权的清偿顺位置于职工工资请求权和税收请求权之前。

4. 债权人会议的决议超出债权人会议的职权范围。例如,债权人会议作出处分债务人具体财产的决议。又如，债权人会议决议直接罢免管理人。

此外，有其他违法情事导致产生决议的程序不公，或者导致债权人合法权益受到损害的，债权人也有权申请撤销。例如，部分债权人在受到胁迫的情况下违背真实意思投票同意会议决议。又如，管理人接受贿赂，故意隐瞒破产财产真实情况，致使多数债权人在存在重大误解的情况下通过了破产财产分配方案。

（二）撤销权的行使

依照本条第2款的规定，请求撤销债权人会议决议的债权人，除必须证明该决议违反法律规定外，还必须证明自己因该决议受有损害。所以，本款规定的性质是对因决议违法而受损害的债权人提供的救济。该撤销请求权的除斥期间为15日，自债权人会议作出决议之日起计算。超过这一期限提出撤销请求的，人民法院不予受理。在请求撤销的方式上，《破产法解释（三）》第12条第3款规定，债权人申请撤销债权人会议决议的，应当提出书面申请。债权人会议采取通信、网络投票等非现场方式进行表决的，债权人申请撤销的期限自债权人收到通知之日起计算。

（三）撤销裁定

对于债权人认为债权人会议决议违法提出的裁定请求，人民法院在审理以后，认为决议确有违法情事，请求有理的，应当裁定撤销该决议，并责令债权人会议依法重新作出决议。如果经审理认为并无违法情事，请求无理，则应当裁定驳回请求。在审理过程中，法院除审查请求人的陈述和证据外，还可以进行开庭调查。《破产法解释（三）》第12条第2款规定，人民法院可以裁定撤销全部或者部分事项决议，责令债权人会议依法重新作出决议。

最高人民法院《高效审理意见》第12条规定，债权人请求撤销债权人会议决议，符合《破产法解释（三）》第12条规定的，人民法院应予支持，但会议召开或者表决程序仅有轻微瑕疵，且对决议未产生实质影响的，人民法院不予支持。

三、决议的效力

本条第3款规定，债权人会议的决议，对于全体债权人均有约束力。也就是说，债权人会议的决议是债权团体的共同意思表示。一旦决议依法定程序获得通过，各债权人无论是否出席了会议，无论是否参加表决，也无论是否投票赞成，都当然地受到决议的约束。

第六十五条 【表决未通过时的裁定】本法第六十一条第一款第八项、第九项所列事项,经债权人会议表决未通过的,由人民法院裁定。

本法第六十一条第一款第十项所列事项,经债权人会议二次表决仍未通过的,由人民法院裁定。

对前两款规定的裁定,人民法院可以在债权人会议上宣布或者另行通知债权人。

【注释】

一、特定情形下司法干预的必要性

根据本法第 64 条第 1 款规定的条件,债权人会议的决议只有在同时得到人数上的多数和债权额上的多数的赞成时才能通过。在实践中,这常常会导致一种僵局:要么持有债权额较少的多数债权人同意但持有债权额较高的少数债权人不同意;要么大债权人支持的决议案得不到多数中小债权人的支持。还有一种情况是债权人与管理人之间的僵局,即管理人提出的财产管理、财产变价等方案不能得到多数债权人的认可,而管理人根据自己判断或者外来因素影响又不能拿出令债权人满意的方案。如果陷入这种僵局时没有适当的解决办法,则可能造成破产程序的长时间拖延。破产立法的一种重要指导思想就是尽可能避免程序拖延以减少费用和维护当事人的利益。但是,并不是所有的债权人会议决议在不能通过的情况下都会导致破产程序的停顿和拖延。所以,本条规定在几种重要决议不能通过的情况下由人民法院直接裁定的,而这种直接裁定意味着在特定情况下法律允许对债权人自治实施必要的司法干预。

二、适用裁定的事项

首先,对于本法第 61 条第 1 款第 8 项、第 9 项所列事项,即债务人财产的管理方案和破产财产的变价方案,如果债权人会议对它们迟迟不能形成决议,将可能造成债务人财产贬值、管理费用增加,甚至失去有利的变现时机,所以本条第 1 款的规定,当债权人会议表决未通过时,应由人民法院予以裁定。

其次,对于本法第 61 条第 1 款第 10 项所列事项即破产财产分配方案,如果债权人会议长时间不能形成决议,将造成清算分配无法实施。清算分配是破产清算的必经程序,立法政策不能允许在分配方案问题上陷入久拖不决的僵局。所以,本条第 2

款的规定,经过两次表决仍未通过的,由人民法院裁定。鉴于破产分配方案对于债权人利益的重要性,本款给了债权人会议二次表决的机会。在实践中,在破产分配方案经第一次表决未能通过的情况下,债权人可以在协商基础上对原方案进行适当修改后付诸表决。但是,这种修改不得违反本法关于破产分配的规则。

三、裁定的公布方式

人民法院根据本条第 1 款或者第 2 款作出的裁定,应当以适当方式向债权人公布。根据本条第 3 款的规定,如果裁定是在债权人会议开会期间作出的,则采取直接在债权人会议上宣布的方式;如果裁定是在债权人会议闭会期间作出的,则采用通知方式。

第六十六条　【不服裁定时的复议申请】债权人对人民法院依照本法第六十五条第一款作出的裁定不服的,债权额占无财产担保债权总额二分之一以上的债权人对人民法院依照本法第六十五条第二款作出的裁定不服的,可以自裁定宣布之日或者收到通知之日起十五日内向该人民法院申请复议。复议期间不停止裁定的执行。

【注释】

一、复议申请的意义

人民法院依本法第 65 条规定作出的裁定,在一定程度上是对债权人会议自治权利的限制。为了最大限度地保护债权人的利益,同时也为了防止司法裁量权运用中的偏差,本条赋予债权人在不服相关裁定时申请复议的权利。但是,为了维护破产程序的效率,本条对这种复议申请权规定了一定的限制性条件。

二、复议申请的条件

(一)申请人

申请人分为两种情况:第一,对于人民法院依照本法第 65 条第 1 款就债务人财产管理方案或者破产财产变价方案作出的裁定,任何债权人只要不服,均可申请复议;第二,对于人民法院依照本法第 65 条第 2 款的规定对破产财产分配方案作出的裁定,只有拥有的债权额达到无财产担保债权总额的 1/2 以上的单个或多个债权人才可以申请复议。

(二)申请时间

申请时间也分为两种情况:第一,如果裁定是在债权人会议上宣布的,则复议申请应当自宣布日起15日内提出;第二,如果裁定是以通知方式公布的,则复议申请的债权人应当自收到通知日起15日内提出。

(三)申请对象

复议申请的对象是作出该裁定的人民法院,即受理该破产案件的人民法院。

三、复议申请的效果

首先,复议申请实行当然受理制。按照本条规定的精神,债权人依据本条提出的复议申请,凡是符合上述条件的,人民法院都应当受理。

其次,复议申请不具有阻止裁定执行的效力。本条规定,在人民法院受理复议申请后的审理期间,不停止对原裁定的执行。如果人民法院经审理对原裁定作出了纠正,可以根据纠正的结果,对债权人因对原裁定的执行所获得的利益或者受到的损失采取适当的补救措施。

【示例】

在A公司破产清算的债权人会议上,债权人对管理人拟订的破产分配方案存在较大分歧。其中,B公司对于该方案有两项异议:一是该方案算定的C公司债权的利息额过高;二是该方案对其因担保物贬值而未获清偿的债权部分未计入分配。该方案经两次表决均未通过。人民法院作出了批准该方案的裁定。随后,B公司向人民法院提出复议申请。经审理,认定B公司的异议成立。此时,管理人已经按照该方案进行了第一次分配。人民法院通知管理人对方案进行修改,并指示在下一次分配时对C公司给予相应的扣减,并对B公司给予相应的追加。

第二节　债权人委员会

第六十七条　【债权人委员会的组成】债权人会议可以决定设立债权人委员会。债权人委员会由债权人会议选任的债权人代表和一名债务人的职工代表或者工会代表组成。债权人委员会成员不得超过九人。

债权人委员会成员应当经人民法院书面决定认可。

【注释】

一、债权人委员会的性质

债权人会议不是一个常设机构,一般不能经常性地召集和作出决定。为了保证债权人充分行使权利,特别是行使对债务人财产的管理、处分和破产财产变价、分配过程的监督权,有必要将债权人的集体决定权授予他们的代表机构。这种代表债权人会议行使监督权利的机构,就是债权人委员会。

设立专门机构代表全体债权人利益在破产程序中行使监督权以及其他权利,是国际上比较普遍的做法。至于这种机构的名称,在美国、新西兰、澳大利亚等国家称为检查委员会,在意大利、法国、德国称为债权人委员会,在日本、韩国称为监察委员。我国1995~2002年的破产法草案均称为监督人。2003~2004年联合国国际贸易法委员会起草的《破产立法指南草案》中,采用了债权人委员会的提法。本法起草工作于2004年再次启动后,决定采用债权人委员会的名称。

设立债权人委员会的目的,各国有所差异。我国《企业破产法》设立这一机构的主要目的在于:一是对破产管理进行日常监督,二是为了给予各方利益诉求以经常性沟通的机会。由于本法赋予管理人(以及在重整期间自行管理的债务人)以管理、处分债务人财产以及处理债务人经营等事务的广泛权利,为了对债务人财产的日常管理进行经常性监督,本法设立债权人委员会,既便于债权人充分行使监督权,以增加破产管理的透明度,也便于债权人集体行使权利,以增强债权人对破产程序的信心和参与积极性。值得注意的是,为了提高破产程序对职工的透明度,以及加强职工与其他债权人之间的相互沟通,本法还特别规定债权人委员会应当有1名职工代表或者工会代表。

二、债权人委员会的设立

债权人委员会的设立,国际上普遍实行任意设立主义,即根据案件的具体情况考虑是否设立。一般而言,在债权人的人数多、利益分歧大、债务人财产规模大、交易关系复杂以及存在继续营业的情况下,设立债权人委员会比较适宜。至于债权人委员会的设立方式,国际上有债权人指定和法院指定两种方式。根据本条规定,我国的债权人委员会设立方式采用的是债权人指定后法院认可的制度。

三、债权人委员会的成员

根据本条第1款的规定,债权人委员会以最多9人为限。本法对委员会的最低人数没有规定,但《破产法解释(三)》第14条规定,债权人委员会决定所议事项应获得全体成员过半数通过,故应为3人以上,且以单数为宜。实际上,按照立法本意,债权人委员会不享有第61条规定的债权人会议决定权,其工作方式主要是了解和报告情况以及就某些问题发表意见,而不是作出具有法律约束力的决议。但是,债权人委员会的成员必须从债权人中指定,其中包括2名以上已申报债权的债权人(如为法人或其他组织,则为其委派的代表)和1名债务人的职工代表或者工会代表。担任代表的人员,可以是该债权人或者债务人的内部职员,也可以是所聘请的律师等专业人员。

四、法院认可

本条第2款表明人民法院对债权人委员会设立有一定的决定权。但是,这种决定权主要表现为对委员会成员的审查权。也就是说,对于是否设立债权人委员会的问题,完全由债权人会议决定。但债权人会议成员是否符合法律规定,需要由人民法院审查确认。在实践中,法院在进行此项审查时,主要考虑以下几个问题:成员的人数是否符合法律规定;成员中是否有职工债权的代表;成员中的债权人所拥有的债权是否已经得到债权人会议的确认;法人或其他组织委派的成员是否提交委派(委托)文件和身份证明;担任成员的自然人是否具有胜任职务的必要资质和条件。

第六十八条　【债权人委员会的职权】债权人委员会行使下列职权:

(一)监督债务人财产的管理和处分;

(二)监督破产财产分配;

(三)提议召开债权人会议;

(四)债权人会议委托的其他职权。

债权人委员会执行职务时,有权要求管理人、债务人的有关人员对其职权范围内的事务作出说明或者提供有关文件。

管理人、债务人的有关人员违反本法规定拒绝接受监督的,债权人委员会有权就监督事项请求人民法院作出决定;人民法院应当在五日内作出决定。

【注释】

一、债权人委员会的职权

(一)监督债务人财产的管理和处分

债务人财产既是企业拯救的基础,也是债权清偿的来源。实现财产价值的最大化是破产管理的一项重要原则。实现债务人财产价值最大化的途径主要有三:一是防止财产流失,二是追回流失的财产,三是在营业中实现财产增值或者在处分时实现最大的变现值。为此,管理人应当达到三个方面的要求:首先是忠实义务的要求,即不能徇私舞弊、虚报瞒报;其次是谨慎义务的要求,即不得疏忽懈怠,敷衍塞责;最后是专业水准的要求,即充分运用自己的和行业的专业知识与技能,提高管理效率,争取最佳效果。因此,债权人委员会应注意运用这 3 项要求,从这三个方面了解和评价管理人管理、处分债务人财产的方案、措施及其实施情况,以及提出必要的询问、意见和建议。

(二)监督破产财产分配

根据本法第十章第二节的规定,债权人会议通过的破产财产分配方案需要由管理人来执行。忠实地执行破产财产分配方案、公平地对待所有的债权人,是管理人执行破产财产分配的基本行为准则。债权人委员会应当在破产财产分配过程中,监督管理人是否切实按照破产财产分配方案进行分配,并是否按照破产法的要求进行必要的公告和提存。

(三)提议召开债权人会议

根据本法第 62 条第 2 款的规定,除第一次债权人会议由人民法院召集外,以后的债权人会议在人民法院认为必要时,或者管理人、债权人委员会、占债权总额 1/4 以上的债权人向债权人会议主席提议时召开。债权人委员会是债权人的常设机关,在遇到重要或紧急情况时,特别是遇到与上述两项职权有关的紧急情况时,可以提议召开债权人会议。这是债权人委员会的一项重要职权。由于债权人委员会无权作出有法律约束力的决定,在遇到关系债权人利益的重大问题时,例如,对于管理人处理债务人重要资产的行为持有异议,或者认为管理人不称职应予撤换时,提议召开债权人会议以便作出相关决议是其主要的行动选择。

(四)债权人会议委托的其他职权

根据案件的具体情况,债权人会议可以在本法第 61 条规定的职权范围内,授予债权人委员会行使其他的职权,例如,授权审查管理人的费用,授权决定继续或停止债务人的营业,授权修订债务人财产的管理方案。当然,这些授权也可以是局部的、有条件的或者有期限的。但是,本法第 61 条规定的选任和更换债权人委员会成员、通过重整计划、通过和解协议、通过破产财产变价方案和通过破产财产分配方案的职权,不可授权债权人委员会行使。

【示例】

1. 在 A 公司破产财产变现的过程中,管理人决定不通过拍卖程序,将一套生产线以协议方式出售给 B 公司。债权人委员会发现,B 公司是管理人的长期客户,又发现该协议草案中的出售价格明显低于市场中同类生产线的售价。为阻止管理人的这一行为,债权人委员会提议召开债权人会议。经调查,债权人会议认为管理人有徇私舞弊、损害债权人利益的行为,决定要求管理人立即停止此项交易,并向人民法院提出更换管理人的申请。

2. 在 A 公司的破产程序中,债权人会议通过决议:考虑到管理人提出的继续营业的建议和继续营业期间的财产管理方案有待细化,并考虑到将来可能的情况变化,决定有条件地予以通过,并授权债权人委员会行使如下职权:(1)管理人在继续营业期间,应按月提出工作计划和财务预算,经债权人委员会同意后执行;(2)待履行合同的继续履行决定,须经债权人委员会同意;(3)对外聘请工作人员的报酬标准,须经债权人委员会同意;(4)对外追索财产和债务,应针对个案制定工作方案和经费计划,并经债权人委员会同意;(5)债权人委员会按月审查 A 公司的财务情况,如认为需要对继续营业方案进行修改的,应及时与管理人协商确定。对于债权人会议的这些决议,人民法院和管理人都应当予以承认和尊重。

二、债权人委员会的工作方式

《破产法解释(三)》第 14 条对债权人委员会的工作方式作了以下两方面的规定:

1. 决议规则。该条第 1 款规定,债权人委员会决定所议事项应获得全体成员过半数通过,并作成议事记录。债权人委员会成员对所议事项的决议有不同意见的,应当在记录中载明。

2. 透明度。该条第 2 款规定，债权人委员会行使职权应当接受债权人会议的监督，以适当的方式向债权人会议及时汇报工作，并接受人民法院的指导。

三、债权人委员会的知情权

本条第 2 款规定，债权人委员会执行职务时，有权要求管理人、债务人的有关人员对其职权范围内的事务作出说明或者提供有关文件。这是债权人委员会行使监督职权的必然要求。债权人委员会的这种权利，概称为知情权，它是监督权的派生权利。与知情权相对应的是管理人、债务人的有关人员的报告义务。

关于管理人的报告义务，本法第 23 条规定了管理人对人民法院和债权人会议的报告义务，而本款则进一步规定了对债权人委员会的报告义务。此项报告义务是对债权人会议报告义务的延伸。但是，一般而言，此项报告义务的履行是以债权人委员会提出要求为条件的，而且主要表现为两种形式：一是对自己的执行职务的行为作出说明；二是提供有关文件。但是，如果债权人会议或者人民法院要求管理人就某些事项定期向债权人委员会主动报告，管理人也应当尽力做到。

关于债务人的有关人员的报告义务，需要明确报告义务人的范围。根据本法第 15 条的规定，债务人的有关人员，是指企业的法定代表人；经人民法院决定，可以包括企业的财务管理人员和其他经营管理人员。但该条针对的是破产申请受理时的相关义务，而债权人委员会的职责是对破产程序进行过程中的管理进行监督，所以本款所涉及的报告义务人应当根据实际情况予以确定。例如，本法第 73 条第 1 款规定，在重整期间，经债务人申请，人民法院批准，债务人可以在管理人的监督下自行管理财产和营业事务。所以在重整时会出现债务人接管管理人职权的情况。在这种情况下，有本款规定的有报告义务的债务人有关人员，主要是指实际负责自行管理的人员。

四、监督争议的解决

管理人、债务人的有关人员违反本条前两款的规定，拒绝债权人委员会监督时，债权人委员会有权就监督争议请求人民法院作出决定，通过司法权的介入来保障债权人委员会行使监督职权。需要注意的是，本款规定的司法救济属于个案救济。债权人委员会必须针对具体的事项，说明其监督的理由、已经采取的监督措施和遭到拒绝的事实。在实践中，既可能存在管理人、债务人的有关人员不配合债权人委员会的工作，使债权人委员会难以行使监督权的情形，也可能存在债权人委员会过度干预管理人、债务人有关人员行使职权的情形(如超出监督权范围行使职权、行使权利的方式不利于债务人财产的正常管理、提出的过高要求难以被满足等)。对此,人民法院应当听取争议双方的意见,作出公正的决定。为了提高破产程序的效率,人民法院对于本款规定的争议事项,应当在5日内作出决定。

五、债权人委员会的民事责任

本法没有规定债权人委员会的民事责任。在破产法上,债权人会议的决议即集体行使权利的行为不会导致对债务人的民事责任。债权人委员会作为债权人会议的代表机构,其承担的又是监督职责,更不应成为民事责任的主体。但是,债权人委员会的成员在执行职责中对全体债权人负有基本的诚信义务。如果因为故意或重大过失违反诚信义务,给债权人造成损害的,债权人仍不妨依据民法和其他相关法律,请求其承担适当的民事责任。联合国国际贸易法委员会认为:"委员会的职责是对全体债权人负责。委员会对破产企业的业主不承担任何赔偿责任或受托责任。然而,破产法似应要求委员会成员在执行委员会职能时本着诚信行事,并规定委员会成员对其作为委员会成员而采取的行动和作出的决定免于承担责任,除非发现委员会成员有欺诈或恶意行为,或违背对其所代表的债权人的受托责任。比如,这可以包括从破产财产的管理中获利;未经法院事先批准而取得构成破产财产一部分的资产;或者利用其作为委员会成员所取得的机密资料牟利。适用于委员会成员的赔偿责任标准可以不同于对破产管理人的标准;委员会成员无须满足具备专门知识的要求,而且是以自愿身份无偿工作的。在考虑委员会责任问题时,似需平衡兼顾而不偏执一端,责任定得过高实际上会使债权人丧失参与的信心,而定得过低则可能会造成滥用职权,并且阻碍委员会作为具有代表性的机构有效发挥职能。"①

第六十九条 【特别报告事项】管理人实施下列行为,应当及时报告债权人委员会:

(一)涉及土地、房屋等不动产权益的转让;

(二)探矿权、采矿权、知识产权等财产权的转让;

(三)全部库存或者营业的转让;

① 联合国国际贸易法委员会:《破产立法指南》(中文版),2006年纽约,第179~180页。

（四）借款；

（五）设定财产担保；

（六）债权和有价证券的转让；

（七）履行债务人和对方当事人均未履行完毕的合同；

（八）放弃权利；

（九）担保物的取回；

（十）对债权人利益有重大影响的其他财产处分行为。

未设立债权人委员会的，管理人实施前款规定的行为应当及时报告人民法院。

【注释】

一、特别报告事项的范围

本法第68条规定了债权人委员会有监督债务人财产的管理和处分的职能。按照该条第2款的规定，相关报告义务人一般只承担被动报告义务，即在被要求说明或提供文件时才履行报告义务。而本条是针对若干重大事项规定的主动报告义务，即实施本条规定的10种管理行为之一时必须报告的义务。这10种管理行为的共同特点是，它们都属于关系债务人财产和债权人利益的重大处分行为或重大交易。

（一）涉及土地、房屋等不动产权益的转让

不动产权益涉及土地使用权、房屋所有权、土地或房屋的其他用益物权、不动产担保物权。这些权利，在符合法律规定的条件的情况下是可以转让的。不动产权益一般构成债务人财产的重要组成部分。因此，管理人转让不动产权益时，可能会从两方面影响债务人财产的总体价值：一是定价不合理或者设定的其他交易条件不合理，造成债务人财产的价值回收减少或者承担不合理的负担；二是不动产的单独转让造成财产整体出让的困难或价值减少。

（二）探矿权、采矿权、知识产权等财产权的转让

探矿权，是指在依法取得的勘查许可证规定的范围内，勘查矿产资源的权利。取得勘查许可证的单位和个人称为探矿权人。采矿权，是指在依法取得的采矿许可证规定的范围内，开采矿产资源和获得开采矿产品的权利。根据现行法律规定，探矿权

和采矿权是可以转让的。知识产权包括专利权、商标权和著作权,也是可以转让的。这些权利,常常构成债务人财产的重要部分甚至核心部分。例如,采矿权是矿产资源开采企业的核心资产,专利权是高科技开发企业的核心资产,商标权是名牌产品生产经营企业的最重要资产之一。

(三)全部库存或者营业的转让

管理人转让全部库存或营业,可能意味着债务人主要经营资产的放弃和继续营业的终止。这种情况在制造业、商品零售业和服务业尤为常见。此事关系重大,应当报告债权人委员会。

(四)借款

借款,一方面意味着增量资金的进入、企业流动性的提高,另一方面意味着企业负债的增加。其关键在于借款的效果。如果是为了继续营业而借款,增量资金使用的结果是债务人财产总量的维持或增加以及其营业前景的改善,其效果是积极的。如果是为了维持债务人自行管理人员的日常开支和薪酬而借款,则增量资金的使用并不能使债务人财产保值增值,并且将减少债权人的未来清偿,其效果是倾向消极的。此外,破产期间的对外借款通常需要提供担保,这也会影响债权人的清偿利益。因此,管理人对外借款应该向债权人报告。

(五)设定财产担保

破产程序中设立新的担保,意味着将本可用于集体清偿的财产变成了个别债权单独清偿的标的,这可能有损多数债权人的清偿利益。但是,如果设定财产担保有利于债务人财产的保值增值,如为待履行合同的继续履行而提供担保(参见本法第18条),为取回质物、留置物而提供替代担保(参见本法第37条),为重整期间继续营业而担保借款(参见本法第75条),则法律上是允许的。反之,如果设定担保的目的或结果仅仅是满足少数人的利益,并且造成多数人利益受到损害,则债权人可以提出异议。因此,设定财产担保也属于应当及时主动报告的事项。

(六)债权和有价证券的转让

债权为特定给付之请求权。其给付的内容通常为货币或其他财产,因而具有经济价值。法律允许债权的让与,故债权具有法律上的可转让性。在实践中,债权一般存在一定程度的履行不能风险,以及由此带来的追债成本。这种风险和成本的预期制约债权的转让价格。所以,市场上存在所谓打折出让债权的做法,这在通常情况下是允许的。但在破产案件中,管理人如果打折出让债权,可能使一些本来能够追回或者能够以较高比例追回的债权被低价转让,从而使债权人的清偿利益受到损害。有价证券如股票、债券的转让也是如此。因此,转让债权和有价证券时也应当报告。

(七)履行债务人和对方当事人均未履行完毕的合同

这是指在破产案件受理前已经签订但双方当事人均未履行或者均未履行完毕的双务合同,如买卖合同、互易合同、承揽合同等。在这类合同的履行中,破产的债务人企业在接受对方给付的同时,需要向对方提供对待给付。因此,存在合同履行的结果是否能够使债务人财产保值增值的问题,或者说,这种履行是否对债权人有利的问题。例如,管理人购进原材料或者设备,如果不能及时通过生产销售收回成本和获得利润,而债务人财产支出了现金,则必然导致破产清算中债权人的清偿分配减少。所以,破产程序中双务合同是否继续履行是一个关系债权人利益的重要事项。

(八)放弃权利

这里所说的权利,包括各种请求权和支配权。权利放弃的方式,可以是明确的意思表示,如债务免除,也可以是消极的不作为,如拒不受领相对人的给付,默认相对人的不履行,或者以某种行为使人可以推知有放弃权利的意思(如向财产侵占人租赁本属于本企业的财产)。但在破产程序中,管理人对于一些无法追回或者追回成本很高的债权不采取追索行动,或者不采取诉讼等成本较高的追索手段,一般不属于放弃。放弃债务人的权利可能会导致债务人财产减少,从而损害债权人的利益,因而应向债权人委员会报告。

(九)担保物的取回

若担保物对于债务人继续营业有重要意义,则可以通过提供替代担保或偿还债务来取回担保物。由于不同担保物的市场价值以及价值的稳定性有所不同,以替代担保或者清偿债务的方式取回担保物并不一定有利于债务人财产的保值,甚至有可能使债务人财产受到损失(如以清偿方式取回实际上已经贬值的担保物),因而也需要向债权人委员会报告。

(十)对债权人利益有重大影响的其他财产处分行为

以上9项,属于比较常见的对债权人利益有重大影响的财产处分行为。但是,在实践中对债权人利益有重大影响的财产处分行为并不限于这些。所以,以上9项以外的财产处分行为,只要是对债权人利益有重大影响的,都归入应当报告之列。关于财产处分行为是否对债权人利益有重大影响的判断,主要考虑以下几个因素:被处分财产本身的价值;被处分财产对于债务人财产的整体价值的重要性;处分或交易中价值流失的可能性。

二、报告义务人

管理人对债务人财产的管理和处分直接关系债务人财产能否保值增值,关系债权人能否实现债权以及在多大程度上实现债权,因此,管理人有义务就相关事项向债权人报告,也便于债权人有效地行使监督权。在集体受偿程序中,债权人主要通过债权人委员会这一常设机构处理相关事务,所以,管理人在债权人会议闭会期间应及时向债权人委员会履行报告义务。

需要注意的是,义务人的范围不限于管理人,也包括本法第 73 条规定的重整程序中自行管理的债务人。因为在这种情况下,债务人财产和营业事务已经转交自行管理的债务人,本法规定的管理人的职权也由该债务人行使。既然该债务人行使管理人职权,当然也应当履行管理人的义务。

三、报告对象

本条规定的报告义务,应当以债权人委员会为报告对象。但是,在债权人委员会尚未设立或者债权人会议决定不设立的情况下,这种义务并不免除,只是应当以人民法院为报告对象。

另外,由于本条第 1 款规定的事项对债权人利益有重大影响,除随时向债权人委员会报告(或者在无债权人委员会时向人民法院报告)外,管理人或者在重整程序中自行管理的债务人还应当依照本法第 23 条或者第 15 条的规定,在债权人会议上如实报告或陈述。

四、对报告事项的异议权

对于本条第 1 款规定的事项,债权人委员会如有异议,可以根据本法第 68 条的规定行使监督权。同样,债权人会议有异议的,可以根据本法第 61 条的规定行使监督权,情节严重的,也可以根据本法第 22 条的规定行使解任申请权。

在依照本条第 2 款的规定以人民法院为报告对象的情况下,人民法院认为报告事项存在损害债权人利益的情形的,可以采取适当方式予以纠正。

债权人委员会履行职责时,应当尊重管理人的独立性,不能对管理人发布指令。

五、对管理人财产处分行为的监督措施

为了加强对管理人处分债务人财产的监督,《破产法解释(三)》第 15 条规定了以下规则:

1. 重大财产处分的表决。管理人处分本条规定的债务人重大财产的,应当事先制作财产管理或者变价方案并提交债权人会议进行表决。债权人会议表决未通过的,管理人不得处分。

2. 实施处分前的报告。管理人实施处分前,应当根据本条规定,提前 10 日书面报告债权人委员会或者人民法院。债权人委员会可以依照本法第 68 条第 2 款的规定,要求管理人对处分行为作出相应说明或者提供有关文件依据。

3. 纠错机制。债权人委员会认为管理人实施的处分行为不符合债权人会议通过的财产管理或变价方案的,有权要求管理人纠正。管理人拒绝纠正的,债权人委员会可以请求人民法院作出决定。

人民法院认为管理人实施的处分行为不符合债权人会议通过的财产管理或变价方案的,应当责令管理人停止处分行为。管理人应当予以纠正,或者提交债权人会议重新表决通过后实施。

第八章
重　　整

第一节　重整申请和重整期间

第七十条　【重整申请】债务人或者债权人可以依照本法规定,直接向人民法院申请对债务人进行重整。

债权人申请对债务人进行破产清算的,在人民法院受理破产申请后、宣告债务人破产前,债务人或者出资额占债务人注册资本十分之一以上的出资人,可以向人民法院申请重整。

【注释】

一、重整申请的分类

重整申请是破产申请的一种,是重整利害关系人启动重整程序的法定方式。法院审查受理重整申请、作出债务人重整的裁定后,破产案件进入重整程序。

根据重整申请提出的时间,可以将重整申请分为初始申请和后续申请。其中,初始重整申请是在人民法院受理破产申请以前提出的对债务人适用重整程序的最初申请;后续重整申请是在人民法院已经受理对债务人适用清算程序的申请后、破产宣告前提出的重整申请。在后续申请的情况下,如果人民法院裁定受理重整申请,则已经启动的破产程序转入重整程序。由于二者在具体申请条件、申请主体上有诸多不同,以下分述之。

二、初始重整申请

(一)初始重整申请的申请权人

本条第1款规定了初始重整申请,在债务人具备破产原因或者重整原因时,债权人或者债务人可以依照本法第7条的规定,直接向人民法院申请对债务人重整。初始申请的申请权人仅为债权人和债务人。债权人作为重整程序的主要利害关系人,能够为了最大限度地保护自身权益而启动债务人重整程序;而债务人最了解自身状况,能够为了自我拯救而适时启动重整程序。初始申请权的运用,有利于避免当事人在顾虑破产清算不利后果的情况下消极拖延,最终使企业耗尽生存能力。破产法的立法政策是鼓励困境企业及其债权人及时提出重整申请以尽可能地拯救企业。

需要注意的是,根据本法第7条的规定,债权人和债务人都能够以债务人不能清偿到期债务为由提出初始重整申请;而能够以债务人"有明显丧失清偿能力可能"为由提出初始重整申请的,只能是债务人自己。

(二)初始重整申请的方式

只要债务人有本法第2条规定的情形,债权人或者债务人就可以直接向法院申请重整,申请时应当依照本法第8条的规定提交破产申请书和有关证据。

(三)初始重整申请与其他破产申请同时存在时的处理

在实践中,可能出现债权人和债务人或者几个不同的债权人在人民法院受理破产申请前分别提出适用重整程序和适用破产清算程序、和解程序的破产申请的情形。在这种情况下,人民法院应当根据破产法再建主义的基本立法政策,基于最大限度拯救企业的立场,优先受理重整申请。但是,有证据表明债务人显然无拯救希望的,或者适用和解程序更有利于企业拯救的除外。

【示例】

1. A公司发生财务困境,不能清偿到期债务。债权人B公司向人民法院申请A公司破产清算。在人民法院受理前,A公司认为自己有良好的营业能力,目前的流动性障碍可以通过多种措施加以克服,遂向人民法院提出重整申请。在此种情况下,人民法院应当优先受理重整申请。

2. A公司不能清偿到期债务,向人民法院提出和解申请。在人民法院受理前,债权人B公司认为,仅债权让步尚不足以拯救A公司,应采取综合性的方案实现债务人的企业复兴,随即向人民法院申请A公司重整。在此种情况下,法院应当优先受理重整申请。

3. A公司不能清偿到期债务,债权人B公司和C公司在一周内分别向人民法院提出了对A公司适用破产清算程序和重整程序的申请。在此期间,A公司以其目前虽有无力偿债的情况但尚具有盈利能力为由,不同意B公司的破产清算申请,并表示愿意重整。经审理,法院裁定受理C公司提出的重整申请。

4. 在前例中,如果A公司以公司有盈利能力、目前财务困境通过和解即可解决为由提出和解申请,鉴于A公司的债权债务关系简单清晰、资产和负债规模较小、适用和解程序更便捷,则法院可以裁定受理A公司的申请。

5. A公司与其债权人B公司、C公司、D公司就重整事宜达成初步协议后,决定启动重整程序。A、B、C、D 4家公司联名向人民法院提出重整申请。法院告知:只有以1名或数名债权人的名义或者以债务人的名义提出申请,方可受理。4家公司撤回申请后,A单独提出重整申请。法院裁定受理。

三、后续重整申请

按照当代各国普遍采用的再建主义立法原则,破产法的程序构架应尽可能提供企业拯救的机会。正如联合国国际贸易法委员会指出的:"关于选择程序的问题,有些国家规定,申请破产程序的当事人可以对清算和重整作初步选择。当一位或多位债权人提起清算程序时,法院通常提供一种机制,使债务人能够在可行的情况下请求转换为重整程序。当债务人申请重整程序时,不论是其主动提出还是由于债权人申请清算,从逻辑上来说都应当首先选定重整申请。但为了保护债权人起见,有些破产法还规定了一种机制,允许在程序早期阶段或后期当确定重整不太可能或无法成功时可将重整转为清算。对债权人的另一种保护机制可以是,对可以违背债权人意愿进行重整的延续时间规定最长期限。"①本条第2款规定的后续重整申请制度,体现了这一共识。

(一)后续重整申请的条件

后续重整申请是在人民法院已经受理债权人提出的对债务人适用破产清算程序

---

① 联合国国际贸易法委员会:《破产立法指南》(中文版),2006年纽约,第17页。

的申请,但尚未宣告债务人破产的情况下,赋予债务人一方申请转为重整程序以开展企业拯救的最后机会。具体而言,适用后续重整申请的条件是:(1)人民法院已经受理破产申请;(2)人民法院已经受理的是债权人提出的破产申请;(3)人民法院已经受理的债权人申请是适用破产清算程序的申请;(4)人民法院尚未对债务人作出宣告破产的裁定。

关于债务人提出的破产清算申请被受理后,人民法院能否在破产宣告前允许债务人提出的转换为重整程序的请求的问题,本法早期草案中的"人民法院受理破产案件后,在宣告债务人破产以前,债务人、债权人或者持有债务人注册资本总额三分之一以上的出资人,可以向人民法院申请重整"①的规定,是予以肯定的。但是,后来的草案改变了这一立场。其理由是,"如果是因债务人申请而进入破产程序,就说明债务人已经清楚地知道自己已无恢复生机的可能,只能进行破产清算,否则,债务人无须申请破产清算,而应直接申请重整"。② 但是实践证明,债务人因当时的情势所迫或者认识所限,并不一定能"清楚地知道自己已无恢复生机的可能"。本法实施以来,在债务人申请破产清算的案件中,人民法院在客观情事表明债务人有拯救价值和拯救机会,债务人也要求转换为重整程序的情况下,于破产宣告前裁定转为重整程序的做法,既有现实需求,也有成功案例。③ 这一做法,符合中央13部门《退出制度改革方案》提出的"倡导积极重建的破产重整理念"和"充分利用破产重整制度促进企业重组重生"的要求,值得总结并加以制度化。

(二)后续重整申请的申请权人

本条第2款规定,后续重整申请的申请权人为债务人或者出资额占债务人注册资本1/10以上的出资人。此处代表债务人提出申请的,一般为债务人企业的法人机关,如公司的董事会。

允许债务人的出资人提出重整申请的制度,是我国《企业破产法(草案)》在1995

---

① 参见《企业破产与重整法(草案)》(2000年6月)第81条的规定。转引自朱少平、葛毅编著:《中华人民共和国破产法——立法进程资料汇编(2000)》,中信出版社2004年版,第207页。

② 吴高盛主编:《〈中华人民共和国企业破产法〉条文释义与适用》,人民法院出版社2006年版,第163页。

③ 参见北京网络广播电视台:《华都肉鸡清算转重整　负债9亿竟起死回生》,载BTV北京时间网,https://item.btime.com/f39q0qmfhuj80va12rloqj7edf7? page=1,最后访问日期:2019年10月15日。

年首次创设。1995 年年底全国人民代表大会财政经济委员会《企业破产法》起草小组访问法国时,法国 1985 年《困境企业司法重整及清算法》的起草人、法国商法院院长罗格先生曾对此表示赞赏。他说:“当初我们没有想到这一点,否则也会写上。”本条第 2 款允许债务人的出资人提出重整申请,主要理由有二:第一,出资人从企业拯救中可以得到比企业法人机关更大的利益,因而具有更强的拯救企业的动机;第二,企业的出资人为挽回自己的投资,可能为拯救企业而作出新的投入。

之所以要对出资人申请作出资本额的限制,是为了避免过于轻率的申请。以注册资本为基准,是考虑到我国现实情况下的可操作性,而“十分之一”的定位,实际上是起草者在鼓励重整与防止轻率申请之间求取大致平衡的结果。需要注意的是,这里规定的“出资额占债务人注册资本十分之一以上的出资人”,可以是单个出资人,也可以是多个出资人。至于出资人的名称,可以依企业形态而有所不同,例如,在公司为股东、在中外合资经营企业为合营者。对申请人出资额的认定,以企业登记簿的记载为准。根据本法第 35 条规定的精神,申请人出资额的计算应以实缴为准;因欠缴出资不足法定比例的,可以缴纳补足。

(三)后续重整申请的提出时限

按照本条第 2 款的规定,在人民法院受理破产申请后、宣告债务人破产前,都可以提出后续重整申请。但是,本法并没有规定破产宣告的具体时间。在程序开始时申请人提出破产清算申请的情况下,无限期地拖延破产宣告裁定也不符合有序和有效的破产程序的要求。为此,最高人民法院《破审会议纪要》第 23 条规定:“人民法院受理破产清算申请后,第一次债权人会议上无人提出重整或和解申请的,管理人应当在债权审核确认和必要的审计、资产评估后,及时向人民法院提出宣告破产的申请。”根据本法第 62 条的规定,第一次债权人会议应当自债权申报期限届满之日起 15 日内在人民法院的召集下召开。按照本法第 45 条的规定,债权申报期限自人民法院发布受理破产申请公告之日起计算,最短不得少于 30 日,最长不得超过 3 个月。也就是说,第一次债权人会议的最迟召开时间为破产受理公告之日起 3 个半月。虽然《破审会议纪要》第 23 条没有规定第一次债权人会议结束后“及时”提起破产宣告申请的具体时间,管理人按照勤勉尽责的要求,应该不迟延、不停顿地开展相关的审计、评估工作。在此期间,管理人也不妨听取债务人的管理层和出资人的意见,以最后确定无人提出重整或和解申请。需要指出的是,管理人不具有本法第二章规定的申请人资格。这里所说的管理人“提出宣告破产的申请”，是指工作流程意义上的申请，这种申请并不替代人民法院依本法第 10 条受理的破产清算申请。

(四)后续重整申请的法律效果

人民法院对后续重整申请审查后，依本法第 71 条的规定裁定债务人重整的，破产案件进入重整程序。此时，破产案件的利害关系人均应受制于本法第八章的有关规定。例如，担保权人要受到本法第 75 条的限制，取回权人要受到本法第 76 条的限制。同时，债务人也有机会依本法第 71 条的规定申请自行管理，管理人的职权也会发生相应的变化。总而言之，后续重整申请的受理，给面临破产清算的债务人带来了现实的营业保护和将来通过重整计划实现复兴的希望。

【示例】

6. A 公司因不能清偿到期债务向法院申请破产清算。人民法院受理后，经审理，宣告 A 公司破产。清算期间，因 A 公司的财产变现困难，债权人会议决议申请重整。法院应驳回此项重整申请。此时，可以根据本法第 112 条的规定采用企业整体变现的办法，以类似重整的方式作出灵活处理。

7. A 公司因不能清偿到期债务向人民法院申请破产清算。法院受理后，破产宣告前，债权人 B 公司申请重整。法院依据本法第 70 条第 2 款的规定，驳回其申请。

8. A 公司因不能清偿到期债务被债权人 B 公司申请破产清算。法院受理后，破产宣告前，债权人 C 银行申请 A 公司重整，被法院裁定驳回。C 银行与 A 公司协商后，由 A 公司提出重整申请，法院审查后，裁定 A 公司重整。

9. A 公司被债权人 B 公司申请破产清算。法院受理公告一星期后，A 公司的出资人 C 公司提出重整申请。A 公司的注册资本为 100 万元。C 公司按章程规定应出资额 10 万元，但实际出资额为 8 万元。法院可在 C 公司补足 2 万元出资款后裁定 A 公司重整。

10. 债务人 A 公司向人民法院申请重整。法院受理后，债权人 B 公司申请 A 公司破产清算。除非 B 公司能证明存在本法第 78 条规定的事由，法院应驳回其申请。

11. A 公司的债权人 B 银行向人民法院提出 A 公司破产清算的申请。法院受理该申请后、破产宣告前，持有 A 公司 45% 股份的 C 集团公司提出了对 A 公司进行重整的申请。法院裁定 A 公司重整。

12. 在前例中,B银行之所以急于提出A公司破产清算的申请,是因为它在A公司享有使用权的一块土地的部分面积上持有抵押权。而破产申请时,当地的地产市场需求旺盛。B银行认为,通过A公司迅速破产清算可以较快地获得现金清偿。而在此时,C集团正在与D银行谈判一笔贷款,用以对该地块进行开发。因此,破产程序开始后,C集团与管理人积极配合,与B银行、D银行达成了“以置换担保解除土地抵押,以土地融资盘活开发项目”的方案,随后提出了重整申请。重整计划执行期间,C集团以部分偿还现金、部分以C集团的另一不动产置换抵押的办法,解除了B银行在该地块上的抵押权,随即以该开发项目的整体资产抵押,获得了D银行的贷款。两年后,A公司按照重整计划规定的偿债方案,以该项目的收益偿还了对B银行和其他债权人的债务,公司步入了健康发展轨道。

四、庭外重组与庭内重整的衔接

在实践中,为了节省重整程序的时间和成本,债务人和债权人以及第三方(投资人、担保人)往往选择在正式的司法重整程序开始前进行协商,达成企业拯救和债权让步的“一揽子”协议。这种做法在国际上通常称作“法庭外债务重组”(Out-of-court Restructuring),也称为“非正式协商解决”(Informal Workout)。在我国,这种做法可以发生在破产申请受理前,也可以发生在破产申请受理后与重整、破产等程序启动之前的过渡期(参见本书第十条注释)。如果这种做法成为后续司法重整的前期准备,也可称作“预重整”。

(一)庭外重组的域外经验

法庭外债务重组,简称庭外重组,其包含的早期拯救的立法思想为1994年法国《困境企业防治法》所首倡,继而发展为美国破产法院的预重整规则,进而为许多国家所采纳。20世纪末至21世纪初的国际金融危机期间,各国纷纷将庭外重组作为拯救困境企业和维护金融稳定的良方。在欧洲、亚洲和中国香港特别行政区,形成了若干以银行债权人为主导的庭外重组方法,如伦敦模式、香港特别行政区模式、曼谷模式、雅加达模式等。在美国,出现了以资本市场为依托的形形色色的重组工具,如“秃鹰”投资者、债转股、证券置换、同业并购等。同时,美国破产法院依据联邦破产法及其制定的预重整“指引”(Guidelines),形成了较成熟的程序规则。美国2005年破产法修正案进一步促进了预重整程序的运用。

国际经验表明,"自愿重组谈判的使用一般限于公司财务困境或破产情形,涉及对银行和融资机构拖欠的大笔债务。谈判着眼于在贷款人之间以及在贷款人与债务人之间就债务人的重组达成合同安排,而不论是否重新安排融资。这可以提供一种赋予破产制度灵活性的方式,因为它可以减少给司法系统造成的负担,便利债权人在按正式破产程序通常不可能做到的情况下更早地采取积极主动的对策,并避免通常伴随着破产而来的不良名声。这类谈判的使用虽然并不依据或依赖破产法的规定,但其成功却在很大程度上取决于所存在的和可利用的有效和高效的破产法和支持性机构框架来提供制裁,这样才能使自愿谈判获得成功。除非债务人及其银行和金融债权人不失时机地携手行动自愿加入到谈判中,否则债务人或债权人就有可能援用破产法,其结果是有可能使债务人和债权人因拖延、费用和结局不理想而都受到损害"。①

2016 年发布的《世行破产原则》总结了多年来特别是 21 世纪以来企业拯救的国际经验,正式将庭外重组的法律框架纳入破产法体系。这标志着庭外重组的制度建设已经由注重工具应用的危机应对阶段,发展到注重系统构建的综合治理阶段。该原则 B 部分"风险管理与企业重组"提出的以下五个方面的指导性意见,②体现了这样的趋势:

B1 信用信息系统

现代的以信用为基础的经济需要获得关于借款人支付记录的完整、准确和可靠的信息。信用信息系统应突出以下主要特点:

B1.1 法律框架。法律环境不应阻碍而应尽量提供建立和运作有效的信用信息系统的法律框架。惩治诽谤的法律有可能对出于诚信的报告行为形成抑制。虽然所报告信息的准确性具有重要意义,但信用信息系统应获得充分的法律保护,以鼓励其积极作为而不失保持高度准确性的激励。

B1.2 运行。对于来自信用信息系统的信息,特别是个人信息,应明确可允许的使用边界。应采取措施保护信用信息系统中的信息。应该有保持数据库完整性的

---

① 联合国国际贸易法委员会:《破产立法指南》(中文版),2006 年纽约,第 21 ~ 22 页。

② 世界银行集团:《有效破产与债权人/债务人制度的原则》(*Principles for Effective Insolvency and Creditor/Debtor Regimes*)(英文版),2016 年华盛顿,第 17 ~ 19 页。

激励。法律制度应为信用信息服务设立激励措施,以便收集和维护相当大部分国民的广泛信息。

B1.3 公共政策。对信用信息系统收集和分发的信息种类的法规管控可用于推进公共政策。这种管控也可用于禁止某些类型的社会歧视,如基于种族、性别、民族、婚姻状况、政治倾向或者工会成员身份的歧视。可能基于公共政策的理由而对信用信息服务提供超过一定期限(如5年或7年)的负面信息的能力加以限制。

B1.4 隐私。信用信息系统中的信息主体应被告知该系统的存在,并能够查阅自己的信息。特别是应当在该系统的信息被用于作出对他们不利决定时通知他们。他们应能够对不准确或不完整的信息提出争议,而且应存在争议调查和纠错的机制。

B1.5 实施/监督。建立信用信息系统的一个好处是允许监管机构评估一个机构的风险敞口,由此给予该机构自我评估该风险敞口的工具和激励。实施系统应提供有效、廉价、透明和可预测的方法来解决信用信息系统运作的相关纠纷。非司法和司法的实施方法都要考虑。为了鼓励遵守规范信用信息系统的法律,对违法行为的制裁应足够严厉,但不应严厉到妨碍系统的运行。

B2 濒临破产期间的董事义务

关于董事在公司临近破产期间的义务的法律应促进负责任的公司行为,同时促进合理的风险承担和鼓励企业重整。该法律应规定违反董事义务的相应补救措施,这些义务应在破产程序开始后可强制执行。①

B2.1 义务。法律应该明确规定,董事在知道或者应当知道企业破产即将发生或不可避免的情况下,应当充分考虑债权人和其他利益相关方的利益,采取合理措施以避免破产,或于破产不可避免时尽量减轻其程度。

B2.2 义务人。法律应明确承担义务的人,包括被正式任命为董事的任何人员和行使事实控制和履行董事职能的任何其他人员。②

B2.3 责任和补救。如果债权人因董事违反其义务而遭受损失或损害,法律应使其承担责任,并允许其抗辩(包括该董事采取了避免破产或尽量减轻破产程度的

---

① 此项原则只涉及董事在知道或应该合理地知道企业即将或不可避免地面临破产这一期间的责任。公司治理的一般原则和董事对股东的责任应适用《经合组织公司治理原则》处理。——原文注释

② 此处的义务人在本原则中统称为“董事”。——原文注释

合理措施)。责任范围不得超过债权人因该违反义务行为而遭受的损失或损害。法律应规定,因违反义务而被法院认定的责任的,对其采取的补救应包括向破产财产全额支付法院评估的赔偿金。破产管理人应享有对违反义务者提起追责诉讼的主动地位。①

B2.4 诉讼经费。法律应规定,对董事诉讼的费用应作为管理成本支付。

B3 法律框架赋能

企业的协商解决和重组应得到有利环境的支持,以鼓励参与者致力于达成恢复企业财务生存能力的合意安排。有助于实现债务及企业重组的环境应符合以下情形的法规和程序:

B3.1 要求披露或确保能够获取适时、可靠、准确的困境企业财务信息;

B3.2 鼓励对生息尚存的财务困境企业借款、投资或再资本化;

B3.3 灵活地容纳广泛的重组活动,包括资产出售、贴现债券出售、坏账冲销、债务展期、债务和营业重组,以及交换发行(债务置换和“债转股”);

B3.4 对于以交易资产的真实市场价值为基础的债务重组所必要的损失计提或债务核销,提供优惠或中性的税收处理;

B3.5 解决可能影响企业重组的监管障碍;

B3.6 给予债权人可靠的追索途径,包括强制执行(如本原则 A 部分所述)和清算或重整程序(如本原则 C 部分所述)。

B4 庭外重组程序

B4.1 一个使债权人和债务人能够使用法庭外方式(如自愿协商、调解或非诉讼纠纷解决)的庭外重组程序,可能会更有成效。虽然及时解决债权人之间分歧的可靠方法很重要,但金融监管者应发挥与其监管职责相一致的促进作用,而不是主动参与债权人之间的分歧解决。

B4.2 如果庭外重组程序需要接续司法重整程序,则该司法程序应能够迅速处理庭外预先达成的协议。

B4.3 在发生系统性危机或者企业破产状态已达到系统性等级的情况下,为了

① 在理想情况下,破产程序应该适用于国有企业,或者,国有企业的例外情况应该明确定义,并应基于强制性的国家政策。——原文注释

解决鼓励重组所遇到的特殊需要和情况,可能需要为庭外重组的规则和程序补充临时性框架增强措施。这种临时性措施通常仅适用于危机发生和解决的期间,且不得侵蚀常规的程序和制度。

B5　庭外重组和风险管理工作的监管

B5.1　一国的金融行业(可能在中央银行、财政部或银行业协会的非正式认可和协助下)应推动发展关于自愿合意程序的行为准则,以便处理银行和其他金融机构在其中存在重大风险敞口的企业财务困境事件,尤其是在企业破产达到系统性强度的市场中发生的这类事件。

B5.2　此外,良好的风险管理工作应得到金融监管者的鼓励,并辅之以能促进有效的内部程序和常规的规范,以实现高效迅捷地回收和处置不良贷款和问题资产。

(二)我国关于庭外重组的现行规定

在我国,中央13部门《退出制度改革方案》提出:"研究建立预重整和庭外重组制度。完善金融机构债权人委员会制度,明确金融机构债权人委员会制度和庭内债权人委员会制度的程序转换和决议效力认可机制。研究建立预重整制度,实现庭外重组制度、预重整制度与破产重整制度的有效衔接,强化庭外重组的公信力和约束力,明确预重整的法律地位和制度内容。"这一表述,体现了我国破产法改革的一项重要决策。

目前,实现庭外重组协议的效力在重整程序中延伸,已经为我国司法实践所肯定。最高人民法院《破审会议纪要》第22条提出"探索推行庭外重组与庭内重整制度的衔接"的要求,规定:"在企业进入重整程序之前,可以先由债权人与债务人、出资人等利害关系人通过庭外商业谈判,拟定重组方案。重整程序启动后,可以重组方案为依据拟定重整计划草案提交人民法院依法审查批准。"《九民会议纪要》第115条进一步提出"继续完善庭外重组与庭内重整的衔接机制,降低制度性成本,提高破产制度效率"的要求,并就"庭外重组协议效力在重整程序中的延伸"作出规定:"人民法院受理重整申请前,债务人和部分债权人已经达成的有关协议与重整程序中制作的重整计划草案内容一致的,有关债权人对该协议的同意视为对该重整计划草案表决的同意。但重整计划草案对协议内容进行了修改并对有关债权人有不利影响,或者与有关债权人重大利益相关的,受到影响的债权人有权按照企业破产法的规定对重整计划草案重新进行表决"。这些实践成果,不仅是当前破产审判工作的指引,也是对未来破产法改革的贡献。

(三)规范预重整的司法探索

自2018年《破审会议纪要》和2019年《退出制度改革方案》提出要研究建立预重整制度,实现庭外重组制度、预重整制度与破产重整制度有效衔接以来,数十家地方法院先后发布了预重整相关的工作指引或工作规范,就预重整的范围、制度目的、程序启动、与重整期间、管理人选聘和职责、执行和保全的效力、债委会、工作报告、预重整方案、表决机制、与重整程序衔接等重要内容作出了规定,对困境企业早期拯救和重整程序稳妥高效开展,发挥了积极作用。目前,在破产实务界,"预重整"已经成为人民法院基于诉源治理思想和司法服务职能而建立的规范化的工作程序,与当事人自行协商解决和政府协调解决一起,构成了我国以困境企业早期拯救为目的的庭外重组方案的选项。

从目前各地法院出台的预重整工作指引看,预重整一般是债务人与债权人在重整辅助人(亦称临时管理人、管理人)的协助下为进入正式重整程序进行庭外准备的过程。预重整启动时间可分为破产申请前和破产申请审查阶段两种情形。预重整的启动和进行以自愿原则为遵循。预重整期间短的3个月,长的6个月,加上延长期最长可达9个月。重整辅助人多为中介机构,一般采用协商、推荐、竞争的方法选聘,其职责主要是对债务人调查和监督,围绕预重整方案开展协商、引进投资、制备重整申请文件和召集债权人会议,以及提交转入司法重整程序的申请文件。转入重整程序后,按照通常做法,重整辅助人转任管理人,预重整达成的方案成为重整计划草案,预重整方案表决的同意票效力延续。

以上的预重整指引,性质上属于人民法院诉源治理的工作机制。2021年2月19日中央全面深化改革委员会第十八次会议审议通过《关于加强诉源治理推动矛盾纠纷源头化解的意见》,强调要坚持和发展新时代"枫桥经验",把非诉讼纠纷解决机制挺在前面,推动更多法治力量向引导和疏导端用力,加强矛盾纠纷源头预防、前端化解、关口把控,完善预防性法律制度,从源头上减少诉讼增量。长期以来,人民法院在破产案件受理环节一向有斟酌情况合理分流的做法。2020年5月15日最高人民法院《关于依法妥善审理涉新冠肺炎疫情民事案件若干问题的指导意见(二)》就破产案件审理提出要求:"企业受疫情或者疫情防控措施影响不能清偿到期债务,债权人提出破产申请的,人民法院应当积极引导债务人与债权人进行协商,通过采取分期付款、延长债务履行期限、变更合同价款等方式消除破产申请原因,或者引导债务人通过庭外调解、庭外重组、预重整等方式化解债务危机,实现对企业尽早挽救。”需注意的是,在预重整尚无立法规定的情况下,法院在办理预重整的过程中应充分尊重当事人意思自治,不能以裁定形式作出裁判。至于预重整期间发生的当事人争议或权利诉求,应引导当事人协商解决;需要司法救济的,应另依相关程序处理。

(四)庭外重组中的金融机构债权人委员会

金融机构债权人委员会(以下简称金融债委会),是我国在企业拯救实践中的一项制度创新。根据2016年7月6日中国银监会《金融债委会通知》和2020年12月28日中国银保监会、发展改革委、中国人民银行、中国证监会《金融债委会规程》,关于金融债委会的成立及其在庭外重组和破产程序中的地位有以下规定:

1.定义。针对债务规模较大、存在困难的非金融债务企业,3家以上持有债权的金融机构可以发起成立金融机构债权人委员会(以下简称债委会)。债委会是协商性、自律性、临时性组织,按照市场化、法治化、公平公正、分类施策的原则,依法维护金融机构作为债权人的合法权益。

2.组建。债委会组建会议可以由持有较大债权的金融机构发起召开,也可以由债务企业和持有较大债权的金融机构协商后共同发起召开。债委会组建会议应当明确主席单位和副主席单位。主席单位原则上由持有债权金额较大且有协调能力和意愿的1~2家金融机构担任,履行组织债委会会议、维护债委会日常运行、促进各成员机构沟通协调和信息共享、督促债务企业对债委会加强信息沟通并充分披露经营及债务情况等职责,并牵头组织成立债委会工作组。债委会工作组应当与债务企业和其他非金融债权人充分沟通,全面、准确、及时地向全体成员机构披露有关债务企业、债委会工作的重要信息,并平衡好与债务企业、股东(特别是中小股东)、其他非金融债权人的利益关系。

3.债权人协议。债委会成员机构应当在现有法律法规框架下自愿签署具有法律约束力的债权人协议,其主要约定事项包括:债委会的组织架构、议事规则和工作流程;成员机构的权利义务;相关费用的分担;成员机构的退出;解散程序。议事规则以多数决方式确定重大事项。

4.参与重组。债委会可以采取协议重组、协议并破产重整的方式,对债务企业实施金融债务重组。经债委会依法授权,主席单位、副主席单位、工作组可以与债务企业开展协商谈判,研究包括现金受偿比例、调整贷款利息、展期续贷、变更担保、市场化“债转股”、引入合格战略投资者等在内的金融债务重组方案。债委会可以聘请金融资产管理公司、金融资产投资公司、会计师事务所、律师事务所等机构为其提供服务。

5. 协调行动。债委会可以采取协议重组和协议并司法重组的方式,实施金融债务重组。实施金融债务重组过程中,债委会表决同意对积极配合债委会工作的债务企业稳定融资的,各成员机构应当协调行动,不得擅自改变原有融资关系。对于发展前景较好、风险可控且提出的新资金需求有充分理由的债务企业,为支持其正常运营活动,债委会可以通过联合授信、组建银团贷款或封闭式融资等方式给予支持。对于扭亏无望、失去生存发展前景的“僵尸企业”或有“逃废债”行为的债务企业,原则上不应当作为金融债务重组对象。各债权银行业金融机构应当一致行动,切实做到稳定预期、稳定信贷、稳定支持,不得随意停贷、抽贷;可通过必要的、风险可控的收回再贷、展期续贷等方式,最大限度地帮助企业实现解困。

6. 参与破产程序。债委会要积极做好与企业破产程序中的债权人委员会、债权人会议的有效衔接,可以代表债委会成员机构,主动向法院推荐管理人,积极配合管理人依法制定重整计划及债权受偿方案。

7. 打击“逃废债”。金融机构可以通过债委会加强企业逃废金融债务信息共享,有效利用全国信用信息共享平台、国家企业信用信息公示系统和金融信用信息基础数据库等信息来源,密切关注债务企业改制、兼并重组、转移资产、简易注销公告、债权人公告等事宜,依法依规开展失信惩戒,坚决打击逃废金融债务行为。

上述规定实施以来,金融债委会制度在一些企业重整案例中收到了良好效果。从实践经验看,金融债委会的作用主要有三个方面,一是“抱团取暖”形成合力,在内部协商基础上形成对外统一意见,提升谈判地位,维护合法权益;二是分享信息协调行动,避免因各家竞相追债而导致债务人失去拯救机会;三是充分研判企业状况,采取一致行动支持企业重组复兴,促成多方共赢,并防止债务人恶意逃废债。

(五)市场主体登记管理条例中的歇业制度

2021 年 8 月 24 日国务院发布《市场主体登记管理条例》,创造性地规定歇业制度,给予在特殊情况下经营困难的企业采取自救措施的喘息时间。这一新规定对于此类困境企业的早期处置提供了制度支持。这意味着,企业在歇业期间可以通过与债权人、投资人进行谈判、庭外重组、预重整乃至重整程序等方式创造条件,恢复生机。根据该条例及其实施细则,歇业制度的要点如下:

1. 歇业原因。因自然灾害、事故灾难、公共卫生事件、社会安全事件等原因造成经营困难的,市场主体可以自主决定在一定时期内歇业。

2. 歇业方式。市场主体应当在歇业前向登记机关办理备案。登记机关通过国家企业信用信息公示系统向社会公示歇业期限、法律文书送达地址等信息。歇业前,应当与职工依法协商劳动关系处理等有关事项。

3. 歇业期限。歇业的期限最长不得超过 3 年。延长歇业期限的,应当于期限届满前 30 日内按规定办理。歇业期间应当按时公示年度报告。在歇业期间开展经营活动的,视为恢复营业,应通过国家企业信用信息公示系统向社会公示。

4. 歇业终止。办理歇业备案后,自主决定开展或者已实际开展经营活动的,应当于 30 日内在国家企业信用信息公示系统上公示终止歇业。恢复营业时,登记、备案事项发生变化的,应当及时办理变更登记或者备案。备案的歇业期限届满,或者累计歇业满 3 年,视为自动恢复经营;决定不再经营的,应当及时办理注销登记。

2022 年 6 月 14 日国家税务总局发布《关于简化办理市场主体协议和注销环节涉水事项的公告》,规定市场主体歇业不需要另行向税务机关报告,在歇业期间简化所得税申报方式,由按月申报改为按季度申报。

第七十一条 【重整裁定】人民法院经审查认为重整申请符合本法规定的,应当裁定债务人重整,并予以公告。

【注释】

一、人民法院对重整申请的审查

(一)重整申请审查的基本依据

人民法院对重整申请的审查,主要包括对债务人是否具有破产原因或重整原因和申请人是否具有申请权的审查。具体来说,需要审查以下内容:(1)债务人是否具有本法第 2 条规定的破产原因或重整原因;(2)申请人是否符合本法第 70 条规定的申请资格。

（二）对重整企业的识别审查

本法没有规定人民法院在受理重整申请时需要对债务人是否具有拯救前景进行识别审查。本法的立法思路是，尽可能地给困境企业提供重整拯救的机会，一旦发现其无可拯救，则按照本法第 78 条第 1 项的规定转入破产清算。也就是说，是否具有拯救前景的问题需要在重整过程中以市场化的方式予以确定。国际经验表明，“在确定破产债务人的企业是否具有生存能力时至少应在理论上确定将采用哪种程序。不过，实际上，在启动重整或清算时，经常无法对企业的财务生存能力作出最后评价。要求在启动时即在不同程序间作出决定的做法，其一些弊端是可能在重整与清算之间造成对二者不必要的非此即彼的选择，并且可能造成拖延，增加费用和效率低下，特别是在重整失败等情况下，还要求重新另行申请进行清算的情形。这种效率低下可在某种程度上加以克服，这就是通过规定两种程序之间的联系，以允许在某些特定情况下二者之间的转换，并包括实行某种机制防止滥用破产程序，例如，启动重整程序以避免或推迟清算”。[①]《世行破产原则》主张，重整程序的制度应当：促进快捷方便地进入程序；确保程序的及时有效管理；为所有的程序参与者人提供充分保护；提供鼓励公平谈判商业计划的架构；规定由相对多数债权人通过重整计划。[②] 在这里，启动重整程序的快捷方便程度，是一国重整制度效率评价的一个重要指标。本法第 70 条关于重整申请的规定，也体现了鼓励当事人进入重整程序的立法意旨。

最高人民法院《破审会议纪要》第 14 条提出了“重整企业的识别审查”的要求，规定：“破产重整的对象应当是具有挽救价值和可能的困境企业；对于僵尸企业，应通过破产清算，果断实现市场出清。人民法院在审查重整申请时，根据债务人的资产状况、技术工艺、生产销售、行业前景等因素，能够认定债务人明显不具备重整价值以及拯救可能性的，应裁定不予受理。”此规定的性质应属于“负面清单”，即只有明显不具有拯救价值和可能的企业，才能被排除适用重整程序。在实践中，申请重整时奄奄一息、看似无可拯救的企业，后来因主客观因素的作用而“柳暗花明”、起死回生的案例并不少见。因此，人民法院在识别审查重整申请时，不可轻易拒绝。

---

① 联合国国际贸易法委员会：《破产立法指南》（中文版），2006 年纽约，第 17 页。

② 世界银行集团：《有效破产与债权人/债务人制度的原则》（*Principles for Effective Insolvency and Creditor/Debtor Regimes*）（英文版）C14.1，2016 年华盛顿，第 26 页。

(三)重要案件的听证

《破审会议纪要》第 15 条设立了重整案件的听证程序,规定:“对于债权债务关系复杂、债务规模较大,或者涉及上市公司重整的案件,人民法院在审查重整申请时,可以组织申请人、被申请人听证。债权人、出资人、重整投资人等利害关系人经人民法院准许,也可以参加听证。听证期间不计入重整申请审查期限。”听证程序不仅能配合识别审查,而且有助于人民法院和管理人制定重整期间维护继续营业和制备重整计划的工作方案。

《上市公司重整纪要》规定:“人民法院召开听证会的,应当于听证会召开前通知申请人、被申请人,并送达相关申请材料。公司债权人、出资人、实际控制人等利害关系人申请参加听证的,人民法院应当予以准许。人民法院应当就申请人是否具备申请资格、上市公司是否已经发生重整事由、上市公司是否具有重整可行性等内容进行听证。”这些操作规范,对于非上市公司的企业重整案件也可适用。

二、重整裁定

重整裁定是重整程序的入口,是本法第 72 条规定的重整期间的起算点,也是本法第 79 条规定的重整计划提交期限的起算点,具有重要的程序意义。

本条规定,法院对重整申请进行审查认为符合本法规定的,应当作出重整裁定,并予以公告。但需要注意的是,在初始重整申请和后续重整申请两种情况下,人民法院进行重整裁定的具体操作程序有所不同。

(一)初始申请情况下的重整裁定

对于初始重整申请,人民法院的重整裁定应当与受理破产申请同步进行,即于适用本条规定的同时,适用本法第 10 条至第 14 条的规定。具体而言,有以下几项:(1)人民法院应自收到重整申请之日起 15 日内裁定是否受理,有特殊情况的,经上一级人民法院批准可以延长 15 日;(2)人民法院受理重整申请的,应当在 5 日内送达申请人,债权人申请重整的,法院应当在裁定重整作出之日起 5 日内送达债务人,债务人应自裁定送达之日起 15 日内提交本法第 11 条规定的债务人资料;(3)人民法院裁定受理重整申请的,应当同时指定管理人;(4)人民法院应当在裁定受理重整申请之日起 25 日内通知已知债权人,并予以公告。

人民法院根据初始重整申请裁定债务人重整并受理破产申请以后,本法第 15 条至第 21 条规定的各项法律效果均发生效力。具体包括以下几项:(1)自人民法院受理重整申请的裁定送达债务人之日起至破产程序终结之日,债务人的有关人员承担本法第 15 条规定的各项义务。(2)人民法院受理重整申请后,债务人对个别债权人的债务清偿无效,债务人的债务人或者财产持有人应当向管理人清偿债务或者交付财产。(3)人民法院受理重整申请后,管理人对待履行合同有决定继续履行或者解除合同的决定权。(4)人民法院受理重整申请后,债务人财产的保全措施应当解除,执行程序应当中止。(5)人民法院受理重整申请后,已经开始而尚未终结的有关债务人的民事诉讼或者仲裁应当中止;在管理人接管债务人的财产后,该诉讼或者仲裁继续进行。(6)人民法院受理重整申请后,有关债务人的民事诉讼只能向受理破产申请的人民法院提起。

(二)后续申请情况下的重整裁定

对于后续重整申请,人民法院的重整裁定单独进行,不适用本法第 10 条至第 14 条的规定。但是,由于此时处于破产申请已经受理的状态,本法第 15 条至第 21 条的规定仍然具有效力。

对于人民法院作出的重整裁定,无论是经何种申请作出的,均不得上诉。

第七十二条 【重整期间】自人民法院裁定债务人重整之日起至重整程序终止,为重整期间。

【注释】

一、重整期间的意义

重整期间是重整程序开始后的一个法定期间,其目的在于维持债务人继续营业,保护企业营运价值和开展多方协商,制订、通过重整计划。

确定重整期间的法律意义在于,确定本法为重整设定的有关营业保护和重整计划制订、通过的程序规则和实体规则的适用效力时间。本法第 73 条至第 78 条的规定,包括对继续营业机构、担保权的行使和设定、取回权的行使、出资人的投资分配、重整程序的裁定终止等问题的规定,均以“在重整期间”为适用条件。对于在人民法院裁定重整以前和重整程序终止以后的事项,债务人、债权人和其他利害关系人均不得援引本节以“重整期间”为限定的法条,提出程序或实体上的主张。

二、重整期间的开始

重整期间始于人民法院裁定债务人重整之日,人民法院裁定重整并公告后,进入重整期间,适用于重整期间的相关概括性规定同样适用于债务人,具体包括本法第74条关于营业授权的规定,第75条关于债务人营业保护而对有担保物权行使的限制和设定新担保的规定,第76条关于取回权的规定,第77条对债务人的出资人分配请求权和债务人高管股权转让的限制性规定等,均开始发生效力。

三、重整期间的结束

重整期间结束于人民法院裁定重整程序终止之日。届时,本节中专门适用于重整期间的特别规定不再适用。关于重整程序的终止,有以下要点需要说明。

(一)重整程序终止的原因

本法规定的"重整程序终止",有以下4种情形:

1. 重整失败。债务人在重整期间有经营状况和财产状况继续恶化,缺乏挽救的可能性,或者有欺诈、恶意减少债务人财产或者其他显著不利于债权人的行为,或者其行为致使管理人无法执行职务的,经管理人或者利害关系人请求,人民法院应当裁定终止重整程序,并宣告债务人破产(本法第78条)。

2. 超过时限。自人民法院裁定债务人重整之日起6个月内(若经人民法院裁定延期,则最长为9个月内),债务人或者管理人未提出重整计划草案的,人民法院应当裁定终止重整程序,并宣告债务人破产(本法第79条)。

3. 计划被批准。重整计划通过后,人民法院裁定批准,或者未获全部表决组通过,人民法院依法强制批准的,终止重整程序,债务人转入重整计划执行程序(本法第86条、第87条)。

4. 计划未被批准。重整计划草案未获得通过且未依照本法第87条的规定获得批准,或者已通过的重整计划未获得批准的,人民法院应当裁定终止重整程序,并宣告债务人破产,债务人由此转入破产清算程序(本法第88条)。

(二)重整程序终止的种类

根据重整期间终止后是转入重整计划执行还是转入破产清算程序,可将上述4种终止划分为完成性终止和破产性终止两种类型,二者的发生原因和法律效果有显著不同。

1. 完成性终止,是指重整计划草案获得通过并被人民法院批准,或者未通过但被人民法院强制批准时，人民法院作出重整程序终止裁定的情形。此种裁定的意义在于，使重整计划发生法律效力、确定重整期间结束和重整计划执行开始。由此，债务人营业不再享受重整期间的特殊保护，管理人结束原有的管理职权，同时开始履行对重整计划执行的监督职责。但是，此时整个重整程序并未终结，本章第三节以及本法第二章第二节的相关规定仍具有约束力。

2. 破产性终止，是指在重整期间出现本法第 78 条规定的事由，或者重整计划未获通过或最终未获批准时，人民法院作出终止裁定并宣告债务人破产的情形。由此，案件转入破产清算程序，债务人原则上应停止营业，管理人的主要职责转为对破产财产进行变价和分配。同时，担保权人可以由担保物的价值单独受偿。

第七十三条 【管理人监督下的债务人自行管理】在重整期间，经债务人申请，人民法院批准，债务人可以在管理人的监督下自行管理财产和营业事务。

有前款规定情形的，依照本法规定已接管债务人财产和营业事务的管理人应当向债务人移交财产和营业事务，本法规定的管理人的职权由债务人行使。

【注释】

一、重整营业授权

重整以企业拯救为首要目标。建立被重整债务人的营业保护机制、维持债务人营业并进行拯救是重整制度的重要内容之一。重整制度的营业保护机制可以概括为 3 个基本概念：营业授权、自动停止和充分保护。其中，营业授权涉及的是重整期间继续营业的机构和有关营业活动的一些特别权利；自动停止是对债权人以及其他请求权人行使权利的限制；充分保护是对债权人（尤其是有担保的债权人）利益的保护和对营业行为的限制与监督。在三者中，营业授权处于中心的地位，而自动停止和充分保护对营业授权起保障和补充的作用。

营业授权以继续营业的机构和有关营业活动的特别权利为内容。重整企业的继续营业，是在特定条件下依照法律的特别规定和一定的法律程序所进行的营业。它既是企业法意义上的企业拯救措施，又是债务清理法意义上的财产保全措施。与此同时,它也是陷入财务困境、濒临破产或者已经具备破产原因的企业在其财产受到债权人集体追索、商业信用又十分欠缺的情况下“死里逃生”的自救措施。因此,对于债务人的继续营业,应该在法律上给予积极的扶助。这种扶助,主要体现为法律对那些与继续营业有关的法律行为的特殊调整和对继续营业机构所赋予的特别权利。

在本法中,第 73 条和第 74 条分别规定了重整期间营业授权的两种模式:管理人监督下的债务人自行管理和管理人主持营业并可聘任企业经营管理人员的管理。本条规定的是管理人监督下的债务人作为继续营业机构的内容。

二、继续营业的机构

(一)继续营业机构的立法比较

破产法在规定营业授权中的营业机构时,既要充分明确拯救企业的核心目标,将拯救能力作为营业机构的评价标准,又要注意到重整中涉及的多方利益相关者和复杂利益冲突,保证营业机构管理效果的公平性。在各国立法例中,营业机构的设置有并列制、选择制、单一制 3 种类型。单一制以英国为代表,仅授权管理人作为继续营业机构,以保证营业的公正性。美国和澳大利亚为选择制类型,采用“占有中的债务人”(Debtor in possession,DIP)制度,其营业机构可以是占有中的债务人,也可以是托管人(Trustee),但程序开始时一般不任命托管人,而由债务人于程序开始后自动取得自行管理地位,有权从事营业。并列制以法国为代表,由管理人和债务人共同承担重整期间的继续营业,其要点是:司法重整裁定作出后,债务人进入观察期,由债务人继续经营企业;同时,司法管理人根据法院的委任,对企业采取必要的保全措施(如接管会计账册),并协助企业的全部或部分经营活动,必要时也可独立负责企业的全部或部分管理。

本法第 73 条和第 74 条的规定,属于介于选择制与并列制之间的中间方案,即两种方案中均有管理人和债务人的角色,但二者的主次划分有所不同。本条规定的债务人在管理人的监督下自行管理财产和营业事务,比较接近于美国法上的“占有中的债务人”概念。本法第 74 条规定的管理人主持营业事务,可酌情聘请企业管理层的人员,比较接近法国的做法。这两种方案,都可以既发挥债务人熟悉自身经营情况的优势,提高企业拯救的成功率,又防止债务人在破产预期下的道德风险,保护债权人的权益。不同之处在于,前者侧重继续营业的效率,后者侧重对债权人的保护。至于两种方案的选择方法,依照本法规定,只有在债务人申请并得到人民法院批准的情况下才采用前一种模式，否则应自动采用后一种模式。

本法规定两种备选方案的立法模式，与国际经验有很高的契合度。《世行破产原则》指出："重整程序中通常有三种首选的管理模式：重整程序控制权全权委托给独立的破产管理人；或者公司治理职责仍由公司管理层承担；或者由公正独立的破产管理人或监督人对公司管理层进行监督。在后两种模式下，如果管理层被证明为不称职或不尽职，或有欺诈或其他不当行为，则管理权应全部移交给破产管理人。"①在这3种模式中，一国的破产立法在决定采用哪一种或哪几种时，需要在管理人负责管理与债务人自行管理之间进行权衡与平衡，这在一定程度上取决于本国破产管理职业的成熟度和对企业管理层道德风险的基本评估。

（二）继续营业机构的权利

营业机构的权利除包括债务人财产和营业事务的一般管理职权外，亦包括与继续营业有关的特别权利。

1. 一般管理职权。本条第2款规定，在债务人自行管理的情形下，本法规定的管理人职权由债务人行使。在此种情况下，本法第25条关于管理人职权的规定，扩大适用于重整期间自行管理的债务人。具体有：决定债务人的内部管理事务；决定债务人的日常开支和其他必要开支；在第一次债权人会议召开之前，决定继续或者停止债务人的营业；管理和处分债务人的财产；提议召开债权人会议；人民法院认为管理人应当履行的其他职责。

2. 与继续营业相关的特别权利。在重整期间，营业机构有权为新借款设定担保（本法第75条第2款），有权决定待履行合同的继续履行或解除（本法第18条），也有权通过清偿或替代担保取回质物、留置物（本法第37条）。此外，根据司法解释，营业机构还有权代表债务人为继续营业借款和为此设置担保。

三、债务人自行管理的概念

本条第1款规定，在重整期间，经债务人申请，人民法院批准，债务人可以在管理人监督下自行管理其财产和营业事务。这意味着，在一定条件下债务人可以成为重整中的继续营业机构。

---

① 世界银行集团：《有效破产与债权人/债务人制度的原则》（*Principles for Effective Insolvency and Creditor/Debtor Regimes*）（英文版）C6.2，2016年华盛顿，第22页。

(一)制度渊源——"占有中的债务人"

债务人自行管理的制度始创于1978年美国破产法的"占有中的债务人"制度。该法制定之时,立法者曾注意到,债务人的破产状况大多是由市场情况和其他经济因素造成的,而债务人本身一般没有欺诈或其他不正当行为,而且在实践中,债务人继续经营的整顿程序,成功率高于由外来托管人进行经营的情况。因此,美国破产法以占有中的债务人自行管理为基准,而以托管人受命管理为救济。债务人于案件申请后自动取得"占有中的债务人"地位,作为继续营业机构,享有相当于管理人的地位。"占有中的债务人"制度有利于充分发挥债务人管理的效率,为一些国家的立法所借鉴。只有在债务人存在损害债权人利益的不当行为时,法院经申请和听证,方可裁定联邦托管人接管企业和实施管理。

(二)债务人自行管理的意义

由管理人进行债务人财产和营业事务的管理符合公平原则,有利于防止债务人的道德风险。但在重整期间,面临的是一系列的权利调整和复杂的重整计划,无论是对财产的了解程度还是对业务的熟悉程度,债务人在继续营业机构的选择中都具有一定的优势,毕竟债务人的管理层比新来的管理人更了解企业的经营状况和困境原因,也熟悉企业的内部系统和市场。从企业拯救的效率考虑,单纯依赖管理人管理重整期间的财产和营业事务,可能不利于维持债务人营业和实现债务人财产的价值最大化,即使从债权人利益最大化的角度来看,也未必是最佳选择。因此,采用适当的机制,发挥债务人管理层的管理经验和业务能力,是立法中需要考虑的一个因素。允许债务人在一定条件下自行管理,不失为一种侧重效率的制度安排。

但是,从破产法的实践,特别是我国的破产实践来看,债务人在自行管理的过程中,由于与债权人之间的信息不对称以及破产清算的预期,往往存在为自身利益而不正当地牺牲债权人利益的行为动机。因此,我国没有照搬美国的"占有中的债务人"制度。本法对债务人自行管理设定了两个方面的制约:一是程序限制,即债务人必须提出申请并经人民法院批准后方能自行管理;二是管理人的监督权,即债务人的自行管理必须处于管理人的监督之下。

四、债务人自行管理的申请和批准

(一)债务人自行管理申请的提出

债务人在提出初始重整申请时,可以同时申请自行管理。人民法院在受理自行管理申请后，可以裁定批准债务人自行管理，也可以裁定由管理人管理。必要时，人民法院也可以暂时搁置债务人的自行管理申请，指定管理人先行接管，随后在听取管理人、债权人、职工和其他利害关系人的意见后作出是否批准债务人自行管理的决定。

债务人在提出后续重整申请时，也可以同时申请自行管理。人民法院裁定重整的，可以在听取相关各方意见的基础上，同时裁定或者延后决定是否批准债务人自行管理。

在重整程序是因债权人或者出资人提起申请的情况下，债务人可以在人民法院受理重整申请期间或者裁定重整以后提出自行管理申请。人民法院可以在听取相关各方的意见后作出是否批准的决定。

（二）债务人自行管理申请的审查

人民法院在决定是否批准债务人自行管理时，主要考虑以下因素：继续营业对债务人管理层的经验和能力的需求程度；管理人对债务人营业的管理能力；债务人管理层对企业破产的责任；债务人管理层以往的行为记录。

《九民会议纪要》第 111 条第 1 款规定，重整期间，债务人同时符合下列条件的，经申请，人民法院可以批准债务人在管理人的监督下自行管理财产和营业事务：(1)债务人的内部治理机制仍正常运转；(2)债务人自行管理有利于债务人继续经营；(3)债务人不存在隐匿、转移财产的行为；(4)债务人不存在其他严重损害债权人利益的行为。

五、债务人自行管理的职权和义务

如上所述，债务人作为继续营业机构，有管理财产和营业事务的一般职权和与继续营业有关的特别权利。同时，本着权利与义务相一致的原则，本法规定的管理人义务及其行为规范，亦应由债务人承担和遵守。

重整期间自行管理的债务人的职责与义务，除本法第 25 条列举规定外，还包括散见于其他各章中关于管理人的规定，如第 69 条关于特殊交易的管理人报告义务规定。债务人的有关负责人作为重整继续营业机构从事管理时，应当遵循诚实信用原则，履行忠实义务和勤勉义务。

需要指出的是，自行管理的债务人所行使的职权是本法赋予管理人的职权，其职权行为是对人民法院负责而不是对公司股东负责，因此，担任自行管理职责的公司管理层依据本法规定行使职权,无须经过公司股东会同意,也不以符合公司章程为合法性要件。除滥用管理人职权损害公司合法权益的情形外,公司股东无权干涉管理层依据本法规定实施的管理行为。

六、管理人的移交

根据本法第13条的规定,法院在裁定受理重整申请时应当同时指定管理人。因此,在管理人接管债务人的财产和事务以后,法院批准债务人自行管理的,管理人有义务向债务人移交财产和营业事务。移交后,管理人的职责转变为对债务人自行管理的监督。

七、管理人的监督

债务人的自行管理必须在管理人的监督之下进行,因为债务人自行管理虽然有其经济效率上的优点,但是由于债务人与其他利益关系人尤其是债权人存在一定的利益冲突,重整的成本归根结底是由债权人承担,为了防止债务人损害债权人以自利的道德风险,要求其行为保持较高透明度。为此,本法设立管理人监督职能,以保证债务人的行为符合自行管理制度的设立目的。

为了加强管理人对债权人自行管理的监督职能,最高人民法院提出了一些具体要求。《破审会议纪要》第9条规定,在债务人自行管理的重整程序中,人民法院要督促管理人制订监督债务人的具体制度。《九民会议纪要》第111条第3款规定,管理人应当对债务人的自行管理行为进行监督。管理人发现债务人存在严重损害债权人利益的行为或者有其他不适宜自行管理情形的,可以申请人民法院作出终止债务人自行管理的决定。人民法院决定终止的,应当通知管理人接管债务人财产和营业事务。债务人有上述行为而管理人未申请人民法院作出终止决定的,债权人等利害关系人可以向人民法院提出申请。

管理人在监督过程中,发现债务人有本法第78条规定的行为时,有权要求债务人予以纠正,也有权向人民法院提出终止重整程序的申请。

八、债权人委员会的监督

债务人自行管理期间,应当依照本法第68条的规定,接受债权人委员会的监督。除履行本法规定的各种债务人义务外,在承担本法第25条规定的管理人职责的范围内,尤其是实施本法第69条规定的行为时,还应当接受债权人委员会的监督,履行报告义务。

九、违反自行管理义务的法律责任

债务人在自行管理期间,其行为不仅要接受本法对债务人的各种义务约束,还要遵守本法对管理人的履责要求。如果违反这些规定,债务人及其相关人员除要依照本法第126条至第129条的规定承担相应的法律责任外,还可能依本法第130条的规定接受处罚和承担赔偿责任。

【示例】

1. A公司申请重整,法院受理后任命某律师事务所担任管理人。A公司是一家信息技术企业,目前正执行一项技术开发项目,有大量对外协作业务。A公司的董事会请求自行管理。法院审查后未发现该公司高级管理人员有欺诈或其他不轨行为。经征求管理人的意见,法院认为自行管理更有利于企业拯救,决定批准A公司自行管理财产和营业事务。A公司自行管理后,其主要合作伙伴B公司因资金紧张决定暂停A公司执行的技术开发项目,A公司因此失去收入来源。为了支付公司日常开支,A公司决定出售一项发明专利。管理人得知后,要求该公司董事会说明处分专利权的理由,董事会未加说明。随后,管理人将情况通报债权人委员会。债权人委员会认为,处分专利权不能给公司带来新增营业收入和盈利机会,而只会降低公司整体资产价值,遂提出异议。对此,A公司董事会表示拒绝。管理人根据本法第78条的规定,请求法院裁定终止重整程序。除非A公司董事会能够证明其处分行为的正当性,法院应当支持管理人的请求。

2. A公司进入重整程序后,经申请获法院批准自行管理。A公司管理层在与债权人、投资人多次协商后,向法院提交了重整计划草案。A公司股东以重整计划草案未经公司股东大会通过为由主张草案提交无效。此主张不应得到法院支持。

3. A公司重整期间,负责自行管理的公司董事会为对外融资,决定用公司全体股东所持股份的50%提供质押担保。公司股东以董事会擅自处分股东个人财产为由主张担保无效。此主张应得到法院的支持。

第七十四条 【管理人负责管理及其聘任权】管理人负责管理财产和营业事务的,可以聘任债务人的经营管理人员负责营业事务。

【注释】

一、管理人为继续营业机构的特点

本法规定的重整继续营业机构包括管理人和在管理人监督下自行管理的债务人,其中,管理人作为重整营业机构是营业机构的一般情形。在债务人未提出自行管理申请或者其提出的自行管理申请未被批准情况下,管理人于法院裁定重整时自动取得继续营业机构的地位。

与债务人自行管理相比,管理人作为继续营业机构有其自身特点。管理人处于中立地位,能够公正地维护债权人的权益,具有破产管理的法律知识和其他专业技能,但是也存在不熟悉债务人营业情况、缺乏特定行业专门知识和管理经验等不足。为了弥补管理人在这些方面的不足,本条赋予了管理人聘任债务人的经营管理人员负责营业事务的权力。因此,管理人可以在继续营业需要的情况下,聘任债务人的经营管理人员参与经营。需要指出的是,这里所说的经营管理人员,可以是现任管理岗位上的人员,也可以是不在现任管理岗位但具有所需经营管理能力的人员。

二、管理人对经营管理人员的聘任权

(一)管理人的聘任权

管理人聘任债务人的经营管理人员可以迅速掌握债务人的信息,并获得具体专业的经营知识和经验上的辅助。聘任债务人经营管理人员的决定应当由管理人独立作出,而无须经过人民法院批准。但是,管理人在聘任时,应当依照勤勉尽责、忠实执行职务的原则,在进行必要调查、听取职工和其他利害关系人的意见的基础上,慎重地作出决定。管理人因疏忽而聘任不当,给债务人财产和债权人利益造成损失的,应当依照本法第130条的规定承担赔偿责任。

需要指出的是,本法并没有规定聘任债务人经营管理人员的具体条件。一般地说,就积极条件而言,被聘任的经营管理人员应当有相关的管理经验和业务知识,熟悉债务人的具体信息和经营状况;就消极条件而言,被聘人员不得有违反破产法的不当行为或者对企业破产负有个人责任。如果经营管理人员具有消极条件,而管理人予以聘任,则被聘人员造成损失时,管理人应承担责任。但是,如果管理人在采取了必要的监督和制约措施的基础上,适当地聘用此类人员,也不受法律禁止。在通常情况下,企业经营管理人员对债务人实施破产欺诈行为负有个人责任的,或者违反本法第15条规定的义务的,或者在任职期间因重大过错或者违法行为造成债务人财务困境的,管理人不予聘任是比较明智的选择。

需要注意的是,聘任原经营管理人员是管理人的权利而不是义务。管理人可以根据继续营业的实际需要,决定是否聘任以及聘任什么人负责债务人的营业事务。在聘任时,管理人应当通过聘任合同或者其他形式,明确被聘任人员的任务、权限、报酬和其他必要事项。

管理人聘任企业原经营管理人员的,应当向人民法院和债权人委员会报告。

(二)对管理人聘任行为的异议

对于管理人的聘任行为,债权人会议和债权人委员会认为不当的,可以向管理人提出;管理人不接受的,债权人会议、债权人委员会可以依照本法第62条、第68条的规定行使监督权。

(三)被聘任人员的法律地位

本条明确规定债务人的经营管理人员负责营业事务是经"聘任"而非法定,其负责营业管理的具体内容由聘任合同规定,而且其只能依授权从事营业事务,无权独任管理决策,更无权决定财产处分。被聘任人员不是债务人的继续营业机构,也不是债务人的代表人,其对外行为的效力,属于交易行为的,适用关于代理的规则;属于非交易行为的(如侵权行为),依照有关法人工作人员行为效果的规则。

债务人的经营管理人员在负责营业事务期间,应当勤勉尽责、忠实执行职务,并随时向管理人报告工作。如有违反管理职责的不当行为,应承担相应的法律责任。

管理人聘用的工作人员的费用,依照本法第41条的规定属于破产费用的,应当由债务人财产随时清偿。

【示例】

1. A公司开始重整后,管理人经调查,发现原销售经理张某和财务总监李某业务经验丰富,但在半年前因抵制原公司领导班子的营私舞弊行为而被解除职务。管理人决定聘任张某担任重整期间的公司销售主管,李某担任重整期间的公司财务主管。管理人向人民法院和债权人委员会报告了这一决定。管理人的这些做法符合本法的规定。

2. A公司重整期间,管理人聘任该公司副经理赵某负责对外追索债务。赵某在向B公司追索货款时,B公司作出了1个月内偿还债务的承诺,并由其母公司某电力集团提供了保证担保。赵某接受了这一承诺和保证。赵某的这一行为应属合法,因为它没有超出职权范围,而且符合A公司的利益。

3. 在前例中,赵某在向C公司追索债务时,由于该公司不能履行,赵某在未请示管理人的情况下,聘请某律师事务所代理提起诉讼,并与之签订了委托合同。赵某的这一行为超越了职权范围,因为他无权独自决定提起诉讼和代表企业对外签订委托合同,而且这种行为增加了公司的经济负担。更重要的是,决定以诉讼方式追索债务以及决定聘请律师都属于管理人的职权,受聘于管理人的企业人员无权实施这样的行为。

第七十五条 【担保物权冻结和新担保借款】在重整期间,对债务人的特定财产享有的担保权暂停行使。但是,担保物有损坏或者价值明显减少的可能,足以危害担保权人权利的,担保权人可以向人民法院请求恢复行使担保权。

在重整期间,债务人或者管理人为继续营业而借款的,可以为该借款设定担保。

【注释】

一、重整期间对担保物权行使的限制

(一)自动停止制度

本条第1款规定,在重整期间,对债务人的特定财产享有的担保权暂停行使。这是为保护重整营业而设定的规则,其理论基础是"自动停止"制度。

自动停止,又称"中止""冻结""延缓""暂停",是破产法上的特有制度。它是指在法院受理破产申请后,为进行债权人之间的公平清偿,禁止债权人的个别追讨行为,所有对债务人的诉讼或非诉讼的个别追债行为都必须无条件止息。在清算程序中,通过自动停止制度来保障债权人的公平清偿,以避免债权人"勤勉竞赛"带来的分配不公;而在重整程序中,除禁止普通债权人的个别追债行为外,为维持债务人营业、保存债务人财产,还将冻结范围扩大至担保物权的行使上,即重整程序开始后,有财产担保的债权人暂停行使在债务人财产上享有的担保物权。

根据国际经验,"在重整程序中,适用中止有助于企业的继续经营,使债务人获得整顿业务的喘息空间,有时间制订和批准重整计划,并能采取其他步骤,例如,取消不盈利的活动和摆脱负担过重的合同,视情况而定。同清算一样,中止还提供了考虑将对债务人采取的行动的机会。考虑到重整的目标,中止对其的影响要比对清算程序的影响更大,因此起着更为关键的作用,而且能为鼓励债务人发起重整程序提供重要的动力”。“越来越多的破产法承认,在许多情况下,允许有担保债权人随意执行其对设押资产的权利尤其在重整中可能不利于实现破产程序的基本目标。”①

本法关于自动停止制度的规定具体包括:(1)人民法院受理破产申请后,债务人对个别债权人的债务清偿无效(本法第 16 条);(2)人民法院受理破产申请后,有关债务人财产的保全措施应当解除,执行程序应当中止(本法第 19 条);(3)人民法院受理破产申请后、管理人接管债务人财产前,对债务人的诉讼或者仲裁中止(本法第 20 条);(4)重整期间,担保物权的行使中止(本法第 75 条)。

(二)担保物权的行使限制

限制担保物权行使,是基于重整程序期间保护继续营业的需要。公司重整通常需要使用作为担保物权客体的物或权利。例如,作为抵押权客体的土地使用权、厂房设备和运输工具等几乎是维持生产经营的必要物质条件,被质押或者被留置的物或者被质押的权利也可能为企业经营所需要。因此,重整程序开始后,限制担保物权的行使,并辅之以本法第 37 条规定的质物、留置物取回制度,可以使担保物尽可能地被用于重整期间的继续营业,以实现拯救企业的目标。

二、重整期间担保物权的恢复行使

(一)对担保物权平衡保护的制度理性

在规定上述限制措施的同时,本条第 1 款又规定,担保物有损坏或者价值明显减少的可能,足以危害担保权人权利的,担保权人可以向人民法院请求恢复行使担保权。自动停止制度仅对担保物权的行使加以限制,而无意损害担保物权。当客观情况表明担保物在权利冻结的情况下有可能发生损害或明显的价值减损时,破产法的选择是优先保护担保物权。这说明,在重整期间的继续营业保护制度中,对债务人在担保物上的使用利益的满足,是以债权人在担保物上的担保权益不受损害为限度的。

根据国际上的经验,有担保债权人被列入中止范围的,破产法可采取某些措施以

---

① 联合国国际贸易法委员会:《破产立法指南》(中文版),2006 年纽约,第 77、80 页。

保护其权益。除限制中止的期限外,这些措施还可以包括对解除中止作出规定,采取各种措施以确保如果担保债权的价值大于或接近设押资产的价值,就应保护设押资产的价值免于因资产的使用或中止的适用而减损。由于这些措施互有联系,破产法宜采取前后一致的做法。举例而言,如果中止的适用期限较短,法律可能就不必要求对设押资产的价值加以保护。然而,如果中止的适用期限很长,相对保护资产的价值,解除中止可能是一种更具成本效益的补救办法,但前提条件是资产并非为程序所必需。当然,也可通过下述手段更全面地保护有担保债权人的权益:就设押资产的使用和出售征询其意见;在资产收益允许的范围内支付利息;在资产价值少于担保债权时接管资产……在考虑为设押资产的价值提供保护的做法的可取性时,或许还需权衡一下这些措施的潜在复杂性和费用,以及是否需由法院就保护问题作出困难的商业决定。①《世行破产原则》进一步指出:“作为破产程序启动后的临时措施,暂停担保债权人的权利行使,有利于在清算程序中通过出售整个企业或者其生产单位以获得更高的财产变价,也有利于在重整程序中保留重整所需的担保物。暂停措施应该有限度和指定期间,要在债权人保护和破产程序目标之间取得适当的平衡。当不能实现破产程序目标或者担保债权人在抵押物上的权益不能得到保护时,权利人可以凭清晰充分的证据申请法院对暂停状态进行救济。对暂停的一般规则设置例外情形时应加以限制并清晰界定。”②

应该看到,在破产清算程序中,有担保的债权人享有别除权,可以不通过集体分配程序而直接由担保物获得优先清偿。由于其债权可以通过别除权实现,有担保的债权人往往缺乏参与重整的动机。可以说,担保权被冻结以利于债务人继续营业,是有担保的债权人为企业拯救作出的一种忍让。因此,无止境地要求有担保的债权人在重整程序中作出牺牲有违公平原则,也不符合重整制度在利益与共的前提下共创未来的文化精神。

“自动停止”给有担保债权人的利益造成损害的可能性是不可忽视的。由于有担保的债权人的权利行使被冻结,在重整期间,物的使用以及其他客观因素可能造成

---

① 联合国国际贸易法委员会:《破产立法指南》(中文版),2006 年纽约,第 86 页。

② 世界银行集团:《有效破产与债权人/债务人制度的原则》(*Principles for Effective Insolvency and Creditor/Debtor Regimes*)(英文版)C5.3,2016 年华盛顿,第 22 页。

担保物的价值变化。如果担保物出现损坏或者价值明显减少,则有担保债权人在担保权实现时的债权受偿额将会降低,其利益会受到损害。破产法的再建主义并不是建立在损害债权人利益的基础上的,而是秉持这样的理念:公平保护债权和支持企业拯救是互为因果的两个目标,它们相互结合才能最大限度地调动各方的积极性,实现在企业复兴基础上的多方共赢。

(二)担保权人的恢复行使请求权

本条第1款赋予有担保的债权人在特定情况下行使权利的请求权。这种请求权的性质是一种救济权,而不是通常理解的作为债权内容的给付请求权。其条件有二:第一,担保物有损坏或者价值明显减少的可能;第二,这种损坏或贬值足以危害担保权人的权利。由于权利人的权利冻结是法律直接规定的,解除这种冻结的权力在司法机关。所以,担保权人关于解除冻结、恢复行使担保权的请求只能向人民法院提出。担保权人提出这种保护请求,不必等到担保物损坏或价值明显减少的事实实际发生,只要有证据证明这种可能性达到了"足以危害担保权人权利"的程度,担保权人即可以请求恢复行使担保物权。对此,应由担保权人负举证责任。

根据《九民会议纪要》第112条第2款的规定,在担保物权暂停行使期间,担保物权人根据本法第75条的规定向人民法院请求恢复行使担保物权的,人民法院应当自收到恢复行使担保物权申请之日起30日内作出裁定。经审查,担保物权人的申请不符合第75条的规定,或者虽然符合该条规定但管理人或者自行管理的债务人有证据证明担保物是重整所必需,并且提供与减少价值相对应担保或者补偿的,人民法院应当裁定不予批准恢复行使担保物权。担保物权人不服该裁定的,可以自收到裁定书之日起10日内,向作出裁定的人民法院申请复议。人民法院裁定批准行使担保物权的,管理人或者自行管理的债务人应当自收到裁定书之日起15日内启动对担保物的拍卖或者变卖,拍卖或者变卖担保物所得价款在支付拍卖、变卖费用后优先清偿担保物权人的债权。

(三)管理人的平衡保护义务

在司法实践中,除担保权人行使上述请求权外,管理人也应当本着公平和诚实信用的原则,主动为担保物权提供保护。《九民会议纪要》第112条第1款规定:"重整程序中,要依法平衡保护担保物权人的合法权益和企业重整价值。重整申请受理后,管理人或者自行管理的债务人应当及时确定设定有担保物权的债务人财产是否为重整所必需。如果认为担保物不是重整所必需,管理人或者自行管理的债务人应当及时对担保物进行拍卖或者变卖,拍卖或者变卖担保物所得价款在支付拍卖、变卖费用后优先清偿担保物权人的债权。"在符合这一规定的情况下,担保权人也可以通过协商方式,请求管理人或者自行管理的债务人履行此项义务。

【示例】

1. A公司以库存产品作为质押物设定质押,向B银行借款200万元,借款期限为2年。期满后,A公司明显缺乏清偿能力,不能偿还债务,经申请,被法院裁定重整。B银行对库存产品的质押权暂停行使。但是,由于物流公司的仓库年久失修,库存产品难以妥善保管。加之市场上同类产品的销售价格开始下降,经估算,这批产品的市场价值已降至150万元,而且还有进一步贬值的明显可能。B银行向法院请求恢复担保权的行使,法院查证情况属实,裁定恢复担保权人对担保权的行使。管理人将这批产品拍卖后收回的150万元,扣除拍卖费用后全部用于对B银行的清偿。由于没有其他的担保,B银行所剩余的未偿付债权作为普通债权列入债权分配方案。

2. A公司在业务扩张时期曾购置一块土地用于建设新生产线,并为融资将该地块的土地使用权抵押给了B银行。后因市场变化,公司陷入困境,新生产线计划搁浅。现A公司进入破产程序。根据拟定的重整计划,公司未来将依托现有生产线经营和发展。保留这块土地,除增加新投资者的财务负担外,对企业复苏并无实益。经知会债权人委员会,管理人将该土地使用权拍卖。拍卖所得价款,除清偿B银行的担保债权外,剩余部分纳入债务人财产。

三、重整期间的新借款及担保

(一)程序启动后融资的必要性

从国际经验来看,为继续营业而借款的债权保护,是再建型破产制度需要认真对待的问题。正如联合国国际贸易法委员会指出的:"启动破产程序后债务人企业的继续运作对于重整而言至为重要,对清算程序中企业作为经营中企业出售也相当重要。债务人为维持其经营活动,必须能够获取资金,使其得以继续支付供应关键货物和服务的费用,其中包括劳力费用、保险、租金、维持合同支出及其他运营支出,以及维持资产价值方面的相关费用。""如果债务人并无可动用的资金应付其当前的流动现金需要,它将需要设法从第三方获得融资。此种融资可采取由货物和服务的卖方向债务人提供贸易信贷的形式,也可采取由放款人提供贷款或其他融资的形式。”①在我国,本法以本条第2款规定了债务人或者管理人可以为新借款提供担保的特殊保护措施。在重整营业期间,取得新资金的注入是十分重要的拯救手段,但由于重整债务人缺乏信用,新债权人通常要求债务人为新贷款提供担保,导致取得新贷款十分困难。因此,为使债务人能获得新贷款,推动重整计划的执行,本法对新借款提供特殊保护,以利于债务人融资。

(二)为新借款提供担保

本条第2款规定:“在重整期间,债务人或者管理人为继续营业而借款的,可以为该借款设定担保。”

为了使债务人获得继续营业所需的新融资,允许管理人或者自行管理的债务人在尚未设定担保的债务人财产上为新借款设定担保,有利于实现再建主义制度下的多方共赢,是一种积极的法律政策。联合国国际贸易法委员会建议:“在吸引启动后融资和安排偿还方面可采取若干不同的做法。可将贸易信贷或破产管理人(或占有中的债务人)在正常经营过程中欠下的债务自动视之为破产管理费。如果获取信贷或负债对资产价值最大化至关重要,而且无法以其他方式获取作为破产管理费的信贷或资金,也无法在正常经营过程以外负债,法院可准许将信贷或所负债务作为破产管理费,赋予其优先于其他破产管理费的超优先权,或以未抵押或部分抵押资产提供担保的方式予以支持。”“如果贷款人要求出具担保,可以用未抵押资产作保,或者用已经抵押的资产提供次级或优先顺序较低的担保权,但抵押资产的价值须足以超过原已存在的附担保债务的数额。在此情况下,一般不需要对原已存在的担保债权人提供特别保护,因为其权利不会受到消极影响,除非后来情况起了变化(例如抵押资产的价值开始贬损),而且他们将保留其对抵押资产的启动前优先权,除非他们另有约定。”②《世行破产原则》也主张:“为了使债务人能够满足其继续营业的需要,企业在有适当保障措施的情况下,应能够获得商业上适当形式的融资,包括在特殊情况下设定优先偿还的条款。”③

① 联合国国际贸易法委员会:《破产立法指南》(中文版),2006年纽约,第103~104页。

② 同上书,第105~106页。

③ 世界银行集团:《有效破产与债权人/债务人制度的原则》(*Principles for Effective Insolvency and Creditor/Debtor Regimes*)(英文版)C9.2,2016年华盛顿,第23页。

当然,由于这种担保实际上增加了有担保债权的数额,减少了转入破产清算程序后的破产财产数额和无担保债权人的受偿率,因而在新的有担保债权人与原有的无担保债权人之间存在一定的利益冲突。为了尽可能减少无担保债权人因新的有担保债权的增加而可能遭受的损失,有必要采取一些预防措施,如对借款限定用途并对其开支进行适当的控制和监督。如果管理人或者债务人管理财产和营业事务时,在新借款及设定担保的过程中有不当行为,构成本法第 78 条第 2 项规定的"其他显著不利于债权人的行为",债权人可以作为"利害关系人"向法院请求终止重整。

(三)新借款债权的清偿地位

在债务人信用缺失的情况下,如何加大融资力度同时避免对现有债权人的损害,是一个颇费思量的问题。"破产法可承认这种启动后融资的必要性,可准许此种融资并确立贷款人的优先受偿权或对其的担保。中心问题是这种权力的范围,尤其是能向潜在债权人提出哪些有吸引力的条件,以此鼓励该债权人贷款。如果采用的解决办法影响到原已存在的担保债权人的权利,或先前已对资产确立了权益的那些人的权利,则关于程序启动后融资的规定,似应平衡兼顾若干因素,其中包括考虑到几个方面的基本需要:维护商业交易,保护债权人先前存在的权利和优先权,以及尽可能减少其对于获取信贷特别是获取有担保贷款的不利影响,此种不利影响有可能产生于打乱原已存在的担保权和优先顺序。还必须考虑到对无担保债权人产生的影响,此类债权人会发现剩余未作保资产因用于担保新贷款而消失,特别是如果重整将归于失败,由此导致未留下任何资产用于分配。针对这一风险,必须考虑到通过企业的继续经营以保全营运资产的价值将使这些债权人受益这一前景。"①

《破产法解释(三)》第 2 条第 1 款基于对上述制度需求和相关利益平衡的考虑,作出如下规定:"破产申请受理后,经债权人会议决议通过,或者第一次债权人会议召开前经人民法院许可,管理人或者自行管理的债务人可以为债务人继续营业而借款。提供借款的债权人主张参照企业破产法第四十二条第四项的规定优先于普通破产债权清偿的,人民法院应予支持,但其主张优先于此前已就债务人特定财产享有担保的债权清偿的,人民法院不予支持。"该条还规定,管理人或者自行管理的债务人可以为前述借款设定抵押担保。抵押物在破产申请受理前已为其他债权人设定抵押的,债

① 联合国国际贸易法委员会:《破产立法指南》(中文版),2006 年纽约,第 104 ~ 105 页。

权人主张按照《民法典》第 414 条规定的顺序清偿,[1]人民法院应予支持。

此条规定的核心规则是,破产申请受理后为债务人继续营业而借款的,提供借款的债权人有权主张参照本法第 42 条第 4 项的规定,享受优先于普通破产债权的清偿地位。与这一规则相配套的还有以下三方面的规定:(1)债权人会议对借款行为的同意权,即破产申请受理后,管理人或者自行管理的债务人为债务人继续营业而借款的,应当经债权人会议决议通过,或者第一次债权人会议召开前经人民法院许可。这是对无担保债权人的一种保护。如果新的借款对破产财产保值增值并无实益,而对债权人的清偿利益有所损害,他们可以不予通过。(2)对借款债权优先清偿的限制,即不得优先于此前已就债务人特定财产享有担保的债权获得清偿。这是对在先担保权人的保护。(3)为借款设定重复抵押担保的规则,即允许为新借款设定抵押担保。但是,抵押物已为其他债权人设定抵押的,新借款的抵押权实现应当遵守我国《民法典》第 414 条的规定。也就是说,为新借款设定担保的财产,可以是尚未设定担保的财产,也可以是已设定担保的财产。如果在已经设立抵押的财产上为新借款设立新的抵押权,则不得影响登记在先的抵押权的优先清偿顺位。这意味着,尽管为了继续营业而借款时,在已经抵押的财产上设定新的抵押无须征得在先抵押权人的同意,但新抵押并不享有超越在先抵押的地位,故其抵押权的实现须以在先抵押权实现后抵押物有剩余价值或者在先抵押权因清偿或其他原因而消灭为条件。

需要指出的是,《破产法解释(三)》第 2 条参照适用本法第 42 条的规定,为继续营业借款的债权人提供清偿顺位上的相对优先地位。根据这一地位,新借款的债权人在重整计划的清偿方案或者破产清算的分配方案中,可以在清偿顺位上获得一种相对优先的待遇。但是,从这一规则并不能引申出这样的解释:破产案件受理后,受到本法约束的抵押权,可以因为抵押物上设置了新的抵押而主张提前实现。也就是说,在为继续营业借款而设置新的财产担保的情况下,在先担保权的实现仍然受制于本法第 16 条关于禁止个别清偿的规定(参见本书第十六条注释)。因此,在重整期间,由于在先担保权处于冻结状态,新借款的债权担保处于在后顺位的,其担保权只

---

① 《民法典》第 414 条规定:"同一财产向两个以上债权人抵押的,拍卖、变卖抵押财产所得的价款依照下列规定清偿: (一)抵押权已登记的,按照登记的时间先后确定清偿顺序;(二)抵押权已登记的先于未登记的受偿;(三)抵押权未登记的,按照债权比例清偿。其他可以登记的担保物权,清偿顺序参照适用前款规定。"

能在重整计划执行期间实现,或者在重整程序依本法规定转入清算程序后实现。

还需要指出的是,《破产法解释(三)》第2条并未提及为新借款而设定的质押。目前,我国现行法律没有关于重复质押的规定。在国外,无论是有形动产或无形动产(如债权、股权、知识产权等),都可以重复质押。例如,《瑞士民法典》第866条规定:"后位质权,须经前位质权人收到后位质权人的书面通知并得知在其受偿之后应将质物交付后位质权人后,始得设立。"《荷兰民法典》第三编第246条规定,债权被设立质押的,如果同一债权负担有若干质押权,由最先顺位的质权人行使权利。因此,在破产案件中,如果债务人财产已经设定质押,而法律未禁止其重复质押,依本条第2款规定设定的质押担保,可参照适用《破产法解释(三)》第2条的规定。

第七十六条　【取回权行使的限制】债务人合法占有的他人财产,该财产的权利人在重整期间要求取回的,应当符合事先约定的条件。

【注释】

本条规定了重整期间对取回权的限制,是对本法第38条关于一般取回权规定的例外。有关取回权的一般规则,参见本书第三十八条注释。

债务人合法占有的他人财产,在重整期间被该财产的权利人要求取回时,以符合事先约定的条件为取回条件。这是本条对重整程序中取回权行使的限制。

一、本条的适用范围:债务人合法占有的他人财产

一般取回权适用的范围,包括债务人合法占有的他人财产和债务人不法占有的他人财产。本条对取回权行使条件的限制性规定,仅适用于债务人合法占有他人财产。至于债务人不法占有的他人财产,权利人仍可以随时取回。

如前所述,债务人合法占有的他人财产,即债务人有合法根据而占有的属于他人的财产,包括共有财产,委托管理财产,租赁财产,借用财产,保管财产,仓储财产,加工承揽财产,委托财产,寄存财产,寄售(代销)财产,托管财产,依据所有权保留买卖取得占有但尚未取得所有权的财产,依据其他法律关系占有但未取得所有权的财产。在这些法律关系中,取回权人一般对债务人负有一定的合同义务。重整营业保护的一项任务就是维系与债务人生存攸关的现存法律关系。因此,有必要对债务人基于这些法律关系而设定的财产占有给予保护。本条规定取回权人在重整期间要求取回的“应当符合事先约定的条件”,其立法本意就是限制适用本法第 38 条的一般取回权规定。

二、取回权限制的依据:事先约定的条件

本条规定“应当符合事先约定的条件”的第一层含义就是,允许取回权人依照原来的约定要求债务人返回财产。这也从另一个方面体现了破产法尊重和维持原有法律关系的精神。

“应当符合事先约定的条件”的第二层含义就是,取回权人行使取回权时必须按照约定履行自己的义务。如前所述,对他人财产的合法占有常常以债务人与取回权人之间的合同关系为基础,取回权人承担一定的合同义务。因此,其在行使取回权时,应当履行对债务人负担的合同义务或者满足约定的条件。如果其不能履行该义务或者满足该条件,取回权人只有通过承担违约责任或者对债务人进行补偿,方可实现其取回权。

当然,对于取回权人的权益保护,司法解释也有所顾及。《破产法解释(二)》第 40 条规定,债务人重整期间,权利人要求取回债务人合法占有的权利人的财产,不符合双方事先约定条件的,人民法院不予支持。但是,因管理人或者自行管理的债务人违反约定,可能导致取回物被转让、毁损、灭失或者价值明显减少的除外。

【示例】

1. A 公司与 B 公司于 1 月 12 日签订加工承揽合同,约定:A 公司对 B 公司生产的机器零配件进行加工;B 公司在 A 公司加工完毕后支付 12 万元的报酬;加工期为 11 个月。同年 11 月 30 日 A 公司因不能清偿到期债务申请重整而被法院裁定受理。此时,B 公司的零配件已经加工完毕。B 公司如果需要取回其交由 A 公司加工而被占有的零配件,应当依照事先约定的条件支付 12 万元的加工费用。

三、事先约定条件为待履行合同义务时的特殊处理

在债务人依据其和取回权人之间的待履行合同而占有标的物的情况下,根据本条规定,取回权人不履行约定条件即待履行合同义务,则无法取回标的物。在待履行合同的效力尚不确定的情况下,事先约定的待履行义务是否应当履行,取决于本法第 18 条规定的管理人对合同解除或者继续履行的决定。在实践中,应先由管理人作出待履行合同是否继续履行的决定。如果管理人决定继续履行待履行合同,则取回权人行使取回权必须根据本条规定符合事先约定的条件。因此,取回权人只有履行未履行完毕的合同义务,才能取回其所有的物;如果管理人决定不履行待履行合同,则取回权人不再承担继续履行的义务,此时可以直接行使取回权而无须受本条必须符合事先约定条件的限制。

【示例】

2. 承租人A和出租人B之间缔结了为期36个月的租赁合同。在剩下12个月租赁期的时候,A进入破产重整程序。由于A合法占有B的出租房屋,如果B要行使取回权,必须依照租赁合同的规定,履行将房屋继续出租给A的义务,直至剩余12个月期满,方可要求A返还房屋。但是,由于此租赁合同属于尚未履行完毕的待履行合同,B的管理人对合同是否继续履行享有决定权。如果管理人决定不履行租赁合同,则取回权人B可以不受租赁期限的限制,直接行使取回权;如果管理人决定继续履行此租赁合同,则B只能按照租赁合同履行其约定的出租义务,在履行期届满时行使取回权。在后一种情况下,程序期间的租金为共益债务,应根据合同约定按时支付。

第七十七条 【股权分配和转让的限制】在重整期间,债务人的出资人不得请求投资收益分配。

在重整期间,债务人的董事、监事、高级管理人员不得向第三人转让其持有的债务人的股权。但是,经人民法院同意的除外。

【注释】

一、对出资人收益分配权的限制

出资人,是指对债务人享有股权或者其他形式的投资权益的自然人、法人或者其他组织。出资人享有的最基本的投资权益是收益分配权,即在企业法人存在税后可分配利润的情况下,出资人有权根据企业章程或其他行使的共同约定,请求进行投资收益分配。

从本法第2条的规定可知,债务人陷入流动性危机的情况下,存在破产原因或至少是重整原因。所谓流动性危机,就是缺乏可以用以偿付债务的现金和其他可支付财产。但是,这并不意味着企业不存在账面可分配利润,包括当期的可分配利润和往年积欠的应分配利润。债务人因进入重整程序后,可以通过继续营业、财产变价、追逃债务、取得新借款等方式获得一定的现金,这些现金对于维持继续营业和支付破产费用都是十分重要的。如果允许债务人的出资人行使投资收益分配请求权,则有可能给债务人的重整带来不利后果。对于这种利益冲突,破产法的政策是优先保护企业拯救和债权人利益。另外,由于已经进入破产程序,在破产清偿的情况下,出资人的分配请求权应当劣后于债权人的请求权。因此,一旦人民法院受理破产申请,无论适用哪一种破产程序,债务人的出资人的分配请求权都处于受拘束的地位。基于这些理由,本条第 1 款规定债务人的出资人在重整期间不得请求投资收益分配。

本条所禁止分配的"投资收益",不仅包括当下会计年度的投资收益,也包括以往年度未分配的投资收益。债务人的出资人对这二者均不得请求分配。

【示例】

1. A 公司重整期间,管理人追回多笔债款共计 360 万元。A 公司主要股东 B 公司和 C 公司向管理人提出,A 公司上一年度的财务报表显示,公司当年税后利润为 120 万元,当时因公司现金周转困难未能分配红利,请求兑现分配。根据本条规定,管理人应当拒绝这一请求。

二、对管理层股权转让的限制

(一)限制转让的理由

重整期间,之所以要对管理层转让其所持股份进行限制,主要是基于以下考虑:

1. 限制转让有利于巩固债权人和其他利害关系人对企业拯救的信心。重整本身的进行是一种拯救尝试,存在一定风险,所以利益关系人的信心对于重整的顺利进行至关重要。在实践中,董事、监事和高级管理人员持有债务人股份是比较常见的现象。由于这些人掌握着企业的经营和财务情况,在重整期间,当他们抛售公司股份时,一般人难免对公司营业和财务状况作出消极的判断。因此,就会动摇债权人和其他重整参与人对企业拯救前景的信心,导致重整失败。

2. 限制转让可以给予债务人管理层以努力拯救企业的激励。债务人的董事、监事和高级管理人员持有的债务人股份,其价值的挽回取决于重整的成功与否。在对外转让被冻结的情况下,他们的选择只能是尽可能地争取企业拯救成功。因为,一旦重整失败,转入破产清算程序,他们的股权价值将化为乌有。

3. 限制转让可以促使债务人管理层积极参与重整程序,防止其逃避风险。在重整期间,债务人的董事、监事和高级管理人员并非完全脱离拯救企业的管理职位。根据本法第 73 条和第 74 条的规定,重整期间的营业机构为管理人或者管理人监督下自行管理的债务人。在债务人自行管理的情况下,董事、监事和高级管理人员可能仍留在管理岗位;在管理人管理的情况下,这些人员可能被管理人所聘任,从而处于管理岗位。因此,限制董事、监事和高级管理人员向第三人转让股份,可以保持上述主体的重整利益关系人地位,激发其参与债务人继续营业的积极性。

(二)被限制转让的持股主体

需要注意的是,本条并非限制所有主体的股权转让,而仅仅是限制董事、监事和高级管理人员转让股权的自由。这些任职身份的时间界定标准,应为破产案件受理时。因为破产案件受理后,原企业高级人员的身份处于被锁定的状态,他们必须承担本法规定的一系列义务,如本法第 15 条规定的合作与协助义务、信息提供义务。他们还可能依本法第十一章的有关规定被追究法律责任。所以,只要在破产案件受理时为债务人企业的董事、监事和高级管理人员的,都应当受到包括本条在内的义务规定和权利限制规定的约束。

本条所称的高级管理人员,根据我国《公司法》第 216 条的规定,是指公司的经理、副经理、财务负责人、上市公司董事会秘书和公司章程规定的其他人员。

应当注意的是,此种转让限制仅针对“向第三人转让”的情形。上述主体相互间的股权转让,本法并不禁止。

根据本条第 2 款的但书,上述人员对第三人的股权转让,在无害于甚至有利于企业重整的情况下,经人民法院同意后,可以不受本条的限制。

【示例】

2. A 公司重整期间,B 公司愿意以收购 A 公司股东所持股份的方式对 A 公司融资。其条件是,B 公司向 A 公司注入一笔资金和一批固定资产,每个股东将自己所持股份的 40% 转让给 B 公司。为此,A 公司的全体董事、监事和高级管理人员向人民法院提出向B公司转让部分股份的申请，法院予以批准。

第七十八条 【重整程序的请求终止】在重整期间，有下列情形之一的，经管理人或者利害关系人请求，人民法院应当裁定终止重整程序，并宣告债务人破产：

（一）债务人的经营状况和财产状况继续恶化，缺乏挽救的可能性；

（二）债务人有欺诈、恶意减少债务人财产或者其他显著不利于债权人的行为；

（三）由于债务人的行为致使管理人无法执行职务。

【注释】

一、重整程序与破产清算程序的关系

本条规定了在重整期间终止重整程序的法定事由。本条的目的在于保证重整制度的适用符合本法设立的目标，即拯救企业和公平清偿。各国重整立法都承认，企业拯救并不是破产法的唯一目标。在某些情况下，破产清算不失为更明智的选择。在重整程序开始以后，如果企业拯救已无成功可能，或者因拯救成本过高或其他障碍而难以继续进行，则应当终止重整程序和转入破产清算程序。因此，有关重整程序终止的规定是重整制度的一个重要组成部分。

21世纪以来的国际经验证明，破产清算程序从两个方面构成了重整制度的支撑。第一，破产清算的预期为重整程序中的当事人让步提供了参照系。也就是说，债权人、出资人和其他利害关系人在重整计划中的让步底线，是以他们在破产清算情况下的预期可得利益为依据的。如果重整能给他们带来与破产清算相比更多（或者至少是相等）的清偿或其他利益，则接受重整就是明智的选择。反之，如果重整不能带来比破产清算更多的利益，甚至导致利益更少，则转为立即清算就成为理智的选择。第二，重整程序因特定事由向破产清算转换的机制，具有规范当事人特别是债务人的行为、维护重整秩序和防止程序滥用的作用。重整是一种在利益与共的基础上寻求共赢的过程。任何一方当事人缺乏合作诚意和妥协精神，甚至企图滥用程序达到损人利己的目的，都可能导致重整失败。

本法在最初起草时,曾考虑为防止重整被滥用而设置程序启动的识别机制。但后来认识到,这种“在入口处设置门槛”的办法缺乏科学性和可操作性,于是设定必要的出口就成为防止程序滥用的主要手段。由此提出的要求是,进入重整程序后,任何时候发现有破产法规定的退出事由,都可以立即终止重整并转为破产清算。

破产法允许由重整转换为清算是国际上通行的做法。“重整程序过程中可能出现一些情形,破产法似应允许将程序改为清算。转换程序的主要理由是未能提出或批准重整计划;未能批准为执行计划所需的对计划提出的修改;(按规定必须由法院确认的)未能获得确认;对已获批准或确认的计划提出质疑得以成立;债权人会议多数表决支持终止重整程序;债务人在履行计划对其规定的义务时发生重大或严重违约;或出于某种其他原因计划执行失败。”“还似应考虑在下述情形下转换程序:认定企业重整无成功的合理可能性;债务人显然正在滥用重整过程,或是不与破产管理人或法院合作(例如,隐瞒信息),或是恶意行事(例如,进行欺诈性转让);企业在重整期间继续亏损;或者破产管理费未付。有些法律规定,当重整显然将不可能进行时,破产管理人有义务立即终结对重整程序的管理,以便为债权人保全价值。在破产法中列入改为清算程序的条文,将可为程序的最终解除提供可预测性。如果改为清算需要重新提出启动申请而不是以原来的申请作为程序转换的依据,则可能会造成进一步的拖延和价值的减少。”①

二、重整程序的终止方式

本法对重整程序终止的规定,可以分为两类情况:一类是依请求的终止;另一类是不依请求的终止。

(一)依请求的终止

在某些情况下,人民法院可以依据当事人的申请,裁定重整终止。具体包括两种情况:一是在重整期间,具备本条规定的情形之一的,经利害关系人请求,人民法院裁定终止重整程序,并宣告债务人破产;二是根据本法第93条的规定,债务人不能执行或者不执行重整计划的,人民法院经管理人或者利害关系人请求,裁定终止重整计划的执行,并宣告债务人破产。

---

① 联合国国际贸易法委员会:《破产立法指南》(中文版),2006年纽约,第206~207页。

(二)不依请求的终止

在某些情况下,人民法院可以不依当事人的申请而直接裁定重整终止。具体包括两种情况:一是根据本法第 79 条的规定,债务人或者管理人未按期提出重整计划草案时,人民法院裁定终止重整程序,并宣告债务人破产;二是根据本法第 88 条的规定,重整计划草案未获得通过且未依照本法第 87 条的规定获得批准,或者已通过的重整计划未获得批准时,人民法院裁定终止重整程序,并宣告债务人破产。

三、请求终止重整程序的事由

根据本条的规定,以下 3 种情形为请求中止重整的法定事由。

(一)债务人的经营状况和财务状况继续恶化,缺乏挽救的可能性

重整期间,如果经营状况和财产状况继续恶化,将导致债务人财产的无谓消耗,损害债权人的清偿利益。所谓继续恶化,是以重整前的经营和财务状况为参照。经营状况的主要标志是市场销售情况及成本与收益情况。财务状况的主要标志是流动性及融资能力。

仅经营和财务的消极信息还不足以成为终止重整程序的理由。由于困境企业的经营恢复和财务改善往往需要一个过程,因此还需要结合企业的整体状况以及市场情况对经营和财务的前景作出判断。

按照本条规定,债务人、债权人以及与重整相关的其他利害关系人(如职工、国有企业的主管部门),都有权单独地对债务人的营业和财务前景作出判断并提出终止重整程序的请求。在实践中,为了避免因过于轻率的请求而葬送企业拯救的机会,主持继续营业的债务人或管理人应该与债权人委员会保持经常的信息沟通和充分的协商,以便使任何一方在提出终止申请前能够听取他方的意见,从而在慎重考虑的基础上作出理智选择。此外,债务人、管理人及时就企业营业和财务状况征求专家意见,并将专家意见提供给各方当事人考虑,也是值得提倡的做法。

(二)债务人有欺诈、恶意减少债务人财产或者其他显著不利于债权人的行为

重整成功的一个重要条件就是当事人之间(特别是债权人与债务人之间)的相互信任。由于债权人与债务人处于信息不对称的状态,债务人的诚信是维持债权人信心从而实现企业再生的重要条件。诚信是企业的生命。这一点在重整程序中的一个典型表现就是,债务人企业一旦失去诚信即失去生存的机会。无情地驱逐欺诈者是自古以来的市场法则。

重整的基础是债权人与债务人的利益与共关系以及在此基础上的相互信任关系。关于这种利益与共关系，一位叫彼得·戈根的专家曾经在1975年美国国会关于破产法的听证会上讲述了这样一段饶有趣味的故事："一个宾夕法尼亚州的男孩受到了镇上的表彰，因为他潜入水中救起了他的同伴汉斯，后者是在滑冰时误履薄冰而落水的。当镇长热情洋溢地对这个男孩的超乎寻常的勇敢大加赞扬后，这个男孩直言不讳地说：'我不明白你的这番关于见义勇为的废话有什么意义。我当时不能不救起汉斯，他穿着我刚买来的名牌冰鞋。'"在这里，戈根是要把债权人描写成"一个不得不拯救债务人以便挽救自己的贷款的人"。与此同时，他也认为，把这位救人者看成是债务人也未尝不可，因为债务人也必须"避免债权人蒙受太大的损失以便保护他自己的生存"。① 由这段生动而浅显的解说，不难理解，为什么本法要对债务人的欺诈和损害债权人的行为处以剥夺拯救机会并宣告破产的"极刑"。

在本项的具体认定中，对"债务人有欺诈行为"的认定主要考虑以下因素：债务人实施足以误导债权人的行为；债务人有实施欺诈的故意；债务人的行为导致债权人陷入认识上的错误。例如，债务人隐瞒其经营和财务的真实情况的，债务人以虚假信息骗取债权人对其行为的认可的，债务人有本法第31条、第32条、第33条或者第16条规定行为的，债务人的有关人员违反本法第15条规定的义务，致使不能获得充分、真实的信息或者蒙受其他重大不利的，等等。

对"恶意减少债务人财产"的认定，考虑的因素主要有：债务人实施了减少其财产的行为；债务人明知其行为将导致其财产减少；债务人减少其财产的行为足以损害债权人的清偿利益。债务人有本法第31条、第33条规定行为的，应认定为恶意减少财产。

"其他显著不利于债权人的行为"，包括债务人对债权人的权益有显著不利影响的其他行为。在实践中，债务人以损害债权人的方式自利的手段多样。本法设立如此宽泛的规定，足见立法者对重整程序中坚持诚信原则的高度重视。

---

① 彼得·戈根1975年9月19日在众议院司法委员会公民权利和宪法权利小组委员会听证会上的证词（Testimony of Peter Coogan, Hearing Before the Subcommittee on Civil and Constitutional Rights of the House Committee on the Judiciary, 94th Cong., 1st Sess. On H. R. 31 and 32, September 19, 1975, p. 395）。此外，关于利益与共理论，参见王卫国：《论重整制度》，载《法学研究》1996年第1期。

（三）由于债务人的行为致使管理人无法执行职务

管理人是破产程序中的法定机构，担负着破产管理的重要职责。对管理人执行职务给予合作是债务人在破产程序中必须遵守的基本义务。违反这一义务，构成违反破产法秩序的行为。因此，债务人妨碍管理人执行职务，给重整程序的继续进行造成重大障碍时，存在终止重整和转入破产清算的必要性。

在重整期间，管理人的职务包括两种情形：一是负责管理债务人的资产和营业事务；二是对债务人自行管理进行监督。因此，管理人无法执行职务，包括无法执行管理职务和无法执行监督职务两种情况。

此种法定事由的适用，应具备如下要素：首先，管理人处于无法行使职务的状态；其次，此种状态是由债务人的行为所致。这里所说的无法执行职务的状态，应为持续性的并且通过纠正仍不能消除的，例如，债务人拒不提供相关信息或者拒不交出财务账册，经管理人反复交涉无果。这里所说的债务人的行为，包括债务人管理层的行为，也包括债务人其他工作人员的行为。例如，在管理人负责管理的情况下，债务人的职工拒绝服从管理人的调度，致使企业无法进行正常的生产经营。如果因为债务人行为以外的原因致使管理人无法执行职务的，不构成适用本条终止重整程序的事由。

【示例】

1. A公司进入重整程序已有3个月，因无法取得新的贷款，其因拖欠工程款而停建已久的在建工程无法恢复开工。管理人认为，如果将该项工程的已完成部分连同土地使用权转让，可以使债权人获得比例较高的清偿，而目前A公司已没有新的资金来源，工程继续拖延下去将产生更多的费用，并可能错过目前房地产市场需求旺盛的时机，遂向人民法院请求终止重整程序。人民法院裁定终止重整并宣告A公司破产。

2. A公司申请重整已获得人民法院裁定许可。在A公司自行管理期间，管理层将A公司承包的一个工程项目转包给自己的关联企业B公司，而转包合同约定，工程项目完成后的绝大部分收益都归B公司。管理人认为，A公司在该工程项目上已经投入大量资金，如果按该转包条件，A公司的前期投入将血本无归。这实际上是放弃公司应得收益而向关联企业输送利益，对债权人的不利影响显而易见。为此，管理人向人民法院请求终止该重整程序,并于人民法院裁定终止重整和宣告A公司破产之后,接管了A公司的全部财产。

3. A公司申请以自行管理的方式进行重整,人民法院在受理时,发现该公司管理混乱、账目不清,但根据A公司的产品和市场份额分析,可以认为其有拯救希望,遂裁定开始重整,由管理人负责重整期间的财产管理和营业事务。重整开始后,公司董事会因害怕以往的舞弊行为败露,拒绝向管理人提供相关的会议记录和财务资料,造成管理人难以实施管理。管理人请求人民法院裁定终止重整程序,转入破产清算程序。人民法院应支持管理人的这一请求。

四、依本条裁定终止重整程序的必要事项

人民法院依据本条规定裁定终止重整程序时,应当注意以下法定事项。

(一)须有管理人或者利害关系人请求

本条规定,在重整期间出现上述法定事由时,人民法院不能依职权直接裁定终止重整程序,而只能在管理人或利害关系人提出请求的情况下作出裁定。但是,这并不是说只要提出请求就裁定终止重整。对于请求所依据的事由,必须加以证实。对此,请求人有证明的义务,人民法院也有查明的必要。只有在法定事由具备、请求权人提出请求的情况下,人民法院才应当裁定终止重整程序并宣告债务人破产。

为了加强对重整程序进行过程的监督,本条在界定申请主体时使用了“利害关系人”这一较宽泛的范围界定。利害关系人是指权利或者合法利益受到重整程序的进行(有利或者不利的)影响的人,具体而言,应包括但不限于债务人的债权人(债权人会议和债权人委员会)、债务人的职工、债务人的出资人以及其他与债务人重整有利害关系的主体。

(二)裁定重整程序终止时须同时宣告债务人破产

法院查明债务人有本条规定情形的,应当于裁定重整程序终止的同时,宣告债务人破产。

在债务人以本法第2条第2款规定的“有明显丧失清偿能力可能”为由提出重整申请的案件中,适用本条规定终止重整程序时,债务人不得以“不具备破产原因”为由主张免于破产宣告。

第二节 重整计划的制定和批准

第七十九条 【重整计划草案的提交期限】债务人或者管理人应当自人民法院裁定债务人重整之日起六个月内,同时向人民法院和债权人会议提交重整计划草案。

前款规定的期限届满,经债务人或者管理人请求,有正当理由的,人民法院可以裁定延期三个月。

债务人或者管理人未按期提出重整计划草案的,人民法院应当裁定终止重整程序,并宣告债务人破产。

【注释】

一、重整计划草案提交期限的起算时间

根据本法第71条的规定,人民法院裁定启动重整程序,人民法院对重整申请受理后,经审查认为,重整申请符合本法规定的,应当裁定债务人重整,并予以公告。本法第72条规定,自人民法院裁定债务人重整之日起至重整程序终止,为重整期间。由此可见,裁定和公告是启动重整程序的两个步骤,重整期间的计算起点是法院作出裁定之日而非公告之日,而本条第1款规定的重整计划草案提交期限与重整期间的起算时间是一致的。

二、提交重整计划草案的期限规定

1. 一般期限。根据本条第1款的规定,提交重整计划草案的期限从裁定债务人重整之日起6个月内。

2. 延长期限。根据本条第2款的规定,上述6个月期限届满,经债务人或者管理人请求,有正当理由的,人民法院可裁定延期3个月。

关于重整期限,各国的规定不一。1995年我国起草《企业破产法(草案)》时,主要在以美国为代表的无期限规定的模式与以法国为代表的有期限规定的模式之间进行了比较。前一种模式虽然有利于最大限度地拯救企业,却容易造成重整程序的滥用。在当时,这种制度在美国就已经受到了批评。2005年美国修改破产法时,废止了这种无期限规定,代之以重整公司必须在 18 个月内完成重整计划的规定。而有期限的模式虽然给重整带来了一定难度,但有利于提高重整效率,对各方当事人都比较有利。当然,起草者也考虑到,如果企业规模较大、情况较复杂,特别是重整计划涉及引进战略投资者的谈判,法定时间不够,是否会造成坐视本可成功的重整努力“功亏一篑”的问题。在 1995 年的草案中,重整期限为 12 个月,并可以申请延长,且延长时间不限但必须提交延长期间的工作时间表。2000 年的草案将重整期限改为 6 个月并可以申请延长 6 个月。2004 年的草案将延长期缩短为 3 个月。缩短延长期的原因,主要是为了防止程序滥用,同时也是考虑到国际上已经存在一种将重整程序与法庭外债务重组相结合的“预重整”(pre-packet)做法,即债务人与主要债权人以及第三方投资者在启动重整程序前先就企业拯救的“一揽子”方案达成共识,然后提出重整申请。由此可以节省重整时间和提高重整成功率。考虑到这种做法在我国被采用的可能性,起草者认为,缩短重整期限后可以鼓励当事人在启动程序前就重整计划进行充分协商,有利于节省重整成本和减少重整失败的风险。

本条第 2 款是关于延展期限的规定。如果 6 个月期限届满,债务人或者管理人不能提交重整计划草案的,可以在期满前向法院提出延长提交期限的请求。经证明有正当理由的,人民法院可以裁定延期 3 个月。对于“正当理由”,本条并没有明确界定,一般应为能够表明重整计划的制订工作确需更多时间的情况,例如,债务人企业规模大、资产情况复杂,为制订重整计划正在与第三方投资(融资)者进行的谈判尚需一些时间等。

期限延展不得重复进行。在重整程序中,重整计划草案的提交期限仅可以延展一次,即重整计划草案的提交期限合计最长为 9 个月。

三、未按期提出重整计划草案的法律后果

根据本条第 3 款的规定,重整计划草案未按期提出的后果是,终止重整程序和宣告债务人破产。

如前所述,重整程序是有成本的,而这种成本最终是由债权人承担的。而且重整的营业保护制度使债权人的担保物权被冻结,如果任由重整债务人进行长时间和无效率的重整,会损害债权人的利益。因此,债务人或者管理人在 6 个月内未能或者在获得法院批准延期 3 个月后仍不能提出重整计划草案的,无论是由于何种原因,人民法院均应裁定终止重整程序并宣告债务人破产。

此种情况下的终止裁定属于依职权裁定,无须管理人或者利害关系人提出申请。

四、提交后的修改

重整计划草案提交后,重整程序进入债权人会议审议表决的阶段。重整计划的制订和通过,本质上是一个多方协商的过程。所以,在计划草案的审议表决阶段,无论是在债权人会议召开前、表决前还是第一次表决后,管理人、债权人、债务人及其投资者以及意图参与重整计划投资、融资方案的第三人,都可以就计划内容进行协商,人民法院和政府有关部门也可以提出指导性意见。根据这些协商和意见,管理人可以对重整计划草案进行修改。修改的时间不计入本条第2款规定的时限。管理人应当在合理期间内完成草案的修改工作。管理人应当基于诚信原则和报告义务,就修改工作的进度向人民法院和债权人委员会作出说明,必要时,可书面说明。

第八十条 【重整计划的制备】债务人自行管理财产和营业事务的,由债务人制作重整计划草案。

管理人负责管理财产和营业事务的,由管理人制作重整计划草案。

【注释】

一、重整计划的意义

重整计划是债务人、债权人和其他利害关系人在协商基础上就债务清偿和企业拯救作出的安排。作为重整程序中最重要的法定文件,重整计划是重整制度的核心,既是当事人彼此让步寻求债务解决的和解协议,也是他们同舟共济争取企业复兴的行动纲领。围绕重整计划的制订、通过、批准、执行、变更和终止的一系列规定,形成了一个在法律规制和法院参与下的多边协商机制。

在我国《企业破产法》中,重整计划的特征为:(1)重整计划以企业拯救和公平清理债务为目的;(2)重整计划由自行管理的债务人或者管理人负责制备;(3)重整计划应当依据企业的经济状况和营业前景,确定以让步为基础的债务清偿方案和有助于企业复兴的投融资方案、经营方案及其他相关方案;(4)重整计划须征得债权人会议的同意;(5)重整计划经法院批准后生效;(6)重整计划由法律授权管理人或者债务人负责执行。

由于重整计划的形成是重整计划草案从提出到表决通过和法院批准的过程,重整计划草案对重整计划的内容确定起到主要作用。重整计划草案的制备人除按照本法第 81 条的规定起草重整计划的内容外,还可以制定债务人重整的其他具体内容,如重整所涉及的对外融资、股权变动、股东设组等。

此外,重整计划的制备人还可以根据需要,制作一些附属性文件,例如,债务人营业和财务状况说明报告、企业困境原因及前景分析报告、重整计划可行性论证报告等。

二、重整计划制备人

关于重整计划制备人的确定,本条确定了"谁管理、谁制备"的规则。根据本法第 73 条和第 74 条的规定,债务人的继续营业机构为管理人或者管理人监督下的债务人。因此,债务人自行管理财产和营业事务的,由债务人制备重整计划草案;管理人管理财产和营业事务的,由管理人制备重整计划草案。采用"谁管理、谁制备"规则,有利于制备人在充分掌握债务人信息和开展多方谈判的基础上,制定切实可行的重整方案。

(一)债务人作为继续营业机构制备重整计划草案

债务人根据本法第 73 条的规定,在管理人的监督下作为重整期间的继续营业机构的,应担任重整计划草案的制备人。债务人比较熟悉自身业务、财产及经营状况,有较好的管理经验,但是缺点在于受其自身利益的驱使,容易发生为争取自身利益而损害债权人或其他利益关系人的道德风险。对此,除在制备过程中由管理人发挥一定的监督职能外,主要依靠债权人会议在审议和表决时把关。债务人在制备重整计划草案时,应当考虑草案为债权人会议接受的可能性,并考虑草案不能为多数债权人接受时的后果。

(二)管理人作为继续营业机构制备重整计划草案

管理人根据本法第 74 条的规定作为重整期间继续营业机构的,应担任重整计划草案的制备人。一般而言,管理人能够客观、中立地考虑重整方案中的利益平衡,能够在制备过程中与债权人、债务人、职工代表和其他利益关系人进行讨论,并听取出资人和专家的意见,形成比较能为各方当事人接受的计划方案。

三、人民法院在重整计划制备中的能动作用

尽管重整计划的制备不是人民法院的法定职能,人民法院在重整计划制备过程中的沟通协调作用是十分重要的。因此,《破审会议纪要》第 16 条就重整计划的制定及沟通协调作出规定:人民法院要加强与管理人或债务人的沟通,引导其分析债务人陷入困境的原因,有针对性地制订重整计划草案,促使企业重新获得盈利能力、提高重整成功率。人民法院要与政府建立沟通协调机制,帮助管理人或债务人解决重整计划草案制订中的困难和问题。

重整期间,重整计划制备与继续营业往往联系紧密。最高人民法院指导案例164号表明,在破产重整过程中,破产企业面临生产许可证等核心优质资产灭失、机器设备闲置贬损等风险,投资人亦希望通过试生产全面了解企业经营实力的,管理人可以向人民法院申请由投资人先行投入部分资金进行试生产。破产企业核心资产的存续直接影响破产重整目的实现,管理人的申请有利于恢复破产企业的持续经营能力,有利于保障各方当事人的利益,该试生产申请符合破产保护理念,人民法院经审查,可以准许。同时,投资人试生产在获得准许后,应接受人民法院、管理人及债权人的监督,以公平保护各方的合法权益。在本案中,投资人的“试生产”投资行为本质上属于重整期间管理人融资行为的范畴。不同于借贷方式的是,“试生产”意味着投资人需要取得债务人企业的一部分日常经营管理权。在这种情况下,存在对“试生产”过程进行必要监督以避免企业财产和价值不正当流失的要求,因而需要有司法权的介入。在164号指导案例中,法院以决定书形式采取的准许做法,具有实体法上的正当性和程序法上的妥当性。

第八十一条　【重整计划的内容】重整计划草案应当包括下列内容:

(一)债务人的经营方案;

(二)债权分类;

(三)债权调整方案;

(四)债权受偿方案;

(五)重整计划的执行期限;

(六)重整计划执行的监督期限;

(七)有利于债务人重整的其他方案。

【注释】

一、重整计划内容的法定与意定

重整计划涉及多方利益主体,由于其本身的重要性和调整内容的复杂性,本条对重整计划草案的基本内容作出强制性规定,以使重整计划草案能够涵盖、保护和平衡多方利益,统一协调债务人拯救的进程,并符合重整程序的公平和透明度的要求。

本条规定的 7 项内容为重整计划草案的必要内容。这些内容是重整过程中重要而不可缺少的事项,是实现困境企业拯救和公平清理债务所必不可少的条件。这些内容规定在重整计划中,经利害关系人主要是债权人表决通过和法院批准后生效。

对于法律并没有明确要求,而继续营业机构对涉及债务人重整的特有问题在草案中写明的内容,如果符合《民法典》第 143 条规定的民事法律行为有效要件,①均可视为重整计划草案的任意性内容,重整计划草案经通过和批准后对当事人具有约束力。

二、重整计划的法定内容

(一)债务人的经营方案

债务人的经营方案规定企业拯救的方式。重整以企业拯救为首要目标,适应市场环境和适合自身条件的经营战略和营销策略,是维持债务人营运价值和证明债务人拯救前景的重要条件,也是征得债权人和其他利益关系人认同和支持的基础。

重整计划可以在分析企业困境原因的基础上,根据企业的资产、人力、财务、营销、管理、技术和市场等方面的情况,选择各种有利于修复信用、改善财务流动性和资产负债率、提高生产能力、盈利能力和市场竞争力的方案。

债务人的经营方案主要为企业经营的内容,例如,部分营业或财产的对外转让、业务范围和生产经营计划的调整、企业组织架构的改组、营业事务的委托、管理层人事变更、企业合并或者分立、融资计划、裁减人员等。如果裁员,还必须制定为被裁减人员提供补偿安置和帮助再就业的措施。

(二)债权分类

重整计划草案的表决采用分组表决方式,对利害关系人主要是债权人的分组应

---

① 《民法典》第 143 条规定:"具备下列条件的民事法律行为有效: (一)行为人具有相应的民事行为能力;(二)意思表示真实;(三)不违反法律、行政法规的强制性规定,不违背公序良俗。"

以实体权利(主要是债权的分类)为依据。本条规定的分组原则是,每一组内所有成员的权益实质相同。根据破产法的公平清偿原则,重整计划中的债权受偿方案必须遵循同类债权同等对待的准则,因此,重整计划应当按照实质相似性标准对债权进行分组,以便对涉及该组的事项进行表决。

重整计划草案应包括分组表决的基础——债权分类的内容。债权分类应当以本法第 82 条的规定为依据。具体而言,包括以下 4 类:(1)担保债权;(2)职工债权;(3)税收债权;(4)普通债权。在普通债权中存在众多小额债权人的情况下,人民法院在必要时可以决定对普通债权组中的小额债权在重整计划中给予比其他普通债权更高的清偿待遇,并作为单独的债权组参加表决。原则上,不同类别的债权可以采用不同的清偿方案;同类债权必须适用相同的清偿方案(但普通债权中设小额债权组的除外)。

需要指出的是,本法重整制度的设计理念并非仅限于清算主义制度下基于顺位区分的公平分配理论,还有再建主义下基于利益与共的共创未来理论。就债权清偿而言,重整制度所追求的目标是在拯救企业基础上将债权人的清偿利益寄托于企业的未来价值,即以未来价值覆盖当下债务,以避免因即时清算导致的价值流失而使债权人蒙受更大损失。企业拯救还具有避免投资者权益丧失,以及维持就业、产业链、市场供给和社会稳定等社会效果。重整计划本质上是当事人在"利益与共"基础上通过协商、让步和利益平衡实现"共创未来"的过程。本法第 87 条采用的"清算检验标准"只是一条"公平底线",其意义在于,促使当事人明确各自利益边界从而理性参与企业拯救过程,以争取在资产价值最大化基础上的多方利益最大化。同理,本法第 113 条规定的清偿顺序,虽然是重整计划必须遵循的债权分类依据,但并非像破产分配那样实行绝对优先原则。也就是说,在后顺序债权的清偿方案无须以在先顺序债权获得全部清偿为条件。在实践中,为了有利企业拯救,重整计划可以给予在后顺序债权一定程度的优先待遇。例如,对一定限额的普通债权予以全额支付。同样地,在有利于企业拯救的情况下,出资人保有股权也不必以全体债权人获得充分清偿为前提。

按照共创未来理论,债权人的清偿利益不必依赖债务人资产的即时变现价值或当下账面价值,而是注重其未来价值。未来价值的分配形式,可以是现金,也可以是权益。其现金分配的来源,可以是未来的营业收入、资产变价收入或者投资、信托等资产计划的收益,也可以是重整过程中企业资产再资本化所获得的现金收入。资产再资本化的方式可以是现有股权转让,也可以是新资本注入。其权益分配的形式,可以是重整企业股权或者其持有的投资权益,也可以是以特定资产设定的租金收益权、信托收益权或其他收益权。

(三)债权调整方案

为实现企业拯救的目标,除经营方案的调整外,重整计划的一个重要内容就是债权清偿的调整。在债权清偿方案中,可以分别对各类债权采用以下调整方法:即时偿付;延期偿付;减免利息;减免本金清偿额;代物清偿(以动产、不动产、技术资产、权益类资产进行折价偿债);债权转换为股权("债转股");其他清偿安排(如支付分期、费用分担),以及多种清偿方式的组合(单一性组合或者选择性组合)。债权调整的目的是减轻企业的偿债负担,改善其财务状况和经营状况,以实现营业复苏。

(四)债权受偿方案

在规定债权调整方案的同时,重整计划还应当规定对调整后的债权清偿办法,包括偿付数额、偿付方式和偿付时间,以及债务履行担保、偿还条件等具体事项。代物清偿的,还应当规定用以偿债的非货币财产的名称、种类、数量、质量和价额(包括计价标准)。

(五)重整计划的执行期限

重整计划中必须包含执行期限,这是保证重整计划顺利执行的需要。重整计划应当根据实际情况确定最长的偿债期限。没有明确的执行期限,会造成重整进行的不确定性,不利于经济资源的快速合理流动;时间过长,不利于企业的持续发展,也有损于债权人的清偿利益。根据国外的经验,过长的清偿期是不适宜的。例如,法国在1985 年的重整立法中没有对重整计划的执行年限(延期偿债年限)作出规定,在实践中曾有高达 25 年的例子。专家认为,时间过长的清偿对债权人失去意义。因此,法国 1994 年第 475 号法律规定,重整计划执行年限不得超过 11 年。

(六)重整计划执行的监督期限

重整计划由债务人执行。根据本法第 90 条的规定,在重整计划规定的监督期内,由管理人监督重整计划的执行。这种监督的目的是遏制债务人的道德风险,保护债权人在重整计划中享有的清偿利益。其中,十分重要的一点,就是防止债务人的出资人在依照计划偿还债务之前直接或间接地向出资人支付投资回报。但是,监督是有成本的，而且管理人的监督也是可以用其他方式（如银行监督）替代的。此外，在企业拯救期间和企业转入正常经营以后，不同的债务人在计划执行能力和道德风险程度上各有不同。因此，法律并不禁止在重整计划的执行期限内规定一个相对较短的监督期限。但是，按照《九民会议纪要》第 113 条的规定，为了确保重整计划的执行和有效监督，重整计划的执行期间和监督期间原则上应当一致。

（七）有利于债务人重整的其他方案

这是一个兜底性条款，这类条款的范围以"有利于债务人重整"为标准，规定根据不同个案的具体情况来确定。例如，在引入战略投资者的情况下，重整计划中还可能包括该投资者收购债权及"债转股"、注入资产和取得相应股权等方案。

【示例】

FZ 集团是一家大型企业集团，旗下有400 多家公司，其中 6 家为上市公司，横跨多个产业领域，总资产高达3600 多亿元。由于内部人控制、关联交易泛滥、内外部公司人格混同等重大治理失衡，加上盲目投资，导致债务高企，以致因不能清偿到期债务被债权人申请司法重整。

重整期间，管理人提交了重整计划。其资产处置方案为，首先，将 FZ 集团和属下 4 家控股公司（所谓"1 +4"控股平台）纳入实质合并重整，其余 400 余家关联企业保持正常经营，以保护营运价值，为引入外部融资创造条件。其次，对集团资产进行分类，将产权清晰、价值确定、无法律风险的资产作为"保留资产"，设立为"新 FZ 集团"及下属业务平台公司，进而将其大部分股权出售给重整投资者以获得偿债资金，剩余的小部分股权则用于抵债。至于其他问题资产，特别是存在历史风险和回收困难的资产，则被设定为"待处置资产"，以信托方式委托给专业机构管理和处置，其所得收入用于补充费用支付和追加债务清偿。最后，在资源优化整合的基础上，重整计划为新 FZ 集团制订了未来业务升级、经营提效、资产增值的经营方案，由此提振重整投资人、接受以股抵债的债权人和企业员工的信心，并有利企业重整后的信用恢复。

FZ 集团重整计划中的债务清偿方案，首先，坚持以全部资产清偿债务的原则，剥夺原有股东的全部权益用于还债。其次，对有财产担保的债权在优先受偿范围内给予一次性现金全额清偿。再次，对普通债权人提供"现金 + 以股抵债""全现金""现金+留债"3种方案中的选择权。其中,用于抵债的股权价值以重整设立的新资产实体为支撑,且股权价格限制在专业机构根据企业重整后的盈利预测确定的合理估价范围内。最后,为选择以股抵债的债权人提供了兜底回购退出机制,即重整投资人承诺以约定股价承担股权回购义务,以冲减抵债股权的贬值风险。

该重整计划获得通过和批准,并得到了执行。

第八十二条　【重整计划表决分组】下列各类债权的债权人参加讨论重整计划草案的债权人会议,依照下列债权分类,分组对重整计划草案进行表决:

(一)对债务人的特定财产享有担保权的债权;

(二)债务人所欠职工的工资和医疗、伤残补助、抚恤费用,所欠的应当划入职工个人账户的基本养老保险、基本医疗保险费用,以及法律、行政法规规定应当支付给职工的补偿金;

(三)债务人所欠税款;

(四)普通债权。

人民法院在必要时可以决定在普通债权组中设小额债权组对重整计划草案进行表决。

【注释】

一、重整计划草案的表决实行分组表决制

重整计划草案包含债务人的经营方案、债权调整方案等内容,涉及债权人的利益变动,需要经过权益被调整的债权人表决通过方可成立,但是重整计划表决并非采用全体债权人集体表决制,而是采用分组表决制。

分组表决制,是指按照权利的实质相似性标准,将债权人和股东分为若干表决组,以组为单位分别进行重整计划草案的表决,以各组均表决通过为重整计划草案通过的表决制度。分组表决制根据破产法关于同一性质的债权人平等对待的原则,按照法律规定的债权类别,将债权人分为不同的组,重整计划草案对不同类别的债权分别制定清偿方案,在重整计划表决时以表决组为单位进行表决。此外,进行组别表决时，可以根据各组的具体情况，特别是该类债权在破产清算情况下的清偿预期，进行分别的协商谈判。在个别组未通过的情况下，根据本法第 87 条的规定，重整计划制备人可以同未通过重整计划草案的表决组单独协商，以及由该组举行再表决。

重整计划实行按债权分类进行分组表决的制度，是当代破产法的通行做法。"对债权实行分类的首要目的是达到给予债权人公平和公正待遇的要求，对类似情形的债权同等处理，确保重整计划对某个特定类别的所有债权人给予一系列同样的条件。这是确保按照破产法中确立的优先顺序处理优先权或优惠债权的一种方法。"①

二、组别划分

本条规定的债权分组属于强制性规定，制备重整计划草案时不得违反这一规定。如果分类不当，会造成同一类型的债权人受到不同对待，甚至会发生重整计划草案的制备人为便于表决通过而作出违反债权平等原则的分组安排。本条的组别划分，是以本法第 109 条和第 113 条的规定为依据的。这两条规定构成了债权人在破产清算情况下确定清偿预期的基本依据。根据这两条规定，参加重整计划的债权分为有担保债权、职工债权、税收债权和普通债权 4 类。在普通债权内，可以根据实际情况的需要，分出小额债权作为单独的表决组。以下对各类债权组加以分别说明。

（一）有担保债权

本法第 1 款第 1 项规定，有担保债权即"对债务人的特定财产享有担保权的债权"为一个独立表决组。这里的有担保债权，是指以债务人的财产为抵押物、质押物或者留置物作为担保的债权，不包括以第三人的财产为抵押担保或质押担保的债权。在破产清算程序中，有担保债权人因享有别除权而无须参加破产清算分配；在担保物变现价值充足的情况下，有担保的债权可以获得全额清偿。因此，有担保债权是各类债权中清偿预期值最高的一类。

有担保债权归为一类，并不意味着全体有担保债权共同分享全部担保物；各债权只能在自己的担保物范围内受偿。一般而言，有担保债权就各自的担保物优先受偿的权利在重整计划中所作出的让步是暂不实现担保物权，即担保物不予处分，债权人在担保物价值的范围内（可适当扣除变现费用和税金），接受以货币或其他财产（如

---

① 联合国国际贸易法委员会：《破产立法指南》（中文版），2006 年纽约，第 194 页。

有价证券)的全部或部分延期清偿。在延期清偿的情况下,对于延期清偿的部分,原则上应当计算利息(但债权人同意减免利息的除外),并提供相应的担保。

本组债权人在重整计划中的清偿待遇,原则上不得低于本法第 87 条第 2 款第 1 项规定的条件,即有担保债权就担保物将获得全额清偿,其因延期清偿所受的损失将得到公平补偿,并且其担保权未受到实质性损害。但是,债权人自愿接受较低条件的,不在此限。

(二)职工债权

本条第 1 款第 2 项规定,职工债权为一个独立表决组。职工债权是职工对企业享有的基于职工身份和劳动关系而享有的债权。根据本法第 48 条的规定,职工债权包括债务人所欠职工的工资和医疗、伤残补助、抚恤费用,所欠的应当划入职工个人账户的基本养老保险、基本医疗保险费用,以及法律、行政法规规定应当支付给职工的补偿金(有关细节参见本书第四十八条注释)。

根据本法第 87 条第 2 款第 2 项的规定,职工债权在重整计划中一般应当全额清偿,但在大多数职工同意的情况下,可以延期、分期清偿,也可以适当减免或者“债转股”。

(三)税收债权

本条第 1 款第 3 项规定的“税收债权”,是指因债务人欠缴税款而由国家税收机关主张的给付请求权。根据本法第 113 条的规定,税收债权的清偿顺位优于普通债权,在破产法上的法律地位具有特殊性,应当作为独立的债权分类。

根据本法第 87 条第 2 款第 2 项的规定,税收债权在重整计划中一般应当全额清偿,但在税收机关同意的情况下,也可以适当减免。在实践中,企业欠税的原因是多种多样的。许多企业在经营良好时,曾经以多种形式为国家财政、地方建设和社会公益事业作出贡献。当它们陷入困境而力求复兴时,政府也应该以种种形式给予扶助。应该认识到,企业拯救带来的就业维持和税源保持,也是有利于政府的财政利益的。因此,政府可以在法律允许的范围内,对重整企业的欠税予以减免。

(四)普通债权

本条第 1 款第 4 项规定的“普通债权”,是指不具有优先受偿地位的无担保债权。在没有劣后债权分类的立法中,普通债权位于债权清偿的末位,其受偿率较低。由于其在破产程序中的清偿地位有别于其他种类的债权,故应单独分组。

根据本法第 87 条第 2 款第 2 项的规定，普通债权在重整计划中所获得的清偿比例，一般不得低于其在重整计划草案被提请批准时依照破产清算程序所能获得的清偿比例。

（五）小额债权

本条第 2 款规定，人民法院在必要时可以决定在普通债权组中设小额债权组。小额债权，是指债权人对债务人享有的小额无担保债权。

设立小额债权组是基于重整实务中提高重整计划表决效率的需要。小额债权人虽然债权额较小，但往往人数众多，其表决权的行使会加大表决程序的成本，拖延表决时间。由于小额债权总额一般较小，即使全额或者高比例清偿，也不会给债务人财产造成过多负担。相对为小额债权支付的高于一般普通债权的较高清偿来说，提高重整计划表决效率所带来的时间和成本节约，特别是使重整计划早日付诸实施所带来的效益，更值得重视。因此，人民法院可以根据案件的实际情况，设立小额债权组进行表决。

小额债权组并非必须设立，但一旦成立，就应当成为与以上 4 个表决组相并列的一个独立表决单位。其表决结果应单独计算，不与普通债权组混同。

在实践中，重整计划对普通债权组采用限额以下一律全额偿付的方案的（例如，规定每位普通债权人不论申报债权额多少，均在 10 万元限额内获得一次性偿付），如果能满足大多数小额债权从而使该组表决通过，可以不设小额债权组。

三、债权人无须参加表决的情形

根据《破产法解释（三）》第 11 条第 2 款的规定，对重整计划草案进行分组表决时，权益因重整计划草案受到调整或者影响的债权人，有权参加表决；权益未受到调整或者影响的债权人，参照本法第 83 条的规定，不参加重整计划草案的表决。

第八十三条　【重整计划中的社会保险费用】重整计划不得规定减免债务人欠缴的本法第八十二条第一款第二项规定以外的社会保险费用；该项费用的债权人不参加重整计划草案的表决。

【注释】

一、社会保险费用在重整计划中的特殊地位

本法第 82 条第 1 款第 2 项规定的应当划入职工个人账户的基本养老保险、基本医疗保险费用,属于职工债权。① 债务人所欠这部分费用,在重整计划中可以适当减免。而除此之外的债务人欠缴的社会保险费用,根据本条规定,重整计划不得规定减免。

根据本法第 113 条第 1 款第 2 项的规定,此种社会保险费用在破产清算中的清偿顺位与税收债权相同。但不同的是,在重整计划中,税收债权可以减免,而本条规定的社会保险费用则不得减免。正因如此,税收债权需要作为一个债权组参加重整计划的表决,而本条规定的社会保险费用则无须参加重整计划的表决。

二、本条规定的社会保险费用的债权人

我国建立基本养老保险、基本医疗保险、工伤保险、失业保险、生育保险等社会保险制度,保障公民在年老、疾病、工伤、失业、生育等情况下依法从国家和社会获得物质帮助的权利。我国《社会保险法》规定,我国境内的用人单位和个人有依法缴纳社会保险费的义务。其中,用人单位应当按照国家规定缴纳基本养老保险费、基本医疗保险费、工伤保险费、失业保险费和生育保险费。用人单位的社会保险费缴纳对象是社会保险基金。社会保险基金是国家、用人单位和个人共同筹集的以社会保障为目的的专项公益性国库资金,由国务院和地方社会保险行政部门分级管理,社会保险经办机构提供社会保险服务。但是,就社会保险费缴付义务的履行而言,代表社会保险基金行使权利的是社会保险费征收机构。我国《社会保险法》第 63 条第 1 款规定:"用人单位未按时足额缴纳社会保险费的,由社会保险费征收机构责令其限期缴纳或者补足。"根据 2018 年 7 月中共中央办公厅、国务院办公厅印发的《国税地税征管体制改革方案》,从 2019 年 1 月 1 日起,各种社会保险费交由税务部门统一征收。因此,在破产程序中,目前代表社会保险基金行使权利的是税务部门。

根据本条规定,应当向社会保险基金缴纳的社会保险费用不得在重整计划中减免。因此,对于社会保险费用的缴付方案,无须进行表决。但是,税务部门有权对重整计划草案记载的社会保险费数额进行确认,并对缴付计划的合理性发表意见。

---

① 2006 年后,企业缴纳的基本养老保险费不再划入职工个人账户。

三、本条规定的参照适用

关于重整计划中债权清偿方案的通过,本条规定所包含的权利"无减免则无须表决"的处理方法,是对权利"非同意,无让步"(权利让步必须经权利人同意)规则的引申。在符合同类权益同等对待原则的前提下,重整计划规定不予减免的请求权不参加表决,可以简化表决程序,提高工作效率。《破产法解释(三)》第 11 条第 2 款规定:"根据企业破产法第八十二条规定,对重整计划草案进行分组表决时……权益未受到调整或者影响的债权人或者股东,参照企业破产法第八十三条的规定,不参加重整计划草案的表决。"

第八十四条 【重整计划的表决程序】人民法院应当自收到重整计划草案之日起三十日内召开债权人会议,对重整计划草案进行表决。

出席会议的同一表决组的债权人过半数同意重整计划草案,并且其所代表的债权额占该组债权总额的三分之二以上的,即为该组通过重整计划草案。

债务人或者管理人应当向债权人会议就重整计划草案作出说明,并回答询问。

【注释】

一、债权人会议的召集

根据本条第 1 款的规定,表决重整计划草案的债权人会议由人民法院负责召集。人民法院应当自收到管理人或者自行管理的债务人提交的重整计划草案之日起 30 日内,召开债权人会议,进行重整计划草案的审议表决。

二、重整计划的表决规则

根据本法第 82 条的规定,重整计划的通过实行分组表决制,即以债权分类为基础进行组别划分,以各表决组为单位进行表决,形成通过与否的决议。根据本条第 2 款的规定,表决组内采用人数和债权额的双重多数决,即出席会议的同一表决组的债权人过半数同意重整计划草案,并且其所代表的债权额占该组债权总额的 2/3 以上的,方为通过。

首先,人数标准为“出席会议”的有表决权的债权人过半数。其中,出席会议的债权人的人数为计算基数,至于出席人数是否达到债权申报人数的多数,在所不论。所以,已经申报债权但未出席本次债权人会议的债权人,不计入债权人总数。这里的“过半数”不包括半数,故同意人数达到但未超过出席会议总数一半的,不符合通过所需的人数标准。

其次,债权额标准为“过半数同意”的债权人所代表的债权额占该组债权总额的2/3以上。这里的债权额计算基数不是出席会议的债权人持有的债权总额,而是经过确认的申报债权额。这里的“三分之二以上”包括本数,即达到2/3即为符合债权额标准。

关于债权人会议表决规则的基本原理,参见本书第六十四条注释。

三、草案制备人的说明和解答义务

本条第3款规定,债务人或者管理人作为制备人,有义务向债权人会议就重整计划草案作出说明,并回答会议出席者的询问。

要求重整计划草案在提出时附带提供相关信息,是国际上通行的做法。在对计划进行表决时,“债权人和可能需对计划进行表决的其他相关利益方(例如,股东),需要能够使自己确信计划所建议的内容是可行的,而不是根据错误的假设制定的,并且计划的执行不会使债务人承受的债务负担过重。为便于进行这种评价,必须向债权人和其他相关利益方提供信息,对计划所提建议以及这些建议对债务人、债权人和其他受影响当事方的影响作出解释。为此,在向债权人和其他当事方提出计划时,可附上一份披露说明,充分披露有助于所有当事方正确评价计划的资料。说明可由合格专业人员编写,该专业人员应可对计划所建议的措施或对提出计划的当事方所建议的措施进行可信和不带偏见的评价,附上或不附上专业咨询意见。如果破产管理人未参与提出计划或编写说明,则似应要求其对这两份文书发表意见。如果债权人和其他相关利益方不同意该专业人员的评价,或不相信所披露的信息具有说服力,可以通过允许修正所提出的计划而在批准计划过程中考虑他们的想法,或在确认计划过程中(如果确认计划是破产法所要求的)加以考虑”。[①] 这些经验值得借鉴。

---

① 联合国国际贸易法委员会:《破产立法指南》(中文版),2006年纽约,第193页。

第八十五条　【出资人列席及其表决权】债务人的出资人代表可以列席讨论重整计划草案的债权人会议。

重整计划草案涉及出资人权益调整事项的，应当设出资人组，对该事项进行表决。

【注释】

一、债务人的出资人在重整程序中为利害关系人

出资人是重整程序中的利害关系人，这是重整制度与清算程序的区别之一。一方面，重整以债务人拯救为首要目标，困境企业的再建可以保全并可能增进出资人的投资权益。基于这种利益关联性，出资人也可能成为企业拯救的积极参与者。他们可能对重整计划提出建设性意见，并可能为企业提供贷款、追加投资或者向第三方投资者让渡股权，对企业复苏提供支持。另一方面，当重整计划草案中涉及出资人权利的调整时，出资人即成为重整计划的直接利害关系人。按照私权自治和公平原则，应当承认他们对计划草案中涉及其权益调整的事项享有表决权。在国际上，"有些破产法规定由股东批准重整计划，至少是在债务人的公司形式、资本结构或成员组成将受计划影响的情况下。如果股东根据该计划得到分配，预计他们也将参加表决。如果由债务人的管理部门提出计划，计划的条款可能已经得到股东的批准（但视有关债务人的结构而定，债务人的公司组建文书可能要求这样做）。如果计划直接影响到股东，例如通过转让现有股份或发行新股来实施债转股，则通常是这种情况"。①

二、出资人代表的列席权

无论重整计划草案是否有直接涉及出资人的权益调整方案，根据本条第 1 款的规定，出资人代表（而非所有的出资人）有权列席讨论重整计划草案的债权人会议。列席会议的出资人代表享有知情权和建议权。他们可以就重整计划草案的内容提出询问，也可以对重整计划草案中的企业复兴方案及其他方案发表意见、提出建议。

三、出资人的表决权

根据本条第 2 款的规定，重整计划草案涉及出资人权益调整事项的，应当设立出资人表决组，由出资人对该事项进行表决。应当注意的是，出资人的表决权并非及于

① 联合国国际贸易法委员会：《破产立法指南》（中文版），2006 年纽约，第 198 页。

整个重整计划草案,而是仅限于"涉及出资人权益调整的事项"。这是出资人表决组不同于债权人表决权的特点。

根据重整计划的组别表决制度和本条关于设立"出资人组"的规定,出资人组的表决标准不适用公司法上的股东大会表决标准,而是采用本法规定的"人数"和"出资额"双重多数标准,即出席表决会议的出资人过半数同意重整计划草案,并且其所代表的出资额占企业出资总额的2/3以上的,为出资人组通过重整计划草案。

四、出资人无须参加表决的情形

根据《破产法解释(三)》第11条第2款的规定,对重整计划草案进行分组表决时,权益因重整计划草案受到调整或者影响的股东,有权参加表决;权益未受到调整或者影响的股东,参照本法第83条的规定,不参加重整计划草案的表决。

第八十六条　【重整计划的通过和批准】各表决组均通过重整计划草案时,重整计划即为通过。

自重整计划通过之日起十日内,债务人或者管理人应当向人民法院提出批准重整计划的申请。人民法院经审查认为符合本法规定的,应当自收到申请之日起三十日内裁定批准,终止重整程序,并予以公告。

【注释】

一、重整计划通过和批准的制度框架

重整计划经表决通过的,如果没有程序违法、内容违法和欺诈的情形,法院一般应予批准。《世行破产原则》主张,重整计划在需要法院批准时,法院通常应尊重债权人基于多数投票的决定。①

本法关于重整计划草案通过和批准的规定,包括以下3种情形:

(1)本条规定的情形,即重整计划草案获得所有表决组的通过而成立,而后获得人民法院的裁定批准。

(2)本法第87条第1款规定的情形,即重整计划草案未能获得所有表决组的通

---

① 世界银行集团:《有效破产与债权人/债务人制度的原则》(*Principles for Effective Insolvency and Creditor/Debtor Regimes*)(英文版)C14.3,2016年华盛顿,第26页。

过,计划制备人与未通过的表决组协商后再次表决,如果获得通过,则依照本条规定由人民法院裁定批准。

(3)本法第87条第2款和第3款规定的情形,即重整计划草案未能获得所有表决组的通过,计划制备人与未通过的表决组协商后再次表决,仍未获得通过,经债务人或管理人申请,人民法院认为符合规定条件的,予以裁定批准。

前两种情形属于债权人会议通过后的认可批准;后一种情形属于债权人会议不通过时的强制批准。

二、重整计划的通过

本法第84条规定的是单个表决权组表决通过重整计划草案的双重标准,而本条则规定重整计划获得通过的整体表决标准——各表决权组均通过,即以每一个表决组对重整计划草案的表决结果均符合本法第84条第2款规定的分组表决通过所需的人数标准和债权额标准(以及在适用本法第85条的情况下的人数标准和出资额标准)。

三、重整计划通过后的审查批准

负责制备重整计划草案的债务人或者管理人自重整计划草案通过之日起10日内向人民法院提出批准申请。人民法院收到申请后,经审查认为符合本法规定的,应在30日内作出批准裁定,终止重整程序并予以公告。

法院裁定在裁定批准对已表决通过的重整协议草案前,必须经过一个审查程序。审查的内容是重整计划是否符合本法规定。具体而言,主要包括以下几个方面:

(1)根据本法第81条的规定,审查重整计划的内容是否完备;

(2)根据本法第82条的规定,并参照第87条第2款的规定,审查重整计划的债权分类和各类债权的清偿方案是否合法、公平;

(3)根据本法第84条第3款的规定,审查计划草案制备人对债权人会议作出的说明是否真实、充分;

(4)根据本法第85条的规定,审查重整计划草案涉及出资人权益调整的事项是否经出资人表决通过;

(5)根据本法第七章第一节的相关规定,审查债权人会议召开的程序有无瑕疵;

(6)根据本法第84条第2款以及第85条的规定,审查各表决组通过时的支持票数是否达到了法定标准;

(7)审查提交批准的重整计划文本,与提请债权人会议审议表决的文本相比较,有无实质性变更。

在实践中,人民法院审查重整计划不仅要全面细致,而且要抓住重点,着眼未来。最高人民法院《破审会议纪要》第17条指出:"重整不限于债务减免和财务调整,重整的重点是维持企业的营运价值。人民法院在审查重整计划时,除合法性审查外,还应审查其中的经营方案是否具有可行性。重整计划中关于企业重新获得盈利能力的经营方案具有可行性、表决程序合法、内容不损害各表决组中反对者的清偿利益的,人民法院应当自收到申请之日起三十日内裁定批准重整计划。"

对于已获通过的重整计划草案,个别债权人有异议的,可以依照本法第64条第2款的规定,请求人民法院予以撤销。对于个别债权人的异议,人民法院应当依据本法的相关规定进行审理。一般而言,除非异议人能够证明重整计划存在以上所述瑕疵,或者有其他违反法律、行政法规的强制性规定的情形,其异议主张(特别是其清偿利益因债权调整而受损失的主张)不应得到支持。

四、人民法院裁定批准重整计划的法律效果

人民法院批准重整计划后,发生如下的法律效果。

1. 重整计划生效。根据本法第92条的规定,生效的重整计划对债务人和全体债权人均有约束力。

2. 重整程序终止。此时,本章第一节规定的重整期间的各种营业保护措施不再适用,债务人转入本章第三节规定的重整计划执行阶段。

3. 破产程序对债权行使的冻结效力仍然有效。重整计划的执行仍然属于集体清偿程序。在重整计划执行期间,破产程序尚未终结,本法第二章第二节规定的对债权人个别行使权利的限制措施仍然有效。因此,在重整计划执行期间,债务人不得在重整计划以外对个别债权人清偿债务,债权人也不得为个别清偿对债务人采取任何追债行动,包括个别追债、诉讼保全和民事执行。但是,在重整计划范围内的追索行动不在此限。

4. 计息债权自重整计划生效时起恢复计算利息。本法第46条第2款关于附利息的债权自破产申请受理时起停止计息的规定,是对生息债权的孳息权的临时性约束,其目的是保持破产分配前各债权数额的确定性和待遇的平等性。重整计划具有相当于破产分配方案的效用。重整计划执行期间,债务人的营业进入正常状态,也应当按照市场规则，为使用他人资金承担财务成本。因此，按照重整计划延期偿还的债权，自计划执行开始时起，可以计算利息。其中，附利息的债权按约定利率计息，其他债权按法定利率计息。当然，重整计划可以根据计划执行期间债务人的偿付能力，作出减息或免息的安排。

第八十七条 【再表决和强制批准】部分表决组未通过重整计划草案的，债务人或者管理人可以同未通过重整计划草案的表决组协商。该表决组可以在协商后再表决一次。双方协商的结果不得损害其他表决组的利益。

未通过重整计划草案的表决组拒绝再次表决或者再次表决仍未通过重整计划草案，但重整计划草案符合下列条件的，债务人或者管理人可以申请人民法院批准重整计划草案：

（一）按照重整计划草案，本法第八十二条第一款第一项所列债权就该特定财产将获得全额清偿，其因延期清偿所受的损失将得到公平补偿，并且其担保权未受到实质性损害，或者该表决组已经通过重整计划草案；

（二）按照重整计划草案，本法第八十二条第一款第二项、第三项所列债权将获得全额清偿，或者相应表决组已经通过重整计划草案；

（三）按照重整计划草案，普通债权所获得的清偿比例，不低于其在重整计划草案被提请批准时依照破产清算程序所能获得的清偿比例，或者该表决组已经通过重整计划草案；

（四）重整计划草案对出资人权益的调整公平、公正，或者出资人组已经通过重整计划草案；

（五）重整计划草案公平对待同一表决组的成员，并且所规定的债权清偿顺序不违反本法第一百一十三条的规定；

（六）债务人的经营方案具有可行性。

人民法院经审查认为重整计划草案符合前款规定的，应当自收到申请之日起三十日内裁定批准，终止重整程序，并予以公告。

【注释】

一、重整计划草案的再表决程序

(一)启动再表决程序的选择权

本条第1款规定,在部分表决组未通过重整计划草案的情况下,重整计划制备人可以同未通过重整计划草案的表决组协商后启动再次表决。这是一项任意性规定。这意味着,计划制定人在启动再表决程序前,应当对重整计划获得通过的难度和主要争议点有比较清楚的认识,并对在维持重整计划总体公平的前提下通过清偿条件的适当调整而使重整计划草案在再次表决中获得通过的可能性有所估量。当然,这些判断也可以在启动再表决之前的协商过程中作出。

(二)协商

在协商过程中,重整计划制备人可以在听取债权人意见后提出相应的修改意见,这种修改通常伴随对该组债权人在清偿待遇方面的某种形式的优待,例如,提高债权的清偿率、缩短偿还期限等。但是,此种协商不得损害其他表决组的利益。所谓损害其他表决组的利益,通常是指改变既定的清偿顺序,或者降低其他债权组的清偿待遇,或者由于向本债权组提供特别的清偿优待而使债务人财产对其他债权组的清偿能力受到实质性影响,或者在"债转股"等交易中造成实质性的不平等。

当然,草案制备人也可以在协商过程中,通过解释和沟通说服债权人接受原有方案,从而在不修改重整计划草案的情况下进行再次表决。

(三)再次表决

未表决通过的表决组再次表决,按照本法第84条第2款规定的标准通过重整计划草案的,债务人或者管理人应当根据本法第86条的规定,向人民法院提出批准重整计划的申请。反之,如果该表决组经再次表决仍未通过重整计划草案,则债务人或者管理人不得又一次启动再表决程序。此时,债务人或者管理人可以依照本条第2款的规定,申请人民法院强制批准重整计划草案。如果债务人或者管理人不行使这项申请权,则应当将重整计划草案未获通过的事实报告人民法院。此时,人民法院应当依据本法第88条的规定,裁定终止重整程序,并宣告债务人破产。

【示例】

1. 在A公司的重整计划草案中,包含有担保债权人和普通债权人各50%的债权按中介机构评估的债权清算价值置换公司股权的“债转股”方案。根据评估报告,在A公司破产清算的情况下,有财产担保的债权的清偿率为100%,而普通债权的清偿率仅20%。按此折算,有担保债权的置换比价为每10元债权换1股,普通债权的置换比价为每50元债权换1股。普通债权组表决未通过。管理人与普通债权人组协商时,后者要求按每20元债权换1股的比价进行“债转股”。这一要求有违公平原则,管理人不得同意。

二、强制批准制度

本条第2款规定了在表决组并未全部表决通过重整计划草案时,人民法院可以经债务人或者管理人的申请,在重整计划草案符合法定条件的情况下,批准重整计划草案而使重整计划生效的强制批准(亦称“强行批准”)制度。

人民法院强制批准的具体界定条件主要采用清算检验标准。所谓清算检验标准,是指债权人依照重整计划可获得的清偿,以不低于他们在债务人破产清算的情况下所能得到的清偿分配额为已足。如果债权人经重整计划调整权益后可获得的清偿低于清偿分配额,则除非他们自愿同意,人民法院不强迫他们接受这种低于破产清算的清偿结果。而如果债权人经重整计划调整权益后可以获得的清偿等于或高于预期的清偿分配,则应积极谋求债务人的拯救,以获得债权人利益不减损情况下债务人和其他利害关系人的利益获得更好保护的“次优”结果。此时,人民法院强制批准重整计划草案具有正当性。

本条第2款规定了人民法院强制批准重整计划草案的6项条件,其中,前4项是不同的表决组的债权在法院强制批准重整计划草案时应当享有的基本待遇条件。第5项是对重整计划的公平性要求,第6项是对重整计划的可行性要求。以下分述之。

(一)有担保债权组

在有担保债权组不通过重整计划草案时,如果重整计划草案对有担保债权组的权利调整符合下列条件,则法院可以在符合下列条件的情况下强制批准该计划草案:(1)各债权人可以按其担保物可实现价值确定的有担保债权将获得全部清偿;(2)因重整计划执行而受到的延期清偿损失可以得到公平补偿;(3)其担保权并未受到实质性损害。

在实践中,有担保债权人在担保物足以清偿其债权的情况下,往往更倾向通过在破产清算程序中行使别除权立即收回现金。因此,尽管重整计划依照上述条件保护了他们的权益,但及时收回现金带来的货币时间价值仍具有强大的诱惑力。因此,在诸种债权人中,有担保的债权人组往往更有可能拒绝重整计划。如果债务人确有重整复兴的机会,有担保债权人的这种自利行为可能与普通债权人的利益、职工利益和其他社会利益存在一定的冲突。此时,人民法院应当站在社会利益和多数人利益优先的立场,采取强制批准的行动。

(二)职工债权、税收债权

在职工债权组或税收债权组不通过重整计划草案时,如果根据重整计划草案,职工债权、税收债权可以获得全额清偿,则人民法院可以强制批准该重整计划草案的条件。

所谓"全额清偿",就税收债权而言,应为货币清偿;就职工债权而言,可以是现金以外的其他形式的清偿,如以股份、实物(如住房产权)等非货币形态的替代清偿。至于货币清偿,可以采取延期清偿或者分期清偿的方式。一般而言,对于直接关系职工生活的清偿,在时间上应优先安排。

(三)普通债权

重整计划草案对于普通债权提供的清偿比例,如果不低于其在重整计划草案被提请批准时依照破产清算程序所能获得的清偿比例,则符合"清算标准",即债权人按照重整计划将会获得的清偿不低于而且通常高于他们在清算情况下所能得到的清偿。当普通债权组不通过重整计划草案时,如果能确认重整计划草案规定的普通债权清偿比例不低于用以比对的清算清偿比例,法院可以强制批准草案。

应当注意的是,这种不低于清算清偿比例的清算检验判断,需要进行专业的清算分析。重整计划的制备人应当向普通债权人提供清算分析的相关数据。如果出现对清算清偿比例的低估,影响对持反对意见的普通债权人的利益保护评价,应当允许普通债权人对清算分析提出异议。

(四)出资人

在出资人组不通过重整计划草案时,如果能够证明重整计划草案对于出资人的权益调整是公平、公正的,人民法院可以强制批准草案。

对于公平、公正的判断,由法院根据案件的具体情况裁量确定。

（五）公平性和合法性

重整计划草案公平对待同一表决组的成员，并且所规定的债权清偿顺序不违反本法第 113 条的规定，这是在上述条件基础上对重整计划的一般要求。

破产法以平等和公平为基本原则。首先，对具有同一性质并处于同一表决组的债权人，重整计划草案应当公平对待。其次，重整计划草案对于不同表决组的债权的清偿顺序，不得违反本法第 113 条的规定，即符合以下清偿顺位：（1）破产人所欠职工的工资和医疗、伤残补助、抚恤费用，所欠的应当划入职工个人账户的基本养老保险、基本医疗保险费用，以及法律、行政法规规定应当支付给职工的补偿金；（2）破产人欠缴的除前项规定外的社会保险费用和破产人所欠税款；（3）普通破产债权。

（六）可行性

在满足上述标准后，债务人经营方案的可行性就是对重整计划进行评价的最后一个要素。因为，无论以上的清偿方案如何有利于债权人，也无论其如何公平合法，如果没有以企业营业振兴为条件，这些清偿方案都不过是无源之水、无本之木。

在实践中，对于债务人经营方案的可行性判断，实际上不是法律判断而是商业判断。这通常不属于法律职业者的专业范围。因此，对于重整计划中的债务人经营方案的判断，更多地要借助于专家和经营者的意见，而且这种可行性评价通常带有一定或然性的预测，不可能要求绝对准确。在实践中，对于重整计划中经营方案是否具有可行性的认定，以综合判断的结果为肯定性评价即可，不必苛求。必要时，人民法院可以征求专家意见或者举行听证。

【示例】

2. 在 A 公司的重整计划草案中，对有担保债权人组的清偿方案中规定，债权人甲、乙、丙的债权情况分别为：甲申报债权额 300 万元，其抵押物价值 400 万元；乙申报债权 550 万元，其抵押物价值 400 万元，其有担保债权为 400 万元，其余 150 万元列为普通债权；丙申报债权 280 万元，其质押财产价值 200 万元，其有担保债权为 200 万元，其余 80 万元列为普通债权。经评估，A 企业的股份现值为每股 10 元。现各债权人以其 50% 债权，按每 10 元债权置换 1 股的比价进行“债转股”；其余 50% 的债权，自重整计划开始执行的第 2 个年度起，每年偿还本金 20%，并按银行贷款利率支付此前未还本金的利息，5 年还清。结果是，甲获得股份 120 万股，应偿还本金 150 万元及利息;乙获得股份20万股,应偿还本金200万元及利息;丙获得股份10万股,应偿还本金100万元及利息。在现金偿付完成以前,甲、乙、丙在原有担保物上享有的担保权仍然有效。此方案符合本法第87条第2款第1项规定的条件。

3. A公司的重整计划草案中,对有担保债权人提供的清偿条件为:自重整计划开始执行时起,各担保债权分6年偿还,其中,第1年偿还积欠的利息,第2年至第6年每年偿还本金20%,并按银行贷款利率支付当期利息;在此期间原担保权继续有效。此方案未获该表决组通过。管理人与之协商时,该组成员要求将还款期缩短为3年。但是,根据对A公司营业和财务情况的评估,若满足这一要求,公司必须变卖一部分营业资产,但由此导致的结果将是公司营业萎缩、大幅裁员和其他债权人无法按照重整计划获得清偿,并最终难免破产清算。管理人要求该表决组在不改变原方案的情况下再次表决,被该组多数成员拒绝。管理人向人民法院提出批准重整计划的申请。鉴于重整计划符合本法第87条第2款规定的各项条件,人民法院予以批准。

4. A公司的重整计划草案中,对普通债权人提供的清偿条件为,各债权按20%计算清偿额,分3年支付。根据专业机构测算,在A公司破产清算的情况下,普通债权的清偿率为14%。此清偿方案符合本条第2款第3项规定的条件,人民法院予以批准。

三、适用强制批准的司法政策

2009年6月12日最高人民法院《关于正确审理企业破产案件为维护市场经济秩序提供司法保障若干问题的意见》第7条中提出了审慎适用强制批准裁量权的要求,规定:“人民法院适用强制批准裁量权挽救危困企业时,要保证反对重整计划草案的债权人或者出资人在重整中至少可以获得在破产清算中本可获得的清偿。对于重整计划草案被提请批准时依照破产清算程序所能获得的清偿比例的确定,应充分考虑其计算方法是否科学、客观、准确,是否充分保护了利害关系人的应有利益。人民法院要严格审查重整计划草案,综合考虑社会公共利益,积极审慎适用裁量权。对不符合强制批准条件的,不能借挽救企业之名违法审批。上级人民法院要肩负起监督职责,对利害关系人就重整程序中反映的问题要进行认真审查,问题属实的,要及时予以纠正。”2018年《破审会议纪要》第18条进一步规定:“人民法院应当审慎适用企业破产法第八十七条第二款,不得滥用强制批准权。确需强制批准重整计划草案的,重整计划草案除应当符合企业破产法第八十七条第二款规定外,如债权人分多组的,还应当至少有一组已经通过重整计划草案,且各表决组中反对者能够获得的清偿利益不低于依照破产清算程序所能获得的利益。"

第八十八条 【重整计划未获批准的效果】重整计划草案未获得通过且未依照本法第八十七条的规定获得批准,或者已通过的重整计划未获得批准的,人民法院应当裁定终止重整程序,并宣告债务人破产。

【注释】

一、重整计划未获批准的具体情形

根据本法第90条和第91条的规定,只有经过人民法院批准的重整计划,才具有执行力和约束力。而根据本法第86条和第87条的规定,人民法院批准重整计划,有两种情形:一是经表决通过后的批准;二是未获表决通过的情况下的强制批准。

反之,根据本条,重整计划草案未获批准也有两种情形:(1)重整计划草案已通过但未获法院批准;(2)重整计划草案未通过也未被法院强制批准。而后一种情形又分为两种情况:一是重整计划草案未获通过,债务人或者管理人未申请人民法院强制批准;二是重整计划草案未获通过,债务人或者管理提出强制批准的申请,人民法院未予批准。

二、重整计划未获批准的法律效果

重整计划草案未获批准的,重整程序即告结束。此时,人民法院应当裁定终止重整程序,并宣告债务人破产,由此转入破产清算程序。

三、重整计划通过后的欺诈异议处理

对于重整计划因欺诈而获通过的情形,《世行破产原则》的主张是:"重整计划以欺诈方式获得通过的,应当重新制定或者直接撤销。该计划一旦通过和批准,应迅速裁定终止程序,使企业能够在正常的条件和治理下开展营业。"①在我国,重整计划因债务人(包括自行管理的债务人)的欺诈而通过的,人民法院在裁定批准前,经管理

① 世界银行集团:《有效破产与债权人/债务人制度的原则》(*Principles for Effective Insolvency and Creditor/Debtor Regimes*)(英文版)C14.6,2016年华盛顿,第26页。

人或利害关系人请求,可以依据本条规定决定不予批准,但这样处理的结果是重整失败和债务人破产清算。如果债务人有拯救价值和可能,综合权衡多方利益,人民法院也可以依据本法第 64 条第 2 款的规定,撤销债权人会议决议,由管理人对重整计划进行修改后重新提交表决。

如果在欺诈异议提出时法院已经作出批准重整计划的裁定,则只能在维持重整计划整体效力的前提下,针对具体情况进行补救。例如,追回财产进行补充分配,责令债务人返还不当得利和赔偿损失。如果欺诈行为导致重整计划不能执行,则可依据本法第 93 条的规定,终止重整计划执行并宣告债务人破产。

【示例】

1. A 公司以自行管理方式进入重整程序,其提交的重整计划中隐瞒了该公司在若干对外合作项目中持有的投资权益。重整计划获表决通过后,人民法院接到债权人的撤销申请,经指示管理人核实后,裁定撤销债权人会议决议。随后,管理人将收回的投资权益变价后纳入偿债计划。新的重整计划草案再次付诸表决,获得通过后,法院裁定批准。

2. A 公司与重整投资人 B 公司串通,通过虚假陈述夸大公司资产价值和营利能力,大幅提高用于清偿债务的股权价值。重整计划执行期间,公司不能达到预期经营业绩,公司股价远远低于重整计划设定的偿债价值。经债权人请求,人民法院裁定终止重整计划执行,并宣告债务人破产。A 公司进入破产清算程序后,管理人提起诉讼,请求 A 公司相关人员和 B 公司承担赔偿责任。

第三节 重整计划的执行

第八十九条 【重整计划执行人】重整计划由债务人负责执行。

人民法院裁定批准重整计划后,已接管财产和营业事务的管理人应当向债务人移交财产和营业事务。

【注释】

一、重整计划的执行体制

关于重整计划的执行,国际上有各种不同的体制。“许多计划都可以在法院或破产管理人无须进一步干预的情况下由债务人执行。如果由债务人主持的重整,以及如果法律规定一旦计划生效程序即应结束,情况尤其如此。有些法律则并未规定程序在该时刻即应结束,而是规定在计划已充分执行时结束,在这种情况下,有时需由 1 名独立人士对执行工作进行监督或控制。一些破产法规定,计划获得批准和确认后,法院在计划的执行工作结束之前有不断监督债务人的职责。在出现如何解释债务人履约或义务的问题或其他问题时,这一点尤为重要。有些国家规定,在计划获得批准之后,法院可授权由 1 名监督人或破产管理人在不同程度上对债务人业务进行持续不断的监督。还有一种做法是允许债权人指定 1 名监督人或破产管理人监督计划的执行情况。”①

归纳起来,重整计划的执行,大体有 3 种体制:一是债务人在司法程序外无任何监督地执行;二是在司法程序外在管理人监督下的债务人执行;三是在司法程序内由指定的专人负责执行或者由其监督债务人执行。本法草案在 1995 ~ 2004 年一直采用的是第三种体制。根据当时的草案规定,在重整计划执行期间,破产案件仍未终结,重整计划由根据该计划确定的重整执行人负责执行;重整计划执行完毕时,重整执行人终止执行职务,并及时向人民法院提交执行报告;人民法院审查确认后,裁定终结破产案件。这是一种对债务人信任度较低、程序成本较高的方案。2004 年修改本法草案时,重整程序增设了债务人自行管理的规定,同时采用了由债务人执行、管理人监督的体制,即上述第二种体制。这表明,起草者在重整计划执行问题上采取了对债务人较信任的立场。这反映了我国市场经济走向成熟的现实和趋势,有利于提高程序效率和降低司法成本。

根据这一体制,在重整计划执行期间,债务人享有经营管理的自主权,但必须接受管理人的监督。

二、债务人为重整计划的执行人

重整计划的执行是决定重整目标能否实现的重要环节。执行人的确定一般与营

① 联合国国际贸易法委员会:《破产立法指南》(中文版),2006 年纽约,第 205 页。

业机构关系密切,债务人或者管理人作为债务人财产和营业事务的管理人,是重整继续营业的营业机构,成为各国立法例主要规定的执行主体。美国法规定由债务人作为执行人,日本会社更生法则规定管理人为执行人。我国破产法规定债务人为单一的执行主体,负责重整计划的执行。

三、重整执行期间的民事诉讼

重整期间的民事诉讼,在重整程序终止后尚未结束的,除重整计划另有规定外,原则上应当由管理人继续代表债务人进行。

债务人在重整计划执行期间以及执行完毕后发生的新的民事诉讼,由于债务人已经恢复对企业财产和事务的管理权,应当由其自主进行。最高人民法院《九民会议纪要》第113条第2款规定:"重整计划执行期间,因重整程序终止后新发生的事实或者事件引发的有关债务人的民事诉讼,不适用《企业破产法》第21条有关集中管辖的规定。除重整计划有明确约定外,上述纠纷引发的诉讼,不再由管理人代表债务人进行。"需要指出的是,鉴于此类诉讼可能影响债务人执行重整计划的能力,债务人在诉讼中的行为应当受管理人监督。例如,债务人在诉讼中不正当地怠于主张权利或者放弃权利,或者不合理地支付过高的诉讼代理费的,管理人有权依据本法第90条的规定,采取必要的监督措施。

重整计划执行期开始时已经启动而尚未终结的诉讼、仲裁,仍属于管理人的职责范围。最高人民法院《破审会议纪要》第9条规定:"在重整计划规定的监督期内,管理人应当代表债务人参加监督期开始前已经启动而尚未终结的诉讼、仲裁活动。"依此规定,如果这类诉讼、仲裁在重整计划执行监督期结束时仍未终结,则应由债务人接替管理人继续进行。此时,如果债务人需要原管理人继续办理诉讼事务的,则应当另行缔结委托代理协议。

四、管理人的移交义务

本条规定重整计划的执行主体仅为债务人,即以债务人为单一的执行主体。而本法第73条和第74条规定了重整继续营业的两种营业机构——管理人和管理人监督下的债务人。因此,如果重整期间是管理人管理债务人财产和营业事务,则在进入重整计划执行程序后,管理人有向债务人移交财产和营业事务的义务。移交工作应当在人民法院裁定批准重整计划后立即办理。管理人移交后,应当依照本法第90条的规定履行对重整计划执行的监督职责。

五、重整计划的执行保障

重整计划的执行,虽然在法律上属于债务人的义务,但毕竟涉及多方主体利益,且往往具有一定的社会影响,而债务人在恢复正常生产经营的过程中,通常会遇到一些自身能力难以克服的困难。所以,人民法院要和相关政府部门一起,积极主动地为重整计划执行提供必要的支持和保障,形成有利于困境企业拯救重生的良好营商环境。《破审会议纪要》第 21 条规定:"企业重整后,投资主体、股权结构、公司治理模式、经营方式等与原企业相比,往往发生了根本变化,人民法院要通过加强与政府的沟通协调,帮助重整企业修复信用记录,依法获取税收优惠,以利于重整企业恢复正常生产经营。"其中,重整企业的信用修复和税收优惠,是当前和今后在破产法实施中亟待解决的问题。正因如此,中央 13 部门《退出制度改革方案》提出了"完善重整企业信用修复机制"和"优化企业破产重整税收政策环境"的制度改革任务,要求"进一步健全和完善相关制度,使重整成功的企业不再被纳入金融、税务、市场监管、司法等系统的黑名单,实现企业信用重建"。"梳理企业破产重整税收支持政策,做好政策宣传解读工作,落实好亏损弥补和特殊性税务处理等税收政策,为企业破产重整营造良好环境。"

关于信用修复,2021 年 5 月国家发展改革委发布《信用修复管理办法(试行)》征求意见稿,规定了"移出、终止、标注、屏蔽或删除"4 类信用修复方式及不同类型修复方式不同的适用条件与修复程序,并规定了信用修复的协同联动。同年 7 月,市场监管总局发布《市场监督管理信用修复管理办法》,就该部门管理下的市场主体信用信息的修复管理作出具体规定。2021 年 8 月深圳市出台《关于建立破产信息共享与状态公示机制的实施意见》,建立了全国首个破产信息公示公开机制,其主要内容包括:打破信息壁垒,全方位、多渠道公开公示企业及个人破产信息;贯彻诚信免责,健全破产信用管理制度;优化营商环境,建立健全破产信用修复机制;保障信息权益,完善社会信用体系建设。2022 年 1 月最高人民法院《关于充分发挥司法职能作用 助力中小微企业发展的指导意见》要求:"健全信用修复机制,中小微企业等市场主体的失信信息符合法定屏蔽条件的,应当及时采取屏蔽措施;失信信息被屏蔽后,其因融资、招投标等需要请求提供信用修复证明的,人民法院可以出具相关证明材料。"

关于税收优惠,2018 年 1 月 1 日起施行的财政部、国家税务总局《关于继续支持企业事业单位改制重组有关契税政策的通知》第 5 条规定:"企业依照有关法律法规规定实施破产,债权人(包括破产企业职工)承受破产企业抵偿债务的土地、房屋权属,免征契税;对非债权人承受破产企业土地、房屋权属,凡按照《中华人民共和国劳动法》等国家有关法律法规政策妥善安置原企业全部职工规定,与原企业全部职工签订服务年限不少于三年的劳动用工合同的,对其承受所购企业土地、房屋权属,免征契税;与原企业超过30%的职工签订服务年限不少于三年的劳动用工合同的,减半征收契税。"在重整程序中,投资者或者财产收购者通过受让债权的方式承受债务人的不动产的,可以主张享受上述优惠政策。该通知第7条还规定:"经国务院批准实施债权转股权的企业,对债权转股权后新设立的公司承受原企业的土地、房屋权属,免征契税。"由于此规定设有"经国务院批准"的条件,对于多数重整案件来说,此项优惠犹似"白云在青天,可望不可即"。值得注意的是,该通知第9条规定:"在股权(股份)转让中,单位、个人承受公司股权(股份),公司土地、房屋权属不发生转移,不征收契税。"依此规定,在企业破产重整中,投资者以受让股权的方式获得企业不动产,应可享受此项优惠。当然,在实践中,上述规定的解释权还在发布和执行文件的行政当局。

第九十条 【管理人对计划执行的监督】自人民法院裁定批准重整计划之日起,在重整计划规定的监督期内,由管理人监督重整计划的执行。

在监督期内,债务人应当向管理人报告重整计划执行情况和债务人财务状况。

【注释】

一、管理人对重整计划执行的监督权

管理人对债务人执行重整计划的行为有进行监督的职能。但是,这种职能仅存于重整计划规定的监督期内。监督期限的起点为人民法院裁定批准重整计划之日,监督期的时长为本法第81条规定的重整计划草案第6项内容。也就是说,重整计划执行的监督期限是由当事人在协商基础上拟定,经过重整计划通过和批准程序而确定的。至于监督期的时限区间,本法没有规定。原则上,重整监督期应与重整计划执行期一致。如果债务人的偿债能力和信用恢复能力较强,或者第三人为重整计划执行提供了可信赖的资助或担保,监督期也可以短于重整计划执行期。

设立重整计划执行监督制度的意义：一是督促债务人切实履行重整计划，以维护债权人清偿利益；二是提高债务人经营管理的透明度，以帮助债务人恢复信用。本条并没有明确规定管理人的具体监督职能，但是根据本法第 93 条的规定，管理人有权在债务人有本法第 93 条第 1 款规定的不能执行或者不执行重整计划的情形时，请求人民法院裁定终止重整计划的执行，并宣告债务人破产。由此可以认为，管理人的监督职能主要是防止以及制止债务人在执行重整计划过程中违反重整计划的拖延、隐瞒等不当行为。应当说，本法第 93 条规定的重整计划执行终止请求权是管理人制约债务人违反重整计划的最后手段。而在此之前，管理人有权对债务人违反重整计划的行为采取调查、劝诫以及请求司法救济的措施加以制止。为此，管理人应充分享有对债务人执行重整计划过程的知情权。

二、监督期间的管理人报酬

《九民会议纪要》第 113 条规定，为了确保重整计划的执行和有效监督，重整计划的执行期间和监督期间原则上应当一致。二者不一致的，人民法院在确定和调整重整程序中的管理人报酬方案时，应当根据重整期间和重整计划监督期间管理人工作量的不同予以区别对待。其中，重整期间的管理人报酬应当根据管理人对重整发挥的实际作用等因素予以确定和支付；重整计划监督期间管理人报酬的支付比例和支付时间，应当根据管理人监督职责的履行情况，与债权人按照重整计划实际受偿比例和受偿时间相匹配。

三、监督期间债务人对管理人的报告义务

监督权的有效行使建立在对债务人信息的掌握之上。本条第 2 款规定，在监督期内，债务人对管理人负有报告义务，报告的内容是重整计划的执行情况和债务人的财务状况。在实践中，管理人可以根据重整计划规定的应当由债务人执行的事项，对债务人提出有关报告内容、报告方式、报告时间等方面的具体要求。债务人除向管理人提交定期报告外，还应当随时回答管理人就重整计划执行情况提出的问题，以及提供相关的资料。在重整计划执行不能的情况下，管理人应当依据本法第 93 条的规定履行报告义务，同时根据实际情况提出必要的纠正措施或者向人民法院请求终止重整计划的执行。在监督期结束时，管理人应当就其履行监督职责的情况和监督期结束时债务人执行重整计划的情况向人民法院提出报告。监督期与重整计划执行期相一致的，管理人的报告应当作为人民法院确认重整计划执行完毕的主要依据。此外，管理人报告也可成为评价管理人履职情况的依据。

第九十一条 【管理人的报告义务和监督期延长】监督期届满时,管理人应当向人民法院提交监督报告。自监督报告提交之日起,管理人的监督职责终止。

管理人向人民法院提交的监督报告,重整计划的利害关系人有权查阅。

经管理人申请,人民法院可以裁定延长重整计划执行的监督期限。

【注释】

一、管理人提交监督报告的义务

管理人在监督期间届满时,应当就债务人执行重整计划的情况以及自己履行监督职责的情况,向人民法院提交书面的监督报告。监督报告的提交是监督人完成监督任务的标志,管理人的监督职责不是终止于监督期满之日,而是终止于提交监督报告之日。

二、利害关系人对监督报告的查阅权

管理人的监督报告以债务人对重整计划的执行为内容,因为重整计划的执行直接关系重整计划的利害关系人的利益。因此,为保护利害关系人的知情权,重整计划的利害关系人有权查阅监督报告。

三、监督期限的延长

如果债务人对重整计划的执行仍有监督的必要,管理人可以向人民法院申请延长监督期限,人民法院有延长监督期限的决定权。在一般情况下,管理人申请延长监督期限的理由主要为有证据表明债务人执行重整计划过程中存在损害其他利益关系人或者有害于重整计划执行的道德风险,或者有证据表明债务人的经营情况和财务状况存在恶化的风险。

第九十二条 【重整计划的效力】经人民法院裁定批准的重整计划,对债务人和全体债权人均有约束力。

债权人未依照本法规定申报债权的,在重整计划执行期间不得行使权利;在重整计划执行完毕后,可以按照重整计划规定的同类债权的清偿条件行使权利。

债权人对债务人的保证人和其他连带债务人所享有的权利,不受重整计划的影响。

【注释】

一、重整计划的普遍约束力

重整计划效力规则的核心问题是债权调整方案对债权人的普遍约束力。正如《世行破产原则》指出的:“破产法应规定重整计划的债务免除、取消或变更方案的约束效力。以多数决通过的重整计划的效力应约束所有债权人,包括持不同意见的少数人。”①当然,重整计划对债务人的约束力也必须加以强调。根据本条第 1 款的规定,约束力的发生时间是人民法院裁定批准重整计划之日。本款规定的“全体债权人”,既包括对重整计划投赞成票的债权人,也包括投反对票或弃权票的债权人;此外,也包括参加重整程序但未参加重整计划表决的债权人,以及未参加重整程序的债权人。本款所谓的“约束”,首先是指重整计划关于债权让步的规定以及关于债权调整和债权清偿方式的规定对所有的债权均有效,即各债权人不得超出重整计划清偿方案的规定范围向债务人提出追加的债权请求;其次是指在重整计划执行期间,破产程序对个别债权追索的限制仍然有效,各债权人均应服从集体清偿秩序,不得就受到破产程序约束的债权提起诉讼或者申请执行。至于重整计划对债务人的约束力,也主要体现为债务清偿方案的约束力。其约束力的显著体现是本法第 93 条的规定。对于债务人在重整计划执行中的违约行为,债权人应当依照该条规定,直接或者通过管理人向人民法院提出请求。

二、未依法申报债权的权利行使限制

“未依法申报债权”,是指既未在申报期内申报债权,又未依本法第 56 条的规定补充申报债权。本条第 2 款的规定是对未依法申报债权的债权人权利行使的限制。

首先,本条第 2 款规定,未依法申报债权的债权人在重整计划执行期间不得行使

① 世界银行集团:《有效破产与债权人/债务人制度的原则》(*Principles for Effective Insolvency and Creditor/Debtor Regimes*)(英文版)C14.5,2016 年华盛顿,第 26 页。

其权利,包括其实体债权和程序性的权利(例如,本法第93条规定的请求裁定终止执行重整计划的权利)。其中,对程序性权利行使的限制性规定,是对本法第56条第2款关于债权人未依照本法规定申报债权的不得依照本法规定的程序行使权利的规定在重整制度中的具体化。

其次,本条第2款规定,在重整计划执行完毕后,未依法申报债权的债权人可以按照重整计划规定的同类债权的清偿条件行使权利。由于重整计划执行完毕后,重整程序终结,程序性的权利已不存在,而根据"程序不消灭实体权利"的法理,未依法申报债权的债权人仍然享有实体债权,只是其行使时间在重整计划执行完毕之后。重整计划执行完毕后,债务人不再具备破产原因,其法人资格存续,未依法申报债权的债权人可以向债务人主张依据重整计划清偿方案确定的债权数额。但是,其受偿条件应与其顺位相同的依法申报债权的债权人在重整计划中的受偿条件相同。这意味着,未依法申报的债权,如果同类债权依照重整计划未获得完全清偿,则该债权在重整计划执行完毕后不得获得更优越的清偿。法律如此规定,有利于促使债权人积极参加重整程序,并避免未参加重整程序的债权人反而获得比参加重整程序的债权人更有利的清偿结果。

对于未在申报期内申报债权而进行补充申报的债权人,如果其补充申报是在重整计划执行之后,则其无法行使重整计划执行期间的权利,而只能按照重整计划规定的同类债权的清偿条件行使权利。

【示例】

1. A公司的重整计划中规定,普通债权按20%的比例清偿。B公司未依照本法的规定进行债权申报。重整计划执行期间,B公司不能参加清偿。重整计划执行完毕后,B公司仅可获得20%的清偿。

三、重整计划不影响对连带债务人的权利

为保护债权人的利益,破产法中对于债务人债务的调整并不影响债务人的保证人的保证债务和其他连带债务人的连带债务,债权人仍享有对债务人的保证人和其他连带债务人行使全额债权的权利。债权人在破产程序中接受部分清偿的,就其无法受偿的部分可以请求债务人的保证人和连带债务人偿还。

除本条规定外，本法还有两条同样的规定：(1)本法第101条规定，和解债权人对债务人的保证人和其他连带债务人所享有的权利，不受和解协议的影响；(2)本法第124条规定，破产清算分配后，债权人未受清偿的部分可以请求债务人的保证人承担剩余债务的补充保证责任，请求连带债务人承担剩余未受偿部分的连带之债(参见本书第一百零一条、第一百二十四条注释)。

【示例】

2. A公司被法院裁定重整，其债权人B申报了对其享有的130万元普通债权，C公司为此项债务提供了保证担保。在法院批准的重整计划中，B的债权清偿额为50万元。B可就其按重整计划未受清偿的80万元债权，请求保证人C偿还。

四、连带债务人的求偿权及责任限额

本法第51条规定："债务人的保证人或者其他连带债务人已经代替债务人清偿债务的，以其对债务人的求偿权申报债权。债务人的保证人或者其他连带债务人尚未代替债务人清偿债务的，以其对债务人的将来求偿权申报债权。但是，债权人已经向管理人申报全部债权的除外。"根据这一规定，重整计划生效后，如果债权人通过保证人或者其他连带债务人获得清偿以后的债权余额小于重整计划将要提供的清偿额，则该差额部分应当用于偿付保证人或者其他连带债务人的求偿权。反之，如果债权人向保证人或者其他连带债务人提出清偿要求的数额，超过了其已由重整计划获得清偿后的债权余额，对于超过的部分，保证人或者其他连带债务人有权拒绝偿付(已经偿付的，可以依据《民法典》第985条、第987条的规定请求返还)。

同样，在破产程序之外对债权人履行了清偿义务的保证人或连带债务人，对主债务人行使追偿权时的请求数额也不能超出重整计划(或和解协议)限定的范围。2010年11月10日最高人民法院《关于代位清偿的连带债务人是否有权向破产和解的债务人继续追偿的问题请示答复》规定，债权人如果已在主债务人的和解或重整程序中全额申报了债权，其未得到清偿的部分可以向保证人或连带债务人主张清偿。任何源于同一债务的普通债权，只能在破产程序中得到与其他普通债权人相同比率的清偿。因此，保证人或连带债务人承担清偿责任后，不能向破产和解、重整的债务人追偿。

【示例】

3. A公司的重整计划得到人民法院的批准。根据重整计划,普通债权按30%清偿比率,分两期支付。重整计划执行期间,债权人B以100万元的申报债权获得第一期10%清偿后,要求A公司的保证人C支付100万元债务。C有权主张仅承担90万元的债务,但在履行保证责任后,仅有权向A公司追偿债权人B在第二期应得的20万元清偿额。

4. A公司的重整计划获债权人会议通过和人民法院批准。债权人B申报的50万元债权,按照重整计划规定的40%比率获得了20万元的清偿。随后,B向该笔债权的保证人C请求30万元的清偿。保证人C履行清偿后,对A公司提起30万元的追偿诉讼。人民法院应当驳回保证人C的诉讼请求。

五、重整计划执行中的变更

关于重整计划的实施和修改,《世行破产原则》主张:"重整计划的有效实施应受到独立的监督。如果符合债权人的利益,重整计划应能够修改(经债权人表决)。如果债务人未能或无法执行该计划,这应作为终止该计划和清算破产财产的理由。"① 关于重整计划的监督和不能执行时的处理,本法第90条和第93条分别作了规定。但是,对于重整计划在执行期间的变更,本法没有规定。在实践中,执行中的重整计划有时因为客观情势的变化而出现履行困难,如果不对重整计划作适当的变更,将导致执行不能和转为破产清算的结果。根据民法原理,合同在履行期间可以由当事人协商一致加以变更。然而,重整计划尽管具有一定的合同属性,毕竟不同于一般的民商事合同。它是依照法定程序以集体决议和司法裁定的方式形成的涉及多方主体和多重法律关系的文件。因此,对于重整计划在执行中的变更应当严格规范。最高人民法院《破审会议纪要》第19条规定:"债务人应严格执行重整计划,但因出现国家政策调整、法律修改变化等特殊情况,导致原重整计划无法执行的,债务人或管理人可以申请变更重整计划一次。债权人会议决议同意变更重整计划的,应自决议通过之日起十日内提请人民法院批准。债权人会议决议不同意或者人民法院不批准变更

① 世界银行集团:《有效破产与债权人/债务人制度的原则》(*Principles for Effective Insolvency and Creditor/Debtor Regimes*)(英文版)C14.4,2016年华盛顿,第26页。

申请的,人民法院经管理人或者利害关系人请求,应当裁定终止重整计划的执行,并宣告债务人破产。”关于重整计划变更后的重新表决与裁定批准,《破审会议纪要》第20条规定:“人民法院裁定同意变更重整计划的,债务人或者管理人应当在六个月内提出新的重整计划。变更后的重整计划应提交给因重整计划变更而遭受不利影响的债权人组和出资人组进行表决。表决、申请人民法院批准以及人民法院裁定是否批准的程序与原重整计划的相同。”在《破审会议纪要》第19条中,包括了四方面的限制:首先,原因的限制,即必须是政策法律环境的变化,而不是市场的变化;其次,次数的限制,即只能变更一次;再次,程序限制,即必须经过债权人会议决议和人民法院批准;最后,变更失败的后果,即一旦变更申请不能获得同意和批准,债务人将被宣告破产。在《破审会议纪要》第20条中,包括两方面的限制:首先,时间的限制,即必须在法院同意变更后6个月内提出新的重整计划;其次,程序的限制,即新的计划必须经过相关表决组表决和法院批准。根据这些规定,债务人提出变更申请必须非常慎重。同时也可以看出,变更重整计划是一个较复杂且成本较高的过程。债务人在请求变更重整计划前,要对这一过程的难度和风险有充分的预测和准备。

需要指出的是,这里所说的重整计划变更,是指重整计划的清偿方案变更,以及对清偿方案产生不利影响的其他方案变更。重整计划清偿方案以外的其他方案的变更,对清偿方案的执行没有不利影响的,原则上应予允许。

【示例】

5. A公司在重整计划执行期间,原重整投资人因经营情况变化不能履行投资协议,债务人与B公司以不低于原投资协议的条件达成新的投资协议,从而使清偿计划能够执行。A公司与B公司达成投资协议属于自主经营范围内的融资行为,但需要报告管理人并告知全体债权人。管理人和债权人对此项投资交易享有进一步的知情权和异议权。

6. A公司在重整计划执行期间与B公司达成资产出售协议,拟以所获资金提前执行完毕重整计划清偿方案。A公司有处分财产的自主经营权,但以不损害债权人在重整计划中的清偿利益为条件。鉴于此项变更有利于债权人利益,原则上应予允许,但仍应尊重管理人的监督权和债权人的知情权。

7. A公司在重整计划执行期间与B公司达成企业并购协议,约定A公司并入B

公司后,由B公司负责执行重整计划清偿方案。除非B公司提供资金供A公司提前完成重整计划清偿方案,“经债权人会议同意”应成为该并购协议生效的条件。

第九十三条 【重整计划执行终止及程序转换】债务人不能执行或者不执行重整计划的,人民法院经管理人或者利害关系人请求,应当裁定终止重整计划的执行,并宣告债务人破产。

人民法院裁定终止重整计划执行的,债权人在重整计划中作出的债权调整的承诺失去效力。债权人因执行重整计划所受的清偿仍然有效,债权未受清偿的部分作为破产债权。

前款规定的债权人,只有在其他同顺位债权人同自己所受的清偿达到同一比例时,才能继续接受分配。

有本条第一款规定情形的,为重整计划的执行提供的担保继续有效。

【注释】

一、重整计划执行终止的法定原因

根据本条第1款的规定,债务人不能执行或者不执行重整计划,为重整计划终止执行并由重整转换为清算的原因。其中,包括以下两种情形:

1. 债务人不能执行重整计划。这是指执行的客观不能,即债务人本身缺乏执行重整计划的能力。造成执行不能的原因,可以是债务人自身的经济状况(例如,销售量达不到预期规模,或者经营成本增加,造成企业无法提供按计划清偿债务所必要的现金流);也可以是客观的障碍(例如,债务人因设备被火灾毁损而无法正常生产,或者因第三人违约而导致财务困境)。

2. 债务人不执行重整计划。这是指执行的主观不能,即债务人有能力执行而拒不执行或者拖延执行,债务人或者直接责任人员将承担相应的法律责任。

第三人为债务人执行重整计划提供担保的,以上原因应包括担保人不能履行或者不履行担保义务的情形。担保人能履行并且愿意履行担保义务,管理人或者利害关系人以债务人不能执行或者不执行重整计划为由请求裁定终止重整计划执行的,人民法院应予驳回。

二、重整计划执行终止与程序转换

终止重整计划执行并由重整转换为清算,应当经人民法院裁定。此裁定以管理人或者利害关系人提出请求为条件。这里所称的利害关系人,是指其利益因债务人不执行或者不能执行重整计划而受到不利影响的人,包括债权人、职工、连带债务人和新出资人。法院经管理人或者利害关系人请求,应当裁定终止执行重整计划并宣告债务人破产。由此,案件转入破产清算程序。

三、重整计划执行终止和程序转换的法律效果

(一)重整计划中的债权调整失去效力

本条第2款规定,人民法院裁定终止重整计划执行的,债权人在重整计划中作出的债权调整承诺失去效力。这里所称的债权调整,是指债权人在重整计划中作出的让步承诺,如减免利息、减免本金、放弃或替换担保、代物清偿等。这些调整失去效力后,债权恢复到重整计划以前的状态,债权人按照被确认的申报种类和数额行使权利。

(二)债权人因执行重整计划所受的清偿仍然有效

本条第2款规定,重整计划的执行终止后,债权人因执行重整计划所受的清偿仍然有效,债权未受清偿的部分作为破产债权。这意味着,债权人在重整计划执行期间已经接受的清偿无须返还,其债权未受清偿的部分,即重整计划调整前的债权额减去由执行重整计划而受清偿部分后的余额,作为破产债权,按照本法第十章的规定进行清偿。

(三)因执行重整计划而受清偿的债权人继续接受清算分配的条件

获得部分清偿的债权人,其未受清偿部分作为破产债权参加破产清算程序。但是,根据破产法"对同一类别的债权平等对待"的原则,同类债权的债权人应按照相同比例接受清偿。同比例受偿的规则,在同类债权人先前受偿存在比例差别的情况下,应当首先对受偿比例较低的债权进行补差,直到所有的同类债权人达到相同起点,再进行统一的比例分配。因此,本条第3款规定,只有在其他债权人同自己所受的清偿达到同一比例时,才能继续接受分配。

(四)为重整计划执行提供的担保继续有效

为重整计划执行提供的担保,是指第三人对债务人执行重整计划提供的担保,包括抵押、质押和保证。根据本法规定,此种担保包括了在债务人不履行的情况下重整计划执行终止和未终止两种情形。在后一种情况下,如果通过对第三人行使担保权可以使重整计划继续执行,则无须终止重整计划的执行。在重整计划因债务人不执行或者不能执行而终止时,第三人的担保责任仍然有效,债权人仍可对第三人行使担保权。所以,本条第4款给了所有为重整计划提供担保的人一个明确的预期:一旦被担保人不执行或者不能执行重整计划,无论是否转入破产清算程序,其都要履行其已经承诺的担保责任。

【示例】

1. A公司的重整计划中,对普通债权人组进行了如下权利调整:削减该组的债权至30%的清偿率,分10年偿还,每年偿还3%。重整计划执行的第一年,该组的债权人获得3%的清偿。第二年,债务人因不执行重整计划而被人民法院裁定中止重整计划的执行并宣告破产。转入清算程序后,由于前一年已经偿还了债权额的3%,该组的债权人未获清偿的97%的债权,作为破产债权参与破产分配。

2. A公司的重整计划规定:在普通债权组中设立小额债权组,该组的债权清偿率为60%,每年5月偿还10%,分6年偿还;普通债权组的清偿率为30%,每年10月偿还5%,分6年偿还。重整计划从当年1月开始执行。同年8月由于债务人不能执行重整计划,被人民法院裁定终止重整计划执行并宣告破产。此时,小额债权组已获得债权额10%的清偿,而普通债权组因未到本组的清偿期而尚未获得清偿。转入破产清算程序后,小额债权组债权未受清偿的90%部分和普通债权组未受清偿的全部债权,作为破产债权参加清算分配。在清算分配中,小额债权组的债权人与重整计划中的普通债权组的债权人属于同一顺位。由于二者已经获得的清偿不同,为实现同一顺位债权人的平等对待,根据本条第3款的规定,应当先对原普通债权组的债权人进行清偿,直到其获得的清偿率达到债权额的10%之后,小额债权人才能加入剩余财产的清算分配。

3. A公司的重整计划中,对B银行的担保债权提供了如下清偿条件:B银行的540万元债权在两年后清偿。在此期间,对于B银行在A公司的某大厦房产上享有的抵押权的保值问题,A公司的大股东C集团公司承诺提供如下保证担保:如果A公司因不能按重整计划进行清偿而需要实现抵押权,而届时该房产因市价下跌,其变现所得不足清偿B银行的担保债权,则C集团将就该差额部分承担连带清偿责任。

1 年后,A 公司因不能执行重整计划而被宣告破产。B 银行在行使抵押权时,恰遇房地产市场下跌,该房产拍卖所得价款仅 490 万元。此时,B 银行有权要求 C 集团支付 50 万元的差额。

四、重整程序与破产清算程序的衔接

《九民会议纪要》第 114 条就重整计划执行终止和程序转换中的若干事项作了以下具体规定:

1. 关于破产案件的延续。重整期间或者重整计划执行期间,债务人因法定事由被宣告破产的,人民法院不再另立新的案号,原重整程序的管理人原则上应当继续履行破产清算程序中的职责。原重整程序的管理人不能继续履行职责或者不适宜继续担任管理人的,人民法院应当依法重新指定管理人。

2. 关于管理人报酬。重整程序转破产清算案件中的管理人报酬,应当综合管理人为重整工作和清算工作分别发挥的实际作用等因素合理确定。重整期间因法定事由转入破产清算程序的,应当按照破产清算案件确定管理人报酬。重整计划执行期间因法定事由转入破产清算程序的,后续破产清算阶段的管理人报酬应当根据管理人实际工作量予以确定,不能简单根据债务人最终清偿的财产价值总额计算。

第九十四条　【重整计划执行完毕后的债务免除】按照重整计划减免的债务,自重整计划执行完毕时起,债务人不再承担清偿责任。

【注释】

一、重整计划执行完毕的认定标准

如前所述(参见本书第八十九条注释),本法对重整计划的执行,采用了司法程序之外由债务人执行、由管理人监督,而在特定情形下由人民法院裁定终止的体制。鉴于以上情况,本条所称的"重整计划执行完毕",应是指债务人已经完全按照重整计划规定的方案执行债务清偿,即所有的债权人均已按照重整计划规定的数额、时间和方式获得清偿。至于重整计划中关于债务人营业改善、对外融资等营业方案的执行情况,不属于本条的要求范围。这意味着,在重整计划执行过程中,债务人可以根据企业经营和市场变化等情况适时修正和完善重整计划中的经营方案,以最大限度地实现企业复兴。至于债务人依照重整计划对于债权人承担的清偿义务,则不容更改。

二、重整计划执行完毕的免责效力

重整计划中建立在债权人让步基础上的债务清偿方案,具有和解协议的性质。根据和解协议的法理,一旦和解协议执行完毕,则债权人的债权在和解协议中作出让步的部分,即失去对债务人的约束力。因此,本条规定,重整计划执行完毕后,按照重整计划减免的债务,免除债务人的清偿责任。

确立重整计划执行完毕的免责效力,具有重要意义。"为确保重整后的债务人有最大的成功机会,破产法可以规定解除或改变已按重整计划解除或改变的债务或债权。这种做法是对商业确定性这一目标的支持,根据已获批准的计划对减免、取消或改变债务给予约束效力。这一原则尤为重要,可确保计划的规定将得到已拒绝计划的债权人加以遵守和没有参加这一过程的债权人加以遵守。同时,还可为其他放款人和投资人带来确定性,使之确信将不会卷入意料之外的清算或必须与所隐含的或未公开的债权竞争。因此,这种解除明白无误地确定,重整计划充分处理了债权人的法定权利问题。""重整中的解除债务可以从根据破产法计划生效时或计划已经完全执行时开始生效。如果计划未得到完全执行或未能执行,则许多破产法规定解除债务无效。"①

三、重整计划执行完毕的程序效果

根据本法第 86 条、第 87 条的规定,重整程序因人民法院裁定批准重整计划而终止。重整程序终止意味着本法第 72 条规定的重整期间结束和重整计划执行开始。而重整程序终止的主要效果是,债务人自主管理权恢复和相应的管理人职权结束。但在重整计划执行期间,管理人的监督权和人民法院的司法权仍在本法规定的范围内发生效力。所以基于本法第八章的整体性,只有在重整计划执行完毕或者因执行不能而终止时,整个重整程序才归于终结。为此,《九民会议纪要》第 114 条第 3 款规定:"重整程序因人民法院裁定批准重整计划草案而终止的,重整案件可作结案处理。重整计划执行完毕后,人民法院可以根据管理人等利害关系人申请,作出重整程序终结的裁定。"需要指出的是,重整程序终结裁定并非本法规定的必要程序。在实践中,如果为债务人信用恢复所需,人民法院可以根据司法解释的规定,经管理人等

① 联合国国际贸易法委员会:《破产立法指南》(中文版),2006 年纽约,第 252 页。

利害关系人申请,作出重整程序终结的裁定。

【示例】

A公司的重整计划规定,投资人B公司以“承债式收购”方式取得A公司全部资产并负责清偿其债务。在重整计划执行期间,B公司将旗下的C公司与A公司合并为D公司,并完全履行了重整计划规定的债务清偿方案。管理人向法院提交了监督报告。由于A公司已经注销,法院无须裁定A公司重整程序终结。

第九章
和　　解

第九十五条　【和解申请】债务人可以依照本法规定，直接向人民法院申请和解；也可以在人民法院受理破产申请后、宣告债务人破产前，向人民法院申请和解。

债务人申请和解，应当提出和解协议草案。

【注释】

一、和解制度的一般特征

和解，是指具备破产原因的债务人为避免破产清算，而与债权人团体达成以让步方法了结债务的协议，协议经法院认可后生效的法律程序。

综合各国经验，和解制度有如下特征。

1. 债务人已具备破产原因。按照和解制度的一般理论，立法者设立和解制度的目的在于，为债务人提供避免破产清算的机会。若债务人不具备破产原因，则破产清算程序无从适用，自然也没有适用和解制度的必要。

2. 由债务人提出和解的请求。一般认为，适用和解制度以避免破产清算，是出于债务人的利益需要。通过和解，可以在债权人让步的基础上，使债务人免于破产清算，故债务人具有和解的动机。但是，由于和解以后债务人将继续承担债务清偿责任，故破产清算有时也不失为破产企业的出资人甩掉包袱、另谋发展的一种选择。因此，是否请求和解应由债务人自行决定。

3. 和解请求以避免破产清算为目的。在符合法律程序的情况下，债务人为避免破产清算而提出减少、延缓债务、第三人承担清偿等请求，为法律所认许。破产法设立和解制度的目的是尽可能地减少破产清算事件的发生，以避免破产清算可能带来的一系列消极后果。

4. 和解协议采用让步方法了结债务。破产清算是以债务人的现有财产即时了结债务。这虽然有及时清偿之利，但债权人清偿所得受到现有财产的局限，往往损失巨大。而和解不仅以债务人的现有财产，而且以其将来财产作为债权人实现债权的基础。所以债权人通过和解协议的执行，往往能够获得比在破产清算情况下更多的清偿。为了达到这一目的，债权人通常需要作出减少本金、放弃或减少利息、延长偿债期限以及同意第三人承担债务等方面的让步，以利于债务人保持继续经营的能力，并避免债务人选择适用破产清算程序。

5. 债务人与债权人团体之间达成协议。以让步方法了结债务属于当事人对自己权利的处分，必须在平等自愿的基础上达成协议，而不能由政府加以强迫。法律设立和解程序，实际上是为当事人提供一种平等协商的缔约机制。在这一缔约过程中，债务人提出的和解协议草案属于要约，而债权人会议表决通过和解协议草案则为承诺。和解协议草案经债权人会议表决通过，即成为债务人与债权人团体之间有关债务清偿的具有法律约束力的合同。

6. 和解程序受法定机关监督。和解程序是债务人无力偿债状态下实现债务公平清偿的一种法律程序。为保证程序公正，各国将和解程序置于审判机关或其他特别机关的职权之下，其职权范围包括对和解申请的认可、债权人会议的召集、对已达成的和解协议的认可、执行和解协议的监督等。

二、我国和解程序的特点

1986 年我国《企业破产法(试行)》第四章规定的和解制度，具有以下两个重要的特点：(1)和解程序与行政整顿程序相结合；(2)和解和整顿只适用于债权人申请破产的案件。实践证明，这种程序设计存在偏重行政权力、对债权人保护不力和适用范围过窄的缺陷，不利于实现破产法再建主义的目标。

本法对和解制度的设计，克服了这些缺陷。首先，和解程序不仅适用于债权人申请的案件，而且适用于债务人申请的案件；其次，和解程序以和解协议草案的提出为起点，以债权人会议通过和解协议草案为终点，不与任何行政程序相挂钩。如此一来,可以使和解程序有更大的适用空间,同时使这一程序更加符合当事人意思自治的精神。

本法的和解程序与重整程序相比,有以下特点:(1)和解申请的主体单一,即只能由债务人提出;(2)适用和解程序的条件较单纯,即具备破产原因;(3)和解制度的结构简单,即仅规定和解协议的成立、生效和履行;(4)和解协议的内容单纯,即仅涉及债务清偿关系;(5)参加和解协议的债权人单一,即仅为无财产担保的债权人;(6)和解协议未获债权人会议通过时,法院不加干涉;(7)和解协议一经法院认可,破产程序即告终结。

由此可见,和解程序比重整程序更简单、便捷和节省费用。这种简便节省的程序,比较适合中小企业的破产案件。它既可以被用于企业拯救,也可以被用作债务人财产变现困难情况下替代破产清算的债务清理方式。《九民会议纪要》第107条第2款规定:"注重发挥破产和解制度简便快速清理债权债务关系的功能,债务人根据《企业破产法》第95条的规定,直接提出和解申请,或者在破产申请受理后宣告破产前申请和解的,人民法院应当依法受理并及时作出是否批准的裁定。"

三、和解申请的程序规则

(一)和解申请人

本法对和解程序的设计,依据的法理基础是合同法上的要约与承诺原理,即将和解程序看作一个合同订立的过程;其中,债务人提出和解协议草案为要约,债权人会议通过该草案为承诺。在通常情况下,债权人不了解债务人的经营情况和财务状况,且处于分散状态,难以充当要约方。所以本条规定,提出和解的申请人必须是已经具备破产原因的债务人。在实践中,在人民法院受理破产清算申请后,债权人希望和解的,可以与债务人协商,由债务人提出和解申请。此外,根据《破产审理规定》第25条的规定,人民法院在破产案件审理过程中,可以根据债权人、债务人的具体情况向双方提出和解建议。

(二)和解申请的分类

根据和解申请提出时法院是否已经受理针对债务人的破产申请,可将和解申请分为以下两种:

(1)初始和解申请,是指债务人在申请人民法院受理破产案件时提出的和解申请。此种申请被受理的,破产案件可以在启动的同时进入和解程序。

(2)后续和解申请,是指债权人或者债务人提出的破产清算申请被人民法院受理后,人民法院宣告债务人破产前,债务人向人民法院提出的和解申请。此种申请经法院审查受理后,产生阻却破产宣告、使破产案件转入和解程序的效果。

(三)申请文件的提交

首先,申请和解的债务人应当遵守有关破产申请的一般规定,向人民法院提交相关的文件。和解申请为初始申请的,应当依照本法第 8 条的规定提交相关文件,如破产申请书、财产状况说明、债务清册、债权清册、有关财务会计报告、职工安置预案以及职工工资的支付和社会保险费用的缴纳情况,同时,依照本条规定提交和解申请书。如为后续申请,在本法第 8 条规定的文件已经齐备的情况下,须提交和解申请书。

其次,债务人在申请和解时必须提交和解协议草案。该草案在理论上属于债务人向债权人集体提出的和解要约,因而是和解开始的必要条件。和解协议草案的必备内容是偿债安排。一般而言,和解协议的偿债安排应包括以下几个方面的条款:

(1)清偿债务的财产来源。例如,债务人未来的营业收入、可变卖的财产、可追回的债款、出资人的追加出资、第三人提供的贷款、其他可得收入(如退税)。但是,已经设置担保的财产不计算在内。

(2)清偿债务的办法。和解协议通常要规定某些以债权让步为条件的债务清偿办法,例如,延期偿还、削减偿还金额、减少或免除利息、债权转换为股权、实物折价偿债、资产租赁偿债、第三人承担债务等。对所采用的办法,在作出具体的安排时,应当遵循公平清偿的原则,同一清偿顺序的债权人应享受同等待遇。因此,债权让步条款和清偿分配安排,必须贯彻同一顺序的债权按比例减让和按比例分配的原则。应当注意的是,和解协议草案不得涉及有财产担保并且没有放弃优先权的债权,也不得处分该担保权的标的物。

(3)清偿债务的期限,这不仅包括完成清偿的最后期限,而且包括在分期偿还的情况下各阶段的偿债时间和偿债数额。债务人和债权人之间需要约定的其他内容,亦可作为和解条款载入和解协议草案。

当然,以上只是和解协议应当具备的基本内容。在实践中,和解协议除达成债务清偿方面的安排,还可以就资产交易、融资交易和债务人营业改善、信用恢复等方面的事项达成协议安排。实际上,这些有关企业拯救的安排与清偿债务的财产来源有密切联系。有时,和解程序除操作更加简便外,其功效与重整程序无异,甚至可以被看作一种简易的重整程序。

第九十六条 【裁定和解与担保物权的行使】人民法院经审查认为和解申请符合本法规定的,应当裁定和解,予以公告,并召集债权人会议讨论和解协议草案。

对债务人的特定财产享有担保权的权利人,自人民法院裁定和解之日起可以行使权利。

【注释】

一、和解裁定

对于债务人提出的和解申请,人民法院审查的依据是本法第 95 条的规定。如为初始申请,还应当依据本法第 7 条、第 8 条的规定。人民法院经审查认为和解申请符合上述规定的,应当裁定和解,并予以公告。

人民法院对和解申请的裁定,在初始申请的情况下,适用本法第 10 条至第 21 条的相关规定。在后续申请的情况下,参照适用其中的相关规定。其中,尤其需要注意的是:(1)时限规定。人民法院应自收到和解申请之日起 15 日内裁定是否受理,有特殊情况的经上一级人民法院批准可以延长 15 日。(2)送达规定。人民法院受理和解申请的,应当在 5 日内送达申请人。(3)指定管理人。在初始申请的情况下,人民法院裁定受理的,应当同时指定管理人。(4)通知债权人。人民法院应当在裁定受理和解申请之日起 25 日内通知已知债权人,并予以公告。(5)对债务人的约束。在和解程序期间,债务人的有关人员承担本法第 15 条规定的义务。(6)禁止个别清偿。在和解程序期间,债务人不得对无财产担保的债权人为个别清偿。(7)个别追索的冻结。在和解程序期间,无担保的债权人提起的诉讼程序或者所申请的保全措施、执行程序应当中止。

二、债权人会议的召集

债务人于和解申请时提出的和解协议草案为和解要约。经人民法院裁定而进入和解程序后,程序的中心就是由作为缔约当事人另一方的债权人集体作出承诺或拒绝承诺的意思表示,这种意思表示的形式就是债权人会议的决议。因此,人民法院裁定和解后的一项主要任务就是召集债权人会议讨论和解协议草案。

三、担保物权的行使

和解制度虽然与重整制度均为破产法上的破产预防制度,但是和解制度的设计初衷是达成债权清偿安排而不考虑营业保护的需求。因此,不必为债务人的继续营业而限制担保物权的行使。为此,本条第2款规定,对债务人的特定财产享有担保权的权利人,自人民法院裁定和解之日起可以行使权利。也就是说,此时对债务人财产享有抵押权、质押权或者留置权的债权人,可以依法由担保物优先受偿。根据最高人民法院《破审会议纪要》第25条的规定,在破产和解程序中,对债务人特定财产享有担保权的债权人可以随时向管理人主张就该特定财产变价处置行使优先受偿权,管理人应及时变价处置,不得以须经债权人会议决议等为由拒绝。但因单独处置担保财产会降低其他破产财产的价值而应整体处置的除外。此处但书对担保物权的限制,主要着眼于债权人之间的利益平衡。但是,为避免债务人财产整体贬值而限制个别担保物权的实现,也有利于债务人的继续营业和资产保值。在实践中,债务人也可采用第三人担保、担保物置换、即时清偿等方法,赎回企业整体保值所需的担保物。

从程序角度来看,和解制度对担保物权不加限制的好处是,缩小了和解债权人之间的请求权差异、降低了和解谈判的成本,从而使和解制度更加简便易行。当然,允许债权人处分担保物,对于债务人的继续营业有所不利。因此,债务人可以根据自身情况,在和解程序与重整程序之间进行选择。如果债务人属于对固定资产依赖度较低的企业(如服务企业、信息技术企业或者贸易企业,其固定资产规模虽小,但有较稳定的营业收入),则可以考虑适用和解程序。特别是在债权人的担保权为以未来应收账款为标的的权利质押的情况下,即使和解程序允许行使担保权,债权人也不能不考虑为维持债务人营业而节制行使自己的权利。所以,本条第2款的规定并非在任何情况下都构成企业拯救的障碍。

此外,本条第2款对担保权个别实现的规定属于任意性规范。担保权人可以个别行使权利,也可以不个别行使权利或者不立即行使权利。因此,不排除有担保的债权人参加和解协议,为拯救企业和实现多方共赢而在担保权行使方面作出适当让步的可能性。

第九十七条　【和解协议的成立】债权人会议通过和解协议的决议,由出席会议的有表决权的债权人过半数同意,并且其所代表的债权额占无财产担保债权总额的三分之二以上。

【注释】

一、和解协议的表决规则

债权人会议对和解协议草案的表决是否通过,采用人数和债权额双重标准。由于和解协议草案涉及对债权人权益的调整,与本法第64条第1款规定的债权人会议的一般表决事项的表决通过标准(人数为出席会议的有表决权的债权人过半数,债权额为表决通过的债权人所代表的债权额占无财产担保债权总额的1/2以上)相比而言,本条规定了较严格的表决标准。具体如下:

1. 表决通过的人数标准为出席会议的有表决权的债权人过半数。其中,债权人总人数为出席会议的债权人人数,进行债权申报但并未出席债权人会议的债权人并不计入债权人总数。这里的“过半数”并不包括半数,故必须超过出席会议的债权人总数一半的债权人同意通过方能符合人数标准。需要注意的是,这里的“出席会议有表决权的债权人”,只能是无担保的债权人,以及放弃了由担保物优先受偿权利的有担保债权人。

2. 表决通过的债权额标准为“过半数同意”的债权人所代表的债权额占“无财产担保”债权总额的2/3以上。这里的“三分之二以上”,包括本数,即达到2/3即为已足。这里的“债权总额”,不是指出席会议的债权人持有的债权总额,而是经过申报记载于债权簿并经确认全部无财产担保的债权额。放弃了由担保物优先受偿权利的有担保债权,也应计算在内。

有关双重表决标准的制度原理,参见本书第六十四条注释。

【示例】

1. 在A公司的和解程序中,申报债权的和解债权人共有26人,无担保债权总额为600万元。表决和解协议草案的债权人会议召开时,参加债权人会议的债权人共有20人,则通过和解协议草案的具体标准为:出席会议的债权人中至少有11人同意,并且这些债权人所持有的债权额至少达到400万元。

2. 在前例中,当债权人会议召开时,一位持有150万元债权并享有质押担保的债权人自愿放弃质押权并出席债权人会议。此时,和解债权人增至 27 人,与会人数增至 21 人,无担保债权总额增至 750 万元。因此,和解协议草案获得通过的标准应为:同意人数至少 11 人,并且这些人所持有债权额至少达到 500 万元。

二、和解协议经表决通过而成立

和解协议成立的方式,是债务人以提出和解协议草案的形式向债权人团体发出要约,债权人会议以通过和解协议草案的决议形式作出承诺。因此,在债务人提出和解协议草案后,债权人会议表决通过则为和解协议成立。

合同的成立并不必然导致合同生效,在法律有规定的情况下,只有具备了法律规定的生效条件,合同才生效。在本法中,和解协议依照本条规定的标准成立以后,必须具备本法第 98 条规定的条件,才能生效。这个条件就是人民法院的裁定认可。

第九十八条　【和解协议的生效】债权人会议通过和解协议的,由人民法院裁定认可,终止和解程序,并予以公告。管理人应当向债务人移交财产和营业事务,并向人民法院提交执行职务的报告。

【注释】

一、和解协议的裁定认可

债权人会议通过和解协议草案,和解协议成立。已成立的和解协议,须经人民法院审查后裁定认可,方为生效。这意味着,人民法院对债权人会议表决通过的和解协议,在裁定认可与不予认可之间享有依法审查和裁量的权力。一般而言,这种审查和裁量,包括内容和程序两个方面。在内容方面,主要看协议内容是否存在违法或者不正当地损害债权人、债务人或者第三人的合法权益的情形。在程序方面,主要看债权人会议的表决程序操作是否合法,计票是否正确。在个别债权人依据本法第 64 条第 2 款的规定请求人民法院裁定撤销决议的情况下,人民法院还应当对该请求进行专门审理。经审查,可以认定和解协议内容合法、程序正当,无当事人异议或者异议不成立的,人民法院应当裁定认可和解协议,同时终止和解程序,并予以公告。

二、和解程序终止的效力

本条规定的和解程序终止,是否具有终结破产程序的效力?条文中没有明确规定。本法在 1995 ~ 2000 年的几份草案稿中,有“人民法院裁定认可和解协议的,应当裁定终结破产案件”的规定。按照 1986 年《企业破产法(试行)》第 19 条及第 22 条的规定,人民法院认可和解协议后,中止破产程序,转入行政整顿;整顿成功后,人民法院终结破产程序,当事人自行执行和解协议。由于《企业破产法》取消了行政整顿制度,故直接于法院认可和解协议后终结程序。一直以来,起草组的如下认识是十分明确的:和解协议被裁定认可后即终结破产案件,其执行过程置于破产程序之外。但 2001 年以后的草案,将“终结”改为“中止”,其意图是要为和解协议执行不能时的破产宣告埋下伏笔。但是,这种修改忽略了一个问题:在和解协议正常执行的情况下,何时终结破产案件?换言之,如果和解协议执行期长达数年,该破产案件是否要一直处于未审结状态?而且在和解协议执行不能的情况下,发生的法律后果不是和解程序的恢复而是破产清算的开始。所谓“中止”,是针对何种程序而言?难道存在无程序的案件?这些都是无法解释的。最后,本法在出台时删去了“裁定中止破产案件”的提法,改用了“终止和解程序”的提法。从逻辑上来讲,已经启动债务清理程序的破产案件,如果保持存续,必有赖于原有程序继续进行或者转换为另一种程序。既然和解程序已经终止,又没有转入另外的程序,则破产案件也就当然地随之终结。因此,法院适用本法,应于裁定认可和解协议后结案,而无须考虑和解协议何时执行完毕的问题。

和解协议经人民法院裁定认可而生效。此后,债务人步出破产程序,转入对和解协议的执行,即合同的履行。但是,和解协议作为一种特殊的合同,其履行受到破产法的规制。因此,有关和解协议的效力、无效、不执行、执行不能以及执行完毕的法律效果,适用本法第 100 条至第 106 条的相关规定。

三、和解协议生效后的管理人职务终止

在后续申请和解的案件中,由于在先前的受理程序中已经根据本法第 13 条的规定指定了管理人,并且已经由管理人接管了债务人的财产和营业事务,在和解协议被债权人会议通过并依照本条第 1 款的规定获得人民法院的裁定认可后,由于破产程序终结的缘故,管理人应当结束其职务履行,向债务人移交财产和营业事务,并向人民法院提交执行职务的报告。

第九十九条 【和解协议的未成立和未生效】和解协议草案经债权人会

议表决未获得通过，或者已经债权人会议通过的和解协议未获得人民法院认可的，人民法院应当裁定终止和解程序，并宣告债务人破产。

【注释】

一、和解协议未成立或未生效的法定情形

根据本法第97条和第98条的规定，和解协议须经债权人会议表决通过方为成立，经人民法院裁定认可方为生效。因此，债务人提出的和解协议草案，如果未获得经债权人会议的表决通过，从缔约状态观之，为要约被拒绝，其效果为合同不成立。和解协议草案经债权人会议表决通过后，若未获法院认可，则为合同生效条件不具备，其效果就是已经成立的和解协议不生效。在以上任何一种情形下，和解均告失败。

二、和解协议未成立或未生效时的司法处置

在和解协议不成立或者不生效的情况下，和解程序已无继续进行的必要。此时，人民法院应当依职权裁定终止和解程序。在此种情况下，人民法院裁定终止和解程序，应当同时宣告债务人破产。由此，案件转入破产清算程序。

第一百条　【和解协议的效力】经人民法院裁定认可的和解协议，对债务人和全体和解债权人均有约束力。

和解债权人是指人民法院受理破产申请时对债务人享有无财产担保债权的人。

和解债权人未依照本法规定申报债权的，在和解协议执行期间不得行使权利；在和解协议执行完毕后，可以按照和解协议规定的清偿条件行使权利。

【注释】

一、和解协议的约束力

和解协议生效后，其约束力及于和解协议的双方当事人，即债务人和全体和解债权人。这里的“全体和解债权人”，包括符合本法第44条规定的所有债权人，无论其是否申报债权,也无论其是否参加和解程序以及是否在表决中表示同意。这种普遍的约束力,是破产法上的司法和解区别于普通民事和解的一个重要特征。普通民事和解属于个别协议和解,其效力仅及于参加和解的当事人(在和解协议上签署的人)。

本条第1款所称的"经人民法院裁定认可的和解协议",不仅包括依照本法第97条规定的经债权人会议表决通过的和解协议,而且包括依照本法第105条规定的通过法庭外的自行协商一致达成的和解协议。不同的是,后者的成立以取得全体债权人的一致同意为条件,而前者只需获得法律规定的双重多数。

和解协议对债务人约束力的主要表现为:必须严格履行和解协议的偿债条款,不得拒绝履行或迟延履行,不得实施任何有损债权人清偿利益的欺诈性财产处分行为,不得超出和解协议规定的范围对个别债权人实施有损其他债权人利益的额外清偿。和解协议对和解债权人约束力的主要表现为:不得超出和解协议规定的数额、时间和方式对债务人进行追索;不得超出和解协议规定的范围向债务人获取有损其他债权人利益的额外清偿。

如果和解协议在债务清偿安排之外,还有第三方参与的融资安排、资产交易安排和其他营业事务安排,则相关协议条款对第三方也具有约束力。

【示例】

1. A公司在破产申请受理后,与债权人达成和解协议,约定对普通债权人支付60%的清偿,分4年付清。协议生效后,A公司按照协议规定的期限和数额对普通债权人B公司、C公司和D公司进行了清偿。鉴于B公司是A公司的长期供应商,A公司承诺在对B公司的采购合同中,加价10%作为补偿。A公司、B公司的此项交易在不影响C公司和D公司依照和解协议享有的清偿利益的前提下,可以合法生效。

2. A公司创业成立后,长期资金紧张,虽经股东垫款仍不能摆脱困境。A公司股东与投资方B公司达成了"承债式收购"协议,约定条件为A公司的全体债权人同意减半还债。经谈判,大多数债权人同意减半清偿,少数债权人拒绝让步。A公司向人民法院申请破产和解,提议:所有债权按50%受偿,由股权收购方和偿债担保人B公司负责偿付。程序开始后,和解协议获债权人会议表决通过。此后,A公司完成了股权变更登记,B 公司向债权人清偿了债务,并投入资金盘活了 A 公司业务。

二、和解债权人

和解债权人是人民法院受理破产申请时对债务人享有无财产担保债权的人,具体而言,和解债权人应当具备以下条件:(1)须为人民法院受理破产申请时已经存在的债权人,而不是和解协议达成后出现的新债权人。(2)须为对债务人享有无财产担保债权的债权人。有担保债权人可以通过担保物权的行使获得优先受偿,不列入和解协议的范围。但是,放弃由担保财产优先受偿的权利的债权,以及实现担保权不足以清偿的部分债权,视同为无财产担保的债权。

债权人依法申报债权,不是成为和解债权人的必要条件;未进行申报的债权人,符合上述两项条件的,仍得为和解债权人。但是,根据本条第 3 款的规定,未依法申报债权的和解债权人在接受清偿的时间上处于继后地位。

三、未依法申报的和解债权人的清偿时间

根据本条第 3 款的规定,和解协议的效力及于未依法申报债权的和解债权人,即未依法申报的债权人与依法申报的债权人均为和解协议的当事人。这里的"未依法申报债权",是指既未在申报期内申报债权又未依本法第 56 条的规定补充申报债权。但是,本款对于未依法申报债权的债权人接受清偿的时间,有以下特殊规定:

(1)在和解协议执行期间不得行使其权利。这里的"行使权利",是指通过私下追索、诉讼、民事执行等方式,在和解协议以外对债务人提出清偿请求,不包括债权人依照本款的规定,提出在和解协议执行完毕后按照和解协议规定的条件获得清偿的权利主张。与此相适应,此类债权人也不得在和解协议执行完毕之前,行使依照本法第 104 条的规定请求裁定终止执行和解协议的程序性权利。

(2)在和解协议执行完毕后,可以按照和解协议规定的清偿条件行使权利。由于和解协议执行完毕后,和解程序终结,程序性的权利已不存在,而根据"程序不消灭实体权利"的法理,未依法申报的债权人仍然享有实体债权。但是其权利的行使受到以下约束:首先,其请求权的范围受到和解协议规定的债权让步条件的约束,因而只能按照和解协议规定的同类债权的清偿条件行使权利。这意味着,未参加破产程序的债权人不应得到比参加程序的债权人更优越的清偿待遇;否则,将无异于鼓励债权人不参加破产程序。其次,和解协议执行完毕后,未依法申报的债权人向债务人请求依据和解协议获得清偿,债务人不履行或者不能履行的,该债权人只能依照一般的民事诉讼或民事执行程序寻求救济,而不得依据本法第 104 条的规定请求人民法院裁定终止执行和解协议和宣告债务人破产。

【示例】

3. A 公司进入破产程序后,其债权人 B 一直未申报债权。A 公司与债权人实现和解。按照协议,和解债权按本金 50% 清偿,不计利息,分 3 年付清。协议生效后,A 公司按照协议规定的期限和数额对其他债权人进行了清偿。鉴于债权人 B 未申报债权,A 公司一直未对其清偿。3 年后,债权人 B 提起诉讼,要求 A 公司支付所欠债务的全部本息。法院判定,债权人 B 仅有权请求支付其债权本金的 50%,其余部分不予支持。判决后,A 公司拒绝对债权人 B 履行给付。债权人 B 援引本法第 104 条的规定向法院申请 A 公司破产。法院驳回债权人 B 的申请,并告知其有权申请民事执行。

第一百零一条 【和解不影响连带债务】和解债权人对债务人的保证人和其他连带债务人所享有的权利,不受和解协议的影响。

【注释】

一、和解协议中的债权让步不惠及连带债务人

在一般情况下,如果债务人与债权人达成在债权让步基础上变更原定清偿条件的和解协议,保证人可以援引债权让步主张责任减免。例如,根据《民法典》第 695 条的规定,债权人和债务人未经保证人书面同意,协商变更主债权债务合同内容,减轻债务的,保证人按变更后的债务承担保证责任。债权人与债务人对主债权债务合同履行期限作了变更,未经保证人书面同意的,保证期间不受影响。所以,在普通民事和解中,如果债权人作出了免除部分债务和延展还债期限的让步,未经保证人书面同意,保证人可以主张针对减免后的剩余债务承担责任,并主张在原定偿债期届满后不再承担责任。在其他连带债务的情况下,根据《民法典》第 520 条规定的连带债务人之一所生事项的涉他效力规定,如果债权人对债务人之一达成减免债务的民事和解,其他债务人对债权人的债务在相同范围内消灭。民法关于连带债务和债的变更的法理，主张依变更后的清偿约定承担连带责任。由此可见，在破产程序之外的和解协议是惠及保证人和其他连带债务人的。

本法设立和解制度的首要目的在于拯救企业。债权人在和解协议中的让步，虽也有使自己免于更大债权损失之利，但仍不失为对他人和社会作出贡献。更何况，有一部分债权人是非自愿地服从多数人决议。所以，如果允许破产法上的和解协议具有更广的惠及面，则有违公平原则，也不利于鼓励债权人加入企业拯救。

在本法中，除本条规定外，还有第 92 条第 3 款“债权人对债务人的保证人和其他连带债务人所享有的权利，不受重整计划的影响”的规定和第 124 条“破产人的保证人和其他连带债务人，在破产程序终结后，对债权人依照破产清算程序未受清偿的债权，依法继续承担清偿责任”的规定，都体现了破产立法的一项基本政策——破产程序不惠及连带债务人。

二、和解债权人对连带债务人的请求权不受和解协议影响

为保护债权人的利益，和解协议给予债务人的债务减免，并不影响其保证人和其他连带债务人的清偿责任，和解债权人仍享有请求他们全额清偿的权利。但是，和解债权人已经依照和解协议获得部分清偿的，仅可就尚未清偿的部分请求连带债务人偿还。

【示例】

A 公司向 B 银行借款 80 万元，约定由 C 公司为 A 公司的此项债务承担连带保证责任。事后，A 公司由于无力偿债而向法院申请和解，法院审查后裁定和解。B 银行申报 85 万元债权参加和解程序。在经债权人会议表决通过并被法院批准的和解协议中，B 银行的债权被调整至 55 万元。根据本条规定，B 银行有权就其被和解协议削减的 30 万元部分，请求保证人 C 公司偿还。

第一百零二条 【和解协议的执行】债务人应当按照和解协议规定的条件清偿债务。

【注释】

和解协议达成后，和解协议的执行是法律调整的重心。和解协议生效后，债务人作为和解协议的一方当事人,有履行和解协议的义务。和解协议虽以债权调整为主旨,但促使债务人依照和解协议清偿债务终究是法律制度的基本目标。

和解协议生效后,法院裁定程序终止。但是,这并不意味着对债务人不履行清偿义务的行为没有任何规制。只有和解协议得到履行,债务人依照和解协议规定的条件清偿了债务,通过和解程序才能使债务人免于破产清算的制度功能得以实现。债务人不履行其清偿义务,导致和解协议不执行或者不能执行的,根据本法第104条的规定,人民法院将会应和解债权人的请求,裁定终止和解协议的执行并宣告债务人破产。

第一百零三条　【和解协议的无效】因债务人的欺诈或者其他违法行为而成立的和解协议,人民法院应当裁定无效,并宣告债务人破产。

有前款规定情形的,和解债权人因执行和解协议所受的清偿,在其他债权人所受清偿同等比例的范围内,不予返还。

【注释】

一、和解协议无效的原因

和解协议在性质上属于债权人和债务人关于债权调整的合同,自然应当符合民法上的合同有效要件。和解协议不具备合同有效要件的,和解协议应被裁定无效。根据本条规定,和解协议虽已由债权人会议表决通过而成立,但如果其成立是由于债务人的欺诈或者其他违法行为所致,则已经成立的和解协议因欠缺有效要件,应当归于无效。

主张和解协议因债务人的欺诈而成立的,应当证明合同当事人受欺诈而意思表示不真实的事实,其事实应符合以下要件:(1)债务人实施欺诈行为;(2)债务人实施欺诈行为存在主观故意;(3)债权人因债务人的欺诈而陷入错误;(4)债权人并不知道债务人的行为是欺诈。其中,债务人的欺诈行为可能表现为采取隐瞒真相、虚构事实的方式,虚构或隐瞒其自身的负债、财产和营业状况等信息,虚构其履行和解协议的能力,提供虚假的和解协议执行担保等。

本条中规定除"债务人的欺诈"行为外尚有债务人的"其他违法行为",但对此并没有具体界定,在适用时可依据相关法律和本法规定的其他不法行为来认定。如果债务人行为构成《民法典》第153条、第154条规定的合同无效情形,①则和解协议应当被裁定为无效。

【示例】

1. A公司在和解程序中与债权人达成和解协议,约定对普通债权人B、C、D、E四家公司的总共750万元的债权按60%的比例清偿,分5年付清,即每年偿付合计90万元。其计算依据是A公司提供的销售额和成本数据。但是,A公司在提供数据时,隐瞒了A公司与B公司私下达成的一份协议:A公司将其产品以优惠性低价提供给B公司的全资子公司F公司包销,由此可使B公司每年获得12万元的利润。实际上,A公司完全有能力自行销售并取得这笔收益,从而给债权人更高的清偿比例。A公司通过私下交易并隐瞒事实,为B公司提供特殊待遇,并因此损害债权人C、D、E的清偿利益,构成了本条规定的欺诈行为。对此,人民法院应当裁定和解协议无效,并宣告A公司破产。

2. A公司为开发一项技术成果投入了大量资金,形成对多家公司的负债。A公司以无力偿债为由向人民法院申请破产和解。经和解程序,A公司与债权人达成了减免50%债务的和解协议。事实上,在破产申请前,A公司的技术成果已经成熟并且与B投资基金达成合作意向。和解协议执行完毕后,债权人发现,A公司将该技术成果以远高于破产时资产评估的作价,与B基金合资成立了C公司。债权人以A公司欺诈性和解为由,向受理破产案件的人民法院提起诉讼。人民法院经审理,裁定和解无效,并宣告A公司破产。经管理人变卖A公司持有的C公司股权,债权人获得了全额清偿。

3. A公司提出的和解协议草案经债权人会议通过后,管理人发现,债权人B公司申报的债权中,有一笔由A公司出具欠条的应收货款纯属捏造。A公司的行为构成本法第33条规定的"承认不真实债务"行为。对此,人民法院应当裁定和解协议无效,并宣告A公司破产。

---

① 《民法典》第153条规定:"违反法律、行政法规的强制性规定的民事法律行为无效。但是,该强制性规定不导致该民事法律行为无效的除外。违背公序良俗的民事法律行为无效。"第154条:"行为人与相对人恶意串通,损害他人合法权益的民事法律行为无效。"

4. A公司旗下有一家从事房地产开发的全资子公司B公司,C公司欲收购之。为降低收购成本,C公司与A公司通过虚假交易做大B公司负债表,然后申请B公司破产和解。债权人会议在最大债权人C公司推动下通过了以债权减让为主条款的和解协议草案。事后,C公司收购了A公司对B公司的全部股权。半年后,有关部门接举报查明真相,法院遂裁定该和解协议无效,并宣告B公司破产。经破产清算,C公司以外的债权人的债权由B公司资产拍卖所得予以清偿,其所受损失由A公司和C公司赔偿。

二、和解协议无效的法律后果

(一)债务人被宣告破产

和解协议被裁定无效的,应同时宣告债务人破产并开始债务人的破产清算程序,因此,和解协议无效是破产宣告的一个特殊事由。

本条规定的和解协议裁定无效是和解协议被裁定认可后发生的事件。如果是在裁定认可前发现的无效原因,应当适用本法第99条的规定,在不予认可的情况下裁定终止和解程序并宣告债务人破产。

由于在本条规定的破产宣告之前,破产程序已经终结,因此,这里的破产宣告的性质不是本法第93条规定的程序转换,而是破产清算程序在特定情形下无须经过申请和受理的直接启动。这种直接启动的原因在于,和解协议的执行受到破产法的直接规制,这种规制是保障破产秩序的手段之一,即赋予执行期间的特定事由以导致破产宣告的法律后果。这些特定事由,包括本条规定的协议无效和本法第104条规定的协议执行不能。

(二)债权因执行和解协议而获部分清偿的处理

人民法院裁定和解协议无效,在裁定时间上存在两种情况:第一种情况,是和解协议在被裁定无效时尚未执行;第二种情况,是在和解协议被裁定无效时已经执行。

在第一种情形下,不存在对债务人已获部分清偿的处理问题;在第二种情形下,债权人因和解协议的执行而受领的部分清偿,按照合同无效的民法规则,本应予以返还。但是,和解协议无效后转入破产清算程序,届时将对债权人进行清算分配。如果要求和解债权人返还因执行和解协议而受偿的部分,则返还的财产仍会经清算分配而再次领回。其结果对公平清偿并无裨益,只会徒增程序操作的成本。因此,本条第

2 款规定,在同等受偿的原则下,允许各和解债权人保有与同顺位其他债权人所受清偿比例内的部分清偿,仅对多出的部分予以返还,计入债务人的破产财产。

(三)对债务人的责任追究

因债务人的欺诈或者其他违法行为而被人民法院裁定和解协议无效的,如果债务人有本法第 127 条、第 128 条规定的情形,应当追究其法律责任。

【示例】

5. 在和解程序中,债务人 A 公司与债权人达成和解协议并经法院裁定认可而生效,约定按 55% 的偿付率分期偿还普通债权人的债权。3 年后,和解协议执行完毕。事后,A 公司总裁因犯罪被查处,暴露了当年破产程序期间 A 公司管理层隐匿大笔资金并私分的事实。经债权人请求,人民法院裁定和解协议无效,并宣告 A 公司破产。A 公司的和解债权人可以申报其债权的 45% 部分及其在和解程序终止后的利息,参加破产分配。

6. A 公司与债权人达成和解协议,约定对全体债权人按 42% 的比例清偿。其中,债权人 B 应得的部分以实物折价一次清偿,其余债权人分期领取现金清偿,每年偿还债权额 6%,共偿还 7 年。3 年后,法院查明和解协议系因债务人欺诈而成立,裁定无效并宣告 A 公司破产。此时,债权人 B 已获得 42% 的清偿,而其他债权人已获得 18% 的清偿。根据本条第 2 款"在其他债权人所受清偿同等比例的范围内,不予返还"的规定,债权人 B 应当返还其已受领清偿中相当于原债权 24% 的部分,其余债权人无须返还。

第一百零四条 【和解协议的执行不能】债务人不能执行或者不执行和解协议的,人民法院经和解债权人请求,应当裁定终止和解协议的执行,并宣告债务人破产。

人民法院裁定终止和解协议执行的,和解债权人在和解协议中作出的债权调整的承诺失去效力。和解债权人因执行和解协议所受的清偿仍然有效,和解债权未受清偿的部分作为破产债权。

前款规定的债权人,只有在其他债权人同自己所受的清偿达到同一比例时,才能继续接受分配。

有本条第一款规定情形的,为和解协议的执行提供的担保继续有效。

【注释】

一、和解协议执行不能的样态

债务人不能执行或者不执行和解协议的,人民法院经和解债权人请求,应当裁定终止和解协议的执行。这里的执行不能分为以下两种情形:

1. 债务人不能执行和解协议。这属于客观的执行不能,即债务人本身缺乏执行和解协议的能力。造成执行不能的原因,可以是债务人自身的经济状况,如营业额达不到预期目标,或者原材料涨价造成成本增加,或者因产品责任而承担巨额赔偿;也可以是客观的障碍,如债务人因自然灾害或者政府管制而无法正常营业。

2. 债务人不执行和解协议。这属于主观的执行不能,即债务人拒不执行或者拖延执行。对此,债务人或者直接责任人员将承担相应的法律责任。

二、和解协议执行不能的法律后果

(一)债务人被宣告破产

和解协议被裁定终止执行的,应同时宣告债务人破产。由此,债务人进入破产清算程序。

(二)和解债权人在和解协议中承诺的债权调整失去效力

债务人因违反和解协议而被宣告破产,债权人以拯救债务人为目的所作出的债权让步失去意义。和解协议中的债权调整,本质上属于权利的限制而不是权利的消灭。和解协议因债务人违约而终止后,这种权利限制自应解除,故债权人仍得持原有的债权参加破产清算。因此,本条第 2 款规定,人民法院裁定终止和解协议执行的,和解债权人在和解协议中作出的债权调整承诺失去效力。

(三)因执行和解协议所受清偿的处理

和解协议的终止不影响和解协议的已履行部分的效力。债权人依据和解协议已经受领的清偿仍然有效,债权人有权保留其获得的清偿额,而和解债权未受清偿的部分,则作为破产债权参加破产清算程序。因此,债权人实际参加破产清算的债权额,应为已经申报并获得确认的债权额减去已受领清偿额以后的余额。

应当注意的是,因和解协议的部分执行所受清偿的效力,在本法第 103 条规定

“和解协议无效”的情形和本条规定“因债务人不能执行或者不执行和解协议而终止执行和解协议”的情形下并不相同：在和解协议被裁定无效的情形下，和解协议归于自始无效，已受领清偿的债权人有返还义务，但为了简化后续的破产清算程序，法律特别规定在其他债权人同等比例受偿范围内不予返还；而在和解协议被裁定终止的情形下，和解协议于此前有效，于此后失去效力，因此，依据和解协议已经实施的清偿仍为有效，债权人没有返还义务。

（四）对已受清偿的债权人继续接受分配的限制

获得部分清偿的债权人，其未受清偿部分作为破产债权参与破产分配，但是根据破产法的公平清偿原则，同一类别的债权应获得同等受偿。这种同等受偿不仅要求同类债权人的清偿比例相同，而且要求清偿进程同步。但在实践中，当和解协议终止执行时，很可能存在各债权人实际受偿比例不一致的情形。因此，本条第 3 款规定，已受清偿的债权人，只有在其他债权人同自己所受清偿达到同一比例时，才能继续接受分配。这意味着，在转入破产清算程序以后，应当首先对其中已获清偿率较低的债权人进行补差，使同类债权人的已受偿比例达到一致，才能进行进一步的清偿分配。

（五）为和解协议执行提供的担保继续有效

为和解协议执行提供的担保，是指第三人对债务人履行和解协议提供的担保，包括抵押、质押和保证。此种担保包括了在债务人不履行的情况下和解协议执行终止和不终止两种情形。在债务人不执行或者不能执行和解协议时，债权人可以直接对第三人行使担保权，以实现其债权。但是，有时候第三人为和解协议执行提供的担保并不完全覆盖债务人在和解协议中承担的全部清偿义务，或者第三人承诺了对全部和解债权的担保但其偿付能力不足。在这种情况下，尽管有第三人担保，仍不能避免出现债务人不能执行和解协议的局面。所以，当和解协议终止时，为和解协议的执行而提供的担保是否继续有效的问题，需要在法律上予以明确。对此，本条第 4 款作出了肯定性的规定。根据这一规定，债务人不执行或者不能执行和解协议而被人民法院裁定终止执行的，享有担保权的债权人有权请求担保人履行担保责任。本款规定与本法第 93 条第 4 款的立场是一致的。

【示例】

1. A 公司与债权人达成的和解协议中对普通债权进行了如下调整：所有债权按

80%清偿,每6个月偿还债权额的10%,4年还清。和解协议执行1年后,因为债务人不执行和解协议,人民法院裁定终止执行和解协议并宣告债务人破产。此时,债权人已经受领20%的债权清偿,其尚未执行的60%与解债权与在和解协议中让步的20%债权,均应当作为破产债权在破产清算程序中参加破产分配。

2. A公司与债权人达成的和解协议中,对债权人B和债权人C的债权进行延期偿还,约定每年5月10日对B偿还其债权额的10%,10月10日对C偿还其债权额的10%。和解协议从当年1月20日开始执行,协议执行至第二年的10月,A公司拒绝执行对C的清偿。同年12月10日经C申请,人民法院裁定终止和解协议的执行、宣告债务人破产。此时,债权人B已经受领两次共20%的清偿。而C只接受过一次10%的清偿。转入破产清算程序后,应当根据本条第3款的规定,首先清偿C的10%债权,然后对B、C按破产分配方案规定的比例继续分配。

第一百零五条 【法庭外和解】人民法院受理破产申请后,债务人与全体债权人就债权债务的处理自行达成协议的,可以请求人民法院裁定认可,并终结破产程序。

【注释】

一、庭外和解的意义

法庭外和解是20世纪90年代以来在国际上受到广泛重视的一种企业拯救方式。其优点是能够充分发挥当事人自治的作用,避免司法拯救程序常有的时间长、费用高、企业信息披露度高和企业市场信用损失大的缺点。但是,这种拯救方式也存在一定难度,因为,如果没有全体债权人的一致同意,所达成的协议就没有普遍约束力;而在债权人众多的情况下,要取得全体债权人一致同意是比较困难的。

我国《企业破产法》之所以对破产程序期间的法庭外和解作出专条规定,主要是考虑到程序期间当事人有这样的积极性。法庭外和解制度允许当事人采用各种灵活的方式进行充分磋商,而不是像法庭内和解那样严格遵守"债务人提出和解协议草案,交债权人会议一次性投票表决"的方式。而且,在法庭外和解中,债权人可以扮演更加积极主动的角色。因此,允许当事人在程序之外自行协商解决,体现了尊重私法自治和尽可能地拯救困境企业的精神,也有利于缩短程序时间和节省司法资源。

二、破产审理期间庭外和解的特点

法庭外和解是相对于法庭内和解来说的和解方式。具体而言,包括两类情形:一是在未启动破产程序情况下,债务人与部分或全体债权人通过自行协商达成的和解;二是在已经启动破产程序的情况下,债务人与全体债权人通过自行协商达成的和解。二者之间最重要的区别在于,前一种和解无须人民法院裁定认可即可生效,而后者必须经过人民法院裁定认可方能生效。因此,第一类和解不适用破产法的规定,第二类和解经法院裁定认可后,适用破产法的相关规定。本条规定属于第二类法庭外和解。

本条规定的法庭外和解与法庭内和解的基本区别在于,前者的和解协议成立不需要通过人民法院主持的债权人会议,不适用"少数服从多数"的表决制度。

与法庭内和解相比,法庭外和解并没有将和解协议的缔结过程置于人民法院的控制之下。在此过程中,当事人应当本着平等、自愿、公平和诚信的民法原则进行协商缔约,并遵守我国《民法典》的相关规定。如有欺诈、胁迫、乘人之危、显失公平等不法情事,当事人可以依据相关法律的规定,请求人民法院撤销和解协议。

三、破产审理期间庭外和解的条件和范围

(一)条件

本条规定的法庭外和解,应当符合以下条件:(1)须债务人的破产程序已经开始并依照破产法的规定完成债权申报;(2)须在法院受理破产申请后,破产宣告前达成协议;(3)债务人须与全体债务人达成协议;(4)协议须以债务清偿为基本内容;(5)协议不得损害有财产担保的债权人的权益;(6)协议须经人民法院裁定认可。

(二)范围

1. 时间范围。本条规定的法庭外和解,可以在人民法院受理破产案件后、破产宣告前的任何时候进行,而且不受当时正在进行的程序种类的限制。也就是说,无论案件受理时的初始申请是破产清算、重整还是和解,也无论此时是否已经启动和解程序,只要尚未对债务人作出破产宣告,都可以进行这种和解。

2. 债权人范围。本条规定的"全体债权人",以和解协议成立时已经申报的债权为已足。这意味着,参加和解协议的债权人,应当包括所有已申报的债权人,但不必包括未申报的债权人。

四、庭外和解协议的法律效力

债务人与全体债权人自行达成和解协议后,应当向人民法院提出裁定认可的申

请。人民法院经审查,认为符合和解协议的意思表示真实、内容合法公平并取得已知债权人全体同意的,应当裁定认可。该和解协议自人民法院裁定认可之日起生效。

法庭外自行达成的和解协议,经人民法院裁定的,具有与法庭内达成并经人民法院裁定认可的和解协议相同的法律效力,适用本法第100条至第104条以及第106条的规定。

【示例】

1. A公司在被债权人申请破产,人民法院受理以后,与主要债权人进行协商,形成了初步的和解条款,然后就这些条款与其他债权人磋商。在此基础上,A公司拟订了和解协议草案,以通信方式分别征求位于各地的债权人的意见,最后分别取得他们的签署同意。A公司将和解协议提交受理破产案件的人民法院认可。此时,A公司尚未被宣告破产。人民法院经审理,予以裁定认可。

2. 在前例中,A公司提交的和解协议草案被债权人会议通过和人民法院裁定认可后,B公司提出异议,主张自己未在和解协议上签署,不受和解协议规定的债权让步条件的约束,要求A公司对其履行即时的全部清偿。经查,B公司未按照人民法院裁定受理破产案件时公告的债权申报期限申报债权。根据本法第100条的规定,B公司仅可在和解协议执行完毕后,按照和解协议规定的清偿条件行使权利。

3. A公司在和解协议执行期间,因为市场变化,产品滞销,无法依照和解协议对债权人进行清偿。经和解债权人请求,人民法院依照本法第104条的规定,裁定终止和解协议的执行,并宣告A公司破产。

五、多元化纠纷解决机制在和解程序中的应用

2016年6月28日发布的最高人民法院《关于人民法院进一步深化多元化纠纷解决机制改革的意见》“合理配置纠纷解决的社会资源,完善和解、调解、仲裁、公证、行政裁决、行政复议与诉讼有机衔接、相互协调的多元化纠纷解决机制”的工作目标,提出了加强平台建设、健全制度建设和完善程序安排的一系列措施。在破产案件审理过程中,对于和解程序中的各种争议,人民法院应尽可能运用多元化纠纷解决机制,如中立评估机制、先行协商和解程序,及时、迅速地化解争议。这些机制和程序也可以在促进当事人选择和解程序和达成和解协议的过程中加以应用。

第一百零六条 【和解协议执行完毕】按照和解协议减免的债务，自和解协议执行完毕时起，债务人不再承担清偿责任。

【注释】

一、和解协议执行完毕的意义

从法理上来讲，债权人在和解协议中作出的让步属于附条件的责任免除。这里所附的条件，就是债务人按照和解协议对债权人履行清偿义务。当这个条件成就时，债务人即免除对债权人的清偿责任。所以，当债务人依照和解协议向债权人清偿债务，至和解协议执行完毕时，和解协议作为债权人和债务人之间的债权清偿协议得到完全履行，债权人以和解让步方式对债务人作出的责任免除亦随之生效。

二、和解减免债务的清偿免责

和解协议执行完毕，债权人的债权在和解协议中作出让步的部分，即失去了对债务人的约束力。因此，本条规定，按照和解协议减免的债务，债务人不再承担清偿责任。

但是，破产法上的责任免除，其效力仅及于债务人。至于债务人的保证人和其他连带债务人，仍应依照约定对债权人承担连带清偿责任。这种情况与民法上的债务免除有所不同。民法上的债务免除所产生的效果是债务的消灭，债务消灭后，债务人及其保证人和其他连带债务人均不再对债权人承担清偿责任。而和解协议对债务人的责任免除，不导致债务的消灭，当然也不影响连带债务人的清偿责任。所以，本法第 101 条规定："和解债权人对债务人的保证人和其他连带债务人所享有的权利，不受和解协议的影响。"

【示例】

1. A 公司与债权人会议达成和解协议并经法院认可而生效。在和解协议中，债权人 B 90 万元的债权被削减为 65 万元。3 年后，和解协议执行完毕，B 按时如数获得了清偿。对于被和解协议减免的 25 万元债务，债务人 A 不再承担清偿责任。

2. 在前例中，A 公司的大股东 C 集团公司曾经就 A 公司对 B 公司的债务提供过保证担保。和解协议执行完毕后，B 公司向 C 公司请求偿付 25 万元的债务。C 公司以和解协议执行完毕，清偿责任已经免除为由，拒绝履行清偿义务。B 公司诉至人民法院。根据本法规定，C 公司的抗辩不能成立，人民法院应当支持 B 公司的请求。

第十章
破 产 清 算

第一节　破 产 宣 告

第一百零七条　【破产宣告的裁定】人民法院依照本法规定宣告债务人破产的，应当自裁定作出之日起五日内送达债务人和管理人，自裁定作出之日起十日内通知已知债权人，并予以公告。

债务人被宣告破产后，债务人称为破产人，债务人财产称为破产财产，人民法院受理破产申请时对债务人享有的债权称为破产债权。

【注释】

一、破产宣告与破产清算

破产宣告是进入破产清算程序的大门。任何一个国家的破产法，即使是秉持再建主义立法宗旨的破产法，都十分重视破产清算程序的制定和应用。在各国破产法的实践中，破产清算的案件数量都远远超过重整、和解的案件数量，尽管这不能成为轻视再建型程序的理由。实践证明，破产清算程序的确定性、公正性和效率，对于破产法的有效实施至关重要。

首先，破产法采取有利于重整的政策不是要给濒临绝境的企业建立一个免于债务追索的“避难所”，对于无可挽救的“僵尸企业”应尽可能迅速、有效地进行清算。正如联合国国际贸易法委员会指出的：“广而言之，可以说，商业企业在市场经济中没有竞争力就应当出局。丧失竞争力的企业,其主要识别标志是具备破产原因,即无能力偿还其到期债务,或资不抵债。更具体而言,不妨把清算程序的必要性看作处理债权人之间的矛盾(当破产债务人的资产不足以清偿所有债权人的债权时,债权人出于自身利益的考虑,会在其他债权人采取类似行动之前抢先采取行动收回自己的债权),也可以看作一种纪律约束力,而这正是可持续的债务人—债权人关系的基本要素。对于债权人之间的矛盾,有序和有效的清算程序的做法是启动一种集体程序,以此避免那些虽然个别债权人认为符合其自身的最大利益,但从根本上来说则会导致全体债权人遭受价值损失的行动。集体程序旨在为债权人提供公平的待遇,对地位相同的债权人一视同仁,为全体债权人的利益而实现债务人资产价值的最大化。"①

其次,对于有望拯救的企业来说,破产清算的预期也有利于遏制对重整、和解程序的滥用,以及有助于当事人在重整、和解过程中把握利益边界。本法第 78 条、第 79 条、第 88 条、第 93 条、第 99 条、第 103 条、第 104 条提供了经破产宣告从重整、和解程序转入破产清算程序的通道。

二、破产宣告的依据

破产宣告,就是法院对债务人具备破产原因的事实作出有法律效力的认定。破产宣告是一种司法行为,它产生一系列法律效果。这一司法行为和它的法律效果,构成了破产法上的一个重要事件。这一事件标志着破产案件无可逆转地进入清算程序,债务人无可挽回地陷于信用丧失。因此,破产宣告的法律制度,在破产法上有十分重要的意义。本条规定,债务人被宣告破产后,债务人称为破产人,债务人财产称为破产财产,人民法院受理破产申请时对债务人享有的债权称为破产债权。这些特殊称谓,是对破产清算程序目标的特别宣示。其目标就是:破产人以其全部破产财产对全体破产债权为清偿。所以,破产清算程序仅以债务清偿为目的。在企业破产的情况下,一旦破产人的全部财产被用于清算分配,破产人即因丧失继续生存的信用基础而归于人格消灭。

债务人具备破产原因,是破产宣告的基本依据和必要条件。没有破产原因的事实存在,则不得进行破产宣告。本法第 2 条规定了破产原因,即企业法人不能清偿到

---

① 联合国国际贸易法委员会:《破产立法指南》(中文版),2006 年纽约,第 29 页。

期债务,并且资产不足以清偿全部债务或者明显缺乏清偿能力。

由于本法实行再建主义和受理开始主义,破产程序的启动并不以破产宣告为必要。因此,破产原因只是宣告破产的必要条件,而不是充分条件。也就是说,具备破产原因的,不一定宣告破产;不具备破产原因的,不得宣告破产。

在具备破产原因的情况下,有以下情形之一的,不得宣告债务人破产:(1)债务人有本法第108条规定事由的;(2)破产案件初始申请重整或和解被人民法院裁定受理后,或者破产案件后续申请重整或和解被人民法院裁定许可后,在程序进行期间尚未出现本法第78条、第79条、第88条、第93条、第99条、第103条、第104条规定的裁定宣告破产事由的。

破产案件初始申请为破产清算的,人民法院裁定受理后,可以在确认债务人具备破产原因的情况下适时进行破产宣告,但并不要求立即进行破产宣告。有下列情形之一的,人民法院可以酌情延缓破产宣告:(1)债权申报尚未完成,或者债务人的财产状况尚未查明,不能最后确定债务人具备破产原因的;(2)管理人尚未完成财产接管,立即宣告破产将不利于债务人财产保全和债权人利益保护的;(3)根据债务人的资产规模、营业现状、职工人数以及破产事件的社会影响等诸种因素,认为其具有拯救的需要和可能的;(4)债务人、其他利害关系人或者政府向人民法院提出对债务人进行拯救的要求或意向的;(5)受理破产案件的人民法院或者其上级人民法院根据其他事由,认为需要延缓宣告破产的。

债务人被适用重整程序或者和解程序的,在具备本法第78条、第79条、第88条、第93条、第99条、第103条或者第104条规定事由时,人民法院应当依照该条规定宣告债务人破产。在这种情况下,以本法第2条第2款规定的"有明显丧失清偿能力可能"为由适用重整程序的,视为具有破产原因。

三、破产宣告的裁定

破产宣告的裁定,是法院对债务人具备破产原因的事实作出认定的法定方式。根据最高人民法院《破产审理规定》第32条的规定,人民法院宣告企业破产应公开进行,应当通知债权人、债务人到庭,当庭宣告裁定。根据《信息公开规定》,破产宣告的裁定应当在全国企业破产重整案件信息网公布。

关于破产宣告的条件,最高人民法院《破审会议纪要》第23条规定,人民法院受理破产清算申请后,第一次债权人会议上无人提出重整或和解申请的,管理人应当在债权审核确认和必要的审计、资产评估后,及时向人民法院提出宣告破产的申请。人民法院受理破产和解或重整申请后,债务人出现应当宣告破产的法定原因时,人民法院应当依法宣告债务人破产。

当然,破产宣告并不是都要等到第一次债权人会议之后或者启动重整程序或和解程序之后。对于债务人明显没有拯救可能的案件,特别是由公司清算转破产案件、"执转破"案件以及债务人财产不足清偿破产费用的案件,可以在破产案件受理时或者第一次债权人会议召开前裁定宣告破产。

关于破产宣告的程序及转换限制,《破审会议纪要》第24条规定,相关主体向人民法院提出宣告破产申请的,人民法院应当自收到申请之日起7日内作出破产宣告裁定并进行公告。债务人被宣告破产后,不得再转入重整程序或和解程序。

宣告债务人破产的裁定,应作成正式的民事裁定书。根据本条第1款的规定,该裁定书应当自裁定作出之日起5日内送达债务人和管理人,自裁定作出之日起10日内通知已知债权人,并予以公告。

根据《破产审理规定》第38条的规定,破产宣告后,债权人或者债务人对破产宣告有异议的,可以在人民法院宣告企业破产之日起10日内,向上一级人民法院申诉。上一级人民法院应当组成合议庭进行审理,并在30日内作出裁定。

四、破产宣告的效果

(一)对破产案件的效果

破产宣告对于破产案件的效果是破产案件进入破产清算程序。在破产案件受理后、破产宣告以前,债务人还可以通过和解或者其他方式(如取得担保、在短期内清偿债务)而避免破产清算。而一旦裁定破产宣告,则破产案件不可逆转地进入清算程序。

(二)对债务人的效果

破产宣告对债务人产生身份上、财产上的一系列法律后果。具体而言,主要有以下几项:

1. 债务人成为破产人

在我国,被申请破产的企业,在破产宣告前称为债务人,在破产宣告后称为破产人。所谓破产人,就是法律人格及民事权利受到破产程序拘束的人。对于成为破产人的企业,这种拘束主要表现为:丧失信用;丧失对自己财产和事务的控制能力;丧失独立对外为民事行为和进行民事诉讼的能力。这些约束是对破产债务人的权利限制和行为限制,也是对市场的风险警示和对债权人利益的保护。

破产人与破产宣告前的债务人尽管为同一主体,但在法律地位上显著不同。破产人没有行使权利的能力,其财产和权利由管理人掌握和行使。在破产清算程序中,破产人只能被动地容忍其财产被管理人变卖以后分配给债权人,直至其法律人格消灭。而在破产宣告前,无论适用重整程序还是和解程序,债务人均可以为继续营业行使自己的一些权利。其典型的表现是:首先,在重整程序中,如果符合本法规定的条件,债务人可自行管理财产和营业、制定重整计划草案、执行重整计划等。在重整计划的执行过程中,债务人还有权根据重整计划,对自己的财产进行使用、收益和处分,以及订立、履行、变更和解除商事合同以及劳动合同。其次,在和解程序中,债权人会议通过的和解协议经人民法院裁定认可后,管理人即应向债务人移交财产和营业事务,由债务人管理营业及履行和解协议,按照和解协议减免的债务,债务人自和解协议执行完毕时起不再承担清偿责任。在破产宣告前,债务人还可以在法庭外自行与债权人达成和解协议。这些都是破产人不能做到的。

2. 债务人财产成为破产财产

破产宣告后,债务人的财产成为破产财产,即成为由管理人占有、处分并用于破产分配的财产。破产财产在归属、用途和处置方法上都服从于清算分配的目的。破产财产作为一个财产集合体,受到破产法有关规则的保护。

破产财产与破产宣告前的债务人财产,在性质、目的和范围上有所不同。破产财产属于执行中的财产,其存在仅以破产分配为目的,其范围不包括已设置担保物权的财产(别除权标的物)。而债务人财产属于保全财产,其存在首先服务于继续营业和企业拯救的目的,其次也服务于最大限度地实现债权清偿的目的,因而原则上包括已设置担保物权的财产。

《破产审理规定》第65条至第70条还规定了破产财产的下列特殊情形:(1)债务人与他人共有的物、债权、知识产权等财产或者财产权,应当在破产清算中予以分割,债务人分割所得属于破产财产;不能分割的,应当就其应得部分转让,转让所得属于破产财产。(2)债务人的开办人注册资金投入不足的,应当由该开办人予以补足,补足部分属于破产财产。(3)企业破产前受让他人财产并依法取得所有权或者土地使用权的,即便未支付或者未完全支付对价,该财产仍属于破产财产。(4)债务人的财产被采取民事诉讼执行措施的,在受理破产案件后尚未执行的或者未执行完毕的剩余部分,在该企业被宣告破产后列入破产财产。因错误执行应当执行回转的财产,在执行回转后列入破产财产。(5)债务人依照法律规定取得代位求偿权的,依据该代位求偿权享有的债权属于破产财产。(6)债务人在被宣告破产时未到期的债权视为已到期,属于破产财产,但应当减去未到期的利息。

根据《破产审理规定》第71条的规定,下列财产不属于破产财产:(1)债务人基于仓储、保管、加工承揽、委托交易、代销、借用、寄存、租赁等法律关系占有、使用的他人财产;(2)抵押物、留置物、出质物,但权利人放弃优先受偿权的或者优先偿付被担保债权剩余的部分除外;(3)担保物灭失后产生的保险金、补偿金、赔偿金等代位物;(4)依照法律规定存在优先权的财产,但权利人放弃优先受偿权或者优先偿付特定债权剩余的部分除外;(5)在特定物买卖中,尚未转移占有但相对人已完全支付对价的特定物;(6)尚未办理产权证或者产权过户手续但已向买方交付的财产;(7)债务人在所有权保留买卖中尚未取得所有权的财产;(8)所有权专属于国家且不得转让的财产;(9)破产企业工会所有的财产。

3. 债务人丧失对财产和事务的管理权

破产宣告后,债务人的财产和事务必须全部置于管理人的控制之下。因此,由债务人自行管理的重整程序经破产宣告转为清算程序的,或者和解协议生效后经破产宣告转为破产清算的,债务人应当及时向管理人办理财产和事务的移交。破产宣告后,原则上应当停止破产人的业务活动。但是,继续经营有助于破产财产的保值增值,符合债权人利益的,人民法院可以许可,但必须由管理人为之。

(三)对债权人的效果

对债权人来说,破产宣告使他们获得了行使权利的特别许可。破产宣告后,因破产宣告以前的原因而发生的请求权,得依照破产程序的规定接受清偿。因此,破产法对破产宣告后的债权行使作出了一些特别规定。

1. 有财产担保的债权人即别除权人可以由担保物获得清偿

别除权,是指对破产人的特定财产享有担保权的债权人不依破产程序,而由该特定财产单独优先受偿的权利。根据本法第109条的规定,自破产宣告之日起,别除权人可以随时由担保物获得优先清偿。但是,根据本法第110条的规定,别除权人行使优先受偿权利未能完全受偿的,其未受偿的债权作为普通债权;别除权人放弃优先受偿权利的,其债权作为普通债权。因此,具备这种情形的别除权人应当在破产宣告后及时行使权利,以便参加随后开始的破产分配。

2. 无财产担保的债权人依破产分配方案获得清偿

无财产担保的债权人不享有由特定财产优先受偿的权利,而只能依照法律规定的清偿顺序,通过法定程序集体确定分配方案,由破产财产获得清偿。

以上两种债权,均属于有权参加破产清算程序的债权。这里所说的"破产清算程序",严格来说,应是指通过破产财产变价和分配进行的集体清偿程序。因此,本条第 2 款"人民法院受理破产申请时对债务人享有的债权称为破产债权"的规定,是对破产债权的一般性规定,其意义在于确定参加破产清算的债权的时间界限。根据这一规定,在破产程序期间发生的破产费用和共益债务,不属于破产债权。

由此可见,"人民法院受理破产申请时对债务人享有的债权"中,参加集体清偿程序的债权包括 3 种情况:一是无财产担保的债权;二是有财产担保的债权在行使别除权后未能完全受偿的部分;三是放弃优先受偿权利的有财产担保的债权。此外,人民法院受理破产申请后对债务人享有的债权,本法有特别规定的,也成为破产债权。例如,人民法院受理破产申请后,连带债务人因代替债务人清偿债务而取得的代位求偿权(本法第 51 条),待履行合同因管理人或者债务人解除而产生的相对人的赔偿请求权(本法第 53 条),委托合同的受托人因善意继续处理委托事务而产生的请求权(本法第 54 条),票据付款人继续付款或者承兑而产生的请求权(本法第 55 条)。

根据《破产审理规定》第 61 条的规定,下列债权不属于破产债权:(1)行政、司法机关对破产企业的罚款、罚金以及其他有关费用;(2)人民法院受理破产案件后债务人未支付应付款项的滞纳金,包括债务人未执行生效法律文书应当加倍支付的迟延利息和劳动保险金的滞纳金;(3)破产宣告后的债务利息;(4)债权人参加破产程序所支出的费用;(5)破产企业的股权、股票持有人在股权、股票上的权利;(6)超过诉讼时效的债权;(7)债务人开办单位对债务人未收取的管理费、承包费。① 上述不属于破产债权的权利,管理人也应当对当事人的申报进行登记。此外,根据该规定的第 58 条和第 62 条,职工向企业的投资不属于破产债权;政府无偿拨付给债务人的资金

---

① 该条文中的第 6 项"破产财产分配开始后向清算组申报的债权"与我国现行《企业破产法》第 56 条的规定相抵触,应归于废止。

不属于破产债权,但财政、扶贫、科技管理等行政部门通过签订合同,按有偿使用、定期归还原则发放的款项,可以作为破产债权。

(四)对抵押的效果

根据《民法典》第411条的规定,浮动抵押的抵押人被宣告破产时,抵押财产确定。根据《民法典》第423条的规定,最高额抵押的债务人、抵押人被宣告破产时,抵押权人的债权确定。由于本法实行破产程序受理开始主义,债权人的债权和担保权均应在程序开始后的申报期限内进行申报,而抵押权只有在已确定的情况下才能申报。为维护有序和有效率的破产程序,保护抵押权人的合法权益,《民法典》第411条和第423条中"被宣告破产"的起算时间,在实践中以人民法院裁定受理破产申请的日期为宜。

五、破产清算优先于强制清算

解散清算是公司法上的清算制度。在我国,公司因《公司法》第180条规定的原因解散的,应当进行清算。在多数情况下,公司清算实行无司法权介入的自主清算。在特殊情况下,人民法院可以经债权人或者公司股东申请,指定清算组进行清算。后者即为强制清算。但是,迄今为止,我国法律除《公司法》第183条的原则性规定外,没有关于强制清算程序的具体规定。最高人民法院在2008年5月12日《公司法解释(二)》中,对公司强制清算案件审理中的有关问题作出了初步规定,进而在2009年11月4日《强制清算纪要》细化了有关程序和实体规定。总体来说,强制清算程序在公司解散的制度体系中,属于对自主清算程序的补充,其基本目标仍在于完成公司人格消灭。而企业破产清算的宗旨是公平清理债务,其发生原因和程序规则与公司解散清算有显著不同。而且在我国,破产清算的程序规则在立法位阶上高于公司强制清算。所以现行《公司法解释(二)》第17条和《强制清算纪要》第32条都规定,在强制清算过程中,如果发现公司资不抵债,并且债权人不能就清算方案达成一致,则应转入破产清算程序。但是,《强制清算纪要》第33条还规定,在强制清算程序中,如果有关权利人另行提出破产申请,只要符合企业破产法的规定,人民法院应当受理。这意味着,在程序竞合的情况下,应当优先适用破产程序。《九民会议纪要》第117条规定:"要依法区分公司解散清算与破产清算的不同功能和不同适用条件。债务人同时符合破产清算条件和强制清算条件的,应当及时适用破产清算程序实现对债权人利益的公平保护。债权人对符合破产清算条件的债务人提起公司强制清算申请,经人民法院释明，债权人仍然坚持申请对债务人强制清算的，人民法院应当裁定不予受理。”这一规定进一步强化了破产程序优先的规则。它意味着，即使在强制清算程序尚未启动而且破产申请尚未提起的情况下，也应当适用这一规则。

六、人员下落不明或财产状况不清的清算案件的处理

债务人相关人员下落不明或者财产状况不清，债权人申请其破产清算的，人民法院如何受理和审理，是在实践中常常遇到的一个疑难问题。对此，最高人民法院2008年8月7日《“两不”案件批复》就此类案件的受理、财产追收和责任追究问题作出了规定，2019年《九民会议纪要》第118条作了进一步的规定，其要点如下所示。

（一）基本原则

根据《九民会议纪要》第118条第1款的规定，人民法院在审理债务人相关人员下落不明或者财产状况不清的破产案件时，应当充分贯彻债权人利益保护原则，避免债务人通过破产程序不当损害债权人的利益，同时也要避免不当突破股东有限责任原则。

（二）案件受理

《“两不”案件批复》第1款规定，债权人对人员下落不明或者财产状况不清的债务人申请破产清算，符合企业破产法规定的，人民法院应依法予以受理。债务人能否依据本法第11条第2款的规定向人民法院提交财产状况说明、债权债务清册等相关材料，并不影响对债权人申请的受理。

（三）财产追收

《“两不”案件批复》第2款规定，人民法院受理上述破产案件后，应当依据企业破产法的有关规定指定管理人追收债务人财产；经依法清算，债务人确无财产可供分配的，应当宣告债务人破产并终结破产程序；破产程序终结后2年内发现有依法应当追回的财产或者有应当供分配的其他财产的，债权人可以请求人民法院追加分配。

（四）责任追究

《“两不”案件批复》第3款规定，债务人的有关人员不履行法定义务，人民法院可依据有关法律规定追究其相应法律责任；其行为导致无法清算或者造成损失，有关权利人起诉请求其承担相应民事责任的，人民法院应依法予以支持。关于此规定的适用，《九民会议纪要》第118条第2款规定，判定债务人相关人员承担责任时，应当依照企业破产法的相关规定来确定相关主体的义务内容和责任范围，不得根据《公司法解释(二)》第18条第2款的规定来判定相关主体的责任。[①]《九民会议纪要》第118条还对《"两不"案件批复》中的几个用语作了以下界定:

1."债务人的有关人员不履行法定义务,人民法院可依据有关法律规定追究其相应法律责任",系指债务人的法定代表人、财务管理人员和其他经营管理人员不履行本法第15条规定的配合清算义务,人民法院可以根据本法第126条、第127条的规定,追究其相应法律责任,或者参照《民事诉讼法》第114条的规定,[②]依法拘留,构成犯罪的,依法追究刑事责任;债务人的法定代表人或者实际控制人不配合清算的,人民法院可以依据《出境入境管理法》第12条的规定,[③]对其作出不准出境的决定,以确保破产程序顺利进行。

2."其行为导致无法清算或者造成损失",系指债务人的有关人员不配合清算的行为导致债务人财产状况不明,或者依法负有清算责任的人未依照本法第7条第3款的规定及时履行破产申请义务,导致债务人主要财产、账册、重要文件等灭失,致使管理人无法执行清算职务,给债权人利益造成损害。

3."有关权利人起诉请求其承担相应民事责任",系指管理人请求上述主体承担相应损害赔偿责任并将因此获得的赔偿归入债务人财产。管理人未主张上述赔偿,个别债权人可以代表全体债权人提起上述诉讼。

(五)追加分配

根据《九民会议纪要》第118条第5款规定,上述破产清算案件被裁定终结后,相关主体以债务人主要财产、账册、重要文件等重新出现为由,申请对破产清算程序启

---

① 现行《公司法解释(二)》第18条第2款规定:"有限责任公司的股东、股份有限公司的董事和控股股东因怠于履行义务,导致公司主要财产、账册、重要文件等灭失,无法进行清算,债权人主张其对公司债务承担连带清偿责任的,人民法院应依法予以支持。"

② 《民事诉讼法》第114条规定:"诉讼参与人或者其他人有下列行为之一的,人民法院可以根据情节轻重予以罚款、拘留;构成犯罪的,依法追究刑事责任:(一)伪造、毁灭重要证据,妨碍人民法院审理案件的;(二)以暴力、威胁、贿买方法阻止证人作证或者指使、贿买、胁迫他人作伪证的;(三)隐藏、转移、变卖、毁损已被查封、扣押的财产,或者已被清点并责令其保管的财产,转移已被冻结的财产的……人民法院对有前款规定的行为之一的单位,可以对其主要负责人或者直接责任人员予以罚款、拘留;构成犯罪的,依法追究刑事责任。"

③ 《出境入境管理法》第12条规定:"中国公民有下列情形之一的,不准出境……(三)有未了结的民事案件,人民法院决定不准出境的……"

动审判监督的,人民法院不予受理,但符合本法第 123 条规定的,债权人可以请求人民法院追加分配。

第一百零八条 【破产原因的消除】破产宣告前,有下列情形之一的,人民法院应当裁定终结破产程序,并予以公告:

(一)第三人为债务人提供足额担保或者为债务人清偿全部到期债务的;

(二)债务人已清偿全部到期债务的。

【注释】

一、破产原因消除的时间界限

破产原因的消除应当发生于破产案件受理之后、破产宣告裁定作出之前。如果破产原因的消除发生于破产申请受理之前,则因为债务人不具备破产原因,法院不会受理破产申请,所以不会进入破产清算程序。而如果破产原因的消除发生于破产宣告裁定作出之后,则因为破产宣告使破产案件不可逆转地进入清算分配阶段,所以并不能发生本条规定的裁定终结破产程序、阻断破产清算程序继续进行的法律效果。

二、破产原因消除的法定事由

(一)第三人为债务人提供足额担保或者为债务人清偿全部到期债务

在破产宣告前,如果第三人为债务人提供足额担保或者清偿全部到期债务,一方面,使债务人的破产原因消除;另一方面,使债权人的债权能够通过第三人获得满足,则不需要对债务人进行破产清算。在实践中,第三人于破产程序开始后提供担保一般是出于使债务人免于破产的目的。而这种担保能够给债权人带来更高的清偿。对于第三人的这种做法,破产法给予鼓励。这里所说的"第三人",包括政府、企业和个人。例如,当从事供电、供水、供暖、公共交通等公共服务的企业破产时,政府出面为其清偿债务,实际上相当于政府为维持城市公共事业而作出的财政投入。又如,债务人的母公司为了挽救自己在子公司中的投资而为其提供担保或者代为清偿债务,其付出的资金是以挽回投资为补偿的。

本条第 1 项规定的第三人担保和代为清偿,在民法上属于第三人履行的性质。关于第三人履行(又称第三人清偿),《法国民法典》第 1236 条第 2 款规定:"债务亦得由无利害关系的第三人清偿,但以该第三人以债务人的名义并为了结该债务人的债务为目的者为限，或如第三人以自己名义清偿时，不得取代债权人的权利。”《德国民法典》第267条第1款规定：“债务人不能亲自履行给付时，也可以由第三人履行给付。无须得到债务人的同意。”《意大利民法典》第1180条规定：“如果债权人不强调债务人是否亲自履行给付时，即使是与债权人的意愿相反，债务依然得由第三人履行。”《日本民法典》第474条第1款规定：“债务的清偿，可由第三人进行。但是，其债务性质不容许或当事人表示了反对意思时，不在此限。”这些规定从不同角度贯彻了一个基本理念：第三人履行应与债务人本人履行同质，并同样地导致债的消灭。这种特性必然要求禁止第三人取得代位权，并在一定情况下（如具有人身性质的债务）禁止第三人履行。根据这一原理，并结合破产法的立法目的，应当认为，依照本条第1项的规定为债务人提供足额担保或者为债务人清偿全部到期债务的第三人，无须征得债务人的同意。但是，其履行债务以后，不得代位取得对债务人的债权（否则，将不能构成破产原因的消除）。

在理解本项规定时，需要注意掌握以下几点：

1. 第三人提供的担保和代为清偿，应以人民法院依据本条规定裁定终结破产程序时已到期的债务为对象。实现本条规定的程序终结是以消除“不能清偿到期债务”的事实状态为条件。这种事实状态应是当下状态而非过去状态。因破产程序的效力而发生的债权到期不可回转，破产程序开始后发生的费用和债务也不可回避。因此，本条第1项中的“到期债务”，不仅包括破产申请受理时已到期的债务，而且包括根据本法第46条的规定被“视为到期”的债务。截至人民法院依本条规定裁定终结破产程序时发生的破产费用、共益债务和其他应于程序终结前清偿的债务（如待履行合同解除后的返还义务、取回权标的物灭失的赔偿义务），也应当包括在内。

2. 这里的担保必须是第三人而非债务人自己提供的担保。在我国《民法典》的担保制度中，第三人提供的担保，包括保证、抵押、质押3种方式。留置只能由债务人财产设定，故不符合本条规定。提供担保的第三人可以是一人，也可以是多人。多人提供担保的，应当承担连带责任。

3. 本条的担保需要经过债权人的同意。根据《民法典》的规定，保证、抵押和质押都是约定担保，必须有双方当事人合意。① 况且，第三人提供足额担保后就立即产

① 参见《民法典》第388条、第400条、第427条、第681条。

生终止破产程序的法律效果,终止破产程序对于债权人的利益息息相关,因此,第三人提供担保必须经债权人同意才能成立。

4.“足额担保”的确定标准。首先,足额担保是指能够覆盖全部债务的担保。如果债权人和第三人对于是否足额不能达成一致,一般应经过具备相应资质的评估机构对抵押物、质物或者保证人的财产和信用进行评估。如果经评估足额,就应当认为担保足额。在评估时,要充分考虑担保物贬值风险或保证人信用风险。其次,为了避免当事人滥用本条规定拖延破产程序,有关的担保登记必须在人民法院依照本条规定作出裁定以前完成。必要时,人民法院可以限定担保登记的完成时间,并告知到期未完成即宣告破产。

5.“清偿全部到期债务”的确定标准。这里的“全部清偿”,是指承担全部债务的清偿义务,只承担部分债务的清偿或者全部债务的部分清偿,不能满足本条规定的条件。第三人在没有提供担保的情况下为债务人清偿全部到期债务的,适用债务人自己清偿全部到期债务的确定标准。至于采用何种清偿方式,如货币清偿或代物清偿、即时清偿或延期清偿、一次清偿或分期清偿,无所不可。但是,代物清偿应提供明确公允的作价标准。延期清偿和分期清偿应由第三人提供担保。债权人对代物清偿、延期清偿或者分期清偿表示反对的,不能成立全部清偿。

(二)债务人已清偿全部到期债务

根据本条第2项的规定,在破产宣告前,债务人如果已经清偿全部到期债务,可免于被宣告破产。在实践中,债务人有可能获得某些财产来源,如其关联企业或者战略投资者提供的融资。如果债务人取得的财产足够清偿全部到期债务,则可以在破产宣告前,允许其通过这种清偿而免于破产宣告。需要注意的是,这里所称的“全部清偿”,必须在人民法院依照本条规定作出裁定以前完成。也就是说,在债务人没有完成对全部到期债务的清偿以前,不得适用本条规定终结破产程序。而这里所称的全部到期债务,包括根据本法第46条的规定被“视为到期”的债务。至于债务人清偿全部到期债务的资金来源以及取得资金的条件,在所不论。为避免本条被滥用,人民法院可以指定完成清偿的时间,并告知到期未完成即宣告破产。

【示例】

1. A公司申请破产清算被人民法院受理后,在破产宣告前,M集团公司与A公司的全体股东达成协议:M集团公司向A公司提供一笔资金,用于清偿其全部到期债务;作为回报,M集团受让取得A公司65%的股份。在M公司依照协议将这笔资金汇入本案管理人账户后,管理人以这笔资金对全体债权人进行了全额清偿。随后,人民法院裁定终结破产程序。

2. A公司是B公司的一种定制零部件的供应商,该产品在国内市场无替代来源。A公司因客户C公司破产,无法收回其拖欠的货款,导致资金链断裂。债权人申请A公司破产清算被人民法院受理。B公司为按期完成订单和扩大市场销售,需要A公司尽快恢复正常运营并保持技术团队稳定。B公司以预付货款加借款的方式向A公司提供资金。A公司在破产宣告前以这笔资金还清了全部债务。人民法院裁定终结破产程序。

三、本条规定的适用限制

本条规定属于破产清算制度下的救济手段,其程序终结原因在性质上属于破产宣告的阻却事由,应以面临破产宣告为适用前提。也就是说,只有法院受理债务人破产申请后没有启动重整程序或者和解程序的情况下,或者在启动重整程序或者和解程序后出现本法第78条、第88条、第103条第1款、第104条第1款规定的情形时,才能被援用。在重整程序或者和解程序期间,破产宣告已经处于被阻却状态,且拯救企业的救济措施已经启动。此时,无论是债务人自筹资金还是第三人为债务人提供资金或者担保以清偿债务,都应当纳入重整计划或者和解协议,按照法定程序实现企业拯救。

【示例】

3. A公司重整期间,在管理人发出重整投资人招募公告后,B公司表示愿意为债务人提供全额担保,并请求依据本条规定终结破产程序。B公司的担保如果被接受,可以纳入重整计划草案,但不足以发生即时终结破产程序的效力。

第一百零九条　【别除权的行使】对破产人的特定财产享有担保权的权利人,对该特定财产享有优先受偿的权利。

【注释】

一、别除权的概念

别除权，是大陆法系破产法上的概念，是指债权人不依破产程序，而由破产财产中的特定财产单独优先受偿的权利。别除权具有以下法律特征：

（一）别除权以担保权为基础权利

别除权不是破产法创设的实体权利，而是破产法给予某些实体权利的特殊待遇。享有这种特殊待遇的实体权利是担保物权，而担保物权是依据民法发生的。也就是说，只有在破产案件受理时已经合法取得民法上的担保物权的债权人才能够享有别除权。这里所说的“民法”，从我国法律渊源上来讲，目前是指《民法典》物权编第四分编。其他法律规定的法定优先权，如《民法典》第807条规定的建设工程价款优先权、《海商法》第二章第三节规定的船舶优先权、《税收征收管理法》第45条规定的税收优先权，不是别除权的基础权利。

我国现行破产法给予担保物权以比较充分的保护。本条规定：“对破产人的特定财产享有担保权的权利人，对该特定财产享有优先受偿的权利。”这里所说的“财产担保”，包括抵押、质押、留置三种形式。因此，在我国，依据《民法典》物权编成立的抵押权、质权和留置权是别除权的基础权利。

（二）别除权以实现债权为目的

民法设立担保制度是以保障债权的实现为目的。因此，担保权从属于受担保的债权。债权的有效和存续是担保权有效和存续的前提。债权消灭，担保权随之消灭。同样，债权的范围和实现条件，也就是担保权的范围和实现条件。这一基本原理亦为破产法的别除权制度所遵循。别除权对被担保债权的从属性主要表现在以下两个方面：

（1）在破产程序中，别除权的行使以债权申报和确认为前提。未按期申报债权或者债权不被确认者，不得享有和行使别除权，也不得在破产程序以外行使其担保权。

（2）别除权的行使，以实现债权全部清偿为限度。如果别除权标的物的折价或变价所得在清偿被担保债权以后还有余额，该余额应当归属于破产财产。

（三）别除权以破产人的特定财产为标的物

别除权享受优先清偿的财产来源是依照合同约定或法律规定被设置了担保权的

担保物。在破产法上，这种财产被称作别除权标的物。别除权标的物必须是特定财产。这里的特定财产，是指特定物或特定化的种类物。

根据别除权标的物的特定性，当别除权标的物不足以清偿被担保的全部债务时，别除权人不得就未足额清偿部分请求由破产财产获得优先清偿，而只能作为普通破产债权参加集体清偿。

（四）别除权的行使不参加集体清偿程序

享有别除权的债权人，称作别除权人。别除权的特点就是，别除权人有权就担保物单独优先受偿。所谓优先受偿，就是在全体债权人的集体清偿程序以外个别地、排他地接受清偿。所以，别除权制度是破产法上集体清偿原则的一个例外。按照我国破产法的规定，破产宣告后，别除权人即可对标的物实施处分并由此获得清偿，而不受破产清算程序进展情况的影响。

（五）别除权标的物不计入破产财产

根据本条规定，别除权人有权就别除权标的物优先受偿，则其他破产债权人不能对别除权标的物提出清偿请求，管理人也不得擅自将别除权标的物纳入破产分配。只有在两种情况下，别除权标的物才计入破产财产：第一，别除权人放弃优先权（同一物上有数个别除权，各别除权人均放弃优先权）而自愿加入集体清偿的，该别除权标的物转为破产财产；第二，别除权标的物在清偿被担保的债权以后还有余额的，该余额转为破产财产。因此，破产申请受理后，别除权标的物虽然也属于债务人财产，并且可能在破产宣告前为管理人接管（除已经被担保权人占有的外），但为了实现别除权的优先受偿，管理人需要将别除权标的物与其他债务人财产有所区分，不能用别除权标的物清偿破产费用和共益债务。

二、别除权行使的条件

债权人在破产程序中享有和行使别除权，应当具备以下 3 个条件。

（一）债权和担保权须合法成立和生效

作为别除权根据和基础的债权和担保权，必须符合《民法典》总则编、合同编、物权编的有关规定。例如，当事人之间的抵押借款合同必须具备行为人有相应的民事行为能力、意思表示真实和不违反法律或社会公共利益的基本条件，同时符合有关借款合同的法律和行政法规的规定。双方签订的抵押合同必须采用书面形式，其标的物必须符合《民法典》物权编和其他相关法律的规定，并且必须办理抵押登记。欠缺其中任一条件,不得在破产程序中享有别除权。

(二)债权和担保权须符合破产法的规定

作为别除权根据和基础的债权和担保权,还必须符合破产法的有关规定。具体而言,包括以下3项:

第一,债权和担保权必须指向破产人及其财产。首先,该债权必须以破产人为债务人(单独债务人或者连带债务人);非以破产人为债务人的债权,不享有别除权。其次,该担保权必须以破产人的财产为标的物;以不属于破产人的财产为标的物的担保权(如第三人提供的抵押),不享受别除权地位。

第二,债权和担保权必须成立于破产宣告以前。在破产案件受理后至破产宣告前,一般情况下是不允许以债务人财产设立新的担保。但是,在重整期间依据本法第75条第2款的规定为继续营业借款而设定担保的,在重整程序转为破产清算程序后,该担保权仍享受别除权的地位。同样,管理人依据本法第18条的规定为待履行合同的继续履行而提供的担保,以及管理人依据本法第37条的规定为取回质物、留置物而提供的替代担保,在破产宣告后亦享有别除权地位。

第三,债权和担保权的成立不存在破产法上的无效或可撤销事由。例如,债务人在破产申请受理前虚构债务或者承认不真实债务的,该债务对应的债权及其担保权无效。又如,在人民法院受理破产申请前1年内,债务人对原来没有财产担保的债务提供财产担保,破产申请受理后,管理人提出撤销请求并得到人民法院支持的。再如,在人民法院受理破产申请后,管理人无正当理由擅自设定新的财产担保,债权人会议或者债权人委员会提出异议并得到人民法院支持的。

(三)债权须已依法申报并获得确认

根据本法第44条的规定,无论是有财产担保的债权还是无财产担保的债权,均应当依照破产法规定的程序行使权利。债权申报是债权人参加破产程序的必经程序。根据本法第58条的规定,已申报的债权应提交债权人会议核查并由人民法院确认。因此,未获确认的有担保债权不享受别除权的地位。

三、别除权行使的时间

自破产宣告裁定作出之日起,别除权人即可行使别除权。

根据最高人民法院《破审会议纪要》第25条的规定,在破产清算程序中,别除权人可以随时向管理人主张就该特定财产变价处置行使优先受偿权,管理人应及时变价处置，不得以须经债权人会议决议等为由拒绝。但因单独处置担保财产会降低其他破产财产的价值而应整体处置的除外。

四、别除权行使的方法

别除权人行使别除权不受破产程序的约束。行使别除权的方法，依标的物的占有状态分为以下两种情况：

1. 别除权人占有标的物的。在动产质押的情况下，标的物须移交债权人占有；而留置则以债权人依合同占有标的物为前提。所以，在破产宣告时，质权人、留置权人是别除权标的物的实际占有人。他们行使别除权，可以不经管理人同意，而依据民法典的规定，直接以标的物折价抵偿债务，或者将标的物拍卖、变卖后以价款偿还债务。①

2. 别除权人未占有担保物的。在抵押的情况下，标的物不转移占有。所以，在破产宣告时，抵押权人不是别除权标的物的实际占有人。此时，管理人依照破产法的规定，取得对抵押物的合法占有。在这种情况下，抵押权人要行使别除权，必须向管理人主张权利，经管理人同意，取得对抵押物的占有，然后以抵押财产折价或者以拍卖、变卖该抵押财产所得的价款优先受偿。在权利质权的情况下，依照《民法典》物权编第十八章和相关法律的规定，由质权人取得和行使被质押的权利。

五、与别除权相关的争议

在别除权人占有标的物的情况下，管理人对其权利有异议，或者认为标的物价款超过了债权数额，因而应当归还超过部分的，可以直接提出归还请求。如果双方经协商不能达成一致，可以诉请人民法院判决。

在别除权人不占有标的物的情况下，别除权人向管理人主张权利遭到拒绝的，或者别除权人不向管理人归还超过债权数额的标的物价款的，如果双方经协商不能达成一致，可以诉请人民法院判决。

六、清偿余额的处理

别除权标的物折价或者拍卖、变卖后，其价款超过债权数额的部分，应当归入破产财产。对此，别除权人负有向管理人偿付的义务。别除权不履行此项义务的，管理人有权对其提起诉讼。此种诉讼应由受理该破产案件的人民法院管辖。

---

① 参见《民法典》第410条、第413条、第414条、第433条、第436条、第453条、第455条。

七、加入破产财产整体变价

有时候,别除权标的物与破产财产存在价值上的关联性,其单独变现可能存在较大困难或者难以实现其价值最大化。在破产财产能够依本法第 112 条第 2 款的规定整体变价时,将别除权标的物加入整体变价可能是一个对别除权人和全体债权人均有利的选择。此时,应当通过评估和协商,在整体变价的总收入中划分出属于别除权的应得份额,并将该份额支付给别除权人。至于变价费用在别除权人与破产财产之间的分担,有协议的依照协议,无协议的按变价所得的比例分担。

【示例】

1. A 公司曾将其在一宗土地上拥有的建设用地使用权抵押给 B 银行。以后,A 公司在该宗土地上建造了厂房并安装了生产线。A 公司被宣告破产后,B 银行不能将该宗土地的使用权单独变卖,①又没有能力独立开展对该生产线的整体变卖,遂与管理人达成协议,委托管理人负责整体财产的变价工作。经过招标,W 公司中标,整体收购了包括土地、厂房、设备以及商标等在内的整个生产线。经评估,该土地使用权的变现价值高于被担保的债权额。随后,W 公司支付的价款在全额支付 B 银行的债权后全部用于破产分配。

2. A 公司破产清算。债权人 B 公司对 A 公司一幢楼房的两个楼层享有抵押权,其建筑面积占整幢楼房的 1/10。该楼房的其余部分未设定抵押。管理人经 B 公司同意,将这幢楼房整体变卖,得款 2 亿元。根据事前协议,B 公司按面积比例分得价款 2000 万元,并承担 10% 的变价费用。

八、特定财产上法定优先权与别除权的关系

目前,我国民事立法中的特定财产上法定优先权有两种:一是《民法典》合同编第 18 章规定的建设工程价款优先权;二是《海商法》第二章第三节规定的船舶优先权。就前者而言,《民法典》第 807 条规定:"发包人未按照约定支付价款的,承包人

---

① 我国《民法典》第 417 条规定:"建设用地使用权抵押后,该土地上新增的建筑物不属于抵押财产。该建设用地使用权实现抵押权时,应当将该土地上新增的建筑物与建设用地使用权一并处分。但是,新增建筑物所得的价款,抵押权人无权优先受偿。"

可以催告发包人在合理期限内支付价款。发包人逾期不支付的，除按照建设工程的性质不宜折价、拍卖外，承包人可以与发包人协议将该工程折价，也可以申请人民法院将该工程依法拍卖。建设工程的价款就该工程折价或者拍卖的价款优先受偿。”关于此种优先权与抵押权的清偿顺序问题，法律没有规定。2002 年 6 月 20 日《工程款优先权批复》（已失效）第 1 条规定，人民法院在审理房地产纠纷案件和办理执行案件中，应当依照我国《民法典》第 807 条的规定，认定建筑工程承包人的优先受偿权优于抵押权和其他债权。

但是，我国《民法典》第 807 条和《工程款优先权批复》（已失效）第 1 条的适用场景都是民事诉讼和民事执行程序。本法并没有赋予法定优先权在破产清算程序中的优先地位。因此，在破产清算的情况下，建设工程价款优先权是否享有优先于抵押权由特定建筑物变价所得受偿的地位？该批复并未明确。

《工程款优先权批复》（已失效）第 2 条规定："消费者交付购买商品房的全部或者大部分款项后，承包人就该商品房享有的工程价款优先受偿权不得对抗买受人。"根据这一规定，已支付全部或部分购房款的商品房消费者的房屋交付请求权享有优先于工程价款优先权的特殊地位。《九民会议纪要》第 126 条进一步规定："根据《最高人民法院关于建设工程价款优先受偿权问题的批复》第 1 条、第 2 条的规定，交付全部或者大部分款项的商品房消费者的权利优先于抵押权人的抵押权，故抵押权人申请执行登记在房地产开发企业名下但已销售给消费者的商品房，消费者提出执行异议的，人民法院依法予以支持。"但是，这一规定的适用场景仍然是民事执行程序，其是否也适用于破产清算程序并不明确。

然而，"商品房消费者优先权"毕竟不是法定优先权。所以《九民会议纪要》第 126 条紧接着指出："但应当特别注意的是，此情况是针对实践中存在的商品房预售不规范现象为保护消费者生存权而作出的例外规定，必须严格把握条件，避免扩大范围，以免动摇抵押权具有优先性的基本原则。"由此可见，最高人民法院对维护抵押权的优先地位，持有慎重态度。

破产清算程序的制度安排，以债权人集体清偿为基本原则。别除权是集体清偿原则的例外。因此，如果破产法对例外的范围没有限制，则集体清偿原则将被严重削弱甚至荡然无存。而破产法之所以赋予担保物权以别除权的优先地位，主要是为了稳定金融市场对担保制度之信用支持功能的信赖和预期。如果在担保物权之上再设立种种"超级优先权",势必背离破产法建立别除权制度的初衷。正如联合国国际贸易法委员会指出的:"在破产程序中承认并执行债权人在破产程序启动前对债务人及其资产所享有的各种权利,尤其在关系到担保债权人的权益和优先权方面可使市场具有确定性,并有助于提供信贷。制定原已存在的债权人和程序启动后的债权人的优先权排序明确规则,关系到能否为贷款人提供可预测性,能否确保连贯一致地适用这些规则和对破产程序抱有信心,以及能否确保所有参与人都能够采取适当的措施管理风险。这些优先顺序应尽最大可能立足于商业交易,而不得反映有可能扭曲破产结果的社会和政治方面的种种考虑。因此,应尽可能减少对非商业交易的债权赋予优先权。"①《世行破产原则》主张:"有担保债权人在担保物上的优先地位应得到支持。在未经有担保债权人同意的情况下,其在担保物上的权益不应劣后于破产程序中准予的其他优先权。对有担保债权人的清偿应尽快实施。""在有担保债权人由担保物优先受偿,并且与成本相关的债权和管理费用得到支付之后,除非有令人信服的正当理由给予某类债权优先地位,可分配财产应按比例分配给剩余的普通无担保债权人。公共利益一般不应优先于私人权利。优先级债权类别的数量应保持在最低限度。"②在我国,本法已经明确规定担保物权的别除权地位,此外并没有对其他民法上的优先权赋予别除权地位或者其他形式的优先受偿地位。即使认为别除权以外的某种债权需要在破产清算程序中获得优先保护,也应该在未来的破产立法中予以解决;而在法律没有明文规定的情况下,人民法院不宜自行扩大享受优先清偿的权力清单。

第一百一十条 【未能依别除权受偿的债权】享有本法第一百零九条规定权利的债权人行使优先受偿权利未能完全受偿的,其未受偿的债权作为普通债权;放弃优先受偿权利的,其债权作为普通债权。

---

① 联合国国际贸易法委员会:《破产立法指南》(中文版),2006 年纽约,第 13 页。

② 世界银行集团:《有效破产与债权人/债务人制度的原则》(*Principles for Effective Insolvency and Creditor/Debtor Regimes*)(英文版)C12.2、C12.3,2016 年华盛顿,第 25 页。

【注释】

一、别除权行使后的债权余额成为普通债权

别除权人依据本法第 109 条的规定行使别除权之后，如果未能完全受偿，则未受偿部分的债权作为普通债权进入破产清算程序，依据本法第 113 条的清偿顺序获得分配。

二、别除权放弃后的债权为普通债权

根据私权自治原则，别除权人有权放弃其由担保物优先受偿的地位。在实践中，债权人通过行使别除权所能得到的清偿，在多数情况下高于通过破产清算程序所能得到的清偿。但在某些特殊情况下，情况却可能相反。例如，在标的物毁损、灭失，或者标的物流转受到法律限制的情况下，债权人由担保物受偿的比例很低甚至无法受偿。此时，放弃别除权而转为参加集体清偿，是对债权人相对有利的选择。参加集体清算程序获得公平清偿，是法律为债权人提供的最基本的保护。因此，根据本条规定，别除权人放弃优先受偿权利的，其债权转变为普通破产债权，依照本章第二节的相关规定参加清算分配。至于别除权人放弃优先受偿权的原因和动机，以及其放弃别除权是否使破产财产受益，均在所不问。

第二节 变价和分配

第一百一十一条 【破产财产变价方案】管理人应当及时拟订破产财产变价方案，提交债权人会议讨论。

管理人应当按照债权人会议通过的或者人民法院依照本法第六十五条第一款规定裁定的破产财产变价方案，适时变价出售破产财产。

【注释】

一、管理人在破产清算中的作用

在破产清算中，财产的管理、变现和分配应当由管理人负责，而破产清算的程序主导权属于法院。这是各国破产法的通例。《世行破产原则》指出："在清算程序中，公司管理层应当被破产管理人取代，后者应被授权为债权人利益管理破产财产。对该财产的控制应毫不迟延地移交给破产管理人。在债权人提出破产申请的过程中，如果情况需要，应当任命一个职权有限的临时管理人监管公司营业，以确保债权人利益得到保护。"①国际货币基金组织在1999年制定的《有序和有效的破产程序：关键问题》中也指出："清算人和管理人在破产法的有效实施中扮演着主要的角色。尽管他们各自的职能有显著不同，他们在一个重要方面是相同的。作为法院任命的官员，他们有义务保证法律得到有效和公正地适用。而且，由于他们通常掌握了有关债务人状况的大多数信息，他们处于作出明智决定的最佳位置。但是这并不是说，他们替代了法院：正当法律程序要求在清算人与利害关系人之间的争议得到有管辖权的法院的裁判。即使是在那些法院的司法能力有严重问题的国家，法律赋予清算人和管理人的职权范围也是有限的。"②

二、破产财产变价的原则

破产清算以货币分配为原则，实物分配为例外，此为各国通例。我国破产法也贯彻这一原则。破产财产变价，简称破产变价，是指管理人将非货币的破产财产通过合法方式加以出让，使之转化为货币形态，以便于清算分配的过程。破产变价是贯彻货币分配原则的必要环节，也是制约货币分配实施过程的主要因素。破产宣告后，管理人未接管破产财产的，应当立即接管并进行破产变价工作；已经接管的，则应迅速着手进行破产变价工作。

对于非货币形态的破产财产的处置，原则上应进行破产变价。不能变价或者变价损失较大的，经债权人会议决议，可以采用实物分配，即以实物折价的方式抵偿应支付给债权人的分配额。作为货币分配原则的例外，破产法允许实物分配是为了避免因部分财产难以变现而拖延破产清算时间、增加破产费用而不得不采用的替代办法。在我国的司法实践中，部分破产财产无法变现的情况比较常见，因而实物分配的做法较普遍。但应当看到，由于实物的市场价值存在一定的变动性，再加上实物估价过程存在一定的随意性，实物分配通常难以保持较高程度的公平。所以，破产清算应当尽可能采用货币分配。为此，就需要做好破产变价的工作。

---

① 世界银行集团：《有效破产与债权人/债务人制度的原则》(*Principles for Effective Insolvency and Creditor/Debtor Regimes*)(英文版)C6.1，2016年华盛顿，第22页。

② 国际货币基金组织法律部(IMF Legal Department)：《有序和有效的破产程序：关键问题》(*Orderly and Effective Insolvency Procedures*：*Key Issues*)(英文版)，国际货币基金组织1999年5月，第62页。

《破审会议纪要》第 26 条规定："破产财产处置应当以价值最大化为原则，兼顾处置效率。人民法院要积极探索更为有效的破产财产处置方式和渠道，最大限度提升破产财产变价率。采用拍卖方式进行处置的，拍卖所得预计不足以支付评估拍卖费用，或者拍卖不成的，经债权人会议决议，可以采取作价变卖或实物分配方式。变卖或实物分配的方案经债权人会议两次表决仍未通过的，由人民法院裁定处理。"

三、破产财产的估价

破产财产在变价前或者实物分配时，有必要进行估价的，应当进行估价。破产财产的估价应当由具备合法资格的评估机构进行。对于房屋、土地使用权等重要财产的估价，应当由符合有关规定资格的评估人员，按照规定程序进行。债权人会议、管理人对破产财产的评估结论、评估费用有异议的，参照最高人民法院《关于民事诉讼证据的若干规定》第 27 条的规定处理。债权人会议对破产财产的市场价格无异议的，除国有资产外，[1]可以经人民法院同意后不进行评估。

对于不能变卖的实物进行折价分配的，一般也应当进行估价。实物为动产，并有可供参照的市场价格的，为节省时间和费用，也可以采取全体债权人协商定价的办法。协商定价时，除市场价格外，还要适当考虑财产的折旧、用途、市场供求等因素。

四、破产变价方案

（一）破产变价方案的拟订

根据本条规定，管理人进行破产变价，应当拟订破产变价方案，提交债权人会议讨论和表决。由于破产变价常常受到市场变化的影响，提交债权人会议的破产变价方案一般应是原则性的方案。例如，变价工作的组织、需要变卖的财产以及其中应予公开拍卖的财产、重要财产变价的程序等。一般而言，管理人在破产变价方案的范围内，对破产财产的处分应有一定的灵活处置权，这对于提高破产变价的效率和效益是必要的。鉴于存在这种灵活处置权，管理人实施破产变价时应当接受人民法院和债权人会议的监督。各债权人有权随时就破产变价情况向管理人提出询问、查阅有关材料和进行必要的调查。管理人在破产变价过程中利用职权谋取私利和损害债权人利益的，人民法院应解除其职务并追究法律责任。

破产财产变价方案的拟订，应当遵循及时原则。破产宣告以后，债务人已无拯救

---

① 参见《破产审理规定》第 83 条、第 84 条。

的可能,其作为财产实体存续的唯一意义就是,变价出售以供债权人清偿分配。及时拟定破产变价方案,有利于把握时机,实现破产财产价值的最大化,也有利于节省时间和减少费用,尽可能提高破产债权的清偿率,保护破产债权人的利益。管理人应当及时拟订破产财产变价方案,并以此为依据适时地进行破产财产的变价出售。具体而言,法院作出破产宣告裁定之日起 5 日内应当将裁定书送达管理人,管理人收到破产宣告裁定书后,应当立即着手拟订破产财产变价方案。

(二)破产变价方案的生效

破产财产变价方案经过管理人拟订之后要发生法律效力,有以下两种途径:

1. 由债权人会议表决通过。破产财产变价方案拟订后,管理人应当根据本法第 62 条第 2 款的规定,及时向债权人会议主席提议召开债权人会议。需要注意的是,根据本法第 59 条第 3 款和第 61 条的规定,未放弃优先受偿权的别除权人,对变价方案享有表决权。这是因为,在实践中破产变价可能涉及破产财产整体变价或者多项财产集合变价的方案,其中可能包括别除权标的物。经过债权人会议通过的变价方案,直接发生效力,无须经过人民法院的裁定批准。

2. 由人民法院裁定通过。根据本法第 65 条第 1 款的规定,如果债权人会议一次表决没有通过,则由人民法院裁定。这样规定的目的在于,防止因债权人会议多次表决无果而使破产程序长期拖延,从而导致程序成本增加和债权人利益受损。在实践中,为避免出现破产变价方案因表决不通过而转为人民法院裁定的情况,债权人会议在表决时应当经过充分协商,以便对方案加以完善。需要注意的是,本法第 65 条第 1 款规定的裁定为肯定性裁定,即批准管理人提出的破产变价方案。为慎重起见,人民法院在裁定前应当了解债权人会议的情况,听取债权人的意见,必要时可以要求管理人对方案作必要修改。裁定作出后,人民法院应当根据本法第 65 条第 3 款的规定,向债权人公布。公布的方式,可以在债权人会议上宣布,也可以另行通知债权人。

破产财产变价方案只有以上述两种方式之一生效之后,才能作为管理人实施变价出售的依据。

五、破产财产的适时出售

本条第 2 款规定,破产财产的变价出售应当遵循适时原则。“适时”,是指适当的时间,适时原则即在管理人认为适当的时机变价出售破产财产。为了提高破产财产的变现率和变现值,应当允许破产管理人随时把握市场机会,积极而及时地以最有利的方式实施破产财产的变现。由于破产财产的范围较广,具体财产变价的适当时机各有不同,管理人应当注意掌握待出售资产的相关知识和市场信息。必要时,管理人可以聘请专业人员或者委托专门机构办理破产财产出售事务。

六、破产财产变价的监督

适时变价原则的本质是赋予破产管理人最大限度地实现破产财产变价的灵活处置权,但这种灵活处置权又必须尊重债权人的集体决定权。因此,本法第 68 条规定,管理人对于债务人财产的管理和处分应当受到债权人委员会的监督。管理人从事本法第 69 条规定行为的,应当及时报告债权人委员会或者人民法院。

第一百一十二条 【破产财产的变价方式】变价出售破产财产应当通过拍卖进行。但是,债权人会议另有决议的除外。

破产企业可以全部或者部分变价出售。企业变价出售时,可以将其中的无形资产和其他财产单独变价出售。

按照国家规定不能拍卖或者限制转让的财产,应当按照国家规定的方式处理。

【注释】

一、变价的方式

破产财产变价的方式以拍卖为原则。这是以公开竞价的方式出售破产财产的办法。采取拍卖方式,可以通过竞买者之间的竞价,提高变现率和变现值,有利于保护债权人的整体利益。因此,拍卖是破产财产处置最主要的方式。采用拍卖方式变现的破产财产,主要是价值较高并有多个购买者竞价可能的财产,如土地使用权、建筑物和成套设备等。拍卖应当由具备拍卖资格的拍卖机构进行,委托拍卖机构由管理人负责。

当然,拍卖也有程序较复杂、操作成本较高等缺点。所以,本条第 1 款规定,债权人会议可以作出不同的处理决定,采取非拍卖的其他变价形式,但也应当遵循公开变价的原则。在实务中主要有以下形式:(1)招标出售。管理人可以发出标书,说明待出售财产的基本情况,征求投标者出价购买破产财产。这种方式类似于拍卖,且费用较低;但由于不公开竞价,投标者不了解彼此的出价情况,故难以达到拍卖的竞价效果。(2)标价出售。对于零散财产,可以直接提出价格,寻求买主。其具体方式多种多样,如散发报价单、举办交易会、在公开市场陈列出售、个别联系买主等。标价出售可以给予求购者以议价的机会。标价出售操作简单、费用较低,但不容易获得最有利的售价。(3)协议出售。对于一些难以定价或难以出售的财产,可以采取非公开寻找买主、双方通过反复磋商来确定价格的方式。这种方式使管理人有更大的灵活性,但也比较难以判断是否存在破产财产的价值流失。

根据司法解释,依法不得拍卖或者拍卖所得不足以支付拍卖所需费用的,不进行拍卖。对这部分破产财产,可以在破产分配时进行实物分配或者作价变卖。债权人对管理人在实物分配或者作价变卖中对破产财产的估价有异议的,可以请求人民法院进行审查。①

二、变价的方法

管理人处理破产财产时,在破产财产变现价值最大化的原则下,应当赋予其一定的灵活处置权。因此,在执行变价方案时,管理人可以采取整体变价、部分变价和单独变价等方法。规定采取整体变价和部分变价还有一个重要原因:可以最大限度地保证企业的生产能力和职工就业。

(一)整体变价

整体变价包括不动产或成套设备的整体变价和企业的整体变价。不动产整体变价一般是指土地和地上建筑物、附属物的一并出售。成套设备是指按照特定的技术目的和要求,依据一定的整体设计,由多种不同的技术装备组合而成的生产系统。企业整体上不仅包括了生产系统,还包括了内部管理、市场销售、技术研发等系统。这些系统中通常包含了专利、专有技术、商标、版权、商誉、客户网络、专家团队、技术队伍等。一般而言,整体变卖的收入明显高于有形财产分散出售的收入。所以在整体变卖时,可以对现有财产进行优化组合。在组合过程中,可以剥离出一部分有形财产或无形财产单独出售,也可以将现有财产分为若干整体分别出售。根据司法解释,破产财产中的成套设备,一般应当整体变价。② 整体变价通常应采用拍卖或招标的方式。

---

① 参见《破产审理规定》第85条。

② 参见《破产审理规定》第86条。

从保存企业营运价值、职工就业和市场供求链条的角度来看，企业整体变价也不失为一种重整，尽管企业原有的法律人格和所有者权益因清算而消灭。可以说，整体变价是破产程序中实现企业拯救的最后机会，而且对收购者来说，往往也不失为成本更低的投资方式。

（二）组合变价

管理人可以根据市场行情或者某个购买者的特定需求，将破产财产的一部分进行资产组合，然后用于变价。组合变价的资产规模，一般都低于整体变价。但是，这种方式有时候可以适应市场需求实现财产组合的优化，从而提高其市场变现值。

（三）单独变价

根据实际需要，破产财产可以单独变价。即使是在整体变价或者组合变价的情况下，有些无形财产或者不动产、动产也可以脱离整体财产或组合财产单独变价。其原因可能是，该财产与企业的整体财产或组合财产缺乏联系，不为收购者所需要，也可能是该财产单独变价不仅不会影响整体财产或组合财产的变现值，而且可以带来更高的变价收入。

【示例】

1. A公司因投入大量资金开发新产品和更新设备，导致无力偿债。A公司被宣告破产后，B公司以公平价格整体收购了A公司的全部有形资产和技术成果，使债权人得到较高的清偿分配。同时，B公司还无偿获得了A公司的优秀技术团队和市场营销网络。

2. A公司的破产财产中有一项尚未投入使用的技术成果。在破产清算中，A公司的现有生产线通过拍卖被B集团公司整体收购。在拍卖该生产线时，已经明确说明不包括该项技术成果。后经单独拍卖，A公司的这项技术成果被C公司高价购得。

三、对变价的限制

本条第3款规定了破产财产变价时所受的限制，按照法律规定不能拍卖或者限制转让的财产，应当按照法律规定的方式处理。

1. 不得拍卖。根据我国《拍卖法》第7条的规定，法律、行政法规禁止买卖的物品或者财产权利,不得作为拍卖标的。也就是说,禁止流通物不得拍卖。禁止流通物,主要包括国家专有的土地、矿藏、水流、国家禁止交易的野生动物等。

2. 限制转让。限制转让的财产,也就是限制流通物。依法属于限制流通的破产财产,应当由国家指定的部门收购或者按照有关法律规定处理。[①] 按照有关规定,限制流通物及其特殊的处理方式主要有:(1)危险品和受管制的物品。凡对公共安全关系重大的物品,如非军用猎枪、火枪、弹药、爆炸物、麻醉物、剧毒品、放射性物品等,禁止任意流通。(2)对稳定国家金融秩序有关的物品。黄金、白金、白银和金银制品等一律由中国人民银行统一管理和经营。(3)历史文物,即具有历史、艺术和科学价值的国家珍宝、历史文化遗产等。根据《文物保护法》的规定,仅个人或单位收藏的该法第50条第1款规定的文物可以依法流通。根据《拍卖法》第8条第2款规定,委托拍卖的文物,在拍卖前应当经拍卖人住所地的文物行政管理部门依法鉴定、许可。(4)须审批的物品和财产权利。我国《拍卖法》第8条第1款规定,依照法律或者按照国务院规定需经审批才能转让的物品或者财产权利,在拍卖前应当依法办理审批手续。

第一百一十三条 【破产分配的顺序】破产财产在优先清偿破产费用和共益债务后,依照下列顺序清偿:

(一)破产人所欠职工的工资和医疗、伤残补助、抚恤费用,所欠的应当划入职工个人账户的基本养老保险、基本医疗保险费用,以及法律、行政法规规定应当支付给职工的补偿金;

(二)破产人欠缴的除前项规定以外的社会保险费用和破产人所欠税款;

(三)普通破产债权。

破产财产不足以清偿同一顺序的清偿要求的,按照比例分配。

破产企业的董事、监事和高级管理人员的工资按照该企业职工的平均工资计算。

---

① 参见《破产审理规定》第87条。

【注释】

一、破产分配的概念

破产分配,又称破产财产的分配,是指破产管理人将变价后的破产财产,根据符合法定顺序并经合法程序确定的分配方案,对全体破产债权人进行公平清偿的程序。破产分配标志着破产清算的完成,破产分配结束是破产程序终结的原因。

破产分配的概念包括以下要点:(1)破产分配由管理人负责实施。(2)破产分配以变价后的破产财产为标的。所谓变价后的破产财产,包括财产变现所得的现金和因不能变现而需要折价分配的实物、债权和投资权益。(3)破产分配根据符合法定顺序并经合法程序确定的分配方案进行。

二、破产分配的基本规则——按顺序清偿

破产分配实行按顺序清偿的规则。其意义在于,依据一定的法律政策确定不同类别债权人的受偿顺序,使顺序在先的债权人能够优先于顺序在后的债权人获得清偿。为了实现这一目的,按顺序清偿必须遵守如下规则。

(1)首先清偿在先顺序的债权。

(2)在先顺序清偿完毕后,有剩余财产的,进行下一顺序的清偿。

(3)对每一顺序的债权,破产财产足够清偿的,予以足额清偿;不足清偿的,按比例清偿。例如,清偿第二顺序债权后剩余的破产财产为10万元,第三顺序债权总额为100万元,则应按每10元债权偿付1元的比例进行清偿。

(4)按比例分配后,无论是否有未获分配的下一顺序债权,破产分配即告结束。例如,在清偿第一顺序债权后,剩余财产不足清偿第二顺序债权,则第二顺序债权按比例清偿后,结束破产分配。

三、破产分配的法定顺序

在国际上,“在哪几种债权将享有优先权和给予什么样的优先权问题上,有多种不同的做法。各国给予优先权的种类各异,但有两类优先权特别普遍,第一类是员工的薪资和福利(社会保障和养恤金债权)的优先权,第二类是税收债权”。[①] 根据本条规定,我国企业破产法的破产分配顺序为:破产财产在优先清偿破产费用和共益债务后,依照下列顺序清偿:(1)破产人所欠职工的工资和医疗、伤残补助、抚恤费用,所

① 联合国国际贸易法委员会:《破产立法指南》(中文版),2006年纽约,第241页。

欠的应当划入职工个人账户的基本养老保险、基本医疗保险费用,以及法律、行政法规规定应当支付给职工的补偿金(第一顺序);(2)破产人欠缴的除前项规定外的社会保险费用和破产人所欠税款(第二顺序);(3)普通破产债权(第三顺序)。以下分别予以说明。

(一)第一顺序:职工债权

国际劳工组织《雇主破产情况下保护工人债权公约》第 8 条第 1 款规定:"国家法律或条例给予工人债权的优先权的等级应高于其他绝大部分优先债权,特别是国家和社会保障制度拥有的优先债权。"因此,"在大多数国家,员工债权(包括工资、假期或假日工资、其他带薪缺勤补助和离职费债权)构成破产中的一个优先债权类别,在有些情况下,这些债权的排序高于大多数其他优先债权,具体而言,高于税收和社会保障债权"。[①] 在我国,根据本条第 1 款第 1 项的规定,职工对债务人企业享有的债权在所有破产债权中处于第一清偿顺位。具体而言,职工债权包括破产人所欠职工的工资和医疗、伤残补助、抚恤费用,所欠的应当划入职工个人账户的基本养老保险、基本医疗保险费用,以及法律、行政法规规定应当支付给职工的补偿金。关于职工债权的概念和范围,参见本书第四十八条注释。

《破审会议纪要》第 27 条规定,破产程序中要依法妥善处理劳动关系,推动完善职工欠薪保障机制,依法保护职工生存权。由第三方垫付的职工债权,原则上按照垫付的职工债权性质进行清偿;由欠薪保障基金垫付的,应按照本条第 1 款第 2 项的顺序清偿。债务人欠缴的住房公积金,按照债务人拖欠的职工工资性质清偿。

(二)第二顺序:其他社会保险费用和税款

在国际上,"对政府税收债权常常给予优先权,以保护公共收入,但也还有一些其他的正当理由。这些理由包括:可有益于重整,因为这样将鼓励税收部门推迟对陷于困境的企业收取税款,原因在于,在破产情况下此种债权终会得到优先受偿权,而且由于政府是非商业性、非自愿债权人,所以有可能被排除在某些商业偿债办法之外"。[②] 社会保险费用也属于类似情况。在我国,根据本条第 1 款第 2 项的规定,未列入第一顺序的其他社会保险费用和欠缴税款处于第二清偿顺位。

---

① 联合国国际贸易法委员会:《破产立法指南》(中文版),2006 年纽约,第 241 ~ 242 页。

② 联合国国际贸易法委员会:《破产立法指南》(中文版),2006 年纽约,第 242 页。

1. 未列入第一顺序的其他社会保险费用

这是指债务人所欠的按照我国《社会保险法》和其他相关规定应当向社会保险基金缴纳的基本养老保险费、基本医疗保险费、工伤保险费、失业保险费和生育保险费。其中,基本养老保险费和基本医疗保险费不包括应划入职工个人账户的部分。从 2019 年 1 月 1 日起,各种社会保险费由税务部门统一征收。因此,在破产程序中,管理人应当在破产宣告前,将债务人欠缴社会保险费用的情况向主管税务机关报告。

2. 欠交税款

我国《税收征收管理法实施细则》(2016 年修订)第 50 条规定:"纳税人有解散、撤销、破产情形的,在清算前应当向其主管税务机关报告;未结清税款的,由其主管税务机关参加清算。"根据这一规定,破产案件受理后,管理人应当在清理债权债务的过程中查明债务人欠缴税款的情况,在破产宣告前主动向主管税务机关报告债务人进入破产清算的事实,配合税务机关核实相关情况。对此,主管税务机关应当积极履行职责,及时核实欠交税额,并派员参加债权人会议,以维护国家税收利益。

在实践中,属于第二顺序的社会保险债权和税收债权,都是由主管税务机关代表行使的债权。但在破产程序中,这些债权与其他债权在法律上是平等的。因此,这些债权也要受制于其他债权人的异议权。也就是说,其他债权人如果对破产分配方案中所列的社会保险债权、税收债权的真实性、准确性有疑问的,可以提出询问,主管税务机关应当回答;有异议的,可以提出反对意见乃至提起诉讼,主管税务机关应当回应或应诉。主管税务机关的工作人员如果怠于行使权利或者行使权利不当,给国家利益或者其他债权人的合法权益造成损失的,应当承担相应的民事责任和行政责任。

根据 2012 年 6 月 26 日最高人民法院《关于税务机关就破产企业欠缴税款产生的滞纳金提起的债权确认之诉应否受理问题的批复》的规定,破产企业在破产案件受理前因欠缴税款产生的滞纳金属于普通破产债权,破产案件受理后因欠缴税款产生的滞纳金不属于破产债权。

(三)第三顺序:普通破产债权

这是指除上述各项外的其他所有破产债权。在实践中,破产财产一般都不足以清偿本顺序的债权。因此,本顺序的债权通常按照比例分配原则清偿。

【示例】

M公司破产进入清算程序后,其破产费用和共益债务已经清偿完毕。此时,公司欠职工A的工资、应划入个人账户的基本医疗保险费共计8万元;欠职工B的工资、应划入个人账户的基本医疗保险费、补偿金共计9万元;欠职工C的工资和伤残补助费共计5万元;欠已故职工D的家属的抚恤费共计4万元;欠职工E的工资和医疗补助费共计6万元;欠职工F工资5万元和失业保险费3万元;欠被辞退职工G工资4万元和补偿金2万元;欠职工H工资、应划入个人账户的基本医疗保险费、伤残补助费共6万元,工伤保险费1万元。M公司还欠税款22万元;欠J公司货款8万元;欠K银行无财产担保贷款20万元;欠L企业的运输费5万元。

这样,M公司所欠的第一顺位债权总额为47万元,包括A的8万元、B的9万元、C的5万元、D的4万元、E的6万元、F的5万元(其工伤保险费3万元不属于第一顺位债权)、G的4万元(其生育保险费2万元是第二顺位债权)和H的6万元(工伤保险费1万元是第二顺位债权)。M公司所欠的第二顺位债权总额为28万元,包括欠F的失业保险费3万元、欠G的生育保险费2万元、欠H的工伤保险费1万元、所欠税款22万元。M公司所欠的第三顺位债权总额为33万元,包括J的8万元、K的20万元和L的5万元。其破产分配情况如下:

(1)如果M公司的破产财产清偿了破产费用和共益债务之后还剩23.5万元,不足以全额清偿第一顺位的47万元,只能按照50%的比例清偿,因此,第一顺位的A、B、C、D、E、F、G、H只能获得其债权额的一半,而处于第二、第三顺位的社保债权、税收债权和普通债权不能受偿。

(2)如果清偿了破产费用和共益债务之后用于清算分配的破产财产为54万元,则第一顺位的47万元全额受偿后,还剩7万元用于第二顺位的清偿。因此,第二顺位的清偿率为25%,即税务机关受偿7万元。第三顺位无清偿。

(3)如果清偿了破产费用和共益债务之后用于清算分配的破产财产为81.6万元,则前两个顺位全额受偿后,还剩6.6万元用于第三顺位的清偿。因此,第三顺位的清偿率为20%,即J、K、L分别受偿1.6万元、4万元和1万元。

四、破产企业对高级管理层所欠工资的分配限制

本条第2款规定,破产企业的董事、监事和高级管理人员的工资按照该企业职工

的平均工资计算。本款规定的目的在于,加强债务人的董事、监事和高级管理人员的责任意识,促使他们切实履行对企业的忠实义务和勤勉义务,防止他们在企业、出资人或广大职工蒙受损失的情况下只顾保全个人利益,甚至将企业破产当作自己获利的工具。破产企业被申请破产前,董事、监事和高级管理人员往往在企业丧失流动性的情况下,将收入的取得寄希望于从未来企业固定资产等财产的破产变价所得。此时,董事、监事和高级管理人员经常会违背其勤勉和忠实的义务,将企业推向破产,或者不正当地为自己制造数额巨大的"欠付"工资、年薪或其他形式的报酬。本条第 2 款的规定,有利于防止这种现象的发生。但这里需要注意以下几点:

首先,本条所称"工资",是指破产案件受理之前,以及在重整计划执行期间,债务人所欠董事、监事和高级管理人员的工资。因此,破产申请受理之后,在重整期间债务人根据本法第 73 条的规定自行管理,或者管理人根据本法第 74 条的规定负责管理,对留任或聘任的企业高管欠发的工资。一旦此后发生破产宣告,这些欠发工资按照本法第 41 条第 3 项的规定便属于破产费用,应由债务人财产随时清偿和优先清偿,而不属于本条第 2 款规定的工资。本条第 2 款规定的工资,只能于破产费用和共益债务清偿之后,在劳动债权这一顺序中得到清偿。

其次,本条所称的"平均工资",应当是指所欠董事、监事和高级管理人员所在企业职工的同期平均工资。具体而言,月工资按当月计算;年薪按当年计算;非定期性工资按当年平均水平计算。

最后,本条所称的"高级管理人员",按照债务人的企业类型所适用的法律进行界定。债务人为公司的,根据我国《公司法》第 216 条第 1 款第 1 项的规定,是指公司的经理、副经理、财务负责人,上市公司董事会秘书和公司章程规定的其他人员。

五、法定顺序以外债权的清偿原则

在破产分配的法定顺序以外,还存在一些其他的债权。在一些国家,它们被列入"劣后债权"(亦称次级债权、居次债权),即只能在普通债权都获得全额清偿以后才能就剩余破产财产获得分配的债权,例如,股东或企业主的债权,罚金和罚款债权、计息债权在破产程序期间被停止计算的利息。劣后债权一般没有表决权。由于实践中这类债权的受偿机会极小,本法在制定时没有规定劣后债权。另外,一些国家还规定,如果所有的债权得到全额清偿后还有盈余,该盈余在企业破产的情况下应归属于债务人的出资人,在自然人破产的情况下应归属于债务人。

《破审会议纪要》第28条规定,对于法律没有明确规定清偿顺序的债权,人民法院可以按照人身损害赔偿债权优先于财产性债权、私法债权优先于公法债权、补偿性债权优先于惩罚性债权的原则合理确定清偿顺序。因债务人侵权行为造成的人身损害赔偿,可以参照本条第1款第1项规定的顺序清偿,但其中的惩罚性赔偿除外。破产财产依照本条规定的顺序清偿后仍有剩余的,可依次用于清偿破产受理前产生的民事惩罚性赔偿金、行政罚款、刑事罚金等惩罚性债权。2009年5月26日最高人民法院《关于依法审理和执行被风险处置证券公司相关案件的通知》第5条规定:"证券公司进入破产程序后,人民法院作出的刑事附带民事赔偿或者涉及追缴赃款赃物的判决应当中止执行,由相关权利人在破产程序中以申报债权等方式行使权利;刑事判决中罚金、没收财产等处罚,应当在破产程序债权人获得全额清偿后的剩余财产中执行",上述规定首次肯定了惩罚性债权的劣后清偿地位之后,进一步对劣后债权作出了普遍性规定,并明确了这些债权的依次清偿规则。

第一百一十四条　【破产分配的方式】破产财产的分配应当以货币分配方式进行。但是,债权人会议另有决议的除外。

【注释】

一、货币分配原则

货币分配,又称金钱分配,是指将破产财产变现后以通用货币的形式对破产债权人进行清偿。破产清算以货币分配为原则,以现物分配为例外,此为各国之通例。我国破产法也实行这一原则。破产变价是贯彻货币分配原则的必要环节,也是影响货币分配实施的主要因素。

二、货币分配的例外——现物分配

作为货币分配原则的例外,破产法允许采用现物分配,这是为了避免因部分财产难以变现而拖延破产清算时间、增加破产费用而不得不采用的替代办法。现物分配,就是以不动产、动产、债权、股权、知识产权等有形物和无形物,不经过变现,以原物折价的方式对债权人进行清偿。这种分配方式的法理基础就是民法上的代物清偿制度。

在民法上,债权人受领他种给付以替代原定给付,从而使债的关系消灭,谓之代物清偿。例如,以货物抵偿欠款。《德国民法典》第 364 条第 1 款规定:"债权人受领原定给付以外之他种给付以代替清偿者,债之关系消灭。"《日本民法典》第 482 条规定:"债务人经债权人承诺,代其负担的给付实行其他给付时,该给付与清偿有同样效力。"《意大利民法典》第 1197 条第 1 款规定:"尽管债务人履行了一个与其应当履行的给付效力一致和效力更高的给付,但是,该给付与其应当履行的给付不一致该给付义务不消灭,但债权人同意的除外。在债权人同意的情况下,当不同的给付被履行时,债务消灭。"我国《民法典》没有代物清偿的一般规定,仅第 410 条规定,抵押权实现时抵押权人可以与抵押人协议以抵押物折价偿债。但在现实生活中,当事人以代物清偿方式了结债务是常见现象,由此引发的纠纷,因缺乏法律依据,各地法院认识不一,判决各异。为此,《九民会议纪要》第 44 条、第 45 条分别对履行期届满后和届满前达成的以物抵债协议作了原则上承认的规定。但是,对于代物清偿协议是否为要物行为,未依约履行或者瑕疵履行以物抵债协议时债权人请求原定给付等问题,仍然规则不明。

在破产程序中,代物清偿是比较常见的替代性清偿方式,如重整计划的股权抵债、和解协议中的实物抵债。根据民法原理,代物清偿不是债务人的单方权利,而是双方协议,故债务人未经债权人同意不得实施代物清偿,违反协议约定的给付也不能发生清偿效力。因此,再建型破产程序中经过债权人会议同意的以代物清偿安排应属于以物抵债协议性质。债务人不执行或者不正确执行重整计划或和解协议中的代物清偿安排的,在转入破产清算程序后,债权人仍得主张以原定给付为内容的请求权。但是在破产清算程序中,进入清算分配阶段的破产财产,从实质意义上来说,已经是归属于全体破产债权人的财产。债权人会议有权决定采取何种方式处置和分配破产财产。在破产清算中采取的现物分配安排,性质上不是债务人与债权人之间的以物抵债协议,而是债权人单方的财产处分和内部分配行为。

在我国的企业破产实践中,部分破产财产无法变现的情况比较常见,因而现物分配的做法较普遍。但是应当看到,由于非货币财产的市场价值存在一定的变动性,再加上财产估价过程存在一定的不确定性,现物分配通常难以保持较高程度的准确与公平。所以,破产清算应当尽可能采用货币分配。为此,就需要做好破产变价的工作。当然,在财产变价十分困难的情况下,勉强追求货币分配可能导致破产程序的延宕和费用的增加。解决这一矛盾的最终途径就是提请债权人会议作出决议。

一般而言,债权人会议决议的现物分配方式有:(1)实物分配方式,主要用于实物无法变现、变现成本过高或者个别债权人对某项实物有特别需求并且出价合理等情形;(2)财产权利分配方式,包括债权、股权、知识产权等财产权利,主要用于财产权利无法变现、变现成本过高、当前市场价格过低或者个别债权人对某项财产权利有特别需求并且出价合理等情形;(3)其他分配方式,如将经营性资产设为信托财产,委托第三方经营,对债权人分配收益权份额。

现物分配的方案一般应包括在破产分配分案中。采用现物分配时应当注意以下几点:首先,应当将待分配财产的情况向全体债权人充分披露;其次,应当采取评估或其他适当方式对待分配财产进行定价;最后,接受现物分配的个别债权人,应当就以现物清偿债务后的差价,支付或领取补偿,但在计算补偿时应适当考虑财产折旧、变现成本、贬值风险等因素。

第一百一十五条 【破产分配方案】管理人应当及时拟订破产财产分配方案,提交债权人会议讨论。

破产财产分配方案应当载明下列事项:

(一)参加破产财产分配的债权人名称或者姓名、住所;

(二)参加破产财产分配的债权额;

(三)可供分配的破产财产数额;

(四)破产财产分配的顺序、比例及数额;

(五)实施破产财产分配的方法。

债权人会议通过破产财产分配方案后,由管理人将该方案提请人民法院裁定认可。

【注释】

一、破产分配方案的制备

破产分配方案是载明破产财产如何用于破产分配和各破产债权人如何获得破产分配的书面文件。从本质上来讲,破产分配方案是全体破产债权人就集体清偿达成的共同意志。管理人应当按照这一意志实施清算分配。

破产分配方案的制备,由管理人负责进行。管理人在接管破产财产后,应当尽快完成破产财产的清理和估价,并于破产宣告后尽快制备破产分配方案,以便债权人会议及时讨论通过和付诸执行。

二、破产分配方案的内容

根据本条第2款的规定,破产分配方案应当载明下列事项:(1)参加破产分配的债权人名称或者姓名、住所;(2)参加破产分配的债权额;(3)可供分配的破产财产数额;(4)破产分配的顺序、比例及数额;(5)实施破产分配的方法。

其中,第1项、第2项(参加破产分配的债权人、债权额)的确定,应当以经过确认的债权表为准,其范围仅限于本法第113条所列的3类债权,不包括别除权、破产费用和共益债务。其中,附条件、附期限的债权,诉讼、仲裁未决的债权,放弃了优先受偿权的债权,优先受偿权不足额清偿部分的债权,连带债权人的债权,债务人的保证人或者其他连带债务人的求偿权,债权人对数个连带债务人的债权,待履行合同的相对人的赔偿请求权,不知情的受托人的请求权,票据追索权等特殊债权,应当分别注明。

第3项(可供分配的破产财产数额)的确定,应当与本法第111条规定的破产财产变价方案相衔接。为了使债权人全面了解可供分配财产的来源和现状,可以根据具体情况,对如下事项加以说明:(1)破产企业财产总体情况;(2)对破产企业财产具有别除权的情况;(3)对破产企业占有财产具有取回权的情况;(4)破产财产具体构成,应尽量详细说明;(5)破产财产变现情况,已经变现的应说明估价依据、变现方式和变现价值,未变现的应说明未变现的原因和估价情况;(6)破产费用、共益债务以及其他在破产清算期间优先拨付费用的构成和总额;(7)破产财产在扣除应当优先拨付费用后的可供分配破产财产的构成与总值。其中最终确定的管理人报酬方案及收取情况,根据《管理人报酬规定》第10条的规定,应以专项列入。

第4项(破产分配的顺序、比例及数额)的确定,应当依照本法第113条规定的法定分配顺序和按顺序清偿规则,确定各顺位请求权应获清偿的数额。对于需要按比例分配的顺位,应当说明债权清偿的比例。对于附条件债权、附期限债权和诉讼、仲裁未决债权的提存分配,应当载明。同时,还应针对本法第117条、第118条、第119条规定的情形,写明不同情况下的再分配方案。

第5项(实施破产分配的方法)的确定,应当符合本法第114条的规定。其内容应包括分配的方式、分配的次数、各次分配的财产构成、非货币财产折价分配的具体办法以及债权人会议就后续事项作出特别决议的方法。多次分配的,应当说明进行多次分配的理由,并载明参加各次分配的债权人名单及应分配的数额。在适用现物分配的情况下,应当分别说明用于货币分配和现物分配的财产来源、现物分配的理由和分配方案。采用一次性分配的,应说明分配的具体时间和给付方式。采用多次分配的,应说明第一次分配的具体时间和给付方式,以及以后各次分配的通知方法。给付方式,在货币分配的原则上采用银行转账汇款;非货币分配的,根据财产形态等实际情况确定。

此外,根据司法解释,破产分配方案还应包括以下内容:(1)可供破产分配的财产种类、总值,已经变现的财产和未变现的财产;(2)债权清偿顺序、各顺序的种类与数额,包括破产企业所欠职工工资、劳动保险费用和破产企业所欠税款的数额和计算依据,纳入国家计划调整的企业破产,还应当说明职工安置费的数额和计算依据;(3)破产债权总额和清偿比例;(4)破产分配的方式、时间;(5)对将来能够追回的财产拟进行追加分配的说明。①

三、破产分配方案的生效

(一)债权人会议通过

关于破产分配方案的生效,涉及本法的一系列规定。

首先,有关破产分配方案生效的条件,本条第 3 款规定,债权人会议通过破产财产分配方案后,由管理人将该方案提请人民法院裁定认可。本法第 61 条第 1 款第 10 项也规定,通过破产分配方案是债权人会议的职权之一。由此可见,债权人会议的通过是破产分配方案生效的必经程序。

其次,有关破产分配方案通过的程序规则,本法第 64 条规定,债权人会议的决议由出席会议的有表决权的债权人过半数通过,并且其所代表的债权额占无财产担保债权总额的 1/2 以上。本法第 59 条第 3 款还规定,别除权人未放弃优先受偿权利的,对破产分配方案无表决权。

最后,关于债权人会议不能通过时的补救,本法第 65 条第 2 款规定,对于破产分配方案,债权人会议第一次投票没有通过的,可以经过修改后再次付诸表决一次。如

---

① 参见《破产审理规定》第 93 条。

果再次表决还未通过，则应当由人民法院裁定。对于该裁定，人民法院可以在债权人会议上宣布或者另行通知债权人（参见本书第一百一十一条注释）。

（二）人民法院裁定认可

根据本条第3款的规定，债权人会议通过的破产分配方案，须经人民法院裁定认可方能生效。人民法院在裁定认可前，应当进行审理。人民法院认为分配方案符合法律规定并且无损害债权人利益的情形，通过程序合法的，应当裁定认可。对于分配方案内容违法的决议，人民法院可以根据情况，决定不予认可并要求管理人修改后提交债权人会议再次表决，或者由管理人作出必要的更正后予以裁定认可。对于通过程序存在重大瑕疵的决议，人民法院应当裁定撤销该决议，责令债权人会议依法重新作出决议。

根据本法第64条第2款的规定，债权人认为债权人会议的决议违反法律规定，损害其利益的，可以自债权人会议作出决议之日起15日内，请求人民法院裁定撤销该决议并责令债权人会议依法重新作出决议。因此，人民法院对于管理人提请裁定的破产分配方案，须于债权人会议作出决议满15日后，方可作出认可裁定。

经人民法院依照本条第3款的规定裁定认可或者依照本法第65条第2款的规定作出裁定的破产分配方案，为管理人实施破产财产分配的依据。

第一百一十六条　【破产财产的分配】破产财产分配方案经人民法院裁定认可后，由管理人执行。

管理人按照破产财产分配方案实施多次分配的，应当公告本次分配的财产额和债权额。管理人实施最后分配的，应当在公告中指明，并载明本法第一百一十七条第二款规定的事项。

【注释】

一、分配执行人

根据本条第1款以及本法第25条第2款的规定，执行破产分配方案是管理人的一项职责。管理人在执行破产分配方案的过程中，应当遵循本法第27条规定的勤勉义务和忠实义务，严格按照破产分配方案和本法的有关规定，及时、公正地实施破产财产分配，维护债权人的合法权益。管理人在执行破产分配方案时，还应履行其他相关的职责,如继续进行破产财产变价,对外追索债务和财产等。

二、破产分配公告

(一)分配公告的意义

破产分配公告是破产分配方案开始执行的必要程序。其意义在于,以公开方式将破产分配开始的事实告知债权人及其利害关系人,以便于后者行使权利。破产分配开始的事实,经公告后,所有的债权人均视为已知。由此产生债权人逾期不受领的后果,即根据本法第 118 条的规定,债权人自最后分配公告之日起满 2 个月仍未领取分配的,视为放弃受领分配的权利。

破产分配可以一次分配,也可以多次分配。破产财产数额大,变现时间长的,可以进行多次分配,以便将已经变现的财产及时分配给债权人。根据破产财产分配方案需要实施多次分配的,管理人应当就每次分配进行公告。

公告不妨碍以其他方式对债权人发出通知。管理人应于人民法院裁定认可分配方案后,及时通知应接受分配的债权人在指定时间到指定地点领取分配。逾期不领取的,可以提存。货币分配的,债权人应提供注明其具体地址、开户银行账号的证明,由管理人直接将分配款项汇入债权人指定的银行账户。债权人领取分配财产的费用(包括汇款费用、差旅费等)应当由其自行负担。管理人应当尽到职责所要求的勤勉,尽可能使债权人知悉破产分配的有关要求,以便于其行使受领分配的权利。

(二)分配公告的内容

分配公告的基本内容为实施分配的时间、财产额和债权额。必要时,还可包括实施分配的地点和给付方式。公告还应载明管理人的联系方式和对债权人受领分配的有关要求(如提供或确认银行账号)。

实施一次性分配的,还应当在公告中指明本破产清算为一次分配。

实施多次分配的,还应当在公告中载明本次分配的财产额和债权额;实施最后分配的,还应当指明本次分配为最后分配,并载明本法第 117 条第 2 款规定的事项,即附条件的债权在本公告日是否条件成就以及其是否能够领取提存额的情况。

第一百一十七条　【附条件债权的分配办法】对于附生效条件或者解除条件的债权,管理人应当将其分配额提存。

管理人依照前款规定提存的分配额,在最后分配公告日,生效条件未成

就或者解除条件成就的，应当分配给其他债权人；在最后分配公告日，生效条件成就或者解除条件未成就的，应当交付给债权人。

【注释】

一、附条件债权的分配原则

附条件债权的破产分配，应当以最后分配的日期为准，确定债权是否有执行效力。有执行效力的给予分配，没有执行效力的不予分配。所以，截至最后分配日，债权的生效条件已成就或者解除条件尚未成就的，为有执行效力的债权，应当给予分配；反之，截至当日生效条件未成就或者解除条件已成就的，为无执行效力的债权，不得给予分配。

实施一次性分配的，该次分配即为最后分配。实施二次以上分配即多次分配的，其中，最后一次分配为最后分配。

二、多次分配情况下附条件债权的处理

（一）最后分配前的提存

在最后分配日之前，条件尚未成就的债权，其条件成就与否尚处于或然状态，其是否能够接受分配，须待最后分配日到来时方可确定。所以，在多次分配的情况下，需要解决在最后分配前的历次分配中，附条件债权如何接受分配的问题。为此，本条规定了附条件债权在多次分配情况下的特殊处理方式，其基本规则是：在最后分配前的各次分配中先提存分配额，至最后分配时视条件成就情况决定是否给予分配。

破产分配中的提存，是指管理人在执行破产分配时因为存在某种法律上或事实上的障碍，依法将给付标的物交给提存机关或者人民法院指定的机构，以留待进一步处理的制度。在最后分配前的各次分配中，对于附生效条件或附解除条件的债权，管理人都应当将其分配额提存。

在最后分配前的各次分配中，对于生效条件已经成就或者解除条件已经确定为不成就的债权，应当作有执行效力的债权，予以分配；对于解除条件已经成就或者生效条件已经确定为不成就的债权，应当视为失去执行效力的债权，不予提存。

（二）最后分配时的处理

在最后分配公告日，附条件债权的生效条件成就或者解除条件未成就的，其已经提存的分配额，连同本次的分配额应当支付给该债权人。

在最后分配公告日,附条件债权的生效条件未成就或者解除条件已成就的,失去分配资格,其已提存的分配额应当分配给其他债权人。

【示例】

1. A公司与B公司约定,一旦B公司代理销售A公司产品的销售额达到500万元,则A公司向B公司增加支付代理费20万元。A公司还与C公司约定,C公司提供的设备(价格为100万元)经安装调试后如检验不合格,则该设备退回,货款不予支付。后A公司被宣告破产。根据破产分配方案,普通债权偿还率20%;破产分配分两次进行,每次偿还10%。

A公司与B公司的约定条件属于生效条件,A公司与C公司的约定条件属于解除条件。在第一次分配公告日,B公司的销售量尚未达到500万元,C公司已交付的设备尚未调试完毕。此时,管理人应当将B公司的2万元分配额和C公司的10万元分配额提存。在最后分配公告日,B公司的销售量未达到500万元,C公司供应的设备已经检验合格,管理人应当将已提存10万元支付给C公司,并向其支付本次分配额10万元,同时,将B公司提存额2万元分配给其他债权人。

三、附期限债权的分配

根据本法第47条的法理,本条规则也适用于附期限的债权,即以债权在最后分配公告日的效力状态作为判断是否有权受领分配的依据。因此,在最后分配前的各次分配中,对期限尚未到来的债权,应当予以提存。在最后分配公告日,债权生效期已经到来或者失效期尚未到来的,应当支付其分配额;反之,生效期尚未到来或者失效期已经到来的,不得支付其分配额。

【示例】

2. A公司的破产申请被人民法院受理后,B公司申报了一项债权:A公司曾为C公司欠B公司的债务,与B公司签订过一份保证合同,约定:担保期为1年,期满后A公司免于承担责任。根据这一约定,如果在最后分配公告日该期限尚未届满,B公司有权获得分配;反之,如果在最后分配公告日该期限已经届满,B公司无权获得分配。

四、提存机构的确定和提存费用的负担

根据1995年6月2日司法部发布的《提存公证规则》，公证处具有提存公证的职能。根据该规则第4条的规定，提存公证由债务履行地的公证处管辖。但是，《提存公证规则》属于部门规章，迄今尚未被司法解释确认为破产程序中的适用规范。因此，在破产清算程序中，需要对破产分配额进行提存时，管理人可以向案件受理法院所在地的公证处办理提存；但是，人民法院另行指定提存机构的，管理人应当向人民法院指定的提存机构办理提存。

提存费用应依据“谁受益、谁负担”的原则，由接受该分配额的债权人负担。如果超过了两个月该债权人未领取，提存分配额被分配给其他债权人，则提存费用由破产财产负担。

第一百一十八条　【未受领分配额的处理】债权人未受领的破产财产分配额，管理人应当提存。债权人自最后分配公告之日起满二个月仍不领取的，视为放弃受领分配的权利，管理人或者人民法院应当将提存的分配额分配给其他债权人。

【注释】

一、未受领分配额的提存

每一次分配中，如果债权人没有按照每次分配公告的要求受领破产财产分配额，管理人均应当将其分配额提存。

自最后分配公告日起满二个月之前的任何时间，债权人请求领取被提存分配额的，管理人应当将提存额随时支付给该债权人。

二、逾期不领取提存分配额的处理

债权人自最后分配公告日起满二个月仍不领取的，视为放弃分配受领权利；该分配额回归破产财产，再分配给其他债权人。提存额被再分配的债权人，不得在以后的追加分配中要求补偿。

在最后分配公告日满二个月后，破产程序尚未终结的，由管理人负责将被提存分配额支付给接受分配的债权人或者再分配给其他债权人；破产程序已经终结的，则由人民法院负责被提存分配额的支付或再分配。

三、提存机构、提存费用和期间计算

适用本条时,有关提存机构的确定和提存费用的负担,参见本书第一百一十七条注释。

本条所称的“满二个月”,按公历的对应日推算,例如,最后分配公告日为4月2日的,6月2日为满二个月。如果无对应日或者对应日为节假日,则顺延计算,例如,最后分配公告日为12月31日,翌年2月为28天的,3月3日为满二个月。

【示例】

A公司破产分配期间,债权人B公司获分配额3万元。最后分配公告日为5月10日。截至7月10日,B公司仍未领取。管理人将提存的3万元分配给其他债权人。破产程序终结后,债权人C公司发现A公司在人民法院受理破产申请前1年内曾放弃对B公司的债权12万元,遂请求人民法院予以追回。人民法院实施追回时,B公司主张以其未领取的3万元破产分配额抵销后,仅返还9万元。B公司的这一主张不能成立。

第一百一十九条 【诉讼、仲裁未决债权的处理】破产财产分配时,对于诉讼或者仲裁未决的债权,管理人应当将其分配额提存。自破产程序终结之日起满二年仍不能受领分配的,人民法院应当将提存的分配额分配给其他债权人。

【注释】

一、诉讼、仲裁未决债权的提存

在破产清算期间,诉讼或仲裁程序尚未结束,其债权的执行效力尚未确定的债权,其地位类似于附生效条件的债权,即以权利主张获得诉讼或仲裁支持为执行效力发生的条件。但是,考虑到诉讼、仲裁的持续时间较长,为公平起见,本条为此类债权的提存额保留规定了较长的期间,即自破产程序终结之日起满2年。

根据本法第47条的规定,诉讼、仲裁未决的债权,债权人可以申报。因此,诉讼或仲裁未决的债权提存额,以第一次债权人会议审议确定的债权表的记载为准。

二、提存分配额的处理

自破产程序终结之日起满2年之前的任何时间,该债权人由诉讼、仲裁获得胜诉

的,经债权人请求,管理人应当将提存额随时支付给该债权人。该债权人经判决或仲裁裁决确认的债权额按破产分配方案规定的比例计算的分配额高于提存额的,不足部分作为待分配债权,以未分配的破产财产(如事后追回的财产)予以补偿;低于提存额的,剩余的部分应当分配给其他债权人。但根据本法第46条的规定,该债权人经判决或仲裁裁决确认的利息,不得计算分配额。

自破产程序终结之日起满2年之前的任何时间,该债权人在该诉讼、仲裁中败诉或者以非胜诉方式终结诉讼(如视为撤诉)的,或者2年届满仍未取得胜诉判决的,如果破产程序尚未终结,由管理人将其提存额分配给其他债权人;如果破产程序已经终结,由人民法院通过追加分配中将提存额分配给其他债权人。

破产程序终结之日起满2年,该债权人仍不能受领分配的,应当进行追加分配。破产程序终结之日,是指法院作出破产程序终结裁定之日。根据本法第123条的规定,追加分配是指在破产程序终结之日起2年内进行的分配。

三、提存机构、提存费用和期间计算

适用本条规定时,有关提存机构的确定和提存费用的负担,参见本书第一百一十七条注释。有关期间的计算,参见本书第一百一十八条注释。

【示例】

A公司破产期间,债权人B申报200万元诉讼未决债权。一审败诉后,B提起上诉。二审法院审理后,裁定发回重审。经重审,债权人B仍然败诉。债权人B再次上诉。二审法院经审理,判定债权人B的诉讼请求部分成立。此时,破产程序终结已逾两年半。在破产程序期间,管理人曾将债权人B的分配额30万元提存。根据本条规定,人民法院应当在破产程序终结满2年时将这笔款项分配给其他债权人。

第三节 破产程序的终结

第一百二十条 【终结裁定】破产人无财产可供分配的,管理人应当请求人民法院裁定终结破产程序。

管理人在最后分配完结后,应当及时向人民法院提交破产财产分配报告,并提请人民法院裁定终结破产程序。

人民法院应当自收到管理人终结破产程序的请求之日起十五日内作出是否终结破产程序的裁定。裁定终结的,应当予以公告。

【注释】

一、破产程序终结概述

(一)破产程序终结的事由

破产程序的终结,是指破产程序不可逆转地归于结束。破产程序的终结,可能意味着破产程序预期目标已经实现,也可能意味着预期目标未实现。

根据本法的直接规定或条文本意,破产程序的终结事由有:

(1)重整计划执行完毕(本法第94条);

(2)人民法院裁定认可和解协议(本法第98条、第105条);

(3)债务人有不予宣告破产的法定事由(本法第108条);

(4)债务人财产不足以清偿破产费用(本法第43条第4款);

(5)破产人无财产可供分配(本法第120条第1款);

(6)破产财产分配完毕(本法第120条第2款)。

(二)破产程序终结的种类

以上6种事由中,前3种发生于破产宣告前,第(4)种可以发生在破产程序期间的任何时候,最后两种发生于破产宣告后即破产清算程序中。其中,依前3种事由终结破产程序的,除和解协议规定企业自愿解散的个别案件外,债务人的法律人格不消灭,因而无须办理企业注销登记。依据后3种事由终结破产程序的,债务人的法律人格消灭,因而必须办理企业注销登记。所以,破产程序终结可以分为两类:维持债务人法律人格的程序终结和消灭债务人法律人格的程序终结。

有上述后3种事由即债务人财产不足以清偿破产费用、破产人无财产可供分配或者破产财产分配完毕的,管理人有义务提请人民法院裁定终结破产程序。人民法院应当自收到管理人终结破产程序的请求之日起15日内作出是否终结破产程序的裁定。如果管理人不履行或者不能履行提请终结的义务,人民法院可以依职权裁定终结。终结破产程序的裁定,应当予以公告。

二、无财产可供分配时的程序终结

破产清算期间的无财产可供分配,包括两种情况:一是破产财产不足以清偿破产费用和共益债务,因而不可能有财产供破产债权人分配;二是破产财产在优先清偿破产费用和共益债务后,无剩余财产可供破产债权人分配。

在破产人无财产可供分配的情形下,管理人应当请求人民法院裁定终结破产程序。提出申请时,管理人应当书面说明破产人无财产可供分配的详细情况。

《破审会议纪要》第30条规定,人民法院终结破产清算程序应当以查明债务人财产状况、明确债务人财产的分配方案、确保破产债权获得依法清偿为基础。破产申请受理后,经管理人调查,债务人财产不足以清偿破产费用且无人代为清偿或垫付的,人民法院应当依管理人申请宣告破产并裁定终结破产清算程序。

破产宣告时的终结,通常由人民法院依职权裁定。人民法院在破产宣告时已经发现破产财产不足清偿破产费用的,应当同时裁定宣告破产和终结破产程序。这种情况称为"同时终结"。同时终结也可以由债务人提请人民法院裁定。

【示例】

A公司在境外有一笔财产,被境外债权人诉讼扣押。破产期间,管理人在境外应诉。现A公司在我国境内的财产分配完毕,但境外诉讼仍未了结。根据多数国家承认的跨境破产规则,A公司在我国的破产程序为主要程序,应当将境外财产加入主要程序的集体清偿分配。因此,破产人尚不具备"无财产可供分配"的事由,该破产清算程序应当继续。

三、最后分配完结时的程序终结

最后分配完结,是指管理人根据破产财产分配方案,已经将现有的破产财产全部分配给债权人。最后分配完结后,管理人的职责和义务有二:一是及时制定并向人民法院提交破产财产分配报告;二是提请人民法院裁定终结破产程序。

四、破产程序终结的裁定

人民法院依照本条规定裁定破产程序终结的,应当遵循以下规则:(1)时间规定。人民法院应当自收到管理人终结破产程序的请求之日起15日内作出是否终结破产程序的裁定。是否终结破产程序的标准是,终结事由是否属实。除非能够证明终结事由不存在(如破产财产未分配完毕),人民法院应当作出终结破产程序的裁定。(2)公告规定。法院裁定终结的,应当予以公告。

五、破产程序终结的法律效果

(一)债务人的有关人员在破产程序中承担的各种义务终止

根据本法第15条的规定,自人民法院受理破产申请的裁定送达债务人之日起至破产程序终结之日止,债务人的有关人员应承担多项义务。破产程序终结后,这些义务自动终止。

(二)诉讼或仲裁未决债权之提存分配额的存续期间开始起算

根据本法第119条的规定,破产财产分配时,对于诉讼或者仲裁未决的债权,管理人应当将其分配额提存。自破产程序终结之日起满2年仍不能受领分配的,人民法院应当将提存的分配额分配给其他债权人。

(三)管理人办理注销登记的期间开始起算

根据本法第121条的规定,管理人应当自破产程序终结之日起10日内,向破产人的原登记机关办理注销登记。

(四)法院追加分配财产的期间开始起算

根据本法第123条的规定,自破产程序依照本法第43条第4款或者第120条的规定终结之日起2年内,债权人可以请求人民法院按照破产财产分配方案进行追加分配。

(五)破产人董事、监事和高级管理人员资格限制期间开始起算

根据本法第125条的规定,企业董事、监事或者高级管理人员违反忠实义务、勤勉义务,致使所在企业破产的,自破产程序终结之日起3年内不得担任任何企业的董事、监事、高级管理人员。

第一百二十一条　【注销登记】管理人应当自破产程序终结之日起十日内,持人民法院终结破产程序的裁定,向破产人的原登记机关办理注销登记。

【注释】

一、破产程序终结后的注销登记

《民法典》第73条规定:“法人被宣告破产的,依法进行破产清算并完成法人注销登记时,法人终止。”可见,完成注销登记是法人消灭不可缺少的最后条件。根据

本条规定，管理人应当自破产程序终结之日起10日内，持人民法院终结破产程序的裁定，向破产人的原登记机关办理注销登记。注销登记的意义是破产企业的法律人格归于消灭。管理人在办理注销登记时，应当提交人民法院终结破产程序的裁定和营业执照正本、副本。

人民法院依照本法作出的破产程序终结裁定，具有司法宣告的效力，行政机关和任何人都应当尊重和服从。登记机关即市场监督管理部门应当根据2022年3月1日起施行的《市场主体登记管理条例》第31条和《市场主体登记管理条例实施细则》第44条的规定，办理破产企业的注销登记。管理人持人民法院的破产程序终结裁定办理破产人注销登记的，只要提交的注销登记文件符合有关规定，登记机关不得拒绝办理。

管理人应当将办理注销登记的情况及时报告人民法院。

二、管理人不提请裁定终结的处理

人民法院裁定破产程序终结属于事实宣告的性质，其基本依据是破产清算结束的事实，因而其裁定权不依赖管理人的提请行为。管理人在具备破产程序终结事由的情况下不履行或者不能履行提请人民法院裁定终结破产程序的义务的，人民法院可以责令管理人履行义务。管理人仍不履行此项义务的，人民法院可以依职权裁定终结。依职权裁定终结的，终结后的有关法律事务，如企业注销登记，由人民法院或者人民法院委托的人员办理；由此发生的费用，除管理人能够证明其未提请终结有正当理由外，应当由管理人承担。

【示例】

A公司最后分配结束后，管理人张某因在代理一项诉讼案件中有违法行为，受到停止执业处罚。此时，已无另行指定管理人的必要。人民法院在解除张某管理人职务的同时，认定A公司已无财产可供分配，遂裁定终结破产程序，并指定A公司原法定代表人刘某负责办理企业注销事务。

三、破产注销行政程序的简易化

本法实施以来，由于行政机关在法人注销登记中的"繁文缛节"，"注销难"一直是办理破产中的一个"堵点"。自2016年以来，为了提升市场退出效率，优化营商环境,国家市场监督管理总局(原国家工商管理总局)和国家税务总局推出了企业简易注销登记和优化税务注销办理程序的改革措施。2016年12月26日国家工商总局《关于全面推进企业简易注销登记改革的指导意见》规定,破产程序终结的企业在申请简易注销登记时,只需要提交人民法院终结破产程序的裁定,营业执照正本、副本即可,不再提交清算报告、投资人决议、清税证明、清算组备案证明、刊登公告的报纸样张等材料。2018年12月3日国家市场监管总局《关于开展进一步完善企业简易注销登记改革试点工作的通知》规定,对于人民法院裁定强制清算或裁定宣告破产的,有关企业可向登记机关申请办理简易注销登记,无须经过简易注销公告程序。2019年7月1日国家税务总局《关于深化“放管服”改革　更大力度推进优化税务注销办理程序工作的通知》规定,经人民法院裁定宣告破产的纳税人,持人民法院终结破产程序裁定书向税务机关申请税务注销的,税务机关即时出具清税文书,按照有关规定核销“死欠”。[①] 2019年10月22日国务院颁布《优化营商环境条例》,其中第33条第1款规定:“政府有关部门应当优化市场主体注销办理流程,精简申请材料、压缩办理时间、降低注销成本。”2021年8月24日国务院颁布《市场主体登记管理条例》,第34条明确规定:“人民法院裁定强制清算或者裁定宣告破产的,有关清算组、破产管理人可以持人民法院终结强制清算程序的裁定或者终结破产程序的裁定,直接向登记机关申请办理注销登记。”至此,破产注销行政程序的改革,画上了圆满的句号。

第一百二十二条　【管理人的职务终止】管理人于办理注销登记完毕的次日终止执行职务。但是,存在诉讼或者仲裁未决情况的除外。

【注释】

一、管理人职务终止的一般规定

在通常情况下,办理注销登记是管理人清算职责的最后一项工作。因此,根据本

---

① 国家税务总局《欠缴税金核算管理暂行办法》(2000年11月28日)第8条规定:“各会计核算单位都必须在‘损失税金核销’总账科目下,增设‘核销死欠’明细科目,核算反映纳税人发生破产、撤销情形,经过法定清算,被国家主管机关依法注销或吊销其法人资格,纳税人已消亡,税务机关依照法律法规规定,根据法院判决书或法定清算报告核销的欠缴税金及滞纳金。”

条规定,办理注销登记完毕的次日,为管理人终止执行职务的时间。办理注销登记完毕的时间,以企业登记机关的记载和公告为准。

二、管理人职务终止的例外规定

如果涉及破产人财产利益的诉讼或者仲裁程序还未结束,尽管破产人的主体资格已经通过注销登记而消灭,管理人仍需为债权人的利益而继续执行职务,以便完成诉讼或者仲裁。但在此种情形下,管理人继续执行职务的范围应当有所限制。在本法第 25 条规定的各项管理人职责中,管理人此时需要继续执行的仅限于该条第 1 款第 7 项,即代表债务人参加诉讼、仲裁或者其他法律程序,以及该条第 1 款第 9 项,即人民法院认为管理人应当履行的其他职责(如判决的执行)。除此之外的其他职责,管理人不得履行。

在破产程序终结后的诉讼、仲裁或其他程序中,尽管破产人的法律人格已经消灭,但破产人的民事权利已经作为破产财产为管理人所接管。管理人有权依据破产法的授权,独立地参加诉讼、仲裁或其他程序。此时,管理人的法律地位适用信托的法理,即以管理人为受托人,破产人的财产权利为信托财产;信托财产的独立地位不受破产人法律人格消灭的影响。

本条所称的诉讼或仲裁,在实践中通常为破产企业对外追索债务或请求其他财产给付的案件。如果是以破产企业为被告的债务纠纷案件,根据司法解释,[①]应当在破产程序开始后中止诉讼,由债权人向受理破产案件的人民法院申报债权。其中,无其他被告和无独立请求权的第三人的,在宣告破产后终结诉讼;有其他被告或者无独立请求权的第三人的,待破产程序终结后,恢复审理。对于后一种情况,恢复审理的意义在于解决原告与其他当事人之间的纠纷,故管理人可以向主审法院说明情况后退出诉讼。

三、管理人职务终止后的移交义务

本法第 25 条第 1 款第 1 项规定了管理人接管债务人印章和账簿、文书等资料的义务。破产程序终结后,管理人终止执行职务。而破产企业的账簿、文书等资料,对于说明企业经营历史情况具有重要意义,同时有许多材料也是后续清算工作和相关争议处理的依据,有必要妥善保存以备查考。因此,管理人应当向有关机构移交账

① 参见《破产审理规定》第 20 条。

簿、文书等资料。

在目前无专门机构保存这些材料的情况下,应当按照如下方式处理。

1. 破产程序终结后,破产企业的账册、文书等卷宗材料由管理人移交破产企业上级主管机关保存;无上级主管机关的,由破产企业的开办人或者股东保存。①

2. 以下几类具有特殊意义的档案材料应注意移交给合适的接受单位:(1)破产企业的不动产被转让的,应向受让方移交反映不动产所在区域地质、地貌、地下管网布设等对于不动产使用、维修、建筑等密切相关的档案材料;(2)对城市建设具有重大历史参考意义的档案材料,应移交城市建设规划部门或管理部门;(3)对经济建设、历史文化、技术发展有重要意义的文献资料和技术档案,应移交政府有关档案管理部门。②

第一百二十三条 【追加分配】自破产程序依照本法第四十三条第四款或者第一百二十条的规定终结之日起二年内,有下列情形之一的,债权人可以请求人民法院按照破产财产分配方案进行追加分配:

(一)发现有依照本法第三十一条、第三十二条、第三十三条、第三十六条规定应当追回的财产的;

(二)发现破产人有应当供分配的其他财产的。

有前款规定情形,但财产数量不足以支付分配费用的,不再进行追加分配,由人民法院将其上交国库。

【注释】

一、追加分配的概念

追加分配,是在破产分配完成、破产程序终结以后,对于新发现的属于破产人而可用于破产分配的财产,由人民法院按照破产程序的有关规则对尚未获得满足的破产债权进行清偿的补充性程序。这里所称的"破产程序终结",是指基于本法第43

① 参见《破产审理规定》第99条。

② 参见最高人民法院民事审判第二庭编著:《最高人民法院关于破产法司法解释的理解与适用》,人民法院出版社2002年版,第217页。

条第4款或者第120条规定的事由即债务人财产不足以清偿破产费用、破产人无财产可供分配或者破产财产分配完毕的情形，人民法院裁定破产程序终结。

追加分配具有如下特点：(1)用于追加分配的财产，是破产程序终结后新发现的财产；(2)追加分配受法定除斥期间的限制；(3)追加分配由人民法院负责实施；(4)追加分配的方案应符合破产清算的有关规定。

二、追加分配的财产范围

根据本条第1款的规定，用于追加分配的财产，主要包括以下两类：

1. 依据本法第31条、第32条、第33条、第36条的规定追回的财产，如破产人隐匿、转移财产或者无偿转让的财产，第三人因破产人虚构债务或者承认不真实的债务、以明显不合理的价格压价出售财产、提供新担保、提前清偿未到期债务或者放弃债权而获得的不当收益，债权人接受不正当个别清偿的所得，债务人的董事、监事和高级管理人员利用职权从企业获取的非正常收入或者侵占的企业财产。

2. 破产程序终结后收回的属于破产人的其他财产，如本法第118条、第119条规定的债权人在法定期间届满后未受领或不能受领的提存额，有关部门发还的遗失财产、被盗财产，破产程序中因纠正错误支出收回的款项，因权利被承认追回的财产，债权人放弃的财产和破产程序终结后实现的债权、物上请求权等财产权利。①

对破产程序终结后发现的破产财产，可以由破产人的上级主管部门或者投资权人追回后，交由人民法院分配，也可以由破产债权人直接请求受理原破产案件的人民法院予以追回后进行分配。

三、追加分配的除斥期间

追加分配的除斥期间，是破产程序终结后连续计算的不能中断和不能延长的固定期间。在此期间内发现符合上述条件的财产的，应当予以追回并进行追加分配。按照本法的规定，追加分配的除斥期间为2年。此期间的起算点有两种：一是因债务人财产不足以清偿破产费用，破产程序依照本法第43条的规定终结之日；二是因破产人无财产可供分配，破产程序依照本法第120条的规定终结之日。

四、追加分配的通知和公告

对有权参加分配的债权人应当通知，并对追加分配的时间和金额进行公告。未

---

① 参见《破产审理规定》第98条。

收到通知的债权人,认为自己有权参加追加分配的,可以向人民法院提出请求。

五、追加分配的方案

追加分配应依照破产法规定的顺序进行清偿。已经在清算分配中获得满足的顺位,不得参加追加分配。尚未获得完全清偿的请求权属于不同顺位的,应首先清偿在先顺位的请求权。同一顺位的请求权不能全部满足的,按比例清偿。在实践中,应根据最后分配的方案,确定应接受追加分配的债权人名单。

六、小额财产的处理

进行追加分配总是需要一定的人员和费用。没有必要以较多的人力和费用分配较少的财产。所以,根据本条第2款的规定,如果追回财产的数额较少,不足以支付分配费用的,而且有理由相信已无可供进一步分配的财产,则不再进行追加分配,由人民法院上交国库。

第一百二十四条 【连带债务人的继续清偿责任】破产人的保证人和其他连带债务人,在破产程序终结后,对债权人依照破产清算程序未受清偿的债权,依法继续承担清偿责任。

【注释】

一、破产程序不惠及连带债务人

在本法中,有第92条第3款“债权人对债务人的保证人和其他连带债务人所享有的权利,不受重整计划的影响”的规定,也有第101条“和解债权人对债务人的保证人和其他连带债务人所享有的权利,不受和解协议的影响”的规定,再加上本条规定,均体现了破产程序不惠及连带债务人的立法政策。

在企业破产的情况下,随着破产程序的终结,破产人作为民事主体的资格归于消灭。但是,破产人未能清偿的债务并未消灭,而是处于债务人履行不能的状态。此时,如果不存在其他连带债务人,则该债务成为永久性的履行不能,其债权人只能将其作为无法追收的债权,依照会计规则进行相应处理。如果存在保证人或者其他连带债务人,则债权人不妨就其在破产程序中未能清偿的债权,请求保证人或连带债务人履行清偿责任。

需要注意的是,破产程序具有中断诉讼时效的效力。破产程序终结后,债权的诉讼时效重新起算。因此,破产程序终结后,债权人应注意在法定诉讼时效期间内向保证人或者其他连带债务人行使权利。具体而言,根据《民法典》第188条、第195条的规定,应当在破产程序终结后3年内行使权利。

二、继续清偿责任的范围

继续清偿责任的范围,限于债权人未由清算程序受清偿的债权额,但不包括破产程序期间的利息。有以下3种情况需要特别说明:

1. 债权人没有申报债权,保证人也没有以其将来的求偿额申报债权的,破产程序终结后,一般保证人不得行使我国《民法典》第687条第2款规定的先诉抗辩权。如本书第五十一条注释中指出的,破产程序不保护一般保证人的先诉抗辩权,并已赋予尚未履行保证责任的保证人以单独申报的权利。因此,保证人在债权人未申报债权的情况下怠于行使申报权利,所产生的不利后果应由其自己承担。

2. 债权人申报债权后,在破产分配时未行使分配受领权,于最后分配公告之日起满二个月仍不领取的,依照本法第118条的规定,视为放弃该部分债权的受领权。破产程序终结后,该债权人不得就该分配额请求保证人或者其他连带债务人承担连带责任。根据本法第51条第2款的规定,债务人的保证人或者其他连带债务人以将来求偿权申报债权,以债权人未申报的为限。在债权人已经申报的情况下,保证人或者其他连带债务人在履行连带清偿责任前没有机会参加破产分配,故债权人怠于行使权利的后果应该由该债权人承担。

3. 债权人没有申报债权,而保证人或者其他连带债务人申报了债权,并在尚未对债权人履行清偿义务的情况下受领了清算分配,其受领具有破产法上的依据,不构成不当得利。破产程序终结后,债权人向保证人请求履行清偿义务时,不得就该受领部分主张利息之返还。根据本法第51条第2款的规定,债权人相对于未履行清偿义务的保证人或其他连带债务人,有优先的申报权利。其怠于行使此权利的不利后果应由其自行承担。

【示例】

A公司破产申请由人民法院受理后,其债权人B公司(持有债权20万元)在公告的债权申报期限内未申报债权,保证人C在得知B公司未申报债权后,未于申报期内申报债权;债权人D公司(债权额15万元)申报了债权,故其连带债务人E未申报债权;债权人F公司(债权额25万元)未申报债权,其保证人G公司申报了债权。以上债权均没有物权担保。在破产清算中,一般破产债权的受偿率为10%,则3个债权人参加破产分配的受偿额分别为2万元、1.5万元和2.5万元。

(1)B公司由于未申报债权,没有参加破产分配。破产程序终结后,B公司向保证人C请求清偿20万元债务及全部利息。保证人C以一般担保的先诉抗辩权为由,主张因B公司怠于申报债权而免于承担清偿责任。保证人C的主张不成立。保证人C应当向B公司承担清偿责任,但不包括破产程序期间的利息。

(2)D公司在破产分配期间未受领分配,至最后分配公告之日起满2个月仍未领取。破产程序终结后,D公司要求债务人E履行清偿义务。债务人E应当履行义务,但其清偿额应当减去D公司被视为放弃的1.5万元分配额,并减去破产程序期间的利息。

(3)G公司在破产分配时,领取了2.5万元的分配额。破产程序终结2个月后,F公司在要求G公司清偿25万元债务的同时,请求G公司偿付2.5万元分配额自领取时起至履行清偿责任时止的利息。F公司的后一项请求不成立。

三、保证人追偿权的行使

《民法典》第700条第3款规定:"保证人承担保证责任后,除当事人另有约定外,有权在其承担保证责任的范围内向债务人追偿,享有债权人对债务人的权利,但是不得损害债权人的利益。"在债务人破产的情况下,保证人追偿权的行使问题,按以下两种情形处理。

(一)保证人向债务人追偿

在债务人破产的情况下,保证人承担了保证责任后,原则上有权向债务人追偿。但在司法实践中,这种追偿权的行使,要分为破产程序终结前和终结后两个阶段。《破审会议纪要》第31条规定:"破产程序终结前,已向债权人承担了保证责任的保证人,可以要求债务人向其转付已申报债权的债权人在破产程序中应得清偿部分。破产程序终结后,债权人就破产程序中未受清偿部分要求保证人承担保证责任的,应在破产程序终结后六个月内提出。保证人承担保证责任后,不得再向和解或重整后的债务人行使求偿权。"由此可见,在破产程序终结前,保证人的追偿权范围以债权人在破产程序中应得的清偿分配为限。保证人由此得到的通常是不充分的清偿。在破产程序终结后，如果债务人通过和解或重整得以存续，担保人就其追偿金额在破产程序中未获清偿的部分向债务人追偿的，人民法院不予支持。如果债权人在破产程序终结前获得部分清偿后，在破产程序终结后6个月内就未获清偿部分向保证人提出承担保证责任的请求，保证人应当履行义务，但在履行后不得向存续的债务人行使追偿权；如果债权人向保证人提出请求时超过了6个月的期限，则保证人有权拒绝。

（二）保证人向其他保证人追偿

2002年11月23日最高人民法院《关于已承担保证责任的保证人向其他保证人行使追偿权问题的批复》（已失效）规定，承担连带责任保证的保证人一人或者数人承担保证责任后，有权要求其他保证人清偿应当承担的份额，不受债权人是否在保证期间内向未承担保证责任的保证人主张过保证责任的影响。根据担保制度和破产制度的立法精神，承担了连带保证责任的保证人向其他保证人追偿其应承担份额的权利，不受破产程序终结与否的影响。至于被追偿的保证人对债务人追偿的权利，适用前段所述规则。

四、保证期间对保证人的保护

破产程序开始后，债权人未在保证期间向保证人主张担保权利，在破产程序终结后要求保证人继续承担保证责任的，保证人有权拒绝（有关规定参见本书第五十一条注释）。

第十一章
法律责任

第一百二十五条 【企业管理层的破产责任】企业董事、监事或者高级管理人员违反忠实义务、勤勉义务，致使所在企业破产的，依法承担民事责任。

有前款规定情形的人员，自破产程序终结之日起三年内不得担任任何企业的董事、监事、高级管理人员。

【注释】

一、破产法与公司治理

现代的破产法和公司法是一对亲密兄弟。无论是破产法学者还是公司法学者，都应当关注那些对公司控制者的行为具有激励性和抑制性影响的破产法规则。关于这些影响，英国学者瓦尼萨·芬奇指出："董事责任可以通过多种机制发挥作用……而这些机制所达致的目标也可以是多重的。例如，破产法可以规定对失职董事的惩罚，可以使尽职的董事免于承担管理行为的风险，也可以使那些因董事的行为蒙受损失的当事人得到赔偿。破产法和公司法还可以致力于实现一些其他目标，如完善商界和企业家阶层的行为标准。"①

对于当代公司破产法对董事的控制作用的研究，可以把 1982 年英国的《科克报

① ［英］瓦尼萨·芬奇（Vanessa Finch）：《公司破产法：视角与原则》（*Corporate Insolvency Law: Perspectives and Principles*），剑桥大学出版社（Cambridge University Press）2002 年版，第 495 页。

告》作为起点。[①] 科克指出，破产法的作用不仅是将破产财产分配给债权人，而且是鼓励债务回收，并通过调查和规制措施去适应“商业道德的要求”。[②] 这里的中心概念是，破产法及其调查程序应当致力于发现被隐匿的财产，查明债权请求的有效性，揭示导致债务人经营失败的有关情况。进而，科克强调了破产法促进“商业德行和能力的最高标准”的需要。[③] 现在，这些观点已经得到了国际社会的广泛认同。例如，世界银行 2001 年发布的《有效的破产和债权人权利制度的原则与指南》中指出：“关于管理董事和高级职员对其在企业处于财务困境或破产情况下作出有害于债权人的决定承担责任的法律规则，将有助于增进有责任感的公司行为并培育理性的风险决策。”[④]联合国国际贸易法委员会也认为：“如果与破产债务人实体相关的人员过去行为和作为的后果是对该债务人的债权人造成损害或损失（例如，由于欺诈性或不负责任的行为所致），那么破产法适宜根据适用于欺诈和过失的赔偿责任制度，规定可追究有关个人对损害或损失的赔偿责任。”[⑤]2015 年修订后的《世行破产原则》进一步主张：“债权人因董事违反义务而遭受损失或损害的，法律应规定该董事应承担的责任，并允许其尽可能提出抗辩（包括已为避免破产或尽可能降低破产风险而采取了合理措施）。责任的范围以债权人因董事违反义务而遭受的损失或损害为限。法律应该明确规定，当董事违反义务而被法院认定应承担责任时，救济措施包括要求该董事按法院判定的损害范围全额赔偿破产财产。破产管理人应有提起违反义务诉讼的主体资格。”并指出：“董事因违反义务对债权人的损害赔偿责任，并不排除于赔偿之外承担其他法律责任，例如取消担任董事的资格。它也不排除追究董事欺

① 《科克报告》全称为《审议委员会关于破产法律与实践的报告》，是在肯尼思·科克（Kenneth Cork）爵士主持下制定并提交国会的一份立法研究报告。《科克报告》对 1986 年英国破产法改革产生了重大影响。

② *Report of the Review Committee on Insolvency Law and Practice*, Cmnd 8558, 1982 (Cork Report), para. 235.

③ Cork Report, para. 235. See Finch, above n. 1, p. 496; B. G. Carruthers and T. C. Halliday, *Rescuing Business: The Making of Corporate Bankruptcy Law in England and the United States*, Clarendon Press, Oxford, 1998, p. 266 – 283.

④ 世界银行：《有效破产和债权制度的原则和指南》（*Principles and Guidelines for Effective Insolvency and Creditor Rights Systems*）（英文版），2001 年 4 月，第 27 页。

⑤ 联合国国际贸易法委员会：《破产立法指南》（中文版），2006 年纽约，第 153 页。

诈行为的责任,包括追究刑事责任。"①

在我国,有关这个问题的规定最早出现在 1986 年我国《企业破产法(试行)》第 42 条的如下条文中:"企业被宣告破产后,由政府监察部门和审计部门负责查明企业破产的责任。破产企业的法定代表人对企业破产负有主要责任的,给予行政处分。破产企业的上级主管部门对企业破产负有主要责任的,对该上级主管部门的领导人,给予行政处分。破产企业的法定代表人和破产企业的上级主管部门的领导人,因玩忽职守造成企业破产,致使国家财产遭受重大损失的,依照《中华人民共和国刑法》第一百八十七条的规定追究刑事责任"。

但是,自该法施行以来,这条规定并没有得到有效的实施。其主要原因在于,一方面,大多数国有企业在进入破产程序以前长期处于破产状态,而造成企业困境的原因又非常复杂;另一方面,该法的程序制度中缺乏足够的手段来处理管理层在企业破产之前的行为。在 1994 ~ 1996 年我国《企业破产法》起草过程中,这种规定被忽略了。在当时,起草者的关注点是在程序期间或之前的欺诈性交易和其他违法行为,其目的在于保证有序的集体清偿。2000 年当起草工作再次启动时,企业法人治理和保护金融稳定受到了更多的重视。在 2000 年 7 月全国人民代表大会财政经济委员会召开的"企业破产与重整立法国际研讨会"上,笔者指出:"国企改制的基本目标是建立现代企业制度。而现代企业制度的一项重要内容,就是公司法人治理结构。新《破产法》应当起到对企业管理层的激励和鞭策作用,不能给那些玩忽职守者和损公肥私者利用破产溜之大吉的机会。"②此后,人们对公司法人治理问题提出了许多有益的建议。在此基础上,2000 年 12 月的草案稿中重新设立了管理层造成企业破产的责任追究制度。③ 此外,还有一些有关企业法人治理的规定也写进了草案。自 2000 年以来,我国《企业破产法(草案)》历经多次修改。在 2006 年 8 月颁布的本法

---

① 世界银行集团:《有效破产与债权人/债务人制度的原则》(*Principles for Effective Insolvency and Creditor/Debtor Regimes*)(英文版)B2.3 & note 5,2016 年华盛顿,第 18 页。

② 王卫国:《当前〈破产法〉起草的几个目标》,载朱少平、葛毅编:《中华人民共和国破产法——立法进程资料汇编(2000 年)》,中信出版社 2004 年版,第 34 页。

③ 我国《企业破产与重整法(草案)》(2000 年 12 月稿)第 158 条规定:"企业董事、经理等有关责任人员因为过失或者故意,直接致使其所在企业破产的,承担赔偿责任,并处以五万元以上罚款;构成犯罪的,依法追究刑事责任。受前款规定处罚的人员,自破产案件终结之日起十年内禁止从事企业经营管理事务。"

中,有关企业法人治理的条文已经相当充实。大体而言,这些条文可以分为两大类:一是破产程序期间对管理层行为的限制(如本法第 15 条至第 17 条的规定);二是对管理层的责任追究。其中,第二类包括两方面的规定:其一,对破产前行为的责任追究,如本条关于债务人管理层对导致企业经营失败的过错行为的法律责任(以下简称债务人管理层的破产责任)的规定,又如,本法第 128 条关于欺诈破产行为的法律责任的规定;其二,对破产程序中行为的责任追究,如本法第 126 条关于违反信息披露义务的法律责任的规定,第 127 条关于违反提交、移交义务的法律责任的规定和第 129 条关于擅离住所地的法律责任的规定。

二、债务人管理层的破产责任

(一)忠实、勤勉义务

1. 忠实、勤勉义务的主体,是企业的董事、监事或者高级管理人员。高级管理人员是指我国《公司法》第 216 条第 1 款第 1 项规定的公司的经理、副经理、财务负责人,上市公司董事会秘书和公司章程规定的其他人员。

2. 忠实、勤勉义务的内容,包括忠实义务和勤勉义务。忠实义务又称信义义务,是指董事、监事、高级管理人员经营公司业务时,应毫无保留地为公司利益最大化而努力工作;当其自身利益与公司利益发生冲突时,应以公司利益为先。勤勉义务又称注意义务,是指董事、监事、高级管理人员应诚信地履行职责,尽到普通人在类似情况下谨慎的合理注意义务,为实现公司利益最大化而努力工作。本条的忠实、勤勉义务,即我国《公司法》第 147 条规定的董事、监事、高级管理人员对公司负有的忠实义务和勤勉义务。我国《公司法》第 147 条、第 148 条规定了忠实、勤勉义务的具体内容,即董事、监事、高级管理人员不得从事下列行为:利用职权收受贿赂或者其他非法收入,侵占公司的财产。董事、高级管理人员不得有下列行为:挪用公司资金;将公司资金以其个人名义或者以其他个人名义开立账户存储;违反公司章程的规定,未经股东会、股东大会或者董事会同意,将公司资金借贷给他人或者以公司财产为他人提供担保;违反公司章程的规定或者未经股东会、股东大会同意,与本公司订立合同或者进行交易;未经股东会或者股东大会同意,利用职务便利为自己或者他人谋取属于公司的商业机会,自营或者为他人经营与所任职公司同类的业务;接受他人与公司交易的佣金归为己有;擅自披露公司秘密;违反对公司忠实义务的其他行为。

非公司的其他企业法人,参照适用我国《公司法》的上述规定。

(二)违反忠实、勤勉义务的法律责任

1. 归责原则

确定违反忠实、勤勉义务的民事责任,应当依据过错责任原则。

2. 责任形式

(1)赔偿责任。违反忠实义务、勤勉义务,致使所在企业破产的,应当根据其过错,对因此给企业造成的损害承担民事赔偿责任。需要注意的是,本法颁布以前的草案规定的是一律承担连带民事赔偿责任,而颁布后本条没有如此规定,而是采用了"依法承担民事责任"的提法。其立法本意是,根据个案情况和相关的法律规则具体确定。其中,符合连带责任条件的,适用连带责任;不符合连带责任条件的,适用普通民事责任。

(2)资格限制。资格限制是破产法影响公司法人治理的一项强有力的措施。早在1986年,英国在新破产法通过后,随即颁布了《公司董事资格取消法》,作为破产法的配套立法于1986年12月与新破产法同时生效。我国在1993年《公司法》中也有关于资格限制的规定,[①]《破产审理规定》中也有这方面的规定。[②] 但是,我国《公司法》的规定只适用于依公司法登记的企业,而《破产审理规定》赋予人民法院的仅仅是关于资格限制的建议权。本条规定适用于所有企业,并将资格限制作为一项破产法上的制裁措施,置于司法裁判权的掌握之下。破产程序终结后,如果有关人员违反本条规定在法定期限内担任了被禁止担任的职务,人民法院可以根据利害关系人的请求,作出确认其任职无效的判决。

本条第2款规定,违反忠实、勤勉义务的董事、监事、高级管理人员,自破产程序终结之日起3年内不得担任任何企业的董事、监事、高级管理人员。本规定与2005年我国《公司法》是一致的。该法第147条(现为第146条)规定,担任破产清算的公司、企业的董事或者厂长、经理,对该公司、企业的破产负有个人责任的,自该公司、企

---

① 1993年我国《公司法》第57条规定:"有下列情形之一的,不得担任公司的董事、监事、经理……(三)担任因经营不善破产清算的公司、企业的董事或者厂长、经理,并对该公司、企业的破产负有个人责任的,自该公司、企业破产清算完结之日起未逾三年……公司违反前款规定选举、委派董事、监事或者聘任经理的,该选举、委派或者聘任无效。"

② 《破产审理规定》第103条规定:"人民法院可以建议有关部门对破产企业的主要责任人员限制其再行开办企业,在法定期间内禁止其担任公司的董事、监事、经理。"

业破产清算完结之日起未逾3年不得担任公司的董事、监事、高级管理人员。但本条比我国《公司法》的规定更严格,《公司法》规定的是不能担任“公司”的董事、监事和高级管理人员,而本条规定的是不能担任“任何企业”的董事、监事和高级管理人员。“任何企业”,既包括各种责任形式的企业,如公司、非公司的法人企业和不具备法人资格的个人独资企业、合伙企业,也包括各种所有制性质的企业,如国有企业、私营企业和外商投资企业。

第一百二十六条　【违反信息披露义务的法律责任】有义务列席债权人会议的债务人的有关人员,经人民法院传唤,无正当理由拒不列席债权人会议的,人民法院可以拘传,并依法处以罚款。债务人的有关人员违反本法规定,拒不陈述、回答,或者作虚假陈述、回答的,人民法院可以依法处以罚款。

【注释】

一、债务人有关人员对债权人的信息披露义务

本法第15条第1款规定了债务人的有关人员“列席债权人会议并如实回答债权人的询问”的义务,即对债权人的信息披露义务。该义务包括两个层次:一是列席债务人会议;二是在债权人会议上如实回答询问。有关人员违反本项规定的,人民法院可以依照本条规定进行处罚。关于该项义务的说明,参见本书第十五条注释。

二、违反信息披露义务的法律责任

(一)违反列席义务的法律责任

本条规定:“有义务列席债权人会议的债务人的有关人员,经人民法院传唤,无正当理由拒不列席债权人会议的,人民法院可以拘传,并依法处以罚款。”构成本项法律责任者,需具备以下条件:

1. 须为有义务列席债权人会议的债务人有关人员。即本法第15条第2款规定的企业法定代表人,以及经人民法院决定的企业财务管理人员和其他经营管理人员。至于本法第23条规定的有义务列席债权人会议的管理人,以及本法第85条规定的可以列席债权人会议的债务人的出资人代表,不属于本条范围内的责任主体。

2. 须为拒不列席债权人会议。所谓“拒不列席”,是指能够出席而故意不列席。至于其拒不列席是否有明确的拒绝表示,在所不论。因此,因疾病、受拘禁、交通受阻或其他客观事由而不能够列席者,不承担本条规定的法律责任。

3. 须为无正当理由拒不列席债权人会议。如果不列席债权人会议有正当理由,例如,经人民法院许可离开住所地,可以不承担本条规定的法律责任。

4. 须为经人民法院传唤后仍然拒不列席债权人会议。这意味着,上述人员在无正当理由拒不列席债权人会议的情况下,人民法院只需进行一次传唤,如其仍拒不列席,即可实施拘传。这与我国《民事诉讼法》第 112 条规定须经两次传唤方可拘传的规定有所不同。

根据我国《民事诉讼法》第 119 条的规定,拘传、罚款、拘留必须经院长批准;拘传应当发拘传票;罚款、拘留应当用决定书;对决定不服的,可以向上一级人民法院申请复议一次;复议期间不停止执行。根据本法第 4 条的规定,适用本条时应当遵守这些规则。

(二)违反说明义务的法律责任

本条还规定:"债务人的有关人员违反本法规定,拒不陈述、回答,或者作虚假陈述、回答的,人民法院可以依法处以罚款。"构成本项法律责任者,需具备以下条件:

1. 须为负有说明义务的债务人有关人员。即本法第 15 条第 2 款规定的企业法定代表人,以及经人民法院决定的企业财务管理人员和其他经营管理人员。

2. 须为违反说明义务。此义务是指破产程序中的说明义务,不仅包括本法第 15 条第 1 款第 3 项规定的出席债权人会议并"如实回答债权人的询问"的义务,也包括对债权人的其他说明义务,例如,本法第 68 条第 2 款规定的在债权人委员会提出要求时的说明义务,第 84 条第 3 款规定的就重整计划草案作出说明并回答询问的义务。但是,不包括本法第 8 条、第 11 条规定的对人民法院的说明义务(违反该义务者适用本法第 127 条的规定)。

3. 须为以拒不陈述、回答,或者作虚假陈述、回答的方式违反说明义务。其中,"拒不陈述、回答"为故意的不作为方式;"作虚假陈述、回答"为故意的作为方式。如果为因疏忽或能力欠缺而发生遗漏、错误陈述或者表达不清,则不属于本条规制的范围。

根据我国《民事诉讼法》第 118 条、第 119 条的规定,对个人的罚款金额,为 10 万元人民币以下;对单位的罚款金额,为 5 万元以上 100 万元人民币以下;罚款必须经院长批准;罚款应当用决定书;对决定不服的,可以向上一级人民法院申请复议一次;

复议期间不停止执行。除非法律或司法解释另有规定，适用本条时应当遵守这些规则。

三、对妨害破产程序的强制措施

最高人民法院《高效审理意见》第20条规定，“债务人的有关人员或者其他人员有故意作虚假陈述，或者伪造、销毁债务人的账簿等重要证据材料，或者对管理人进行侮辱、诽谤、诬陷、殴打、打击报复等违法行为的，人民法院除依法适用企业破产法规定的强制措施外，可以依照民事诉讼法第111条等规定予以处理”。①

第一百二十七条 【违反提交、移交义务的法律责任】债务人违反本法规定，拒不向人民法院提交或者提交不真实的财产状况说明、债务清册、债权清册、有关财务会计报告以及职工工资的支付情况和社会保险费用的缴纳情况的，人民法院可以对直接责任人员依法处以罚款。

债务人违反本法规定，拒不向管理人移交财产、印章和账簿、文书等资料的，或者伪造、销毁有关财产证据材料而使财产状况不明的，人民法院可以对直接责任人员依法处以罚款。

【注释】

一、违反提交义务的法律责任

（一）债务人的提交义务

本法第8条第2款规定：“债务人提出申请的，还应当向人民法院提交财产状况

---

① 此处的“民事诉讼法第111条”，在2021年12月24日修改、2022年1月1日起施行的《民事诉讼法》中为第114条，其条文为：“诉讼参与人或者其他人有下列行为之一的，人民法院可以根据情节轻重予以罚款、拘留；构成犯罪的，依法追究刑事责任：（一）伪造、毁灭重要证据，妨碍人民法院审理案件的；（二）以暴力、威胁、贿买方法阻止证人作证或者指使、贿买、胁迫他人作伪证的；（三）隐藏、转移、变卖、毁损已被查封、扣押的财产，或者已被清点并责令其保管的财产，转移已被冻结的财产的；（四）对司法工作人员、诉讼参加人、证人、翻译人员、鉴定人、勘验人、协助执行的人，进行侮辱、诽谤、诬陷、殴打或者打击报复的；（五）以暴力、威胁或者其他方法阻碍司法工作人员执行职务的；（六）拒不履行人民法院已经发生法律效力的判决、裁定的。人民法院对有前款规定的行为之一的单位，可以对其主要负责人或者直接责任人员予以罚款、拘留；构成犯罪的，依法追究刑事责任。”

说明、债务清册、债权清册、有关财务会计报告、职工安置预案以及职工工资的支付和社会保险费用的缴纳情况。”本法第 11 条第 2 款规定:“债权人提出申请的,人民法院应当自裁定作出之日起五日内送达债务人。债务人应当自裁定送达之日起十五日内,向人民法院提交财产状况说明、债务清册、债权清册、有关财务会计报告以及职工工资的支付和社会保险费用的缴纳情况。”这是在破产申请阶段,债务人向人民法院承担的提交义务。此种义务的意义在于,保证人民法院在决定破产申请的受理时取得作出决定所必要的信息。违反这一义务的,构成妨碍破产程序的违法行为。

(二)违法行为

根据本条第 1 款的规定,债务人违反提交义务的行为,包括消极行为和积极行为两种形态。(1)消极行为,即违法的不作为,是指相关人员拒不向人民法院提交本法规定的相关资料和信息。此处的“拒不提交”,不以明示的拒绝表示为必要,只要行为知道或应当知道其负有此项义务并有能力履行义务而未履行,即可构成此项违法行为。在实践中,对于相关人员是否构成拒不提交尚有疑问的,人民法院可对其发出限期提交的命令;如其在规定期限内仍不提交,即可确定为拒不提交。(2)积极行为,即违法的作为,是指提交不真实的材料。此种行为,应具备两个方面的条件:首先,在客观方面,所提交材料或信息存在虚假或缺漏的情形,且该虚假或缺漏对破产程序或者债权人利益具有实质的危害性。其次,在主观方面,行为有过错,即行为人能够避免该虚假或缺漏而未避免。至于行为人的过错属于故意还是过失,在承担本条规定的法律责任时,在所不论。但是,如系故意行为且情节严重,可从重处罚;构成犯罪的,依法追究刑事责任。

(三)责任主体及法律责任

本款规定的行为,尽管行为人是债务人即企业法人,但责任的承担者是违法行为的直接责任人员。这里的直接责任人员,包括与企业实施违法行为有直接关联的管理人员和经办人员,其承担责任的形式就是被处以罚款。有关罚款的具体实施规则,除法律或司法解释另有规定外,适用我国《民事诉讼法》第 118 条、第 119 条的规定(参见本书第一百二十六条注释)。

违反提交义务的上述人员中,如有伪造、毁灭重要证据,妨碍人民法院审理案件者,人民法院可以依照我国《民事诉讼法》第 114 条的规定,视情节轻重予以罚款、拘留;构成犯罪的,依法追究刑事责任。

二、违反移交义务的法律责任

(一)债务人的移交义务

本条涉及的义务,是指债务人依照本法第25条第1款第1项和第15条第1款第1项的规定所承担的向管理人的移交义务以及相应的妥善保管义务,不包括本法第73条、第89条、第98条规定的管理人在特定情况下对债务人的移交义务。本法第25条第1款第1项规定了管理人“接管债务人的财产、印章和账簿、文书等资料”的职责;第15条第1款第1项规定了债务人的有关人员“妥善保管其占有和管理的财产、印章和账簿、文书等资料”的合作与协助义务。因此,自法院受理破产申请的裁定送达债务人之日起,债务人的有关人员应当妥善保管其占有和管理的财产、印章和账簿、文书等资料,并应根据管理人的要求及时办理移交。违反这一义务的,构成妨碍破产程序的违法行为。

(二)违法行为

根据本条第2款的规定,债务人违反移交义务的行为,包括消极行为和积极行为两种形态。(1)消极行为,即违法的不作为,是指拒不向管理人移交财产、印章和账簿、文书等资料。关于“拒不移交”,参见前款关于“拒不提交”的解释。(2)积极行为,即违法的作为,是指伪造、销毁有关财产证据材料而使财产状况不明的。此种行为,应具备两方面的条件:首先,在客观方面,要有伪造、销毁有关财产证据材料的行为;要有财产状况不明的后果;要有该行为与该后果之间的因果关系。其次,在主观方面,行为人有故意,即明知或应当知道该行为及其危害后果而促使或放任其发生。

(三)责任主体及法律责任

本款规定的行为,行为人是债务人企业,但责任主体是违法行为的直接责任人员。这里的直接责任人员,包括与实施违法行为有直接关联的企业管理人员及经办人员。其承担的责任形式是罚款。有关罚款的具体实施规则,参见第一百二十六条注释。

第一百二十八条　【欺诈破产行为的法律责任】债务人有本法第三十一条、第三十二条、第三十三条规定的行为,损害债权人利益的,债务人的法定代表人和其他直接责任人员依法承担赔偿责任。

【注释】

一、责任主体

即债务人的法定代表人和其他直接责任人员。需要注意的是,根据我国《公司法》第13条的规定,公司的法定代表人可以是董事长、执行董事或者经理,以公司章程的规定为准。公司以外的其他企业,依照相关法律、行政法规和企业章程或其他成立文件确定其法定代表人。

二、违法行为

本条针对的违法行为,是本法第31条、第33条规定的欺诈破产行为和第32条规定的个别清偿行为。具体行为的界定,参见上述条文的注释。

三、责任形式

实施本法规定的行为,造成债务人财产减少的,应当依法承担民事赔偿责任。赔偿的对象,在债务人因重整或者和解而继续存续的情况下,为债务人;在债务人破产清算的情况下,为该行为造成破产财产减少而致清偿利益受损失的债权人。其中,担保财产受损失的,受害人为担保权人;债务人的其他财产受损失的,受害人为全体债权人。

四、管理人的追责起诉权

根据司法解释,管理人有权对本条规定的直接责任人提起追究赔偿责任的诉讼。《破产法解释(二)》第18条规定:"管理人代表债务人依据企业破产法第一百二十八条的规定,以债务人的法定代表人和其他直接责任人员对所涉债务人财产的相关行为存在故意或者重大过失,造成债务人财产损失为由提起诉讼,主张上述责任人员承担相应赔偿责任的,人民法院应予支持。"由于这些责任人员的赔偿范围直接取决于财产追回的结果,司法解释明确赋予管理人提起追责诉讼的起诉权,有利于促使相关责任人员积极配合管理人追回流失的债务人财产。

【示例】

1. A公司在申请破产前,该公司经理甲为了逃避债务,指示下属员工将一批已经被设置抵押的产品隐藏于城郊的一个临时仓库。在破产程序期间,经管理人追查,发现了这批被隐匿产品。但是,由于保管不善,大部分产品受潮变质,损失价值达12万元人民币。甲应当向抵押权人B银行承担赔偿责任。

2. 在前例中，管理人还查明，该公司董事长乙曾依据虚构的合同，向境外G公司出具20万美元的债务承认函，致使G公司以抵销为由向A公司少支付货款20万美元。经查，G公司现已解散，相关人员去向不明。乙构成因承认不真实的债务造成公司财产损失的行为。鉴于A公司已经进入破产清算，管理人有权要求乙赔偿这笔损失，并将取得的赔偿金用于破产分配。

五、联合国《商业欺诈的指标》中的滥用破产行为

在商业实践中，与破产有关的欺诈行为林林总总，本条所规定的行为仅为其冰山一角。国际国内的经验都表明，滥用破产程序的商业欺诈形式多样，手段狡诈，危害极大。因此，与这些行为做斗争，对于保证破产法的有效实施意义重大。笔者曾于2002~2005年担任联合国国际贸易法委员会"反商业欺诈"专家组成员。专家们的共识是，反商业欺诈应重在预防，而预防工作的重点是帮助各国政府和商业人士提高识别商业欺诈的能力。专家组起草的《商业欺诈指标》于2007年6月25日至7月12日在联合国国际贸易法委员会第四十届会议上获得通过。该文件列出了23项有助于潜在受害人及其所属组织识别与商业欺诈有关的行为或构成商业欺诈的行为的指标，以协助各国开展预防商业欺诈的行动。现将其中"滥用破产程序"指标以及与之相关的"阻挠履行应尽职责"指标和增编的"恪尽职守"部分摘录如下，供破产领域的专业人士尤其是管理人参考。

指标23：滥用破产程序

破产过程可能被用作便利商业欺诈的一种手段，便利以不正当手段转移资产、通过歪曲或通过提交或出售谎报债权申请获得破产实体的投资。

解释：

大多数法律体系都拥有破产法规以使各公司或个别商业实体通过改组或清偿程序重组债务。破产制度规定，通过适当使用司法或行政监督对破产过程进行实质性监督。破产过程满足了遇到财务困难的企业的重要的商业和政策需要。

尽管欺诈通常可能导致申请同受害者有关的破产程序，但是，欺诈计划也使用破产方面的法律程序以遮掩或便利商业欺诈，利用破产过程的可信性向目标受害者提供一种安全感假象。欺诈者利用破产过程误传破产法院或代理人已经审查并核准了代表破产实体编写的陈述。欺诈者也可以利用破产过程来隐藏以不正当方式转移资

产或者提交和出售谎报债权申请。最后,破产过程可能被用来为破产实体提供可信性,以便该实体可能得到额外的货物、服务或信贷。

事例和实例:

· 破产过程可以用来对现有的债权人隐瞒资产。

说明23-1:在进入破产之前,某个实体可能将资产从一个管辖区转移到另一个管辖区,以便隐藏资产或建立新的商业实体。这样,该实体的债权人可能无法收回财产,因为实体的资产不足以支付以前的债务。

说明23-2:在某个实体进入破产之前,该实体的主债务人将资产转移给其本人或实体内部的其他人员,从而拒绝将现有的资金交给该实体的债权人。

· 欺诈者可能歪曲破产实体的资产或工商企业的价值。

说明23-3:欺诈者低估破产实体的资产价值,以便引诱债权人认为实际价值比欠债总值低得多。

说明23-4:欺诈者可能高估破产实体的资产价值,明知受害者会相信欺诈者的估价已由法院或破产代理人审查或核查。受害者随后对破产实体投资,相信该实体的财务状况比实际情况更好。

· 可能在破产程序中提交谎报债权申请,以欺诈债权人或未来投资者。

说明23-5:一旦实体进入破产程序,实体主债务人提交谎报债权申请,就会引诱法院和破产代理人向有效债权人分配较少的资产而将资产份额分配给主债务人。

说明23-6:欺诈者针对破产实体提交谎报债权申请,并以折扣价将该申请卖给受害者,后者认为该申请有效,企图从破产实体收账。

· 破产程序可能被用来为破产实体提供可信性。

说明23-7:欺诈者引诱受害者为破产实体提供货物、服务或信贷。受害者被告知,法院或破产代理人通过出具授权书或批准书,担保付款或以其他方式向受害者保证还款,而实际上却没有这种保证。

说明23-8:另一种欺诈是在以下情况下发生的:某笔交易要求缴纳预付款,而另一方在收到预付款之后声称自己破产。

建议:

· 牢记破产实体进入破产程序,是因为它们无法向现有的债权人付款或者其工商企业失败。在进行投资之前,必须认真审查有人提出的同破产实体做交易或为破产实体投资的建议。

·永远都要适当履行应尽职责并独立调查破产实体的任何价值陈述，然后再提供追加信贷或通过信贷提供货物和服务。

·由于破产程序一般都属于记入档案的事项，破产程序应该得到审查以核查据称由破产法院或破产代理人所作的陈述。

·绝不仅仅因为对手声称破产法院或破产代理人批准或授权某项交易或投资便中止履行应尽职责。

·在破产程序之前或期间认真审查破产实体的资产转移情况，以确定这种转移是否合法。

另见：指标8：阻挠履行应尽职责；增编1：恪尽职守。

指标8：阻挠履行应尽职责

履行应尽职责是一项重要工具，能够借以探究疑问并避免可疑交易，因此，欺诈者的首要目标就是阻挠履行正当的应尽职责。

解释：

当要求个人或实体作出涉及财务问题的决定时，应确保由独立人士履行应尽职责以调查拟议的交易，特别是调查所有不寻常方面。被要求投资的个人应有最大动机和最佳的立场履行应尽职责。商业欺诈会利用各种各样的手段阻挠履行应尽职责，包括制造分散注意力的事物，通过大众认可的影响制造虚假信用，控制履行应尽职责的方法，将投资者引向非独立人士，利用高压销售策略，坚持紧迫性或保密抑或是其他手段。任何试图阻碍对交易进行彻底、独立的调查，特别是阻碍在不寻常或值得怀疑的方面进行调查，都是非常可疑的。

事例和实例：

·欺诈者可能试图阻止履行应尽职责，方式是：

—提供支持交易但无法核实的资料；

说明8-1：欺诈者可能会暗示有无法接触的重要人物参与或赞成交易，或是交易的根源在于历史上的私人或国际协议。

—坚持绝对保密；

说明8-2：欺诈者向潜在受害人宣传投资，但却告知潜在受害人只有保持绝对保密才有可能实现投资及许诺的收益。

说明 8－3:欺诈者可能声称用于投资宣传的资料是独家的、保密的或机密的,并且不能与独立人士共享以履行应尽职责。

—利用高压策略;

说明 8－4:欺诈者强调这仅是一个“短暂的机会窗口”,或者是永远错失机会之前的“最后投资机会”。

说明 8－5:紧迫感可能会与不相关但当前正在发生的全球事件或危机联系在一起,如政治剧变或自然灾害,从而形成压力以尽快投资。

—坚持履行应尽职责没有必要;

说明 8－6:在欺诈者控制了所有交易参与方(买方、卖方和托运方)的情况下,买方试图从其银行处获得以卖方为受益人的信用证。尽管货物根本不存在,欺诈者却炮制了伪造的单证称,货物已经运送并试图开立信用证。为说服银行雇员开具信用证,欺诈者会使雇员相信其已经向雇员的上司说明情况并且上司也批准了交易和信用证,因此,欺诈者还会暗示雇员甚至不必验证货物的所有权。

说明 8－7:欺诈者在律师和会计师的协助下宣传高收益投资方案。以兜售投资方案为目的的研讨会参与者会听到律师和会计师的介绍,他们宣称已经调查过交易并发现其是合法的。参与者会被诱导相信律师和会计师是独立的,但实际上二者都是骗局的同谋。

—暗示交易已经得到公众或相关领域官员的赞同;

说明 8－8:欺诈者向潜在受害人宣传高收益投资方案,邀请潜在受害人参加研讨会以更多地了解方案。潜在受害人会被安排与其他数以百计的潜在投资者一同参加研讨会。在研讨会上,欺诈者吹嘘他/她的财富,而且还可能利用宣传该方案与知名公众人物关系的附加手段,即使是以一种概括的方式。所有这些手段都制造出一种大众认可的氛围,从而劝阻受害人履行恰当的应尽职责。

说明 8－9:欺诈者可以利用各种媒体,包括印刷品和电子媒体、电子邮件、电视、现场演示以及制造类似惯例的事件,以烘托出某“机会”得到大众认可的感觉,从而分散受害人注意力,不履行应尽职责。

—暗示已履行应尽职责,因此,投资者无须再单独履行应尽职责;

说明 8－10:欺诈者并没有宣称由第三方履行应尽职责或强调有保证人、代管账户或某种外部专业人员参与以充分保护投资者,但却给人一种正在履行应尽职责的印象。

说明8－11：欺诈者可能会推荐由某一具体的专业人员履行应尽职责，但该专业人员已经与欺诈者达成妥协或不具备足够知识以彻底地履行应尽职责。

—或者使履行应尽职责变得不可能实现，但却仍建议投资者由他/她自己履行应尽职责；

说明8－12：欺诈者可能会鼓励潜在投资者履行应尽职责，但实际上却通过提供错误或折中的联络信息、编造无法联系重要人物的理由、为履行应尽职责提供不充分的交易细节等妨碍应尽职责的履行。

·商业欺诈的标志或许是因为参与方的身份、地理位置或其他因素，特别是难以获得有关交易或参与方的额外、独立的信息。

说明8－13：欺诈性的交易经常涉及境外的国际公司，使履行应尽职责更加困难。

·在履行应尽职责时欺诈者可能会操纵潜在受害人相信非独立的信息来源，或提供虚假单证来支持可信性。

说明8－14：欺诈者会利用各种不同的手段以阻挠履行应尽职责，包括安排合作者让受害人去核查信息，人们甚至还知道他们在寻求受害人大规模投资时会编造详细的、有实际经营场址的空壳企业。

建议：

·除鼓励投资的人所提供的建议外，从其他来源寻求独立的建议是绝对必要的。

·希望获得其建议的人应在相关主题事项方面具备丰富的知识。

·必须核实交易的关键事实。

·当某一方面令人感觉不安时要相信人的常识并进行彻底调查。

·认识到现代商业欺诈者经常以成熟的团伙形式活动，这种团伙未经严谨确认而且不会在团伙和计划方面相互支援。

·评估迫切性的理由，如果有的话。

·从容地进行调查，不要急于作出业务决定，在决定涉及某人日常业务以外的内容时尤其如此。

增编1：恪尽职守

适当履行应尽职责取决于有关交易的具体情形，但分析应该遵循的某些通则以澄清交易和对手的善意还是可行的。牢记本清单只载有一般准则,应该考虑通过其他渠道得到更加具体的帮助,例如,美国联邦贸易委员会网(www. ftc. gov),国际消费者保护机构联合会、消费者监控网(www. consumer. gov),电子消费者网(www. econsumer. gov)或者欧洲联盟消费者网(http://ec. europa. eu/consumers/indexen. htm)。

1. 确定对手是如何选择同自己联系的

· 如果投资者没有主动联系,请查询对手是如何得到自己的姓名和联系信息的。

· 调查对手为什么同该特定投资者联系。为什么对手认为该投资者适合进行某项商业交易?含糊地或泛泛地回答说明,对手并没有掌握确定自己适合进行交易的确凿证据。

2. 核查对手的情况

· 永远要设法通过互联网、电话簿、商业组织、报刊、图书馆资料等获得对手及其代理人的联系电话号码、信息和身份,不要依赖投资推销商提供的信息。在履行应尽职责时,不要依赖投资推销商提供的专业人员的电话号码、网址、地址或观点。

· 当与专业人员打交道时,请向相关的专业组织弄清该专业人员是否在该组织正式登记和获得资格,弄清该专业人员的历史,包括对专业人员提出的投诉或指控情况。

· 可能的话,向所在管辖区的刑事欺诈主管当局核对对手和推销商的名称,以了解其犯罪历史或投诉情况。牢记欺诈者可能使用别名。

· 牢记欺诈者可能开展团伙行动,其他人特别是推销商推荐的人作证,不足以保护自己。

3. 识别营销策略

高压

· 面对情感诉求时,不要放弃充分履行应尽职责,比如,有的人故意提到人道主义危机。

· 不要屈服于时间压力,如必须立即投资或购买,否则这次机会就要失去。如果交易涉及的是商品,推销商不需要与投资商个人接洽。如果由于时间压力阻止履行应尽职责,不要再继续完成该交易。

期望值

·对照当前的经济活动,如所涉具体商品的价格或金额,或者该商品的一般交易模式,核对此项交易的关键内容,包括预测回报率。

4.认定产品

·确定正在出售的产品。有时产品就是一种服务或者是一种假扮为实物产品的无形法律权利。

·无形权利,如购买选择权、分时安排、租赁权等都非常难以核查是否存在。核查权利的真实性必须履行额外的应尽职责。

·在本地不同管辖区内或在海外贮存的产品容易造假,也需要履行额外的应尽职责。

5.确定交易的性质

·确定别人要求你干什么:缴纳首期付款、缴纳介绍费、进行掉期交易、建立代管关系、购买信用证或仅构成该交易一部分的类似事件。许多此类交易没有向客户转移产权,即使转移,最多也是初步的。

·考虑使用可信的经纪人作为“中间人”,在履约或交付货物之前由其掌管资金。

·核查如果交易没有完成,寄走的资金是否能退回。

6.确定交易的例行手续和文件

如何处理资金

·确定付款资金寄到哪里并核查接受机构。接受机构是声誉好的管辖区内的一家声誉好的金融机构,还是一家海外账户？海外中心的法律补救措施对于投资者个人来说一般都很薄弱。

·如果资金保存在代管账户或信用证中,该金融机构是否合法有效,是否具有良好信誉?

·核查提供的签字、账户和其他单证信息,例如,联系带抬头的信笺上印有信息的组织或据称签署该文件的个人。

·提供的任何安全手段或单证,如信用证、担保等都应该核查,向该单证上提到的其他当事人打电话以弄清它们是否有效。

如何同对手交流

·对手应该通过电话、邮件或电子邮件容易找到。信息应该是可以独立核查的。

·应该到对手的办公室亲自拜访他们,以对对手有所了解。应该注意,外表是会骗人的。

与对手交流哪些信息

·应该认真对待,向对手提供哪些信息。商业信息比较适合,但正常商业交易中不需要个人信息。

·在向相关的管理当局核实金融机构,如证券和商品经纪人的登记情况和合法有效性之后,才向其提供个人信息。

7.研究当事人、产品和交易情况

·有关现行欺诈性计划的资料和国内外欺诈领域方面的警告越来越多地由管理当局和商业及消费者组织公布。应该做出各种努力,上网或通过当地工商组织查到这些资料。

·对于担心之处——例如,电话区号与据称地址不符,或不能弄明白的事实——采取后续行动。

·进行一些比较,可能的话购买类似的产品或交易。

·当交易涉及产品时,尽量获得一件样品以进行分析,或尽量请有资格的独立专家评价有关商品。

·在区域开始调查,向国内的私人和政府组织了解情况,然后再扩展使用该办法,以纳入越界审查,调查文件中提到的或推销商提到的管辖区,以及调查文件中没有提到但以前可能发生过欺诈的管辖区。

·如果考虑进行大笔投资,聘用专业人员对推销商及其建议履行应尽职责。

·即使关系没有间断过,对待每一项新的投资或重要交易都要同样谨慎,在履行应尽职责时采取同样的办法。

第一百二十九条　【擅离住所地的法律责任】债务人的有关人员违反本法规定,擅自离开住所地的,人民法院可以予以训诫、拘留,可以依法并处罚款。

【注释】

一、责任主体和违法行为

本条的责任主体，是本法第15条规定的企业法定代表人以及依据人民法院的决定承担不擅离义务即“未经人民法院许可，不得离开住所地”的企业财务管理人员和其他经营管理人员。违反本项义务，擅自离开住所地的，构成妨碍破产程序的违法行为。

二、法律责任

对于本条规定的违法行为，人民法院可以对行为人予以训诫、拘留，也可以依法并处罚款。其中，关于拘留，根据我国《民事诉讼法》第118条、第119条的规定，拘留的期限为15日以下；被拘留人由人民法院交公安机关看管；被拘留人在拘留期间承认并改正错误的，人民法院可以决定提前解除拘留；拘留应当用决定书；对决定不服的，可以向上一级人民法院申请复议一次；复议期间不停止执行。关于罚款，参见本书第一百二十六条注释。

另外，根据《民诉法解释》第183条至第186条的规定，适用本条规定时需注意以下几点：(1)《民事诉讼法》第113条至第116条规定的罚款、拘留可以单独适用，也可以合并适用。(2)对同一妨害民事诉讼行为的罚款、拘留不得连续适用。发生了新的妨害民事诉讼的行为的，人民法院可以重新予以罚款、拘留。(3)单位有《民事诉讼法》第115条或者第116条规定行为的，人民法院应当对该单位进行罚款，并可以对其主要负责人或者直接责任人员予以罚款、拘留；构成犯罪的，依法追究刑事责任。(4)被罚款、拘留的人不服罚款、拘留决定申请复议的，应当自收到决定书之日起3日内提出。上级人民法院应在收到复议申请后5日内作出决定，并将复议结果通知下级人民法院和当事人。(5)上级人民法院复议时认为强制措施不当，应当制作决定书，撤销或变更下级人民法院作出的拘留、罚款决定。情况紧急的，可以在口头通知后3日内发出决定书。

第一百三十条　【管理人违反义务的法律责任】管理人未依照本法规定勤勉尽责，忠实执行职务的，人民法院可以依法处以罚款；给债权人、债务人或者第三人造成损失的，依法承担赔偿责任。

【注释】

一、管理人的勤勉义务和忠实义务

本法第27条规定:“管理人应当勤勉尽责,忠实执行职务。”这一规定对于维护公平清偿的破产法秩序,保护债权人、债务人和其他利害关系人的合法权益,意义重大。因此,本法有必要针对管理人违反这些义务的行为作出责任追究的规定。

二、责任主体

本条适用的责任主体为破产程序中的管理人。管理人对自己在任期内的管理行为,依法承担法律责任。管理人辞任或者被解任的,对其在任期内的行为承担责任。管理人未经许可擅自离任的,还应对离任后因其擅离行为所致的损失承担责任。

在企业破产案件中,管理人在管理债务人财产和事务时享有法定代表人地位,其执行职务致人损害的,应适用《民法典》第62条的规定:“法定代表人因执行职务造成他人损害的,由法人承担民事责任。法人承担民事责任后,依照法律或者法人章程的规定,可以向有过错的法定代表人追偿。”因此,本法第42条明确规定“管理人或者相关人员执行职务致人损害所产生的债务”为共益债务。在债务人财产不足支付共益债务的情况下,受害人有权要求管理人承担补充连带责任。鉴于此种共益债务的承担会导致债务人财产和债权人清偿的减少,法律应允许债权人向有过错的管理人追偿。为此,《破产法解释(二)》第33条规定:“管理人或者相关人员在执行职务过程中,因故意或者重大过失不当转让他人财产或者造成他人财产毁损、灭失,导致他人损害产生的债务作为共益债务,由债务人财产随时清偿不足弥补损失,权利人向管理人或者相关人员主张承担补充赔偿责任的,人民法院应予支持。上述债务作为共益债务由债务人财产随时清偿后,债权人以管理人或者相关人员执行职务不当导致债务人财产减少给其造成损失为由提起诉讼,主张管理人或者相关人员承担相应赔偿责任的,人民法院应予支持。”

同理,管理人因怠于行使权利或者其他职务过失导致债务人财产减少的,债权人也有权要求管理人赔偿。《破产法解释(二)》第9条第2款规定:“管理人因过错未依法行使撤销权导致债务人财产不当减损,债权人提起诉讼主张管理人对其损失承担相应赔偿责任的,人民法院应予支持。”

管理人聘用的人员的行为,原则上实行自己责任原则,即行为人对自己的过错承担责任。但在以下两种情况中,可以适用本条规定:(1)管理人对造成损失的聘用人员，在选任、监督上有过错，其过错与损失之间有因果关系的，应当承担相应的责任；(2)管理人对聘用人员的过错行为，如有指使、纵容、参与或者庇护等情形，构成共同过错的，应当与该行为人承担连带责任。

三、责任形式

(一)罚款

对于违反忠实义务和勤勉义务的管理人，人民法院可以处以罚款。是否处以罚款以及罚款数额的高低，取决于行为的情节轻重。确定情节轻重主要考虑两个因素：一是过错程度；二是造成的后果。一般而言，故意行为特别是欺诈行为以及严重的疏忽或懈怠，应当从重处罚。管理人的过错造成的其他损害后果(如人身伤害、严重社会影响等)，也可以作为处罚时考虑的情节。

(二)赔偿

管理人违反忠实义务、勤勉义务，给债权人、债务人或者第三人造成损失的，应承担赔偿责任。此种赔偿责任，适用侵权行为的法理。确定责任时，应当根据具体情况，确定管理人在行为时按照忠实义务和勤勉义务所应有的行为标准。这种行为标准，应当按照“善良管理人”的标准来确定。也就是说，应当根据在当时情形下一个合格的破产管理人所应当达到的诚信管理和妥善管理的标准，来确定该管理人的行为是否违反义务。在确定责任时，应当注意在促使管理人忠实而勤勉地履行职责与合理控制管理人执业风险以保持破产管理对专业人士的吸引力这两个目标之间求得平衡。正如联合国国际贸易法委员会指出的：“破产管理人采用的细心标准及其个人赔偿责任对于破产程序的进行具有重要意义。确定破产管理人履行其职责和职能所需的细心、审慎和技能的衡量尺度要求考虑到破产管理人在履行职责时遇到的困难处境，并使之与支付适当的报酬水平和需要吸引具备资格的人员担任破产管理人保持平衡。还适宜平衡兼顾两种标准：一种标准将是确保破产管理人有能力履行职责，另一种标准则是过于严格从而引发针对破产管理人的法律诉讼并造成其服务费用的增加。破产法还需考虑到破产管理人的赔偿责任可能常常涉及破产法以外法律的适用问题，或者如果破产管理人是某个专业组织的成员，可能涉及适用该组织的有关职业标准。”①

此外,破产管理人执业保险也是一个需要考虑的因素。本法第24条第4款规定:“个人担任管理人的,应当参加执业责任保险。”在经济较发达地区,随着管理人报酬收入的增加,机构管理人自愿参加执业责任保险也将会普遍起来。破产管理执业责任保险的发展,将有利于促使管理人义务标准的提高,从而提高整个破产管理行业的道德水准和业务水准。

在确定责任时,还应当注意考察管理人的行为与损害后果之间的因果关系。如果致损事件中存在受害人行为、第三人行为或事件(自然事件或社会事件)的介入,则由这些行为或事件所致的损害,或者说,没有这些行为或事件即不会发生此损害,或者不会发生如此程度之损害,则应考虑免除或减轻管理人的责任。

(三)刑事责任

管理人是法律为实现破产程序的目的而设定、由人民法院任命、在破产程序中履行破产管理职责的法定机构。担任破产管理人的人员,属于我国《刑法》第93条第2款规定的“以国家工作人员论”的“其他依照法律从事公务的人员”。因此,管理人违反本法规定的义务,情节严重,构成《刑法》规定的贪污贿赂罪、渎职罪或者其他犯罪的,应当依法追究刑事责任。

【示例】

1. A公司破产后,管理人甲将一笔对外追索债务的诉讼义务委托给自己的亲戚乙。甲知道乙是一位缺乏从业经验的律师,并且当时有几位经验丰富的律师表示希望承接此案。乙在办案过程中,由于举证不当和辩论不力而致一审败诉。二审经其他律师承办,获得胜诉。但由于延误时机,此时被告人已无财产可供执行,致使A公司财产遭受重大损失。乙应当对债务人财产承担基于职业过失的赔偿责任。同时,甲因其诉讼委托中存在过错,应当依照本条规定承担赔偿责任,并可由人民法院处以罚款。

2. 在前例中,如果甲在诉讼委托中向乙支付了超过合理标准的高报酬,并收受了

---

① 联合国国际贸易法委员会:《破产立法指南》(中文版),2006年纽约,第164页。此处引文中的“细心标准”,英文版为“standard of care”,亦可译作“注意标准”。

乙付给的回扣,则甲、乙构成恶意串通损害他人合法权益的行为和贿赂行为。对此,甲、乙除应将超出合理标准的部分报酬返还债务人财产,并就其执业过失承担连带赔偿责任外,还应当被依法追究受贿、行贿的刑事责任。

四、管理人职务行为的责任界限

需要注意的是,本条规定与本法第42条第5项的规定,存在一定的区别。后者规定,管理人执行职务致人损害所产生的债务,属于共益债务,由债务人财产随时清偿。但是,管理人执行职务致人损害,不一定是因为违反勤勉义务和忠实义务所致。如果管理人忠实而勤勉地执行了职务,则所造成的损害应由债务人财产承担责任,而不必追究管理人的责任。如果管理人未尽到勤勉和忠实的义务,则于债务人财产对受害人支付赔偿之后,还应当依照本条规定追究管理人对债务人财产的赔偿责任。

【示例】

3. A公司的仓库中存放有B公司寄存的一批货物。A公司由于管理混乱,未在财产清册和其他文件中注明。A公司被宣告破产后,管理人为防止货物变质和节省仓储费用,及时将这批货物变卖。事后,B公司要求取回这笔货物。经协商,管理人同意对B公司进行赔偿。由于市场供需关系变化,此时按照市价支付的赔偿金高于实际变卖所得。管理人的行为没有违反忠实义务和勤勉义务,不承担本条规定的法律责任。

4. A公司在破产程序期间,管理人为保存债务人财产的价值而决定继续营业。对于A公司在生产过程因排污超标而承担的环境污染损害赔偿,管理人不承担法律责任。但是,如果继续营业期间因生产事故造成环境污染责任,而管理人对事故发生存在过错,则管理人应当承担相应的民事责任。

五、诉讼管辖

管理人因其管理行为致人损害的赔偿诉讼,无论其是否援引本条规定,均应当由受理破产案件的人民法院管辖。

第一百三十一条 【破产犯罪】违反本法规定,构成犯罪的,依法追究刑事责任。

【注释】

一、破产犯罪的概念

在我国立法体系中,刑事犯罪只能在刑法中规定。在其他法律中,只能就相关的违法行为构成犯罪时的刑事责任追究问题,作一个宣示性的规定。本条即是关于追究破产犯罪以及与破产有关的犯罪的一般规定。破产犯罪不是刑法上的单独犯罪类别。作为破产法上的概念,破产犯罪泛指违反破产法规定,侵犯与破产案件有关的司法秩序和其他社会秩序,侵犯与破产相关民事主体合法权益,具有社会危害性的各种行为。根据本条规定,债务人及其有关人员以及参与或涉及破产案件的其他人员实施破产违法行为,或者管理人在执行职务时有违法行为,构成贪污罪、受贿罪、单位受贿罪、非国家工作人员受贿罪、盗窃罪、职务侵占罪、挪用资金罪、挪用公款罪、诈骗罪、为亲友非法牟利罪、虚假出资罪、抽逃出资罪、签订(履行)合同失职被骗罪、私分国有资产罪、徇私舞弊低价折股罪、妨害清算罪、虚假破产罪等犯罪的,应当依据我国现行《刑法》和有关司法解释的规定,按照相应的罪名予以追究。

在审理破产案件中,人民法院发现有关人员涉嫌犯罪的,应当将涉嫌犯罪的情况和材料移送负责相关犯罪侦查工作的国家机关处理。对于一时不能确定涉案人员涉嫌犯罪情形的,如巨额财产下落不明,亦应照此办理。①

二、防范和惩治虚假诉讼

长期以来,申报捏造的债权和捏造民事法律关系提起诉讼的行为是潜藏于破产领域的一大"毒瘤"。它损害当事人合法权益、破坏司法秩序、侵蚀司法队伍和法律服务队伍的职业道德,败坏社会风气。2015 年 8 月 29 日,全国人大常委会通过《刑法修正案(九)》,决定在刑法第 307 条后增加一条,作为第 307 条之一,即"以捏造的事实提起民事诉讼,妨害司法秩序或者严重侵害他人合法权益的,处三年以下有期徒刑、拘役或者管制,并处或者单处罚金;情节严重的,处三年以上七年以下有期徒刑,并处罚金"。这一规定成为治理破产领域虚假诉讼的一大利器。

2018 年 9 月 26 日,最高人民法院、最高人民检察院联合发布《关于办理虚假诉

① 参见《破产审理规定》第 100 条、第 102 条。

讼刑事案件适用法律若干问题的解释》,对以捏造的事实提起民事诉讼的行为适用刑法进行认定和处罚的若干问题作出了规定。2021 年 3 月 4 日,最高人民法院、最高人民检察院、公安部、司法部联合发布《关于进一步加强虚假诉讼犯罪惩治工作的意见》就进一步加强虚假诉讼犯罪惩治工作中的虚假诉讼犯罪的甄别和发现、线索移送和案件查处、程序衔接、责任追究、协作机制等问题做了具体规定。2021 年 11 月 11 日,最高人民法院下发《关于在民事诉讼中防范与惩治虚假诉讼工作指引(一)》,对虚假诉讼的构成要素和主要表现形式、发现途径和防范措施、惩治措施及案件处理等问题提供了一般性指引,对民间借贷纠纷、买卖合同纠纷、房屋买卖合同纠纷、"以物抵债"协议纠纷、执行异议、参与分配程序、申请执行仲裁裁决、申请执行公证债权文书等典型案件中的虚假诉讼识别认定作出了分别规定,并对工作机制等问题提出了具体要求。这些文件不仅是司法机关在破产案件中开展防范与惩治虚假诉讼工作的重要规范,对参与破产案件的管理人、债权人和中介服务机构识别和抵制虚假诉讼也具有警示和指导意义。

第十二章
附　　则

第一百三十二条　【职工债权的特别清偿安排】本法施行后，破产人在本法公布之日前所欠职工的工资和医疗、伤残补助、抚恤费用，所欠的应当划入职工个人账户的基本养老保险、基本医疗保险费用，以及法律、行政法规规定应当支付给职工的补偿金，依照本法第一百一十三条的规定清偿后不足以清偿的部分，以本法第一百零九条规定的特定财产优先于对该特定财产享有担保权的权利人受偿。

【注释】

一、本条规定的由来

破产程序涉及许多不同利益的冲突，其中，最突出的就是职工债权与担保债权之间的冲突。这个冲突，曾一度成为我国《企业破产法》出台的“瓶颈”。

根据本法第109条和第113条的规定，在债务人的所有财产中，担保债权在担保物上享有最优先的受偿地位，无担保的财产和偿还担保债权后的剩余财产，在支付破产费用和共益债务后用于破产分配；在破产分配中，职工工资和劳动保险费用等职工债权处于最优先的受偿地位。这些规定与我国1986年颁布的《企业破产法(试行)》第32条和第37条的规定是一致。

本法的起草工作从一开始就将国有企业职工安置问题放在了重要的地位。1995年的草案曾经设专章规定国有企业破产的特殊问题，尤其是职工安置问题。草案的基本方案是用破产企业的国有土地使用权依法转让后的收益用于优先安置职工,但在职工债权的清偿顺序上,仍维持我国《企业破产法(试行)》的方案。当时,曾经将这一方案与国际劳工组织大会1992年6月通过的《雇主破产情况下保护工人债权公约》进行了比较,得出的结论是,我国破产立法的现行规定,将职工债权置于普通债权和税收债权之前,达到了该公约要求的保护水平。

但是,1994年以来我国在政府主导下实施的"政策性破产"做法,将破产企业职工安置问题置于特殊优先的地位。1994年国务院《关于在若干城市试行国有企业破产有关问题的通知》(国发〔1994〕59号)中,曾肯定抵押债权人的优先清偿地位。但在1996年国家经济贸易委员会、中国人民银行《关于试行国有企业兼并破产中若干问题的通知》(国经贸企〔1996〕492号,已失效)第5条中,作出了一个新的规定:"在实施企业破产中,首先要妥善安置破产企业职工,保持社会稳定。企业以土地使用权作为抵押物的,其转让所得首先用于破产企业职工的安置,对剩余部分抵押权人享有优先受偿的权利;处置土地使用权所得不足以安置职工的,不足部分依次从处置无抵押财产、其他抵押财产所得中拨付。抵押权人未优先受偿部分,参加一般债权的清偿分配。"这一规定在1997年国务院《关于在若干城市试行国有企业兼并破产和职工再就业有关问题的补充通知》(国发〔1997〕10号)中得到了重申。但是,按照一般理解,这种规定只是在特定时期就特定问题采取的权宜之计。

截至2004年4月底,全国共安排企业关闭破产项目3377项,核销国有银行呆账和金融资产管理公司债权损失2238亿元,消灭亏损源1341亿元,中央财政累计拨付破产补助金493亿元。[①] 由此可见,银行的债权损失在一定程度上是由中央财政直接或间接承担的,而中央财政承担的损失实际上是由消灭亏损源而节省的财政资源来填补的。总体来说,上述措施是国有经济内部分配改革成本的策略性安排,而不是建立市场经济秩序的制度设计。

在2004年6月提交全国人民代表大会常务委员会审议的草案中,一方面明确规定了担保债权的别除权地位,另一方面规定了职工债权在破产分配中最优先的受偿地位。但是,在全国人民代表大会常务委员会的审议过程中,进一步提高职工债权清

① 资料来源:国务院国有资产监督管理委员会《关于国有企业政策性破产的基本情况》,全国人大财经委员会《企业破产法草案参阅资料》,2004年6月15日。

偿地位的呼声十分强烈。在这种情况下,全国人民代表大会法律委员会(现宪法和法律委员会)对草案中关于担保债权清偿地位和劳动债权清偿顺位的规定,作出了重大改变,其基本方案是:担保物变现所得必须等到职工债权清偿完毕后才能对担保债权清偿;如果无担保财产不足清偿职工债权,必须将担保物变现所得首先用于清偿职工债权;清偿后若有剩余,则剩余部分用于清偿担保债权。这实际上是沿袭"政策性破产"的做法。可以预见,如果采用这一方案,将会对我国的经济生活产生重大影响。

首先,这种方案将导致担保制度的公信力下降,进而导致担保债权的预期清偿率降低和银行的不良资产预期值提高。其间接后果将是,我国商业银行在国际上的信用等级下降、融资能力削弱。

其次,在清偿预期降低的情况下,银行可能采取种种不利于企业的对策。例如,拒绝给拖欠职工债权的企业发放贷款,这意味着这些困境企业可能因为断绝资金供应而破产,从而导致职工失业。又如,考虑到未来破产程序中职工债权对银行债权清偿率的冲减作用,银行在接受企业抵押贷款时对抵押物的折扣率将会提高,这意味着企业固定资产的融资能力下降,企业的资金困难加剧。再如,银行还可能在贷款合同中规定,在发放贷款后如果发现企业拖欠职工债权,银行有权提前收回贷款。此时,如果企业不能提前还贷,银行将倾向及时启动破产程序,其结果可能是企业倒闭和职工失业。

最后,赋予职工债权以特别优先地位也可能给企业提供破产逃债的又一可乘之机。尤其是尚未改制的国有企业,有可能采取类似"做大职工债权账面金额—申请破产—职工依据优先权取得企业主要资产—职工以所得资产集资—企业在所有权改变后获得再生—企业对银行的债务消灭"这样的方法,进行破产逃债。其结果是:一是恶化银行资产,二是恶化银企关系,三是恶化市场信用。由此给我国经济运行环境和企业生存环境产生的消极后果不可低估。

在如何理解职工利益的问题上,有两点值得考虑:第一,就业利益是职工的长远利益和根本利益。如果破产法的制度安排导致企业的生存条件恶化,最终结果必然是大量的失业,这不符合职工的利益。第二,国家的经济发展是包括职工在内的全社会的根本利益和长远利益。如果破产法的制度安排导致我国经济运行环境恶化,最终结果是全社会的福利降低,其中也包括职工的福利降低,这也不符合职工的利益。

一般而言,在职工债权优先于担保债权的情况下,银行的债权损失很难从其他渠道获得补救,而在担保债权优先于职工债权的情况下,职工的债权损失可以通过社会保障制度等多种渠道加以救济。随着对破产企业职工的保护措施的逐步完善,再加上对经营者恶意拖欠职工债权的责任追究机制的强化,我国职工债权的保护程度将会得到进一步提高。

客观地说,2004 年全国人民代表大会法律委员会修改方案时采取优先保护职工债权的政策取向,有强大的道义力量,自有其值得肯定的一面。然而,平心而论,修改前的方案对职工债权的保护水平,达到了有关国际公约的要求,较适合我国现阶段的经济发展水平。如果在破产法之外,再通过多种渠道施以救济,我国对职工权益的保护水平还可以提高。而我国《企业破产法》对担保债权的保护,符合国际上多数国家的做法,也有利于我国金融业的发展,并将最终使企业和职工受益。

在解决职工债权与担保债权的冲突问题上,既需要有平衡的智慧,也需要有妥协的艺术。经过反复协商,决策当局随后达成了本条规定的折中方案。其基本精神是,对于我国《企业破产法》公布之前的职工债权,给予优先于担保债权的清偿地位;对于该日期之后的职工债权,则仅限于在无担保财产范围内享受优先清偿地位。

二、本法公布前的职工债权的清偿待遇

本法的公布日为 2006 年 8 月 27 日。以此为界限,该日期以前发生的职工债权,依照本法第 113 条的规定以无担保财产优先受偿;无担保财产不足以清偿全部职工债权的,其未获清偿的部分应当以本法第 109 条规定的担保财产(别除权标的物)优先清偿。自 2006 年 8 月 28 日起发生的职工债权,不适用本条规定。

债权的发生时间,以债务人给付义务发生履行效力的时间为准。例如,工资的支付时间以本企业规定的发薪时间为准;医疗费用,以就医时间为准;伤残补助,以伤害事故发生的时间为准;抚恤费用,以死者的死亡时间为准;应当划入职工个人账户的基本养老保险和基本医疗保险费用,以 2006 年 8 月及其以前的月份为准。

三、本法公布前的职工债权与本法公布后的职工债权并存时的处理

在同一破产案件中,如果同时存在本法公布前的职工债权和本法公布后的职工债权,则在按照本法第 113 条的规定以无担保财产进行清偿时,应当首先偿付哪一部分债权,是一个与当事人利益攸关的问题。如果按照债权发生的时间先后确定偿付顺序,则本法公布前的职工债权首先接受无担保财产的清偿。这样,本法公布后的职工债权如果不能由无担保财产受偿,则不得另由担保财产受偿。这样处理的结果对职工较不利。反之,如果先以无担保财产清偿本法公布后的职工债权,则本法公布前的职工债权将会更多地转为由担保财产受偿,这样对担保债权较不利。举例来说,假设破产人的无担保财产变现值为50万元,本法公布前的职工债权和本法公布后的职工债权各为50万元,如按照前一种方案,则担保财产无须支付职工债权;而按照后一种方案,则担保财产需支付职工债权50万元。

随着时间的推移,本条规定作为我国经济体制转轨时期职工债权的特别处理方案终将成为历史。这段历史记录了我国由计划经济转为市场经济的改革实践的艰辛,也记录了我国在处理体制转轨时期特殊问题中的理性和智慧。需要特别指出的是,在这一历史性变革中,广大国有企业职工以高度的责任感和牺牲精神为分担改革成本作出了令人感叹的不朽贡献。他们应该永远被铭记。

第一百三十三条 【国有企业破产的特殊规定】在本法施行前国务院规定的期限和范围内的国有企业实施破产的特殊事宜,按照国务院有关规定办理。

【注释】

一、国有企业"政策性破产"的基本情况

1994年当全国人民代表大会正在进行《企业破产法》起草工作的时候,政府部门开展了对国有企业"规范破产"的试点工作。1994~1997年国务院及有关部委陆续发布了一系列文件,建立了一套特殊的程序和实体规定。这套规定得到了最高人民法院的承认。

1994年10月为配合上海、天津等18个城市进行"企业优化资本结构"试点工作,指导和规范这些城市的国有企业破产工作,国务院发布《关于在若干城市试行国有企业破产有关问题的通知》(国发〔1994〕59号),决定对这些城市的国有工业企业实行以"实施企业破产必须首先安置好破产企业职工"为指导方针的"规范破产",并就破产企业土地使用权的处置、破产财产的处置、破产企业职工安置、银行因企业破产受到的贷款损失的处理、破产企业的整体接收、濒临破产企业的重组、实施企业破产的组织领导等问题作了具体规定。

这些特别规定,在实践中被称为"政策性破产",以有别于依照我国《企业破产法

（试行）》实施的破产。“政策性破产”的主要特点如下：(1)仅以“企业优化资本结构”试点城市的国有工业企业为适用对象；(2)企业破产在各级政府的领导下进行；(3)基本工作流程是，先由政府编制计划，按照上级下达的呆坏账准备金规模进行企业破产的总量控制，然后由企业主管部门制订破产预案，经政府批准后，最后交人民法院按法定程序实施；(4)鼓励兼并，对兼并企业给予推迟还本、减免利息等优惠政策；(5)强调妥善安置破产企业职工，规定土地出让金和破产财产应优先用于职工安置；(6)银行参与计划编制和预案制订，并派员参加清算组；(7)企业在申请破产前，经拥有2/3以上债权额的债权人同意，并经政府批准，可将企业效益较好的部分同企业分立。

1996年7月国家经济贸易委员会、中国人民银行发布《关于试行国有企业兼并破产中若干问题的通知》（国经贸企〔1996〕492号，已失效），就建立“兼并破产、减员增效”机制、挽救濒临破产企业、银行代表参加政府制定破产预案、安置破产企业职工、呆坏账冲销、内外贸企业破产、部门间协调等问题作出了规定。1996年8月财政部还发布了《国有企业试行破产有关财务问题的暂行规定》。在总结试点城市国有企业政策性破产经验教训的基础上，1997年3月国务院制定了“鼓励兼并，规范破产，下岗分流，减员增效和实施再就业工程”的方针，发布了《关于在若干城市试行国有企业兼并破产和职工再就业有关问题的补充通知》（国发〔1997〕10号），对试点破产的组织领导、计划审批、预案制订、资产评估、财产处置、职工安置、呆坏账核销、破产责任追究、下岗分流、减免利息等问题作了规定。1997年将试点城市增加到111个。1998年又将“政策性破产”的适用范围扩大到全国的国有企业。为贯彻该补充通知，中国人民银行、国家经济贸易委员会、财政部等部门还联合或者分别发布了一系列配合试点工作的规范性文件。

基于以上情况，最高人民法院于1996年11月15日发出《关于人民法院审理企业破产案件若干问题的紧急通知》（已失效），又于1997年3月6日发出《关于当前人民法院审理企业破产案件应当注意的几个问题的通知》，对贯彻国务院的上述文件作出了规定，要求各试点城市的人民法院在审理国有工业企业破产案件时，必须适用中央政府制定的、与其他企业破产案件显著不同的特别规定。

针对有色金属和煤炭矿山等资源性企业的特殊情况，中共中央办公厅、国务院办公厅2000年又联合下发了《关于进一步做好资源枯竭矿山关闭破产工作的通知》

(中办发〔2000〕11 号),加大了破产企业职工社会保障的力度。2002 年国务院又出台了《关于印发军工企业改革脱困方案的通知》(国发〔2002〕7 号),将困难军工企业实施"政策性破产"作为重要措施,以解决多年来国防工业建设中遗留下来的沉重历史包袱。

截至 2004 年 4 月底,全国共安排企业关闭破产项目 3377 项,核销银行呆账和金融资产管理公司债权损失 2238 亿元,安置破产企业职工 620 万人,消灭亏损源 1341 亿元。中央财政累计拨付破产补助资金 493 亿元。通过"政策性破产",优化了国有经济的结构,提高了国有企业的经济效益。据统计,1997 年年底全国国有及国有控股的大中型工业企业亏损额共计达 666 亿元。2000～2004 年国有和国有控股工业企业每年实现利润都在 2300 亿元以上,其中,规模以上国有企业和国有控股企业在 2003 年实现利润达 3784 亿元。①

政府发布文件为特定民事主体制定与法律规定不同的破产制度,这种现象在当今世界是绝无仅有的。这反映了中国制度转型期的破产法改革难以避免的艰难曲折。在当时,由于我国《企业破产法(试行)》不敷应用,而《企业破产法》一时未能出台,人们转而运用行政立法权另立规章以应急需,作为一种权宜之计,是可以理解的。但是,这种现象不能成为长期性的制度。据国有资产部门 2004 年调查摸底,全国需要通过"政策性破产"退出市场的困难企业还有约 2800 万户,大约在 2008 年能够基本完结。可以说,国有企业"政策性破产"作为特殊历史时期的一种特殊制度,终将会完成使命而退出历史舞台。

二、我国《企业破产法》对国有企业破产特殊问题的立法情况

1994 年第八届全国人民代表大会财政经济委员会依据全国人民代表大会常务委员会决定起草《企业破产法》时,国有企业破产的特殊问题曾经是立法讨论中的重点问题。1995～1996 年的草案中,曾设有一个题为"国有企业破产的特别规定"的专章,其中规定了以下三个方面的问题:

一是政府对国有企业破产的主导地位。草案规定,债务人向人民法院申请受理破产案件时,应当提交国家授权投资管理或者主管该企业的机构同意其提出申请的

---

① 资料来源:国务院国有资产管理委员会《关于国有企业政策性破产的基本情况》,全国人大财经委员会《企业破产法草案参阅资料》,2004 年 6 月 15 日。

书面文件;投资管理机构或者主管机构不同意该企业提出申请的,应当给予资助或者采取其他措施,帮助该企业清偿债务。并规定,人民法院依职权宣告国有企业破产时,应当事先听取国家授权投资管理或者主管该企业机构的意见。

二是破产企业职工的安置。草案规定,企业依法取得的土地使用权,应当以拍卖或者招标方式为主依法转让,土地使用权出让金首先用于破产企业职工的安置,安置破产企业职工后有剩余的,剩余部分与其他破产财产统一列入破产财产分配方案。并规定,用土地使用权出让金安置破产企业职工的具体实施办法由国务院另行规定。

三是"企业办社会"的资产处置。草案规定,国有企业的职工住房、学校、医院、托幼园所等社会公益事业和福利设施,除没有必要续办并能整体出让的计入破产财产外,均不计入破产财产,由破产企业所在地的市或市辖区、县的人民政府整体接收管理。但是,本法生效后新建的职工住房应当计入破产财产。

2000 年第九届全国人民代表大会财政经济委员会经过认真研究,决定取消"国有企业破产的特别规定"专章,并决定《企业破产法》不再规定国有企业破产的特殊问题。经修改后的新草案,仅在附则中规定,我国《公司法》生效前设立的国有企业实施破产的特殊事宜,授权国务院另行规定。这一授权性条款在 2004 年 6 月提交全国人民代表大会常务委员会审议的《企业破产法(草案)》送审稿中,被改为"在国务院规定的期限和范围内,国有企业实施破产的,按照国务院有关规定办理"。经过后来的进一步修改,形成了现在的本条规定,即"在本法施行前国务院规定的期限和范围内的国有企业实施破产的特殊事宜,按照国务院有关规定办理"。这意味着,自 2004 年起,"政策性破产"的范围不再扩大,并将在一定时间内完成既定范围的企业破产,使这一特殊时期的特殊立法最终归于废止。

三、本法对国有企业破产的适用效力

本条规定,国务院关于国有企业破产的规定仅限于职工安置等"特殊事宜"。因此,国有企业破产的一般事宜仍应适用本法。也就是说,本法对所有的国有企业破产均有适用效力。除国务院有专门规定的特殊事宜外,国有企业破产的一般程序和实体事项,均应以本法及其他相关法律为准。

第一百三十四条 【金融机构破产的特殊规定】商业银行、证券公司、保险公司等金融机构有本法第二条规定情形的,国务院金融监督管理机构可以向人民法院提出对该金融机构进行重整或者破产清算的申请。国务院金融监督管理机构依法对出现重大经营风险的金融机构采取接管、托管等措施的,可以向人民法院申请中止以该金融机构为被告或者被执行人的民事诉讼程序或者执行程序。

金融机构实施破产的,国务院可以依据本法和其他有关法律的规定制定实施办法。

【注释】

一、金融机构破产的立法体制

关于金融机构破产的法律适用,国际上主要存在两种立法体制:一种是以美国为代表的特别法主义;另一种是以德国等欧洲国家为代表的普通法主义。

特别法主义强调金融机构破产的特殊性,即金融机构的重要性和金融机构破产处置的专业性。基于特殊性,银行等重要金融机构不能轻易采用普通破产法的司法清算程序,而更加需要专业性的监管机构负责的早期处置。在美国,银行被排除在《破产法典》的调整范围之外,它们的破产由联邦存款保险公司(Federal Deposit Insurance Corporation,FDIC)依据《联邦存款保险法》进行处置。

普通法主义认为,现代商业银行在本质上也是以营利为目的的商事主体,没有理由在普通破产法以外为金融机构破产另设程序,因此,应将金融机构的破产交给司法机构运用普通破产程序处理。但自2008年国际金融危机以来,欧洲一些金融机构陷入濒临破产的境地。情势危急之下,当局不得不采取迅速果断的拯救行动。尽管这些行动起到了维护金融稳定的作用,却引起了纳税人的不满。因此,在欧盟的推动下,英国、瑞士、德国等先后颁布了强化银行业破产预防和拯救措施的立法,形成了有别于普通破产法的银行破产规则。德国2010年《银行重整法》设立了行政主导的早期干预和拯救程序,从而大大减少了银行适用司法破产的可能性。据德国学者介绍,银行司法破产的情形在德国“极其罕见,因为联邦金融服务监管局(BaFin)享有排他性的破产申请权”。①

---

① 克里斯多夫·G. 保路斯(Christoph G. Paulus):《德国救助银行的新体系》(*The New German System of Rescuing Banks*),载《布鲁克林公司、金融和商业法杂志》2011年第6卷第1期(Brooklyn Journal of Corporate, Financial & Commercial Law, Vol. 6, Issue 1, 2011),第172页。

在英国,2009 年《银行法》设“银行破产”专章(Part 2 Bank Insolvency)规定了法院主持下的银行破产清算规则,其程序启动只能由银行业监管当局提出申请。

我国的金融机构破产立法实行的是普通破产法为主、特别破产规则为辅的体制。其基本特点是,以人民法院在本法的程序框架下按照“特别法优先于普通法”的原则审理金融机构破产案件,金融监管机构在破产程序启动、管理人选任和处置措施运用等方面有一定的参与决定权。我国商业银行法、保险法和证券法中关于金融机构破产的特殊规则,都是在企业破产法的制度框架基础上制定的。

二、金融机构和金融监督管理机构的范围

适用本条规定的金融机构与金融监督管理机构有密切联系。我国的现行金融监管体系,实行的是由国务院金融稳定发展委员会、中国人民银行、中国银行保险监督管理委员会和中国证券监督管理委员会组成的“一委一行两会”架构。其中,“两会”是负责对金融市场主体进行外部监管的主要部门。“两会”监管下的金融机构主要有:(1)中国银行保险监督管理委员会(以下简称中国银保监会)监管下的银行业金融机构(商业银行、政策性银行、邮储银行、农村信用社、村镇银行、贷款公司、农村资金互助社、外资法人银行、信托公司、金融租赁公司、企业集团财务公司、消费金融公司、货币经纪公司等)和保险业金融机构(财产保险公司、人身保险公司、再保险公司、保险资产管理公司、保险经纪公司、保险代理公司、保险公估公司等);(2)中国证券监督管理委员会(以下简称中国证监会)监管下的证券业金融机构(证券公司、证券登记结算公司、证券投资基金管理公司、期货公司、证券投资咨询公司等)。其中,适用本条规定的金融机构主要是商业银行、证券公司和保险公司。具体适用对象以相关法律和国务院依据本法和其他有关法律制定的实施办法为准。

三、金融机构破产的适用程序和申请主体

(一)金融机构破产的适用程序

根据本条规定,金融机构破产可以适用重整程序或者破产清算程序,不适用和解程序。

(二)金融机构破产的申请主体

1. 国务院金融监督管理机构。本条规定,商业银行、证券公司、保险公司等金融机构有本法第 2 条规定情形的,国务院金融监督管理机构可以向人民法院提出对该金融机构进行重整或者破产清算的申请。这是本法在我国《商业银行法》《保险法》

《证券法》颁布之后作出的一个新规定。按照这 3 部法律,对于商业银行、保险公司和证券公司的破产,相关的金融监管机构只有批准权而无直接申请权。本条规定的出台,标志着我国金融管理机构在处理金融机构财务困境的问题上拥有更大的调控能力。

2. 债务人。关于金融机构作为债务人能否申请破产的问题,本条没有规定。但本条规定,国务院金融监管机构有权提出金融机构破产的申请,并不排除金融机构在遵守国家有关法律法规的前提下以自己名义提出破产申请。根据我国《商业银行法》第 71 条、《保险法》第 90 条和《证券法》第 129 条的规定,商业银行、保险公司、证券公司经所在行业的国务院监督管理机构同意或批准,可以向人民法院申请破产。

3. 债权人。债权人申请债务人破产的根本目的是早日获得清偿和尽可能从债务人有限的财产中获得清偿。破产法为了公平保护债权人利益,应该承认债权人申请债务人破产的权利。但是,对于银行和其他金融机构的破产来说,债权人众多且分布分散,而且债权数额差距也很大,加之金融机构破产的社会影响巨大,因此,需要对债权人申请金融机构破产规定严格的限制条件,如人数和债权额的限定,以避免给金融体系造成不必要的损害。目前,我国现行立法还没有允许债权人申请金融机构破产的规定。

四、接管、托管金融机构时相关程序的中止

根据我国现行《商业银行法》《保险法》《证券法》的规定,金融监管机构对出现重大经营风险的金融机构采取接管、托管或者整顿措施的,可以向人民法院申请中止以该金融机构为被告或者被执行人的民事诉讼程序或者执行程序。其原因在于,在实践中,当金融机构出现重大经营风险的时候,通常是先由金融监管机构依照有关金融法律的规定实施接管、托管、整顿等措施;对不能恢复正常运行的金融机构,再进入关闭或破产清算程序。为了防止在金融机构出现财务困境时一些债权人通过向人民法院提起诉讼和要求强制执行,抢先获取金融机构的财产,造成接管、托管、整顿等风险处置措施无法正常进行,根据本条规定,金融监管机构在对出现重大经营风险的金融机构采取风险处置措施的时候,可以向人民法院申请中止以该金融机构为被告或者被执行人的民事诉讼程序或者执行程序。

五、授权国务院制定金融机构破产的实施办法

由于金融机构所具有的重要性及其破产的复杂性,本条授权国务院根据本法和我国《商业银行法》《保险法》《证券法》等其他法律制定实施办法。需要实施办法加以规定的金融机构破产特殊问题主要有:(1)金融机构申请适用破产的条件,包括金融机构破产原因的衡量标准和其他程序条件;(2)金融机构自己申请重整或清算时,监管机构的受理程序、批准条件等有关事项;(3)债权人申请金融机构破产的条件,以及在债权人提出申请时监管机构有权采取的控制措施;(4)监管机构在金融机构破产程序中享有的权利;(5)金融机构破产时的清算顺序及财产分配规则;(6)对金融机构破产案件管理人的特别要求和监督措施;(7)金融机构破产时债权人申报债权和参加债权人会议的特别规定;(8)金融机构破产时财产管理和处分的特殊办法;(9)金融机构破产清算分配顺序的特殊安排;(10)行政处置措施与司法程序的衔接;等等。

六、本法颁布以来金融机构破产立法的进展情况

本法颁布以来银行业、保险业和证券业金融机构破产立法的进展情况,分别简要介绍如下。

(一)银行业

本法颁布以后,国务院相关部门积极进行银行业金融机构破产条例和《存款保险条例》的起草工作。由于种种原因,前者至今尚未发布。

2015年2月17日国务院第660号令发布《存款保险条例》。根据该条例规定,我国境内的商业银行、农村合作银行、农村信用合作社等吸收存款的银行业金融机构(统称投保机构)承担投保义务。基金存放在中国人民银行,由专门机构履行管理职责。存款保险实行限额偿付,最高偿付限额为50万元人民币。在人民法院裁定受理对投保机构的破产申请的情形下,存款人有权要求存款保险基金管理机构在该条例规定的限额内,使用存款保险基金偿付存款人的被保险存款。

2006年12月11日国务院第478号令发布的《外资银行管理条例》第60条规定:"外资银行营业性机构因解散、关闭、依法被撤销或者宣告破产而终止的,其清算的具体事宜,依照中华人民共和国有关法律、法规的规定办理。"根据该条例第2条的规定,此处所称的"外资银行营业性机构",包括依照我国有关法律、法规,经批准在我国境内设立的下列机构:(1)1家外国银行单独出资或者1家外国银行与其他外国金融机构共同出资设立的外商独资银行;(2)外国金融机构与中国的公司、企业共同出资设立的中外合资银行;(3)外国银行分行。

(二)保险业

迄今为止,保险公司风险处置条例尚未出台。

我国现行《保险法》关于保险公司破产的规定,主要有三方面的特殊规定:一是保险公司或者债权人经中国银保监会批准可以向人民法院申请保险公司重整、和解或者破产清算,中国银保监会也可以向人民法院申请保险公司重整或者破产清算。二是破产清偿顺序中,赔偿或者给付保险金作为第二顺序,列在职工债权之后以及社会保险费和税款之前。三是保险公司破产清算时,其持有的人寿保险合同及责任准备金,必须转让给其他经营有人寿保险业务的保险公司;不能同其他保险公司达成转让协议的,由中国银保监会指定经营有人寿保险业务的保险公司接受转让。

本法颁布后,中国保险监督管理委员会、财政部和中国人民银行于2008年9月11日发布的《保险保障基金管理办法》规定,分设财产保险保障基金和人身保险保障基金,分别由财产保险公司和人身保险公司缴纳形成,统一由国有独资的保险保障基金公司管理使用。保险公司被依法撤销或者破产,其清算财产不足以偿付保单利益的,可动用保险保障基金,按照规定标准,对保单持有人提供救助。

(三)证券业

国务院于2008年4月23日以第523号令公布了《证券公司风险处置条例》。该条例第四章"破产清算和重整"对证券公司破产作了若干特别规定。

1. 程序启动。证券公司有破产原因的,中国证监会可以直接向人民法院申请对该证券公司进行重整。证券公司或者其债权人可以向人民法院提出对证券公司进行破产清算或者重整的申请,但应当报经中国证监会批准。

2. 批准破产申请前的行政措施。对不需要动用证券投资者保护基金的证券公司,中国证监会在批准前应当先撤销其证券业务许可。证券公司应当停止经营证券业务、安置客户。对需要动用证券投资者保护基金的证券公司,中国证监会对该证券公司或者其债权人的破产清算申请不予批准,并撤销该证券公司,进行行政清理。

3. 推荐管理人。人民法院裁定受理证券公司重整或者破产清算申请的,中国证监会可以向人民法院推荐管理人人选。

4. 参与重整计划批准。重整计划草案应当同时向债权人会议、国务院证券监督管理机构和人民法院提交。经债权人会议通过或者被提请强制批准的重整计划草案,涉及我国《证券法》第129条规定的相关事项的,应当同时向中国证监会提出批准该相关事项的申请,后者应当自收到申请之日起15日内作出批准或者不予批准的决定。

5. 破产宣告后的行政撤销。重整计划草案未获批准,或者重整程序终止,人民法院宣告证券公司破产的,国务院证券监督管理机构应当对证券公司作出撤销决定,人民法院依法组织破产清算。

为配合《证券公司风险处置条例》的实施,最高人民法院于2009年5月26日下发了《关于依法审理和执行被风险处置证券公司相关案件的通知》,对于证券公司风险的行政处置中涉及债权甄别、托管和处置证券类资产过程的诉讼,明确了处理规则。同时,对证券公司破产程序中的财产保全措施、执行程序的中止问题作出了规定。值得注意的是,该通知第5条规定:"证券公司进入破产程序后,人民法院作出的刑事附带民事赔偿或者涉及追缴赃款赃物的判决应当中止执行,由相关权利人在破产程序中以申报债权等方式行使权利;刑事判决中罚金、没收财产等处罚,应当在破产程序债权人获得全额清偿后的剩余财产中执行。"其中,所包含的财产处置以破产程序优先和破产清偿中罚金、罚没劣后的规则,体现了一种具有普遍意义的法律政策。

本法颁布前,中国证券监督管理委员会、财政部和中国人民银行曾于2005年6月30日发布《证券投资者保护基金管理办法》,其中第19条规定,基金的主要用途是"证券公司被撤销、被关闭、破产或被证监会实施行政接管、托管经营等强制性监管措施时,按照国家有关政策规定对债权人予以偿付"。[①] 但是,按照《证券公司风险处置条例》第39条第2款的规定,证券投资者保护基金不能用于证券公司的破产清算。也就是说,基金只能以收购债权的方式对特定类别的债权人清偿,而不能以向破产财产注入资金的方式对各类债权人清偿。

第一百三十五条 【非企业法人破产清算的法律适用】其他法律规定企业法人以外的组织的清算,属于破产清算的,参照适用本法规定的程序。

【注释】

本条的适用对象为"企业法人以外的组织",按照我国《民法典》的分类,应包括

① 该办法2016年4月19日修订时,此规定未作修改。

非营利法人、特别法人和非法人组织3种情形。

一、非营利法人破产

我国《民法典》第87条规定:"为公益目的或者其他非营利目的成立,不向出资人、设立人或者会员分配所取得利润的法人,为非营利法人。""非营利法人包括事业单位、社会团体、基金会、社会服务机构等。"非营利法人在其他法律有破产规定时,可以参照适用本法规定的程序。例如,我国现行《民办教育促进法》第10条第1款规定,民办学校应当具备法人资格。2021年1月1日最高人民法院《关于对因资不抵债无法继续办学被终止的民办学校如何组织清算问题的批复》规定,依照《民办教育促进法》第10条批准设立的民办学校因资不抵债无法继续办学被终止,当事人依照《民办教育促进法》第58条第2款规定向人民法院申请清算的,人民法院应当依法受理。人民法院组织民办学校破产清算,参照适用本法规定的程序,并依照《民办教育促进法》第59条规定的顺序清偿。根据我国《民办教育促进法》第59条的规定,对民办学校的财产按照下列顺序清偿:(1)应退受教育者学费、杂费和其他费用;(2)应发教职工的工资及应缴纳的社会保险费用;(3)偿还其他债务。非营利性民办学校清偿上述债务后的剩余财产继续用于其他非营利性学校办学;营利性民办学校清偿上述债务后的剩余财产,按照公司法有关规定处理。

二、特别法人破产

我国《民法典》第96条规定:"本节规定的机关法人、农村集体经济组织法人、城镇农村的合作经济组织法人、基层群众性自治组织法人,为特别法人。"特别法人在其他法律有破产规定时,可以参照适用本法规定的程序。例如,我国《农民专业合作社法》第55条规定:"农民专业合作社破产适用企业破产法的有关规定。但是,破产财产在清偿破产费用和共益债务后,应当优先清偿破产前与农民成员已发生交易但尚未结清的款项。"该法第53条规定:"农民专业合作社接受国家财政直接补助形成的财产,在解散、破产清算时,不得作为可分配剩余资产分配给成员,具体按照国务院财政部门有关规定执行。"该法第51条规定:"农民专业合作社因本法第四十八条第一款的原因解散,或者人民法院受理破产申请时,不能办理成员退社手续。"

三、非法人组织破产

我国《民法典》第102条规定:"非法人组织是不具有法人资格,但是能够依法以自己的名义从事民事活动的组织。非法人组织包括个人独资企业、合伙企业、不具有法人资格的专业服务机构等。”非法人组织在其他法律有规定时,可以参照适用本法规定的程序。

(一)个人独资企业

目前,我国《个人独资企业法》尚未对个人独资企业破产作出规定。2012 年 12 月 10 日最高人民法院《关于个人独资企业清算是否可以参照适用企业破产法规定的破产清算程序的批复》规定,根据本法第 35 条、第 135 条的规定,在个人独资企业不能清偿到期债务,并且资产不足以清偿全部债务或者明显缺乏清偿能力的情况下,可以参照本法规定的破产清算程序进行清算。清算程序终结后,企业的债权人仍然可以就其未获清偿的部分向投资人主张权利。

(二)合伙企业

我国 2006 年修订的《合伙企业法》第 92 条规定:“合伙企业不能清偿到期债务的,债权人可以依法向人民法院提出破产清算申请,也可以要求普通合伙人清偿。合伙企业依法被宣告破产的,普通合伙人对合伙企业债务仍应承担无限连带责任。”根据这一规定,合伙企业不能清偿到期债务的,债权人仅可申请合伙企业破产清算。但是,现行破产法尚未设立自然人破产制度,因此,合伙企业的破产清算只能以企业名下的财产对企业的债权人进行清偿,而作为自然人的普通合伙人,既不能被申请破产,也不能在合伙企业的破产程序中被宣告破产。因此,这些自然人的财产不能被纳入破产分配。企业的债权人经破产程序未能得到清偿的债权,只能通过破产程序外的个别清偿(包括个别追索和民事执行)行使权利。其结果是:第一,企业财产与合伙人的个人债务相隔离,合伙人的债权人不能通过加入破产清算程序而由合伙人的财产份额获得清偿;第二,合伙企业的债权人未足额清偿的,不能通过集体程序获得公平清偿,也不能与合伙人个人债务的债权人就合伙人的个人财产进行公平清偿。这显然不符合破产法的公平清偿理念。

需要注意的是,作为合伙企业普通合伙人的企业法人,在合伙企业破产后,如果不能够应合伙企业债权人的请求承担无限连带责任,则可以被申请破产。该企业法人的破产为一独立程序,其申请应适用本法第 7 条的规定。

(三)不具有法人资格的专业服务机构

某些无须办理工商登记的个人或合伙制服务机构,如律师事务所、医疗诊所、心理诊所等,在对外经济往来中发生不能清偿到期债务的情形时,如果按相关法律规定能够进行破产清算的,也可以参照适用本条规定的程序。目前,我国法律尚未对此类组织的破产作出规定。

四、依据本条可适用的程序

依照本条启动破产程序的,应以破产清算提出申请和受理。在破产宣告以前,债务人可以依照本法第95条的规定申请和解,当事人也可以依照本法第105条的规定进行法庭外和解。

第一百三十六条 【本法的施行及旧法废止】本法自**2007**年**6**月**1**日起施行,《中华人民共和国企业破产法(试行)》同时废止。

【注释】

一、本法的施行日期

本法自2007年6月1日起施行。

二、相关法律的废止

根据本条规定,1986年我国《企业破产法(试行)》自2007年6月1日起废止。另外,1991年我国《民事诉讼法》第19章“企业法人破产还债程序”,根据2007年10月28日第十届全国人民代表大会常务委员会第三十次会议《关于修改〈中华人民共和国民事诉讼法〉的决定》第19条的规定,自2008年4月1日起废止。

此外,本法施行前关于破产法适用问题的司法解释,在最高人民法院明确废止之前,凡是与本法规定相冲突之处,均应以本法规定为准;与本法虽无直接冲突,但不符合本法精神的,不得适用,或者仅得在符合本法精神的范围内适用。

三、本法施行时尚未审结案件的法律适用问题

2007年6月1日本法施行时起,人民法院已经受理但尚未审结的破产案件,总体来说,应当依照本法的规定进行审理。但是,在本法施行前已经依据我国《企业破产法(试行)》确定的事项,有关裁定、决定或债权人会议决议的原有效力应当维持。为此,最高人民法院于2007年4月25日发布了《关于〈中华人民共和国企业破产法〉施行时尚未审结的企业破产案件适用法律若干问题的规定》,对一些具体问题如何适用我国《企业破产法》的问题作出了明确规定。

索　　引

（按汉语拼音排序，数字为正文页码）

A

案号　16，41，48，355

B

保管　30，42，66，68，69，76，88，135，151，163－166，184，229，298，302，387，391，447，449，450

保密义务　120，121，173，230

保全　25，28，40，42，43，51，52，62，65，68，75，78，88－90，92，111，119，136，183，209，228，241，277，300，308，329，332，384，386，415

保全措施　28，42，88－91，118，209，283，285，286，295，362，479

保险公司　5，98，99，116，473－478

保证期间　215－217，370，439

保证人　188，194，195，208，211－218，221，227，230，236，347－350，370，371，381，394，419，436－439，448，454

报告义务（事项）　36，104，105，113，161，259，261，264，289，290，315，345，346；260，261，264

比例分配　71，353，361，402，410，411，413，419

（合同、计划等）变更　351

变价　2，43，55，110，114，165，166，170，172，182，183，185，191，226，235，240，243，245，250，252，253，255，258，265，285，319，340，363，388，396，398－401，403－409，411，415－417，419，422

表决程序　235，251，325，327，332，334，365

表决方式（规则）　236，246，318；240，247，248，327，328，364

表决权（组）　29，36，39，72，93，116，192，198，200，208，229－231，234，

236 - 239,247,249,250,325,328 - 331,364,406,415,420;29,114,284,322 - 325,327,329 - 335,337 - 339,351

表决组 29,114,284,322 - 325,327,329 - 339,351

别除权 3,72,96,112,140,171,250,296,323,336,386 - 388,395 - 403,406,419,420,467,469

驳回 9,36,46,47,50,51,57 - 59,73,90,91,94,96,101,174,215,227,251,271,350,352,370

补偿金 2,135,201,203,206,322,324,337,387,410,412,414,466

补充分配 225,226,340

补充申报 225,226,347,348,369

补缴出资 113,155 - 157

C

财产变价 252,296,305,363,398,405,407,417

财产处分 28,60,113,119,120,138,161,261,263 - 265,293,368,417

财产担保 28,60,71,120,136,140,143,150,180,193,207,208,229,236,238,247 - 250,253,261,262,294,301,321,335,360 - 362,364,367,369,379,387,388,396,398,414,420

财产分配 60,117,209,429,477

财产管理 112,120,122,133,252,258,265,312,477

查阅 68,100,228 - 230,240,274,346,405

撤回 36,45 - 47,268

撤销权 3,22,96,136 - 147,153,251,460

撤销诉讼 133,143 - 146,153

程序转换 52,276,308,352,353,355,374

迟延申报 225,226

出卖人取回权 85,86,96,163,168,169

出席 22,23,67,192,194,201,211,231,234,236 - 238,244,246 - 251,327,328,330,363 - 365,420,445,446

出资(义务) 31,93,135,155 - 157,177,178,233

出资人 5,6,30,34,63,77,93,94,113,127,135,143,154 - 157,177,178,230,266,269 - 271,276,282 - 284,289,304,305,307,312,316,319,320,329 - 331,333,336,338,351,353,358,361,415,445,480

初始申请 266,267,282,361,362,379,384

催告 78,79,81 - 85,88,216,222,401

D

代位权 93,144,227,228,393

待履行合同 63,74,78,79,81,86,87,95,96,113,165,167,169,190,222,258,262,283,287,303,304,388,393,398,419

担保人 71,198,199,215,217－219,272,352,354,368,377,439

担保物 71,112,120,125－127,134,135,140,148,150,160,161,168,175,180,208,238,254,261,263,285,294－298,323,324,335,338,363,364,387,394,397,399,402,403,466,468

担保物权 134,148,160,161,167,168,180,261,284,294,295,297,298,300,314,323,362,363,369,386,396,401,402

担保债权 2,60,134－136,140,160,161,208,218,247－250,253,296,298－301,319,324,325,338,354,364,365,367,369,387,396,402,420,466－470

抵销(行为) 149,150,176,179,180

抵销权 3,96,112,150,170－175,178,181

抵押财产 73,134,300,389,399,400,467

抵押权 37,73,148,180,181,238,272,295,300,301,354,355,363,389,396,399－401,417,450,467

地域管辖 17,19,20

董事 30,31,35,36,38,59,66－70,77,93,103,108,110,115,137,156－159,178,204,210,244,269,274,275,291,304－306,312,390,410,414,415,430,435,440－445,450,451

E

恶化 84,137,284,307,309,346,468

恶意 3,31,37,45,46,50,51,117,138,140,143,144,148－150,152,176,179,209,210,232,260,279,284,307－310,372,463,469

F

罚款 30,45,69,111,117,121,130,131,193,388,391,415,416,442,445－449,458,459,461,462

法定代表人 8,30,31,44,66,70,71,143,187,209,210,231,259,391,431,442,445,446,449,450,459,460

法律适用 14,22,26,474,479,482

犯罪 31,106,108,117,143,158,181,209,210,375,391,442,447,448,456,459,462－465

放弃债权 54,136,140,141,143－146,225,435

分组表决 318,319,322,323,325,327,330,331

附条件、附期限　199,200,229,419
复议　130,253,254,380,446,447,459

G

个别清偿　4,7,31,46,52,70－74,76,88,93,94,96,138,141,143,146－148,150,175,179,194,301,332,362,435,450,481
给付义务　74－77,82,84,85,91,153,165,175,176,182,183,212,215,417,469
工会　29,79,135,206,234,238,239,254－256,274,387
工资　2,29－31,43－45,56,158,159,190,201－205,207,239,250,322,324,337,361,410－412,414,415,420,447,448,466,469,480
公告　28,42,53,55,56,62－66,76,77,85,89,91,99,102,115,117,169,170,183,184,189,191,195－197,200,202,223,225,227,237,246,250,257,270,271,279,280,282,283,313,330,331,333,362,365,380,382,385,392,395,421－426,428,429,432,433,435,437,438
共益债务/债权　80,82,84,86,87,95,112,134,139,164,166,167,182,184－190,222－224,304,388,393,397,410,411,414,415,419,429,460,463,466,480;185,188
共有(物、财产)　164;134,163,208,302
估价　79,133,146,183,184,322,404,405,408,417,419,452
股东　6,30,31,34,36,38,39,48,58,59,93,108,145,155,156,177,217,233,270,274,278,289－291,305,306,316,321,322,327－330,354,368,381,389,390,395,415,434,443
关联企业　8,10,12－16,37,55,77,140,146,151,311,321,394
管理人报酬　97,103,104,122－129,191,345,355,419,462
管理人辞任　102,130,460
管理人更换　128
管理人选任　475
管理人职责　28,68,77,102,104,108－111,114,120,128,130,191,290,433
管理人指定　62
管理人资格　106
管辖　12－22,25,26,41,42,50,52,95,96,146,399,404,425,452,456－458,463
管辖争议　16
管辖转移　20
国有企业　1,5,29,107,156,157,205,206,275,309,442,445,466－468,470－473

H

合伙　5,38,110,121,212,220,221,445,480,481
合作与协助义务　66－68,306,449
和解程序　2,27,34,37,52,53,72,115,117,208,227,238,267,268,359－369,371－375,379,380,383－386,395,475
和解申请　34,37,53,59,267,268,270,358－362,384
和解协议　13,34,37,59,71,117,125,127,165,194,201,218,227,229,236,238,240,242,249,250,258,315,349,356,358－381,386,387,395,417,428,436
核查　72,229－232,240,245,398,452,453,455－458
后续重整申请　266,268－271,282,283,289
互惠原则　23,25
(担保物权的)恢复行使　295

J

级别管辖　18－20,22,41
即时清偿　160,161,188,363,394
集体程序　88,92,140,146,194,196,197,226,383,481
集体清偿(受偿)　4,21,27,35,37,53,54,70,71,73,88,89,92－94,137,139,140,144,145,161,182,198,215,222,242,262,332,347,388,397,401,403,418,429,442;70,71,140,194,264
集中管辖　14,15,19,20,342
继续营业　9,14,68,78,95,112,117,119,134,160,164,169,170,183,184,186－188,190,223,239,241－243,255,258,262,263,282,283,285－289,292－296,298－301,305,306,309,316－318,342,363,386,398,463
(破产程序中的)监督　105,122,245
接管　10,28,45,56,61,68,70－72,75,77,82,92,93,97,102,110－112,115,116,118,151,156,162,164,183,184,194,196,200,206,259,283,285,286,288－290,295,296,312,340,366,384,397,404,419,433,449,474,476,479
(保全措施)解除　89,90,118
(合同)解除　81－85,87,222,303,393
解除条件　174,175,199,200,236,422－424
金融机构　5,11,20,34,55,74,98,99,115－119,248,249,276,278,279,457,458,473－477
金融债权/债务　250,273,278;278,279
金融债委会　278,279

经营方案 315,317,318,320-322,332,333,337,355

净额结算/净额清算 73-75,178;74,177

K

可撤销 11,12,72,136,138,140-142,144,147,150,176,179,398

可行性 36,48,282,316,332,333,335,337

跨境破产 20,23-27,55,429

L

滥用 46,57,58,81,138,148,175-177,210,249,260,281,290,307,308,313,314,338,383,394,451

立案 41,43,48,49,51,52,96,209

利害关系人 13,16,27,29,36,39,45,52,56,61,63,65,66,76,89,94,100,110,114,127,154,228-230,242,266,267,271,276,282-284,289,290,292,300,305,307-309,312,315,318,329,335,338,340,346,351-353,356,357,384,404,422,444,460

利息 93,135,194,197-200,205,213,217,218,227,229,242,254,279,296,320,324,332,333,337,338,353,359,361,370,375,387,388,415,427,437,438,471

连带保证 9,194,216,220,371,439

连带责任 8,96,114,153,215,371,393,437,439,444,460,461,481

连带债权 207,208,210,211,219,229,230,419

连带债务 8,54,71,211-214,217-221,227,229,230,236,347-349,353,370,371,381,388,398,419,436,437

列席 22,30,66,69,104,105,196,231,239,247,329,445,446

劣后债权 15,324,415,416

留置(物) 113,135,159-161,262,287,295,323,387,398

流动性 4,6,139,149,160,262,267,304,305,309,318,415

M

买受人 42,85-87,92,163-165,167-169,172,401

免除 9,58,75,76,81,140,156,171,175,176,212,218,219,236,242,263,264,347,355,356,361,370,381,462

免责 212,213,343,356,381

民法典 6,22,38,53,54,80-82,84,85,87,88,96,134,138,141,142,144,145,152,161,166-168,172,173,179,186,187,193,196,199,210,212,

214－217,223,227,228,300－302,318,349,370,372,379,389,392,393,396,397,399－401,417,430,437,438,460,479,480

民事诉讼 22,28,40,46,50,92－96,200,209,210,227,283,342,370,386,387,401,405,459,464,465,474,476

民事诉讼法 1,3,16－18,20－22,24,41,56,60,64,70,72,76,85,91,95,96,108,111,146,196,238,391,446－448,459,482

民事责任 31,96,109,114,143,187,260,390,391,413,440,444,460,463

P

赔偿 31,39,75,79,80,82,83,86,87,95,96,105,109,121,122,135,141,143,144,152,153,164,165,167,187,188,190,193,206,208,222,260,275,291,292,340,374,376,387,388,391,393,416,419,440－442,444,449－451,459－463,478,479

票据 95,224,225,388,419

聘用 104,122,128,182,183,239,292,293,458,460,461

评估 7,42,52,67,112,122,146,155,161,184,187,191,270,274,275,287,335,337,338,373,380,385,394,400,405,418,455,471

破产财产 2,3,13,28,55,60,61,67,79,94,102,106,123,124,127,132－137,143,152,154,163,165,168,171－176,180,184,194,225,226,235,238,240,243,249－253,255－258,260,275,285,300,301,350,363,375,382,383,386－388,396,397,399,400,403－411,413－422,425－430,433－435,441,450,470,471,473,479,480

破产费用 42,95,104,112,122,123,127－129,182－185,188－191,224,241,293,305,385,388,393,397,404,410,411,414－416,419,428,429,435,466,480

破产分配 25,29,114,141,151,174,175,183,194,208,211,218,220,227,228,236,245,253,254,319,332,354,375,377,378,386,388,397,400,408,410,411,413－416,418－427,434,437,438,451,466,467,481

破产欺诈(欺诈破产) 6,31,245,292;136,138,139,143,146,150－152,177,443,449,450

破产清算 3,5,13－16,21,27,33－39,44,47,52,53,55,58－60,64,72,73,80,94,105,106,115,117,127,128,133,134,142,170,171,181－183,193,200,204,208,211,218,220,221,

226,227,243,252,254,263,266 – 272,281,284,285,288,296,300,301,306 – 308,311,312,323,325,326,333,335,336,338 – 340,349,350,353 – 355,358 – 361,366,367,371,372,374,376 – 379,382 – 392,394,395,397,398,400 – 404,409,411,413,416,417,419,422,425,426,428 – 431,435,436,438,444,445,450,451,474 –482

破产人 25,55,114,171,172,176,186,218,337,371,382,383,385 – 387,395,396,398,410 – 412,427 – 431,433 –436,466,470

破产审查 19,40 –42

破产(申请)受理 29,31,36,46,47,52 –54,58,63,71,72,74,77 –79,81,82,84,87,89 –94,99,100,107,112,115,116,132,134,135,140 – 142,145,149,150,164 – 167,170 – 177,179,187,194,195,197,199,216,217,222,223,232,259,272,300,301,332,360,368,392,393,397,398,415,429;42,47 –49,53,90,93,138,141,169,185,207,214,217,270,416

破产宣告 6,34,36,52,57 –62,71 –73,85,90,91,93,94,107,114,133 –136,164,171,194,224,238,266,269 – 271,312,361,366,374,379,382 – 388,392,394,395,397 – 399,404 – 406,413,415,419,428,429,479,482

破产原因 4,6,8 –10,12,14,34 –38,40,41,44,46,49 –51,57,58,91,92,140,142,146,147,149 – 151,175,176,208,267,280,286,304,312,348,358,360,383,384,392,393,477,478

破产债权 2,86,96,156,159,166,167,171,172,174 – 178,182 – 185,187,189,192,194,200,203,224,250,300,301,337,352 – 354,375 – 378,382,383,388,389,397,403,406,410 – 413,416 –418,420,429,434,435,438

普通债权 15,43,82,163,165,174,203,210,222,223,225,226,239,294,298,319,321 – 325,333 – 338,348 – 350,354,368,373,375,377,387,388,402,403,414,415,424,467

Q

期货和衍生品 73,76,80,148,177

期限 6,31,38,40,42,47 –50,52,53,55,62,65,66,80 –82,84,85,87,111,137,138,142,144,155,157,165,172 – 174,195 – 202,206,211,215,216,225,230,236,242,244,246,251,258,268,270,274,278,280,282,296,298,304,313,314,317,320,321,334,

344,346,359,361,368,370,380,389,401,419,424,437,439,444,448,459,470,473
企业登记 18,99,102,115,158,270,433
强制批准 29,284,285,331,333-336,338,339,478
强制清算 20,39,141,184,389,390,432
勤勉义务 30,31,115,120-122,289,415,421,430,440,443,444,460,461,463
清偿顺序 2,28,185,250,300,319,334,337,361,388,401,403,416,467,478
清算分配 71,125,133,171,175,189,190,195,198,201,222,226,229,252,323,349,353,354,374,383,386,392,403,404,414,417,418,436,437,477
清算责任人 33,34,38,39,44,45,50,52,56,223
清算组 38,39,60-62,99,102,105-108,116,128,246,388,389,432,471
请求权 54,76,77,79,81-83,94,139,142,143,159,162,169,171,177,186,193,202,207,208,217,219,222-224,227,229,250,251,262,263,284,285,297,305,312,324,327,345,363,369,371,387,388,401,417,419,433,435,436
求偿权 134,195,211-214,216,218-221,349,387,388,419,437,438
取回权 63,65,87,88,94,96,104,112,113,161-170,192,271,283,284,302-304,393,419

R

(法院)认可 26,28,39,255,256,358,360,366,367,380,381,416
融资租赁 88,167,168

S

伤残补助 2,201,203,204,207,322,324,337,410-412,414,466,469
商业银行 5,89,98,99,107,116,468,473-477
上诉 22,57-59,200,283,427
社会保险费用 2,26,29,43-45,56,184,186,325,326,337,361,410,412,413,447,448,480
申请复议 13,130,253,297,446,459
审查 12,13,23,27,29,34-36,40,41,43-53,57-60,67,91,100,118,119,121,124,127,130,174,184,208,225,226,228,229,231,232,240-242,244,251,256,258,266,271,276,277,280-282,289,291,297,313,317,330-333,338,341,361,362,365,

371,380,408,451－453,458
生效法律文书　115,166,194,232,388
生效条件　152,199,365,367,422－424,426
实质合并　11－16,321
受托人　61,173,223,388,419,433
税款　2,6,26,117,322,324,337,410,412－414,420,478
(分配、清偿)顺序　411,419,477;2,28,185,250,301,319,333,334,337,361,388,401,403,416,420,467,478
送达　13,22,40－42,49,55－58,63,64,66,72,76,85,91,99,102,174,183,223,280,282,283,362,382,385,406,430,448,449
诉讼时效　53,54,141,152,157,159,193,194,208,212,229,388,436,437
诉讼未决　217,227,427
损害赔偿　143,147,164,166,190,222,391,416,441,463
所有权保留　85－87,94,135,163,167,302,387

T

提存　166,174,175,195,212,221,222,227,257,419,422－427,430,435
提交义务　56,447,448
提前清偿　136,140,143,147,180,435
替代担保　159－161,262,263,287,398
庭外和解　378,379,482
庭外重组　272,273,275－278,280

W

委托　22,44,64,112,114,121,122,135,151,162,163,166,181,209,223,224,234,238,256,257,287,294,302,318,321,342,387,388,400,407,410,418,431,462
无偿转让　22,136,138,141,143－145,435
无力偿债　6,8,9,19,33－35,37,70,136,140,242,268,359,371,373,409
无效　3,28,70－74,87,96,114,137,138,141－143,149－153,156,174,176,179,193,212,229,231,237,248,283,291,295,314,356,366,372－375,377,398,444

X

下落不明　8,30,390,464
先诉抗辩权　195,214－216,218,437,438
限制转让　305,306,407,409,410
(破产原因)消除　51,392
小额债权　248,249,319,322,323,325,354
效果　28,46,47,76,81,82,99,102,137,149,216,225,228,254,257,262,

271,279,282,284,286,293,319,332,339,353,356,361,366,367,381,383,385,387,389,392,394,407,429
效力 23－25,52－54,64,72,76,81,82,85,87－92,95,134,137,141,152,153,178－180,197－201,210－212,219,229,237,251,254,276,277,282－285,293,303,332,340,346,347,352,353,356,365－370,375－377,379－381,383,393,395,406,417,423,424,426,431,436,447,469,473,482
歇业 279,280
协商 15－17,19,21,25,27,34,35,37,39,100,114,116,123－127,172,211,235,253,258,271,272,275,277－280,283,291,298,309,314,315,319,323,331,333－335,338,344,350,359,360,368,370,378－380,399,400,405,406,463,469
信息披露 68,69,378,443,445
信用修复 116－118,343
虚构债务 36,59,150－153,398,435
虚假陈述 69,95,340,445－447
虚假诉讼 51,52,209,210,232,464,465
宣告破产 16,34,39,52,53,107,117,129,142,224,269－271,310,351,354,355,360,374,376,380,382－385,387,389,394,400,409,424,428－430,432,433,442,463,477,481
选择权 74,79－82,84,87,164,168,186,322,334,457

Y

(期限)延长 196,197
一般保证 194,195,214－217,221,437
一般取回权 96,162,163,169,302,303
移交义务 68,70,342,433,443,447－449
异议权 21,29,58,123,174,231,241,264,351,413
隐匿、转移财产 51,150－152,289,435
营业授权 284－286
营运价值 283,318,321,332,409
优先权 11,25,26,71,135,175,202,203,238,299,300,323,361,387,396,397,400－402,411,412,468
优先受偿 15,43,71,125,126,135,140,148,150,176,177,180,189,203,210,234,236,238,300,321,323,324,363,364,369,387,388,395－403,406,412,419,420,467,469
有担保债权 171,198,208,238,249,295－297,300,323,324,334－338,364,369,398,402
预案 29,43－45,48,361,448,471
约束力 63,99,194,247,251,256,257,

276,278,285,318,332,339,346,347,356,359,367,368,378,381,383

Z

债权表 95,113,193,196,209,214,228 - 232,240,247,419,426
债权调整 13,317,320,322,332,347,352,353,372,375,376
债权分类 13,317 - 319,322 - 324,327,331
债权清偿 16,86,93,159,166,167,184,187,201,229,243,257,300,319,320,324,326,333,336,347,349,354,363,378,381,386,419,420,468
债权确认/确定 95,232,235,413;237,389
债权人会议 11,21,22,28 - 30,37,53,55,60 - 63,66,69,72,73,77,97,100 - 102,104,105,110 - 113,115,117,119,122 - 129,146,154,162,165,186,187,192 - 196,198,201,208,211,225,226,229 - 260,264,265,270,277,279,287,293,300,301,308,312,313,315,316,322,327 - 329,331,332,350,352,359,360,362 - 368,371 - 374,378 - 381,384 - 386,398,403,405 - 407,413,416 - 421,426,445,446,477,478
债权人会议的召集/召开 244,327,359,362;244,246,250
债权人会议决议 55,124,127,128,187,192,194,230,236,243,244,246,247,251,252,271,300,301,340,350,351,363,399,404,405,418,482
债权人会议主席 127,128,234,238,239,244,245,257,406
债权人申请 6,9,21,34,36 - 38,43,49,51,52,56,58,65,187,250,251,266,268,269,282,321,359,380,390,395,476,477
债权人委员会 16,29,67,77,100,104,105,115 - 117,119,127,128,143,144,146,154,161,226,230,240,241,244,245,250,254 - 265,276,278,279,290,291,293,298,309,312,315,398,407,446
债务人财产 14,18,28,31,39,42,46,51,55,56,62,68,71,75,77,82,84,88 - 100,103,104,110 - 112,114,119,120,122,123,125,127,128,130,132 - 140,142 - 148,150 - 155,157,159,162,164,165,167,168,170 - 172,174,175,177,182 - 191,193,196,200,206,223,224,230,231,240 - 242,245,246,252,253,255 - 258,260 - 264,283 - 285,287,288,290,292 - 295,297 - 299,302,307,309,310,325,334,342,360,363,

382 - 386, 390, 391, 393, 397, 398, 407,415,428,429,435,450,460,462, 463
债务人申请 34,35,37,44,48,56,259, 268,269,285 -287,358,359,390
债务人有关人员 66,68,69,259,260, 445,446
占有 30,63,66,68,75 - 77,87,95, 133 - 136,152,153,158,160,162 - 169,209,210,302 - 304,386,387, 397,399,419,449
占有中的债务人 286 -288,299
账簿 28,30,66,68,110,111,143,433, 447,449
证券公司 5,98,99,116,142,181,416, 473,475,476,478,479
知识产权 111,120,134,160,210,243, 260 -262,302,386,416,418
执行不能(不能执行) 40,345,350, 352,356,366,374 -376;89,129,142, 308,340,345,350,352 - 355,372, 375 -377
执行程序 28,40 -43,57,70,88,90 - 92,111,148,184,215,227,283,284, 295,342,362,370,401,474,476,479
执转破 19,40,52,385
职工债权 25,26,29,30,56,113,202, 203,205 - 207,238,239,256,319, 323,324,326,336,412,466 -470,478
指定管辖 13,17,21,41,96
质权(质押、质物) 160,161,302,396, 399;85,160,161,167,208,221,291, 295,298,302,323,337,353,363,364, 377,393,396,399;113,135,159 - 161,262,287,295,302,387,394,398
中介机构 61,98 -102,105 -109,112, 122,126 -128,130,246,277,335
中止 17,28,40,46,53,54,73,79,84, 88 -94,134,169,215,216,283,294 - 296,309,354,362,366,416,433,453, 474,476,479
(程序)终结 13,31,54,55,66,102, 114,115,126,132,135,165,175,190, 193,213,218,227,242,283,348,356, 357,366,369,371,390,393,395,411, 426 -440,444,481
忠实义务 31,120 -122,257,289,415, 421,430,440,443,444,460,461,463
终止 34,59,73 - 75,79,80,82,91, 100,115,116,129,145,178,179,191, 199,200,202 - 204,216,228,236, 262,280,283 - 285,290,291,300, 307 - 309,311 - 315,330,331,333, 334,339 - 341,343,345,346,348, 350 - 356,365 - 367,369,370,372, 374 - 378,380,394,430,432,433, 477,480
仲裁 10,28,53 - 55,67,90,92,93,

110,113,128,148,166,199,200,208,209,216,232,283,295,342,380,419,426,427,430,432,433,465
重整裁定 52,53,280,282,283,286
重整程序终止 283－285,307,308,312,313,332,342,356,479
重整计划(草案) 12－15,26,29,30,53,54,64,71,72,89,106,114,116,117,125,127,129,142,160,161,165,190,198,201,208,218,227,229,240,242,248,250,258,271,272,276,277,279,281－285,288,291,295,298,299,301,302,307－309,313－357,371,386,395,415,417,428,436,446,478,479
重整期间 72,113,125,160,161,165,222,255,259,262,266,277,278,282－289,291,293－296,298,299,301－309,311－313,316,317,321,332,342,345,355,356,395,398,415
重整申请 36,37,48,59,170,198,266－272,276,277,280－283,288－290,297,312－314,385
重整原因 4,9,10,36,44,267,280,305
住所地 13,14,16,17,19,30,40,41,48,64－66,69,95,127,410,443,446,458,459
注销 13,101,114－118,183,279,280,357,428,430－433
追回(权) 95,136,143,152－154,157－159
追收权 77
资不抵债 5－8,37－39,383,389,480
资产负债表 6－9,39
资格限制 115,430,444
自动停止 285,294－296
自行管理 113,144,187,222,243,255,259,262,264,271,285－292,297－301,303,306,311,312,315,316,327,339－341,386,387,415
租赁 73,78,83,88,135,162－164,167,168,201,263,302,304,361,387,457,475
最后分配 55,200,225,227,421－427,429,431,436－438